JEAN DE CAREL, SEIGNEUR DE LA MASQUELIERE, CONSEILLER D'ESTAT, ET DOYEN DU PARLEMENT DE METZ.

Tel apres son   Seizieme Lustre
Le Corps par   les ans abbatu
Ce Magistrat brilloit   dans un Senat illustre
Par Son profond Scavoir   & Sa rare Vertu.

ARRESTS

REMARQUABLES

DU PARLEMENT

DE TOULOUSE,

QUI CONTIENNENT BEAUCOUP
de Decisions nouvelles fur toute forte de maticres.

Recueïllis par Meſſire JEAN DE CATELLAN, *Seigneur
de la Maſquere, Conſeiller au même Parlement.*

NOUVELLE EDITION

Revûë, corrigée & augmentée par les ſoins de Meſſires FRANÇOIS
DE CATELLAN, *Chanoine de l'Egliſe de Toulouſe, Preſident
aux Enquêtes du Parlement ; Neveu de l'Auteur.*
Et JACQUES DE CATELLAN, *Seigneur de la Maſquere, Conſeiller
au même Parlement ; ſon petit Neveu.*

TOME PREMIER.

F 2486

A TOULOUSE,
Aux dépens du Sʀ. CARANOVE, ruë S. Rome.

M. DCC. XXIII.
AVEC PRIVILEGE DU ROY.

A HAUT ET PUISSANT SEIGNEUR
MESSIRE GASPARD-JOSEPH

DE MANIBAN,

CHEVALIER, CONSEILLER DU ROY EN SES CONSEILS;

PREMIER PRESIDENT

DU PARLEMENT DE TOULOUSE,

MARQUIS DE MANIBAN, SEIGNEUR DU BUSCA,
de Valence, de Mouchan, de Cazaubon, Labaſtide d'Ar-
maignac, de Toujouſe, de Montguilhem, & autres Lieux.

ONSEIGNEUR.

Quel que ſoit l'uſage des Epîtres Dédica-
toires, je ne ferai point ici le Panegirique

ã ij

EPITRE.

de VÔTRE GRANDEUR, *ni l'Eloge du Livre que j'ai l'honneur de vous préſenter. Pourquoi m'étendrois-je ſur vos Loüanges ? Qui ne connoit vos Vertus,* MONSEIGNEUR, *& vos talens ? Cette bonté, ſource de la vraye & naturelle politeſſe qui ne vous abandonne jamais, la droiture de vôtre eſprit, la facilité de genie que vous avez pour toute ſorte d'affaires, le ſouvenir ſi heureux & ſi preſent de toutes celles qu'on vous ramene ; cette attention à tout ce qui peut porter le nom de devoir, auquel vous ne laiſſez pas de donner la plus grande étenduë ; vôtre exactitude dans les moindres choſes, ou vôtre ſeul penchant à faire plaiſir vous donne lieu d'entrer; l'amour de la Juſtice, de l'Ordre & de la Verité qui regne dans vôtre Cœur ; Qui ne ſçait,* MONSEIGNEUR, *que tant de Vertus nées avec vous, & qui ſont dans le Sang que vous avez reçu des Illuſtres Magiſtrats vos Ancètres, dont nous cherirons & reſpecterons à jamais la memoire; Et tant d'autres, qui ont dévancé vos années, vous ont apellé à la Place que vous occupez ſi dignement ?*

 Je n'ai pas non plus, MONSEIGNEUR, *à vanter le merite du Livre que je vous pré-*

EPITRE.

sente : la voix publique, marquée par l'empressement avec lequel la premiere Edition a été reçuë, le louë assez. Je ne vous l'offre, MONSEIGNEUR, que pour le parer de vôtre Nom, pour vous suplier de m'accorder vôtre Bienveillance & vôtre Protection, & rendre public l'honneur que j'ai d'être avec un profond respect.

MONSEIGNEUR,

DE VÔTRE GRANDEUR,

Le trés-humble & trés-
obeïssant serviteur
CARANOVE.

PREFACE.

'HONNEUR que le Public a fait à cet Ouvrage, de le prevenir de son estime & de ses souhaits, n'a pas laissé l'entiere liberté de deliberer si on le lui donneroit, ou si on le garderoit en manuscrit dans l'obscurité d'un Cabinet, pour servir seulement d'instruction particuliere & domestique. On étoit assez porté à conserver cet amas d'érudition & de Jurisprudence en propre dans la famille, & à mettre en même-tems un Ouvrage, que la main dont il vient lui rend respectable, à l'abri de cette incertitude d'aprobation & de succez, qui accompagne toujours l'impression. On sçait qu'un Livre, pour être attendu & souhaité, n'en est pas toujours plus heureux. Quelques-uns sont par-là disposez à le trouver moins bon, pour faire voir, ou qu'ils ont sçû se garantir de la contagion de la prevention, ou que leur prevention même ne tient pas contre les lumieres, & la droiture de leur esprit & de leur raison. Quoi qu'il en soit le Public attend cet Ouvrage, il le demande, on le lui donne, on le lui livre. Incertain si l'on satisfera son goût, on veut bien fatisfaire fa curiofité ; on ne peut s'empêcher de croire au moins, qu'il recevra quelque utilité de la connoiffance d'un grand nombre d'Arrêts, qu'a recueillis avec foin un Magiftrat habile, fage, apliqué, durant cinquante - fix années de fervice affidu, dans un Parlement celebre, dont ils établiffent la plus nouvelle & la derniere Jurif-prudence.

Il fe trouve cependant des efprits mal difpofez contre tout ce qui s'apelle prejugé, qui portent cette mauvaife difpofition jufqu'aux Recueils d'Arrêts. Ils pretendent que ces Recueils nourriffent la pareffe des jeunes Magiftrats : qui cherchent à aprendre leur Profeffion dans la lecture de ces Livres, au lieu de chercher à l'aprendre dans l'étu- de des Loix. Ils ajoûtent que c'eft dans l'étude des Loix, comme dans la fource & dans le principe, qu'il faut trou- ver la maniere dont les queftions doivent être jugées, au lieu de s'amufer à fçavoir hiftoriquement la maniere dont elles l'ont été par les Arrêts ; & qu'enfin en cette matie- re, tout comme en matiere de fciences & de mœurs, loin de fe regler par les préjugez & par les exemples, il faut prendre pour feules guides la verité & la raifon, qui fe trouvent bien moins feurement dans les Arrêts que dans les Loix, que les Arrêts doivent toûjours fuivre, & que peut-être ils ne fuivent pas toûjours.

Il eft repondu par le parti opofé, qu'il y a une grande difference à faire entre ce qui regarde la Jurifprudence, & ce qui regarde les fciences ordinaires & les mœurs ; Qu'ici les préjugez & l'ufage peuvent n'être crûs ni verité ni raifon ; Que là ils doivent paffer pour raifon & pour verité, felon les Loix même qui donnent à l'ufage & aux

PREFACE.

Senatufconfultes, le droit d'abroger les Loix & d'en faire
des nouvelles ; Que les Loix ne font elles mêmes que des
préjugez, dont, comme les Loix difent encore, il eft
quelquefois mal-aifé de rendre raifon, & qui font moins
établies fur la juftice, que la juftice n'eft établie fur elles ;
Que d'ailleurs par le nombre borné des décifions, & le
fonds inepuifable de fujets de conteftation, les Loix, de
leur propre aveu, laiffent beaucoup à fupléer, & ajoûter
à ce qu'elles ont decidé ; Qu'elles ne laiffent pas moins,
à expliquer des décifions obfcures & embiguës, ni
moins, à temperer & à limiter des regles, dont la generalité eft toûjours dangereufe ; Que ce font les Recueils
d'Arrêts où l'on trouve la decifion des cas nouveaux, qui
ont échapé à la décifion des Loix, & les décifions de ces
mêmes Loix ramenées à l'ufage qui les confirme, les
change ou les explique ; Qu'on y voit auffi les fages exceptions, ajoûtées à des regles generales, dont elles bor-
nent la trop vafte étenduë, & les juftes confequences
tirées des principes qu'elles mettent en œuvre ; Que ces
Recueils enfin font comme des canaux où l'on puife des
eaux plus abondantes, mais auffi pures que dans la fource, & par où on remonte plus agreablement & plus commodement vers la fource même ; œconomie & épargne de
travail, mais malheureufement neceffaire dans un fiecle
pareffeux, où les chofes, qui ne fe rendent point faciles
& commodes, courent rifque d'être tout-à-fait abandon-
nées.

Il y peut avoir de l'excez des deux côtez dans les fentimens fur cette matiere. On peut donner aux Arrêts regardez en cette qualité de prejugez, trop, & trop peu d'autorité.

torité. Le meilleur est sans doute d'accorder & concilier dans la pratique les deux avis, en prenant sur l'un & sur l'autre, & de n'entrer dans la lecture de ces Recueils, qu'après une étude exacte des Loix, à qui on ne peut disputer la superiorité naturelle d'autorité sur les Arrêts. L'étude des Loix est necessaire, la lecture des Recueils d'Arrêts est utile, sur-tout à celui qui sçait les Loix. Ces deux connoissances s'entr'aident. Les Arrêts servent à aprendre l'usage des Loix, les Loix servent à regler l'usage & l'aplication des Arrêts. Des principes qui subsistent dans les Loix même abrogées par l'usage, servent souvent à regler cet usage qui les abroge. Le dessein seroit donc mauvais, de vouloir flatter la pretenduë paresse du siecle, & de pretendre suprimer un travail necessaire ; mais il fut toûjours bon de donner des secours & des commoditez au Public pour aprendre ce qu'il lui importe de sçavoir.

Aussi le goût des préjugez, est le goût general & ordinaire ; mais dans ce goût combien y a-t-il de goûts differens ? Combien les esprits se trouvent-ils partagez sur les Arrêts qui doivent entrer dans ces Recueils, & la maniere de les recueillir. Quelques-uns desaprouvent, comme inutiles, les Arrêts, de la justice desquels ils ne doutent point. Quelques uns desaprouvent, comme d'un usage douteux, ceux dont ils mettent en doute la justice. Plusieurs veulent des préjugez rares & singuliers dans la decision : plusieurs ne veulent que des Arrêts conformes à d'autres, qui établissent une Jurisprudence constante, & ce qu'on apelle l'autorité des choses toûjours ainsi jugées ; sur tout ils ne peuvent souffrir cette varieté & contrarieté des decisions, qui rend les choses indécises, & la Juris-

Tome I.   ē

prudence équivoque & incertaine. Il fe trouve des Lec-
teurs, qui pour rencontrer la decifion plûtôt, & avec
moins de travail, la demandent feule & débarraffée de
raifonnement & de faits, qui les laffent & les ennuyent,
& qu'ils n'ont pas curiofité de fçavoir : D'autres opofez à
ceux-ci veulent des raifonnemens & des faits, qui, outre
qu'ils donnent aux Arrêts un air de fidelité & d'exactitude, & par-là plus d'autorité, éclairent & affeurent l'ufage
& l'aplication qu'il en faut faire. Enfin pendant que quelques uns veulent dans ces Recueils un ftile précis & fer-
ré, & qu'ils en rejettent tous les ornemens, comme des
parures indignes des ouvrages ferieux, les autres y veulent
un ftile, qui pour ne pas fatiguer leur attention, mêle des
fleurs aux épines du Droit, & leur offre comme des endroits agreables à prendre quelque repos dans une route,
qui avec tout le foin qu'on peut prendre pour l'aplanir,
demeure encore, à leur gré, penible & difficile.

Parmi tous ces goûts differens ou contraires, voici le
parti qu'on a cru devoir prendre. On a choifi les Arrêts
fur les queftions où l'on a trouvé qu'il y pouvoit avoir
quelque difficulté, la plûpart decidées après des partages.
On s'eft gardé neanmoins d'être trop tendu à rejetter les
Arrêts, où les queftions paroiffent n'être pas bien difficic-
les à refoudre. On a penfé qu'il étoit toûjours bon de couper chemin à des procés nouveaux, qu'une pareille difficulté pourroit faire naître, faute de fe trouver decidée.
Sans regarder la rareté & la fingularité de la decifion, comme un motif à l'exclure du Recueil : on a fouvent ajoûté
des Arrêts nouveaux à des Arrêts anciens qui jugeoient &
decidoient de même, mais on a cherché à y ajoûter en

même-tems, la decifion de quelque queftion nouvelle fur
la même matiere, dont on a donné ainfi une plus parfaite
connoiffance. On n'a pas cependant diffimulé la varieté
des Arrêts fur les queftions, fur lefquelles il en a été rendu des contraires. Si on n'a pû les concilier par la diverfité
des cas, comme on l'a fait autant qu'on l'a pû, & prefque
toujours, on en a remarqué fidellement la contrarieté.
On a cru que cet ouvrage devant être entierement tourné
vers l'utilité du Public, il étoit de cette utilité que le Public fut inftruit de la contrarieté des Arrêts rendus fur certaines matieres,dont il n'eft pas étrange que la difficulté ne
trouve pas toujours les efprits des Juges difpofez à juger
de la même façon. Il a paru important de faire alors fentir le hazard du fuccès des procès formez fur de pareilles
contestations, comme il a paru encore jufte de donner
aux plaideurs, engagez à les pourfuivre ou à les foutenir,
un égal avantage dans une égale connoiffance, & des Arrêts qui apuyent la demande, & de ceux qui favorifent la
deffenfe. A l'égard des raifonnemens & des faits, on ne
les a point femez & répandus par tout, indifferemment,
& au hazard, & fans befoin: on a examiné, on a diftin-
gué les cas où ils pouvoient fervir à l'éclairciffement & à
l'inftruction, & les cas où ils n'étoient de nul ufage; mais
il a femblé que le plus fouvent & le plus ordinairement il
étoit bon & utile de rapeller les principes dans les raifonnemens, & de marquer dans les faits les circonftances
particulieres, pour mettre le Lecteur en état de tirer de
plus juftes confequences des Arrêts qu'on lui fait connoître. Enfin pour ce qui regarde le ftile; on a voulu chercher
un milieu, entre une dure, ennuyeufe, & fatiguante fe-

cherefſe, qui rend même l'ouvrage de difficile intelligence, par la trop grande & trop conſtante attention qu'il
exige; & un ſtile trop amuſant, & trop ramolli par des
ornemens recherchez, que regarde comme un vrai détour
l'aplication ſerieuſe des gens d'étude. On a cru encore ſur
ce point, qu'il falloit retrancher tout ornement de certaines matieres, qui, éloignées d'en recevoir, ſe contentent
d'être enſeignées, & que ce n'étoit pas une loüange pour
un Livre de cette eſpece, que de dire, qu'on y trouve un
printems continuel, & des fleurs dans une ſaiſon étrangere.
Si on pouvoit ſe flatter d'avoir trouvé ce milieu, & tous
ces temperamens ; on pourroit eſperer de ſatisfaire un peu
les goûts divers de tous ceux, à qui, en mettant l'ouvrage au grand jour, on eſt devenu redevable du ſoin de
plaire.

En ce dernier article du ſtile, & dans l'ordre de l'ouvrage, on a été obligé de changer quelque choſe à la maniere
dont l'Auteur l'avoit laiſſé. Plus attaché au ſolide qu'à l'a-
greable, aux choſes qu'aux paroles, au fonds qu'aux manieres, il y avoit laiſſé quelque derangement, cauſé encore en partie par la meditation continuelle, d'un eſprit vif
& fecond, qui a meſure qu'il lui venoit de nouvelles lumieres, ajoûtoit bruſquement & ſouvent ſans liaiſon &
ſans ſuite aux remarques déja faites; il ne s'étoit point
d'ailleurs propoſé de rendre ce Recueil public; Il ne l'avoit
fait que pour ſon inſtruction particuliere. Pluſieurs années
avant ſa mort, ſur le bruit repandu de ce Recueil, cet ouvrage fut ſouhaité, & demandé. Feu Monſieur de Catellan
étoit trop modeſte pour ſoutenir la qualité d'Auteur durant ſa vie. Il hezita même en mourant, s'il ne deffendroit

point l'Impreſſion d'un ouvrage qu'il ſentoit que la famille pourroit être tentée de mettre au jour, & balancé entre
ſa modeſtie, & le deſir de ſe rendre utile encore au Public
après ſa mort ; il voulut s'éclaircir s'il n'y avoit point de
vanité à permettre cette Impreſſion ; calmé ſur un ſcrupule,
qui ſe detruiſoit aſſez lui-même, il ne parla plus là-deſſus,
il ne donna nul ordre ; mais il ne fit point de deffenſe.

Le deſir de s'inſtruire qui lui fit faire ce Recueil, le lui
fit faire avec la plus parfaite & la plus exacte fidelité. C'eſt
le point principal & l'endroit eſſentiel des Recueils d'Arrêts, & l'on oſe dire que jamais il n'y en eut de plus exact
& de plus fidelle. Bien de Compilateurs peu inſtruits des
Arrêts qu'ils recueillent, les raportent aux queſtions qui
étoient traitées dans le procès jugé, & les preſument jugées dans le ſens, & ſuivant la pretention de la partie qui
le gagne. Les lumieres ſuperieures des Juges, ont laiſſé
quelquefois à l'écart ces queſtions comme inutiles, & ils
ſe ſont determinez par des motifs ſinguliers & des raiſons
imprevuës. Quelquefois la deciſion priſe generalement a
donné lieu de croire qu'une Loi, qu'une regle ancienne,
ont été emportées & abrogées par un contraire nouvel
uſage : ce n'eſt qu'une exception, que des circonſtances
particulieres ont donné à la Loi & à la regle, qui en ſont
plûtôt confirmées que detruites. N'y a-t-il donc pas lieu
de dire, que ſi ſuivant la remarque d'un ancien, c'eſt un
grand plaiſir de voir les actions militaires, & autres actions hiſtoriques, écrites & contées par ceux même qui
en ont été les acteurs & les témoins, ce n'eſt pas une
moindre ſatisfaction, & un moindre profit pour la connoiſſance des choſes jugées, de les tenir de la main de

ceux qui en ont été les Juges. Feu Mr. de Catellan a été Juge de la plufpart des procès fur lefquels ont été rendus les Arrêts qu'il a recueillis. Mais quel Juge! Tous ceux qui l'ont connu, ont connu en lui une exactitude naturelle en toutes chofes ; mais il fut d'une exactitude ; s'il eſt permis de parler ainſi, outrée dans les fonctions de la Magiftrature, où fa probité & fa pieté, intereſſoient plus particulierement fon attention, il y employa tout fon tems. L'occupation & le travail qui regardoient fa Charge, furent fon amufement & fon plaifir. Il ne prit là-deſſus que ce que les devoirs de la Religion & du Sacerdoce exigerent de lui, & remplifſant des devoirs qui s'accordoient ſi bien enfemble, il porta jufqu'à l'âge le plus avancé, les jours les plus pleins, dont on cherche aujourd'hui à faire que le Public reſſente le fruit. Avec quelle attention, un genie auſſi heureux, & auſſi apliqué que le fien, n'a-t-il point remarqué les veritables motifs, & les raifons decifives des Arrêts, qu'il n'écrivoit que pour s'en faire une Loi & une regle fûre en cas de conteſtation pareille. Son exactitude alloit quelquefois, & aſſez fouvent, jufqu'à marquer le nombre des Juges qui s'étoient determinez par une raifon, & le nombre de ceux qui s'étoient determinez par quelqu'autre. Cette exactitude ſi grande & ſi reguliere, a fait fuprimer un grand nombre d'Arrêts, où l'Auteur demeuroit incertain fur la raifon decifive qui leur avoit fervi de fondement, bien éloigné de l'efprit de la plufpart des Compilateurs, qui dès qu'ils ont pris attache de recueillir des Arrêts, excitez par le goût qu'ils y trouvent, cherchent à groſſir l'Ouvrage, en tournant autant qu'ils le peuvent, & quelquefois avec effort, en prejugé, tout ce qui vient d'Arrêts à leur connoiffance.

Si l'Auteur n'a pas été Juge dans tous ceux qu'il a recueillis, il en a été également inftruit par le foin continuel
qu'il a pris de s'en inftruire, & les commoditez domefti-
ques qu'il a eu pour le faire. Il fut inftallé dans la Premiere Chambre des Enquêtes, pendant que fon pere étoit à
la tête des Confeillers de la Grand'Chambre, Doyen du
Parlement, qui joignoit l'experience de fa Place, à
beaucoup de capacité & de fçavoir. Il eut bien-tôt un
frere en la Seconde Chambre des Enquêtes, qui fut depuis Prefident de la Premiere, Magiftrat en qui l'on pût
voir une fageffe & une moderation, exemptes de paffion
& d'interêt, accompagnées d'un difcernement des plus
juftes, & d'une raifon des plus droites, que cultivoient,
& que perfectionnoient encore, les lumieres d'une Etude
ferieufe & fuivie. Quelques années après, & en divers
tems furent reçûs dans la Compagnie, deux de fes Neveux, fils de ce frere, l'un, Confeiller en la Seconde
Chambre des Enquêtes, depuis, & aujourd'hui Prefident
de la Premiere, & l'autre, Confeiller de la Troifiéme.
Ainfi à portée, & curieux de s'informer de tout ce qui fe
faifoit journellement au Palais, en focieté, d'ailleurs au
dehors, & en commerce de doctrine, & de découvertes de
Jurifprudence, avec quelques-uns des plus eclairez Officiers du Parlement, il recueillit avec une égale exactitude
des Arrêts de toutes les Chambres. Il commença en l'année 1644. qu'il fut reçu Confeiller; car dés-lors il conçut
le deffein de fe former & de s'inftruire, il continua jufqu'en l'année 1700. qu'il alla recevoir du Souverain Juge,
la jufte recompenfe d'une vie laborieufe, fans ceffe apli-

quée à remplir fidellement l'Etat, dans lequel l'ordre de Dieu l'avoit placé, & jusqu'à la fin accompagnée d'une effusion abondante d'aumônes, & d'un grand nombre de bonnes œuvres.

On se croit obligé d'avertir qu'il peut se faire qu'il y aura quelquefois de l'équivoque & de la méprise dans les dates, & dans le nom des parties, ou par le deffaut de ceux qui écrivoient sous l'Auteur, ou par sa trop grande aplication à l'objet principal ; c'est-à-dire, à la decision même. S'il s'en trouve dans quelque Arrêt, ce qui auroit été trop long & trop penible à verifier, le raport de la decision & du jugé, n'en doit pas être crû moins fidelle. Il ne faut pas moins bien presumer de ceux où la date a été ômise, & l'on ne doit point les prendre, ainsi qu'on est porté à le faire en pareil cas, comme des Arrêts que l'Auteur n'a connus que par une tradition confuse & incertaine, ou qu'un simple souvenir, vague de même, & mal asseuré, lui a ramenez long-tems aprés leurs dates. Il paroît assez à la maniere dont l'Auteur a écrit ceux qu'il a laissez, qu'il n'en marquoit point qu'il ne sçût bien, & qu'il les marquoit soudain aprés qu'ils avoient été rendus, pour n'en point perdre les idées. Ainsi, quand la date a été ômise, ce qui n'est pas frequent dans ce Recueil, c'est qu'elle a échapé, ou à l'esprit de l'Auteur apliqué ailleurs, ou à la plume du Secretaire ; mais on croit pouvoir asseurer encore une fois, que la decision est toujours exactement & fidellement raportée.

TABLE

TABLE
DES CHAPITRES
Contenus dans ce premier Volume.

TABLE

TABLE

DES CHAPITRES.

TABLE

LIVRE SECOND.
Des Successions.

DES CHAPITRES.

TABLE

DES CHAPITRES.

Tome I.   õ

TABLE

DES CHAPITRES.

õ ij

TABLE

DES CHAPITRES.

LIVRE TROISIE'ME.

Des Droits Seigneuriaux.

TABLE

DES CHAPITRES.

TABLE DES CHAPITRES.

AVIS.

LE Lecteur ne doit pas être ſurpris de trouver dans le ſecond Livre de cet Ouvrage, le Chapitre 99. immediatement aprés le 88. c'eſt une faute qui a échapé à l'Imprimeur, & dont on ne s'eſt aperçû que quand il n'a plus été poſſible d'y remedier. On a dreſſé la Table des Chapitres conformément à cette erreur.

AVIS

AVIS AU LECTEUR,

SUR CETTE NOUVELLE EDITION.

LE rapide debit de la premiere édition de ce Recueil d'Arrêts, & l'empreſſement general avec lequel une ſeconde edition en a été demandée, le font reparoître, aſſurez garands de la ſatisfaction que le Public en a reçuë.

Le Public cependant n'eſt pas tout le monde ; Eh ! quel moyen de contenter tout le monde, ſur tout dans un Recueil d'Arrêts ? quelque Arrêt qui ne s'accorde pas avec les lumieres & le ſentiment d'un Lecteur, l'indiſpoſe quelquefois à l'égard d'un Recueil entier. Un nouvel Arrêt qui aura depuis decidé autrement le confirme dans ſa mauvaiſe diſpoſition ; il ne veut pas ſe donner la peine de penſer que ce n'eſt pas une choſe bien ſurprenante, qu'il ne ſoit pas de l'avis d'un Arrêt, ſur lequel les Juges mêmes qui l'ont rendu, ont été partagez ; & qu'une legere circonſtance qu'il y a de plus ou de moins dans les procés, peut déterminer diverſement la deciſion des queſtions difficiles, de même qu'un grain de ſable de plus ou de moins, dans l'un ou dans l'autre des côtez de la balance, en détermine diverſement l'equilibre.

D'ailleurs quelque diverſité ou contrarieté qui puiſſe ſurvenir entre les Arrêts qui compoſent un Recueil, & ceux qui ſont rendus enſuite ; Inconvenient dont Meſſieurs Maynard & d'Olive n'ont pû garantir leurs Recueils ; on retire & on retirera toûjours une grande utilité des Recueils de cette eſpece, qui bien éloignez d'impoſer l'aveugle joug du préjugé, éclairent l'eſprit & laiſſent à la raiſon toute l'autorité qui lui eſt dûë : le Magiſtrat y peut trouver dequoi déterminer dans l'occaſion ſon avis avec plus de connoiſſance, & l'Avocat dequoi plus fortement apuyer la défenſe de ſa Partie.

Mis au fait du procés, dont, par un narré exact, ſuivi de l'expoſition détaillée des raiſons de part & d'autre ; l'Auteur ſemble lui faire le raport & l'établir Juge ; Le Lecteur y peut goûter le plaiſir de s'aplaudir de la conformité de ſon jugement, à la deciſion raportée, ou de ſe flatter d'une diſtinction de genie & de lumiere ; mais qu'il ne ſoit jamais imputé de tort à l'Auteur, reſponſable de la ſeule verité des Arrêts qu'il raporte, & qui font toûjours une préſomption naturelle de juſtice, ou tout au moins le raisonnable sujet d'un doute utile à reveiller l'attention, & à conduire par cette voye plus surement à la verité.

On s'étoit proposé de donner une suite aux Arrêts de Monsieur de Catellan, par un troisiéme Volume d'Arrêts nouveaux ; on l'avoit même fait esperer au Public, il n'a pas été permis de l'executer ; il a fallu satisfaire l'ardeur impatiente, témoignée de tous côtez pour cette seconde edition, que l'entier épuisement de la premiere avoit fait commencer depuis plusieurs années, & que divers contre-tems avoient plusieurs fois interrompuë : On travaille actuellement à ce troisiéme Volume, & on espere de dedommager le Public de son retardement.

On n'a fait ainsi nul changement essentiel dans les Arrêts de Monsieur de Catellan, non plus que dans sa Doctrine ; il n'y a point d'Arrêt ajoûté ni retranché : on a seulement corrigé les fautes qui fourmilloient dans la premiere impression, & qui auroient absolument dégoûté de tout ouvrage d'un moindre merite : On a rendu la locution plus correcte dans les endroits qui ont paru le demander pour une plus grande uniformité de stile : on a serré & abregé les faits, étendu & fortifié les raisonnemens suivant le besoin, mais toûjours dans le sens de l'Auteur, & sans nulle innovation quand au fonds des choses, à quoi sa famille dépositaire de ses Memoires, s'est fait une loi de ne pas toucher.

On y a ajoûté une Table des Matieres aussi exacte & aussi ample que celle de la premiere edition étoit courte & defectueuse, l'utilité de pareilles Tables est assez connuë ; on sçait combien elles rendent aisé l'usage d'un Livre, & quelle épargne de tems on y trouve.

ARRESTS

ARRESTS
REMARQUABLES
DU PARLEMENT
DE TOULOUSE.

LIVRE I.
Des Matieres Ecclesiastiques.

CHAPITRE PREMIER.
DE LA COLLATION D'UN BENEFICE
faite avant l'enterrement du dernier Titulaire.

AR le Canon *Nullus dist.* 79. il n'est permis de proceder à l'Election d'un Pape & d'un Evêque qu'aprés l'enterrement du Predecesseur, & dans le Chapitre *Bonæ memoriæ* §. *Electionem ext. de Elect.* le Pape casse l'Election d'un Archiprêtre faite avant l'enterrement de l'Archiprêtre défunt. Quelques-uns ont inferé de ce Canon & de ce Chapitre que les Elections & Collations étoient nulles, lors qu'elles étoient faites avant l'enterrement du dernier Titulaire , & entr'autres Mr. Corras Confeiller de nôtre Parlement , *de Sacerd. part.* 1. *cap.* 6. *num.* 7.

Les autres croyent que le Chapitre *Bonæ memoriæ,* étant dans le cas de l'élection d'un Archiprêtre faite avant l'enterrement du dernier Poffeffeur , & où tous les Electeurs n'avoient pas été appellez , ce Chapitre ne tire point à confequence , contre les Elections contre lefquelles il n'y a que la premiere raifon à dire , & qu'il conclud encore bien moins contre les Collations dont il ne parle point , qu'ainfi la défenfe d'élire avant l'enterrement demeure reftrainte à l'Election des Papes & des Evêques. De cet avis font *Paftor de Benef. tit.* 5. *de Elect. Bengeus de Canon. inftit. condit.* fuivant l'interpretation donnée par la Glofe & le Panormitain fur le Chapitre *Bonæ memoriæ.*

Il fut jugé à mon rapport le 28. Août 1660. en la Premiere Chambre des Enquêtes fuivant l'avis de Mr. Corras : on prefera une autorité domeftique à des autoritez étrangeres , d'autant plus qu'on la trouva fondée fur l'efprit des Canons , dont on crût que la grande raifon dans leurs décifions fur cette matiere , étoit l'indecence mal édifiante de ces Elections & Collations faites avec tant de hâte , qui marquent de la précipitation dans le choix ; ou plûtôt , ce qui eft encore pis , fentent une odieufe prévoïance ou une brigue anticipée , & ce qu'on appelle *votum captandæ mortis* , contre quoy les Canons ont été toûjours fi declarez , & qui fait regarder ceux qui font pourvûs de cette maniere comme des vautours affamez qui n'attendoient que le cadavre , *vultures funt cadaver expectant* , ainfi qu'on l'a dit fur une autre matiere.

Il fut jugé cependant au contraire en l'année 1685. en la même Chambre , aprés partage porté en la Seconde Chambre des Enquêtes par Mr. de Rudelle Rapporteur , & moy Compartiteur , au procés d'entre Dafte , pourvû d'une place de Religieux de Simorre le jour de la mort du dernier Poffeffeur , & qui même avant l'enterrement avoit pris poffeffion , & Saux Prêtre , pourvû en Cour de Rome fur une pretenduë difcorde des Patrons , & l'induë détention de la Place. Mr. de Rudelle étoit d'avis de n'avoir nul égard à ce qu'on oppofoit à Dafte qu'il avoit été pourvû ,

& s'étoit mis en possession avant l'enterrement du dernier Titulaire, mais d'interloquer sur d'autres faits. J'ouvris au contraire l'avis de debouter absolument par ce seul endroit Daste de sa prétention sur la place.

Je me fondois sur l'Arrêt rendu cinq années auparavant, & sur toutes les raisons sur lesquelles il avoit été rendu : Je soûtenois que la raison decisive du Chapitre 36. *Bonæ memoriæ*, qui casse l'Election d'un Archiprêtre, étoit qu'on avoit fait cette Election avant l'enterrement du dernier Archiprêtre, & que si le Pape disoit dans ce Chapitre *Electionem cassavimus, tum quia corpore nondum sepulturæ tradito habuerunt de ipsa Electione tractatum contra Canonicas sanctiones, tum quia inventus est hugo fuisse contemptus, &c.* d'où l'on pouvoit inferer que le motif unique de la cassation n'étoit pas pris de la précipitation de l'Election par rapport à l'enterrement ; on voyoit assez neanmoins que le Pape avoit premierement & principalement appuyé sur cette raison, & que cela étoit marqué non seulement dans l'ordre des raisons : mais dans ces mots ajoutez à la premiere, *contra Canonicas sanctiones*, qui établissant qu'il y a eu une contrevention aux constitutions Canoniques, dans l'Election faite avant l'enterrement de l'Archiprêtre, établissent consequemment que la défense d'élire avant l'enterrement ne demeure pas restrainte au cas de l'Election des Papes & des Evêques, & que la seule raison de l'enterrement non attendu est décisive contre toute sorte d'Elections. J'ajoûtois que cette interprétation outre qu'elle étoit naturelle, convenoit d'ailleurs beaucoup plus à l'honnêteté & à l'utilité publique, qui veulent que les Collateurs rendent les derniers devoirs, ou sçachent que les derniers devoirs sont rendus aux morts, avant de pourvoir à leur dépoüille, & qu'ils se donnent le tems de faire un digne choix, les Patrons ayant par le Concile de Latran quatre ou six mois pour conferer, afin d'avoir tout le loisir de chercher de bons sujets : Je disois de plus, que si la regle devoit avoir lieu dans les Elections, elle devoit avoir encore plus lieu dans les Collations, les Collations consommant le droit, & les Elections ayant besoin d'être confirmées ; sur tout qu'il falloit l'observer

A ij

dans le cas de la Collation, & du Titre à faire par plufieurs Collateurs qui aproche le plus du cas du Chapitre *Bonæ memoriæ*, & où l'honnêteté étant encore plus bleffée par le mouvement & l'action de s'affembler en corps avant les derniers devoirs rendus au défunt, l'interêt du choix peut auffi être plus bleffé, puifque dans le nombre tous peuvent n'être pas également difpofez à faire un choix foudain & bon. Je confirmois mes raifons par l'exemple même des Compagnies Laïques, ou par refpect pour cette loy naturelle de bienféance, dans des cas où il s'en faut bien que le choix foit fi important, ou quelquefois même il n'y a pas de choix à faire, on ne remplit la place du défunt qu'aprés que fon corps a été inhumé ; Je reprefentois que quand il n'y auroit que cette raifon de bienféance à oppofer à la Collation dont il s'agiffoit, la bienféance avoit en effet fes loix, dont l'obfervation eft d'une confequence trés-intereffante pour les mœurs à qui elle touche de fi prés, qu'on ne peut la bleffer fans leur donner quelque atteinte, & qu'elle devoit être encore bien plus menagée par les perfonnes Ecclefiaftiques & Religieufes, dont l'état plus parfait doit la confondre avec le devoir. Je répondois à l'autorité du fentiment des Docteurs oppofée, par l'aplication que j'en faifois, aux cas où les Collateurs pouvoient ignorer que le Titulaire défunt n'étoit pas inhumé encore : ignorance qu'on ne pouvoit prefumer ici, où le titre même fait à Dafte portoit que le Religieux, qui d'ailleurs devoit être inhumé dans le Monaftere, venoit d'expirer ; ce qui rendoit la précipitation des Collateurs encore plus criante. Enfin je faifois valoir l'Arrêt rendu à mon rapport cinq années auparavant, que je prétendois devoir d'autant plus tirer à confequence, que dans le cas de cet Arrêt le Pourvû n'avoit pris poffeffion qu'aprés l'enterrement du dernier Titulaire, au lieu que dans l'efpece préfente, l'impatience outrée du Pourvû ne lui avoit pas permis d'attendre jufques-là, ce qui faifoit une difference trés-defavantageufe pour ce dernier ; puis qu'il femble que la Collation n'étant point du fait du Pourvû fans lequel elle peut avoir été faite, il doit beaucoup moins répondre de la précipitation du Collateur que de la fienne propre, qui le rend moins digne de faveur & d'excufe.

Il passa neanmoins à l'avis de Mr. de Rudelle par les raisons suivantes. Que comme il a été dit cy-dessus, le Chapitre *bonæ memoriæ* casse l'Election, suivant Bengeus & le Panormitain, par ces deux considerations jointes ensemble, que l'Election avoit été faite avant l'enterrement du dernier Titulaire, & avec une précipitation qui n'avoit pas laissé le tems d'appeller tous les Electeurs. Qu'en effet cette seconde raison de cassation alleguée dans ce Chapitre, quoique seconde, étoit essentielle, puisque selon les maximes les plus établies, un Electeur méprisé par l'omission de l'appeller, nuit plus à l'Election, que l'opposition de plusieurs. Qu'aussi dans l'ordre & l'arrangement naturel des raisons, qui doit être un ordre de gradation la plus déterminante & la plus décisive, est la derniere à laquelle par cet endroit on est, ce semble, obligé de s'arrêter. Qu'ainsi la regle de l'absolue necessité d'attendre l'enterrement devoit être restrainte & resserrée au cas du Canon *Nullus*, qui est le cas de l'Election du Pape & des Evêques. Que le respect dû au Pontife ou au Prélat qu'on vient de perdre, qui doit uniquement occuper les Eglises qu'ils laissent dans le veuvage, du soin de leur rendre les derniers devoirs, avant de permetre qu'elles pensent à prendre un autre Epoux ; doit consequemment faire renfermer dans son cas particulier la décision de ce Canon, qui ne dit pas même précisément que l'Election soit cassable par cet endroit. Qu'il falloit des Textes plus exprés pour suspendre dans les Collateurs l'usage d'un droit qui leur étoit acquis du tems & du moment même de la mort des Titulaires des Benefices dont ils sont Collateurs, & que l'attente de l'enterrement pourroit en plus d'un cas absolument leur ôter ; Que le tems limité qui leur est donné pour conferer commençant à courir du jour même de cette mort, c'est une marque bien seure qu'ils peuvent conferer dés la mort, sans quoy le tems n'auroit dû courir que du jour de l'enterrement, par la regle triviale que la prescription ne court pas contre celui qui ne peut agir. A quoy il fut encore ajoûté par quelques-uns des Juges, que puisque dans la regle *ac verjfinsta notitia obitus* ; on compte aussi, non du jour de l'enterrement, mais du decés ; c'est une autre preuve sensible,

qu'on pouvoit faire des diligences pour être pourvû d'un Benefice avant l'enterrement du dernier Poffeffeur, encore mieux
pour prendre poffeffion, dequoy les Textes alleguez ne parlent
point, & qui ne fait rien au défunt, affés depoffedé par la mort
même. Que toutes ces raifons réelles & folides, devoient prévaloir fur des raifons d'opinion & de préjugé : d'autant plus que
l'interêt du choix, auquel l'attente de l'enterrement paroît
d'abord favorable, eft au fond équivoque, puifque le tems que
le Patron feroit par-là obligé de prendre pour choifir, s'offrant
en même-tems à la follicitation & à la brigue, dont le pouvoir
eft grand au tems où nous fommes, ce tems & cette attente
pourroient bien tourner autant à perte qu'à profit pour le
choix.

Il fut jugé de même le 11. Juillet 1670. au rapport de Mr. de
Papus, en faveur de Maître François d'Alais, nommé à une
Prebende de Saint Michel de Cordes, le jour de la mort du
dernier Titulaire, & avant fon enterrement, par la plus grande
partie des Collateurs, & Maître Jean Gaugi, pourvû aprés
l'enterrement par l'autre partie des Collateurs, & en Cour de
Rome, *in difcordiam Patronorum*.

Ces deux Arrêts étant pofterieurs à l'Arrêt rendu à mon
rapport, & felon ce que j'en connois, unique, je croy qu'ils
doivent l'emporter ; quoique depuis en l'Audience de la Grand'-
Chambre la main-levée des fruits du Benefice litigieux fut re-
fufée à Maître d'Arnaud qui la demandoit par le decés du
Collitigant, & rapportoit le certificat du Vicaire de Saint
Eftienne de Touloufe, que le corps étoit en dépôt dans cette
Eglife. Il fut dit que d'Arnaud en viendroit au premier jour
avec le certificat d'enterrement : on crût que dans une Audience
publique, il étoit bon de faire honneur à cette loy de bienféance, dans un cas où il ne s'agiffoit pas du Benefice même,
& où l'on ne faifoit par ce petit retardement nul préjudice au
droit du furvivant, dont on crût que rien n'obligeoit d'accueillir
d'abord la demande fi preffée.

CHAPITRE II.

Du Patronage réel & personnel.

Lorſque le Fondateur a legué le droit de Patronage à d'autres qu'à ſes heritiers, & qu'ainſi il a fait le droit de Patronage perſonnel & non réel, ce droit ne peut plus devenir réel, c'eſt à dire qu'il ne peut plus revenir aux heritiers & ſucceſſeurs aux biens, non plus que les autres legs, qui une fois acceptez & récueïllis ne reviennent point à l'heritier du Teſtateur, quoique le Legataire vienne à manquer d'heritiers, & que la choſe leguée ſoit vacante & délaiſſée. Il fut ainſi jugé malgré la faveur des heritiers du Fondateur par Arrêt rendu aprés partage, porté de la Seconde à la Premiere Chambre des Enquêtes par Mr. de Catellan, depuis Preſident de cette Premiere Chambre, mon Frere, & Mr. de Maynard Compartiteur, le 4. May 1663. au profit de Rouſſet, contre Portal, nommé par le corps des Chapelains à l'une des quatre Chapelles fondées à Saint Antonin par le nommé Peyrilles, qui avoit inſtitué les Chapelains ſes heritiers, & legué le droit de Patronage à ſes deſcendans ou proches, leſquels étoient tous venus à faire profeſſion de la Religion Pretenduë Reformée.

Avant la grande œuvre de la reünion de ceux de cette Religion au ſein de l'Egliſe, reſervée à Loüis le Grand, pour faire une des merveilles de ſon Regne, le Parlement de Toulouse, qui ne leur fut jamais favorable, les privoit de l'uſage du droit de Patronage tandis qu'ils demeuroient dans l'hereſie, & je l'avois vû juger pluſieurs fois de cette maniere.

Tout Patronage au reſte eſt preſumé perſonnel, c'eſt à dire, attaché à la famille du Fondateur ; *Familiare aut gentilitium*, s'il n'apparoît de la volonté contraire du Fondateur ; ainſi il ſuit plûtôt la famille que la ſucceſſion, l'heritage & les biens. J'ai vû les Juges en demeurer d'accord en la Grand'Chambre le 21. Avril 1679. en jugeant le procés évoqué du Parlement de

Provence, entre Meſſire Magdelon de Ventimille, & le Sr. le
Noble. La raiſon en eſt que le droit de Patronage naturellement & originairement eſt ſi perſonnel, qu'il étoit autrefois
attaché à la ſeule perſonne du Fondateur ; qu'ainſi ayant été
étendu au-de-là de la perſonne, dans la veüe d'exciter davantage
les Fideles aux Fondations, il faut autant que faire ſe peut, lui
conſerver ſa qualité originaire de perſonnel en l'attachant à la
famille ; d'autant plus que naturellement il eſt à préſumer que
c'eſt la volonté du Fondateur que le Patronage demeure attaché à la famille plûtôt qu'aux biens, avec leſquels il peut aiſément paſſer à des perſonnes tout-à-fait étrangeres, entre les
mains de qui ils peuvent venir par pluſieurs voyes, même par
des alienations forcées, telles que les decrets. De plus le droit
de Patronage étant regardé ſur le pied d'honneur, & ainſi apellé
dans le Droit Canon, ce Titre ſemble plus appartenir & plus
convenir aux perſonnes qu'aux choſes.

Cependant ſi la Chapelle étoit fondée pour être deſſervie
dans un Château ou dans une Maiſon, je croy qu'il ſeroit juſte
d'attacher le Patronage à cette Maiſon ou à ce Château, ſuivant
le Chapitre *Ex litteris ext. de jure Patron.* qui donne au Fermier
d'une Metairie dans laquelle une Chapelle étoit fondée, le droit
de la conferer, à l'excluſion du Convent à qui la Metairie
appartenoit, & qui avoit toûjours conferé la Chapelle ; ce
Chapitre ne marquant d'autre raiſon pour le Fermier, ſinon que
la Chapelle étoit fondée pour être deſſervie, dans la Metaire
dépendante de la Ferme, ſemble établir que la fondation d'une
Chapelle dont le ſervice doit être fait dans un lieu particulier
rend le Patronage réel.

Je remarquerai à ce propos, que l'Arrêt & le ſentiment de
Mr. Maynard au Liv. 2. Chap. 2. paroiſſent fort extraordinaires
à l'égard des Sequeſtres, à qui ſuivant cet Arrêt le droit de conferer appartient à l'exemple des Fermiers ; car qui ne voit d'abord
la difference qu'il y a des uns aux autres. Les Fermiers ſont les
maîtres abſolus ou les proprietaires des fruits ſans obligation d'en
rendre compte à perſonne ; Les Sequeſtres n'ont que le droit
de percevoir les fruits, & de les garder pour les rendre au Debiteur

biteur ou au Creancier aufquels ils en font comptables, d'où il
me femble qu'il s'enfuit clairement que le droit de Patronage
doit appartenir au Debiteur, comme tous les fruits lui appartiennent jufques à l'expedition du decret & mife en peffeffion :
il eft vrai que les autres fruits attendent en la main des Sequef-
tres, que l'evenement ait decidé du fort qu'ils doivent avoir;
au lieu que la Collation ne peut ni ne doit attendre, puifque
d'un côté le tems en eft borné, & que de l'autre n'augmentant
pas les biens du Debiteur, ce n'eft pas le cas d'attendre & de
referver pour faire fonds à la diftribution.

La comparaifon & l'exemple du Fermier tirent bien plus à
confequence pour le mary de la femme Patrone qui s'eft conftitué tous fes biens; Je trouve cependant que plufieurs Auteurs
. de marque, & entr'autres un Confeiller de nôtre Parlement
Benedictus, fur le Chapitre *Raynutius*, *in verbo*, *cætera bona
num.* 37. croïent qu'en ce cas le Patronage ne vient pas au
mary, parce que fi la Collation eft comptée parmi les fruits,
elle n'eft point de ces fruits vraiment & proprement fruits ou
revenus qui font donnez au mary pour la fupportation des charges du mariage, lefquels fans difficulté lui appartiennent; mais
qu'elle ait un fimple honneur qui n'eft point prefumé entrer dans
la conftitution, ce que le Panormitain fur le Chapitre dernier,
de Conceff. Præb. num 8. fuivi de Mornac fur la Loy 12. *ff. de
Pign.* approuve encore comme vrai, dit-il, autant que fubtil
& fin. Cela ne me paroît que trop fin & trop fubtil en effet,
& fubtilité à part, fi le Fermier qui n'eft nullement le maître
du fonds a le droit de conferer, à combien plus forte raifon le
mary regardé comme le maître de la dot & des biens conftituez, le doit-il avoir lorfque le Patronage eft réel & attaché
aux biens, fucceffion ou heritage; car fi le Patronage eft perfonnel; c'eft fans doute le cas de fuivre l'avis des Auteurs que
j'ai rapportez, ce qui eft purement perfonnel, ne paffant point
avec les biens.

J'obferverai encore fur le même fujet, que le 19. May 1699.
en la Grand'Chambre, au rapport de Mr. de Burta, Dôyen du
Parlement, tous les Juges demeurerent d'accord que la maxime

qui établit que le Patronage paſſe avec l'univerſalité des biens ,
ne regarde que l'heritier ou le donataire , ou autre qui tient lieu
d'heritier , & non l'acquereur à titre particulier , quoi qu'il le
ſoit de la plus grande partie des biens auſquels le droit de Patronage avoit été attaché. C'étoit dans le cas d'un beau-pere , qui
dans le contrat de mariage de ſa fille avoit vendu à ſon gendre
un domaine auquel étoit attaché le Patronage d'une Chapelle.
Le vendeur n'avoit peut-être pas retenu la trentiéme partie de
ce domaine ; car il s'en étoit ſeulement reſervé quelque piece
de terre , & quelque petite rente ; on crût cependant que n'ayant
pas nommément aliené le Patronage , il étoit preſumé ſe l'être
reſervé. On n'aime pas à favoriſer le changement de main , à
l'égard d'un droit qui originairement n'en changeoit point ,
comme il a été dit cy-deſſus ; ou qui n'en changeoit du-moins
que par la voye de la ſucceſſion naturelle , ce qui n'eſt point
proprement en changer. D'ailleurs lorſque ce droit vient ſi ſouvent à changer de main , en paſſant à diverſes familles ; ces divers & frequens changemens éloignent trop la main liberale qui
l'a merité , & la font perdre de vûë.

On donne quelquefois une marque plus ſolide & plus forte
de la reconnoiſſance dûë aux Fondateurs , pour le bien qu'ils ont
fait à l'Egliſe ; j'ai vû juger que leurs deſcendans pauvres devoient être nourris aux dépens de la Fondation. L'Arrêt fut
rendu en l'Audience de la Grand'Chambre le 4. Fevrier 1670.
en la cauſe & au profit de Maître Caillavel pauvre Prêtre , âgé
de 84. ans , auquel on adjugea la troiſiéme partie des revenus
d'une Chapelle fondée par ſon ayeul , à la charge de contribuer
au tiers des charges autres que le ſervice , quoique le Chapelain
ſoûtint poſitivement que le revenu n'étoit pas ſuffiſant pour le
ſervice , ſuivant la taxe de Toulouſe où la Chapelle étoit deſſervie : cet Arrêt eſt fondé ſur le Chapitre 28. *nobis ext. de jur.*
Patron. & le Canon 30. *Quicumque* 16. *quæſt.* 7. L'Egliſe ne
perd rien à de pareilles déciſions , capables de porter les Fidelles
à lui faire du bien ; il ne lui conviendroit pas d'ailleurs de n'être
pas reconnoiſſante , pour celui qu'on lui a fait , quand elle ne
trouveroit pas autant qu'elle peut y trouver ſon interêt dans ſa
reconnoiſſance.

CHAPITRE III.

Du Regrés.

LE Regrés qui eſt un droit peu favorable, introduit contre
l'eſprit & les regles de l'Egliſe ; eſt ſelon l'avis commun
des Auteurs, reſtraint & reſſerré au cas des Reſignations faites,
ou par un malade, ou par un accuſé, ou en tems de contagion,
ou *ex cauſa permutationis*, quand l'un des Copermutans ne peut
jouïr du Benefice qui lui a été donné en échange, ou enfin
ſous une penſion juſtement établie ; que le Titulaire refuſe de
payer. Ce dernier cas a parû faire quelque conſequence pour
le cas d'une penſion dont l'extinction a été convenuë moyenant
certaine ſomme qui n'a pas été payée, & qui ne peut l'être
attendu l'inſolvabilité du Debiteur. C'étoit une des queſtions
à juger en l'affaire portée ſur le Bureau de la Grand'Chambre
par Mr. de Boutaric rapporteur, le 19. Août 1678. d'entre
Me. Jean Arnaud, & Me. Jean Amat, dans l'eſpece que je vais
détailler.

Me. Jean Arnaud, Doyen du Chapitre de Saint Gilles,
reſigne en Cour de Rome ſon Doyenné, en faveur de Charles
Girard, ſous la reſervation de la penſion de 400. l. La penſion
mal payée donne lieu à une inſtance pluſieurs fois repriſe &
pluſieurs fois tranſigée & terminée par le payement des arrerages. Le Reſignant & le Reſignataire paſſent enfin une concorde d'extinction de penſion, moyenant la ſomme de 2000. l.
payable huit jour après l'omologation : Le Reſignataire cede à
prendre cette ſomme ſur ſon frere, le Reſignant ne pouvant en
être payé, la retrocede, & le Reſignataire lui cede de nouveau
à prendre ſur un autre qui l'accepte ſous des reſervations, au
moyen deſquelles il pretend enſuite qu'il eſt Creancier au lieu
d'être Debiteur. Le Reſignataire eſt contraint de mettre ſes
biens en generale diſtribution, & il ne paroît que trop qu'il n'y
a plus d'eſpoir ni de reſſource pour le Reſignant, à l'égard du

B ij

payement de la fomme convenue pour l'extinction de la penfion. Auffi prend-il le parti de demander le Regrés dans le
Benefice. Girard défend à la demande , & meurt après avoir
refigné à Amat , lequel intervient dans l'inftance , où il requiert , qu'il foit fait défenfes à Arnaud de le troubler. Celui-ci
demande contre Amat le Regrés qu'il demandoit contre Girard ,
fi mieux Amat n'aime lui payer les arrerages de la penfion , & là
penfion à l'avenir.

Arnaud fondoit fa pretention , fur ce que la fomme convenuë pour l'extinction de la penfion n'étant point payée , & ne
pouvant l'être par l'infolvabilité vifible du Debiteur ; On ne
pouvoit pas lui contefter qu'il ne peut revenir à demander la
penfion originairement établie. Que la concorde d'extinction
de penfion moyenant la fomme de 2000. l. payable huit jours
après l'omologation , devoit être préfumée contenir cette condition tacitement appofée à l'extinction , fi la fomme de 2000. l.
étoit payée , fans qu'il pût être oppofé qu'on ne doit pas facilé-
ment fuppléer & fous-entendre dans les actes , puifque dans
cette matiere même , & dans les cas de Regrés les plus établis ,
on fupplée & on fous-entend , ou que le Refignant n'a refigné
que fous la condition de la mort dont le menaçoit la maladie ,
la contagion ou l'acufation , ou qu'il n'a refigné que fous la
condition du payement de la penfion établie , ou enfin fous la
condition de la poffeffion & jouïffance du Benefice pris en
échange. Qu'il falloit de même fuppléer & fous-entendre dans
le cas prefent où l'homologation tout comme la concorde portant l'extinction de la penfion *mediante fummâ* , la condition
fous-entenduë fuivoit les termes fans peine & fans contrainte ;
Que rien n'étoit même fi jufte dans toute forte d'actes , que
d'étendre par des interpretations aifées & naturelles , les claufes
courtes & défectueufes : & de prêter ainfi , au befoin , des paroles à la bonne foy peu précautionnée , & à l'intention mal exprimée. Il ajoûtoit que fi on lui conteftoit la penfion , on ne
pouvoit lui contefter le Regrés , & que fi le Regrés étoit adjugé
dans le cas du refus du payement de la penfion convenuë , il
devoit être adjugé de même lors du refus du payement de la .

somme convenuë pour l'extinction de la pension : cette somme qui se trouvoit alors à la place & tenoit lieu de la pension éteinte, devant par conséquent en cas de refus de payement être regardée & réglée de même, & contre le Resignataire qui avoit éteint, & qui pour se garantir encore mieux du payement du prix de l'extinction, avoit mis ses biens en distribution generale, & contre le Resignataire de celui-ci, lequel n'avoit son droit que du premier Resignataire qui ne pouvoit le lui ceder au préjudice du droit de pension ou de Regrés du premier Resignant, d'autant plus que la Resignation avoit été faite depuis l'instance, sans doute connuë du second Resignataire.

On opposoit d'autre côté à toutes ces raisons, qu'il ne s'agissoit point ici d'examiner la bonne foy, ni la solvabilité du premier Resignataire ; que c'étoit un point étranger & indifferent à la cause, aussi-bien que la connoissance qu'on pretendoit qu'Amat avoit eu de l'instance ; mais que la question unique étoit si la pension avoit été veritablement éteinte par la concorde ; qu'on ne pouvoit nier qu'elle ne l'eût été, la concorde portant expressément extinction absoluë de pension, moyenant la somme de 2000. l. qui faisoit la charge & le prix de l'extinction ; mais qui ne la rendoit pas conditionelle, n'y ayant d'autre condition que celle du bon plaisir du Pape, necessaire pour épurer ce qu'un acte de cette nature peut avoir d'illicite & de simoniaque en lui-même. Que par la convention d'extinction de pension le Benefice étant une fois rendu à sa liberté naturelle, il ne devoit pas être remis par le défaut de payement dans une servitude odieuse ; Que le seul droit de demander ce payement demeuroit au Resignant qui avoit éteint, & qui devoit s'imputer de n'avoir sçû prendre toutes les precautions & seuretez necessaires. Qu'il étoit trop juste qu'il en fut de ce cas comme du cas d'une transaction ordinaire où l'on cede des droits pour une somme, & où au défaut du payement de la somme on ne peut revenir sur les droits cedez, à moins que la transaction ne porte, qu'en défaut de payement, le cedant reprendra ses premiers & ses entiers droits ; que les conditions sous-enten-

duës dans les cas ordinaires du Regrés ne tiroient point à consequence pour nôtre espece , puisque les Resignations en cas
de maladie , contagion ou accusation , sont avec beaucoup de
raison regardées comme donations à cause de mort , & par consequent conditionnelles selon les principes du Droit ; Que les
Resignations *ex causa permutationis* , n'étoient pas dans le
supplement de condition distinguées des autres échanges , où
toûjours est sous-entenduë la condition , que chacun des Copermutans pourra joüir de la chose qui lui est baillée en échange ;
& qu'enfin dans le Regrés , au cas de refus de payement de pension , on punit la mauvaise foy du Resignataire , en faveur du
Resignant qui retient sur le Benefice un droit que n'a plus celui
qui éteint la pension. Que faire revivre par des interpretations
cette pension éteinte , c'étoit veritablement l'établir , ce que
nul Juge , encore moins Juge Laïque , ne pouvoit faire , sous
pretexte de faveur ou d'équité , pareil établissement passant
même le pouvoir des Collateurs ordinaires , & demeurant uniquement reservé à l'autorité superieure du Chef de l'Eglise. On
opposoit encore pour réponse à la demande du Regrés ; Que
ce droit étant borné aux cas alleguez dans l'entrée de ce Chapitre , il ne faloit pas l'étendre à d'autres cas , sous pretexte de
raison approchante ; Que ce seroit d'un cas à l'autre , & pour
ainsi dire , de proche en proche porter la chose trop loin ; &
qu'il faloit resserrer plûtôt , ou du moins plûtôt fixer qu'étendre
les bornes d'un droit dont l'établissement , comme il a été dit ,
n'a pû se faire que par une espece d'usurpation , & en prenant sur
les plus anciennes , les plus pures & les plus canoniques regles
de l'Eglise ; sans compter qu'il y a trop de difference entre le
cas de l'extinction de la pension , & le cas de la pension même ,
à cause du droit , que comme il a été dit encore , est presumé
avoir retenu sur le Benefice le Resignant qui l'a établie , & dont
s'est dépouillé le Resignant qui l'a éteinte.

Sur ces raisons Amat gagna sa cause en tous chefs , & Arnaud
fut demis de la demande en Regrés , & en payement de pension ,
après partage porté en la Premiere Chambre des Enquêtes ;
Mr. de Frault étoit Compartiteur.

J'ai vû douter fi le Refignant étoit en droit de demander à rentrer dans fon Benefice, & de pretendre que les provifions de fon Refignataire font nulles, parce qu'elles ne contiennent point toutes les refervations faites par le Refignant dans la procuration *ad Refignandum*. Cette queftion fut amplement agitée en la Premiere Chambre des Enquêtes, au rapport de Mr. de Bertier dans le mois de Fevrier 1664.

Me. Vacquiés, Curé d'Efpis Les-Moyflac, avoit refigné fa Cure en faveur de Me. Jean Clari, fous la refervation de la penfion de la moitié des fruits, & le Procureur à Rome l'avoit demandée : le Revifeur effaça dans la fignature ces mots, *dimidiæ partis*, & par renvoi mit à la place ces autres, *tertiæ partis*. Le Refignant fe trouvant par-là mécompté d'une partie confiderable, de ce qu'il avoit efperé de retenir de penfion fur fon Benefice vouloit y rentrer, & debatoit de nullité les provifions de fon Refignataire, à la prife de poffeffion duquel il s'étoit d'abord oppofé.

Il s'appuyoit fur ce que les Provifions devoient contenir les conditions refervées dans les procurations, fans quoi la claufe *nec alias, nec aliter, nec alio quovis modo*, rend les provifions nulles, & comme non avenuës, par les raifons que rapporte Brodeau fur Loüet lettre B. nomb. 13. où il cite trois Arrêts du Parlement de Paris, qui condamnent les Refignataires à refigner en faveur de leurs Refignans les Benefices refignez ; par la feule raifon, que le Pape n'avoit pas voulu paffer des claufes & des conditions pareilles appofées dans les Procurations *ad Refignandum*, en des cas même où les Procureurs à Rome avoient refigné les Benefices, & demandé des provifions avec toutes les claufes contenuës dans les Procurations, que les Refignataires offroient encore d'executer dans toute leur étenduë. L'Auteur du Traité de l'Abus Livre 2. Chapitre 5. nombre 12. rapporte les mêmes Arrêts, à la décifion defquels il conforme fon fentiment : Ce que Dumoulin determine encore dans un cas plus fort, & où il fuppofe que les Provifions conformes à la Procuration refervent la moitié des fruits en faveur du Refignant ; mais où en défiance fur l'exécution, il demande des feuretez impoffibles à donner, que la penfion fera payée toûjours & fans reduction, tout comme fi la claufe étoit valide & legitime : Auquel cas Dumoulin *de inf Refig. n.* 14. a dit, que fi le Refignant fait cette demarche d'entrée, s'étant oppofé d'abord à la poffeffion de fon Refignataire, & ayant d'abord declaré qu'il ne veut abandonner fon Benefice qu'à cette condition, *tunc fatis apparet refignationem factam fub conditione impoßibili, & ideo nullam*, nulle par défaut de condition, & confequemment par défaut de volonté ; de maniere que le Refignant mourant dans les fix mois, fait vacquer le Benefice : A quoi cet Auteur ajoûte qu'il en eft de même de la claufe du Regrés, qui appofée à la Procuration & à la Provifion même, n'infirme point la Provifion, étant feulement rejettée comme vicieufe ; mais qui fait neanmoins que fi le Refignant ne fouffre pas d'abord tranquillement la poffeffion du Refignataire, & qu'il déclare au contraire qu'il ne veut pas abandonner fon Benefice, fi la claufe du Regrés, fur la validité de laquelle il a compté, n'eft en effet bonne & valable. *Tunc vacabit Beneficium per refignantis obitum tamquam refignatione factâ fub conditione impoßibili, & ideo nullâ.* Tant cet Auteur eft attentif à ce que la volonté du Refignant ne foit pas fraudée, même fur une condition illicite, par cet endroit, ou d'ailleurs impoffible, dont l'inexecution neceffaire ne met pas le Refignataire dans le tort ; mais qui doit neanmoins tout gâter & tout annuller, lors qu'il paroît que le Refignant n'auroit pas abfolument refigné fans cette condition, *non aliter contracturus*, tout comme la condition impoffible appofée à une ftipulation & convention ordinaire, la gâte & l'annulle.

A toutes ces raifons il étoit répondu de la part de Clari Refignataire, que le défaut de condition n'infirme & n'emporte pas toûjours ce à quoi elle eft appofée. Que par la Loy 3. au §. 5. *ff. quand. dies leg. vel fia'. ced.* fi on legue à quelqu'un fous la condition d'époufer certaine perfonne, le legs vaut encore que le Legataire ne l'époufe point, s'il tient à elle qu'il ne l'époufe ; & la condition qu'il n'a pas tenu au Legataire de remplir, eft préfumée remplie, comme auffi par la Loy 10. *Cod. de cond.*

cond. ob cauf. dat. fi on donne de l'argent à quelqu'un, afin qu'il faffe quelque chofe qu'il n'a pas enfuite tenu à lui de faire, on n'eft pas en droit de repeter l'argent donné ; fur quoi la Glofe Marginale établit cette regle, qu'il n'y a pas de lieu au repentir, lorfque la condition eft remplie, ou préfumée remplie, telle qu'eft la condition qui ne peut être remplie. *Pænitere non licet poſt impletam, vel quaſi impletam conditionem quia conditio pro impleta habetur, quæ nullo modo impleri poteſt ;* à quoi ne peut être oppofée la Loy 31. *ff. de oblig.* d'où l'on tire la maxime que les conditions impoffibles appofées aux ftipulations & autres actes entre-vifs, les annullent ; cette Loy n'étant que dans le cas d'une condition abfolument & naturellement impoffible : *fi cœlum digito tetigero,* où il y a lieu de regarder la ftipulation comme un jeu, plûtôt que comme une affaire ferieufe, & de préfumer que le deffein des Parties a été de ne rien faire, lors qu'ils ont contracté fous des conditions qu'ils fçavoient être impoffibles, ce qui eft un cas bien different du nôtre, où la condition n'eft pas tant impoffible de fa nature qu'illicite ou irreguliere, & où le Refignant eft prefumé avoir eu la volonté ferieufe & abfoluë de refigner fon Benefice en faveur de celui qu'il a nommé, & du refte, fous les conditions appofées à la Procuration, autant que fa Sainteté les trouvera juftes & canoniques. Le fens de ces paroles *non alias non aliter, nec alio quovis modo,* devant être reduit *ad legitimum modum :* A quoi eft conforme le fentiment de Chopin Liv. 3. *de fac. polit. tit.* 2. *num.* 16. *&* 17. & celui de Rebuffe *in Praxi de Refign. cond. num.* 23. *& feq.* où il dit formellement que l'on n'impute point au Refignataire ni au Procureur, fi le Pape ne reçoit point la penfion fous la refervation de la moitié des fruits, & que le Refignant ne fera point en droit de fe plaindre, parce que ce n'eft point aux Parties qui ont recours au Pape à lui faire la loy ; mais plûtôt à la recevoir de lui, & que toutes les refervations ne fe faifant que fous fon bon plaifir, il eft en droit de rejetter celles au moins qui font contre les Loix, dequoi Rebuffe rapporte même un Arrêt du Parlement de Bordeaux, rendu en l'année 1552.

On ajoûtoit à toutes ces raifons, & pour réponfe particuliere

aux Arrêts rapportez par Brodeau & par Fevret, que le cas de
ces Arrêts étoient encore bien differents du nôtre, puifque dans
l'un des cas, la penfion avoit été non feulement reduite, mais
abfolument rejettée, & que dans les autres le Pape avoit rejetté
ou la fimple refervation des honneurs, ou celle de la jouiffance
de la maifon du Benefice ; refervations plus legitimes, & qui
bleffoient moins nos mœurs & l'interêt public que la refervation
de la moitié des fruits d'un Benefice Curé de revenu modique,
ce qui faifoit encore une autre difference avec les cas des Arrêts
de Paris, rendus au fujet des Benefices très-confiderables, & qui
n'étoient point chargez du foin des ames.

Sur ces raifons il paffoit d'abord à maintenir le Refignataire,
lors qu'un point étranger à la queftion (c'étoit l'omiffion que
ce Refignataire avoit fait de remettre ces capacitez,) amena
enfuite les Juges à un partage, lequel fut porté à la Seconde
par Mr. de Bertier Rapporteur, & moi Compartiteur ; & fur la
remife des capacitez faite dans l'intervale, l'affaire ayant été
renvoyée à la Premiere, *cum libera*, c'eft-à-dire, avec la liberté
d'opiner de nouveau : le Refignant qui fentit qu'il alloit perdre
fon procés trouva bon de s'accommoder, de maniere qu'il n'y
eut point d'Arrêt.

Mais j'ai vû pareille queftion depuis jugée en faveur du Refignataire, & fuivant la Doctrine de Chopin & de Rebuffe, &
dans un cas bien plus fort que le precedent. C'étoit le cas d'une
Cure refignée fous la refervation de la troifiéme partie des fruits,
dans un tems où la rigidité du Pape, conforme cependant à
l'Efprit Primitif. de l'Eglife & à l'ancienne Jurifprudence Canonique, rejettoit tout établiffement de penfion fur les Benefices à
charge d'ames. Le Refignant qui n'avoit fait fa Procuration
ad refignandum, que fous la condition de la refervation de la
penfion, demandoit fon Regrés par le défaut de l'accompliffement de la condition. Le Regrés lui fut refufé par Arrêt prononcé en l'Audience de la Grand'Chambre, le 10. Fevrier 1698.
par Mr. le Préfident Riquet, plaidans Me. Baftard pour Solier,
& Me. Montaudier pour Meaux. Le Refignataire offroit au
Refignant de lui payer la penfion qu'il avoit voulu fe referver.

La Cour ne crût pas devoir entrer là dedans. Ainfi on ne voulut pas même inferer dans l'Arrêt ces mots, *demeurant le Regiftre chargé de l'offre, &c.* comme il auroit été naturel de le faire dans une autre matiere ; On fut retenu par la crainte d'établir une penfion, dequoi on ne voulut point s'atribuer le pouvoir, qu'on crût refervé, comme il a été dit cy-deffus, à l'autorité unique du Pape : égard & delicateffe que n'eut pas le Parlement de Provence, qui fuivant l'Arrêt rapporté par Boniface, dans le cas d'un Regrés demandé après une Refignation fimple & fans refervation, en refufant le Regrés, condamna le Refignataire à payer une penfion au Refignant. Il eft vrai que dans nôtre cas il paroiffoit que le Refignant qui avoit un titre Clerical & d'autres biens, pouvoit fe paffer de la penfion, fans quoi peut-être la faveur, la commiferation, une volonté plus juftement prefumée, que le Refignant n'avoit voulu abfolument fe depouiller, que fous la refervation d'une penfion trop neceffaire, auroient meu la Cour à lui octroyer un Regrés dont il auroit eu befoin pour vivre ; mais cette raifon de commiferation ceffant, les Maximes cy-deffus établies determinerent les Juges plus que les pretendus acquiefcemens du Refignant.

CHAPITRE IV.

Du Regrés de celui qui a refigné dans le cas de vieilleffe ou maladie.

LEs principes qui viennent d'être établis dans le Chapitre precedent, & d'où il paroit que le Regrés n'eft pas tout-à-fait favorable, n'ont pas empêché de l'adjuger à un Oncle, qui à caufe de fa vieilleffe & du tremblement de fes mains avoit refigné à fon Neveu. La vieilleffe étant un mal qui ne fait qu'empirer toûjours, & dont la mort eft le feul remede ; le Refignant qui demandoit les Regrés n'avoit pû en guerir ; mais il étoit gueri de l'autre, & c'eft là-deffus qu'il demandoit de rentrer dans fa Cure, dont il ne s'étoit, difoit-il, dépouillé qu'à caufe que ce tremblement de mains qu'il n'avoit plus , l'empêchoit alors de celebrer la Messe , & d'administer même une partie des Sacremens.

Il sembloit d'abord que ce n'étoit pas le cas du Regrés , & que l'une des infirmitez exposées subsistant toûjours incurable , devenuë même plus grande , & l'autre separée de la premiere , n'étant pas de ces infirmitez qui vont à la mort , ce n'étoit donc point là qu'il falloit presumer que le Resignant avoit voulu donner ce Benefice en cas de mort , & le retenir ou le reprendre en cas de convalescence , puisque le Resignant n'avoit pû esperer de guerir de l'une de ces infirmitez , ni craindre de mourir de l'autre.

On crût cependant qu'une infirmité de cette nature qui mettoit le Beneficier hors d'état de servir son Benefice , devoit faire le même effet , qu'une maladie ou quelqu'autre danger qui auroit menacé de le lui ôter , & qu'il falloit même plus particulierement par la liberté du Regrés inviter à la Resignation ceux qui ne se trouvent pas en état de servir les Benefices , les Benefices sur tout chargez du soin des ames. L'Arrêt est du 30. Janvier 1680. d'entre Roques Oncle , Curé de Lachan , & Roques Neveu , plaidans Me. Pagés pour l'Oncle , & Décamps Procureur ; insistant que sa Procuration avoit pris fin par une cedule évocatoire , à laquelle on crût qu'il n'y avoit lieu d'avoir égard.

Le Regrés fut encore adjugé en la Grand'Chambre le 12. Septembre de la même année 1680. dans le cas d'une Resignation faite par un Beneficier , qui dans sa Procuration *ad Resignandum* , avoit exposé qu'il étoit *in infirmitate constitutus* , quoique la Procuration eût été passée chez le Notaire où le Resignant s'étoit rendu , & qu'il fût établi & prouvé par la pointe du Chapitre où étoit la Prebende resignée , que ce même Resignant avant & aprés la Resignation l'avoit servie avec assez d'assiduité , & qu'il ne fit apparoir de sa maladie par nul Certificat , nulle ordonnance de Medecin , & par nul compte d'Apoticaire.

On opposoit à la demande du Regrés , la consequence dangereuse qu'il y avoit à en croire sans nul fondement , & contre

toutes les apparences, la simple énonciation de la Procuration,
ce qui tendoit à introduire la succession hereditaire des Benefices ; puisque les Titulaires, malades & gueris, selon que les
évenemens le leur feroient trouver à propos, pourroient toûjours
assurer les Benefices à quelqu'un de leurs parens ou amis, au
moyen des frequentes Resignations que leur donneroit lieu de
faire trop aisément la facilité du Regrés, ouvert par la seule
énonciation d'infirmité : facilité si grande qu'elle pourroit
tourner en une espece de jeu indigne d'un sujet aussi serieux.

Le Regrez fut neanmoins adjugé par la raison que la maladie
étant énoncée dans la Procuration & dans la Provision, il étoit
mal-aisé de les convaincre de fausseté, puisque les maladies &
les infirmitez du corps se font plus sentir que voir, & que les
Medecins n'en jugent souvent que sur ce que les Malades mêmes disent qu'ils ressent. Il y a même d'assez grandes incommoditez, qui sans produire nul changement exterieur, permettent le mouvement & l'action ; comme il y a d'ailleurs des malades qui n'ont jamais, ou qui n'ont qu'à toute extrémité recours
aux Medecins & aux remedes. Une grande & longue Maladie
que l'on convenoit que le Resignant avoit eu quelque mois aprés
la Procuration, pouvoit aider à croire que le Resignant étoit de
ce caractere, & que sans se ménager ni recourir aux remedes, il
s'étoit traîné jusqu'à ce tems-là, outre qu'on peut prétendre que
le Resignataire qui se sert d'une Resignation, qui contient l'exposé de maladie, n'est pas recevable à le démentir & à le de-
battre ; Quelques-uns des Juges ajoûterent qu'il suffisoit pour
le Regrez que le Resignant se fût crû malade, puisque sans
compter, que se croire sans fondement malade est une espece de
maladie ; il suffisoit que par l'effet d'une imagination blessée le
Resignant fût frappé de la crainte de mourir, & qu'il n'en falloit pas davantage pour le Regrez, comme on peut aisément
voir dans l'exemple de la Resignation faite dans le cas de l'accusation même injuste.

On fit peu d'attention sur une seconde raison alleguée pour le
Regrez, que le Resignant avoit été fait Prêtre sous le Titre du
Benefice resigné, dequoi cependant la Resignation ne faisoit

nulle mention. Comme ce Refignant étoit d'ailleurs riche, on ne donna guere dans cette raifon, ou plûtôt on crut ici la queftion fuperfluë. Les Parties étoient un Prebandier de l'Eglife de Touloufe, & Me. de Beauvoir fon Neveu, Mr. de la Porte Sainte Lieurade étoit Rapporteur.

On a douté fi la preuve de la maladie du Refignant au tems de la Refignation fuffifoit pour le Regrez, lors que la maladie n'étoit pas d'ailleurs énoncée dans la Procuration, comme il vient d'être établi, que l'énonciation de la maladie fuffit fans preuve. Cette queftion fe prefenta en l'Audience de la Premiere Chambre des Enquêtes en la caufe de Me. Donnaut Curé de Saint Nicolas de Touloufe, & Me. de Maguelonne de Courtaulin fon Refignataire.

L'Oncle demandeur fe fondoit fur ce qu'il étoit veritablement malade lors de la Procuration, *ad Refignandum*, & quoi qu'il n'y en fût point fait de mention, il prétendoit que prouvant & juftifiant ce fait par des Ordonnances des Medecins & des Livres d'Apoticaire, il le prouvoit mieux, & confequemment établiffoit mieux le droit de Regrez, que ne l'établit une fimple énonciation de maladie dans une Procuration.

Le Neveu Refignataire fe deffendoit fur ce deffaut d'énonciation. Il prétendoit que c'étoit une marque bien fenfible, ou que le Refignant n'étoit pas veritablement malade, ou que dans la Refignation il n'avoit point eu fa maladie en vûë, & qu'ainfi la Refignation ne pouvant être regardée en ce cas comme donation à caufe de mort, ce n'étoit pas le cas du Regrez, qui n'eft accordé qu'à ce titre à celui qui refigne, *in infirmitate conftitutus*.

Il étoit repliqué de la part du Refignant, que le deffaut d'énonciation de maladie étoit ici une omiffion pure, d'où l'on ne pouvoit inferer que le Refignant ne fût pas malade ; le contraire étant verifié par une preuve litterale, mais d'où l'on ne pouvoit inferer même que le Refignant n'eût point fa maladie en vûë, puifque l'omiffion d'une énonciation fi naturelle pouvoit être l'effet même du trouble que lui caufoit cette vûë, fans quoi il n'auroit pas apparemment omis une précaution qui lui donnoit une liberté dont il pouvoit fe fervir, ou ne fe fervir pas, outre que cette omiſſion pouvoit être auſſi l'effet de la confiance du Reſignant en la bonne foi du Reſignataire, ou encore du peu d'eſperance que la maladie laiſſoit au premier, d'être jamais en état de faire uſage de la qualification de malade. Il ajoûtoit qu'on pouvoit comparer en ce point la Reſignation d'un malade à la Reſignation d'un Prevenu de crime, où l'accuſation n'a ſans doute pas beſoin d'être énoncée, & ne l'eſt guere à cauſe de la preſomption qu'une énonciation pareille pourroit donner contre l'innocence du Reſignant.

Meſſieurs les Juges eurent égard à ces raiſons, & crurent que la verité, quoi que non énoncée, ne devoit rien perdre de ſes droits & de ſes avantages, & qu'il ſeroit peu raiſonnable que la preuve litterale ne lui ſervit pas autant que l'énonciation ; ainſi le Reſignant gagna ſa cauſe, & le Regrez lui fut adjugé par Arrêt prononcé par Mr. le Preſident de Catellan mon neveu. Il y avoit dans l'eſpece des adminicules qui pouvoient aider à établir, que le Reſignant avoit voulu reſigner comme malade, mais on s'arrêta fort à la Theſe, & l'on ne deſcendit guere dans les cir-conſtances. Mais ſi la Procuration *ad Reſignandum* ne parle point de maladie, on a douté ſi le Reſignant peut en demander la preu-ve par témoins en défaut d'autre, generalement on admet à cet-te preuve des faits qui décident, & dont la preuve eſt poſſible ; cette preuve fut neanmoins en pareil cas refuſée par Arrêt rendu le 20. Juin 1690. plaidant Me. de Vic pour Me. Margouet Curé de Launac, & Me. Cauſade pour l'ancien Curé du même Lieu, Demandeur en Regrez. L'ancien Curé demandoit d'être admis à la preuve du fait allegué, qu'il avoit de grands vertiges dans le tems de la Reſignation par où il avoit été mû à reſigner, & dont il étoit enſuite gueri ; outre la conſequence pour la ſanté du Reſignant en ce tems-là priſe de l'omiſſion de parler de maladie dans la Procuration *ad R. ſignandum*, il étoit encore établi par les Baptiſtaires & Mortuaires de la Pareiſſe, que ce Reſignant avoit vers le même tems fait les fonctions Curiales, de baptiſer & d'enterrer, ſurquoi le Défendeur ramenoit la regle triviale, *contra ſcriptum teſtimonium, non ſcriptura non admittitur :* Ces conſiderations déterminerent au refus de la preuve, quoi que le

Demandeur opposât que ces fonctions faites en des momens plus
libres , & neanmoins avec effort & contrainte , n'établissoit point
qu'il n'eût vers ce tems-là même de vertiges , juste motif de Resignation , qui n'étant plus , lui donnoit lieu de demander le Regrez , on crût cependant trop risquer d'admettre en de pareilles
conjonctures la preuve d'un fait aussi peu marqué , & par-là aussi
équivoque que celui d'un mal de cette nature , dont la Procuration *ad Resignandum* ne paroit pas , & dont il pouvoit aussi peu
paroître que le Resignant fut gueri.

CHAPITRE V.

Du Titre Clerical.

LE Titre Clerical étant établi pour empêcher que les Minis-
tres des Autels ne déprisent & n'avilissent leur Ministere par
la mendicité, merite d'être favorablement accüeilli. J'ay veu cependant dans nôtre Parlement quelque inégalité de Jurisprudence sur cette matiere.

A mon Rapport le 24. Juillet 1662. il fut jugé que le Titre
Clerical étoit bon & valable contre les creanciers posterieurs du
Pere, quoi qu'il n'eût été ni publié ni insinué. La raison de l'Arrêt fut que le Concile de Trente au Chap. 2. de la 2. Session *de
Reform*. & l'Ordonnance d'Orleans , Art. 12. ne parlant ni de
Puplication ni d'Insinuations ; cette obligation est une surcharge qu'il ne faut pas imposer à une chose aussi favorable que le Titre Clerical. L'Arrêt fut rendu au profit de Jean-François de
Saint Gaudens , Prêtre , fils & heritier de Bernard de Saint Gaudens qui avoit fait le Titre Clerical. Il y avoit même dans le détail de l'espece de cette Affaire une circonstance desavantageuse
pour la prétention du Prêtre : Il se trouvoit pourvû d'une Cure
de 800. liv. de rente , & la Session 21. du Concile de Trente ne
prohibe l'alienation du Titre Clerical que jusqu'à ce que le
Prêtre soit pourvû de quelque Benefice , *donec Beneficium Eccle-
siasticum adepti sint Clerici* , comme il paroit par-là que l'acquisition

tion d'un Benefice ôte au Titre Clerical la faveur que le befoin lui donnoit auparavant ; il fembloit aufli qu'on devoit en nôtre cas faire valoir les creances pofterieures du pere au préjudice du Titre Clerical d'un Prêtre devenu affez riche Beneficier : On ne s'arrêta pas à cette confideration par la raifon que le Clerc peut refigner ou perdre fon Benefice , & par-là fe voir reduit à l'état contre lequel la precaution du Titre Clerical a été fi fagement établie.

J'ai vû juger une autrefois tout de même en la Grand'Chambre le 22. Novembre 1667. que le Titre Clerical étoit bon contre les creanciers pofterieurs du pere , quoi que le Prêtre eût une bonne Cure , & qu'il eût été 21. an fans joüir de fon Titre.

Il fut jugé quelque chofe de plus fort en faveur du Titre Clerical le 24. Fevrier 1663. au Rapport de Mr. de Mauffac , & au profit de Me. Pechantré Prêtre. Le Titre Clerical non-feulement n'avoit été ni publié ni infinué , mais Pechantré Clerc , foudain aprés la conftitution du Titre qui lui avoit été faite par fon frere , comme heritier du pere , s'en étoit départi en faveur de ce même frere , qui avoit enfuite vendu le fonds auparavant affigné en conftitution du Titre. Le tiers acquereur en avoit joüi plus de trente ans en confequence de cette vente. Pechantré Prêtre , le vendiquoit comme Titre Clerical.

La raifon de l'Arrêt fut que la promotion du Clerc aux Ordres facrez eft regardée comme un Mariage fpirituel avec l'Eglife , le Titre Clerical comme fa dot , & par-là les actes qui dérogent à ce Titre comme des contre Lettres ; ainfi , comme nuls aufli-bien que la vente confequemment faite d'un fonds regardé comme dotal , & fur ce pied inalienable & imprefcriptible durant le Mariage , c'eft-à-dire , durant la vie du Prêtre qui tient la place de l'Epoufe , que les Loix ont tant de foin d'empécher qui ne foit renduë indotée. Mais , (pour parler fans allegorie & fans figure ,) fi ces actes dérogatoires étoient autorifez , il feroit trop aifé de tromper l'Eglife , & de rendre inutile fa prevoyance fur les moyens de mettre fes Miniftres à l'abri d'une mendicité honteufe.

L'Arrêt n'eft qu'interlocutoire. Il ordonne feulement qu'avant dire droit Pechantré remettra ſes Lettres de Soûdiaconat, mais il prejuge tout-à-fait la Queſtion ; Mrs. les Juges n'ayant eu d'autre intention que celle de voir ſi l'Evêque avoit Ordonné‧ſur la foi du Titre, & (pour reprendre la figure,) ſi le Mariage avoit été contraſté ſur la foi de cette conſtitution. En effet, Pechantré ayant depuis remis ſes Lettres de Soûdiaconat, qui juſtifioient qu'il avoit été ordonné *ſub Titulo patrimonii*, il fut maintenu dans les biens conſtituez, & poſterieurement vendus, l'Arrêt eſt du mois d'Août 1664. au Rapport du même Mr. de Mauſſac.

J'ai vû juger contre la diſpoſition des Arrêts precedens, que le Titre Clerical non inſinué ni publié, n'étoit pas bon & valable à l'égard des creanciers poſterieurs du pere, aprés partage intervenu en la Grand'Chambre en l'année 1686. Mr. de Joſſé Lavreins Rapporteur, & Mr. Delong Compartiteur. L'ignorance & la bonne foi des creanciers qui contractant avoient ignoré & pû ignorer ce Titre, lequel au fonds eſt toûjours une eſpece de donation & de liberalité, & les fraudes que l'on pourroit par ce moyen faire à des creanciers, à couvert deſquels on pourroit d'avance chercher à ſe mettre par ces conſtitutions de Titre, furent les motifs de l'Arrêt.

A l'égard des creanciers anterieurs du Conſtituant, il eſt bien ſûr que le Titre Clerical non publié ni inſinué ne leur peut nuire, mais on a douté ſi lors qu'il eſt publié, & que les creanciers ne s'y ſont point oppoſez, ils ont perdu leur priorité & le privilege du tems, & donné au Titre Clerical le pas ſur leurs creances.

Il fut jugé que la denonce & l'oppoſition n'étoient point neceſſaires pour la conſervation du rang des creances anterieures, à mon rapport en la Premiere Chambre des Enquêtes aprés Partage vuidé à la Seconde. La raiſon deciſive de l'Arrêt, fut que l'Ordonnance d'Orleans, Art. 12. ne fait que declarer le revenu du Titre Clerical non ſujet à aucunes hipotheques depuis la promotion du Clerc aux Ordres, par où les creances anterieures demeurent abſolument ſans atteinte.

Mais au mois de Decembre 1693. au Rapport de Mr. de Mua

en la Grand'Chambre, dans un Procez où il s'agiſſoit de l'allocation du Titre Clerical dans une diſtribution de biens, dans laquelle il y avoit des creanciers anterieurs & poſterieurs au Titre, Serres en faveur de qui il avoit été conſtitué, fut alloüé ſur les biens du jour de l'inſinuation, & avant dire droit ſur la diſtraction par lui demandée, il fut ordonné que Serres feroit apparoir de la publication au Prône, par où il fut prejugé que la publication nuiſoit aux creanciers anterieurs qui ne s'oppoſ[?]ient point, & que l'inſinuation étoit neceſſaire, & ſeule ſuffiſoit pour donner privilege au Clerc ſur les creanciers poſterieurs, qui par l'inſinuation pouvoient avoir eu connoiſſance de la conſtitution du Titre, tout comme l'inſinuation d'une donation ordinaire eſt neceſſaire & ſuffiſante contre les creanciers poſterieurs du Donateur.

Et depuis dans la diſtribution des biens de Saporta pere, au Rapport de Mr. de Lafont, la joüiſſance de deux Maiſons données à Saporta fils par ſon pere pour Titre Clerical, publié dans la Paroiſſe S. Eſtienne de Touloufe, où les maiſons étoient ſituées, fut delaiſſée à Saporta fils, ſa vie durant, & la proprieté miſe ſeulement dans le blot de la diſtribution, quoi que preſque tous les creanciers fuſſent anterieurs.

Aprés avoir examiné attentivement cette matiere, & tâché d'entrer dans l'eſprit du Concile, de l'Ordonnance & des Arrêts, il me ſemble qu'il y a lieu de faire une grande difference ſur ce ſujet entre la proprieté & l'uſufruit. Le ſeul uſufruit pourvoyant aux beſoins du Prêtre, & rempliſſant la vûë qu'ont eu le Concile & l'Ordonnance dans l'établiſſement du Titre Clerical, le Prêtre doit être extrêmement favoriſé dans l'uſufruit, mais on peut dédommager un peu les creanciers ſur la proprieté.

Cette conſideration & les principes ci-deſſus établis me porteroient à faire pluſieurs diſtinctions ſur cette matiere. A l'égard des creanciers du Prêtre même, & encore anterieurs, je jugerois que le Titre Clerical eſt bon quant à l'uſufruit, quoi que non inſinué ni publié, regardant toûjours dans ce Mariage ſpirituel le Titre Clerical comme la dot donnée au Prêtre pour ſoûtenir ſon caractere, & en ſa perſonne à l'Egliſe, qui eſt preſumée en

D ij

joüir avec lui jufqu'à la mort du Prêtre , qui feule diffout ce Mariage. Jufques-là donc les creanciers du Prêtre ne peuvent donner nulle atteinte à l'ufufruit du Titre Clerical , & par-là au
droit de l'Eglife , tout comme la conftitution qui feroit faite à une
femme & à fon futur époux , ne feroit point fujette aux creanciers anterieurs de la femme durant la vie de l'époux , & toute la
difference qu'il y a de l'un à l'autre , c'eft qu'ici la mort du Prêtre,
la feule mort qui peut diffoudre le Mariage , & qui le diffout
fans nul gain & fans nul droit de furvie pour l'Eglife , rend infail-
liblement aux creanciers du Prêtre leur droit & leur hipotheque
fur la pleine proprieté des biens qui avoient été conftituez.

Pour ce qui eft des creanciers du Conftituant , je croi que fi le
Titre n'eft publié ni infinué , il ne doit nuire aux creanciers
pofterieurs qu'à l'égard de l'ufufruit feulement , qui doit être refervé au Prêtre durant fa vie. Je l'ai vû ainfi juger en la Grand'-
Chambre le 16. Juillet 1677. au Rapport de Mr. de Boutaric.

Mais à l'égard des creanciers anterieurs du Conftituant , je
m'en tiendrois precifément & litteralement à l'Arrêt rendu au
Rapport de Mr. de Lafont , & je jugerois qu'il faut donner à leur
préjudice même , l'ufufruit au Prêtre lorfque le Titre a été publié
dans les lieux & dans la Parroiffe où les biens font fituez. Il femble que cela met affez les creanciers dans le tort & dans la negligence , pour pouvoir les priver de l'ufufruit durant la vie du Prêtre ; Et d'ailleurs , l'Eglife n'ayant pas de moyen meilleur pour
affurer le Titre qui eft fait au Prêtre , & fur la foi duquel elle
l'Ordonne , il faut que ce moyen l'affure , quant à l'ufufruit , contre les creanciers anterieurs qui ont demeuré dans le filence , &
n'ont pas découvert leurs hipotheques.

J'ajoûterai fur cette matiere encore un Arrêt rendu au Rapport de Mr. de Crozat en la Troifiéme Chambre des Enquêtes ,
par lequel les revenus d'une Chanoinie , fous le Titre de laquelle
ou d'une Chapelle , depuis échangée avec cette Chanoinie , le
Clerc avoit été promû , ayant été faifis par fes creanciers , & celui-ci demandant la caffation & main-levée , ou qu'il lui fut adjugé 300. liv. fur la Chanoinie , il ne fut neanmoins adjugé que
cent liv. à l'Ecclefiaftique. La raifon de l'Arrêt fut que cent liv.

ſuffiſoient pour la conſtitution du Titre Clerical, qu'on avoit donc crû que cette rente faiſoit pour la ſubſtance abſoluë du Prêtre, & pour le mettre à l'abri de la mendicité, vûë unique de l'introduction des Titres Clericaux, ainſi raiſon unique de leur faveur & de l'intereſt qu'y prennent l'Egliſe & le Public, après quoi il eſt juſte que les creanciers reprennent la faveur naturelle des creances legitimement établies, qui ne permet pas de les obliger à laiſſer 300. livres quittes, comme on y oblige les penſionaires, à l'égard du Chanoine titulaire. Ainſi toute la faveur & tous les privileges des Titres Clericaux ſe reduiſent à peu de choſe au fonds, puiſque cela roule ſur l'uſufruit de cent livres de rente, tout le reſte demeurant dans le droit commun.

CHAPITRE VI.

De l'Accuſation de revelation de Confeſſion, ſi c'eſt delit Commun ou Royal.

CEtte queſtion a été agitée en l'Audience de la Grand'-Chambre le 16. Fevrier 1679. Plaidant Me. Lauſe pour le Sindic des Iſles de Cabardés ; Et Me. Gourdon pour le Curé dudit Lieu, prononçant Mr. le P. Preſident Ficubet. Voici le fait.

Le Sindic des Iſles de Cabardés preſente devant l'Official de Carcaſſonne Requête en plainte contre le Curé du Lieu, & ſur l'information, pluſieurs Témoins dépoſent que le Curé avoit declaré à la femme d'Eſtienne Roüeyré, que Jean-Pierre Roüeyré ſe confeſſant à lui, s'étoit accuſé d'avoir mis en pieces le banc que cet Eſtienne Roüeyré avoit dans l'Egliſe, ſurquoi il ne lui avoit voulu donner l'abſolution, qu'après la promeſſe faite par le Penitent, qu'il repareroit le dommage & payeroit la valeur du banc. Les Témoins ajoûtent que cet indiſcret Miniſtre de l'Egliſe voulant cependant mettre à profit pour l'Egliſe même, l'abus qu'il faiſoit de ſon miniſtere, avoit conclu de la cri-

minelle confidence qu'il faisoit à cette femme, qu'il falloit qu'elle donnât à l'Eglise la valeur du banc qui lui seroit renduë. Sur
cette plainte & information l'Official rend Sentence qui condamne le Curé à passer trois années dans le Seminaire. Le Curé est
appellant au Metropolitain qui le relaxe & condamne le Sindic
à la restitution du raport de la Sentence de l'Official, avec la
contrainte par corps. Le Sindic est appellant comme d'abus
des Sentences de l'Official & du Metropolitain.

Il fondoit son appel sur ce que le Juge d'Eglise n'est pas
competant pour connoître du crime de revelation de confession,
cas si grave, d'un interêt si public, & d'une si grande consequence, que la connoissance en doit être reservée au seul Juge Royal, qui seul peut avoir en main les peines que ce cas
merite. Pour preuve, il ajoûtoit que la degradation du Prêtre
étant une des peines dont les Canons avoient voulu punir des
revelations pareilles. *Can. 2. Sacerdotes 33. qu. 3. distinct. 6.*
de pœn. & cap. 12. §. ult. ext. de pœnit. & remiß. Le Prêtre
revelant doit consequemment être regardé comme déchû dés
privileges de l'Ordre, & par là de celui d'être jugé par le Juge
d'Eglise. Que ce crime est en effet si grand que selon l'esprit
du chap. 2. *Sacerd. ext. de Offic. Jud. ordin.* pour ne pas divul-
guer, ou donner à connoître, même par un simple indice, un
secret aussi inviolable, le Prêtre doit admettre à la Ste. Table
celui dont la confession vient de lui découvrir quelque action
ou quelque habitude criminelle qui l'en rend absolument indigne, par où il doit donc en lui donnant ou livrant le Corps de Nô-
tre-Seigneur, se rendre plûtôt avec pleine connoissance le Mi-
nistre & l'instrument du plus horrible sacrilege qui puisse être
commis, que de s'en garantir aux dépens de ce secret. Que
l'abus de la confession étant jugé par le Juge Royal, étant le
Juge de l'abus de la confession dans le cas de la malversation
du Confesseur avec la Penitente, il devoit l'être aussi de l'a-
bus de la confession dans le secret, qui est ce qu'elle a de plus
essentiel du côté du Prêtre. Qu'il ne falloit pas du reste regarder la legereté du cas revelé, mais la nature & la qualité de
l'action, le danger de la consequence, & la necessité de faire

de grands exemples fur cette matiere, la legereté du cas revelé n'empêchant pas que la revelation ne détruife ou n'affoibliffe
dans l'efprit des Fideles, cette confiance fi neceffaire pour ba-
nir des confeffions la mauvaife honte qui n'empêche que trop
fouvent de les faire bien entieres. L'appellant répondoit d'a-
vance aux acquiefcemens qu'il prevoyoit bien qui lui feroient
oppofez par l'apellé, que le confentement des Parties ne pouvoit établir la Jurifdiction d'un Juge d'ailleurs incompetent, non
plus que couvrir l'abus dont l'interêt public laiffoit toûjours la
liberté d'être appellant ; fuivant la regle generale, fortifiée même ici par le miniftere de Mr. le Procureur General en qui refide
l'interêt public, & qui étoit adherant à l'appel comme d'abus.

A ce moyen d'abus allegué contre les deux Ordonnances,
l'appellant en joignoit un particulier contre la Sentence du Metropolitain, pris de ce qu'il avoit ordonné la contrainte par
corps, & encore contre un Laïque, pour un rapport de 32. livres, contre les termes exprés de l'Ordonnance de 1667. tit.
34. de la décharge de la contrainte par corps.

Nonobftant toutes ces raifons qui viennent d'être dites à
l'égard de ce qui regarde la revelation, la Cour declara n'y
avoir point d'abus dans la Sentence de l'Official, elle declara
feulement y avoir abus dans celle du Metropolitain de Narbonne, n'ayant regardé dans cette derniere que la condamnation à
la reftitution du rapport, avec contrainte par corps.

La raifon decifive de l'Arrêt fut, qu'encore que la revelation
du fecret de la confeffion foit un cas extremement grave & qui
merite d'être griévement puni. Il eft de fa nature & en lui-même
fi Ecclefiaftique & fi fpirituel, que nul Auteur & nul Arrêt
que l'on fçache, ne le mettant d'ailleurs parmi les cas Royaux,
il le falloit laiffer dans le droit commun des perfonnes Ecclefiaftiques, plûtôt que d'en donner au Juge Royal une attribution
toute nouvelle. Fevret même, l'Auteur le plus favorable à la
Jurifdiction Royale, rapporte au liv. 8. ch. 2. nomb. 9. le témoignage de plufieurs Auteurs qui font le facrilege en general,
un cas *mixti Fori.*

CHAPITRE VII.

Des *Fondations & Rentes Obituaires, & de la faculté de rachat qui y eft apofée.*

LEs Fondations qui regardent le fervice Divin & les prieres pour les Morts font imprefcriptibles, foit qu'elles proviennent de teftament ou de contrat. J'avois vû fur ce point les Chambres des Enquêtes de ce Parlement divifées en fentimens; la premiere fuivoit l'opinion de Joannes, & la feconde s'en tenoit à l'opinion de Martin. Mais la faveur de l'Eglife & des fondations pieufes, a enfin réüni les efprits, & on juge conftamment & indiftinctement dans toutes les Chambres, que les Rentes Obituaires ou autres en faveur de l'Eglife font imprefcriptibles.

La queftion eft, fi la claufe & condition apofée à la fondation, qui referve aux heritiers du Fondateur la faculté de racheter moyennant une certaine fomme, rend la rente prefcriptible par la prefomption du rachat qu'établit le défaut de payement de la rente durant le tems fuffifant pour prefcrire contre l'Eglife, & fi cette claufe & cette faculté peuvent être prefcrites par l'Eglife contre le particulier heritier du Fondateur, faute d'avoir fait le rachat dans le tems de la prefcription ordinaire.

Les avis font affez partagez & broüillez fur cette matiere. Les uns croyent que la rente eft prefcriptible, lors que la ceffation de payement de rente durant quarante ans offre la prefomption affez naturelle, que les heritiers du Fondateur ont ufé du droit de fe liberer que la Fondation leur avoit donné. Ils difent qu'en ce cas la rente Obituaire eft comme une rente conftituée, dont le capital eft le prix indiqué pour le rachat, & duquel il n'a cependant voulu que déterminer, reprefenter ou affurer la rente.

D'autres croyent que la rente Obituaire ou de Fondation pieufe étant imprefcriptible de fa nature, la faculté de fe liberer apofée

fée à l'acte de Fondation & d'établiffement de cette rente n'en
peut donc pas détruire ni changer la nature, & que la faveur de
cette rente merite qu'on ne l'éteigne & ne l'emporte point par
de fimples prefomptions, qui en l'emportant & en la perdant ne
fçauroient fans doute conferver l'obligation du Service dont elle
eft le prix.

A l'égard de la Queftion de la faculté de rachat, fuppofé que
cette faculté puiffe faire prefumer le rachat, & par-là rendre la
rente prefcriptible, cette queftion eft reduite & refferrée au cas
où la rente eft & a été payée ; du moins où il n'y a pas eu de
ceffation de payement durant quarante années entieres. Cependant les Auteurs qui ont traité la matiere n'ont pas, ce me
femble, pris le foin de la reduire à ce cas-là ; ce qui pourroit
donner lieu de croire qu'ils ont fuppofé que la faculté de rachat
ne rendoit point la rente prefcriptible.

Quoi qu'il en foit, quelques-uns croyent la faculté de rachat
prefcriptible dans le cas propofé, par la raifon qu'une pareille faculté n'a point de privilege ni de faveur finguliere qui l'exempte
du fort des chofes ordinaires, & non privilegiées, fujettes à la
prefcription de trente ans ou de quarante ans.

Les autres foûtiennent que cette claufe & faculté apofée dans
une Fondation, regardée comme elle doit l'être, fur le pied
d'exception, doit être perpetuelle fuivant la nature des exceptions, & par confequent imprefcriptible. On peut voir la diverfité des Avis & Arrêts fur cette matiere dans Mr. d'Olive
Liv. 2. chap. 22. Mr. Cambolas Liv. 6. chap. 22. & Liv. 3.
chap. 37. Ferrieres fur la Queftion 46. de Mr. Duranti. Mr. Duranti dans cette même Queftion. Mr. Maynard Liv. 4. chap. 53.
dont la plûpart parlent dans le cas du bail à Fief & de la rente
fonciere, mais cela fait une confequence à l'égard des Fondations & des rentes en faveur de l'Eglife, qui font à peu prés trai-
técs de même que les rentes foncieres.

J'ai vû juger fur toute cette matiere, que la faculté de rachat
apofée à la Fondation, faifoit prefumer le rachat fait lors qu'on
avoit durant quarante années de fuite difcontinué de payer la
rente. Ce fut en faveur de la Dame de Solatgés Dame de Peyré,

à laquelle les Religieuses de Chambons faisoient demande d'une
rente Obituaire de six setiers de blé, donnée entre vifs à leur
Monastere en 1356. par un Seigneur de Peyré, sous la reservation pour lui & ses successeurs de la faculté de se racheter *to-*
ties quoties, en payant 16. florins par setier, rente qu'il ne paroissoit pas qui eût jamais été payée, l'Arrêt est du 19. Août 1665.
rendu en la Premiere Chambre des Enquêtes. Il est vrai que le
long-tems de plus de trois siecles passez sans payer la rente, les
grands biens de la Maison de Peyré, qui par-là s'étoit toûjours
trouvée en état de la racheter, & le pillage du Château de Peyré durant les troubles fortifioient la presomption de ce rachat,
quoi que d'ailleurs non prouvé, & avec cela il passa fort juste &
de dix voix à huit, à l'avis de l'Arrêt.

Hors ce cas, j'ai vû regner & prevaloir sur cette matiere ces
Maximes; Que la rente Obituaire, ou autres en faveur de l'E-
glise, étant naturellement & essentiellement imprescriptibles, la
clause de la faculté de rachat n'en peut changer la nature & la
rendre prescriptible, & prescrite par la seule cessation du payement, le rachat dans ce cas ne devant être presumé s'il n'est
prouvé; mais que ce que cette clause ne peut ôter à la rente, la
rente le communique à cette clause, laquelle devient imprescriptible comme apposée à un acte imprescriptible, qui ne peut
l'être pour une partie, & pour l'action sans l'être pour l'autre
partie, & pour l'exception dont la nature reçoit plus aisément
un caractere de perpetuité que la nature de l'action, suivant la
regle triviale du Droit *quæ sunt temporalia ad agendum sunt per-*
petua ad excipiendum, & sur ces principes j'ai vû rendre un Arrêt
en la Premiere Chambre des Enquêtes le 14. May 1667. au Rapport de Mr. Drüillet, depuis President de la Seconde, en
la Cause du nommé Dupuy, qui s'étoit fait pourvoir en 1664.
d'un Obit fondé en 1533. par Pons de Latour, qui l'avoit chargé
de deux Messes par semaine, sous la rente de dix setiers de
bled & une pipe de vin, sous la reservation pour ses successeurs de la liberté de la racheter moyenant la somme de 150.
livres.

Les heritiers du Fondateur demandoient d'être relaxez de la

demande de la rente Obituaire, & arrerages par fin de non-
recevoir, prifes du laps du tems, & de la prefcription d'une rente
rachetable par la Fondation même : ils foûtenoient qu'en tout
cas & au pis aller, ils devoient être reçûs à racheter cette
rente. Le Chapelain oppofoit en défenfe que la demande de
la rente Obituaire étoit imprefcriptible, & que la faculté de
rachat étoit prefcrite. Il fut jugé que ni la demande ni la faculté de racheter n'étoit prefcrite, & que l'une & l'autre étoit également imprefcriptible par les raifons que j'ai marquées : à quoi,
pour établir que la refervation du droit de racheter, n'ôte pas fa
naturelle qualité d'imprefcriptible à la rente Obituaire ; On
peut ajoûter que fi la rente fonciere eft imprefcriptible malgré
le droit de rachat refervé dans le Bail, fuivant les principes ren-
fermez dans les Decifions de Meffieurs de Cambolas & d'Olive,
aux endroits ci-deffus alleguez, la rente Obituaire le doit être
bien plus, malgré une pareille claufe, & fouffrir bien moins
une prefomption de payement & de rachat, puifque dans le cas
de cette derniere rente, il ne s'agit pas feulement de liberer le
debiteur de la rente Obituaire par le rachat prefumé, mais d'emporter & de détruire fur cette prefomption un fervice que le
Fondateur a voulu qui fût perpetuellement fait pour le repos
de fon ame, & que la prefomption du payement ne fera pas
continuer. Confideration par laquelle les heritiers & fucceffeurs font dans un tort & dans une negligence dont ils meritent
de porter la peine, lors qu'ils n'ont point, autant pour l'entretenement de la perpetuité du fervice, que pour leur propre décharge, confervé les actes juftificatifs du rachat, fuppofé qu'il
y en ait eu.

  Ainfi les heritiers dont je parle furent condamnez à payer la
rente Obituaire de dix fetiers de blé & une pipe de vin & arrerages depuis 29. ans, il leur fut neanmoins permis de fe liberer
de cette rente à l'avenir, en payant à l'Obituaire la fomme de
150. liv. contenuë dans la Fondation, à la charge qu'elle feroit
employée en autre rente affurée.

  On forma quelque difficulté dans cette affaire fur le bas prix
du rachat, eu égard à la rente & au Service. Quelques-uns là-

deſſus vouloient augmenter le prix du rachat à proportion de la valeur du bled & du vin au tems preſent, croyant que c'étoit aſſez de recevoir aprés un ſi long-tems l'heritier du Fondateur à racheter la rente, ſans lui donner encore aprés ce tems-la, l'avantage & la liberté de choiſir & de prendre pour faire le rachat le tems qu'il pourroit trouver le plus deſavantageux à l'Egliſe. D'autres vouloient du moins augmenter le prix à concurrence de ce qu'il falloit pour faire le Service de deux Meſſes par ſemaine, & par-là executer la volonté du Fondateur ſur un point auſſi important que celui qui regardoit le repos de ſon Ame. Il ne paſſa à aucun de ces avis par la raiſon que j'ai alleguée, que la clauſe de la faculté de rachat au prix marqué par la Fondation, étant perpetuelle & impreſcriptible, elle devoit ſans changement ni modification être executée.

J'ai depuis vû en la Grand'Chambre Meſſieurs les Juges demeurer encore d'accord qu'on ne faiſoit plus de difficulté ſur ce dernier point, & que ſans regarder à la valeur de la rente lors du rachat, on recevoit toûjours l'heritier du Fondateur à racheter en payant le prix du rachat porté par la Fondation.

J'avois d'ailleurs vû juger impreſcriptible la faculté de racheter les rentes Obituaires environ l'an 1648. au Rapport de Mr. de Caulet; & en 1651. dans une affaire de pareille nature en la Premiere Chambre des Enquêtes, Mr. de Prohenques, Magiſtrat d'un merite diſtingué & d'une reputation ſinguliere, nous cita un Arrêt rendu à ſon Rapport qui jugea de même cette faculté impreſcriptible.

La rente annuelle & perpetuelle conſtituée à prix d'argent en faveur de l'Egliſe, eſt neanmoins ſujette à preſcription. Je l'ai vû ainſi juger à mon Rapport le 12. Juin 1665. aprés Partage, porté de la Premiere Chambre des Enquêtes à la Seconde, avec Mr. de Burta Compartiteur, dans le cas que je vas deduire.

Bernard Barravi vend aux Religieuſes de la Salvetat huit ſetiers de bled de rente payable annuellement & à perpetuité moyenant la ſomme de cent livres comptée au vendeur, & la rente eſt établie ſur certaine metairie, dont Laurent de Garaud, Seigneur de Montaſtruc ſe trouvant poſſeſſeur, aſſignation lui

est donnée de leur part en 1665. à se voir condamner au payement de la rente & des arrerages.

Les Religieuses se fondoient sur la perpetuité imprescriptible
des prestations annuelles en faveur de l'Eglise, d'autant plus favorable ici que le Monastere de la Salvetat étoit dans un Païs
habité par ceux de la Religion Pretenduë-Reformée, & prétendoient qu'il en devoit être dans ce cas comme dans le cas
de la rente Obituaire ou Fonciere & Feodale sous la faculté
de rachat, lequel cependant n'étant point presumé, n'empêche
point que la rente ne conserve sa nature de rente imprescriptible, & c'étoit là-dessus que Mr. le Compartiteur appuyoit son
avis, qui étoit de condamner le Sieur de Garaud au payement
de la rente & des arrerages depuis cinq ans avant l'introduction de l'instance.

J'avois fondé le mien sur la qualité de la constitution de
rente à prix d'argent, naturellement & essentiellement rachetable, de telle maniere même que la clause & condition apposée, qu'on ne pourra se liberer est illegitime & usuraire, & qu'elle n'est supportée qu'en faveur de l'Eglise, dont ce seroit porter
trop loin la faveur, que de la porter jusqu'à rendre imprescriptible une pareille rente, suivant Loüet lettre D. nom. 2. D'où je
concluois qu'il y avoit une extréme difference à faire entre des
rentes naturellement aussi opposées au sujet de la faculté de se liberer, & de la prescription, que le sont les rentes constituées à
prix d'argent, & les rentes Obituaires ou Foncieres & Feodales.

La difference paroît encore en ce que les rentes constituées
à prix d'argent, ne se payent que depuis cinq années avant
l'instance, & les arrerages de la rente Obituaire même rachetable par la Loi de la Fondation se payent depuis vingt-neuf
ans avant l'instance, comme je l'ai vû juger en la Grand'Chambre à mon rapport le 23. Fevrier 1674. suivant l'avis de Ferrieres, sur la question 576. de Guy-Pape. Ce qui aide encore
à confirmer toute la Doctrine que je viens d'établir sur cette
matiere, & les principes que j'ai employez pour l'établir.

Sur la perpetuité imprescriptible des rentes Obituaires j'ai vû encore avec moins de difficulté juger en la Seconde Chambre des Enquêtes au mois de May 1665. au Rapport de Mr. de Sevin-Manfencal, que le laps de plus de 100. ans ne faifoient pas que le tiers poffeffeur pût preferire la rente qui étoit établie fur ce fonds, avec le pouvoir de l'en liberer en le transferant fur un autre fonds, la tranflation de la rente d'un fonds à un autre pouvant être juftifiée par un changement de main plus fenfible, ainfi plus aifément que le fimple rachat de la rente, moyenant le payement de la fomme indiquée : duquel il n'y peut avoir de traces & de fuites fi apparentes & fi marquées, elle doit être encore moins aifément prefumée, & confequemment la rente ainfi transportable doit être encore moins prefcriptible que la rente rachetable à prix d'argent.

La rente Obituaire eft fi favorable qu'elle eft imprefcriptible, non-feulement pour l'action perfonnelle contre les heritiers ; mais pour l'hipothequaire même contre tous acquereurs & poffeffeurs des biens, fans que l'Eglife foit obligée de difcuter les heritiers préalablement, comme il a été precifément jugé à mon Rapport, fuivant l'avis de Ferrieres fur la queftion 432. & 576. en la caufe de Maffier acquereur & poffeffeur d'une rente fur le village de la Valete hipothequée pour une rente Obituaire ; & des Prêtres de Valence qui avoient toûjours exigé la rente des heritiers du Fondateur : On ne fit aucune difficulté dans le jugement de cette affaire, qu'à l'égard de la difcuffion pretenduë préalable fur des heritiers ; en quoi la rente jufques-là exigée d'eux par les Obituaires, & la longue poffeffion paifible du tiers poffeffeur fembloit le rendre favorable.

Sur le même principe de la faveur de ces rentes Obituaires, il fut encore jugé au Rapport de Mr. d'Olivier le cinquiéme Decembre 1678. que le poffeffeur d'une partie des biens du Fondateur, devoit payer les entiers arrerages de la rente Obituaire depuis 29. ans, fans que l'Obituaire fut obligé de faire nulle difcuffion ni divifion, fauf au poffeffeur de cette partie des biens fon recours contre les autres poffeffeurs, en quoi la rente Obituaire eft plus favorablement traitée que la Fonciere, les arrerages de cette derniere rente dûë par indivis ne pouvant être demandez par indivis, mais feulement contre chacun des tenanciers à proportion de ce qu'ils poſſedent des biens fujets à la rente. Les Parties du procez étoient Me. Jean Freſquet, Curé de Revel, Salvat poſſeſſeur d'une partie des biens, & trois ou quatre autres poſſeſſeurs que Salvat avoit fait appeller.

Il convient de rendre aiſées & courtes aux Eccleſiaſtiques les voyes de ravoir les biens de l'Egliſe, dont le Domaine purement viager qui ne paſſe pas même aux heritiers, n'a pas toûjours un attrait ſuffiſant pour les exciter à ſe donner le ſoin, & à faire les frais de le rappeller, dépoüillez d'ordinaire d'ailleurs des Actes & Titres ſujets à ſe perdre dans la longue & nombreuſe ſuite de tant de perſonnes differentes, tout-à-fait étrangeres les unes aux autres.

Quelque naturel qu'il ſoit de condamner au payement des arrerages de la rente Obituaire depuis vingt-neuf ans avant l'inſtance, celui que l'on condamne au payement de la rente, quelques inſeparables que ſoient ces condamnations, quelquefois neanmoins par un eſprit d'équité & d'indulgence, on a déchargé du payement de ces arrerages le tiers poſſeſſeur que l'on condamnoit au payement de la rente. La faveur & la bonne foi preſumée du tiers poſſeſſeur, & le droit qu'il a d'ignorer une ancienne Chapelle long-tems inconnuë, & de nouvelle découverte, ont paru meriter qu'on l'épargnât ſur le payement des arrerages trop conſiderables d'une groſſe rente. C'eſt dans des conjonctures pareilles que j'ai vû la ſeverité de la Juriſprudence ſe radoucir pour le tiers poſſeſſeur, condamné ſeulement au payement des arrerages de la rente depuis l'introduction de l'inſtance, par Arrêt rendu en la Seconde Chambre des Enquêtes au Rapport de Mr. de Joſſé-Lavreins le 30. Mars 1675. entre Me. Ducaſſe Prêtre, & Morlas.

CHAPITRE VIII.

Des interêts du Legs fait à l'Eglise.

S Uivant Mr. le Prefident Faber en fon Cod. liv. *6.* tit. *6.*
defin. 3. les interêts du legs pieux font dûs depuis la mort
du teftateur, fans qu'il foit befoin à cet égard d'interpellation ;
le contraire cependant a été jugé le 17. Novembre 1670. en
la Grand'Chambre de relevée, à mon rapport, contre l'Hôpital General de Touloufe nommé St. Jofeph de la Grave,
qui demandoit que les interêts d'un legs fait à fes pauvres par
la nommée Grateloup, leur fuffent adjugez depuis la mort de
cette femme, ils ne le furent que depuis l'interpellation anterieure feulement de quelque mois à l'Arrêt. La raifon de l'Arrêt
fut que le legs provenant d'une liberalité pure, & comme on
dit, d'une caufe lucrative, eft encore moins favorable pour ce
qui eft des interêts, qu'une creance qui eft un droit établi à titre
onereux, & qui cependant ne produit point d'interêts, même
pour l'Eglife, les pauvres, & autre caufe pie, que du jour de
l'interpellation ; J'aurois crû neanmoins la queftion plus douteufe & plus difficile qu'elle ne le parut à la plûpart de Mrs. les
Juges. L'interêt qui n'eft point dû par la nature du contrat ne
peut être dû par la feule force du prêt, il ne commence à être
dû que par le retardement & la demeure du debiteur, & la feule
interpellation fait le retardement & la demeure. La caufe pie
même doit fubir cette Loi, & l'on prefume auffi de fon filence
qu'elle n'a pas été en fouffrance par le défaut de payement de
la dette ; mais ces raifons ne paroiffent pas tout-à-fait bonnes
à l'égard du legs pieux, fouvent ignoré du legataire par le peu
de foin que les heritiers ont de le declarer, quoi qu'ils foient
obligez à le faire fous peine d'en courir les cenfures de l'Eglife,
& en ce cas, du moins du legs tenu fecret par une reticence criminelle, & par-là ignoré, & fans negligence non exigé, il femble qu'il ne feroit pas jufte de difpenfer l'heritier de payer les interêts

terêts anterieurs à une interpellation que sa faute n'a pas permis de faire plûtôt, & qu'il en recüeille le fruit ; cette confideration paroît mettre le legs pieux hors de comparaison avec la creance & le prêt, & hors de consequence pour les autres legs : Et ne pourroit-on pas même en ce cas appeller au secours de l'Eglise & des pauvres la volonté presumée du testateur, qu'on met si souvent en œuvre dans toutes les matieres testamentaires, & regarder les interêts comme une accession du legs favorisez de ces conjonctures particulieres, ajoûtées à sa faveur naturelle, qui paroît même les demander, comme un dedommagement en cette rencontre ?

Mais s'il y a un Service attaché au legs, le Service ayant été fait, il est sans difficulté que les interêts en sont dûs sans interpellation, comme de toute Fondation pieuse. Je l'ai vû juger ainsi plusieurs fois, entr'autres le *6*. Fevrier 1681. à mon Raport au profit des Religieux de Lautrec, & le 7. Août 1698. au Raport de Mr. de Prohenques, où cette Question en produisit une autre, sçavoir; Si les interêts d'une Fondation dont le Service avoit été fait devoient dans la distribution des biens du Fondateur être alloüez en même rang que le capital, ou s'ils devoient venir au rang ordinaire des interêts, selon l'usage de nôtre Parlement, c'est-à-dire, aprés tous les capitaux, & en concurrence avec les interêts des autres creances. La faveur de la Fondation pieuse & du Service fait, qui merite que les interêts soient adjugez sans interpellation, sembloit faire une juste consequence pour l'allocation de ces interêts en même rang que le capital. Il passa neanmoins au contraire par l'exemple du gendre, auquel les interêts de la constitution qui lui a été faite par le beau-pere sont dûs & adjugez sans interpellation en faveur des charges du Mariage, & qui cependant n'est alloüé pour ces interêts qu'au rang des interêts, & en concurrence avec les interêts des capitaux & des autres creances ordinaires & non privilegiées. A quoi fut encore ajoûtée cette reflexion, que le cas dont il est question n'étoit point compris parmi les cas où les interêts suivent immediatement leurs capitaux, & qu'on ne le trouvoit point dans le ramas que Mr. d'Olive s'est donné le soin de faire de tous ces cas differens.

CHAPITRE IX.

De la Prescription de quarante ans contre l'Eglise.

ON a douté si l'Eglise succedant à un particulier contre qui
la prescription étoit commencée & déja avancée, devoit
joüir du privilege de quarante ans, & les Juges furent là-dessus
partagez en la Premiere Chambre des Enquêtes au mois de May
1665. sur le Rapport de Mr. de Valete, & au procez d'entre
les Marguilliers de l'Eglise de Noë, & les creanciers de la distribution des biens d'un nommé Lasvignes dans le cas suivant.

Le nommé Peguillan prête en 1631. une somme à Lasvignes
habitant de Noë. Il institue sa sœur, & la charge de rendre
à l'Eglise du lieu, en cas de decez sans enfans ; Le cas arrive.
Les Marguilliers en 1658. font ouvrir la subItitution, & en
1662. interviennent dans la distribution des biens de Lasvignes,
demandant leur allocation.

Il étoit dit de la part des creanciers, qu'il falloit regarder ici
l'origine de la creance, qui provenant d'un particulier devoit être
reglée par le droit commun, selon lequel la prescription de trente ans qui avoit commencé de courir contre le particulier, devoit continuer contre l'Eglise qui avoit succedé, & acquerir
aussi-bien au bout de son terme une exception legitime contre elle, paroissant peu juste & peu raisonnable que la prescription,
qui originairement & dans le tems qu'elle a commencé de courir, n'a dû être qu'une prescription de trente ans, qui devoit
suffire pour acquerir cette exception, soit devenuë dans son
cours & en chemin une prescription de quarante ans, faute duquel tems elle demeure insuffisante, sans que l'exemple du mineur & du pupille, succedant au majeur, puisse être opposé,
puis qu'en ce cas la prescription conserve toûjours sa nature &
sa qualité de prescription de trente ans, & qu'on ne fait autre
chose qu'arrêter le cours de ces trente ans contre un âge incapable d'agir, ce qui est de la regle fondamentale des prescriptions,

contra non valentem agere non currit præscriptio : Au-delà dequoi
on donne feulement au mineur le benefice de la reftitution ,
qui lui eft donnée contre tout ce que dans le cours de fa minorité & d'un âge peu circonfpect, il a fait ou souffert à fon
defavantage. Il étoit ajoûté par les mêmes creanciers, que le
droit d'un particulier , bien loin de gagner dans la main de l'E-
glife de nouveaux avantages & de nouveaux privileges , perdoit
quelquefois dans cette main nouvelle, puifque fuivant l'avis de
plufieurs , l'Eglife qui fuccede à un particulier ayant fief , ne
joüit point du droit de prélation , dont auroit joüi ce particulier , & dont elle joüit quand c'eft l'Eglife même qui a donné
le fonds en Emphyteofe. Ils difoient de plus , que les Marguilliers étoient d'autant moins favorables , que l'Eglife n'étoit
chargée d'aucun Service.

D'autre part & pour les Marguilliers , il étoit répondu que
l'exemple du mineur fuccedant au majeur, tiroit parfaitement à
confequence pour l'Eglife qui fuccede à un particulier, l'Eglife
devant être regardée comme mineure , & d'autant plus en cette
rencontre que les dix ans ajoûtez en fa faveur à la prefcription
ordinaire, femblent lui reprefenter en quelque maniere les dix
années du benefice de reftitution accordé aux mineurs. On
ajoûtoit, que veritablement fi la prefcription de trente ans fe
fût trouvée achevée contre le particulier, le privilege de quarante ans n'auroit fervi de rien à l'Eglife, qui auroit fuccedé trop
tard pour l'oppofer, mais que n'ayant pas trouvé la prefcription
achevée, & le droit acquis au poffeffeur, il en étoit d'elle comme la Loi dit, qu'il en eft du fifc : *cum in privati jus fuccedit jure*
privati pro anterioribus fucc ßioni temporibus utitur , cæterum pof-
teaquam succeß.t habet privilegium fuum. Que la Prelation , en
fupofant la difference qui vient d'être alleguée, ne concluoit point
à l'égard de la prefcription, l'Eglife n'étant pas à beaucoup prés
fi favorable dans le droit de Prelation dont elle veut ufer , que
dans le cas de la prefcription qu'on lui oppofe. Qu'enfin, c'eft le
fentiment des plus anciens Docteurs de proroger, dans le cas dont
il s'agit, le tems de la prefcription jufques à quarante ans , comme l'enfeignent Jafon & Bartole fur l'Authentique *quas actiones ,*
C. *de facrof. Eccl.*   F ij

L'Arrêt rendu sur ce Partage, départi à la Seconde des Enquêtes, alloüe les Marguilliers du jour du contrat de prêt de 1631. & par-là juge la prescription prorogée à quarante ans, Mr. de Junius-Lagnes étoit Compartiteur.

La seule prescription de quarante ans peut être opposée à l'Eglise, & la prescription de dix ans donnée au tiers acquereur à l'égard de l'action hipothequaire est de quarante ans contre elle. Ce qui fait la raison de douter, c'est la faveur du tiers acquereur à l'égard de l'action hipothequaire, non expressement comprise dans l'Authentique, *quas actiones*, qui encore bien qu'elle parle des actions de dix ou vingt ans, ne regarde que les usucapions ou prescriptions de proprieté, même avec titre, moins favorables que les simples prescriptions d'hipotheque. A quoi se joint l'inconvenient qu'il y a d'étendre des droits singuliers & d'établir privilege sur privilege, sans compter que ce seroit privilegier l'Eglise au-dessus du mineur, en faveur de qui pareille prescription de dix ans ne peut point par le benefice de l'âge être portée jusqu'à quarante ans.

Il fut jugé cependant pour l'Eglise après Partage, porté de la Seconde à la Premiere Chambre des Enquêtes par Mrs. de Castaing & de Moüillet Rapporteur & Compartiteur, sur lequel intervint Arrêt le 30. May 1661.

Les raisons de l'Arrêt furent que les paroles de l'Authentique *quas actiones*, font assez voir que l'esprit & l'intention de cette Loi est de proroger à quarante ans toutes les prescriptions contre l'Eglise, à quoi est conforme l'Ordonnance de Charlemagne; Que la prescription de dix ans, appellée *longi temporis*, ne pouvant être opposée au mineur, suivant la Loi 3. *Cod. quib. non objic. long. temp. præscr.* de maniere qu'à l'égard de cette prescription le mineur n'a pas besoin même d'être restitué; Elle doit être encore moins opposée à l'Eglise, autant ou plus favorable que les mineurs, & ne doit point courir contre elle. Gratien même dans le Canon *placuit* 16. *q.* 3. après avoir nommément parlé de la prescription de dix ans qui garantit le tiers possesseur, dit ensuite, qu'il n'y a contre l'Eglise d'autre prescription que de quarante années, par où celle du tiers possesseur est bien sans

doute prorogée au même terme , ce qui eft encore conforme au
Chap. 8. §. *Illud ext. de prafcript.* & au fentiment de Guy-
Pape en la Queft. 416. nomb. 15. & en la Queft. 432. au même
nombre.

J'ai vû depuis juger de même avec moins de difficulté & fans
partage dans le même cas, auquel fe joignoit encore le cas du
premier Arrêt que j'ai rapporté dans ce Chapitre, & il fut
jugé que la prefcription que nos Loix ont bornée à dix ans en
faveur du tiers poffeffeur, étoit prorogée à quarante, lors qu'on
l'oppofoit à l'Eglife, qui avoit fuccedé à un particulier, contre
lequel elle avoit commencé. L'Arrêt fut rendu en la Premiere
Chambre des Enquêtes le 9. Août 1666. au Rapport de Mr. de
Junius-Lagnes, & au profit des Religieufes de Sainte Catherine de Sienne de Touloufe, contre Raymond Rang, tiers poffeffeur d'une maifon fize à Beziers, originairement venduë par
une femme, à laquelle, depuis la prefcription commencée par
ce tiers poffeffeur, les Religieufes avoient fuccedé.

Il a même été jugé en la Seconde Chambre des Enquêtes, au
Rapport de Mr. Tiffaut le 28. Juillet 1665. Que l'Eglife ayant le
droit d'un creancier d'un vendeur fous faculté de rachat, peut
ufer de cette faculté durant quarante ans, à compter du jour
de la vente, quoi que la faculté de rachat ne convienne naturel-
rellement qu'au vendeur & à fes heritiers, ou aux creanciers,
comme par grace, & du chef du debiteur *ex perfoná debitoris*,
dont ils exercent les actions : On crût cependant que l'Eglife
au moyen de la ceffion qui lui avoit été faite par le creancier du vendeur, (car c'étoit ici ceffion & non fucceffion)
étant devenuë creanciere du vendeur avant le tems de la faculté
de rachat expiré contre le cedant ; l'Eglife ceffionnaire avoit
confequemment trouvé cette faculté de rachat dans les biens de
fon debiteur vendeur, qu'ainfi cette faculté lui ayant été dés lors
hipothequée pour fa dette, ne pouvoit être prefcrite contre elle
que par le cours & la poffeffion de quarante ans, fuivant le privilege qu'elle a pour tous les droits & toutes les actions qui lui
compettent; ce privilege merite d'ailleurs d'être d'autant plus
favorifé, qu'il faut moins imputer à l'Eglife & moins punir en

elle la negligence de ſes Miniſtres , que le défaut d'abſoluë
proprieté rend moins ſoigneux de conſerver & de recouvrer
ſon bien , qu'on ne l'eſt de conſerver & de recouvrer un patrimoine : conſideration que j'ai ramenée ailleurs pour un autre privilege de l'Egliſe.

CHAPITRE X.

De la Preſentation des Vicaires Amovibles.

LEs Curez & Vicaires perpetuels , chargez de l'adminiſtration des Sacremens , & du ſoin de rendre compte des
Ames confiées à leur conduite , ſont ſi favorables à l'égard du
droit de preſenter ou de nommer aux Evêques les Vicaires qui
doivent travailler ſous eux à un ſi important Miniſtere , que par
Arrêt rendu en l'Audience de la Grand'Chambre le 12. Juillet
1678. plaidans Me. Toloſani de Laceſquiere pour le Prieur Curé primitif, & Me. Duval pour le Vicaire perpetuel d'une Paroiſſe , il fut préjugé que ce droit appartenoit au Vicaire perpetuel , à l'excluſion du Prieur , malgré la poſſeſſion contraire ,
dans laquelle étoit ce dernier depuis plus de quarante années.
L'Arrêt ne fait qu'appointer à bailler par écrit , & cependant
par maniere de proviſion , il ordonne que les Vicaires Amo-
vibles ſeront nommez & preſentez à l'Evêque d'Alby par le Vicaire perpetuel , mais donnant une Proviſion contraire à la poſſeſſion ; cet Arrêt préjuge bien clairement la Queſtion preſente. Auſſi le motif de l'Arrêt fut le motif de l'interêt du ſalut
des Ames , ſuperieur à toute autre raiſon , *ſalus populi ſuprema
lex eſto.* Auquel interêt il n'eſt juſte ni raiſonnable que nul laps
de tems & nulle poſſeſſion contraire puiſſent porter du préjudice , & qui demande que le Vicaire perpetuel ait droit de
nommer le Vicaire Amovible ; parce que connoiſſant , & par-
là apparemment aimant plus le troupeau que ne l'aime le Curé
primitif , qui ſouvent ne le connoît point du tout , & quelquefois n'eſt pas en état de le connoître , puiſque la Cure pri-

mitive peut tomber en la main d'un simple Clerc tonsuré, âgé
seulement de sept ans : le Vicaire perpetuel est plus en état de
choisir & nommer des Sujets propres pour travailler avec lui,
& avec lui amener à Dieu ce troupeau, d'autant plus qu'ils tra-
vailleront ensemble à l'œuvre commune avec plus d'intelligence,
ainsi avec un plus heureux succez : à quoi aidera encore l'ordre
que maintiendra la dépendance plus grande du Vicaire Amovible, plus subordonné & plus subalterné au Vicaire perpetuel, par le pouvoir qu'aura celui-ci de choisir & de nommer
un autre Vicaire Amovible.

CHAPITRE XI.

Sur la condamnation de fournir des Ornemens à l'Eglise, contre les Laïques.

UN des soins des Evêques dans le cours de leurs visites,
est sans doute que les Eglises soient en bon état, & qu'elles ne manquent point d'ornemens necessaires au Service Divin ; mais cette condamnation ne peut sans abus tomber sur
des Laïques, ainsi qu'il fut jugé en l'Audience de la Grand'-
Chambre le 2. Juin 1679. en faveur de la Demoiselle de Marsa, comme mere & administreresse de ses enfans, heritiers du
Sr. de Seyré, Curé de Senac, appellante comme d'abus de
l'Ordonnance de Mr. l'Evêque de Rhodez, par laquelle il ordonnoit que certains ornemens necessaires, déja par lui reglez
& ordonnez auparavant & en l'année 1660. seroient fournis
aux dépens des Décimateurs qui avoient perçû les fruits de
cette année, par où la condamnation tomboit uniquement sur
les enfans de la Demoiselle de Marsa, heritiers du Sr. de Seyré,
qui seul avoit perçû ces fruits. On crût que dans ce cas l'Evêque reglant les ornemens necessaires, avoit dû renvoyer à qui
il appartenoit, pour asseoir & déterminer la condamnation.

Neanmoins le 21. Fevrier 1679. il y eut une grande difficulté
sur une affaire qui se presenta en pareille matiere, & sur l'ap-

pel comme d'abus relevé par les Consuls & le Sindic d'une partie des habitans du lieu de Sabrieres, de l'Ordonnance de Visite renduë par l'Evêque de Viviers, qui ordonnoit que la lampe brûleroit nuit & jour devant le Saint Sacrement aux dépens du Curé & des habitans, & Me. Bellidenti, Prieur Curé du même lieu de Sabrieres, défendeur à l'appellation comme d'abus.

Les Consuls & Sindic fondoient leur appellation sur l'Ordonnance de 1639. qui défend au Juge d'Eglise de connoître de nulles instances personnelles contre les personnes Laïques, si ce n'est pour choses purement spirituelles, à quoi furent ajoûtez plusieurs Arrêts de divers Parlemens de France, qui ont declaré y avoir abus aux procedures faites par le Juge d'Eglise sur des demandes que des Curez faisoient de certains droits Curiaux, dont ils soûtenoient qu'ils avoient la possession immemoriale, ce qui est confirmé par Chopin, *de Sac. polit. lib. 3. tit.* 4. lequel rapporte un Arrêt du Parlement de Paris, qui declare y avoir abus dans la Sentence de l'Official d'Angouleme, qui condamnoit les habitans d'une Paroisse à payer pour chaque chef de famille à leur Curé huit deniers tous les ans pour le vin que l'on presente à la Communion Paschale ; Arrêt rendu sur ce qu'on ne pouvoit assigner en condamnation, encore moins contraindre des personnes Laïques au payement d'une imposition extraordinaire, pour une chose qui étoit de la fonction & du devoir de Curé, quoi que le Curé dans ce cas soûtint la possession immemoriale ; d'où les Consuls & le Sindic concluoient de même que sous pretexte que les habitans de Sabrieres avoient accoûtumé de fournir l'huile de la lampe, dequoi l'on ne convenoit pas, l'Evêque de Viviers n'avoit pû sans abus les y condamner, & contraindre par son Ordonnance : Une des charges du Benefice qui doit par consequent être prise sur le revenu du Benefice même, étant le luminaire de l'Eglise, comme dit Bengeus, *de Benef. Ecclef.* §. 1 *quibus dos Ecclesia sufficere debeat.*

Il étoit d'autre part répondu, que lors que les Docteurs imposent au Curé l'obligation de fournir le luminaire, ils entendent

tendent le luminaire neceffaire pour la celebration des Meffes
& autres Offices Divins , & non le luminaire de la lampe ,
l'ufage de la faire brûler jour & nuit devant le Saint Sacrement en referve , n'étant introduit que depuis l'Herefie de Cal-
vin , par le zele des Peuples , pour reparer l'injure que cet
Herefiarque faifoit à un Sacrement fi refpectable : Qu'il y avoit
bien à dire entre des droits Curiaux , conteftez & adjugez aux
Curez en Jurifdiction contentieufe dont parlent les Auteurs
qu'on oppofe , & le cas prefent où l'Evêque n'avoit à le bien
prendre rien ordonné au profit du Curé , pas même condamné
les Habitans par la voye perfonnelle ; mais feulement dans le
cours d'une vifite , ordonné que la lampe brûleroit jour & nuit
devant le Saint Sacrement , aux dépens du Curé & des Habitans : en quoi il n'avoit ni crû ni voulu établir une Loi nouvelle;
mais fuivre l'ufage du lieu , & ordonner fimplement que
l'on continueroit de faire là-deffus ce que l'on avoit accoûtumé
de faire.

La caufe ayant été folemnellement plaidée par Me. Dulaurens , depuis Lieutenant General au Siege de la Table de Mar-
bre pour les apellans comme d'abus. Me. de Tolofani de Lacefquiere au contraire , oüi Mr. de Maniban Avocat General ,
depuis Prefident à Mortier , qui conclud en faveur de l'Ordonnance ; les Juges furent partagez long-tems : Les uns étoient
d'avis de declarer y avoir abus , ils croyoient que les Habitans
fe trouvoient condamnez à une vraye furcharge , & qu'ils ne
pouvoient en nulle maniere être contraints à l'entretenement de
la lampe , qui devoit être entretenuë ou par le Curé , ou aux
dépens de l'Oeuvre , ou par une quête volontaire , quelle que pût
être la prétenduë coûtume alleguée au contraire rapportée : Les
autres hefitoient à declarer y avoir abus dans l'Ordonnance , retenus par la faveur & la pieté de la chofe ordonnée , fi peu à
charge aux Habitans , dont même une partie avoit déliberé de
s'y foûmettre. Toutes ces diverfes confiderations amenerent enfin le plus grand nombre à être d'un moyen avis , qui fut d'admettre préalablement en preuve le Prieur Curé de Sabrieres,
que c'étoit la coûtume & l'ufage du lieu , que les Habitans

Tome I.   G

fournissoient la moitié du luminaire de la lampe, l'Arrêt fut prononcé par Mr. le Premier Président Ficubet. Ainsi la plûpart
des Juges crurent qu'en visite & Jurisdiction non contentieuse,
& en chose si Ecclesiastique, qui touche de si prés aux Autels
& au culte Divin, & qui n'est pas d'ailleurs de l'obligation indispensable des Curez, l'Evêque n'avoit point commis d'abus
en rendant l'Ordonnance dont il s'agissoit aux termes qu'il l'a-
voit renduë, sur la foi d'une coûtume qu'il n'auroit fait que su-
poser & suivre, éloigné d'introduire la Loi nouvelle d'une con-
tribution forcée.

CHAPITRE XII.

Privilege des Fermiers d'un Hôpital.

L'Hôtel-Dieu St. Jacques de Toulouse ayant donné à ferme la Forge bannale de Frouzin à deux freres, maîtres
Forgerons, & l'un d'eux ayant été nommé Consul de ce Village, le Sindic de cet Hôpital intervint pour demander que son
Fermier fût déchargé du Consulat.

Il se fondoit sur ce que les Quêteurs pour la Redemption des
Captifs étoient exempts de Consulat, Tutelle & Sequestrage,
quoi qu'ils n'eussent d'autre soin que celui de quêter pour cette œuvre dans les Eglises les jours de Fête. Que le soin d'une
Ferme, & encore plus de la Ferme d'une Forge occupoit sans
doute davantage, & craignoit plus le détour. Qu'il étoit cependant trés-important aux pauvres que leurs Fermiers pussent
donner tout le soin necessaire à leur Forge, afin d'être en état
d'en payer la rente, qu'augmenteroit même ce privilege bien
établi. Que la Communauté de Frouzin avoit d'autant plus de
tort de s'y opposer, que ses Habitans étoient à portée & en
possession de venir en cas de maladie & de pauvreté recevoir
dans cet Hôpital le secours qu'on y donne à tous les pauvres malades qui se presentent, le lieu de Frouzin n'ayant point d'autre Hôpital; Sur ces raisons de faveur & de charité, le Sindic

gagna fa caufe, & il fut ordonné qu'il feroit procedé à autre
élection à la place de ce Forgeron. L'Arrêt fut prononcé en
l'Audience de la Grand'Chambre par Mr. le Premier Prefident
Fieubet, le 9. Fevrier 1677. plaidans Me. de Tolofani Lacefquiere pour le Sindic de l'Hôpital, & Me. Boiffy pour la Communauté de Frouzin.

On oppofoit neanmoins un Arrêt contraire, par lequel on
pretendoit que le Sindic de ce même Hôpital avoit été démis de
pareille demande, prenant le fait & caufe pour le Fermier d'une
metairie de cet Hôpital, fcife à Caftelnau : fur quoi il étoit
répondu de la part du Sindic qu'on ignoroit les circonftances
particulieres qu'il y pouvoit avoir dans le cas de l'Arrêt oppofé ;
mais que c'étoit au moins le Fermier d'une metairie, au lieu
que c'étoit ici le Fermier d'une Forge qui demandoit un foin
plus affidu & moins détourné, & que Caftelnau étoit d'ailleurs un Village plus éloigné de Touloufe, qui même avoit fon
Hôpital de malades.

J'avois auparavant vû refferrer & reftraindre les privileges
des Quêteurs pour la Redemption des Captifs établis par les Lettres Patentes de nos Rois ; je les avois vû reftraindre aux Villes murées, à caufe du petit nombre de gens qu'il y a dans
les lieux non murez pour fuporter les charges, & qui ne permet
pas de faire des choix & d'établir des exemptions. Me. de Catellan mon Neveu, & Me. Duval depuis Profeffeur en Droit
François plaidoient en la caufe.

CHAPITRE XIII.

Des Graces expectatives.

LEs Graces expectatives font défenduës par deux raifons.
La premiere eft le tort qu'elles font aux Collateurs ordinaires. La feconde eft qu'elles peuvent porter à fouhaiter la
mort des Titulaires, *inducunt votum captandæ mortis* ; comme
on a accoûtumé de dire fur cette matiere. Cette feconde rai-

G ij

fon eft feule affez forte , & par-là le Collateur même ordinaire ne peut promettre la premiere place vacante , non pas même
une place de Collegiat : quoi que ces places ne foient que des
preftimonies *ad tempus*; & c'eft ainfi qu'on l'a jugé en l'Audience de la Grand'Chambre , le 14. Janvier 1675. plaidans Mes.
de Chaffan & de Tartanac , dans une caufe où il s'agiffoit d'une
place du College des Irlandois à Touloufe. Les Collegiats
ayant conferé une de ces places , alors vacante , délibererent en
même tems de conferer à une autre , dont ils convinrent enfuite,
la premiere place qui vaqueroit ; mais une place étant venuë à
vaquer , ils trouverent à propos de la conferer à un autre que
celui qu'ils avoient nommé d'avance par cette Déliberation precedente , procez entre les deux : Celui qui avoit le Titre d'a-
prés la derniere Vacance , l'emporta fur celui qui avoit la Déliberation precedente & le Titre anticipé.

CHAPITRE XIV.

De la Dîme des menus Fruits , & de l'ufage de la payer à difcretion.

DIeu ayant donné la terre aux enfans des hommes , qu'il a
condamnez à la cultiver , pour vivre de fes fruits à la fueur
de leur front , s'eft refervé fur cette terre une rente generale
comme un hommage & comme une reconnoiffance & un aveu
qu'ils la tiennent de fa main. Cette rente , comme il eft aifé
de l'entendre (eft la Dîme ,) laquelle fert d'ailleurs à la nourriture des Miniftres de l'Eglife , qui diftribuent en échange les
biens fpirituels , & prient pour la confervation des temporels.
La Dîme , le nom le dit , c'eft la dixiéme partie. Le Titre
pour la percevoir eft exprés dans l'Ancien Teftament , & il
eft encore renouvellé & confirmé dans l'Evangile. Cependant
comme les Emphiteotes peuvent prefcrire contre les Seigneurs
une moindre rente que celle des Titres même primordiaux ;
on a jugé fouvent qu'on pouvoit par la voye de la prefcription

acquerir le droit de payer une Dîme moindre que la dixiéme
partie, à l'égard même des gros fruits. Pour ce qui eſt des menus, comme ſuivant leur nom même, ils ſont de moindre
conſéquence, d'ailleurs moins neceſſaires pour la nourriture
des Miniſtres de l'Egliſe; & comme ils ſont encore les fruits
d'une œconomie plus apliquée, & d'une induſtrie plus particuliere, qui merite d'être plus favoriſée, la Juriſprudence eſt auſſi
allée plus loin; J'ai vû juger par pluſieurs divers Arrêts, que
non-ſeulement la cotte de la Dîme, mais que la Dîme même
pouvoit être preſcrite, ſi ce n'eſt qu'il y ait, comme l'en dit,
interverſion de culture; c'eſt-à-dire, que les Paroiſſiens ayent
dans le dernier tems changé la culture de leurs champs ou de
leurs vignes, & qu'au lieu des gros fruits qu'ils avoient accoûtumé d'y ſemer, ils ayent pris la coûtume d'y ſemer de menus
fruits, qui par là ſubſtituez en quelque maniere à la place des
gros fruits, doivent être reglez de même, ſans quoi on pourroit
avec affectation faire aux Curez un préjudice conſiderable. Mais
j'ai vû douter ſi la coûtume de payer à diſcretion la Dîme
des menus fruits étoit bonne & valable; & s'il falloit y avoir
égard lorſque les Paroiſſiens établiſſoient & prouvoient qu'elle
avoit été obſervée durant le tems neceſſaire pour preſcrire.
Cette queſtion fut agitée en la Premiere Chambre des Enquêtes, le 10. Janvier 1667. dans le jugement d'un Partage, porté
par Mrs. de Comere Raporteur, & de Rudelle Compartiteur, au procez d'entre Mr. l'Evêque de Cahors & les habitans de Millars. Mr. le Raporteur étoit d'avis de les condamner
à payer la dixiéme partie des fêves & du millet, ſans avoir
égard à la longue poſſeſſion où ils étoient de ne payer qu'à diſcretion. Mr. le Compartiteur au contraire vouloit s'en tenir à
la coûtume.

Les raiſons du Raporteur étoient, que l'Ordonnance de
Charles IX. renduë en 1561. & celle de Blois prohibent ces
payemens de Dîme à volonté. Que ſi on pouvoit en cas de
gros fruits preſcrire la cotte, & en cas de menus fruits preſcrire l'entiere Dîme, il falloit toûjours qu'il y eût quelque choſe de certain & un uſage uniforme, ſuivant le ſentiment de

Ferrieres fur la queft. 46. de Guy-Pape , faute de laquelle uniformité ce fera une vraye mocquerie, qu'étant par la coûtume
même alleguée en obligation de payer la Dîme de ces menus
fruits , on puiffe s'acquitter de cette obligation en payant deux
ou trois feves , par exemple , quelque quantité qu'on en ait
recüeillie ; à quoi Mr. le Raporteur ajoûtoit que l'origine de
cette coûtume avoit été fans doute la religieufe bonne foi des
Paroiffiens, jointe à la petite quantité de fruits recüeillis autrefois dans la Paroiffe , qui ne meritoit pas que le payement
en fut mis en regle, raifons pour lefquelles il importoit de ne
pas laiffer aujourd'hui arbitraire le payement de cette même
Dîme devenuë moins indifferente , & de ne pas l'abandonner à
la difcretion, ou plûtôt à l'indifcretion des Paroiffiens fi portez à frauder ce droit, lors même qu'il eft le plus précifement & le plus déterminement établi , de maniere que les Curez qui gagnoient d'abord à cette maniere de payer la Dîme
par la bonne foi des anciens tems , pourroient y beaucoup perdre dans la corruption des tems où nous fommes.

Le Compartiteur fondoit fon avis fur les raifons fuivantes.
Que l'entiere exemption de la Dîme des menus fruits pouvant
être prefcrite fuivant la Philippine & l'ufage general établi en
confequence , la coûtume de payer à difcretion peut bien fans
doute être établie auffi par la prefcription, puifque l'Eglife y
eft toûjours moins grevée ; & que quand même le payement
arbitraire de cette Dîme fe reduiroit à peu de chofe par la mauvaife volonté des Paroiffiens, l'Eglife y retiendroit du moins
une efpece de redevance & d'hommage. Que lors que les Ordonnances ont condamné l'ufage de payer la Dîme à volonté,
elles l'ont entendu de la Dîme des gros fruits , qui ne pouvant
être entierement prefcrite, ne peut être non plus payée à difcretion par un ufage qui pourroit aller trop prés de l'exemption
entiere, à quoi l'on ajoûtoit un Arrêt rendu en la Grand'-
Chambre, au Raport de Mr. Caumels confirmatif d'un Jugement des Requêtes du Palais, par lequel les habitans de Saint
Julien étoient reçûs à prouver qu'ils étoient dans la poffeffion immemoriale de ne payer les menus grains qu'à difcretion : L'Arrêt
étoit même produit au Procez.

Le Partage étant porté en la Premiere Chambre des Enquêtes, le plus grand nombre fembloit aller à prendre par remontrance (comme nous l'apellons dans nôtre ufage) un tiers Avis,
qui étoit de condamner les habitans à payer la Dîme des menus
fruits au douziéme, fuivant la Coûtume generale des lieux voifins. Mais cet Avis ayant été touché en la Chambre d'où venoit originairement le Partage, & par cet endroit la Remontrance ne pouvant être acceptée, il intervint Partage encore,
lequel porté à la Seconde fut vuidé à l'Avis du Compartiteur.
Je ne croi pas cependant que cet Arrêt doive tirer à confequence ; la plûpart des Juges s'étant déterminez fur ce que l'Avis de
Mr. le Raporteur étoit trop fort contre les Paroiffiens, à l'égard
defquels on trouva qu'il n'étoit pas jufte que la poffeffion de
payer à difcretion, non-feulement ne leur profitât pas, mais
qu'elle leur tournât à perte & à dommage, en donnant lieu de
les condamner à une Dîme plus forte que la Dîme ordinaire,
ainfi on aima mieux encore les maintenir dans leur poffeffion ;
quelques-uns des Juges ajoûterent que fi ces Paroiffiens ne faifoient pas leur devoir, & abufoient de la difcretion, qui devant
toûjours être entenduë, *civili modo & arbitrio boni viri*, devoit
avoir fes bornes, tout comme la taillabilité *ad omnimodam voluntatem* ; on pourroit fur la plainte des Curez regler cette Dîme fur le pied ordinaire, c'eft-à-dire, fur le pied de l'ufage des
lieux voifins, ou encore fur un pied plus moderé pour faire honneur au privilege & à la poffeffion.

Il avoit été en effet auparavant jugé à mon Raport, que la
coûtume de payer le millet à difcretion étoit abufive & nulle,
& les Paroiffiens, qui étoient en poffeffion immemoriale de la
payer ainfi, furent condamnez de la payer fur le pied de l'onziéme que l'on prit, parce que dans ce lieu la Dîme des autres
menus fruits étoit payée de même. L'Arrêt eft du dernier Mars
1666. au Procez d'entre les habitans & Paroiffiens de Saint
Symphorien de Cagnac, & le Sindic des Chartreux de Cahors.

CHAPITRE XV.

Des Dîmes des Châtaignes, Aix de Châtaigniers, Carnelage & autres.

LA Dîme, pour le dire ainfi, la plus naturelle c'eft la Dîme du bled, du vin, de l'huile & de la laine des brebis ; c'eft à quoi femble fe reduire le Commandement de payer la Dîme dans le chap. 78. du Deuteronome, *Primitias frumenti vini & olei & partem ex lanarum tonfione*, ce qui femble fe raporter plus jufte à la nourriture & au vêtement, feules chofes que St Paul demandoit pour la retribution des Miniftres de l'Eglife, *Habentes alimenta & quibus tegamur his contenti fumus.* Nous voyons cependant que fur le Commandement fait de la part de Dieu par Ezechias, de payer la Dîme aux Prêtres & aux Levites, afin que fans nul détour de follicitude temporelle ils puffent donner toute leur aplication à remplir leurs fonctions & leur devoir, les peuples donnant à ce Commandement toute l'étenduë qu'ils pouvoient lui donner, porterent aux Prêtres & aux Levites, non feulement la Dîme du bled, du vin, de l'huile & de la laine, mais du miel, & generalement de tout ce que la terre produit, *Mellis quoque & omnium quæ gignit humus decimas obtulerunt.* Cette extenfion univerfelle femble avoir été confirmée par Jefus-Chrift même, qui parlant dans l'Evangile contre les Scribes & les Pharifiens, aprés avoir parlé de l'exactitude fcrupuleufe avec laquelle ils payoient la Dîme des plus menues chofes, jufqu'à la Mente & à Lanet, & du peu de foin qu'ils avoient d'ailleurs à remplir les devoirs de juftice, de charité & de mifericorde, ajoûte qu'il falloit faire ce dernier, & n'obmettre point le refte, *Hæc oportuit facere, & illa non omittere*; Par où il femble avoir établi, quoi qu'avec diftinction & preference pour les unes, l'obligation de toutes ces chofes.

Sur des principes tirez de fi bon lieu, nôtre Parlement a toûjours favorifé beaucoup, & beaucoup étendu le droit de Dîme.

II.

Il l'a étendu aux jardins non clos & fermez, qui ne servent pas purement au plaisir & à l'usage personnel des propriétaires, suivant les Arrêts de Mr. d'Olive, que j'ai vû suivre dans un procez jugé à mon rapport d'entre le Chapitre Saint Nazaire de Beziers, & l'Abbé de Saint Jacques de cette même Ville, de laquelle les jardins furent declarez sujets à la Dîme ; quoi que la Coûtume generale fût à Beziers de n'en payer point pour les jardins ; ceux-ci étoient de considerable étenduë, & il étoit justifié qu'ils étoient donnez à ferme. Et le 21. May 1664. après Partage porté de la Grand'Chambre en la Premiere. Chambre des Enquêtes, au procez d'entre Mr. l'Evêque de Lodeve, contre quelques habitans de Clermont, les habitans furent de même condamnez à payer la Dîme des jardins excedans deux journées d'homme, quoi qu'il fût verifié que les jardins n'y en avoient jamais payé, & qu'il y avoit moins de jardins qu'auparavant ; mais on soûtenoit d'autre côté que le nombre des jardins n'étoit diminué que par la jonction de plusieurs jardins ensemble, d'où l'on tiroit des profits considerables par la vente des herbes.

La Dîme du verd, dont la destination & l'usage est d'être coupé pour le fourrage & pour la nourriture du bétail, est dûë en ce qui excede la nourriture du bétail du Proprietaire. C'est ainsi qu'il fut jugé par Arrêt du 26. Août 1660. au raport de Mr. Lafont, en la Premiere Chambre des Enquêtes, au profit du Chapitre de Nismes.

J'ai vû un partage se former sur cette matiere. Les avis des Juges étoient divisez sur ce que les uns vouloient condamner au payement de la Dîme de l'excedant de ce qu'il falloit de verd pour la nourriture du seul bétail de labourage, & les autres pour la nourriture du bétail sans restriction, & même dans une signification étenduë, jusqu'à y comprendre les chevaux de selle & d'équipage ; ce Partage fut fait en la Premiere Chambre des Enquêtes, en la cause de Rimbaut Curé, Curé & Viguier, au raport de Monsieur de Rudelle. J'étois Compartiteur, & d'avis de comprendre dans l'exemption de la Dîme tout le verd necessaire à nourrir le bétail, suivant cette étenduë de signification que je viens de dire. Il passa à mon avis, auquel on voulut seulement ajoûter par remontrance, tout dol & fraude cessant. La remontrance fut sans hesiter acceptée, comme étant de soi-même sous-entenduë dans mon avis, l'Arrêt fut rendu le vingt-huitiéme Janvier 1656.

Par autre Arrêt du 12. Juillet 1667. rendu en la Première Chambre des Enquêtes, au raport de Mr. d'Auterive, le Sindic d'Angas fut condamné à payer au Chapitre de Montpellier la Dîme des Châtaignes, sur le pied de dix un à la claye, suivant un Arrêt precedent du 30. Juin 1664. donné au raport de Mr. de Catellan en faveur du Prieur, contre les habitans de St. Julien.

Dans le même procez les habitans furent relaxez de la demande que le Prieur leur faisoit de la Dîme des ais de futaye des Châtaigniers qu'ils coupoient au pied. On crût qu'ils ne pouvoient couper les gros Châtaigniers que par necessité, & nullement dans la vûë de frauder la Dîme. Il en est autrement de celle des cerceaux qu'on fait des rejettons de Châtaigniers entretenus en taillis, auquel cas les cerceaux tenans lieu de Châtaignes, la Dîme en doit être payée, comme je l'ai vû juger au raport de Mr. de Mirman.

Quoi que par les Arrêts; comme il a été dit ci-dessus, la possession immemoriale n'aquiere point l'exemption de Dîme ou la reduction à moindre cotte, lors qu'on a interverti la culture des terres, en y semant une plus grande quantité de ces menus fruits qu'on n'y en semoit auparavant; il a été jugé cependant qu'un beaucoup plus grand complantement d'Oliviers ne rendoit pas les habitans de Beziers sujets à plus grande Dîme que celle de deux mesures d'huile, que les habitans avoient accoûtumé de payer par les mains des Consuls, suivant une possession, confirmée par un Jugement des Requêtes du Palais, de l'année 1617. La raison fut que ce complantement nouveau n'avoit pas porté de préjudice à la Dîme des grains, dont on justifioit que les Fermes avoient au contraire augmenté au profit du Chapitre de Beziers demandeur, par où cessoit la raison de la regle qui ne veut que reparer le préjudice que peut porter l'interverfion de culture. L'Arrêt fut rendu à mon raport le 16. Juin 1677.

Je dirai encore fur cette matiere que par Arrêt rendu le 4. Avril 1661. en la Premiere Chambre des Enquêtes, au raport de Mr. de Caffaignau, il fut jugé que le foin n'étoit pas gros fruit, & qu'ainfi on pouvoit prefcrire l'entiere exemption d'en payer la Dîme.

Par l'Arrêt du dernier Mars 1666. que j'ai cité pour une autre décifion, il a été encore jugé que le carnelage devoit être regardé fur le pied de menu fruit, & qu'on pouvoit donc de même, par la voye de la prefcription, s'exempter d'en payer la Dîme, quoi que dans le païs & lieux voifins, l'abondance de paturages & le profit qui en provenoit, euffent introduit un ufage general de payer cette forte de Dîme.

CHAPITRE XVI.

De la Prefcription contre les-Chevaliers de Malthe, & contre les Religieux de la Mercy.

PAr l'Arrêt que Mr. de Cambolas raporte au 22. Chapitre de fon Livre 5. après quelques Arrêts contraires fur cette matiere, il fut préjugé que la prefcription de 100. ans pouvoit être oppofée aux Chevaliers de Malthe. Mr. de Cambolas conforme fon avis à cette décifion, & fixe là-deffus la Jurifprudence de la prefcription contre cet Ordre. J'ai cependant vû juger en la Premiere Chambre des Enquêtes dans le mois de Fevrier 1658. & même le 12. Août 1666. en la même Chambre, au raport de Mr. la Mothe Luffan, que la prefcription centenaire ne pouvoit lui être oppofée par le Roy même. Ce dernier Arrêt fut rendu en faveur de Meffire Pierre Balthafar de Mandols, Commandeur de Pezenas.

Et les raifons des deux Arrêts, furent que, comme l'à touché Mr. de Cambolas, les Chevaliers de cet Ordre font préfumez toûjours abfens, pour le fervice & la défenfe de l'Eglife, &

qu'il n'est pas juste que dans ce tems-là, les enfans de cette Eglise puissent prescrire contre ses défenseurs, & aussi peu qu'un autre, le Roy, qui est le fils aîné de cette Eglise.

J'ai vû juger la même chose contre des Communautez & des Particuliers en faveur du même Ordre, le 28. Mars 1667. & 6. Juin de la même année. Ainsi la Jurisprudence en faveur de cet Ordre est maintenant sur ce point tout-à-fait constante & uniforme.

On ne manqua pas de ramener, lors de ces Arrêts que je raporte, l'autorité de Mr. de Cambolas, & des Arrêts qu'il a raportez sur cette matiere, dont l'un debattu par un autre contraire, est dans le cas d'une cassation demandée plus de cent ans après le Bail, qui est un cas d'ailleurs un peu different de celui de la simple & ordinaire prescription, & le dernier sur lequel il se détermine & se fixe, ne fait que confirmer un Jugement interlocutoire & provisoire des Requêtes du Palais, qui ayant ensuite rendu un Jugement définitif, & l'affaire étant portée au Parlement sur un appel nouveau, il y fut rendu un Arrêt définitif, qui jugea précisément le contraire de ce qui, selon Mr. de Cambolas, avoit été préjugé par l'Arrêt de provision. Ce fait nous fut assuré par Mr. d'Avisard, President de la Premiere Chambre des Enquêtes, Magistrat trés-éclairé & trés-exact, qui nous donna ce témoignage lors de l'Arrêt de 1666. que je viens de raporter.

Les Religieux de la Mercy ont pretendu le même Privilege, fondez sur ce que leur Ordre est une maniere d'Ordre Militaire dévoüé au Service de l'Eglise, pour aller au travers de mille perils racheter ses Enfans, les Temples vivans du Seigneur, des mains des infidelles, ainsi non moins favorable dans leur Institut & leur emploi que les Chevaliers de Malthe, comme lesquels ils peuvent dire, que sans cesse occupez à des expeditions & à des courses pour l'Eglise, *perpetuò militant.*

Sur ces raisons dans un Procez jugé en la Grand'Chambre, le 22. Fevrier 1673. au raport de Mr. de Frezars, les Religieux de la Mercy de Beziers demandoient, que sans avoir égard à la prescription opposée, les Consuls de la même Ville fussent con-

damnez à leur faire rebâtir une Eglife , pour leur tenir lieu
d'une autre qui leur apartenoit , que la Ville avoit fait démolir
durant les troubles , & dont elle avoit donné l'aire aux Peres
Jefuites.

On jugea cependant que bien que l'Inftitut de ces Religieux
foit fans doute faint , noble & grand , qu'il imitât celui de
l'Ordre de Malthe dans fes vûës , dans fon zele , & dans fon
courage , il n'y avoit pas lieu de les confondre dans un privilege auffi fingulier & auffi extraordinaire que le privilege d'être
à couvert de toute prefcription , & que les Religieux de la Mercy devoient être contens du droit commun de l'Eglif. fur cette
matiere.

CHAPITRE XVII.

Du Decret De pacificis Poffefforibus , *& du Benefice*
Sacerdotal par la fondation.

L E Decret *De pacificis Poffefforibus* , eft une Regle fagement
établie pour ne tenir point dans une incertitude perpetuelle les Poffeffeurs des Benefices , & ne les laiffer pas aprés un
long-tems expofez encore à des Procez que ce long-tems même
peut faire prefumer injuftes & temeraires. Mais il y a des raifons
fuperieures à cette Regle. Elle manque fi le titre porte le vice fur
le front , s'il n'eft , comme l'on dit , coloré ; c'eft-à-dire , s'il
n'a pas du moins une couleur aparente , qui mette le Poffeffeur dans la bonne foi neceffaire pour lui acquerir furement le
Benefice par cette efpece de prefcription.

On a douté fi celui qui fans être Prêtre , a poffedé durant trois
années un Benefice Sacerdotal par la fondation , doit profiter de
la grace & de l'avantage de ce Decret. Brodeau fur Loüet ,
lettre B. raporte un Arrêt rendu au Parlement de Paris , aprés
avoir confulté toutes les Chambres , par lequel il fut jugé en
faveur du Poffeffeur , qui fans être Prêtre , avoit joüi durant
trois ans d'une Chapelle , dont la fondation portoit que le pour-

vû feroit tenu de fe faire Prêtre dans l'année. A quoi l'on peut ajoûter que la loi de la fondation pouvant avoir été ignorée, il faut prefumer en ce cas-là même, dans le Poffeffeur, la bonne foi neceffaire, toûjours à prefumer, hors les cas où la mauvaife foi eft évidente.

J'ai vû cependant juger le *6.* Juillet 1678. qu'il n'y avoit pas lieu à ce Decret dans le cas du Titulaire, qui fans être Prêtre a été pourvû d'un Benefice Sacerdotal par la fondation.

On ne crût pas devoir fe regler par l'Arrêt du Parlement de Paris raporté par Brodeau, du cas duquel, au cas de nôtre Arrêt on trouva cette difference, que dans celui-ci la Chapelle étant abfolument Sacerdotale, il falloit être Prêtre lors du titre, & qu'ainfi la poffeffion avoit été vicieufe dés le commçncement, au lieu que dans le cas de l'Arrêt de Paris le pourvû ne devoit point être Prêtre lors du titre, mais il étoit feulement obligé de fe faire Prêtre dans l'année, & qu'ainfi le commencement de la poffeffion étoit bon, & le défaut de Prêtrife une pure & fimple negligence, fur laquelle le Poffeffeur depuis 17. ans devoit au moins avoir été comminé avant qu'on ne jettât un dévolu fur fa Chapelle, plus excufable que le Poffeffeur d'une Cure, que la qualité du Benefice & les fonctions qui y font neceffairement attachées, avertiffent journellement de l'obligation où il eft de fe faire Prêtre, outre qu'en ce cas la confequence demande des exemples plus rigides & plus feveres.

Toutes les circonftances du Procez étoient pour le Poffeffeur, non-feulement de trois, mais de dix années ou plus, Poffeffeur d'ailleurs d'une fi petite Chapelle, qu'il fembloit que la modicité du revenu devoit encore exempter de la Charge du Sacerdoce. Le dévolutaire étoit le Prêtre même qui avoit mis en poffeffion celui fur qui le dévolu avoit été jetté. On pouvoit prefumer que la confiance de celui-ci pour l'autre, avoit donné à cet autre, connoiffance des Loix de la fondation qui lui fervoit pour trahir cette même confiance, & dépoffeder celui qu'il avoit mis en poffeffion. La thefe & la regle prevalurent fur toutes les circonftances particulieres. L'Arrêt au refte n'ordonne autre chofe, finon que Brunet dévolutaire remettra un extrait de la fondation en bonne forme ; mais par-là il préjuge bien fenfiblement la queſtion. Cet Arrêt fut rendu en la Grand'-Chambre, fur le Raport de Mr. Boutaric.

CHAPITRE XVIII.

Du legs Fieux fait par le fils de famille.

L E fils de famille peut faire Teſtament en faveur de la cauſe pie du confentement de fon pere ; mais on a douté ſi ce confentement étoit neceſſaire pour le ſimple legs, ou du moins ſi ce n'étoit pas aſſez du confentement preſumé par le ſilence du pere, qui ayant furvêcu aſſez long-tems, ne s'eſt point plaint de la diſpoſition de fon fils. La queſtion dans ces deux circonſtances forma un Partage en la Premiere Chambre des Enquêtes, au Procez d'entre la Demoiſelle de Ribeyran, & une Egliſe Legataire d'une autre Demoiſelle de Ribeyran, qui avoit inſtitué fon mari, & fait un legs modique à cette Egliſe.

L'Egliſe ſe fondoit fur la faveur des diſpoſitions pieuſes ; & encore fur la faveur du ſimple legs, & legs modique tel que celui dont il s'agiſſoit. Elle pretendoit même que la difference que faiſoient la plûpart des Auteurs entre les enfans & la cauſe pie à l'égard du confentement des peres, n'étoit pas trop fondé & trop établi, puiſque c'étoit une regle plus generale encore & de plus longue main établie, que les enfans & la cauſe pie vont d'un pas égal ; mais que quand même il y auroit là-deſſus quelque difference à faire, & que le Teſtament du fils de famille ne voudroit pas en faveur de la cauſe pie ſans le confentement du pere, quoi qu'il vaille entre enfans, ce pourroit eſtre à l'égard de l'inſtitution univerſelle, & qu'il en devoit eſtre autrement d'un legs, & fur tout d'un legs modique. Qu'en ce cas le confentement du pere qui ne ſe plaint pas, & qui auroit eu tort de ſe plaindre, devoit eſtre preſumé, d'autant plus que naturellement en pareille matiere le legs étoit beaucoup plus

aifé à rétablir que l'inftitution ; ce qui fait que le legs ou fideicommis laiffé par le fils de famille eft valable, lorfque devenu
pere de famille il ne l'a point changé, fuivant la décifion de la
Loi premiere au s. 1. *ff. de legat.* 3. qu'il eft affez naturel d'étendre
au cas du confentement prefumé furvenu par le filence du pere
qui a furvécu, & n'a point penfé à fe plaindre ; Qu'enfin il
feroit injufte que, fur tout dans ces conjonctures, la puiffance
paternelle qui vient de Dieu, d'où toute puiffance tire fon origine, pût tourner contre Dieu même à qui les legs pieux font
toûjours prefumez faits.

. La fœur comme heritiere *ab inteftat*, répondoit que les enfans & la caufe pie ne marchoient point d'un pas fi égal, que
les enfans comme fucceffeurs les plus naturels & les plus legitimes, ne priffent fouvent le devant. Qu'ils le doivent particulierement prendre, & meritent d'eftre diftinguez à l'égard
de la difpofition faite en leur faveur par leur pere, fils de famille, où le fils de famille qui tefte peut eftre regardé comme
une maniere de pere de famille dans fa famille même, ce qui
fait que ce Teftament eft bon fans le confentement du pere ; au
lieu que pour le Teftament du fils de famille en faveur de la
caufe pie, le confentement exprés du pere eft abfolument requis.
Que l'Eglife eft fans doute toûjours extrémement favorable,
lors que la volonté du Teftateur eft connuë ; mais qu'il falloit
toûjours que ce fût un Teftateur legitime, & auquel il fût permis de tefter, fans quoi le Teftament ne peut valoir ni pour
l'inftitution, ni pour le legs, le legs & le fideicommis ne pouvant même revivre par la volonté témoignée du fils de famille,
devenu pere de famille lorfque le legs eft contenu dans le Teftament, que ce fils devenu pere de famille declare contenir fa
veritable volonté, mais feulement lorfqu'il eft contenu dans des
Codicilles, felon l'explication de la Glofe & de Cujas, parce
que les Codicilles peuvent eftre confirmez *ex poft facto*, & par
la nuë volonté du Codicillant, mais que les Teftamens ne le
peuvent, & qu'ils peuvent par confequent encore moins eftre
confirmez par la volonté préfumée d'un autre.

Sur toutes ces raifons le Partage étant porté en la Seconde
Chambre

Chambre des Enqueſtes par Mr. de Paucy Raporteur, & Mr. Reynier la Robertie Compartiteur, le 27. Juillet 1679. l'Egliſe fut démiſe de ſa demande.

J'ajoûterai ſur la matiere de la faveur de la cauſe pie une Sentence Arbitrale que rendirent trois des Officiers de nôtre Parlement, & qui fut fidellement acquieſcée & executée. Un Curé ayant laiſſé parmi ſes papiers un billet écrit & ſigné de ſa main ſur un quart de feüille de papier, dans lequel il diſoit qu'il declaroit que tout ſon bien étoit aux pauvres, & qu'il laiſſoit ce Memoire, afin qu'on executât là-deſſus ſa volonté. Ce billet fut declaré bon en faveur des pauvres de la Paroiſſe à l'égard des biens du Curé, provenus des revenus de ſa Cure, qu'on pouvoit aiſement diſtinguer & ſeparer de ſon patrimoine, auquel il n'avoit pas touché. Les Arbitres crûrent qu'à l'égard de cette ſorte de revenus on devoit regarder les pauvres comme étant les enfans du Beneficier, *& quodammodo rerum Domini etiam vivente patre*; ſur tout pour le ſuperflu, qui ne peut eſtre plus ſuperflu ni mieux marqué, que lors qu'il eſt laiſſé par le Beneficier à ſa mort : Ainſi le Memoire écrit par ce Curé, eu égard à la diſpoſition de ſes biens provenus de ſon Benefice, fut regardé en faveur des pauvres comme le Teſta-ment d'un pere en faveur de ſes enfans, où la ſeule écriture privée ſuffit ſans aucune formalité ; les droits que les pauvres ont ſur les revenus Eccleſiaſtiques, ſont ſi grands & ſi établis, qu'on ne ſçauroit trop favoriſer cette volonté qui tend à remplir une obligation ſi eſſentielle, reſtitution en effet ou acquit de dette plûtôt que liberalité.

CHAPITRE XIX.

De l'appel comme d'abus d'une Procedure faite pour correction des mœurs par un Superieur Regulier.

LEs Officiaux & autres Juges Ecclesiastiques sont obligez d'observer les formalitez marquées par les Ordonnances, & les contraventions qu'ils y font, donnent un juste sujet d'en relever des apellations comme d'abus. Mais on a douté si les Superieurs Reguliers sont sujets, sous peine de commettre abus, à la même obligation dans les Procedures qu'ils font contre les Religieux, qui leur sont soumis. Cette question fut agitée en la Grand'Chambre, au mois d'Août 1663. en la cause d'entre freres, Duhan, Lapene, Dupouts d'un côté, & Frere Alexandre N. d'autre. L'espece étoit telle que je vais la raporter.

Frere Alexandre N. Religieux & Prieur de l'Escaledieu, est prévenu de crimes graves, comme d'avoir cruellement battu Frere Duhan, Religieux de son Monastere, d'avoir fait condamner sur des Exploits faux, Frere Lapene autre de ses Religieux pour l'exclure des Charges ; de plus, d'avoir fait enlever à main-armée Frere Dupouts son Competiteur au Prieuré pour se délivrer de sa concurrence. La plainte en est portée à l'Abbé de Morimond Superieur de l'Ordre, qui donne des Commissaires pour l'information & l'instruction de ce Procez. Ils informent & font des confrontations. Frere Alexandre leur presenta Requête, à ce qu'il lui soit permis de se retirer en justice Seculiere pour la preuve des reproches qu'il a à proposer contre les témoins, & les Commissaires le lui permettent : ayant ensuite procedé encore plus avant à l'instruction, ils renvoyent l'affaire à l'Abbé de Morimond, qui rend Sentence, par laquelle, pour ce qui regarde Duhan & Lapene, il renvoye devant les mêmes Commissaires pour parachever les confrontations & recollemens, & l'entiere procedure jusqu'à Sentence définitive exclusivement, cependant pour le bien de paix & le repos

de la maison, il fufpend Frere Alexandre de la charge de Prieur,
& met Frere Raynaud à fa place ; Par une Sentence du même jour, il juge ce qui regarde Frere Dupouts, condamne
Frere Alexandre à une fatisfaction, & à quelques jeûnes &
prieres. Frere Alexandre obéït à la fufpenfion, & fouffre Raynaud en fa place : Mais peu de tems après il fe rend apellant des
deux Sentences devant l'Abbé de Citeaux, qui commet l'Abbé de Cadoüin pour juger les appellations. Celui-ci fe tranfpor-
té à l'Efcaledieu, accompagné de fon Ajoint & du Promoteur
de l'Ordre, & rend une premiere Sentence, portant que les
procedures feront communiquées au Promoteur pour donner
fes conclufions, & attendu l'abfence de Dupouts, qu'il fera
ajourné pour défendre aux conclufions de Frere Alexandre. Duhan & Lapene, recufent l'Abbé de Cadoüin Commiffaire.
Quelques jours après Dupouts ne s'étant pas prefenté, n'ayant
pas été même felon qu'il le prétendoit, affigné, le Commiffaire
rend Sentence, par laquelle il renvoye à l'Abbé de Citeaux fon
Commettant à juger la recufation, & cependant par provifion,
il rétablit Frere Alexandre en la charge de Prieur, & concernant l'utilité du défaut pourfuivi contre Dupouts, met les Parties hors de Cour & de Procez. Frere Duhan, Lapene & Dupouts, relevent appel comme d'abus de cette Sentence.

Ils fe fondent fur la contravention évidente aux Ordonnances
que tous Juges, même Ecclefiaftiques, font obligez de garder
dans les inftructions des Procez & Jugemens, fur tout à l'égard
des chofes auffi établies, auffi juftes d'ailleurs & auffi naturelles que la défenfe au Juge recufé de prononcer avant la recufation jugée. Qu'ici en effet, le Commiffaire recufé en rétabliffant Frere Alexandre, avoit jugé le point principal de l'affaire,
& qu'à l'égard de Dupouts, il n'avoit pas moins fenfiblement
contrevenu à l'Ordonnance, jugeant une utilité de défaut fans
affignation precedente, du moins, ce qui étoit la même chofe,
fans qu'il en aparut dans la procedure, au lieu que pour prononcer même fur cette utilité, il auroit fallu que Dupouts, ce qui
conftamment n'avoit pas été fait, eut été affigné deux fois fuivant l'Ordonnance de 1639. (celle de 1667. n'étoit pas encore

rendüe) Qu'on ne pouvoit pas dire que ce fût ici une Jurifdiction fimplement correctionnelle, & par-là non fujette aux formalitez requifes par les Ordonnances, puifque c'étoit une vraye
procedure, & en Jurifdiction parfaitement contentieufe, comme le marquoient affez l'Ajoint, le Promoteur, le renvoi en
Juftice feculiere pour le Jugement des reproches, l'utilité de défaut jugée, les Parties mifes hors de Cour & de Procez, ce
terme *Cour*, particulierement n'apartenant point à la Jurifdiction
correctionnelle, pour laquelle il falloit d'autant moins prendre
la procedure dont il s'agiffoit, qu'elle n'étoit point faite pour de
legeres fautes & pour de petites inobfervations de difcipline &
de regle, mais pour des cas graves & atroces.

A quoi il étoit répondu, que cette procedure, quoi que revé-
tuë de quelques formalitez, qui lui donnoient l'air d'une procedure contentieufe reglée & ordinaire, étoit neanmoins une procedure correctionnelle Monaftique, & qui de fa nature devoit
être faite *fine ftrepitu & forma judicii*. Que cette Jurifdiction correctionnelle chez les Reguliers, alloit & s'étendoit jufqu'à des
cas graves, & qui paffent ce qui eft appellé en d'autres cas *levis
coërcitio*; Que fi l'on avoit dans cette procedure employé Ajoint
& Promoteur, renvoyé en Juftice feculiere pour les reproches,
on n'avoit pris cette forme de procedure & de Jurifdiction ordinaire que comme un moyen plus fûr, pour parvenir à l'éclairciffement & à la découverte de la verité, & par-là rendre un
Jugement plus jufte. Que fi d'ailleurs toutes les formalitez n'a-
voient pas été obfervées, c'eft que des Juges reguliers les
avoient ignorées & pû ignorer, comme n'étant pas faites pour
eux; les Ordonnances qui veulent qu'elles foient obfervées même dans les Officialitez, n'en portant pas l'obligation jufques
dans les Cloîtres. Qu'auffi l'Auteur du traité de l'Abus, qui cite
tant d'Arrêts qui ont declaré y avoir abus dans tant de cas particuliers de contravention aux Ordonnances & aux formalitez établies, n'allegue point d'Arrêt pareil dans le cas des Sentences de
la nature de celle dont il s'agiffoit dans cette rencontre.

Sur ces raifons, il intervint Partage en la Grand'Chambre,
M. de Papus étant d'avis de declarer qu'il y avoit abus dans la

procedure. Et Mr. de Frezars d'avis de mettre sur l'appellation
comme d'abus les Parties hors de Cour & de Procez.

Sur le Jugement de ce Partage porté en la Première Chambre des Enquêtes, Messieurs les Juges demeurerent d'accord que la procedure dont il étoit question, regardée dans l'ordre commun des procedures étoit extrémement irreguliere, mais que malgré ces irregularitez, ce ne devoit point être la matiere d'une appellation comme d'abus, par les raisons dites ci-dessus jointes au mauvais exemple, & à la dangereuse consequence de ces appellations, qui une fois reçuës, troubleroient tout l'ordre de la discipline Monastique, rempliroient les Tribunaux seculiers & laïques de Moines & d'affaires Monacales, & obligeant les Superieurs à être trop tendus & trop génez dans les procedures de correction qu'ils auroient à faire, pourroient les déterminer ou à laisser les fautes impunies, ou à les punir sans procedure, deux inconveniens pires que toutes les irregularitez qu'il pourroit y avoir dans ces procedures. Que leur Jurisdiction n'étant pas publique comme celle des Officiaux, qui s'étend même en certains cas sur les personnes laïques : mais étant renfermée dans l'interieur & le secret de leur maison, il y avoit lieu de les distinguer des Officiaux dans l'obligation de suivre les formalitez prescrites par les Ordonnances. Et qu'enfin, le Juge seculier devoit renvoyer des Religieux, morts au siecle & au monde, à se plaindre en de pareils cas à leurs Superieurs, & ainsi abandonner les morts aux morts même, suivant les paroles de l'Evangile, d'autant plus que pour l'interêt du monde même, il importe d'éviter autant qu'il se peut, d'exposer à sa vûë les desordres & les déreglemens qui se trouvent en des lieux où il est persuadé que la vertu & la pieté doivent être confinées, & où par-là, tout le mauvais exemple qu'il y découvre sont d'une affreuse consequence pour les mœurs. Par toutes ces raisons, les Parties furent donc mises hors de Cour & de Procez, suivant l'avis de Mr. de Frezars.

CHAPITRE XX.

De la Reſtitution envers les Vœux de Religion, & lequel doit prévaloir pour la preuve de la Naiſſance, le Livre du Pere, ou le Regiſtre des Batêmes.

QUoi que par le Concile de Trente *ſeſſ. de Regularib.* Chap. 19. il ſoit porté que celui qui reclame contre des vœux de Religion doit déduire ſes raiſons devant ſon Superieur, & ſon Ordinaire, c'eſt-à-dire, ſelon la Declaration des Cardinaux, devant l'Ordinaire, & le Superieur du Monaſtere dans lequel il a fait ſa profeſſion, il a été jugé neanmoins que cela n'eſt pas ſi eſſentiel & ſi neceſſaire, qu'il y aït toûjours abus ſi l'on y manquoit.

Le nommé Lagarde ayant fait profeſſion dans le Monaſtere de la Baſtide des Feüillans, & enſuite étant allé au Convent des Feüillans de Paris pour ſes études, il s'y adreſſe à Mr. le Cardinal de Vendôme, Legat *à latere* pour reclamer contre ſes vœux. Ce Cardinal délegue l'Official de Paris & Dom Coſme Roger, General de l'Ordre, reſidant alors à Paris, & depuis trés-digne Evêque de Lombez. Les Commiſſaires procedent à l'audition du Reclamant. Il pretend que ſa Profeſſion eſt nulle pour avoir été faite le 12. Novembre 1666. cinq jours avant qu'il eut ſeize ans accomplis, ne les ayant eus, dit-il, que le 17. Novembre, né à pareil jour de l'année 1650. ſuivant le livre de ſon pere, quoi que le Regiſtre des Batêmes de l'Egliſe de Tulle, portât qu'il étoit né le 9. Novembre, & bapuſé le 20. ce qui lui auroit donné les 16. ans accomplis. Le Promoteur conclud là-deſſus, à la preuve que ledit Lagarde eſt né le 17. Novembre. Cette preuve eſt ordonnée, & en conſequence pour toute enquête deux témoins ſont oüis, qui diſent que le ſieur Lagarde pere du reclamant, a toûjours été reconnu homme de bien & incapable de toute friponnerie, & qu'ainſi on peut ajoûter foi à ſon livre ſur l'article de la naiſsance de son fils. Les Commissaires rendent Sentence, par laquelle ils declarent la profession nulle. Peu de tems après, ce jeune homme sorti du Convent, âgé seulement de 19. ans, donna dans la vûe d'une Dame de qualité d'un âge beaucoup plus avancé. Cette double inegalité n'empêcha pas qu'elle ne l'épousât, mais quelque tems après ayant changé de sentimens à l'égard de cet homme devenu son époux, & voulant rompre un mariage qui n'étoit plus de son goût, elle releve appel comme d'abus de la procedure faite par les Commissaires sur la Declaration de nullité des vœux de Lagarde.

Elle se fondoit principalement sur le Concile & sur la Declaration des Cardinaux ci-dessus alleguée, & pretendoit que le Cardinal Legat ayant delegué l'Official de Paris & le General de l'Ordre au lieu de deleguer le Superieur du Monastere de la Bastide où Lagarde avoit fait sa profession, & l'Evêque de Rieux, l'Ordinaire de ce même Monastere, c'étoit un moyen d'abus sans replique, l'Ordonnance de Blois qui parle sur ce point comme le Concile, devant être expliquée & entenduë comme les Cardinaux l'ont entendu, & comme par leur Declaration ils ont expliqué le Concile.

Elle ajoûtoit par un autre moyen d'abus, que les Commissaires n'avoient pû preferer au Registre des Batêmes, Registre public, le livre particulier d'un pere, suspect par sa qualité de pere contre les Ordonnances & Arrêts, qui veulent qu'on ajoûte foi à ces Registres qui ne sont établis que pour cela.

Il fut jugé cependant qu'il n'y avoit point d'abus dans cette procedure. Les raisons de l'Arrêt furent que le Concile & l'Ordonnance ne parlant que de l'Ordinaire & du Superieur du reclamant, la Declaration des Cardinaux, moins reçuë en France que le Concile, qui hors le Dogme, n'y est reçu qu'en tant qu'il est conforme à l'Ordonnance, n'induisoit pas une obligation essentielle & indispensable de recourir au Superieur & à l'Ordinaire du Monastere où le reclamant avoit fait sa profession, qu'ainsi on avoit pû absolument deleguer l'Ordinaire du Monastere où le reclamant, lors de sa reclamation, étoit avec l'obedience de ses Superieurs, & au General, qui en cette qualité

étoit le Superieur de tous les Monasteres de l'Ordre, & par-là
plus obligé d'en soûtenir les interêts contre le reclamant, d'autant plus que des Commissaires de cette distinction ne sentoient
point l'affectation & le choix recherché, moins suspects au contraire que nuls autres par l'Ordre seul ou principal interessé contre les Reglemens, & que le Superieur & l'Ordinaire de la Bastide ne se plaignoient pas.

A l'égard de l'autre moyen d'abus, on crût que dans cette rencontre le livre du Pere devoit prévaloir au Registre des Batêmes, que ces Registres prouvoient plus le jour du Batême que le
jour de la naissance, sur lequel le Curé, ou les personnes avec
qui il s'en informe, peuvent aisément se méprendre ; que la
distance d'entre le jour de la naissance & le jour du Batême,
étant ordinairement peu considerable & peu importante, c'étoit
la cause de l'autorité que les Ordonnances & les Arrêts donnent aux Registres Batistaires, dont cependant la foi, quant
au jour precis de la naissance, peut être debattuë par des preuves plus fortes & plus sûres. Qu'ici le Registre qui n'étoit signé
d'ailleurs sur l'article de Lagarde, ni du Curé, ni d'aucun témoin, devoit avoir d'autant moins d'autorité, qu'il laissoit un
grand intervalle de tems entre la naissance & le Batême, &
un tems qui n'est pas ordinairement & qui ne doit pas être entre
l'un & l'autre ; qu'enfin il falloit d'autant plus ici ajoûter d'autre
côté foi au livre du Pere, que le pere étant remarié, ayant même beaucoup d'enfans de son second mariage, paroissoit assez
n'être poussé que par un esprit de justice & de droiture dans tout
ce qu'il faisoit pour défendre l'état d'un fils d'un premier lit.

L'Arrêt fut rendu le 2. Mars 1675. entre Lagarde & la
Dame son épouse, plaidans Mes. Dulaurens & de Chassan.
Il est vrai que cette femme, qui par un excés de tendresse indigne d'elle, avoit épousé un homme beaucoup au-dessous de
sa qualité & de son âge, & puis par une inconstance blâmable
encore cherchoit à s'en défaire, n'étoit nullement favorable,
mais le défaut qui étoit dans la partie se trouvoit reparé par
l'appel comme d'abus, verbalement relevé par Mr. l'Avocat General Maniban.

CHAPITRE.

CHAPITRE XXI.

Comment les Chapelles de Patronage laïque peuvent être spiritualisées, & de l'effet d'une Présentation nulle.

QUoi que les Chapelles fondées par les Patrons laïques, qui en donnent à leurs descendans ou successeurs l'institution & collation de plein droit, soient plûtôt des legs pieux ou prestimonies que des vrais Bénéfices, elles peuvent être renduës Bénéfices, & ce que nous appellons spiritualisées par les présentations que ces descendans ou successeurs Patrons ont faites devant l'Ordinaire, suivant la Doctrine de Ferrieres sur la question 187. de Guy-Pape.

Dés-lors qu'elles sont spiritualisées de cette maniere, elles ne peuvent plus être remises dans leur premier état, ni par le rétablissement du premier droit du Patron redevenir prophanes & laïques. La possession de 40. ans, & trois Titres de collation & d'institution absoluë faits par le Patron, ne le remettent pas dans son droit une fois perdu ; Devenu incapable de posseder une chose renduë spirituelle, telle que la collation de la Chapelle devenuë Benefice, sa possession ne lui profite point, quoi que cette possession ait les derniers tems pour elle, trop vicieuse & trop abusive pour pouvoir servir de titre & acquerir nul avantage. La faveur du long-tems, & de la multiplicité des titres, ne regarde que le droit de presenter aux Benefices, duquel parle uniquement le titre *de jur. Patron.* & qui n'est pas proprement une chose spirituelle, mais seulement *quid spirituali annexum* ; ce qu'on ne peut dire du droit de les conferer absolument, droit purement spirituel, que le Patron laïque incapable de l'avoir, ne sçauroit jamais prescrire.

Il fut rendu un Arrêt conforme à cette doctrine en la Premiere Chambre des Enquêtes le 23. May 1664. au Raport de Mr. de Maussac, entre Dario pourvû par l'Ordinaire, & Dabadie pourvû de plein droit par le Patron descendant d'un nommé

Tome I.   K

Bel , qui avoit fondé une Chapelle defferviable dans l'Eglife de Touloufe.

Il furvint incidemment une autre difficulté dans le même Procez. Le Titre de l'Ordinaire avoit été fait dans les quatre mois de la vacance , & par-là dans le tems donné au Patron laïque , dans lequel tems le Patron avoit fait le Titre contentieux , & jugé nul par l'Arrêt. Mais il demeuroit à décider fi ce Titre , quoi que nul , n'infirmoit & n'annulloit point le Titre de l'Ordinaire , tout comme le Titre de l'Ordinaire quoi que nul , empêche l'effet des Provifions & de la prévention du Pape. Il y avoit plus ; Le Patron non content d'avoir conferé étoit intervenu dans l'inftance devant le Senéchal pour foûtenir fon Titre , & il étoit intervenu dans les mêmes quatre mois. Les Auteurs qui veulent que le Titre fait par l'Ordinaire dans les quatre mois de la vacance puiffe valoir , pretendent feulement que c'eft *Patrono non conquerente*. Ici le Patron s'étoit plaint bien publiquement & bien autentiquement , puifqu'il étoit entré en Procez pour foûtenir fon Titre contre celui de l'Ordinaire.

Le Pourvû par celui-ci ne laiffa pas de gagner fa caufe , comme j'ai dit. Le Titre nul fait par le Patron laïque , n'infirme point le Titre de l'Ordinaire , comme le Titre nul fait par l'Ordinaire , infirme les Provifions du Pape. L'Ordinaire , comme Ordinaire ; c'eft-à-dire , comme Patron naturel , eft plus favorable que le Pape , & plus favorable auffi que le Patron particulier. C'eft pourquoi fur le point même dont il s'agit , on fait difference de l'un à l'autre : Ainfi , comme dit Dumoulin fur la Regle *de infirm. refign. num.* 62. & 173. pour infirmer le Titre fait dans les quatre mois par l'Ordinaire , il faut que le Patron ait fait ou faffe dans le même tems un Titre , mais un Titre bon & valable , *quod fi negligat præfentare aut non debitè præfentet remanet collatio jure fuo primitùs valida.* Cette preference de l'Ordinaire au Pape pour la faveur des Collations , eft marquée encore en ce que le confentement ou le filence du Patron laïque ne redreffe & ne valide point les Provifions du Pape , octroyées dans les quatre mois de la Vacance , mais la dévolution vient à l'Ordinaire , quoi que ce confentement & ce filence valident le Titre de l'Ordinaire, fuivant la Doctrine de Ferrieres fur la queft. 374. de Guy-Pape.

Dans le cas prefent, on ne crût pas même le Titre de l'Ordinaire infirmé par la plainte du Patron, parce que s'il s'étoit plaint, il ne s'étoit pas plaint comme il falloit, s'étant plaint dans une qualité qu'il n'avoit point, & comme Collateur de plein droit, ce qu'il n'étoit pas, & ne pouvoit pas être par les raifons alleguées ; & qu'enfin quant au Patron à l'égard de l'Ordinaire il n'y a point de différence, entre ne pas bien faire un Titre ou une plainte, & n'en point faire.

Il a été cependant jugé en la Grand'Chambre, au Raport de Mr. de Chaubard, le 8. Fevrier 1669. que les Marguilliers de l'Eglife de Nazareth de Touloufe, qui furent regardez comme Patrons laïques, n'avoient pas perdu le droit de pleine Collation & inftitution aux Chapelles de cette Eglife, quoi qu'elles euffent été plufieurs fois conferées par le Pape, & que ces Collations euffent eu leur effet : le motif de l'Arrêt fut le defavantage qu'il y auroit pour l'Eglife même, à donner au Patronage laïque de pareilles atteintes, qui éloigneroient les Fideles de faire des Fondations ; & qu'ainfi des entreprifes du Pape fur ce Patronage ne devoient point le diminuer ni l'affoiblir : en quoi il eft affez aifé de voir la différence qu'il y a de ce cas au cas de l'Arrêt precedent, auquel le Patron avoit prefenté, & ainfi confenti à la Collation de l'Ordinaire ; au lieu que dans le cas où le Pape agit & confere fans la participation du Patron, qui eft le cas du dernier Arrêt, il eft jufte que des Collations du Pape faites par entreprife & par abus, n'ayent pas le même pouvoir & la même force à l'égard de l'effet dont il s'agit, que les Collations de l'Ordinaire faites du gré & fur la prefentation du Patron laïque.

Il y a un cas affez particulier, dans lequel j'ai vû faire difficulté, fi une Chapelle qui n'a jamais été fpiritualifée, ne pouvoit point être refignée en Cour de Rome, & fi les Provifions que le Pape en avoit accordées, ne devoient point prévaloir au Titre du Patron. Le cas eft comme je vais le déduire.

Un Teftateur fonde un Obit ou Chapelle, il nomme lui-

K ij

même à cette Chapelle dans le Teſtament où il a fondé pluſieurs Chapelains pour la deſſervir ſucceſſivement en cas de Vacance. Aprés ces Chapelains le Teſtateur veut que la Chapelle
paſſe au plus proche du lignage de ſon heritier qui ſoit Prêtre
ou Clerc, & en défaut du lignage, qu'elle ſoit conferée par le
Prieur, Doyen de St. Laurent. Cette Chapelle ayant été deſſervie ſucceſſivement par les nommez dans le Teſtament, & enſuite par les plus prochains du lignage, & ſe trouvant entre
les mains de Nouïrigat dernier Prêtre ou Clerc du lignage, fut
reſignée par lui en Cour de Rome en faveur de Jacques Nogaret; elle fut d'autre côté conferée par le Prieur, Doyen de
St. Laurent, à Antoine Abelly : Sur quoi ſe forma inſtance de
complainte entre Abelly & Nogaret.

Il étoit dit par Abelly que la Chapelle dont étoit queſtion,
n'étoit proprement qu'une preſtimonie, aumône, ou legs Pieux;
qu'ainſi elle ne pouvoit être conferée par le Pape, par qui les
ſeuls Benefices peuvent être conferez, & qu'on ne pouvoit
oppoſer que dans le cas où l'on étoit, le lignage défaillant, la
Fondation donnoit au Prieur, Doyen de St. Laurent, le droit
de conferer, & que le lignage avoit défailli dans la perſonne du
Reſignant, puiſqu'il falloit toûjours que le Pape pour conferer
pareilles Chapelles, attendit du moins qu'elles euſſent été une
fois conferées par l'Ordinaire, ſuivant la Doctrine de Guy-Pape
& de ſon Commentateur Ferrieres ſur la queſt. 187.

Il étoit répondu par Nogaret que ce n'étoit point ici un cas
où le Pape dût attendre que les Chapelles profanes & laïques,
fuſſent une fois conferées par l'Ordinaire; cela n'étant ainſi reglé & exigé qu'afin que le Pape ne prenne point ſur le Patron
laïque, comme il eſt aiſé de juger des termes même de Ferrieres en l'endroit allegué, où aprés avoir dit que le Pape ne
pourra pourvoir à ces ſortes de Chapelles, ajoûtant qu'elles
ſeront conferées par les heritiers du Fondateur, marque bien
ſenſiblement qu'il n'a en vûë que l'intereſt du Patronage laïque;
ce qui eſt même confirmé par le ſentiment de Charondas, Liv.
7. de ſes réponſes, Art. 191. ſuivant lequel s'il y a deux Patrons
d'un même Benefice qui le conferent alternativement, l'un laï-

que & l'autre Ecclefiaftique, le Pourvû par le Patron laïque
pourra refigner en Cour de Rome, & la Provifion vaudra, parce qu'elle ne porte préjudice qu'au Patron Ecclefiaftique, dent
le Pape remplira le tour, qui à la vacance d'aprés, viendra au
Patron laïque. D'où on tiroit la confequence affez naturelle,
qu'il fuffifoit donc qu'il ne fût point fait de tort au Patron laïque,
& que le Pape prévint le feul Patron Ecclefiaftique, qu'il étoit
en droit de prévenir comme le Patron general & l'Ordinaire des
Ordinaires, & il paffa à cet avis en la Grand'Chambre le 23.
Avril 1678. au Raport de Mr. de Cambolas.

CHAPITRE XXII.

De la preuve de la revocation de la Refignation.

PAr Arrêt rendu le 25. Fevrier 1669. le Demandeur en preuve fur cette matiere fut démis de fa demande, au Raport de
Mr. de Mirman.

Geraud d'Encauffe malade avoit refigné fon Benefice à Gi-
baud. Le Refignant étant mort quelque tems aprés, le Collateur
en avoit fait Titre comme d'un Benefice vacant par mort. Dans
l'inftance de complainte d'entre le pourvû par le Collateur & ce
Refignataire ; le premier demandoit à prouver qu'Encauffe Refignant avoit dans le tems qu'il falloit, revoqué la Refignation, &
fignifié la revocation. Il remettoit même d'avance des declarations des témoins qui avoient affifté à l'acte allegué. On n'eut
point, comme j'ai dit, d'égard à fa demande.

Le motif de l'Arrêt fut la crainte de la confequence, & le
rifque que courroient toutes les Refignations qu'on pourroit attaquer, & emporter par cette voye, dans la facilité trop grande que le tems où nous fommes donne à trouver de faux témoignages. On ne voyoit pas d'ailleurs tout-à-fait l'avantage,
ou du moins la neceffité abfoluë de cette revocation, dans un
cas où le Refignant ayant refigné dans l'infirmité, la voye du
Regrez ouverte par fa convalefcence, pouvoit affez faire le mê-

me effet qu'une revocation, sans compter que si le Resignant, se repentant de sa Resignation, l'avoit en effet revoquée, il avoit pû se repentir ensuite de son repentir, & voulu revoquer sa revocation, que dans cette vûë il avoit peut-être supprimée ou déchirée avant que la Resignation fut admise.

J'ai dit, avant que la Resignation fut admise, parce que si la Resignation avant d'être admise a été une fois revoquée, la revocation de revocation faite aprés la Resignation admise ne rétablit pas les provisions une fois annullées par la premiere revocation, comme j'en ai vû Messieurs les Juges convenir dans la Grand'Chambre en jugeant le Procez rapporté par Mr. de Boutaric entre Pons & Delpoüy.

Dans ce même dernier Procez, il fut encore jugé que la revocation nulle à l'égard du Resignant, & qui à cause de sa nullité ne donnoit point le droit de rentrer dans son Benefice, pouvoit être bonne contre le Resignataire en faveur du pourvû par l'Ordinaire. Voici le cas. Darles resigne à Pons, qui obtient des provisions au mois de Fevrier, & se met en possession au mois d'Août suivant, trois ou quatre jours avant la mort du Resignant, qui avoit par acte en cede volante, revoqué la Resignation avant qu'elle ne fut admise. Aprés la mort de ce Resignant l'Ordinaire fait titre du Benefice, comme vacant par le decés d'Arles, & le confere à Delpoüy. Le pourvû sur Resignation prétendoit que les provisions devoient avoir leur effet malgré la revocation nulle, suivant l'Article 28. de la Declaration de 1646. qui veut que les revocations soient enregistrées sur le Registre du Notaire à peine de nullité. Le pourvû par l'Ordinaire répondoit que cela n'étant ainsi ordonné que pour empêcher les fraudes qui pourroient par cet endroit être pratiquées contre les Collateurs ordinaires, ce qui avoit été établi en leur faveur ne devoit point tourner à leur préjudice, & cette raison décida en faveur du pourvû par l'Ordinaire.

CHAPITRE XXIII.

*De l'heritier dont le Teftateur a chargé la confcience d'em-
ployer une fomme en œuvres pies.*

L'Heritier chargé dans fa confcience par le Teftateur d'employer des fommes, même confiderables en aumônes &
autres œuvres pies, n'eft point tenu d'en rendre compte, & de
faire apparoir de la difpofition qu'il en a faite. Ainfi qu'il a
été jugé en l'Audience de la Grand'Chambre, plaidans Mes.
de Chaffan, Tartanac & Peletier le 15. Avril 1670. dans un cas
où les prefomptions fur l'accompliffement de la volonté du Teftateur en ce point étoient affez équivoques & incertaines, & où
il étoit oppofé à l'heritier, & à l'heritier de l'heritier un Arrêt
d'expedient, qui fembloit préjuger le contraire.

Me. de Charron habitant du Puy, avoit inftitué fa femme, &
declaré qu'il vouloit qu'elle employât la fomme de 6000. liv. en
aumônes & autres œuvres pies qu'elle trouveroit à propos, dont
il charge fa confcience, ajoûtant neanmoins, qu'il vouloit que
dans cette diftribution elle fût tenuë de preferer fes parens pauvres, s'il y en avoit. Elle fait enfuite un teftament, par lequel elle
inftituë les pauvres & l'Eglife. Aprés quoi affignée au nom des
parens de fon feu mari, à ce qu'elle eût à executer la volonté
du défunt fur l'article de la fomme de 6000. livres, elle fait procuration pour jurer en Jugement qu'elle a employé les 6000. liv.
conformément au teftament, & le jure même ainfi dans l'acte.
Quelque tems aprés elle fait une feconde difpofition, par laquelle elle inftituë un Chanoine du Puy, que dans la premiere
elle avoit nommé fon Executeur teftamentaire, & le charge
d'employer fon heredité en œuvres pies, comme elle en avoit
été chargée par fon mari. Dans un codicille fubfequent, elle
declare qu'elle a fatisfait à fon obligation là-deffus, & décharge
fon heritier de l'obligation d'employer fon heredité en œuvres
pies, lui permet d'en joüir & difpofer à fon gré. Nouvelle af-

fignation lui ayant été donnée aux Grands-Jours tenus au Puy,
par les Commiſſaires du Parlement de Toulouſe en 1666. il y
fut rendu un Arrêt d'expedient, conſenti par elle avec Mr. le
Procureur General, au nom duquel elle avoit été aſſignée, &
par cet Arrêt elle eſt relaxée, quant à preſent, ce qui ſembloit
renvoyer la demande aprés la mort de cette heritiere. Auſſi aprés
ſa mort les parens de Charron ne manquerent pas de former
nouvelle inſtance contre le Chanoine heritier, & de demander
que la ſomme de 6000. livres fût employée conformément à la
volonté du Teſtateur. L'heritier de ſa veuve en fut relaxé. La
confiance du Teſtateur en la probité & en la conſcience de ſon
heritiere, confiance que l'on crût devoir toûjours ſuivre, pour
remplir exactement ſa volonté, & le ſecret que peut demander
la diſtribution des aumônes & des œuvres pies, l'emporterent
ſur toutes les autres conſiderations, même ſur celle de la varieté & de l'air de contradiction qu'on trouvoit dans les declarations & dans les démarches de cette heritiere. On ſuivit en
cela l'eſprit des Arrêts rapportez par Loüet, lettre L, num. 5.
& Annæus Robertus Liv. 1. Chap. 3. & des Loix par eux alleguées.

CHAPITRE XXIV.

De la preſcription de la côte de la Dîme contre un Acte qui la regle.

IL eſt conſtant, comme je l'ai dit dans un precedent Chapitre,
que des habitans peuvent preſcrire la côte de la Dîme contre
le droit commun, & par la poſſeſſion acquerir le droit de la payer
ſur un pied moindre. Mais il y a lieu de douter, ſi des habitans
peuvent preſcrire cette côte contre un Acte public & une Tranſaction authentique qui la regle. Cette difficulté fut meuë le
20. Juillet 1669. en la Grand'Chambre, au Raport de Mr. de
Boyſſet au jugement du Procez du Prieur de Valfranciſque, qui
demandoit la Dîme ſur le pied de douze un, conformément à
une

une Tranfaction authentique qui la regloit fur ce pied-là contre
les habitans, qui prétendoient l'avoir prefcrite fur un pied moindre, par une poffeffion immemoriale, prétenduë parfaitement
prouvée, par une enquête faite en execution d'un Arrêt qui les
admettoit à la preuve.

Le Prieur foûtenoit que depuis l'Arrêt interlocutoire, ayant
recouvré une Tranfaction de 1334. qui regloit la Dîme au douziéme, il ne falloit compter l'enquête pour rien, & que cette
Tranfaction avoit empêché la prefcription d'une moindre Dîme.
Ce Prieur demandoit qu'interpretant l'Arrêt interlocutoire, la
Cour declarât n'avoir entendu faire prévaloir la preuve aux Titres, & que fans avoir égard à l'enquête, la Dîme fut reglée
fur le pied de la Tranfaction. Il difoit que fi felon la regle generale, des habitans pouvoient prefcrire la cote d'une moindre Dîme, cela devoit être entendu, lors qu'il n'y avoit qu'à combattre le droit commun, & non une convention particuliere établie dans un Acte public, & dans une Tranfaction authentique.
Il appuyoit fon exception fur ce que dit Mr. Maynard Liv. 4.
chap. 47. qu'il faut en pareil cas, *non rationem acquirendæ poffef-*
fionis, fed originem nancifcendæ requirere, comme il eft dit dans
la Loy *Clam poffidere*, *ff. de acq. vel omitt. poffeff.*

Les habitans difoient au contraire que par les Ordonnances
la cote de la Dîme des gros fruits, & la Dîme entiere des menus pouvant être prefcrite, il ne falloit pas entreprendre d'inven-
ter des diftinctions pour éluder l'execution des Regles & des Maximes, d'autant plus qu'une Loi particuliere ne doit pas avoir plus
de force contre la prefcription que le droit commun, qui eft toûjours plus favorable, & que fi Mr. Maynard a dit le contraire,
c'eft en lieu étranger, où traitant une autre matiere il en a eu
moins d'attention à la queftion qu'il ne traitoit pas, & fur laquelle il s'eft même déterminé par ce faux principe, que la
cote de la rente ne peut être prefcrite par l'Emphyteote contre
le Titre.

Le Prieur repliquoit qu'il ne pouvoit pas être contefté qu'il
n'y eût moins de facilité à prefcrire contre les Titres particuliers
que contre le droit commun; Qu'un Seigneur par exemple pou-

voit prefcrire par une poffeffion immemoriale le droit de prendre les lods fur le pied de cinq un, quand il n'avoit à combattre que le droit commun, felon lequel les lods ne font qu'un douziéme du prix, mais qu'il ne les peut prefcrire contre des Titres & des Tranfactions qui les reglent fur un pied moindre. Il ajoûtoit, que fi Mr. Maynard s'étoit trompé dans le principe à l'égard de la rente, il ne s'étoit pas trompé dans ce qu'il en faifoit enfuivre à l'égard de la Dîme, & qu'il y avoit en effet une grande difference à faire entre la Dîme & la rente, puifque fi la cote de la rente pouvoit être prefcrite contre le Titre, c'étoit en faveur de la liberté, & de ce droit naturel, felon lequel toutes chofes font libres & exemptes de rente & de fervitude, d'homme à homme, ainfi d'égal à égal felon la nature, par où ces fortes de fervitude & de joug qu'une efpece d'ufurpation a introduites, trouvent toûjours les Loix difpofées à les adoucir, au lieu que la Dîme eft regardée comme une rente dûë & payée à Dieu, à qui tout eft foûmis par une dépendance auffi douce & auffi aimable qu'elle eft naturelle.

Malgré ces dernieres raifons, Mrs. les Juges inclinoient beaucoup à l'avis contraire à celui de Maynard, quoi que d'une autorité refpectable parmi nous, & trouvoient les raifons pour la prefcription beaucoup plus fortes. Ils ajoûtoient que la poffeffion du moins immemoriale pouvoit ici, & dans le cas d'une chofe prefcriptible de fa nature, donner lieu de prefumer un fecond Titre qui changeoit le premier; mais la queftion ne fut pas précifément jugée & déterminée. Il n'en fut pas befoin, parce que comptant le tems de la poffeffion prouvée, & diftraifant celui des troubles de ceux de la Religion Pretenduë-Reformée, on trouva que la prefcription même de quarante ans n'étoit pas complette, le Prieuré de Valfrancifque étant dans les Sevenes & dans le Diocefe de Mende, où par une Declaration particuliere de Sa Majefté de l'année 1657. nulle prefcription ne peut être oppofée à l'Eglife, fi elle n'a été accomplie avant les troubles de 1561. Or depuis la fin des troubles de ce païs & l'Edit de pacification donné à Nifmes en 1629. jufqu'à l'inftance qui avoit commencé en 1659. les 40. ans neceffaires pour la prefcription ne s'y trouvoient pas.

CHAPITRE XXV.

De la variation du Patron Laïque.

C'Eſt une Maxime établie, qu'entre les Patrons Eccleſiaſtique & Laïque, il y a cette difference que celui-ci peut varier & non l'autre. Mais cette liberté de varier a été même reſ-
ferrée & reſtrainte au ſeul cas de la preſentation, & il a été
jugé que le Patron Laïque ne l'avoit pas dans le cas de la collation de plein droit, même lors que la collation a été faite à un
abſent qui n'a pas encore accepté ; car c'étoit le cas de l'Arrêt rendu le 23. Fevrier 1682. aprés partage porté de la Grand'-
Chambre en la Premiere Chambre des Enquêtes par Mr. de
Chaſtanet Raporteur, & moi Compartiteur.

Les raiſons de l'Arrêt furent que le Droit Canon qui donne ce droit de variation aux Patrons Laïques, parle ſeulement
des Patrons qui n'ont que le droit de preſenter à l'Evêque ou
autre Collateur Eccleſiaſtique. Les Patrons Laïques peuvent
en ce cas, aprés avoir preſenté quelqu'un preſenter un autre
non privativè, comme l'on dit, *ſed cumulativè* ; de maniere que
le Patron Eccleſiaſtique a le choix entre ceux qui lui ſont ainſi
preſentez. La raiſon de cette faculté, eſt alors priſe de ce que
le premier preſenté n'a preſque nul droit au Benefice, juſqu'à
ce que la preſentation ſoit reçûë, & de ce que cette variation
qui n'exclut perſonne, eſt non-ſeulement avantageuſe au Patron
Laïque qui preſente, mais encore au Collateur Eccleſiaſtique,
à qui elle donne le choix entre pluſieurs, comme elle eſt avantageuſe encore à l'Egliſe même & au Benefice, qui par ce choix
donné, peuvent gagner un meilleur ſujet, raiſons qui ne ſe
rencontrent point dans la Collation de plein droit où le Patron qui a conferé a conſommé ſon droit, ſoit que le Titre ait
été fait à quelqu'un qui ſoit preſent, auquel cas la preſence
vaut acceptation, & conſomme dés-lors parfaitement la choſe,
ſoit que celui à qui le Patron confere ſe trouve abſent, auquel

cas veritablement la nomination eſt en ſuſpens, mais acceptée depuis, elle a un effet retroactif qui la fait valoir du jour même qu'elle a été faite, & qui empêche que le Patron ne puiſſe par un ſecond Titre faire du tort au premier nommé. Toutes ces raiſons l'emporterent donc ſur la regle generale, ſur laquelle s'appuyoit l'avis contraire : Ce droit attaché aux Patrons Laïques ne doit pas en effet être porté hors du cas d'où il tire ſon origine un droit de varier, qui dans ſon uſage même permis, ne laiſſe pas d'offrir une idée d'inconſtance & de foibleſſe n'eſt pas favorable.

CHAPITRE XXVI.

Si le Vicaire General ayant conferé à un incapable ſur la preſentation du Patron, l'Evêque peut conferer à un autre.

IL ſemble d'abord que l'Evêque & ſon Vicaire General ne ſont ou ne repreſentent qu'une même perſonne; & que n'y ayant point de ſuperiorité de l'un à l'autre, il n'y doit point avoir de dévolution, qu'ainſi le Vicaire General ayant ſur la preſentation du Patron fait Titre à un incapable, l'Evêque n'y peut rien faire. Cependant Rebuffe *in praxi. tit. de Vicar. Gen.* dit que l'Evêque peut retracter ce qu'a fait ſon Vicaire General, *quando non egit juridicè, ſed contra formam vel mandatum: tunc enim non tenetur Epiſcopus illius actui, vel collationi ſtare;* L'Auteur du traité de l'abus, liv. 3. chap. 4. nomb. 8. détermine encore plus préciſement cette regle, au cas auquel le Vicaire General a conferé à un incapable, il l'infere du chap. 37. *ſi compromiſſarius de Elect. in 6.* & ſuivant cette Doctrine il a été jugé en la Grand'Chambre au Raport de Mr. de Junius-Lagnés, le 24. Mars 1679. au Procez d'entre Izoard appellant comme d'abus, Ledignau & autres.

Selon quelques-uns encore, & entr'autres Laurent Bouchel en ſa Somme Beneficiale traité des Proviſions, chap. 51. on peut faire plusieurs collations d'un même Benefice. L'Evêque même qui sur la presentation du Patron, a conferé à un incapable peut de nouveau conferer de plein droit à un capable, parce que si le Patron a mal presenté, le droit est dévolu à l'Evêque, ce qui me paroît bien raisonnable, puisque l'Evêque n'est point dans le tort, si sur la presentation du Patron, & contraint, il a conferé la premiere fois à quelqu'un, qui par exemple, n'avoit pas les qualitez requises par la fondation, dont l'Evêque peut ignorer les Loix, n'étant pas en droit de se faire exhiber cet acte par le Patron, auquel il suffit d'être dans la possession acquise de presenter. Ce n'est point d'ailleurs le cas de craindre la messéance de la variation d'une personne Ecclesiastique, puisque cette variation n'est point mauvaise, & cesse d'être une marque d'inconstance & de legereté, par la difference & la diversité des droits en vertu desquels l'Evêque fait ces collations diverses. Le Patron Ecclesiastique même peut varier dans le tems legitime, après avoir presenté un incapable suivant Brodeau sur Loüet Lettre P. nomb. 25. ce qu'il faut à mon avis entendre d'une incapacité que le Patron ait ignorée & pû ignorer, singulierement d'une incapacité par le défaut de Doctrine, dont la connoissance & l'examen appartiennent à l'Evêque & ne regardent pas le Patron.

Dans le Procez sur lequel fut rendu l'Arrêt que j'ai rapporté dans ce Chapitre, on alleguoit un autre Arrêt rendu aussi en la Grand'Chambre au Raport de Mr. Maran le 13. Mars 1677. par lequel Me. de Mariotte qui avoit obtenu le *visa* du Vicaire General de Beziers sans être present (car le *visa* même marquoit l'absence,) étant ensuite presenté à Mr. l'Evêque de Beziers qui lui accorda un *visa* dans toutes les formes requises, il fut declaré y avoir abus dans le Titre du Vicaire General, & n'y en avoir point dans celui de l'Evêque.

CHAPITRE XXVII.

D'une seconde Resignation faite dans les trois ans de la premiere.

C'Est une chose des plus sûres & des plus établies en Thèse, que celui qui a resigné une fois son Benefice, ne peut resigner à un autre dans les trois ans donnez au Resignataire pour se mettre en possession. Ce seroit un moyen trop aisé pour mettre les Benefices dans le commerce, & les rendre hereditaires. Cependant il fut fait quelque difficulté sur cette matiere dans un cas où la premiere Resignation avoit été faite par un Resignant malade, lequel gueri avoit resigné en faveur d'un autre long-tems aprés ; mais avant que les trois années fussent expirées, & que le premier Resignataire eût pris possession du Benefice. Pour éclaircir mieux la question, je vas faire le détail de l'espece.

Me. Boyer Curé de sainte Foi, resigne le 29. Août 1668. sa Cure à Me. Laseube, il la resigne *in infirmitate constitutus*. Laseube n'en prend possession que le 7. Septembre 1670. Entre ces deux tems, & le 29. Juillet 1669. presque une année entiere aprés la resignation ; le même Boyer revenu de sa maladie & en pleine santé, resigne son même Benefice à Me. Camaré Prêtre. Procez entre Camaré & Laseube. Celui-ci fait demission de son Droit entre les mains de l'Ordinaire qui confere à Espiau, entre lequel & Camaré le Procez ayant continué il fut porté sur le Bureau de la Grand'Chambre par Mr. d'Olivier Conseiller-Clerc, le 6. May 1678. La principale & presque l'unique question à examiner dans ce Procez fut, si Boyer avoit pû valablement resigner à Camaré, au préjudice de la Resignation anterieure faite à Laseube de qui Espiau avoit le droit.

Le second Resignataire se fondoit sur les raisons suivantes : Que la premiere Resignation ayant été faite dans le cas de ma-

ladie ; il falloit regarder cette Refignation comme une donation faite à caufe de mort, & fous la condition, fi le Refignant mouroit de cette maladie, & par confequent que Boyer
aprés le recouvrement de fa fanté, ayant enfuite refigné à Camaré , cette feconde Refignation valoit autant que la revocation & le regrez , à l'exemple de la donation à caufe de mort ,
qui eft même revoquée & annullée par la feule alienation de la
chofe donnée fans revocation plus expreffe : D'autant mieux que
ce premier Refignataire par fa negligence à fe mettre en poffeffion , avoit donné lieu au Refignant de croire que le voyant
revenir en fanté il ne penfoit plus à prendre poffeffion d'un
Benefice , qu'il fçavoit qui ne lui avoit été refigné que dans le
cas de la maladie & de la vûe de la mort : Que fans cette croyance il n'y auroit eu rien de fi aifé au Refignant que d'empêcher le premier Refignataire d'avoir fon Benefice malgré lui ,
puifqu'il n'avoit qu'à demander un regrez qu'on ne pouvoit lui
contefter , & aprés lequel il étoit fans doute en pleine liberté de donner felon fon penchant le Benefice à quelque autre;
mais que cette façon & ce détour n'étoient pas effentiels &
neceffaires , & qu'il avoit pû, *brevi morte*, donner & refigner fon
Benefice à cet autre. Que le regrez eft une efpece de ce droit
de retour que les Romains appelloient *jus poftliminii* ; & qu'ainfi
il eft acquis de plein droit par le retour à la fanté. Pour
confirmer tous ces raifonnemens, étoit encore allegué l'Arrêt
rendu au Raport de Mr. Maran au profit de Me. Mariotte , qui
maintint le pourvû d'un Benefice fur la démiffion faite entre les
mains de l'Ordinaire par le Beneficier, qui moins de trois ans
auparavant étant malade , l'avoit refigné à un autre , & qui revenu de la maladie dont il étoit atteint lors de la Refignation,
atteint neanmoins d'un autre maladie lors de la démiffion, n'a-
voit fait d'autre démarche à l'égard du Refignataire que celle
de lui declarer par un acte anterieur de bien prés à la démiffion
qu'il auroit demandé fon regrez, fi le Refignataire avoit pris la
poffeffion du Benefice à laquelle il s'oppofoit deformais. Par
toutes ces raifons , Camaré prétendoit qu'il falloit déterminer la
Regle & la Maxime generale , au cas auquel il n'y a pas pour le

Refignant de retour au Benefice, auquel cas il ne peut empêcher fon premier Refignataire d'executer fa Provifion pendant le cours de trois ans qu'elle dure ; au lieu que dans le cas fujet au retour & au regrez, il eft affez indifferent au premier Refignataire que le Refignant lui ôte le Benefice, ou par la voye du regrez demandé dans les formes, ou par la voye plus courte d'une feconde Refignation.

Il étoit répondu par Efpiau, qui foûtenoit la premiere Refignation, d'où fon droit tiroit fon origine, qu'un Beneficier qui refigne fe démet dés-lors de tout le droit qu'il avoit fur le Benefice refigné, qu'il retient & conferve feulement jufqu'à ce que le Refignataire prenne poff ffion, ce qu'il eft en état de faire dans les trois ans. Que la maxime eft generale. Qu'ainfi il ne faut pas lui prêter des diftinctions & des differences de dangereufe confequence en matiere auffi délicate, où l'on ne fçauroit être trop tendu à s'en tenir aux Maximes ; Qu'avec ces diftinctions & ces differences nouvelles on porteroit le relâchement, jufqu'à ne laiffer aucun veftige de cette premiere & originaire Maxime en matiere de Refignation de Benefice, que *renunciantibus non datur regreffus*, fi bien établie autrefois, que les premiers Arrêts favorables rendus en matiere de regrez, la refpectant, & n'ofant lui faire brêche, prirent le tour de contraindre les Refignataires de refigner les Benefices en faveur de leurs Bienfaiteurs Refignans, revenus en état de fervir ces Benefices, ou de s'en démettre entre les mains de l'Ordinaire, afin que l'Ordinaire les conferât aux Refignans. Qu'il s'en faut bien fans doute que les Arrêts pofterieurs foient auffi fcrupuleux, puifqu'ils difpenfent les Refignans de prendre de nouvelles provifions ; mais qu'enfin felon les Arrêts les plus mitigez il étoit toûjours neceffaire que le Refignant fe pourvût en juftice, ou qu'il eût fait quelque pas & quelque mouvement qui allât au regrez, comme dans l'Arrêt du Sr. Mariotte, où le Refignant gueri de la maladie dans laquelle il avoit refigné, avoit declaré fon intention fur le regrez, & fes raifons pour n'en avoir pas fait la demande, & où enfin le Refignant après l'avoir preparée, & s'être oppofé d'avance à la prife de poffeffion,

avoit

avoit été prévenu par la mort. Il étoit ajoûté qu'il y avoit,
comme j'ai dit en quelque autre endroit, bien de la difference
entre la donation à caufe de mort, & la Refignation dans l'infirmité par la difference qualité des chofes données ou refignées, outre que l'intervention d'un tiers intereffé auffi
refpectable que le Pape dans les Refignations, fait que dés
qu'il les a reçûës elles ne dépendent plus de la fimple & nuë
volonté du Refignant, & qu'il y doit ajoûter les voyes & les
formes de la juftice.

Sur ces raifons Efpiau gagna fa caufe, & la feconde Refignation fut declarée nulle.

On oppofoit encore à Efpiau que les témoins de l'acte de
démiffion étoient proches parens de Lafeube & d'Efpiau, ce
qu'on prétendoit formellement contraire, aux termes de la Declaration de 1640. Mais on crût que cet Article de la Declaration ne regardoit que les Refignations *in favorem*, non
les fimples démiffions entre les mains de l'Ordinaire, plus favorables & moins fufceptibles de mauvais foupçons.

Pour revenir au fujet de ce qui eft neceffaire pour laiffer le
Benefice fur la tête du Refignant en cas de maladie, de maniere
qu'il puiffe vaquer par fa mort, par fa démiffion ou par une
fimple Refignation : J'ai dit que fuivant l'Arrêt rendu en faveur du Sr. Mariotte, il n'étoit pas d'abfolüe neceffité que le
regrez eût été adjugé au Refignant, & qu'il fuffifoit quelquefois
que s'étant oppofé à la prife de poffeffion, il eût marqué l'intention & preparé les voyes : J'ai encore vû dans un autre
cas approchant, Mrs. les Juges du Procez d'entre Domerc &
Dupont, pour la Cure de Mainbourguet, demeurer affez d'accord en la Grand'Chambre, fur le Raport de Mr. de Rech-
de Pennautier, le 23. Decembre 1682. que le Refignaut en
maladie ayant enfuite & fix mois aprés protefté & fait affigner le Refignataire en regrez avant qu'il fe fût mis en poffeffion, & pour l'empêcher de la prendre, la poffeffion prife
depuis n'empêchoit pas le Benefice de vaquer fur la tête du Refignant, venu à mourir avant le jugement du regrez, fi les
raifons du regrez étoient bonnes.

Tome I.   M

Il paroît de ces deux Arrêts que dans le jugement de pareilles affaires, on confidere beaucoup l'opposition du Refignant à la prife de poffeffion du Refignataire, lorfque l'oppofition eft fuivie de pourfuites ferieufes, & qui ne paroiffent faites & negligées à deffein, ou bien même lorfqu'une prompte mort furvenuë après l'oppofition a empêché les pourfuites. Que peut faire de plus le Refignant pour retenir & conferver fon droit? Eft-il jufte d'ailleurs que le Refignataire profite d'une efpece de mauvaife foi avec laquelle il a pris la poffeffion du Benefice? Mais de plus fi la Refignation du malade eft prefumée renfermer tacitement cette condition, fi le Refignant meurt de fa maladie, à combien plus forte raifon l'oppofition faite à la prife de poffeffion, en défaut d'évenement de condition, doit-elle conferver le Benefice fur la tête du Refignant, que le défaut d'accompliffement d'autres conditions, moins naturelles & moins favorables ne le conferve, dans la Doctrine de Dumoulin, rapportée au long ci-deffus au Chapitre troifiéme.

Mais fi le Refignant fans s'oppofer à la poffeffion du Refignataire, & fans avoir rien fait pour l'empêcher de la prendre, forme feulement après la prife de poffeffion une inftance de regrez: j'ai vû juger que le Refignant venant à mourir durant le cours de l'inftance, ne fait pas neanmoins vaquer le Benefice par fa mort. L'Arrêt fut rendu en la Grand'Chambre le 3. Mars 1684. après Partage porté en la Premiere des Enquêtes. On crut que le Refignataire étoit par la prife de poffeffion, à laquelle nulle oppofition ne donnoit atteinte, devenu le maître du Benefice jufqu'à ce que le Refignant, trop peu furveillant à la confervation de fes droits, l'eût remis fur fa tête par un Arrêt qui adjugeât le regrez., à quoi fe joignit le motif du danger des mauvaifes confequences qu'attireroit une trop grande facilité à laiffer en de pareils cas le Benefice fur la tête du Refignant, qui fouvent après avoir laiffé prendre poffeffion du Benefice refigné, ne fait des démarches & des pourfuites de regrez que pour fe tenir en état de rentrer dans fon Benefice, au befoin & dans le cas du predecez du Refignataire. Les parties du Procez fur lequel fut rendu ce dernier Arrêt, étoient Me.

Allemand Refignataire, qui fur la fin des trois ans avoit pris
poffeffion du Benefice refigné, & Me. Fourcade pourvû aprés
la mort du Refignant, furvenuë dans le cours de l'inftance
qu'il avoit formée bien-tôt aprés que le Refignataire eût pris poffeffion, & dans laquelle il avoit relevé appel de la claufion ordonnée par le Senéchal.

CHAPITRE XXVIII.

De la difpenfe de parenté au quatriéme degré, accordée par l'Evêque.

PLufieurs Auteurs, fur tout les Ultramontains, encore plus
la Daterie & les Banquiers prétendent que les Evêques
ne peuvent pas accorder des difpenfes de mariage au quatriéme degré de parenté, & que toutes les difpenfes de pareille
nature appartiennent au Pape à l'exclufion de tout autre. Me.
Solier Avocat en nôtre Parlement, Grand Canonifte, connu
par plufieurs bons Livres qu'il a donnez au Public, & Ban-
quier en Cour de Rome, a fait un Traité exprés pour établir
le droit du Pape. Mrs. les Evêques prétendent être en droit &
en poffeffion de difpenfer au quatriéme degré, quoi que les
plus reguliers n'accordent ces difpenfes qu'en faveur de la pauvreté prouvée. Les raifons qu'on oppofe à la prétention de Mrs.
les Prelats, donnerent lieu à une appellation comme d'abus que
le Sr. de Cazalels releva du mariage contracté par fa fœur
avec autre Sr. de Cazalels, fur la difpenfe de parenté accordée par Me. Dumas Grand Vicaire de Narbonne. Par Arrêt
rendu le 13. Juillet 1676. en la Grand'Chambre il fut declaré
n'y avoir abus.

Les circonftances ne pouvoient être guere plus favorables
pour l'appellant : il attaquoit un mariage déja diffous par la
mort, & qui n'avoit duré que fort peu de tems : il n'y avoit
eu d'enfans qu'une fille, à la naiffance de laquelle la mere étoit
morte, & la fille morte bien-tôt aprés la mere. L'appel com-

me d'abus ne regardoit que les biens & la succession de la Dame de Cazalels, & cette succession étoit disputée entre un mari & un frere.

On crut cependant que sans entrer même dans l'examen de cette question, dont la discution étoit grande & la décision pouvoit être difficile, il suffisoit pour ne point casser & annuller de pareils mariages, que Mrs. les Evêques prétendissent être en droit, & qu'ils se fussent mis dans la possession de dispenser d'une parenté sur sa fin, & presque perduë.

CHAPITRE XXIX.

Si le Rescrit portant absolution d'une irregularité, s'étend aux Actes de même espece réïterez entre le Rescrit & la fulmination.

CEtte Question a été jugée en la Premiere Chambre des Enquétes, au Raport de Mr. de Rudelle dans le mois de Septembre 1662. dans cette espece.

Claude N. pourvû du Prieuré de St. Laurent, convaincu de confidence à l'égard d'un autre Benefice, obtient un Rescrit d'absolution. Entre ce Rescrit & la fulmination, ce Prieur celebre la Ste. Messe. Guillaume Bourse jette un Dévolu sur son Benefice, le Dévolu fondé sur la nouvelle irregularité contractée par ce Prieur entre le Rescrit & la fulmination, dont il prétend que ce Prieur n'est point absous.

. Les raisons du Dévolutaire étoient, Que le Rescrit de Rome ne faisoit qu'absoudre du passé, & que l'absolution ne devoit donc point être étenduë jusqu'aux pechez à venir, puisqu'en ce cas ce seroit moins une absolution qu'une dispense & une permission de pecher, comme dit Garcias, *part. 7. de Benefic. cap. 13. num. 64.* Qu'ainsi le Rescrit n'ayant point absous des irregularitez à venir, la fulmination, qui selon le même Auteur n'est qu'une pure execution du Rescrit, auquel elle ne peut rien ajoûter, ne l'avoit point aussi absous de ces irregularitez nouvelles,

d'autant moins que le Rescrit ne donnoit là-dessus nulle extension de pouvoir au Commissaire ; qui d'ailleurs n'avoit sans doute pas crû pouvoir se l'attribuer, puisqu'il ne parloit point de
ces irregularitez dans sa fulmination ; & qu'ainsi à cet égard ce
Prieur demeuroit sans absolution.

Le Prieur après avoir dénié le fait de la celebration de la
Messe, répondoit que quand il l'auroit celebrée, il n'auroit
pas encouru proprement une irregularité nouvelle, parce que
dans toutes les actions de même espece qui produisent l'irregularité, il ne se contracte proprement qu'une seule irregularité, *in
actionibus unius speciei in eodem subjecto sit unum numero ac-
cidens*, comme dit Bonacina, *de dispensat. disp.* 1. *quæst.* 2.
dans le cas de l'inceste, où il ajoûte, que *litteræ dispensatoriæ
suffragantur non solum pro copulá habitá antè petitionem dispensa-
tionis, sed etiam pro copulá habitá post dispensationem, antequam dispensatio perficeretur ab Ordinario* ; ce que le même Auteur étend plus précisement, & détermine au cas de l'irregularité presente, dans le Traité *de irregular. disput.* 7. *quæst.* 5.
puncto ult. où il dit que celui qui a demandé l'absolution d'une
irregularité contractée en celebrant dans l'excommunication,
peut en vertu du Rescrit obtenu là-dessus être absous de l'irregularité encouruë pour avoir celebré la Messe entre le Rescrit &
la fulmination. *Potest virtute privilegii obtenti in irregularitate
dispensari, si post obtentam dispensationem celebravit iterum antequam dispensaretur ab Ordinario.* A quoi est conforme l'Autorité de Navarre tom. 3. *Commentar. de indulg. & jubil. not.* 3.
num. I.

Sur ces raisons il intervint Arrêt au profit du Prieur, infirmatif de la Sentence du Senéchal qui recevoit le Dévolutaire à la preuve que ce Prieur avoit celebré la Ste. Messe
medio tempore. L'Arrêt est fondé sur les autoritez rapportées,
à quoi il ne restoit guere à l'intimé d'autre réponse à faire,
sinon que le Commissaire n'avoit pas usé du droit d'absoudre
des irregularitez nouvelles, puisque la fulmination n'en parloit
pas. Mais on trouva encore cette réponse foible ; & on crût
que si ce Prieur avoit celebré *medio tempore*, il s'en étoit ac-

cufé dans fa Confeffion au Commiffaire , que le fecret qu'elle
demande avoit empêché d'en parler.

CHAPITRE XXX.

*Des Penfions fur les Benefices de Chœur , & fi le Chapitre
doit les payer lorfque les Titulaires ne fervent
point leurs Benefices.*

L E 3. Juillet 1662. au Raport de Mr. de Burta en la Premiere Chambre des Enquêtes , le Chapitre de Narbonne ,
fut condamné à payer au nommé Albert la penfion de quarante livres qu'il avoit établie fur un Benefice dans ce Chapitre ,
quoi que le Titulaire ne faifant aucun fervice eut perdu tous les
fruits. La modicité de la penfion , & une maniere d'ufage qui
parut être dans ce Chapitre de payer la penfion en des cas
pareils , pûrent contribuer à déterminer Mrs. les Juges. A la rigueur le Chapitre ne peut être tenu envers les Penfionnaires des
Benefices , qu'à concurrence des fruits que les Titulaires ont
gagné , quoi que la penfion même ait été fignifiée au Chapitre , puifque cette fignification ne le met point dans le tort,
& qu'il n'a d'autre voye pour obliger les Beneficiers à la refidence & au fervice , que la pointe & la privation des fruits,
aprés quoi ce feroit une chofe finguliere , que le Chapitre dût
les repréfenter à un autre moins favorable en qualité de Penfionnaire , que le Titulaire ni le Chapitre. Des conftitutions de
penfion & des conventions particulieres ne doivent pas donner
d'atteinte à une Loi publique, auffi jufte que celle qui prive abfolument des fruits les Beneficiers qui ne fervent point. C'eft un
inconvenient ou cas fortuit des penfions fur les Benefices de
Chœur que le Penfionnaire doit fupporter ; & il fut ainfi jugé en l'année 1668. en la Premiere Chambre des Enquêtes , au
Raport de Mr. de Mauffac , & au profit du Chapitre de Rieux ,
quoi que plufieurs Auteurs foient d'un avis contraire : *Tondutus
de Penfionib. cap.* 42. *num.* 24. Gigas *quæft.* 39 ▮▮ 65. Garcias
de Benef. parte I. *cap.* 5. *num.* 214.

CHAPITRE XXXI.

Du Crime de Simonie.

LE Crime de Simonie, eſt comme on dit, *mixti fori*, de la connoiſſance du Juge d'Egliſe contre un Eccleſiaſtique, & de la connoiſſance du Juge Royal contre un laïque. Neanmoins le Juge Royal en peut connoître ſans doute contre un Eccleſiaſtique, même civilement & incidament dans une inſtance pendante devant lui. Sur ces principes, conformes à la Doctrine de Fevret dans ſon Traité de l'Abus, Liv. 8. Chap. 2. Nomb. 5. il fut rendu Arrêt en la Grand'Chambre le 26. Mars 1669. en la cauſe de Me. Claude N. Curé de Gourdon, qui demandoit la caſſation d'un Monitoire que Mr. le Procureur General avoit, ſur Requête, eu la permiſſion de faire publier, pour lui ſervir dans l'inſtance d'appel comme d'abus, où étoit relevé le fait de Simonie. L'Arrêt joint la Requête à l'inſtance d'appel comme d'abus, & cependant ſurſeoit à la publication du Monitoire. La raiſon du ſurſis fut que le Juge Royal ne pouvant connoître du crime de Simonie contre un Eccleſiaſtique pour l'en punir, mais ſeulement pour ſervir civilement dans l'inſtance pendante, Mr. le Procureur General ne pouvoit faire publier le Monitoire, qu'aprés avoir été par un Arrêt contradictoire admis à la preuve : il fut enſuite admis à faire cette preuve par Arrêt rendu à mon Raport le 13. Decembre 1669. en la Grand'Chambre, jugeant l'appel comme d'abus, ſur lequel il avoit été conclu. L'Arrêt reçoit même à la preuve par témoins, ſelon l'avis de Brodeau ſur Loüet, lettre B. Nom. 9.

On n'eut cependant point d'égard à l'appel de Mr. le Procureur General, fondé ſur ce que le Chapitre du Vigan avoit preſenté à Mr. l'Evêque de Cahors un homme dénoncé comme coupable de Simonie par un des Chanoines : on crût que de pareilles dénonces ne devoient point arrêter des Patrons, qu'il feroit par-là trop aifé de priver, de conferer à leur gré, ou de prefenter ceux que l'on pourroit prévoir qu'ils auroient en vûë.

La grande difficulté de ce Procez roula fur la Queftion ; Si c'eft commettre Simonie que d'éteindre une penfion fur un Benefice *anticipatis folutionibus*, fans l'autorité du Pape, car c'étoit la Simonie oppofée au Curé de Gourdon. Gigas *de penfionib. quæft.* 45. *num.* 7. & 8. dit que cëla n'eft point Simoniaque. Navarre Liv. 3. *de Simon. conf.* 3. *num.* 8. paroit être de même fentiment, en ce qu'il dit, que l'extinction de la penfion avec de l'argent & fans l'autorité du Pape, *non habet excommunicationem ipfo jure latam.* Baffæus de même, Toletus encore Liv. 5. Chap. 93. Et la plus grande raifon pour le fentiment de ces Auteurs, c'eft que qui éteint & rachete une penfion paroit fimplement acheteur d'une exemption & d'un affranchiffement, qui eft une chofe temporelle, & qu'il faut accuëillir favorablement, parce qu'un Benefice affranchi eft un profit & un avantage pour l'Eglife. Mais d'autre côté plufieurs Docteurs celebres foûtiennent qu'une pareille extinction de penfion eft une vraye Simonie, parce que la penfion fur le Benefice eft quelque chofe de fi lié avec le Benefice même, que tout ce qui fe fait là-deffus, *accepto vel dato pretio*, fans autorité du Pape, eft Simoniaque. C'eft ainfi qu'en raifonne Flaminius Parifius *de confid. Benef. quæft* 23. *num.* 5. Navarre declare la même convention illicite & Simoniaque, quoi qu'elle foit exempte d'excommunication, parce que, dit-il, *nec eft in ordine nec in Beneficio.* A quoi fe rapoҏte l'avis de Petrus de Aragon *de Simonia*, *Art.* 4. *dub. de penfionib.* & de Paftor *de Benef. lib.* 3. *tit.* 12. *num.* 24.

Ce dernier avis prevalut, & par l'Arrêt dont je parle, tant Mr. le Procureur General que Belly Dévolutaire, furent admis à prouver les faits alleguez, que le Curé de Gourdon, qui avant d'être pourvû de cette Cure en poffedoit une autre, avoit éteint la penfion par convention pure & fimple moyenant certaine fomme, dont une partie avoit été payée comptant lors de la convention, l'autre avoiᴅdemeuré à payer, l'obligation en ayant été paffée fous le nom du tiers, lors duquel elle avoit été encore acquittée enfuite.

Le

Le motif de l'Arrêt, outre les autoritez que j'ai rapportées, fut l'importance & la délicatesse de la matiere, dans laquelle il parut de la derniere consequence de n'approuver nulle convention, où il y eut de l'argent mêlé, faite sans l'autorité du Pape ; par le danger qu'il y a que sous des tours & des pretextes de cette nature le commerce des Benefices ne s'introduise. Et qu'y auroit-il en effet de plus aisé que d'y parvenir par des conventions d'extinction de pension d'autorité privée, sans l'autorité du Pape, & sans soumettre à son examen, ni la somme moyenant laquelle la pension a été éteinte, qui selon quelques-uns ne peut exceder que trois années, selon les plus relâchez cinq, ni le tems depuis lequel la pension a été établie, & qui selon Melchior Pastor en l'endroit cité, doit être du moins de trois années. Outre que le recours à Rome met encore dans l'obligation de jurer que dans la convention d'éteindre la pension, il n'est point intervenu de pacte illicite, toutes lesquelles formalitez servant de frein dans une matiere aussi délicate, il importe extrêmement de ne pas en ôter ni adoucir. L'obligation à quoi l'on opposoit envain que le profit que l'Eglise fait aux extinctions de pension doit leur meriter quelque faveur & quelque facilité, puisque l'Eglise ne veut sans doute pas des profits par des voyes aussi dangereuses, où il y auroit sans comparaison beaucoup plus à perdre qu'à gagner pour elle. A ces raisons se joignoit, il est vrai, le mistere avec lequel il étoit avancé, que la chose avoit été faite, mistere prétendu continué par les voyes indirectes & détournées, dont on s'étoit servi pour la consommer, marques du vice & même d'une connoissance du vice, qui rendoit ce Curé plus coupable, sans compter un mauvais bruit de Simonie répandu contre lui. Mais les Juges firent beaucoup plus d'attention au fonds & aux consequences, qu'aux circonstances particulieres.

Ce même Arrêt jugeant cette extinction vraiment Simoniaque, jugea consequemment qu'elle devoit rendre celui qui l'avoit commise, indigne même des Benefices dont il avoit été pourvû dans la suite.

L'interlocutoire ne fut point jugé, parce qu'avant la preuve, & sur la Requête presentée au Conseil en cassation de l'Arrêt, les Parties prirent des ajuſtemens, & s'accommoderent.

Du reſte la Simonie eſt quelque choſe de ſi odieux, que celui qui en eſt coupable ne peut ſe prevaloir du Decret *de Pacif. poſſeſſ.* & que le Pape ne peut le réhabiliter à l'égard du Benefice pour lequel la Simonie a été commiſe, ainſi qu'il fut jugé au Raport de Mr. de Fermat le 26. Juin 1652. entre Maroul Curé de Villaudric & Vigouſe Dévolutaire, ce qui doit être entendu, non-ſeulement de la Simonie réelle, mais encore de la confidence qui empêche tout de même que le Poſſeſſeur triennal ne ſoit en ſûreté : Il fut ainſi jugé par Arrêt de la Seconde Chambre des Enquêtes, aprés Partage porté en la Premiere par Mr. de Boutaric Raporteur, & Mr. de Reſſeguier Compartiteur, contre l'Arrêt de Mr. de Maynard, depuis lequel a été donnée la Bulle de Pie V. qui confirmant celle de Pie IV. veut que l'on ne faſſe nulle difference entre le Simoniaque & le Confidentiaire. A quoi paroit ſe rapporter l'Ordonnance de 1629. qui joignant la confidence & la Simonie, en ordonnant qu'on en recevra également la preuve ſuivant les Bulles Canoniques, (ce ſont les Bulles des Papes Pie IV. & Pie V.) ſemble leur avoir donné une autorité nouvelle.

Il a été neanmoins jugé que le Decret *de Pacific. Poſſeſſorib.* mettoit à couvert le Poſſeſſeur d'une Chapelle de Patronage & Collation Laïque poſſedée plus de trois ans, en vertu d'une Reſignation ou démiſſion en faveur du Poſſeſſeur & Titre fait en conſequence par l'Ordinaire. Il n'y avoit pas lieu de douter que la Reſignation *in favorem*, devant l'Ordinaire ne fût une Simonie, mais le caractere de Tacite Simonie, qui paroiſſoit être de pure ignorance, jointe à la qualité de la Chapelle purement Laïque, & par la Preſtimonie, comme j'ai dit ailleurs, ou legs pieux plûtôt que Benefice, garantirent le Poſſeſſeur, quoi qu'il ſemblât que le reſigné ait été regardé comme un Benefice. L'Arrêt eſt du 18. Fevrier 1650. Raporteur Mr. de Prohenques.

CHAPITRE XXXII.

Si on peut obliger un Chanoine à se faire promouvoir aux Ordres sacrez.

QUoi que les Chanoinies soient sans doute des Benefices à simple tonsure, il est des cas neanmoins où le Chanoine peut être obligé de se faire promouvoir aux Ordres sacrez. Je l'ai vû juger sur la Requête du Chapitre de St. Felix à l'égard du Sr. du Jarric qui depuis 26. ans, sans se faire promouvoir, joüissoit dans ce Chapitre d'une Chanoinie qu'il tenoit de son frere, lequel aprés en avoir joüi long-tems, s'en étoit dépoüillé en sa faveur pour s'engager dans le Mariage. Mrs. les Juges furent frappez de la consideration du peu de bienséance, ou plûtôt de la mauvaise édification qu'il y a dans une si longue joüissance des Chanoinies, par des Chanoines, qui ne se mettant point dans les Ordres, semblent vouloir, ou s'exempter de l'obligation plus étroite d'une conduite reguliere, ou se laisser en état & en liberté de changer de profession, selon les conjonctures. Cette consideration animée par celle du préjugé domestique & de l'exemple du frere, détermina à ordonner que le Sr. du Jarric se feroit promouvoir dans six mois, autrement que le Benefice seroit declaré vacant & impetrable. L'Arrêt fut donné le 17. Fevrier 1657. aprés Partage porté de la Grand'Chambre en la Premiere Chambre des Enquêtes par Mr. de Madron Raporteur, & Mr. de Vezian Compartiteur.

CHAPITRE XXXIII.

Du Droit du Curé à l'égard des Fondations faites dans son Eglise, des arrerages de rente & reparations, payez par les Beneficiers.

LE Curé comme Curé, c'est-à-dire, comme le Chef & le Maître dans son Eglise, où nulle fondation ne peut s'introduire, & nul service ne peut se faire sans son aveu, est en droit de demander d'être admis au service & à la rétribution des fondations faites dans son Eglise, s'il n'en a été nommément exclus par le Fondateur. Il fut ainsi jugé à mon Raport le 12. Decembre 1668. en la Premiere Chambre des Enquêtes, dans une espece où le Fondateur avoit fondé un service de quatre Messes à dire par les Prêtres de Saint Laurens, habitans du Lieu & desservans cette Eglise, ausquels à cet effet il avoit donné une métairie dont il avoit distrait un champ en faveur du Curé, que moyenant le legs de ce champ, il chargeoit de prier Dieu pour le repos de son ame. Cette distinction entre le Curé & les Prêtres separez de legs & chargez separément, le Curé de prier Dieu pour le repos de l'ame du Fondateur, les Prêtres de dire les quatre Messes, tout cela, dis-je, sembloit assez exclure le Curé. Mais on jugea qu'il falloit encore quelque chose de plus exprés, ou plûtôt qu'il falloit une exclusion formelle.

Dans le même Procez deux Prêtres qui n'étoient point habitans de Saint Laurent, ni servans dans cette Eglise, admis en défaut d'autres, avec la permission du Curé à faire le service dont je viens de parler, dépossedez ensuite par un Prêtre de la qualité requise habitant & servant, demandoient à reprendre sur lui des arrerages de rente considerables qu'ils avoient payez pour la métairie qui faisoit le fonds de l'Obit, & qui relevoit de la Directe d'un Seigneur particulier. Le Senéchal le leur avoit accordé, mais la Sentence fut infirmée à cet égard, par la raison que les arrerages qu'un Beneficier ou Chapelain est contraint de payer pour le tems qui a precedé la poffeffion , ne peuvent jamais être demandez qu'au Predeceffeur poffeffeur au tems de ces arrerages , & non jamais être repris fur le fucceffeur , quoi que ce Predeceffeur ou fes heritiers foient infolvables , ou que ce foit des arrerages du tems de la vacance ou defertion de fervice du Benefice ou de la Chapelle , comme dans le cas prefent.

On ne fut pas touché de la circonftance , que ces Prêtres n'étoient ni Beneficiers ni Chapelains , qu'ils faifoient feulement le fervice d'une fondation duquel on les dépoffedoit , & qui fe feroit perdu fans eux , & s'ils n'avoient recouvré la metairie décretée pour les arrerages de rente. On crût que rien ne devoit donner atteinte à cette regle , ni faire regarder & traiter ce cas fur le pied d'un recouvrement ordinaire.

Il fut jugé de même à l'égard des reparations neceffaires , utiles & permanentes faites à la metairie , qui étoient demandées par ces Prêtres , & qui leur furent auffi refufées , par la même raifon que de pareilles difcutions doivent être faites avec le Predeceffeur , & non jamais avec le fucceffeur.

CHAPITRE XXXIV.

De la Concorde paffée fur litige , & fi elle peut être revoquée. S'il fuffit au pourvû de Cure en Ville murée d'être Gradué avant le Vifa.

LE 18. Mars 1671. en la Grand'Chambre dans un Procez rapporté par Mr. de Papus Doyen du Parlement , d'entre Vernet & Moncoutier , il fut mis en doute , fi la concorde paffée fur litige , dans laquelle un des Collitigans renonce à fon droit , & le cede moyenant une penfion de cent livres , eft revocable avant l'omologation du Pape.

On oppofoit à la revocation que cette concorde devoit être regardée comme une tranfaction ordinaire fur Procez , & que fur ce pied elle devoit demeurer ferme & irrevocable , pour ne pas faire revivre un Procez une fois éteint & fini par cette voye, confideration d'où prennent leur faveur les tranfactions ordinaires, plus fortes encore entre perfonnes Ecclefiaftiques, & en matiere de Benefice. Qu'il s'en falloit bien que ce ne fût le cas d'une fimple refignation, liberalité pure du Refignant, qu'il peut revoquer jufqu'à ce que le Pape l'ait fixée par fon approbation; Qu'ici le Cedant y gagnoit de fe délivrer des frais & des foins d'un procez, & de la crainte d'un évenement douteux pour le fonds & pour les dépens, & au-deffus de cela qu'il s'affuroit une penfion de cent livres. Que cette Concorde contenoit donc deux chofes; l'une la renonciation du Cedant à fon droit, pour laquelle l'autorité du Pape n'étoit pas neceffaire, & qui étoit bonne fans lui; l'autre l'établiffement de la penfion, laquelle avoit veritablement befoin d'être autorifée par lui; mais qui venant enfuite à être approuvée, doit faire fubfifter tout l'acte, fans qu'il puiffe être emporté par la revocation faite entre les deux tems, tout comme une tranfaction paffée fans la condition, fi un tiers l'approuve, eft déja bonne & fûre, à l'égard des contractans, & fubfifte irrevocablement, à moins que le tiers ne refufe de l'approuver.

Il fut cependant jugé que la revocation étoit bonne, par la raifon que l'on ne pouvoit divifer l'acte paffé fous le bon plaifir du Pape, & que la refervation de la penfion étant nulle d'elle-même, & encore fimoniaque jufqu'à ce que le Pape l'ait purgée; jufques-là cette refervation, & tout l'acte qui la contient, demeuroit revocable, quoi que cet acte ne fût pas liberalité pure, cette raifon n'empêchant point la revocation, comme on le voit dans l'exemple des Permutations, qui fans doute ne font pas de pures liberalitez, & cependant peuvent être revoquées.

Dans cette même affaire, il fut jugé qu'un non Gradué s'étant fait pourvoir en Cour de Rome d'une Cure de Ville murée, & ayant obtenu le Grade avant le *vifa*, on ne pouvoit lui oppofer qu'il avoit été mal pourvû, parce qu'il n'avoit point alors de Grade. J'ai vû juger la même chofe le 3. Mars 1686. au Raport de Mr. de Latger, à l'égard d'un Archidiacre, qui n'avoit obtenu le Grade que depuis la Provifion, mais avant le *vifa*: quoi que le Grade foit neceffaire à un Archidiacre, fuivant le Chapitre 12. de la Seffion 24. du Concile de Trente, & l'Edit du Roy Henry IV. donné en 1606. Le Pourvû dans ce dernier Procez fe défendoit par plufieurs raifons ; il difoit que le Concile parloit des Archidiacres chargez du foin des ames, & que l'Edit de 1606. n'avoit pas été enregiftré dans nôtre Parlement : on fit uniquement attention fur cette autre raifon, qu'il fuffit que le pourvû d'un Benefice qui requiert le Grade, foit Gradué avant d'obtenir le *vifa*, fans lequel la Provifion de Rome n'eft point parfaite, lorfque le Pape l'a accordée *in forma dignum antiqua*, auquel cas le Pape *non confert Beneficium, fed committit conferendum* ; ce qui fait la difference de fes Provifions, aux Provifions, *in forma gratiofa*, où c'eft le Pape qui confere, la Provifion au premier cas eft en effet fi imparfaite & fi défectueufe, que le pourvû ne peut en confequence prendre qu'une poffeffion feinte & fimulée, pour la feule confervation du droit, & non une poffeffion vraye & réelle, qu'il ne peut prendre qu'aprés le Titre de l'Ordinaire.

CHAPITRE XXXV.

De la prefcription du fonds Ecclefiaftique, & fi l'inftitution d'un Prêtre à la charge de celebrer des Meffes, & de rendre à un Prêtre de fa famille avec même charge, fait un Obit ou Chapelle.

QUoi que par le Canon *fi Sacerdotes* 16. *q.* 6. on ne puiffe prefcrire contre l'Eglife en vertu d'un titre vicieux, qu'avec cette feule modification que la prefcription ne commence à courir du tems de la mort du Prelat qui a mal aliené ; nôtre Parlement plus favorable quelquefois à l'Eglife que les Loix de l'Eglife même, n'a pas égard à ces Titres vicieux : il en fut rendu un Arrêt en la Seconde Chambre des Enquêtes après Partage porté par Mr. de Sevin Manfencal, & Mr. de Catell'an mon Frere Compartiteur, de la Seconde à la Premiere des Enquêtes, & delà en la Grand'Chambre, où il fut vuidé le 9. Juin 1666. dans l'espece que je vais déduire.

Le nommé Veyres Prêtre instituë en 1554. autre Veyres son Neveu Prêtre aussi, à la charge de prier Dieu pour son ame, & de ses predecesseurs, *Missas celebrare Divinis Officiis inservire*, *&c.* & de rendre au plus proche, ou tel autre parent Prêtre de la famille, que son heritier voudroit, sous la même charge neanmoins. Peu de tems aprés Veyres heritier, donne tous ses biens à autre Veyres son Neveu non Prêtre, sans nulle charge. Ces biens sont depuis possedez par le Donataire ou ses descendans jusques en 1650. qu'ils sont saisis & decretez. Le Decretiste ou Adjudicataire n'en avoit joüi que neuf ans, lorsque Me. Gras se fait pourvoir de cet Obit en Cour de Rome, l'acquereur des biens par decret est bien-tôt assigné par l'Obituaire. L'acquereur conteste que l'institution ainsi conçûë fasse un veritable Obit ; il prétend que n'étant chargée d'aucun Service fixe & déterminé, elle ne fait que marquer la predilection que le Testateur aimant son état avoit eu pour les Prêtres de sa famille, qu'il vouloit simplement preferer à ses autres parens qui prendroient un autre parti moins de son goût, & que le soin qu'il leur donne de celebrer des Messes pour le repos de son ame, n'est qu'une marque naturelle qu'il demande de leur reconnoissance, lorsqu'ils rempliront les fonctions & les devoirs de leur état. L'acquereur ajoûte, que fût-ce un Obit veritable, il est en droit d'opposer à cet Obituaire une prescription plus que suffisante : il se fonde sur le Canon *si Sacerdotes*, & dit que si le Parlement avoit quelquefois porté la faveur de l'Eglise plus loin que l'Eglise même, c'étoit particulierement lorsque la possession faite par ceux de la Religion Pretenduë-Reformée, en étoit plus suspecte de mauvaise foi, & par-là moins favorable. Qu'ici la possession avoit commencé par un Catholique, puisque le Neveu à qui le frere, premier heritier, avoit donné son bien, étoit Catholique, aussi-bien que le Decretiste, & que s'il y avoit entre deux quelqu'un de la Religion Pretenduë-Reformée, cela n'étoit point considerable, attendu que n'ayant fait que

suivre

fuivre une poffeffion commencée, il n'y avoit point de mauvaife foi ni d'ufurpation à lui imputer.

On crut cependant que l'inftitution, aux termes qu'elle étoit conçûë, faifoit un Obit veritable, & qu'elle marquoit la perpetuité du Service que le Teftateur vouloit qui fut fait pour le repos de fon ame. Ce tour d'inftitution & d'une maniere de fideicommis & de fubftitution, n'étant au fonds qu'une preference des Prêtres de fa famille pour le Service de cet Obit, duquel par cette voye il donnoit encore à fes heritiers & fucceffeurs le Patronage, on fuivit cette interpretation comme la plus naturelle ; & d'autant plus qu'il vaut mieux donner de l'extenfion au fens des paroles, lorfque la faveur de l'Eglife y eft mêlée, & qu'il s'agit des difpofitions faites par un Teftateur pour le repos de fon ame, pour laquelle on ne donne que peu, même quand on donne tout, felon les paroles de l'Evangile, *quam commutationem dabit homo pro anima fua.*

Ce point étant une fois jugé, que l'inftitution dont il étoit queftion étoit un veritable Obit ; on trouva à propos de n'avoir point d'égard à la prefcription alleguée, pour ne point récompenfer la mauvaife foi fenfible & criante du Prêtre, premier heritier, qui fans faire nulle mention de l'obligation qui lui avoit été impofée, avoit donné à un Laïque des biens affectez à des Prêtres, & à un Service pour le repos de l'ame de fon Bienfaiteur. On le regarda comme un dépofitaire qui avoit trahi le dépôt, & qui par-là incapable de prefcrire, avoit communiqué & tranfmis la même incapacité à fes heritiers & fucceffeurs par le vice d'une fi mauvaife origine, qui faifoit que jamais il n'avoit été plus jufte de s'en tenir à l'ancienne maxime, *melius eft non habere titulum quam habere vitiofum.*

Cette maxime n'eft pas toûjours fuivie fur cette matiere, pour laquelle auffi, elle n'eft pas faite, & le 28. Août 1674. au Raport de Mr. de Sapté du Pouget dans la Seconde Chambre des Enquêtes, en la caufe du Sr. Gras, Chanoine de Montpellier, Prieur de St. Chely, Meffire Paul de Girard de Colondrez, Treforier general de France au Bureau de Montpellier & Confors, on eut égard à la prefcription oppofée par les défendeurs à la demande faite par ce Prieur, en caſſation d'un bail emphyteutique fait à vil prix, & ſans nulle des formalitez requiſes, comme il paroiſſoit par le contrat de bail remis au Procez ; mais c'étoit de tiers poſſeſſeurs qui avoient poſſedé durant le tems neceſſaire pour preſcrire, moins ſuſpects de mauvaiſe foi, & d'autant moins que le contrat n'étant remis que par le Prieur, ils pouvoient prétendre qu'ils l'avoient ignoré.

Cet Arrêt n'eſt pas contraire à un autre Arrêt rendu le 6. Septembre 1675. au Raport de Mr. de Ferrand, après Partage porté par lui & par Mr. de Paucy Compartiteur, de la Premiere en la Seconde Chambre des Enquêtes, par lequel il fut jugé en faveur de l'Egliſe, dans un cas pareil en apparence, mais on ne jugea pour l'Egliſe, que parce qu'en comptant les années de la poſſeſſion, & diſtraiſant celle qu'il falloit diſtraire, on trouva la poſſeſſion courte de quelques années, & inſuffiſante à preſcrire. Ainſi cet Arrêt loin de contrarier l'autre, établit plûtôt une uniformité de Juriſprudence ſur cette matiere.

Cependant au Raport de Mr. de Theron en la Premiere Chambre des Enquêtes au mois de Decembre 1691. il fut jugé que l'exception de la preſcription n'étoit pas bonne, oppoſée par des acquereurs d'un fonds legué à la Chapelle des Cordonniers, & vendu par le Corps du Mêtier. La raiſon de l'Arrêt, fut que le legs de ce fonds étoit preſumé fait à l'Egliſe ; qu'ainſi le Corps des Cordonniers, Corps laïque, ayant vendu, c'étoit un fonds d'Egliſe vendu par des laïques. On trouva le vice ſi grand, qu'on en crut la poſſeſſion gâtée : de maniere que nulle preſcription ne pouvoit l'aider, d'autant mieux que le Canon même *ſi Sacerdotes*, au-delà duquel nous avons vû que nôtre Parlement porte quelquefois la faveur de l'Egliſe ; ce Canon, dis-je, voulant que la preſcription avec Titre vicieux ne commence à courir que du jour de la mort de l'Eccleſiaſtique qui a mal aliené, ſuppoſe par conſequent l'alienation faite par une main Eccleſiaſtique, & donne lieu de conclure que la preſcription du bien d'Egliſe ne court point quand c'eſt un laïque qui l'a faite.

Il a été auſſi jugé au Raport de Mr. de Terlon, par un Arrêt anterieur à ceux que j'ai citez dans ce Chapitre, qu'un fonds legué pour le service d'un Obit étoit imprescriptible, dans le cas d'un Testateur qui avoit legué deux pieces de terre pour la nourriture & l'entretenement du Chapelain qui serviroit la Chapelle par lui fondée dans le même Testament, & qu'il obligeoit de celebrer des Messes pour le repos de son ame. Ces deux pieces étoient entre les mains d'un acquereur depuis quarante ou cinquante années. Le Service n'avoit jamais été fait depuis le legs, qui étoit fort ancien. Les deux pieces de terre furent adjugées au Chapelain, qui s'étoit fait pourvoir à Rome de l'Obit vacant. La raison fut que le fonds ayant été legué pour servir à la nourriture & à l'entretenement de ce Chapelain, c'étoit comme un legs de rente annuelle & perpetuelle, imprescriptible comme legs qui se multiplie & se renouvelle toutes les années, encore mieux quand la rente est Obituaire. Qu'ainsi cette joüissance alimentaire du Chapelain leguée devoit avoir la faveur & le privilege de n'être point sujette à la prescription, d'autant plus que la raison pour en affranchir les rentes Obituaires, qui est la vûë de maintenir la perpetuité du service, se trouvoit dans ce cas-là, où tout le revenu donné au Chapelain étant emporté par la prescription opposée, si on y avoit eu égard, la Fondation auroit été absolument éteinte. A quoi il fut ajoûté, que si par le Canon *si sacerdotes*, la prescription de quarante ans a lieu à l'égard des fonds alienez par l'Eglise, à compter de la mort du Prelat qui a mal alienè, c'est seulement *si Ecclesia non vacaverit & non fuerit viduata Pastore*, parce qu'alors il n'y a personne pour agir & pour interrompre la prescription, d'où l'on tira une consequence en faveur du Chapelain dans le cas d'une Chapelle, dont il n'y avoit personne qui eût jamais été pourvû, qui avoit ainsi toûjours vacqué, & où le fonds n'ayant donc pû jamais être alienè par nulle main Ecclesiastique, la prescription qui n'avoit pû commencer n'avoit pû finir & s'accomplir.

CHAPITRE XXXVI.

Du droit de Vifite des Evêques à l'égard des Eglifes exemptes.

LEs privileges des Reguliers , & le droit commun des Evêques , forment entre les Evêques & les Reguliers de grandes & frequentes conteftations. Une des principales eft celle
qui regarde la vifite des Eglifes exemptes. C'eft ce qui donna
lieu à une appellation comme d'abus , relevée par les Religieux
de St. François de Gignac , des Ordonnances de Mr. de Ro-
tondi de Bifcaras Evêque de Beziers , qui dans le cours de fa
Vifite à Gignac avoit voulu faire celle de leur Eglife. Ils fondoient leur appellation fur les privileges & exemptions des Reguliers.

Mr. l'Evêque oppofoit à cette exemption , que felon le droit
commun ; toutes les Eglifes étoient fujettes aux Evéques Dio-
cefains qui étoient les Pafteurs & les Superieurs naturels de
toutes les Eglifes. Que ce droit commun étoit extrêmement
favorable , parce qu'il n'étoit autre chofe que l'ordre de la hie-
rarchie de l'Eglife dans la pureté de fa naiffance & de fon inftitution Divine. Que le refpect qu'il falloit avoir pour cet ordre devoit empêcher que des extenfions de privilege lui donnaffent
atteinte ; Que ce feroit porter l'exemption trop loin que de
vouloir exempter les Eglifes , où les Reguliers adminiftrent les
Sacremens , de la vifite des Evêques pour ce qui regarde cette
adminiftration , par raport à laquelle uniquement il avoit voulu
faire la vifite de l'Eglife des Religieux de Gignac , comme il
s'en étoit affez expliqué dans fes Ordonnances , & comme il
le declaroit encore en Jugement. Que le Concile de Trente dé-
cidoit expreffement la queftion en faveur des Evêques dans la
Seff. 7. *de Reform. chap.* 8. en ces termes. *Locorum ordinarii
Ecclefias quafcumque quomodolibet exemptas authoritate Apoftoli-
câ fingulis annis vifitare teneantur , & opportunis juris remediis*

*providere ut quæ reparatione indigent reparentur & curâ anima-
rum fi quæ illis fubfit aliifque debitis obfequiis minimè defrauden-
tur, appellationibus, privilegiis confuetudinibus aliifque &c.* A
quoi fe rapporte l'Ordonnance d'Orleans, Art. 17. & par où les
Evêques ont non-feulement le pouvoir, mais font dans l'obligation de vifiter les Eglifes des Religieux exempts.

Il étoit répondu par les Religieux, que le Concile de Trente,
en l'endroit cité, ne parloit pas des feuls Evêques, mais que
dans le fens de ces termes, *Locorum ordinarii,* étoient compris
les Superieurs tant Seculiers que Reguliers, comme entr'autres
Interprêtes la Glofe le remarque fur le §. *Ordinarii* du Titre *de
pacif. poffeff.* de la Pragmatique Sanction. Ils ajoûtoient, que
quand même le terme *Ordinarii,* ne comprendroit que les Evêques dans cet endroit du Concile, il faudroit l'entendre de la
vifite des Eglifes des Reguliers, aufquelles eft unie & annexée
la charge des Ames, dont il eft parlé en cet endroit même, mais
plus precifément & plus formellement dans la Seff. 25. *de Regularib.* qui ne donne le droit de vifite aux Evêques qu'à l'égard
des Monafteres chargez du foin des Ames. *In Monafteriis feu
domibus Virorum five Mulierum quibus imminet animarum cura, perfonarum Sæcularium præter eas quæ funt de illorum Monaf-
teriorum vel locorum familia, perfonæ tam Regulares quam Sæcu-
lares hujufmodi Curam exercentes fubfint immediatè in his quæ ad
dictam Curam & adminiftrationem Sacramentorum pertinent ju-
rifdictioni & vifitationi, & correctioni Epifcopi.* Ce qui eft encore l'explication & la modification que la Declaration des Cardinaux donne à ce Concile.

Il étoit repliqué de la part de l'Evêque de Beziers, que l'explication donnée à ces mots, *Locorum Ordinarii,* étoit vifiblement forcée dans l'endroit dont il s'agit, puifqu'à l'entendre
des Superieurs Reguliers, il auroit été tout-à-fait inutile & hors
d'œuvre de parler d'exemption, & de dire, *Ecclefias quomodolibet exemptas.* Qu'à l'égard de l'obligation du foin des Ames attachée aux Monafteres, que fubfidiairement on prétend être le
feul cas de vifite entendu par le Concile, ces termes *animarum
cura fi qua illis fubfit,* marquent affez clairement qu'il ne l'a pas

entendu de cette maniere. Qu'il eſt plus naturel, comme plus raiſonnable, de juger que le Concile a bien voulu que toutes les Egliſes, même des Reguliers exempts, quoi que non chargez du ſoin des Ames par union de Cure, ni autrement, fuſſent ſujettes à la viſite des Evêques lors que ces Reguliers écoûtant les Confeſſions & y adminiſtrant le Sacrement de nos Autels, vouloient bien ſe charger d'une partie du ſoin des Ames & des fonctions Curiales. Qu'ainſi il étoit bien juſte qu'en ce cas les Evêques euſſent le droit de viſiter les Confeſſionnaux & les Tabernacles, par rapport aux perſonnes du dehors qui vont recevoir les Sacremens dans ces Egliſes, & qui intereſſent les Evêques à voir s'ils leur ſont adminiſtrez comme il faut. Que ſi dans la Seſſ. 25. *de Regularib.* le même Concile parle des Monaſteres chargez du ſoin des Ames, il y ſoûmet en ce cas-là, non-ſeulement les Egliſes à la viſite, mais il ſoumet perſonnellement les Religieux chargez de ce ſoin, à la correction des Evêques, par où il eſt aiſé de concilier les deux endroits du Concile, dont l'un ne fait qu'ajoûter à l'autre.

Par toutes ces raiſons l'Evêque de Beziers gagna ſa cauſe, & on declara n'y avoir point d'abus dans ſes Ordonnances. Plaidans Meſ. de Chaſſan & de Pujou, ſur les concluſions de Mr. le Mazuyer Procureur General, prononçant Mr. le Premier Preſident Fieubet le 4. Avril 1678.

Il y a eu depuis diverſes Declarations du Roy ſur cette matiere. Mais les divers changemens ont amené aſſez, ce me ſemble, les choſes au point qu'elles étoient lors de cet Arrêt. Ainſi je croi qu'il peut être de même uſage.

CHAPITRE XXXVII.

De la Portion Congruë.

UN Curé ne peut point par des Tranſactions ſe faire du tort & du préjudice ſur la Portion congruë à l'avenir. La Tranſaction ſur alimens ne peut à l'avenir nuire à celui qui eſt en droit de les demander, il ne peut fe nuire qu'à l'égard de ce qui eſt échû, ſuivant la déciſion de la Loi 8. *Cod de Tranſact.* les alimens les plus favorables ſont ceux des Miniſtres de l'Egliſe, qui ſont prépoſez immediatement à la conduite des Ames, & qui ſur tous ſes autres Miniſtres doivent vivre de l'Autel. Ce fut la raiſon pour laquelle fut infirmée la Tranſaction paſſée entre un Prieur & un Vicaire perpetuel, qui ſe reduiſoit pour ſa Portion congruë à une ſomme moindre que celle de deux cens livres, qui étoit lors de la convention, & encore lors de la conteſtation, la ſomme reglée pour ſervir de Portion congruë aux Curez ou Vicaires perpetuels au deçà de la Loire. Le Vicaire perpetuel revenoit contre ſon propre acte, & les Parties convenoient de bonne foi, que tous les revenus du Prieuré n'alloient pas au-delà de deux cens livres, & qu'ainſi, cette ſomme payée, il ne reſteroit rien au Prieur. La faveur des Portions congruës l'emporta ſur toutes ces conſiderations, au Raport de Mr. de la Brouë le 26. Fevrier 1650.

Dans un cas pareil, & au Raport de Mr. de Bertrand, un Prieur attaqué ſur la Portion congruë par un Vicaire perpetuel, qui avoit impetré la Vicairie en Cour de Rome, aprés avoir fait voir que tout le Prieuré ne ſuffiſoit pas à la payer, fût reçû à remplir lui-même la Vicairie perpetuelle en ſervant la Parroiſſe, & y faiſant, ſuivant ſon offre, toutes les fonctions Curiales. On crût qu'on ne pouvoit refuſer cette preference à un Prieur qui perdoit ſon Benefice par l'établiſſement de la Vicairie perpetuelle, & que celle-ci, émanée originairement du Prieuré, ne devoit point, lors qu'on pouvoit l'empêcher ſans nuire au ſoin des Ames, détruire un Benefice à qui elle devoit ſon origine & ſa naiſſance.

La même faveur des Portions congruës fit encore qu'en l'Audience de la Grand'Chambre, il fut jugé que dans la Portion congruë d'un Religieux de l'Abbaye d'Eaunes, Vicaire perpetuel de ce lieu-là, ne devoit point entrer le revenu de ſa place Monachale, quoi que l'Oeconome de l'Abbaye lui oppoſât, que n'ayant & ne pouvant avoir que comme Religieux la Vicairie perpetuelle, qu'il ſervoit reſidant dans le Monaſtere, il devoit d'autant plus en imputer le revenu sur sa Portion congruë. Mes. de Lassesquiere & de Chassan plaidoient en la cause, l'un pour Dupuy Religieux, Vicaire Perpetuel, l'autre pour l'Oeconome. L'Arrêt fut prononcé par Mr. le Premier Président Fieubet le 11. Août 1670.

CHAPITRE XXXVIII.

Des Dîmes infeodées, & comment elles doivent contribuer au payement de la Portion Congruë.

C'Est une regle établie, que les Dîmes infeodées ne doivent contribuer au payement de la Portion congruë du Vicaire perpetuel que subsidiairement, & en cas d'insuffisance des autres fruits & Dîmes. Mais lors que ces Dîmes infeodées reviennent à l'Eglise, elles reprennent leur qualité de Dîmes Ecclesiastiques & ordinaires, par raport même à l'obligation de contribuer au payement des Vicaires perpetuels. Ce qui doit être entendu, lors qu'elles reviennent à la même Eglise, car si elles reviennent à une autre Eglise, elles conservent toûjours à cet égard la qualité qu'elles avoient prise de Dîmes infeodées & laïques. Ce fut sur ces principes qu'on jugea le Procez dont je vais détailler l'espece.

Une Dame de qualité distinguée fit une Fondation, dont elle voulut que le Service fût fait par douze Prêtres de la ville d'Aspet, & pour retribution elle donna les Dîmes infeodées dont elle joüissoit dans le lieu d'Estadens. Long-tems aprés, le Vicaire perpetuel de ce lieu d'Estadens voulant demander une portion congruë, fit assigner le Sieur Dustou de Montgaillard, comme possedant une partie des Dîmes de ce lieu, & les Prêtres d'Aspet, comme en possedant une portion encore plus grande. Les Prêtres d'Aspet prétendoient qu'ils ne devoient contribuer à la portion congruë que subsidiairement, & en cas d'insuffisance des autres Dîmes, & même de celles qui étoient entre les mains du Sieur de Montgaillard. Ils se fondoient sur ce que les Dîmes qu'ils qu'ils poſſedoient étoient des Dîmes infeodées, qui n'avoient pas perdu leur qualité & leur nature pour être venuës à une main Eccleſiaſtique, autre que celle qui les avoit infeodées. Ils ſoûtenoient qu'il en étoit autrement de celles du *Sieur de Montgaillard*, quoi qu'il prétendît qu'il les tenoit de l'Evêque Dioceſain qui les avoit recouvrées de la main laïque, à qui ſes predeceſſeurs les avoient auparavant infeodées. Ils s'appuyoient ſur ce que la Dîme étant revenuë à ſa main naturelle, & à l'Egliſe même qui avoit infeodé, elle avoit repris ſa premiere nature, qu'elle n'avoit pas reperdu par la ſeconde alienation, qui n'étoit qu'une vente à faculté de rachat, faite depuis le Concile de Latran : Ils confirmoient ces raiſons par cet autre; que la Dîme infeodée paſſant à une Egliſe étrangere, l'Egliſe qui avoit infeodé ne perdoit ſans doute pas l'hommage, ou autre droit de redevance dû pour cette infeodation, au lieu que ce droit étoit perdu par le retour des Dîmes infeodées à la propre main d'où elles étoient parties, ſuivant la regle triviale, *res ſua nemini ſervit.*

Le Sr. de Montgaillard prétendoit au contraire qu'il étoit plus naturel & plus raiſonnable d'ôter ou conſerver aux Dîmes infeodées, leur qualité d'infeodées, & le privilege d'infeodation, ſelon la main Eccleſiaſtique ou laïque à qui elles paſſoient. Qu'en effet, en la main des Prêtres d'Aſpet elles étoient cottiſées dans l'impoſition pour les Decimes, ce qu'il juſtifioit par des condamnations & des ſaiſies. Du reſte, il ſoûtenoit que les Prêtres d'Aſpet n'avoient jamais rendu d'hommage ni fait nulle ſorte de redevance à l'Egliſe qui avoit infeodé les Dîmes; d'où il concluoit qu'elles étoient revenuës entre les mains de ces Prêtres, parfaitement libres & parfaitement Eccleſiaſtiques.

Ils ne laiſſerent pas de gagner leur cauſe par deux Arrêts rendus au Raport de Mr. d'Olivier, le dernier fut rendu le 26. May 1677. le Sr. de Montgaillard fut condamné abſolument, & quant à preſent, les Prêtres ſeulement en cas d'inſuffiſance: on ne fut pas touché de la raiſon alleguée que les Prêtres étoient cottiſez aux Decimes pour ces Dîmes mêmes, on crut qu'elles ne pouvoient être cottiſées que comme revenu Ecclefiaſtique, quoi que Dîmes laïques ; & que de quelque maniere qu'il en fût, une impoſition mal faite, ſur tout involontairement ſoufferte, ne devoit point tirer à conſequence pour aſſujettir encore induëment à de nouvelles charges.

Sur cette matiere dans un autre Procez jugé en la Premiere Chambre des Enquêtes au Raport de Mr. de Paucy le 14. Avril 1679. ſe preſenta la queſtion, s'il faut que le poſſeſſeur de la Dîme infeodée prouve non-ſeulement la poſſeſſion de 100. ans, ou immemoriale, mais la poſſeſſion même d'avant le Concile de Latran, du moins la poſſeſſion immemoriale accompagnée de preuves, qui juſtifient que durant ce tems-là on a joüi de la Dîme contentieuſe, comme Dîme infeodée. Le Curé d'Arbus prétendoit que le Sr. d'Iſarn devoit établir du moins cette derniere poſſeſſion, & qu'à la poſſeſſion immemoriale par lui prétenduë, il devoit ajoûter des aveus & dénombremens, & autres actes équipollans, ſuffiſans à établir que ſes Auteurs avoient joüi de la Dîme comme infeodée, & à faire preſumer que l'infeodation étoit anterieure au Concile. Il entendoit & expliquoit à ſon avantage ce qu'en dit Fevret au Traité de l'Abus, Liv. 5. Chap. 2. Nomb. 2. & ſe fondoit encore ſur ce que le lieu où étoit cette Dîme ayant été autrefois infecté du Calviniſme, il y avoit moins lieu d'en preſumer l'infeodation, & qu'au contraire il étoit naturel d'en preſumer l'uſurpation, lorſqu'il ne paroiſſoit pas d'ailleurs que les poſſeſſeurs en euſſent joüi comme d'une Dîme infeodée. Mrs. les Juges convinrent cependant qu'il ſuffiſoit d'établir la poſſeſſion de la Dîme, & qu'elle faiſoit preſumer un juſte & legitime titre, & par conſequent une infeodation anterieure au Concile, ſuivant la Doctrine de Dumoulin, *in conſuet. Pariſ.* On ne fut pas touché de la circonſtance du Calviniſme, répandu dans ces quartiers ; & l'on crut qu'elle ne faiſoit qu'allonger le tems neceſſaire à la preſcription, en obligeant de diſtraire de ce tems les années de trouble, avec quoi même trouvant la poſſeſſion courte, on ordonna ſimplement que le poſſeſſeur prouveroit par plus ſuffiſans Titres la poſſeſſion qu'il avoit alleguée, mais non celle dont le Curé

prétendoit que la preuve étoit neceffaire ; c'eft-à-dire , la poffeffion de la Dîme à titre d'infeodation.

CHAPITRE XXXIX.

De la Refignation ou démiffion des Places Monachales.

LEs Places Monachales ne peuvent point être refignées ,
ni on ne peut s'en démettre : Il a été ainfi jugé au Raport de Mr. de Vedelly d'Azas au mois de Juillet 1687. conformément à un autre Arrêt rendu en l'Audience de la Grand'-
Chambre le 4. Juillet 1686. plaidans Mes. de Pujou & de Gourdon , & Me. de Fieubet depuis Confeiller au Parlement , fils de
Mr. le Premier Préfident Fieubet qui prononça l'Arrêt , celui-ci
donne à Frere Cafeneuve le regrez dans la place Monachale
dont il avoit fait démiffion entre les mains des Religieux du Monaftere , qui en avoient pourvû le nommé Candel. Il fut prononcé en forme de Reglement , & fur les requifitions verbalement faites par Mr. le Procureur General le Mazuyer inhibitions & défenfes furent faites tant aux Religieux du Monaftere ,
qui avoient fait le Titre contentieux , qu'à tous autres du Reffort,
de fe démettre de leurs Places ni de les refigner en Cour de Rome. La raifon fe prefente aifément. Le Religieux qui fe démet
ou qui refigne , feroit toûjours Religieux du Monaftere & Religieux fans Place , ce qui ne peut être ainfi dans les Monafteres
où les Places font & doivent être comptées; & il faut qu'il n'y
ait ni plus ni moins de Religieux que de Places. Dans l'un &
dans l'autre de ces Arrêts on rendit encore au Refignant la Dignité qui avoit été pareillement refignée , ce regrez fuivoit naturellement l'autre , & dans un des cas la Refignation ayant
été faite *profiteri volenti* , parut encore avoir fon vice particulier.

CHAPITRE XL.

De l'emprunt fait par un Chapitre pour le payement des Charges ordinaires.

LEs emprunts que les Chanoines font pour le payement des Decimes & autres Charges ordinaires ne font point valables, parce que les Decimes & Charges ordinaires des Benefices doivent être payées des fruits mêmes, fans quoi les Beneficiers pour fe foulager détruiroient les Benefices; ainfi les fuccelleurs en ce cas font déchargez à l'égard des creanciers, fauf aux creanciers d'agir contre les déliberans ou leurs heritiers.

Neanmoins le Chapitre d'Alet ayant en 1626. & 1627. emprunté pour le payement de pareilles Charges, & fait en 1646. par autre Déliberation, nouvel emprunt pour payer ces dettes contractées par les emprunts de 1626. & 1627. Par Arrêt rendu dans le mois de Juillet 1668. au Raport de Mr. d'Aflezat en la Premiere Chambre des Enquêtes, les Déliberations de 1626. & 1627. ont été callées; mais la Déliberation de 1646. & l'emprunt fait en confequence ont été confirmez. La bonne foi de celui de 19. ou 20. années, prefumée par le laps du tems, & par le changement du Corps des Chanoines dans un intervale auffi confiderable, fauva cette Déliberation & cet emprunt malgré le vice de fon origine, de la caflation qu'en demandoit le Chapitre, à qui on donna feulement le recours contre les Déliberans de 1626. & 1627.

CHAPITRE XLI.

Si on peut appeller de la Sentence du Metropolitain,
omiſſo medio.

MR. Cambolas, Liv. 1. Chap. 26. aprés avoir dit les raiſons
de part & d'autre ſur cette queſtion, rapporte un Arrêt qui
a jugé qu'on pouvoit appeller du Metropolitain à Rome à droiture, & ſans paſſer par le Primat. Le contraire a été jugé depuis aprés partage porté de la Seconde en la Premiere Chambre
des Enquêtes, par Mrs. de Chaſtanet, Raporteur, & de Reſſeguier, Compartiteur.

Pareille queſtion étant depuis ſurvenuë dans la Premiere
Chambre des Enquêtes, en la cauſe plaidée en Audience le
1. Juin 1668. entre le Sr. de Hautpoul Chanoine d'Alet, & le
Promoteur de ce Dioceſe, appellant de l'enterinement fait par
le Senéchal des Lettres de Quadrimeſtre, obtenuës par le Sr.
de Hautpoul, pour relever à Rome l'appel de la Sentence du
Juge Metropolitain de Narbonne. Son appel étoit uniquement
fondé ſur ce que l'appellant ne pouvoit porter l'affaire du Juge
Metropolitain de Narbonne à Rome, ſans paſſer par le Juge de
la Primatie de Narbonne. Mr. Cambolas fut cité d'un côté, le
ſecond Arrêt que j'ai rapporté fut cité de l'autre. Cette contra-
riété de préjugez rendit les avis un peu contraires. Ceux qui
vouloient ſuivre le dernier, diſoient que Mr. Cambolas devoit
être entendu dans le cas où toutes les parties veulent bien
laiſſer le Primat, & aller immediatement à Rome ; où bien
encore dans le cas où le Metropolitain ne reconnoit point de
Primat, comme, par exemple, l'Archevêque de Touloufe :
Cela ne pouvoit être ainſi entendu ſans faire violence aux termes du Compilateur. Quoi qu'il en ſoit le Promoteur fut démis de ſon appel : il eſt vrai que ce Promoteur ne s'étoit oppoſé
devant le Senéchal à l'enterinement des Lettres de Quadrimeſtre, que parce que la Sentence du Metropolitain étoit une

Sentence interlocutoire, par où il sembloit acquiescer à l'appel à Rome, au cas qu'il y eût lieu d'appeller. Mais il est aisé de voir que cette raison n'étoit pas décisive, & que si le consentement des parties peut changer le train & l'ordre naturel des Jurisdictions, il faut des consentemens plus exprés.

CHAPITRE XLII.

Du Titre fait par l'Ordinaire dans les quatre mois, mais aprés le mois donné par le Fondateur au Patron.
S'il faut que l'Ordinaire conferant par devolution, en fasse mention dans son Titre.

CEs deux questions ont été jugées en la Grand'Chambre, au Raport de Mr. de Viguerie, Doyen du Parlement, le dernier May 1679. au Procez d'Antoine Vidal, & d'André Cassaignes. Le Patron laïque d'une Chapelle dont le Fondateur avoit expressément ordonné que le Patron la confereroit dans le mois de la vacance, en avoit pourvû Vidal plus d'un mois aprés la vacance, mais dans les quatre mois. L'Ordinaire dans ces quatre mois, & aprés le mois de la vacance, en avoit pourvû Cassaigne, sans faire mention dans son Titre qu'il conferoit la Chapelle *jure devoluto*.

Le Pourvû par le Patron attaquoit le Titre fait par l'Evêque, & le combattoit par ces deux raisons. Il disoit que ce Titre étoit vicieux, fait dans les quatre mois donnez au Patron laïque pour conferer. Que si par la clause de la fondation il étoit dit que ceux qu'elle établit Patrons, confereront dans le mois de la vacance, cette clause ne privoit pas le Patron d'un tems qui lui étant donné par le Concile étoit de droit public. Que le Fondateur n'avoit pû déroger à ce droit public par sa volonté particuliere, ni faire que dans sa disposition les Loix n'eussent pas lieu, comme parlent les Loix mêmes. Qu'il ne falloit pas presumer & croire que c'eût été l'intention du Fondateur, puisque s'il l'avoit ainsi voulu, il n'eût pas manqué en ce cas d'y ajoûter, comme il étoit naturel, la clause irritante, & de dire qu'il vouloit qu'aprés le mois la collation fût dévoluë à l'Ordinaire. Qu'ainsi il étoit plûtôt à croire que par cette clause le Fondateur n'avoit voulu qu'exciter le Patron à remplir diligemment la place vacante. Enfin que les quatre mois donnez au Patron, n'étant pas seulement donnez en faveur des Patrons, mais étant aussi donnez en faveur du choix, & afin qu'on ait le loisir de le faire bon, la clause en devoit encore moins être prise à la rigueur. On opposoit comme une autre nullité au même titre, que quand bien la dévolution seroit allée à l'Ordinaire, avant les quatre mois, & quand bien même l'Ordinaire auroit pourvû aprés les quatre mois, son titre seroit toûjours nul, pour n'avoir pas fait mention qu'il conferoit *jure devoluto*, en défaut dequoi le titre étoit presumé fait *jure ordinario*, & par-là, en vertu d'un droit que le Collateur n'avoit pas, & consequemment devoit être regardé comme fait *à non habente potestatem.* Et à ce propos il étoit representé qu'il étoit de consequence, de ne point dispenser les Ordinaires de faire mention de ce droit de dévolution, quand c'est en vertu de ce droit qu'ils prétendent conferer, sans quoi les droits des Patrons seroient trop aisément confondus, par les entreprises qu'une pareille liberté donneroit lieu aux Ordinaires de faire sur eux.

Il étoit répondu de la part du pourvû par l'Evêque, que le Patronage étant une servitude introduite, & soufferte par une pure reconnoissance pour les bienfaits du Fondateur, il étoit sans doute le maître d'adoucir la servitude, & de remettre plûtôt l'Eglise dans sa liberté naturelle, en abregeant le tems ordinaire donné aux Patrons pour conferer, sans qu'il fût besoin d'une clause irritante, & d'une dévolution formellement donnée aprés le mois à l'Ordinaire, puisque quand la volonté du Fondateur seroit moins claire, il faudroit prendre l'interpretation la plus favorable pour la liberté de l'Eglise ; mais qu'ici, où il est clair que le Fondateur a voulu que le Patron conferât dans le mois, l'interêt même de l'execution de la volonté sur ce point demandoit la dévolution à l'Ordinaire, sans quoi le Patron pouvant être impunément negligent à obéïr, rien ne l'exciteroit à la di-

ligence qui lui étoit ordonnée. Il étoit ajoûté à l'égard de la seconde nullité oppofée, que ce n'eft pas ici le cas où le titre qui
ne fait pas mention de la dévolution, prefumé fait *jure ordinario,
& fic à non habente poteftatem*, eft nul. Que cela n'a lieu que
dans le cas du Superieur Ecclefiaftique qui confere après le tems
de la dévolution un Benefice qui n'étant pas de fon Diocefe,
n'eft de fa collation que par le droit que lui donne la negligence
du Collateur ordinaire & naturel. Qu'alors n'étant point le Collateur naturel d'un Benefice étranger, il faut qu'en le conferant
il établiffe fa qualité & fon pouvoir, & ne l'ayant pas établi,
c'eft le cas qui donne lieu de regarder le titre comme fait *à non
habente poteftatem*. Mais qu'il en eft autrement du Collateur naturel & ordinaire, c'eft-à-dire, de l'Evêque à l'égard des Benefices de fon Diocefe, dont quelque droit de Patronage qu'il y
ait, il demeure toûjours le Collateur naturel & ordinaire, fi
bien que fon titre même fait dans les quatre ou fix mois, en
fufpens jufqu'à la plainte du Patron faite dans le tems legitime, n'eft rendu mauvais que par-là, bon & valable en défaut
de plainte. Comme la collation qu'il fait après les quatre ou fix
mois eft dés-lors fûre & hors d'atteinte, dans lefquels deux
cas il confere neanmoins comme Collateur ordinaire, & pour
me fervir des termes de Flaminius. *In utroque cafu utitur jure
fuo primitivo, jure ordinario quamvis in priori cafu jure nondum libero & ferviente, in pofteriori jure libero & incommuta-
bili remoto fervitutis obftaculo.* Ces raifons prévalurent, & Caf-
fagnes fut maintenu dans la Chapelle qui lui avoit été conferée par l'Ordinaire.

CHAPITRE

CHAPITRE XLIII.

Où doit être porté l'appel de la Sentence donnée sur la fulmination d'un rescrit de Rome, pour la dispense d'une irregularité publique.

CEtte matiere a été amplement traitée en l'Audience de la Grand'Chambre le 24. May 1678. dans l'espece suivante.

Simon Brunet Clerc tonsuré de Viviers, ayant servi quelque tems le Roy dans ses Armées, & desirant de servir Dieu dans l'Eglise, obtient du Pape dispense & absolution de l'irregularité qu'il avoit encouruë. Le rescrit est adressé *Episcopo Vivariensi, seu ejus officiali.* Brunet se presente au Vicaire General de Mr. l'Evêque de Viviers, & le requiert de vouloir fulminer sa provision d'absolution & de dispense. Le Vicaire General rend sa Sentence, à l'entrée de laquelle il dit qu'il procede en qualité de Commissaire Apostolique, & de Vicaire General de l'Evêque de Viviers. Il absout Brunet de l'irregularité, & le remet au premier état qu'il étoit auparavant, à la charge que l'absous demeurera un an dans le Seminaire de Viviers pour y apprendre la douceur, & les autres qualitez necessaires à l'état Ecclesiastique, & qu'on n'apprend pas dans les Armées. Brunet mécontent de la condition, releve appel de la Sentence devant l'Archevêque de Vienne, Metropolitain de l'Evêque de Viviers, où il fait assigner le Promoteur : Celui-ci anticipe l'appel devant le Vicaire General forain de cet Archevêque, établi dans le Ressort du Parlement de Toulouse. Le Vicaire General forain rend sa Sentence contradictoire, qui reforme celle du Vicaire General de Viviers, & absout Brunet de l'irregularité, à la charge de demeurer un mois dans le Seminaire. Mr. l'Evêque de Viviers prenant le fait & cause pour son Promoteur, se rend appellant comme d'abus au Parlement.

Il fondoit son appel sur cette Maxime, que *à delegato appella-*

Tome I. Q

tur ad delegantem non ad immediatum Superiorem, comme l'établiſſent les Loix Civiles & Canoniques, de maniere que ſelon le ſentiment des Docteurs ſur le Chap. 18. *te Conſulente ext. de Offic. Judic. deleg.* l'appel de la Sentence du Subdelegué par le delegué du Pape doit aller au Pape, à l'excluſion du Delegué Subdelegant, qui ſemble être naturellement entre deux. Que de même, ou encore mieux, l'appel de la Sentence du Delegué doit aller au Pape, à l'excluſion du Superieur immediat de la perſonne deleguée, qui en cette qualité même de perſonne deleguée par le Pape, a dans l'affaire, dont la connoiſſance lui eſt renvoyée, une Juriſdiction ordinaire au-deſſus de toute autre, *ordinariam habet Juriſdictionem, & quacumque majorem. c. II. ext. de offi. jud. deleg.*

Et il ne pouvoit être oppoſé, ajoûtoit ce Prelat, que ſon Vicaire General avoit dit qu'il procedoit en qualité de Vicaire Apoſtolique, & de ſon Vicaire General, puiſque l'une des qualitez ne derogeoit pas ſans doute à l'autre, & qu'enfin les titres qu'il s'étoit pû donner, & en vertu deſquels il avoit pû dire qu'il procedoit, ne changeoient point les choſes, & ne faiſoient pas qu'il eût pû proceder en autre qualité qu'en celle de delegué du Pape, les Archevêques & Evêques ne pouvant en vertu du droit commun & ordinaire, connoître & abſoudre que des irregularitez occultes & particulieres, & non des irregularitez publiques, ſuivant le Concile de Trente, dans la Seſſ. 24. *de reform. cap. 6.* Qu'ainſi, l'appel de cette Sentence porté devant le Vicaire General de Vienne, faiſoit un dérangement & une confuſion d'ordre de Juriſdiction qui donnoit un moyen d'abus des plus legitimes.

Il étoit répondu de la part du défendeur, que le Promoteur avoit acquieſcé à la Juriſdiction, anticipé & porté l'appel devant le Vicaire General forain, défendu même devant lui, & qu'il n'avoit en cela que pris la voye que lui avoit indiqué le Vicaire General forain, en donnant lieu de croire qu'il procedoit autant en cette qualité qu'en celle de Commiſſaire Apoſtolique. Qu'en effet les Evêques avoient par le droit commun & ordinaire, le pouvoir de diſpenſer & d'abſoudre, quoi que par un

uſage établi ſur de bonnes raiſons, & que le Concile veut que
l'on ſuive, il faille avoir recours à Rome en cas d'irregularité pu-
plique, & obtenir des reſcrits, qui adreſſez aux Prelats Dioce-
ſains, leur donnent la liberté d'exercer cette partie de leur Juriſdiction, naturelle neanmoins & ordinaire, que ces reſcrits exci-
tent plûtôt qu'ils n'établiſſent, pour me ſervir d'une expreſſion
employée en cette matiere. Qu'il eſt donc permis d'aller de l'E-
vêque au Metropolitain ſon Superieur immediat. Qu'auſſi bien
lors qu'en matiere de Benefices, l'Ordinaire eſt delegué par la
clauſe *committatur Ordinario in formâ dignum noviſſimâ* ; Dans
le cas du refus de l'Evêque, on ne retourne point au Pape, mais
on va au Superieur immediat, & que c'eſt de même l'uſage en
matiere des diſpenſes, pour preuve de quoi ce même défendeur
remettoit deux Sentences du Metropolitain de Toulouſe, ſur
l'appel de la fulmination des diſpenſes de Mariage, faites par
les Evêques ſuffragans.

L'Evêque de Viviers repliquoit ; Que le conſentement du Promoteur n'avoit pû donner un droit de Juriſdiction au Vicaire
General forain de Vienne, & qu'au cas preſent il l'avoit pû moins
qu'en nul autre, ne le pouvant ſans faire injure à l'autorité du
Pape ; & ſans faire encore quelque tort à l'autorité de ſon Evêque, repreſenté par le Vicaire General, auquel il faiſoit plus
d'honneur en portant l'appel de ſa Sentence devant le Pape,
que devant nul autre. Que ſi en cas de refus du *viſa*, on va devant le Superieur immediat, & non au Pape, quoi que l'Ordinaire n'en ait connu que comme Delegué, cela ne ſe faiſoit
point alors par voye d'appel, mais par maniere de ſimple plainte,
per modum querelæ, ce qui ſembloit diſpenſer ſi bien de garder
l'ordre des Juriſdictions, que ſelon l'ancien uſage de nôtre Parlement, il étoit permis en ce cas d'aller à l'Evêque le plus voiſin,
uſage qui n'a été reformé que parce qu'il eſt encore plus naturel de ſe plaindre de l'Inferieur au Superieur : mais qui n'empêchoit point que dans un cas d'appellation tout-à-fait different,
il ne fallut ſuivre l'ordre établi, ſuivant lequel *à delegato ad delegantem appellari debet.* A quoi il étoit ajoûté, quant aux Sentences renduës par le Metropolitain de Toulouſe, ſur l'appel

de fulminations pareilles faites par les Suffragans; que peut-
être le Pape, fur l'appel de ces fulminations, avoit commis l'Archevêque de Toulouse, qu'en tout cas apparemment les parties
avoient acquiescé à la Sentence, & que pour établir le droit du
Metropolitain, il faudroit qu'il y eût eu quelque appellation comme d'abus, fur laquelle il eût été jugé que la Sentence du Metropolitain n'étoit pas abusive.

Sur toutes ces raisons intervint Arrêt qui declara dans la
procedure du Vicaire General de Vienne y avoir abus. On
crût que la Maxime alleguée étoit une de ces regles generales,
regles d'ordre & de police Ecclesiastique, à quoi il ne pouvoit
être contrevenu fans abus. Cette confideration prevalut fur celle des circonstances particulieres, les acquiescemens donnez à
la Jurisdiction du Metropolitain, & encore ce qu'on ne manquoit pas de relever, le peu de faveur de la caufe d'un Evêque,
qui pour foûtenir l'autorité du Pape, contre la Jurisdiction ordinaire, employoit l'appellation comme d'abus, dont il fembloit
que les Evêques devoient plûtôt referver l'usage, pour maintenir
leurs droits & leur Jurisdiction contre les excez & les entreprises
de cette autorité. Me. Tolofani de Laffefquiere plaidoit pour
l'Evêque de Viviers. Me. de Boiffy pour Brunet.

CHAPITRE XLIV.

Quand est-ce qu'une Chapelle est Sacerdotale.

L'Obligation de celebrer des Meffes ne rend pas une Chapelle Sacerdotale. Le Chapelain est prefumé fatisfaire à
fon obligation, en celebrant les Meffes, ou par lui-même ou
par un autre. La faveur de la liberté a introduit cette interpretation. Cependant, fi des circonstances particulieres lui font
violence, l'interpretation n'est pas reçûë, & la Chapelle est declarée Sacerdotale. Il a été ainfi jugé en la Grand'Chambre,
au Raport de Mr. de Chaftanet, le 18. Avril 1686. dans un
cas auquel le Fondateur, aprés avoir impofé l'obligation de la

celebration des Meſſes, avoit, ſous peine de privation de la Chapelle, défendu au Chapelain de tenir nul Benefice, & avoir nul autre emploi qui pût l'empêcher de la ſervir. L'interpretation eſt donc reçûë, avec ce temperament fort raiſonnable, s'il ne paroit point d'ailleurs de volonté contraire. Les parties au procez étoient Courtois & Vayſſiere.

Du reſte, la diſpenſe même expreſſe de celebrer les Meſſes par ſoi-même, & la permiſſion formelle de les faire dire par un autre, ne rend pas moins Sacerdotale la Chapelle, que le Fondateur a dit une fois qu'il veut qui ſoit conferée à un Prêtre, & il n'en faut pas moins être Prêtre lors du titre, ainſi qu'il a été jugé aprés partage porté de la Premiere à la Seconde Chambre des Enquêtes, & de là à la Grand'Chambre le 17. Avril 1655. Mr. de Rudelle Raporteur, & moi Compartiteur.

Il ſembloit que l'on pouvoit ſe relâcher un peu ſur l'obſervation ſi ſcrupuleuſe de la volonté du Fondateur, à l'égard de la Prêtriſe, lors que le Fondateur, par une permiſſion expreſſe de faire dire les Meſſes, paroiſſoit s'être relâché un peu lui-même ſur ce point. On crût cependant que ſa volonté n'étant pas moins expreſſe à l'égard de la Prêtriſe, elle n'étoit pas détruite par la diſpenſe de celebrer les Meſſes lui-même, naturellement ſous-entenduë dans l'obligation impoſée de les celebrer, quoi qu'on allegât la Maxime *major eſt vis expreſſ quam taciti*; Mais cette Maxime même faiſoit pour la déciſion de l'Arrêt la volonté du Fondateur, qui ordonnoit expreſſement que la Chapelle qu'il fondoit ſeroit conferée à un Prêtre, devoit à ce compte prévaloir ſur la prétenduë volonté tacite, s'en diſpenſer par la permiſſion de faire dire les Meſſes, qui n'éloignoit pas de croire que le Fondateur avoit voulu neanmoins gratifier & honorer de ſes biens-faits le Saint Etat & le Miniſtre reſpectable de Prêtre.

CHAPITRE XLV.

De *la Regle* de verifimili notitiâ Obitus.

L A Regle *de verifimili notitiâ Obitus* n'a pas lieu à l'égard du Refignitaire qui a demandé fans doute, *etiam fi per obitum*, le Benefice dont la Refignation a été admife en Cour de Rome aprés la mort du Refignant, & avant le tems de la Regle, à compter de cette mort. La raifon de la Maxime eft auffi connuë que la Maxime même. Le Refignataire a eu d'ailleurs en ce cas un fujet legitime d'envoyer à Rome, & pour me fervir des termes ufitez en cette matiere *habuit juftam caufam arripiendi itineris*. Mais Dumoulin qui établit cette Maxime au nomb. 57. fur cette Regle, y fait naître un doute, lors qu'aprés avoir dit, que pour fe mettre hors du cas de la Regle, il falloit que l'Impetrant fit apparoir d'un Mandat ou Procuration legitime, & par-là de la volonté, & de l'ordre du Refignant pour l'envoi à Rome, il ajoûte, que même dans le cas où l'Impetrant fait apparoir de la procuration & volonté du Refignant, fi cette procuration & cette volonté ont été revoquées avant le départ du Courrier, la Regle devra alors avoir lieu, parce que ce ne fera plus le cas de l'exception où l'Impetrant *habuit juftam caufam arripiendi itineris*. Suivant ces paroles & ce raifonnement, il femble qu'on peut, fur l'autorité de Dumoulin, & par l'argument des contraires, prétendre que fi la procuration n'eft pas revoquée avant l'envoi à Rome, la Regle *de verifimili notitiâ obitus* n'aura point de lieu, par la raifon dominante fur cette matiere, qu'il y a eu une caufe legitime d'envoi.

D'autres au contraire difent, que Dumoulin, en l'endroit cité entend qu'en fon cas de la revocation avant le départ du Courrier, l'Impetrant qui envoye enfuite, eft abfolument inhabile & incapable, à l'égard du Benefice d'un poffeffeur vivant & legitime, impetré malgré lui, *ex Cap.* 1. *de conceff. Præb.* c'eft-à-dire, qu'il ne pourra pas avoir le Benefice impetré vacant par la mort du Resignant, quoi qu'il y ait le tems de la Regle, entre la mort & la provision, tant une pareille impetration est odieuse, au lieu que l'Impetrant, en vertu d'une procuration revoquée aprés l'envoi à Rome, constitué en bonne foi, demeure capable du Benefice, si le tems de la Regle se trouve. Mais ils prétendent que cela ne doit pas dispenser de la Regle celui-ci même, qui avec toute sa bonne foi n'a point de titre, le titre étant, par la revocation, annullé avec tous ses accessoires, parmi lesquels il faut compter la collation *per obitum*, & que l'objet principal & le fondement de tout est en ce cas-là même, la Resignation qui emportée & détruite par la revocation, entraine necessairement & fait crouler tout le reste.

Ce dernier avis a été suivi en la Grand'Chambre au Procez d'entre Mes. Raymond Timbal & David Brouzes, jugé à mon Raport le 10. Septembre 1672.

CHAPITRE XLVI.

Si le Chapitre peut, le Siege vacant, destituer les Officiers de la Temporalité.

ON ne doute pas aujourd'hui que les Seigneurs Ecclesiastiques, aussi-bien que les autres, ne puissent destituer leurs Officiers, s'ils ne sont pourvûs en récompense de services, ou à titre onereux, mais on a douté si le Chapitre, durant le Siege vacant, pouvoit destituer les Officiers de la Temporalité. Il fut préjugé que non, par Arrêt rendu le 6. Fevrier 1670. en l'Audience de la Grand'Chambre, où étoient presens Monsieur le Duc de Verneüil Gouverneur de Languedoc, & Mr. le Marquis de Calvisson Lieutenant General.

Le Chapitre Saint Estienne de Toulouse, aprés la mort de Mr. d'Anglure de Bourlemont Archevêque de cette Ville, avoit destitué les Officiers de la Temporalité instituez par ce Prelat, & en même tems institué des Officiers nouveaux. Les premiers demanderent la cassation de la Déliberation, Me. de Parisot plaidoit

pour eux, Me. de Chaſſan pour le Chapitre. Les anciens Officiers furent maintenus par proviſion.

La dévolution naturelle de tous les droits du Prelat défunt au
Chapitre, durant la vacance du Siege, pour ce qui regarde le
gouvernement & l'autorité, étoit le fondement de la prétention
du Chapitre, & ſa premiere raiſon. Par-là, il prétendoit être en
droit de nommer de nouveaux Officiers de la Temporalité,
comme de nouveaux Officiaux & de nouveaux Metropolitains.
La diſtinction du Spirituel & du Temporel, de l'Eccleſiaſtique
& du profane ſervoit de réponſe à cette raiſon. Le Chapitre
vouloit détruire cette réponſe & cette diſtinction par l'uſage
qu'il ſoûtenoit, qui avoit établi, que le droit de changer les Officiers de la Temporalité faiſoit une partie de l'autorité dévoluë
au Chapitre durant la vacance. Pour le prouver, il rapportoit
des actes, dans leſquels le Chapitre confirmoit, ou même nom-
moit les Officiers de la Temporalité : Les anciens Officiers repli-
quoient que tous ces actes, dont les uns étoient déguiſez en nominations, n'étoient en effet que des confirmations, d'où ils prétendoient que le Chapitre ne pouvoit tirer nul droit, puiſque ſi
ces confirmations avoient ſubſiſté, c'eſt qu'il n'y avoit point d'in-
tereſſé à les détruire ; Mais que tout au plus il n'en auroit pû
tirer qu'un droit de confirmation, trés-different & trés-ſeparable
du droit de deſtitution.

CHAPITRE XLVII.

Du Viſa, où il n'eſt pas fait mention de la preſence du Pourvû.

LEs Ordonnances de Blois Art. 12. & de Melun Art. 14. demandent que lors de l'octroi du *viſa*, le Pourvû ſe preſente
à l'Ordinaire, & que l'Ordinaire l'examine. Nôtre Parlement
a été toûjours un des plus exacts & des plus rigides ſur ce point.
Neanmoins par Arrêt rendu en la Grand'Chambre au Raport
de Mr. de Lafont le 6. Mars 1676. les Parties furent miſes hors
de

de Cour & de Procez fur l'appel comme d'abus d'un *Vifa*, conçû fimplement en ces termes, *Capaci & idoneo, per nofque exa-
minato*, on fe rangea à l'ufage des autres Parlemens, qui ne demande pas qu'on faffe une mention expreffe de la prefence, &
on crût qu'il y avoit lieu de la prefumer ici par les termes, l'E-
vêque ne difant point que le Pourvû eût été examiné autrefois, ni ci-devant, ou depuis peu, ce qui fembloit marquer
affez que l'examen étoit du même tems du *Vifa*, & que l'omiffion du mot *præfenti* étoit la faute du Secretaire ; car toûjours il
faut la prefence, & l'examen, & le mieux fans doute eft que le
Vifa en faffe mention. M. l'Evêque de Vabres, qui avoit oc-
troyé le *Vifa*, avoit fait une declaration que le Pourvû étoit prefent lors de l'octroi du *Vifa*. Mais la declaration étant extrajudi-
ciaire on ne pouvoit appuyer là-deffus ; On ne fçauroit être trop
circonfpect en cette matiere, il s'y agit de remplir les places
Ecclefiaftiques de fujets capables de fervir l'Eglife, conformément à l'intention du Mandat du Pape qui en renvoye & con-
fie aux Ordinaires le foin d'examiner une capacité dont il n'a
& ne peut avoir aucune connoiffance.

CHAPITRE XLVIII.

De ce qui eft neceffaire pour acquerir par prefcription le droit de Patronage.

QUelques-uns croyent, que c'eft affez que le Pourvû d'un
Benefice en ait joüi pendant quarante ans, pour acquerir
le droit de Patronage au nominateur & collateur, parce qu'il a
été pourvû, & qu'il n'eft pas alors befoin de multiplicité de titres. Ils fondent leur avis fur le Chap. 5. *Eum de Benef. in 6.*
qui décide, que pour changer l'état d'un Benefice Regulier, il
fuffit qu'un Seculier l'ait poffedé pendant quarante ans, d'où ils
inferent que pour changer l'état du Patronage, qui doit être plus
aifé à changer que l'état même du Benefice, la poffeffion du
Pourvû durant le même tems doit fuffire.

Tome I.   R

Mais le grand nombre croit que pour prescrire le droit de Patronage, il faut quarante années de possession, appuyée encore de trois titres faits durant le cours de ces quarante années. Ceux-ci se fondent sur les termes du Concile de Trente, *multiplicatis collationibus*, sur lequel mot, *Multiplicatis*, les Interprêtes ajoûtent, *saltem tribus*, ce qu'on prétend aussi tirer du Chapitre, *Cum Ecclesia sutrina extr. de caus. possess.* où des Ecclesiastiques Conventuels, qui prétendoient avoir été appellez à trois diverses & dernieres élections des Evêques de cette Eglise, font casser l'élection du dernier Evêque, à laquelle ils n'avoient pas été appellez. Mais en même tems le Pape jugeant définitivement l'affaire, les déboute de la prétention qu'ils avoient d'être appellez à l'élection de l'Evêque, & les en déboute par cet endroit, qu'ils n'avoient pas la possession de quarante ans. D'où l'on conclud, que pour acquerir le droit de Patronage, il faut l'un & l'autre possession de quarante ans, & trois titres, & un seul titre joint même à cette Possession, s'il est immediatement precedent ne fait que donner le droit de la quasi possession, suivant la Glose.

Messieurs les Juges me parurent être dans ces maximes, en la Grand'Chambre, & au Procez de Garrier, Gras & autres, jugé au Raport de Mr. Lamothe-Lussan le 12. Septembre 1678. l'Arrêt cependant ne fait qu'interloquer & qu'adjuger la provision sur des circonstances particulieres *certo modo*. Mais depuis, en jugeant définitivement l'affaire avec l'Université de Montpellier, qu'il avoit été ordonné qui seroit appellée, il fut jugé le 20. Août 1681. que la multiplicité des titres & provisions du Pape, avec bien plus de quarante années de possession, ne pouvoit acquerir à l'Eglise un Benefice auparavant uni, à un College de Fondation laïque, & dont les places étoient de Patronage laïque. La raison fut, qu'il n'étoit pas question dans cet Arrêt de changer seulement l'état ou le Patronage du Benefice, qu'il s'agissoit d'en créer un, ou de le faire revivre au préjudice d'une Fondation laïque, & de l'interêt public. Ce College étoit le College fondé à Montpellier par le President du Verger.

Pour revenir à la quasi possession, dont j'ai parlé dans ce Cha-

pître, il eſt ſûr qu'elle rend le titre bon, & quoi que le quaſi
poſſeſſeur ſoit enſuite dépoſſedé & dépoüillé de ſon prétendu
droit, le titre ſubſiſte. Cette Juriſprudence eſt conſtamment
ſuivie dans nôtre Parlement, quelque apparence contraire que
puiſſent avoir quelques Arrêts rendus ſur cette matiere, qui
ont jugé contre celui qui alleguoit la quaſi poſſeſſion, où le
fait de la quaſi poſſeſſion n'étoit pas bien établi dans le cas de
ces Arrêts où il n'y avoit pas dans la quaſi poſſeſſion la bonne
foi neceſſaire pour lui donner le droit de rendre un titre valable, car cette bonne foi eſt abſolument neceſſaire, comme il
a été jugé en la Seconde Chambre des Enquêtes, au Raport
de Mr. de Catellan le 4. May 1665. Le droit de preſenter
n'appartient en effet à celui qui eſt dans la quaſi poſſeſſion, que
par la raiſon que *jus præſentandi eſt in fructu* , & que les fruits
pertinent ad bonæ fidei poſſeſſorem non ad dominum , comme dit
Lancelot, *Inſtitut. de jur. Patron.*

CHAPITRE XLIX.

Cas ſingulier, ou le Titre fait à non habente poteſtatem *ne laiſſe pas d'être bon.*

M. De Perefixe, Precepteur du Roy heureuſement & glo-
rieuſement Regnant, alors Evêque de Rhodez, & depuis
Archevêque de Paris, fait démiſſion de ſon Evêché entre les mains
du Roy, qui nomme au Pape M. Abelly pour remplir ſa place.
Sur la démiſſion du premier, & le faux bruit de la préconiſation
de l'autre, le Chapitre de Rhodez s'aſſemble, en preſence des
Vicaires Generaux de M. de Perefixe, declare le Siege vacant, & nomme des Vicaires Generaux & autres Officiers à
la place de ceux que M. de Perefixe avoit établis ; Ce Prelat,
dix mois aprés, obtient un Arrêt du Conſeil d'Eſtat, qui défend aux Vicaires Generaux & autres Officiers nommez par le
Chapitre, de troubler ceux qui avoient été nommez par l'Evêque. Ceux-ci, en effet, rentrent paiſiblement & ſans contradic-

tion dans l'exercice de leurs emplois, mais entre les deux tems, & durant le cours de la prétenduë vacance, il est aisé de juger que dans un grand Diocese les Vicaires Generaux du Chapitre ne demeurerent pas sans fonction, & qu'ils y firent plusieurs collations de Benefices, une de ces collations entr'autres, & selon ce qu'il étoit prétendu, precisément la premiere, fut la collation de la Cure de Sauveterre, qu'ils confererent à Me. Rodat, & sur laquelle Me. Delmas jetta ensuite un Dévolut en Cour de Rome, aprés quoi il fut appellant comme d'abus du titre fait par les Vicaires Generaux du Chapitre.

Le Dévolutaire, appellant comme d'abus, se fondoit sur ce que Rodat n'avoit point de titre, puisqu'il n'en avoit que des faux Vicaires Generaux qui n'avoient nul pouvoir, & que le titre fait à *non habente potestatem*, n'étoit pas un titre, même coloré.

Rodat se défendoit par sa bonne foi, & par la maxime que l'erreur publique fait un droit, il alleguoit la Loi *Barbarius Philippus*, & l'Arrêt de Maynard au sujet du faux Official, il soûtenoit qu'en tout cas les Vicaires Generaux, quoi que mal établis, avoient été dans la quasi possession de conferer; & qu'ainsi ils avoient conferé valablement, suivant le chap. *cum olim*, & le chap. *consultationibus ext. de jur. Patron.*

Delmas débatoit ces réponses, & disoit que dans le cas de la Loi *Barbarius* la Preture avoit été donnée par le peuple Romain qui avoit droit de la donner, & qui étoit encore en droit d'affranchir l'Esclave, comme il y avoit aussi lieu de prétendre qu'il l'avoit fait en lui donnant la Preture. Que le cas de l'Official dont parle Mr. Maynard étoit bien different, puisque c'étoit un Official de trente années, & que là, non plus que dans l'espece de la Loi *Barbarius*, il n'étoit question que des jugemens & actes, de bien autre nature que celle des Titres de Benefice, qui doivent être Canoniques, sans quoi ce n'est qu'une vraye intrusion au Benefice, que la bonne foi ne corrige point, Que c'étoit abuser entierement des termes, que de faire du cas present le cas de la quasi possession, puisque les Chapitres alleguez, ne regardent que les Patrons qui ne font que presenter, & dont les Titres doivent être suivis de l'institution, qui fait un Ti-

tre Canonique ; & qui suffit pour empêcher l'intrusion du Pourvû , Qu'il faut toûjours que le Patron ait la qualité en laquelle
il nomme , Que ces Vicaires Generaux d'ailleurs n'avoient point
precedamment conferé cette Cure, & que c'étoit même positivement le premier Benefice auquel ils avoient pourvû, ce qui
mettoit d'ailleurs l'Intimé dans un plus grand tort & dans une
moindre faveur , en lui ôtant l'excuse, *sic agebant , sic contrahebant.*

Le Dévolutaire cependant perdit sa cause, l'Arrêt fut prononcé par Mr. le Premier Président Fieubet le 4. May 1671.
plaidans Mes. de Chassan & de Tolosani Lassesquiere sur les
conclusions de Mr. l'Avocat General de Pins. On crut tous
les défauts couverts par la bonne foi de Rodat , & par l'erreur commune , fondée sur la possession paisible & publique des
Vicaires Generaux nommez par le Chapitre : Les consequences du desordre & du trouble que l'on causeroit dans ce Diocese , en emportant ce Titre, se presenterent encore à l'esprit
des Juges , & ces considerations déterminerent, comme l'on ne
douta point, que de pareilles ne fussent le motif décisif de la
Loi *Barbarius* , & du préjugé de Maynard , quelque tour que
l'appellant voulut leur donner. La circonstance que Rodat étoit
le premier qui s'étoit presenté à ces Vicaires Generaux, ne tou-
cha guere. On voyoit qu'il n'avoit pas introduit , mais qu'il
avoit suivi l'erreur publique, assez marquée déja par la nomination des Vicaires Generaux faite par le Chapitre , sans compter qu'on n'a jamais fait de distinction de cette nature en des
cas pareils, ou au contraire tous les actes, du premier au dernier, se soûtiennent & se justifient les uns les autres.

J'ai vû dans une autre affaire cette même bonne foi , jointe
à l'erreur commune , déterminer les Juges à ne point emporter,
sur l'appellation comme d'abus , une Sentence renduë dans
l'Officialité de Castres, & à laquelle presidoit un Laïque ; c'é-
toit l'usage de Castres, l'usage ne parut pas bon. Cependant
on laissa subsister la Sentence. La justice du fonds la rendoit
d'ailleurs extremement favorable ,, & l'appel qu'on en relevoit
étoit une chicane visible & criante. Je rapporte cet Arrêt &
toutes ses circonstances , sur tout afin qu'on ne s'y trompe pas,

& que prenant le change, on ne croye point qu'il ait approuvé que des Laïques prefident à l'Officialité. Il fut donné en la Grand'Chambre, entre un Chanoine de Caftres, & un Huiffier de la même Ville le 2. May 1681.

CHAPITRE L.

De la refignation d'un Benefice dont l'union a été ordonnée, pour avoir fon effet aprés la mort du Titulaire.

MR. l'Evèque d'Ufez ayant, par une Ordonnance autorifée par des Lettres Patentes & par un Arrêt du Parlement, uni à la Communauté des Prêtres de Bagnols, quelques Benefices, dont l'union ne devoit avoir fon effet qu'aprés la mort des Titulaires, & un des Titulaires ayant enfuite refigné un des Benefices ainfi unis, il y eut Procez entre la Communauté & le Refignataire.

Celui-ci fe fondoit fur ce que le Refignant, qui étoit Titulaire lors de l'union, n'ayant point été appellé, on ne pouvoit lui avoir fait le tort de le priver de la liberté de refigner, qu'on devoit même prefumer qui lui avoit été refervée par l'Ordonnance d'union, en ce qu'elle portoit que l'union ne fe feroit qu'aprés la mort des Titulaires, par où ces Titulaires demeurant poffeffeurs & maîtres de leurs Benefices, en devoient avoir auffi la difpofition par les voyes ordinaires & legitimes, & que ce devoit être de même que fi l'Ordonnance portoit l'union au cas de vacance par mort, auquel cas fans doute le Titulaire ne feroit pas privé de la liberté de refigner.

La Communauté des Prêtres de Bagnols oppofoit à ces raifons, que pour le bien de l'Eglife une union peut être faite fans appeller le poffeffeur du Benefice uni, fuivant Rebuffe fur la regle 21. de *unionib. Glofs.* 11 *num.* 8. & *9.* lorfque la joüiffance du Benefice lui eft refervée fa vie durant, auquel cas il ne peut pas fe plaindre qu'on lui ait ôté la liberté de refigner, ni prétendre qu'elle lui eft refervée *per confequentias,* d'autant plus qu'une liberté défavorable, comme contraire à l'esprit de l'Eglise, & à la pureté des Canons, ne merite pas d'être aidée, d'une interpretation auffi détournée que celle qui confond l'union en cas de mort, avec l'union en cas de vacance par mort.

Le Refignataire perdit fa caufe : on referva feulement au Refignant la joüiffance & les fruits du Benefice fa vie durant, fuivant l'Ordonnance d'union. L'Arrêt fut prononcé en l'Audience de la Grand'Chambre, le 30. Mars 1676. par Mr. le Premier Prefident Fieubet, plaidans Mes. Tartanac, Chaffan & Tolofani Laffefquiere.

CHAPITRE LI.

Des Confeillers-Clercs des Parlemens, & de la Prefence qui leur eft accordée. De la prefence des Beneficiers malades.

LEs Confeillers-Clercs des Parlemens, comme occupez des fonctions qui regardent le Public, & chargez encore du foin particulier de foûtenir les droits de l'Eglife dans les occafions où elle fe trouve intereffée, meritent que l'Eglife ait des égards pour eux, & qu'on les difpenfe de l'obligation de fervir les Benefices de Chœur fujets à la Pointe. C'est ce que nôtre Parlement a jugé plufieurs fois, & entr'autres en faveur de Mr. de Layrac, Confeiller-Clerc en nôtre Parlement, & Chanoine de St. Gaudens. L'Arrêt fut donné en l'Audience de la Grand'Chambre le 14. Mars 1689. conformément à un Arrêt donné auparavant le 28. Juillet 1658. en faveur de Mr. de Barrême, Confeiller-Clerc au Parlement d'Aix, & Chanoine de l'Eglife de la même Ville. Par ces Arrêts les retributions des anniverfaires & Fondations font adjugées aux Confeillers-Clercs, quoi que non prefens, & generalement tous autres fruits, à l'exception des diftributions manuelles que les affiftans reçoivent à l'iffuë du Chœur, ils ont ce droit durant tout le tems de la tenuë du Parlement, hors duquel, & dans le tems des

vacations , les Conseillers-Clercs qui ne sont pas de Service en
cette Chambre , redeviennent sujets à l'obligation commune de
servir des Bénéfices de cette nature , & d'assister aux Offices
sous les peines ordinaires , à moins qu'en ce tems-là ils fussent
occupez , comme Commissaires , à l'execution de quelque Arrêt de leur Parlement , ainsi que le décide l'Arrêt rendu en
faveur de Mr. de Barrême , qui fut neanmoins déchargé de servir sa Chanoinie les jours Feriez du tems de la tenuë du Parlement , jours que l'on crut qu'il falloit donner aux Conseillers-
Clercs , pour s'instruire des Procez qu'ils avoient à rapporter ou
à juger. Ce dernier Arrêt au profit de Mr. de Barrême fut rendu aprés un Partage , qu'aiderent à former les circonstances
particulieres d'une Police passée entre Mr. de Barrême & le
Chapitre , & de l'usage que prétendoit avoir ce Chapitre de
donner de moindres avantages à Mrs. les Conseillers-Clercs du
Parlement. Le Partage porté en la Premiere Chambre des Enquêtes par Mr. de Barthelemy de Beauregard Raporteur , &
Mr. de Chastanet Lacoupete Compartiteur ; il passa à l'avis
favorable à Mr. de Barrême , & l'on crut qu'il ne falloit avoir
égard à nulle convention & à nul usage , qui pussent détourner le Chanoine-Conseiller de l'assiduité au Palais , que l'on
regarda comme plus favorable & plus necessaire que l'assiduité
au Chœur.

Les malades sont encore plus privilegiez sur la matiere que
nous traitons ; ils ne perdent pas même la retribution des Fondations , qui portent qu'elle sera distribuée , aux assistans au Service qu'elles ordonnent. Leur état digne de faveur & de pitié ,
aux incommoditez duquel il n'est ni humain ni juste d'ajoûter
le regret d'une perte involontaire , leurs besoins augmentez par
la maladie , qui leur ôte le pouvoir qu'ont les autres privilegiez de
se refaire & de se dédommager par d'autres endroits de ce que
le défaut du Service du Chœur peut leur ôter , toutes ces considerations , dis-je , ont merité , mais à titre bien onereux aux
malades , ce privilege particulier , suivant lequel il fut jugé en
la Grand'Chambre le 11. Fevrier 1696. au Raport de Mr. d'A-
gret , & au profit de Me. Ramondon Prêtre de la Consorce

des

des Prebendez de St. Eftienne d'Alby , regardé fur le pied de
malade comme aveugle , & le Sindic des Prebendez de cette
Conforce ; mais ce malade fut débouté de la demande qu'il
faifoit , d'avoir part aux Meffes baffes que ces Prebendez devoient dire à leur tour , & pour lefquelles il n'y avoit retribution que pour le feul celebrant : on crut que cette retribution
privant chaque celebrant de la retribution de la Meffe cafuelle
qu'il pourroit avoir eu à dire d'ailleurs , toute la retribution devoit être pour celui qui celebroit.

CHAPITRE LII.

De la Sentence interlocutoire du Juge d'Eglife.

ON ne peut point appeller d'une Sentence interlocutoire
du Juge d'Eglife confirmée par le Superieur , & en ce cas,
deux Sentences conformes fuffifent pour fermer la voye de l'appellation , fuivant le Concordat au Titre *de frivol. appellat.* conforme en ce point à la Pragmatique Sanction au même Titre ;
cela s'obferve , fuivant Rebuffe en cet endroit , & il fut jugé de
même en la Grand'Chambre au mois de Juin 1650. au Raport
de Mr. de Catellan , Doyen du Parlement , mon Pere.

Mais cela doit être entendu d'une Sentence preparatoire qui
regarde l'inftruction , & difpofe feulement l'affaire à être jugée ;
car fi la Sentence interlocutoire touche au fonds , & lui donne quelque atteinte , deux Sentences ne fuffifent plus alors pour
affurer le jugé , & le mettre à couvert des appellations , trois
Sentences font neceffaires , ainfi qu'il fut jugé en l'Audience
de la Grand'Chambre le 19. Janvier 1677. entre Grelau Prebendé de St. Eftienne de Touloufe , & un autre Prebendé de
la même Eglife. L'Official fur le differend des Parties avoit ordonné qu'elles bailleroient par écrit , & cependant fait inhibitions
& défenfes à Grelau de faire la fonction de Bayle du St. Sacrement , dequoi il étoit queftion au fonds. Le Metropolitain
fur l'appel avoit ordonné la même chofe , Grelau en étoit ap-

pellant en Cour de Rome. Le Senéchal de Toulouse, à qui il
s'étoit adressé pour obtenir des Lettres de Quadrimestre, les lui
ayant refusées, il étoit appellant du refus au Parlement, qui
trouva l'appellation juste & fondée.

CHAPITRE LIII.

En quel sens le Legs Pieux est regardé comme dette.

LE Legs pieux est regardé comme dette de l'heredité, lorsqu'il s'agit de la composer & de la regler, par rapport à la
Falcidie que l'heritier veut distraire, & sur le pied de dette, il
est tiré du patrimoine. On a voulu porter plus loin ce principe
ou sa consequence, & on a prétendu que dans le cas d'un Legs
fait à l'Eglise, elle pourroit s'en prendre à un fonds legué à un
autre dans la même disposition. Sur ce fondement le Sindic de
la Table des Obits de l'Eglise de Toulouse, Legataire de Me. de
Brassac, se crût en droit de faire saisir pour le payement de la
somme qui lui avoit été leguée un fonds legué à Me. Thomas
par le même Testament, soit que le Legs pieux étant regardé
comme dette, du moins par rapport aux autres Legs, le Legataire pieux, comme creancier, étoit en droit de recourir sur les
fonds de l'heredité, leguez même à d'autres. Il perdit neanmoins sa cause, par Arrêt rendu en l'Audience de la Grand'-
Chambre le 20. Fevrier 1679. On ne regarde le Legs pieux
comme dette, que pour le faire subsister entier & sans diminution, pendant que l'heritier prend sa Quarte Falcidie sur les autres Legs, non pour lui donner sur ces autres Legs nul droit de
creance, le Legs pieux n'étant point du reste regardé comme
dette, dequoi l'on trouve une preuve bien sensible, en ce qu'il
ne diminuë pas les legitimes qui sont neanmoins diminuées, &
par le capital & par les interêts même de toutes les dettes pas-
sives.

CHAPITRE LIV.

Comment succedent les Jesuites sortis de leur Compagnie, aprés leurs Vœux.

ON trouve une affez grande diverfité d'avis fur cette matiere. On le peut voir dans Fevret liv. 4. chap. 7. nomb. 14. Mr. le Preftre centur. 1. chap. 28. Dufrefne en fon Journal d'Audiences liv. 2. chap. 74. & 75. Defpeyffes part. 2. des *fucceff. ab inteft. pag.* 383. La fingularité de l'Inftitut de cette illuftre Compagnie par raport aux engagemens, le nombre & la diverfité des vœux qui s'y font en divers tems, font caufe de cette diverfité d'avis. Quelques-uns ont voulu ici même fuivre la voye ordinaire & commune, je veux dire la maxime que la fortie de Religion, aprés une profeffion libre, ne donne droit qu'aux fucceffions à écheoir. Les autres qui ont voulu quitter cette voye ordinaire fe font encore écartez en differentes voyes. Parmi ceux-ci, les uns veulent laiffer aux Jefuites fortis avant les cinq ans le droit aux fucceffions même échûës avant leur fortie. Les autres portent la chofe plus loin, & veulent le conferver jufqu'au quatriéme vœu. Par Arrêt rendu en 1658. aprés Partage porté de la Seconde à la Premiere, & delà en la Grand'Chambre, par Mr. de Caftaing Raporteur, & Mr. Dupuy Compartiteur, il fut jugé generalement & en Thefe, que les Jefuites qui fortent de la Compagnie aprés leur Profeffion n'entrent pas dans les droits échûs avant leur fortie, capables feulement des droits qui leur échoient enfuite. On crût que mêmes raifons devoient dans tous les cas d'une profeffion legitime & libre, établir même Jurifprudence, & que c'étoit toûjours également l'interêt du Public & de toutes les Societez Religieufes; que l'interêt du Public vouloit qu'aprés la Profeffion on ne vint point déranger & troubler des familles, dans le partage & la poffeffion des biens échûs, & que l'interêt des Societez Religieufes demandoit auffi qu'on ne fût point invité à les quitter, par l'attrait des

S ij

succeſſions échûës. Enfin, que la liberté de la ſortie de Religion, & du retour au ſiécle après la Profeſſion, étoit toûjours une eſpece de grace qui ne devoit point préjudicier à des Droits acquis à d'autres.

Mais les Jeſuites ſortis ſans avoir fait la derniere profeſſion ordonnée par leur Inſtitut, quoi que dix ou douze ans après leur reception dans la Compagnie, ſont capables des ſucceſſions qui leur échoient depuis leur ſortie, comme il a été jugé par pluſieurs Arrêts, entr'autres du 3. Janvier 1686. au profit d'Antoine Torches, & du 3. Juillet 1679. au Raport de Mr. d'Olivier, & au profit de Me. Pierre Romieu. Les raiſons alleguées pour le cas des ſucceſſions échûës, ceſſent à l'égard des ſucceſſions à écheoir, il y a lieu de diſtinguer alors une Societé Religieuſe d'un Inſtitut ſingulier, comme j'ai dit, & qui par tant d'endroits merite d'ailleurs d'être diſtinguée.

CHAPITRE LV.

Des Lods demandez ſur des biens dépendans d'une Chapelle, pour le changement de Chapelain.

J'Ai vû un cas ſingulier, ce me ſemble, & biſarre ſur cette matiere. L'on paye dans le païs de Caunes des lods & ventes pour chaque mutation & ſucceſſion, les titres le diſent ainſi, & l'uſage eſt conforme. Sur ce fondement l'Aumônier du Monaſtere de Caunes comme Seigneur directe des biens qui faiſoient la dotation d'une Chapelle, demandoit ſur ces biens, non-ſeulement les lods & ventes de la priſe de poſſeſſion du Chapelain alors pourvû, mais les lods & ventes encore de la priſe de poſſeſſion de deux de ſes Predeceſſeurs immediats. Il fondoit ſa demande ſur les titres & l'uſage dont j'ai parlé, qu'il prétendoit comprendre le changement de Chapelain ; & pour le prouver il remettoit pluſieurs payemens des lods pour la priſe de poſſeſſion d'autres Chapelles pareilles, d'où dépendoient d'autres biens ſujets à la même directe. Il remettoit encore des payemens des lods faits en 1544. & 1555. par les Chapelains pour la prife de poffeffion de la Chapelle même dont il s'agiffoit.

Le Chapelain répondoit que les actes qui parloient de mutation & de changement, n'entendoient par mutation, tout au plus, que la donation & la vente, & par fucceffion, tout au plus, que les fucceffions teftamentaire ou legitime, & que n'y ayant de Chapelain à Chapelain ni donation ni vente ni fucceffion hereditaire, ce ne pouvoit être le cas des lods & ventes, en reprefentation defquels l'Eglife devoit feulement un droit d'indemnité qui pouvoit être prefcrit, & qui l'étoit ici par le longtems qu'il y avoit que les biens étoient à l'Eglife.

Toutes ces raifons alleguées de part & d'autre formerent un partage en la Grand'Chambre, lequel porté en la Premiere Chambre des Enquêtes, par Mr. de Caulet Roques Raporteur, & Mr. de Frezars Comparfiteur le 7. Juillet 1667. fut vuidé au profit de l'Aumônier, Seigneur directe. On crût qu'on ne pouvoit s'empêcher d'avoir égard à des titres expliquez & déterminez par l'ufage particulier des Chapelains, poffeffeurs même des Chapelles toute pareilles à celle qui avoit donné lieu au Procez, & que ce n'étoit point le cas de reduire la chofe à un droit d'indemnité prétendu prefcrit, puifque ce droit d'indemnité fe donnant en reprefentation & dédommagement des lods, l'Aumônier Seigneur directe, n'avoit pû ou dû le prendre ni le demander dans un cas, où fuivant fes titres, il retenoit de confervoit fur les biens tombez en la main de l'Eglife un droit & lods égal à celui qu'il prenoit fur les biens qui tomboient dans une main ordinaire.

CHAPITRE LVI.

Du Vice-Legat d'Avignon.

Quoique les Habitans de la ville d'Avignon foient regardez comme Regnicoles, & joüiffent des privileges des habitans des Villes fujettes à la domination Françoife, le Vice-

Legat d'Avignon eft reputé étranger , & cette qualité l'empêche
de fulminer des Bulles envoyées en France.

L'Arrêt de nôtre Parlement rendu en l'année 1627. qui fur
l'appellation comme d'abus , relevée de la fulmination qu'avoit
fait ce Vice-Legat d'une difpenfe de Mariage , laiffe fubfifter la
fulmination , & le Mariage , ne tire point à conféquence. Les Juges furent touchez par les circonftances particulieres qui avoient
touché le Jurifconfulte en pareilles matieres , *diuturnitate temporis & numero liberorum.* Auffi l'Arrêt fut-il accompagné d'inhibitions & défenfes de fe retirer devant le Vice-Legat d'Avignon,
pour des Bulles envoyées en France , & afin qu'on ne croye
pas , comme quelqu'un pourroit le croire , que ces inhibitions
pour l'avenir ont couvert & pardonné le paffé , c'eft-à-dire , les
fulminations faites avant cet Arrêt ; Je rapporterai deux Arrêts pofterieurs à celui-là , qui ont jugé ou prejugé contre des
fulminations qui l'avoient precedé de bien long-tems.

Le premier de ces deux Arrêts fut rendu le 30. Janvier 1670.
en la caufe d'entre Lie. Gafpard , appellant comme d'abus de
l'union d'une Cure , au Chapitre de Beaucaire , plaidans Me.
Tolofani de Laffefquiere , pour ledit Gafpard , Me. Pujou pour
le Chapitre , & Mr. de Pins Montbrun , Avocat General. L'Arrêt n'eft qu'interlocutoire , à caufe que la fulmination prétenduë faite par l'Evêque de Nicaftre Vice-Legat d'Avignon , n'é-
toit point remife au Procez , ce qui fut caufe qu'on ordonna fimplement qu'avant dire droit elle feroit remife. Le refpect Religieux que nôtre Parlement a toûjours eu pour les Bulles des Papes , qu'il n'a jamais permis d'attaquer que dans les fulminations
qui en font faites , donna lieu à l'interlocutoire , quoi que le Procez verbal du Commiffaire du Parlement , député pour mettre
le Chapitre en poffeffion de la Cure unie , fit mention de la com-
parution de deux Chanoines qui avoient expofé que la Bulle
avoit été fulminée par ce Vice-Legat. Il eft vrai que cet expofé
étoit combattu par un fait contraire , énoncé dans un autre acte,
où il étoit dit que la fulmination avoit été faite par l'Evêque
d'Ufez , d'où le Chapitre vouloit conclure que s'il y avoit quelque vice dans une premiere adreffe ou fulmination , ce vice

avoit été reparé dans une feconde. Mais toûjours ce principe fubfifta, qu'il y a abus dans toute fulmination faite par le Vice-Legat d'Avignon, des Bulles envoyées en France.

Le fecond de ces Arrêts eft définitif, il fut rendu le 21. Juin 1675. en faveur d'Antoine Peregrin pourvû en Cour de Rome de la Cure de Saint Chriftophle d'Alpuelargues, & appellant comme d'abus de l'union de cette Cure, fulminée par le Vice-Legat d'Avignon. Plaidans Mes. de Laffefquiere, Tartanac, Chaffan, Prevôt, & Mr. l'Avocat General de Maniban, qui conclud qu'il y avoit abus. Le laps du tems ne fauva pas une union trés-ancienne, l'abus ne prefcrit jamais, les Parties intereffées font toûjours en droit de l'oppofer, quoi qu'il femble que l'in- terêt public dont la feule confideration empêche cette prefcrip- tion, étant entre les mains de Meffieurs les Gens du Roy, il foit befoin de leur miniftere pour détruire une pareille fin de non-recevoir que le laps d'un fi long-tems rend favorable. On demeura d'accord du contraire fur la reflexion que firent quel- ques-uns des Juges, que Mr. l'Avocat General n'étoit pas de fon chef appellant comme d'abus, ni adherant à l'appel.

CHAPITRE LVII.

De la dépoüille d'un Religieux.

Pocez s'étant mû pour raifon de la dépoüille de Frere Mar- tin Boyne, Religieux de Saint Grens de Lavedan, entre fon heritier, nommé dans un Teftament fait depuis fa profeffion, une proche parente fon heritiere *ab inteftat*, & le Monaftere du Re- ligieux, & ce Procez ayant été porté devant le Senéchal d'Auch, il y intervint Sentence qui caffa le Teftament, maintint l'heritie- re legitime en tous les biens que ce Religieux avoit lors de la prife de poffeffion de la place Monachale, & le Sindic du Mo- naftere dans tous les autres biens acquis par le Religieux depuis cette prife de poffeffion, dequoi la parente ayant relevé appel au Parlement, & Me. Jean Pujo Prieur Commendataire de ce

Monaſtere, étant intervenu en l'inſtance pour demander en cette qualité la dépoüille du Religieux, il fut donné Arrêt en la Premiere Chambre des Enquêtes, au Raport de Mr. de Mauſſac le 1. Decembre 1666. par lequel la Sentence fut confirmée, à la charge que le Sindic du Monaſtere payeroit à concurrence certaines dettes contractées par le Religieux depuis ſa profeſſion.

Cet Arrêt confirme la Juriſprudence de nôtre Parlement ſur cette matiere, telle que l'établit l'Arrêt rapporté par Mr. Cambolas dans ſon Liv. 4. chap. 1. quoi que contraire à la Juriſprudence conſtamment ſuivie par le Parlement de Paris, qui, ſelon ce qu'en rapporte Brodeau lettre R, nomb. 42. adjuge toûjours la dépoüille des Religieux aux Abbez & Prieurs Commendataires. Le Canon *Statutum* 18. *q.* 1. & le Canon *Abbates* 18. *q.* 2. adjugent en effet aux Abbez la dépoüille des Religieux, & c'eſt ſurquoi le Parlement de Paris a fondé ſa Juriſprudence, nous fondons la nôtre ſur ce que les Abbez, dont parlent ces Canons, étoient des Abbez Reguliers, & non des Abbez Commendataires, que ceux-ci, ſelon l'eſprit de ces Canons, ne doivent pas avoir même droit que les autres à la dépoüille des Religieux, puiſque les Religieux ne devant pas avoir de pecule, & s'ils en ont, ce pecule devant être converti à l'utilité du Monaſtere, ſelon ces Canons même, leur dépoüille ne doit donc aller qu'à l'Abbé Regulier, par qui elle revient au profit du Monaſtere, & non paſſer à des heritiers d'un Abbé Commendataire avec le reſte de ſon patrimoine.

L'Arrêt que j'ai rapporté juge encore, que la dépoüille d'un Religieux eſt affectée au payement des dettes qu'il a contractées depuis ſa profeſſion, par le moyen deſquelles preſumé *locupletior factus*, & avoir augmenté ſa dépoüille, il eſt juſte qu'elle ſoit affectée pour leur payement; Les creances anterieures à la profeſſion n'ont pas le même droit ſur cette dépoüille, n'ayant pas la même raiſon en leur faveur. On en renvoye le payement ſur les biens que le Religieux avoit avant ſa profeſſion. Du reſte la priſe de poſſeſſion; depuis laquelle les biens acquis par le Religieux furent adjugez par la Sentence au Monaſtere, ne pouvoit être que la profeſſion, comme Meſſieurs les Juges l'entendirent en confirmant cette Sentence. CHA-

CHAPITRE LVIII.

De la Regle de infirmis refignantibus *à l'égard des permutations faites entre les mains de l'Ordinaire.*

L A Regle des vingt jours a lieu dans les refignations faites
entre les mains de l'Ordinaire *ex causâ permutationis*, tout
comme dans les refignations en Cour de Rome, parce que
l'Ordinaire eft dans cette rencontre Collateur neceffaire, comme le Pape, & obligé de conferer aux Copermutans. Je l'ai
vû juger ainfi plufieurs fois en la Grand'Chambre, fuivant l'avis
de Maynard & de Chopin.

Mais j'ai vû douter de quel tems doivent être comptez les
vingt jours, s'ils doivent l'être du jour que l'Ordinaire a été requis & a refufé de conferer fur la permutation, ou s'il ne faut
les compter que du jour du titre qui a été fait par le Superieur.
Ce doute formoit la plus grande queftion du procez jugé en la
Premiere Chambre des Enquêtes, au Raport de Mr. Dejean le
6. Fevrier 1664. pour raifon d'un Benefice refigné *ex causâ permutationis* le 3. May 1661. entre les mains de l'Evêque de Lectou-
re, qui requis le 10. du même mois avoit refufé de conferer, enfuite dequoi, & le 30. Juillet fuivant, l'Archevêque d'Auch à
qui l'on avoit eu recours fur le refus, avoit fait titre au Copermutant. Le Benefice étoit difputé à celui-ci par un Gradué
nommé & par un Pourvû en Cour de Rome, fondé fur ce qu'il
n'y avoit pas les vingt jours de la Regle, à compter du jour du
titre.

Ils appuyoient cette raifon fur ce que les vingt jours ne font
comptez dans le cas des refignations à Rome, que du jour des
provifions, & qu'ainfi à l'égard des refignations *ex causâ permutationis* entre les mains de l'Ordinaire, ils ne doivent être comptez que du jour du titre, d'autant plus qu'ici la pourfuite du titre du Superieur fur le refus de l'Ordinaire avoit été fort differée & fort negligée, puifqu'il y avoit deux mois & demi d'in-

Tome I. T

tervalle , entre le refus de l'un & le titre de l'autre. Sur quoi l'on exageroit les dangers de fraude qu'il y auroit à craindre fi les vingt jours ne fe comptoient que du jour d'un refus , fuivi de negligence & d'inaction jufqu'à ce que l'un des Copermutans malade & à extremité de vie , donnât lieu à l'autre de recourir au Superieur pour lui demander le titre.

A quoi il étoit répondu de la part du Pourvû fur refignation *ex causâ permutationis* , que la Regle des vingt jours , qui a été proprement introduite contre les provifions du Pape , en faveur de l'Ordinaire , ayant été étenduë aux provifions *ex causâ permutationis* , entre les mains de l'Ordinaire , devoit être reglée à l'égard de l'Ordinaire , de même qu'à l'égard du Pape , qu'ainfi les vingt jours étant comptez , à l'égard du Pape , du jour du confentement prêté à Rome à l'expedition de la fignature par le Procureur *ad Refignandum* , & la requifition des Copermutans tenant lieu de ce confentement , c'eft du jour de cette requifition que doivent être comptez les vingt jours , à l'égard de l'Ordinaire. Que celui-ci étoit obligé de conferer au Copermutant tout comme le Pape , au Refignataire *in favorem* , & que confequemment , comme fi le Pape refufe des provifions fur la refignation *in favorem* , tout eft reglé fur le jour où il a dû les accorder. Dans le cas auffi des collations forcées , fi l'Ordinaire refufe , tout doit être reglé fur le jour qu'il a dû accorder le titre , c'eft-à-dire , qu'il a été requis , ainfi ce jour doit commencer le cours des vingt jours de la Regle. On ajoûtoit que la requifition n'étoit pas un acte indifferent , puifqu'encore même qu'elle fut nulle , on lui donnoit le pouvoir & la force d'empêcher la prévention du Pape ; On prétendoit qu'elle n'avoit rien perdu de fa force pour n'avoir pas été inceffamment fuivie de diligences auprés du Superieur , puifque s'il y avoit deux mois & demi entre le refus & le titre , on avoit un an pour l'obtenir , & que pareilles refignations durent un an , comme les refignations *in favorem*. On reprefentoit enfin , qu'à établir une Jurifprudence contraire , & à compter du jour du titre feulement , cela feroit qu'il dépendroit des Collateurs ordinaires & de leurs Superieurs , qui pourroient être facilement là-deffus de concert & d'intelligence, d'éluder l'effet de ces resignations, & de rendre volontaires des collations qui de leur nature font necessaires.

Toutes ces raisons furent les motifs de l'Arrêt qui jugea, ou qui préjugea en faveur du Pourvû *ex causâ permutationis* ; car l'Arrêt ne fut qu'interlocutoire & provisoire. Il est vrai que dans ce cas particulier les Juges n'entrerent point dans le soupçon de fraude, La fraude presumée par des conjectures sensibles pourroit servir de motif à une décision contraire, car il n'est point de regle où ce cas ne puisse faire une exception.

CHAPITRE LIX.

Du Theologal.

LE Theologal a la presence pour toutes les heures ; suivant la Pragmatique & le Concordat, *ita ut nihil omninò perdat*, dit le Concordat ; & il n'y a pas de difficulté là-dessus à l'égard des revenus qui proviennent du fonds & de la Manse du Chapitre. Le doute ne peut être formé qu'à l'égard des Obits, anniversaires & autres distributions manuelles, qui ne font pas de ce fonds & de cette Manse. Rebuffe sur le Concordat *Tit. de Collat.* & sur le mot, *ita ut nihil perdat*, les lui donne. Mr. Maynard décide que le Precepteur les doit avoir, & alleguant pour sa raison, qu'on ne peut les ôter au Precepteur, puisqu'on les donne au Theologien : il fait bien entendre que c'étoit de son tems une Loi établie, que le Theologien ou Theologal gagnoit ces fruits, puis qu'il en fait un principe, dont il tire des preuves & des consequences : aussi l'a-t'on jugé de même en la Grand'Chambre de relevée le 3. Decembre 1676. au Raport de Mr. d'Olivier en faveur de Me. Durand Chanoine Theologal de St. Felix. Il fut dit par le même Arrêt que le Theologal pourroit être, suivant le Concordat, pointé par le Chapitre, au cas que sans empêchement legitime il manquât aux Lectures & Predications de son obligation, il n'est pas juste qu'il soit Theologal pour la presence, & qu'il ne le soit pas pour les fonctions.   T ij

Il fut encore ordonné, que lors que le Theologal voudroit aller ailleurs exercer le ministere de la parole Evangelique, il en demanderoit la permission au Chapitre, & qu'au cas qu'il préchât sans retribution il seroit tenu pour present, même quant aux distributions manuelles ; & qu'au cas contraire il ne le seroit que pour la grosse, suivant le même Rebuffe sur le Concordat au §. premier du titre *de collation*.

Le même Arrêt enjoint à tous les Chanoines, les seules Dignitez exceptées, d'assister aux Lectures du Theologal, conformément à l'Ordonnance d'Orleans, Art. 8. & de Blois, Art. 33. & 34.

Mais ces injonctions respectivement faites aux Theologaux & aux Chanoines, de faire des Lectures & d'y assister, ne produisent bien souvent d'autre effet que la paisible inexecution de tout ce que pareils Arrêts ordonnent avec tant de justice.

CHAPITRE LX.

Si l'assignation suffit pour interrompre la prescription du triennal Possesseur du Benefice.

Si c'est au Dévolutaire ou au Possesseur à prouver le vice ou la validité du Titre du Resignant.

Si les Provisions sont subreptices, lors qu'il y a été exposé que le Benefice in commendam obtineri consueverat, *quoi qu'il ne soit pas établi qu'il y ait d'autre Commande que celle du prédecesseur immediat.*

Le Dévolutaire doit venir prêt.

QUoi que la Glose sur la Pragmatique Sanction exige pour l'interruption de la prescription du paisible triennal possesseur d'un Benefice, qu'on l'ait non-seulement assigné dans les trois ans, mais que dans le même terme le demandeur ait communiqué les actes & titres sur lesquels il se fonde ; &

qu'encore tous les délais de l'affignation foient échûs dans les mêmes trois ans : le contraire eft neanmoins obfervé, fuivant l'avis de Rebuffe, au Titre *de pacif. poffef.* nombre 169. & la feule affignation donnée dans les trois ans fuffit : la raifon en eft fenfible. La feule affignation eft fuffifante pour interrompre toute forte de prefcription ; pourquoi n'interromproit-elle pas auffi la prefcription du triennal poffeffeur, qui fans doute dés l'affignation ceffe d'être paifible. Mrs. les Juges convinrent là-deffus aifément dans le jugement du Procez que je rapportai en la Premiere Chambre des Enquêtes le 7. Fevrier 1668. d'entre Dumas & Couronne. Il y furvint d'autres queftions, & pour en rendre l'intelligence plus aifée, je ramenerai le fait.

Pelet, Moine Profez en 1652. refigne en faveur de Jean Dumas Seculier, le Prieuré Regulier de Valfrancifque, dont le Refignant fe dit pourvû *per obitum petri Malbofc ultimi illius Commendatarii.* Le Refignataire obtient des provifions en Cour de Rome fur cet expofé, auquel il ajoûte encore que *Prioratus in commendam obtineri confueverat.* Le Refignataire fur cet expofé, auquel il eft ajoûté encore, que *Prioratus ille in commendam obtineri confueverat*, obtient des Provifions en Cour de Rome : En 1662. Jean Dumas refigne en faveur de Jean-Jacques Dumas autre Seculier fon Neveu, qui obtient des Provifions en Cour de Rome fur ce même expofé, que *Prioratus ille in commendam obtineri confueverat*, Trois ans moins quelques jours aprés, Jean Couronne fait affigner le Poffeffeur au Senéchal par une affignation dont les délais tombent aprés les trois années expirées. Il y demande comme Dévolutaire le Prieuré Regulier de Valfrancifque : fon dévolu eft fondé fur ce que les Provifions de Jean-Jacques Dumas, auffi-bien que celles de fon predeceffeur Jean Dumas, font fubreptices & nulles, les Provifions de l'Oncle pour avoir mal-à-propos expofé, que le Benefice avoit été donné à Pelet *per obitum Malbofc ultimi illius Commendatarii*, & que le Benefice *in commendam obtineri confueverat*, deux faits dont pas un n'étoit établi, & les Provifions du Neveu pour avoir expofé ce dernier fait qui ne fe trouvoit pas mieux établi, puifque la feule refignation faite en faveur de Jean Dumas, & les

Provifions obtenuës par lui en commande, ne faifoient pas la
coûtume alleguée de tenir le Benefice en commande, qui ne
pouvoit être établie que par un nombre de Prieurs Comman-
dataires. A quoi Jean-Jacques Dumas repliquoit qu'il étoit
triennal poffeffeur paifible, par l'autorité de la Glofe ci-deffus
alleguée; mais que quand bien il n'auroit pas prefcrit le Benefice, le Dévolutaire feroit toûjours mal fondé, puifqu'à l'é-
gard des Provifions de Jean Dumas, nul pourvû n'étoit obligé
de prouver la juftice & la validité du Titre de fon Auteur,
& qu'à l'égard de fon Titre même, il lui fuffifoit pour fe mettre à l'abri du blâme & de la peine d'avoir expofé faux, qu'immediatement avant lui le Benefice eût été donné & poffedé plufieurs années en Commande; & qu'en cette rencontre il faut
regarder feulement le dernier état du Benefice, fuivant la Doctrine de Loterius, Liv. 1. chap. 54. nomb. 17. fans compter
que l'expofé de la Refignation & des Provifions precedentes,
prefumé vrai, jufqu'à ce qu'il foit détruit par une preuve contraire, établiffoit du moins la bonne foi du fecond Refignataire
dans l'expofé de fa fuplique.

Sur toutes ces contestations, il fut d'entrée & préliminaire-
ment décidé par Mrs. les Juges, que le Poffeffeur ne pouvoit
ici oppofer l'exception de la triennelle poffeffion paifible, non-
feulement par les raifons qui viennent d'être déduites, mais encore parce que la regle fur quoi cette exception eft fondée, n'eft
point faite pour les Poffeffeurs inhabiles aux Benefices qu'ils pof-
fedent, fuivant Rebuffe *de pacif. poffeff.*

Ils convinrent encore que Jean-Jacques Dumas fecond Refignataire, n'étoit point obligé à établir la validité du Titre de fon
Auteur, & qu'il lui fuffifoit que fon Refignant étoit Poffeffeur paifible du Benefice, & regardé comme Poffeffeur legitime; ce qui renvoyoit fur l'aggreffeur l'obligation & la charge
de prouver que le Titre du Predeceffeur étoit vicieux & invalide,
fuivant la Doctrine de Mr. le Prefident d'Aufrery *Capel. Tolof.
decif* 467.

Ils convinrent de même que les Provifions de Jean-Jacques
Dumas n'étoient point nulles par l'expofé, que le Benefice *in*

commendam obtineri confueverat, quoi que l'Expofant ne prouvât point qu'autre que fon Predeceffeur immediat eût joüi le Benefice en Commande ; & l'on crut que cela fuffifoit pour fauver
l'expofé , fuivant la Doctrine de Loterius qui vient d'être alleguée.

Les Juges furent cependant partagez en un point. Les uns ne
vouloient pas donner encore d'Arrêt definitif, ils vouloient feulement ordonner , qu'avant dire droit, Couronne prouveroit que
Malbofc predeceffeur de Pelet joüiffoit en commande du Prieuré litigieux , & par provifion maintenir Dumas. Les autres
vouloient maintenir definitivement le même.

L'avis des premiers étoit appuyé fur ce que le jugement du
Procez, difoient-ils , dépendant uniquement de la queftion fi
Malbofc predeceffeur de Pelet étoit Prieur Regulier ou Com-
mandataire , il n'y avoit rien de fi jufte & de fi raifonnable
que d'admettre le Dévolutaire à la preuve du fait que Malbofc
étoit Prieur Regulier , & qu'on faifoit à Dumas toute la raifon
& toute la juftice qu'il pouvoit efperer , en lui adjugeant le
Benefice par provifion, & renvoyant à fa partie le foin & la
charge de la preuve. Ils ajoûtoient qu'on ne pouvoit en effet
contefter que la queftion ne dépendit uniquement du point auquel ils la réduifoient , puifque fi Malbofc avoit été Prieur Regulier , les Provifions de Jean Dumas étoient nulles par l'inhabilité du Pourvû , qui n'avoit acquis par ces Provifions nul
droit au Benefice, & par-là n'avoit pû ceder nul droit à fon
Refignataire, Sans qu'il pût être oppofé qu'on n'avoit pas trouvé
le vice fur le front du Refignant ; La maxime qui introduit
cette neceffité , n'étant faite que pour des vices qui ne pro-
duifent qu'une indignité accidentelle, & non pour des incapa-
citez & des inhabilitez effentielles par rapport à l'état du Benefice & à l'état du Beneficier, auquel cas l'incapable & l'inhabile, qui n'a nul droit, n'en peut point ceder , & un Dévolutaire eft reçû à impugner & débattre le Titre du Refignant,
avec ce feul avantage pour le Refignataire, que c'eft au Dévolutaire à prouver les faits, & que jufqu'à cette preuve on prefume pour la verité de l'expofé , & pour la validité du Titre,

suivant la Doctrine du Prefident Aufrery, ci-deſſus rapportée. On diſoit enfin pour foûtenir ce même avis, qu'il falloit d'autant plus aiſément admettre à la preuve le Dévolutaire, que ce n'é- toit pas ici une preuve qu'on pût craindre qui fut longue, difficile, dangereuſe, puiſqu'un *Sumptum* pris à Rome, & reçû dans deux mois de tems, éclairciroit fûrement la verité du fait contefté par les Parties.

Mrs. les Juges de l'autre avis convenoient aſſez de ces ma- ximes, mais ils ſe fondoient fur cette autre qu'ils prétendoient qui devoit prévaloir dans cette rencontre. C'eſt la maxime que tout Dévolutaire doit venir prêt, par où il eſt obligé de rap- porter les actes juftificatifs fur quoi il fonde fon dévolu, lors que ces faits doivent, comme ils le devoient dans le cas prefent, être prouvez par actes, à quoi il étoit ajoûté que la facilité d'é- claircir le fait par un *Sumptum* pris à Rome, bien loin de de- voir porter à admettre à cette preuve, devoit éloigner de cet avis, par la raiſon que cette même facilité mettoit le Dévolu- taire dans un plus grand tort de n'avoir point éclairci la choſe, ou encore mieux, devoit faire prefumer qu'il l'avoit éclaircie, & trouvé la verité contraire à ſa prétention. On fortifioit enfin ces raiſons par cette confideration, qu'on ne doit pas traiter bien favorablement les dévoluts, reſſource peu Eccleſiaſtique de ceux qui n'ont pas de meilleure voye pour acquerir des Bene- fices, dont ils font d'ordinaire plus avides que digues ; d'où l'on concluoit, que ſi pour en conferver l'uſage, à cauſe des bons effets qu'il peut produire, il faut leur rendre la juftice qui leur eſt dûë dans le cas de l'indignité, de l'incapacité & de l'in- habilité du Poſſeſſeur prouvée, ils ne meritoient nul égard, mais doivent être abſolument & ſans détour rejettez, lorſque dans le jugement du Procez on trouvoit que cette indignité & cette incapacité, qui avoient pû & dû être établies par actes, demeuroient encore ſans preuve, ce qui marquoit trop claire- ment que les Déyolutaires entrez en Procez, ſans être nantis ni aſſurez des preuves, y étoient entrez legerement, à tous ha- zards, par un pur efprit de tracaſſerie & d'avidité, ſuivant la per- nicieuſe maxime des plaideurs d'inclination, *litigando jus qua-*
ritur,

ritur, ou dans l'injufte vûë d'obliger une partie, laffée d'un long Procez, à donner quelque chofe pour s'en tirer.

Ces raifons & ces confiderations prévalurent ; le partage que je portai en la Seconde Chambre des Enquêtes avec Mr. de Mirman Compartiteur, fut vuidé en faveur du Refignataire, & le Dévolutaire perdit deffinitivement le Benefice, pour n'avoir point eu fa preuve faite : En quoi l'on entra dans l'efprit de l'Ordonnance de Blois, qui en conformité avec les regles de Chancellerie, ordonne que les Dévolutaires formeront l'inftance dans trois mois, & dans deux ans mettront le Procez en état d'être jugé, par où elle témoigne affez qu'elle veut que les Dévolutaires faffent tout le profit qu'ils peuvent faire du tems ; & qu'ainfi ils faffent leurs preuves, fans attendre qu'elles foient ordonnées, lorfqu'on n'a pas befoin d'y être préalablement admis, comme il n'en eft pas befoin dans les preuves qui doivent être faites par actes, ce qu'on crut qui devoit être d'autant mieux obfervé en nôtre efpece, que le Procez avoit duré trois ans, & par confequent au-delà du terme même préfcrit par l'Ordonnance aux Dévolutaires, pour mettre le Procez en état d'être jugé.

Autrefois, même par la regle de Chancellerie *de annali pof-feßione*, celui qui jette un dévolut fur un Benefice poffedé paifiblement durant une année, doit exprimer *fpecificam & determinatam caufam impetrationis, ex qua clarè conftare poterit quod nullum ipfi poffeffori jus competat.* Dumoulin fur la Regle *de triexnali poffeff. num.* 125. *&* 126. & Charondas en fes Pandectes, liv. 1. chap. 10. croyent que cette expreffion eft neceffaire, & en rapportent un Arrêt du Parlement de Paris. L'ufage eft cependant contraire, & il fuffit au Dévolutaire de dire qu'il impetre le Benefice *per indebitam detentionem*, comme l'établit Comez *de annali poffeff. quæft.* 39. mais l'ancienne Jurifprudence eft encore bonne à marquer l'efprit de rigidité qu'on avoit déja dans l'ancien tems à l'égard des Dévolutaires, en des cas plus dignes de grace que celui de nôtre Arrêt.

CHAPITRE LXI.

*Si le Juge d'Eglise peut admettre en preuve de la pro-
messe de Mariage, & s'il peut ordonner que les Parties, dont l'une refuse, se presenteront devant un Prêtre pour la celebration du Mariage.*

LEs oppositions faites par une partie plaignante à la publication des Bans, & à la celebration du Mariage, sont sans
doute de la competence du Juge d'Eglise. Mais il ne lui appartient que d'examiner s'il y a des empêchemens legitimes à cette celebration, & selon qu'il trouve qu'il y en a, ou qu'il n'y en
a point, de permettre ou de défendre de passer outre à la celebration du Mariage. S'il va plus loin il commet abus, comme
nous le jugeâmes en l'Audience de la Grand'Chambre, le 19.
Avril 1679. sur l'appel comme d'abus relevé par Bories des ap-
pointemens de l'Official de Cahors, qui sur l'opposition d'une
plaignante à la celebration du Mariage de Bories avec une autre, avoit admis la plaignante en preuve de la promesse de Mariage qu'elle prétendoit qu'il lui avoit faite, & ensuite sur la preuve avoit ordonné, que Bories & la plaignante iroient se presenter devant un Prêtre pour être épousez. L'Ordonnance fut declarée abusive.

Les raisons de l'Arrêt furent que l'Official n'avoit pû, sans
abus, admettre en preuve de la promesse de Mariage, parce que
sans compter que l'Ordonnance de 1629. art. 30. défend de recevoir la preuve par témoins, de ces promesses, hors entre personnes rustiques, défense trés-juste, & surquoi les contraventions seroient d'une trop dangereuse consequence : Ces promesses d'ailleurs n'étant point des empêchemens à la celebration
d'un autre Mariage, & se réduisant uniquement à des dommages
& interêts, qui ne sont pas de la competence du Juge Ecclesiastique, il en ordonne inutilement & abusivement la preuve. Il
ne peut pas même ordonner en pareilles occasions que les Parties

iront fe prefenter devant un Prêtre pour celebrer le Mariage. La liberté du Mariage eft d'une extrême confequence par beaucoup d'endroits, qui font que toutes les Loix l'ont extrémement menagée. Il n'eft donc pas au pouvoir des Officiaux de lui donner atteinte, en enjoignant aux Parties de celebrer le Mariage. Nul Juge n'a ce pouvoir, non pas même le Juge Superieur, & les Parlemens. Quelquefois, il eft vrai, & dans des cas graves de rapt & de fubornation violente, dont la punition interefle même le Public, on condamne le Ravifleur à mort, avec cette reftriction, fi mieux il n'aime époufer, mais alors qui ne voit que c'eft moins une contrainte impofée au Ravifleur, qu'une grace que lui fait le Juge Superieur de lui relâcher la peine d'une mort meritée, en faveur d'un Mariage qui répare le tort qu'il a fait à la perfonne particulierement interelfée, grace que le feul Juge Superieur peut faire, & qui pafle l'autorité de tous les Juges Subalternes, comme je l'ai vû juger plufieurs fois.

CHAPITRE LXII.

Si un Chanoine Regulier, qui ayant permuté fa Chanoinie avec un autre du même Ordre, revient dans fa premiere Chanoinie, reprend fon rang.

C'Eft une Maxime établie, que rang perdu, ne fe recouvre jamais, comme le dit entr'autres Brodeau fur Loüet lettre B. nomb. 13. Elle fouffre cependant quelque exception, Par exemple, ceux qui ayant quitté une Compagnie inferieure pour s'élever à une charge de plus grande dignité, quittent enfuite cette dignité plus grande pour revenir à la Compagnie inferieure d'où ils étoient fortis, y reprennent leur premier rang. Il y en a un exemple & un préjugé rapporté par Chenu, des Reglemens, nomb. 32. chap. 206. c'eft un Arrêt du Parlement de Bordeaux, par lequel le Sr. Chambert Confeiller au Prefidial de Perigueux, reçû enfuite Confeiller au Parlement de Bordeaux, revenu enfin à Perigueux fa patrie, pour y reprendre fa premiere Charge, fut maintenu dans le rang que lui donnoit sa premiere reception dans ce Presidial. L'honneur qu'avoit reçû cet Officier par la Charge de Conseiller au Parlement dont il avoit été revêtu, & l'honneur qu'il faisoit à sa premiere Compagnie de revenir du Parlement à elle, meritoit bien au moins cette faveur & ce privilege.

Me. de Vitrac, qui aprés avoir permuté sa Chanoinie Reguliere de St. Papoul, avec une Chanoinie de la Grasse du même Ordre, & dépendante du même General, étoit venu à reprendre une Chanoinie à St. Papoul, prétendoit qu'il y avoit lieu d'établir aussi en sa faveur une exception à la regle dont nous parlons. Sa raison pour le prétendre ainsi, étoit que ces deux Chapitres étant Reguliers, dépendans du même Ordre, & sous l'obéïssance du même General, l'union fraternelle qui devoit être entr'eux ne permettoit pas qu'on lui enviât, & qu'on lui contestât dans le Chapitre où il rentroit, le rang de sa premiere reception.

On lui opposoit qu'encore que les Parlemens eussent le même Chef, qui est le Roy, & plus immediatement Mgr. le Chancelier de France, encore qu'ils ne fissent en un sens qu'un même Ordre par les mêmes fonctions, & la même autorité, un Officier qui aprés avoir passé d'un Parlement à un autre, reviendroit au premier, n'y reprendroit point son premier rang, & qu'il en devoit être de même dans le cas dont il s'agissoit.

Il répondoit que mêmes vœux, même Regle, & la dépendance commune d'un même Superieur Regulier, faisoit une liaison bien plus étroite & une fraternité plus grande que celle qui pouvoit être entre des Compagnies Laïques ou Seculieres, & qu'ainsi la parité peu parfaite laissoit beaucoup de difference à faire entre les deux cas.

La Loi generale prevalût sur la raison particuliere. On y trouva cependant assez de difficulté, d'où vint que *ex æquitate & miseratione*, le Chapitre fut condamné à donner au Sr. Vitrac les fruits de sa Chanoinie pour le tems qu'il n'avoit pû la servir, empêché par ce Procez qu'il n'avoit pas entrepris sans quelque fondement. L'Arrêt fut rendu en la Grand'Chambre, au Ra-

port de Mr. de Puymiſſon, le 2. Juin 1665. Voyez Mr. d'Olive
liv. 1. chap. 36.

CHAPITRE LXIII.

*Du Dévolut, & comment ſe doit entendre la Maxime
qu'il faut atteindre le vice ſur le front de celui ſur
qui on jette le Dévolut.*

PLuſieurs Auteurs de grande autorité diſent, que pour atteindre le vice ſur le front de l'injuſte détenteur, il ne ſuffit pas
au Dévolutaire de jetter le dévolut, avant que la reſignation faite
par cet injuſte détenteur ſoit admiſe, mais qu'il faut même, que
le Dévolutaire intente l'action auparavant. C'eſt l'avis de Bou-
guier, lettre D. de Dumoulin *ad regul. de public. num.* 203. & de
Brodeau ſur Loüet, lettre B. nombre 10. Cet avis paroit cependant contraire au chap. *Si abſenti de Præb. in* 6. & à la regle qu'on
en tire, que le pourvû d'un Benefice par des proviſions de Rome,
acquiert par les ſeules proviſions *jus ad rem.* Car comment donc
au préjudice d'un droit acquis au Dévolutaire fondé dans ſon
impetration ſur de bonnes raiſons, l'injuſte détenteur peut-il reſigner ſon Benefice, & ſi la ſimple reſignation faite par ce détenteur acquiert ſelon ces Auteurs mêmes, aſſez de droit au Reſignataire pour mettre le Reſignant hors d'atteinte, comment
eſt-ce qu'ils peuvent prétendre que le droit anterieur acquis au
Dévolutaire par ſes proviſions n'a pas eu la force d'ôter au poſſeſſeur la liberté de reſigner ?

A cette raiſon qui paroit bien naturelle & bien concluante,
ſe joint la conſideration de l'interêt public, & des fraudes que
pourroient faire des poſſeſſeurs illegitimes de Benefices, attentifs & ſurveillans à découvrir s'il y a des Dévolus jettez ſur eux,
& prêts à reſigner au premier vent & à la premiere découverte
de ces Dévoluts en faveur d'autres ſujets, qu'il n'y a pas lieu de
preſumer qui ſoient bien dignes.

Auſſi ſur ces raiſons par Arrêt rendu à mon raport le 4. Sep-

tembre 1698. entre les Srs. d'Auliac & de Crazet, le Dévolutaire gagna fa caufe, quoi qu'il n'eût intenté fon action & formé
l'inftance qu'après la refignation de l'injufte détenteur admife.
Il eft vrai que dans l'efpece & le cas de ce procez, l'action avoit
été intentée avant la prife de poffeffion & le *vifa* du Refignataire. Mais j'avois même vû auparavant dans le Jugement d'un
Procez rapporté par Mr. de Bertier le 18. Mars 1659. Mrs. les
Juges fur les mêmes raifons convenir affez unanimement que
l'impetration faite par *indebitam detentionem*, empêche que le
Benefice ne vacque par la refignation *in favorem*, que fait enfuite
le poffeffeur, & confequemment que fans diftinction de tems, le
vice du Refignant peut être oppofé au Refignataire dont les
provifions font prévenuës par celles du Dévolutaire.

Avant ce dernier Arrêt que je viens de rapporter, & le 27.
Juin 1650. au Raport de Mr. Boyffet, j'avois encore vû juger de
même en faveur du Dévolutaire, au Procez d'entre Marquez
pourvû par l'Ordinaire fur la démiffion de Pezons, & avant l'action intentée par le Dévolutaire, nommé Pelaprat, qui avoit obtenu des provifions avant la démiffion faite par Pezons.

On ne manquoit pas d'oppofer la Maxime que le Pourvû par
l'Ordinaire fur Refignation ou démiffion prend fon droit du Collateur, non du Refignant, & qu'ainfi le vice du Refignant ne
devoit pas être oppofé au Pourvû. Le Dévolutaire ne laiffa pas
de gagner fa Caufe par cette autre raifon qui parût fuperieure,
que Pezons, poffeffeur illegitime, n'avoit pû valablement fe de-
mettre de fon droit au préjudice du droit acquis au Dévolutaire,
en vertu des provifions obtenuës, avant la Refignation faite
par le poffeffeur illegitime.

Ici au refte, le Dévolutaire employoit plufieurs raifons pour
établir que la poffeffion du Refignant, fur qui il avoit jetté le Dévolut, étoit illegitime & induë. La premiere, qu'il avoit été promû aux Ordres Sacrez fur les dimiffoires, non de l'Evêque Dio-
cefain, Mr. l'Evêque d'Albi (le Siege d'Albi n'étoit encore
qu'un Evêché) mais de l'Archevêque de Bourges, Metropolitain de cet Evêque, auquel cependant, difoit le Dévolutaire, on
ne pouvoit avoir recours, n'y ayant Dévolution de l'Evêque au

Metropolitain , que *in iis quæ sunt jurisdictionis* , & non point *in iis quæ sunt Ordinis* , comme sont les dimissoires , auquel cas , en défaut de l'Evêque , c'est à Rome , & non au Metropolitain , qu'il faut recourir.

Le même Dévolutaire prenoit sa seconde raison de ce que les dimissoires ne dispensoient pas des interstices , & qu'ils portoient au contraire la clause , *ut statutis à jure temporibus ordinetur* , qu'ainsi le Resignant avoit été mal promeu aux Ordres , les interstices n'ayant pas été gardez , & qu'on ne pouvoit pas opposer , du moins en ce cas , que contre les termes des dimissoires l'Evêque eût dispensé des interstices en conferant les Ordres qu'il n'avoit conferez qu'en vertu des dimissoires.

Mrs. les Juges appuyerent presque également & décisivement sur ces deux raisons , & ne firent presque point d'attention à cette troisiéme , prise de l'omission d'exprimer dans les Lettres de Tonsure le nom de la mere. Sur quoi l'on crût qu'il suffisoit que le nom du pere étant exprimé , il fût dit & il fût vrai que le Tonsuré étoit né de legitime Mariage.

CHAPITRE LXIV.

Des Marguilliers.

Et s'ils peuvent répudier un Legs fait à l'Eglise sous pretexte de son insuffisance pour le Service dont il est chargé.

Du droit de conceder les Sepultures.

LOrsque le fonds assigné par le Fondateur pour retribution du Service qu'il ordonne n'est pas suffisant à le faire , l'usage est de recourir à l'Ordinaire pour en demander la reduction. Mais il semble que ce ne devroit être que dans le cas où le fonds déperi , rapporte moins de revenu qu'il ne rapportoit auparavant , ou bien dans le cas où la somme annuelle leguée , quoique toûjours la même, a diminué de valeur par une plus grande abondance d'argent monoyé depuis furvenuë; dans le cas enfin où le fonds qui a été donné fuffifant au Service, eft devenu infuffifant par le cas fortuit & le laps du tems; car s'il s'agit d'un legs recent, il paroit d'abord que l'Eglife doit l'accepter tel qu'il eft, & avec fes charges, ou le rejetter abfolument, & pour ne tronquer point, & ne tromper point la volonté du Fondateur, *in totum*, comme l'on dit, *agnofcere, aut in totum repudiare.*

Les Marguilliers de l'Eglife Saint Michel fur ce pied-là, avoient crû mieux faire de rejetter abfolument un legs, qui avoit été fait à leur Eglife fous la charge d'un certain nombre de Meffes, pour la retribution defquelles ils jugeoient la fomme infuffifante, que de le recevoir pour demander enfuite la reduction du Service. Cependant les heritiers leur ayant fait là-deffus un Procez, de meilleur exemple que les Procez ordinaires, & voulant les obliger à accepter le legs, qu'ils prétendoient même qui pouvoit fuffire à ce Service, il intervint Arrêt le 6. Fevrier 1681. en l'Audience de la Grand'Chambre, plaidans Mes. du Pujou, Boiffy & Tolofani Laffefquiere, qui caffa la déliberation des Marguilliers, & ordonna qu'ils accepteroient le legs, fauf à eux de fe pourvoir, fi bon leur fembloit devant l'Ordinaire, pour demander que le Service fût reduit. La raifon de l'Arrêt fut, que les Marguilliers ne devoient ni ne pouvoient rendre plus mauvaife la condition de l'Eglife, & qu'il falloit concilier autant qu'on le pouvoit fes avantages, & l'intereft du repos de l'ame du Fondateur, avec fa volonté, qu'ainfi menageant toutes ces chofes à la fois, il falloit que le legs fût accepté, & le Service reduit à proportion de la fomme leguée, en cas d'infuffifance.

Le droit de conceder les Sepultures, qui appartenoit anciennement aux Evêques & aux Curez primitifs, a paffé par leur negligence aux Marguilliers. Il leur appartient tellement qu'il fut jugé le 24. Avril 1665. que les Marguilliers de Nôtre-Dame des Tables de Montpellier, ne l'avoient point perdu par la démolition de cette Eglife, demeurée démolie durant plus de cent ans, ou qu'ils le reprenoient avec leurs autres droits & pré-

rogatives

rogatives dans l'Eglife rebâtie. Ces Marguilliers plaidoient contre le Chapitre de Montpellier, qui comme Curé primitif, prétendoit être par la nouvelle conftruction de l'Eglife rentré dans fon droit originaire.

Il fut jugé par le même Arrêt que les Marguilliers n'étoient pas obligez de prêter ferment entre les mains de l'Evêque, quoi que Mr. l'Evêque de Montpellier, en les rétabliffant dans l'Eglife rebâtie de Nôtre-Dame, les eût affujettis à l'obligation de prêter ce ferment. Mais on crût qu'il n'avoit pû faire tort aux franchifes & libertez naturelles de ces Charges, & l'on fuivit la doctrine de Fevret Liv. 4. chap. 7. nomb. 23. Papon Liv. 19. tit. 2. Duranti queft. 62. contre l'Arrêt du Parlement de Bretagne, rapporté par Chenu, qui oblige les Marguilliers de prêter le ferment entre les mains des Curez.

CHAPITRE LXV.

Du Bail des Cautions du Devolutaire.

PAr l'Ordonnance de Paris de 1657. tous Devolutaires, avant que d'être reçûs à pourfuivre l'inftance contre les Titulaires & poffeffeurs des Benefices, font tenus de bailler cautions, l'Arrêt de regiftre du Parlement de Paris excepte de la Loy les Devolutaires dans l'an & jour. L'Ordonnance de 1667. tit. 15. art. 13. veut que toute Audience foit déniée au Pourvû, pour caufe de Devolut, jufqu'à ce qu'il ait donné caution de la fomme de 500. livres.

Nôtre Parlement fuivoit l'exception du Parlement de Paris, qu'il appliquoit auffi-bien à l'Ordonnance de 1667. & il fut ainfi jugé à mon rapport en faveur d'un Devolutaire, qui attaquoit un Poffeffeur de quelque mois feulement, ce Devolutaire fut déchargé du bail des cautions, les Parties étoient Belly & Lacroix. Le Titulaire s'étant même pourvû au Confeil privé en caffation de cet Arrêt, comme contraire à l'Ordonnance, en fut démis par un Arrêt rendu au même Confeil. Mais depuis, les termes exprés de l'Ordonnance , & le peu de faveur des Devolutaires , qui semblent ne meriter pas qu'on cherche des distinctions & des interpretations pour eux , ont introduit un contraire usage , & l'on condamne tous les Devolutaires , même ceux qui attaquent des Possesseurs de moindre tems que d'une année , à donner caution de 500. livres. Je l'ai vû juger ainsi plusieurs fois , & entr'autres le 16. Janvier 1691. en l'Audience de la Grand'Chambre contre Daries Devolutaire.

Les Pourvûs par l'Ordinaire ne peuvent être compris dans cette Loy , & dans cette obligation de donner caution , même à l'égard du Possesseur de plus long-tems que de l'année , comme il fut jugé en l'Audience de la Grand'Chambre au mois de Janvier 1674. dans le cas d'un Obit ou Chapelle affectée aux parens du Fondateur. Le Patron avoit presenté à l'Evêque un étranger , qui avoit paisiblement joüi durant plus d'un an , aprés quoi un parent du Fondateur ayant requis le Patron de lui faire titre , & sur le refus s'étant adressé à l'Ordinaire , avec le titre duquel il attaquoit le Possesseur , celui-ci demandoit la caution de 500. livres portée par l'Ordonnance , il fut démis de sa demande par cette Loi generale ; que l'Ordonnance ne s'entend que des Devolutaires en Cour de Rome ; & l'on ne peut opposer que l'Ordonnance défend aux Evêques , & autres Collateurs , de faire titre par Devolut , sans que pour un préalable les Benefices ayent été declarez vacans , & inferer delà que ceux que par contravention , l'Ordinaire à pourvûs par Devolut , vrais Devolutaires alors , sont compris dans l'obligation du bail des cautions ; car au contraire , puisque les Evêques ne peuvent pourvoir par Devolut , les Pourvûs par eux ne peuvent être regardez comme Devolutaires , sans qu'on leur fasse en même tems perdre le Procez au fonds , & en ce cas il n'est pas besoin du bail des cautions qui doivent être données d'avance. On n'entra pas dans l'examen si c'étoit vrai Devolut ou non. , c'étoit une question du fonds qui n'étoit pas prête à recevoir Jugement. Les Parties du Procez étoient Fontan , Carman & Sallenave.

CHAPITRE LXVI.

Des Places des Prêtres qui vivent en commun, deſti-
tuables par la Communauté, & ſi elles peuvent comme
Benefices être impetrées en Cour de Rome.

CEtte queſtion a été miſe en doute au ſujet d'une Place de
Nôtre-Dame de Garaiſon, impetrée par d'Abatia, comme vacante par la longue negligence d'y pourvoir.

Le Sindic des Prêtres de cette devote & miraculeuſe Chapelle, oppoſoient à l'impetration de la Place prétenduë vacante, l'acte même de la Fondation de ces Places qui porte que
les Pourvûs vivront en commun, qu'ils auront pour tout revenu leur nourriture priſe en communauté, & cent livres au-delà
pour leurs habits, qu'ils pourront être deſtituez par la Communauté en cas de contravention aux Reglemens, & qu'il ne leur
ſera pas permis de reſigner ni de permuter, d'où le Sindic concluoit que ces Places n'ayant point été gardées & fondées comme Benefices ni comme Places même abſolument fixes, elles
n'étoient pas impetrables, *etiam jure Devoluto*, & comme vacantes par la negligence d'y pourvoir : A quoi il ajoûtoit qu'il n'y
avoit pas ici d'ailleurs de negligence à pourvoir à nulle place vacante, puiſque par la Fondation il n'y avoit que douze places
qui ſe trouvoient actuellement remplies, & que la place impetrée, comme vacante, étoit une treiziéme place, place ſurnu-
meraire, que les Chapelains avoient volontairement établie, &
qu'ils avoient pû ſupprimer.

Il étoit répondu de la part de l'Impetrant, que ces Chapelles
étoient de vrais Benefices, quoi que les Chapelains vêcuſſent en
commun, & fuſſent deſtituables de la maniere qu'il a été dit. Qu'à
l'égard du premier article, dans l'ancienne Egliſe les Beneficiers
vivoient en commun, & ne pouvoient diſpoſer des fruits de leurs
Benefices ; & qu'au ſurplus, les Curez encore étoient deſtituables, & les Cures pouvoient être declarées vacantes par le dé-

X ij

faut de refidence , aprés les monitions Canoniques , le feul pouvoir de deftituer *ad nutum* , ôtant aux places , dont on pouvoit
être dépoffedé , de cette maniere le titre & la qualité de Benefices , qu'ainfi ces Chapelles , quoi qu'elles ne pûffent par la Loi
de la Fondation être refignées ni permutées , pouvoient être impetrées , & que l'intercît même de l'execution de la Fondation
demandoit qu'on laifsât la porte ouverte aux Impetrans , qui rendroient les Chapelains plus attentifs à executer les Loix de la
Fondation , & à pourvoir aux places de Chapelain vacantes..
L'Impetrant foûtenoit que la place dont il s'agiffoit , vacante depuis trente-cinq ans , avoit toûjours auparavant été remplie.

Il auroit gagné fon Procez , s'il avoit établi , que la place impetrée étoit du nombre des places fondées ; mais comme par la
feule Fondation qui paroiffoit , il n'y avoit que douze places de
Fondation , & que ce nombre fe trouvoit rempli , on n'eut point
d'égard à l'impetration d'une place furnumeraire , qu'on crut que
les Chapelains avoient pû à leur gré remplir ou laiffer vacante.
Ce fut donc par cette unique raifon qu'on débouta l'impetrant.
L'Arrêt eft du 6. May 1679.

CHAPITRE LXVII.

D'une Cure deffervie dans une Eglife Cathedrale ou Col-
legiale.

Si la poffeffion de prefenter le Vicaire amovible acquiert
le droit de prefenter le Vicaire perpetuel nouvelle-
ment créé.

Quelle prefcription eft requife pour acquerir un Benefice
à une Eglife.

UNe Cure deffervie dans une Eglife Cathedrale , Abbatiale ou Collegiale , eft prefumée unie à cette Eglife. C'eft
la prefomption de l'Ordonnance de 1629. conforme au Concile
& aux Canons. Cette prefomption prévaut fur les conjectures

contraires, comme il fut jugé en la Grand'Chambre en l'année 1650. en faveur de Delpoüy, qui avoit impetré la Vicairie perpetuelle de l'Eglife Abbatiale St. Aphrodife de Beziers. Le Sacriftain de cette Eglife oppofa en vain des conjectures qui pouvoient aider à croire que la Cure avoit été unie à la Sacriftie, & non au Chapitre, comme la poffeffion où il avoit toûjours été de prefenter à l'Evêque le Vicaire jufqu'alors amovible, & la superiorité qu'il avoit eu fur ce Vicaire, qui étoit même obligé de lui fervir de Chapelain ou de Diacre; d'où ce Sacriftain concluoit, avec le Chapitre de la même Eglife, que la Cure ayant été unie à fa Dignité, il falloit fuivre la Regle, felon laquelle dans le cas d'une Dignité & d'une Cure unies, dont le Service ne fe fait pas fous le même toict, il faut un Vicaire perpetuel à la Cure, au lieu que lorfque le Service s'en fait fous le même toict, il ne faut qu'un Vicaire amovible, pour ne pas donner deux Epoux à la même Epoufe. On crut qu'il falloit quelque chofe de plus précis & de plus formel, pour combattre la prefomption, également fondée fur la raifon & fur la Loi, qui devoit faire croire que l'Eglife Paroiffiale étant plus ancienne que l'Abbatiale, la Paroiffe étoit devenuë Chapitre, & le Chapitre devenu Curé, par une union naturelle de la Cure au Chapitre, qui en pareil cas fe fait, pour ainfi dire, d'elle-même.

Aprés la mort de ce même Impetrant, il furvint Procez entre le pourvû de la Vicairie perpetuelle par le Chapitre & le pourvû par le Sacriftain; celui-ci prétendoit qu'étant, comme il a été dit, en poffeffion de prefenter le Vicaire amovible, il devoit par confequent prefenter le Vicaire devenu perpetuel : cependant le pourvû par le Chapitre gagna fa caufe, par la raifon que la poffeffion de prefenter à une Vicairie amovible, qui n'eft point Benefice, ne doit point faire de confequence pour la Vicairie devenuë perpetuelle & Benefice par cet endroit, & qu'un poffeffeur ne prefcrivant jamais que ce qu'il poffede par la regle triviale, *tantum præfcriptum, quantum poffeffum*, le poffeffeur n'avoit point ici prefcrit le droit de prefenter à un Benefice auquel il n'avoit jamais prefenté; qu'ainfi il falloit en venir au droit commun, felon lequel c'eft au Chapitre à prefenter lorfque la Cure lui est unie, comme on avoit préjugé qu'elle l'étoit dans nôtre cas. L'Arrêt fut rendu en la Grand'Chambre au mois de Juillet 1669. au Raport de Mr. de Papus, Doyen du Parlement.

La possession centenaire ou immemoriale, acquiert une Eglise à un autre Eglise, & un Benefice à un autre Benefice, sans qu'il soit besoin de justifier que l'union en a été faite. On confond les possessions immemoriale & centenaire : cependant quand la possession excederoit la memoire des hommes, comme l'excede en effet une possession qui approche des cent ans, sans y parvenir tout-à-fait, s'il est établi par actes que la possession ne va pas tout-à-fait aux cent ans, si peu qu'il s'en faille, il n'y a pas lieu à la preuve de la possession immemoriale ; cette possession est présumée centenaire par l'impossibilité morale (on peut presque dire physique) de trouver des témoignages vivans & positifs d'une possession de cent ans. La présomption cesse lors qu'il y a des témoignages écrits qui établissent que la possession a commencé depuis un peu moins d'un siecle : Ainsi il n'y a pas lieu d'admettre le témoignage subsidiaire de la possession immemoriale, quoi qu'il y puisse avoir dequoi en fonder & en établir la preuve : on jugea suivant ces principes en la Seconde Chambre des Enquêtes au Raport de Mr. de Sevin Mansencal dans la cause de l'Abbé de la Casedieu le 18. Janvier 1668.

CHAPITRE LXVIII.

Des Certificats d'étude.

LEs avis sont differens sur la question, si les certificats d'étude que les Universitez donnent, peuvent être débatus par autre voye que celle de l'inscription en faux. Rebuffe *in tractat. de nominat. q.* II. *num.* 3. soûtient qu'il n'y a que l'inscription en faux, dont on puisse se servir dans cette rencontre ; que l'autorité du témoignage de l'Université exclud toute autre voye ; & qu'encore que son témoignage soit fondé sur la déposition des témoins, il est à presumer qu'elle ne reçoit dans ces occasions que

des témoins finceres & irreprochables. A quoi il ajoûte que recevoir des preuves contraires à ce témoignage, c'eft ouvrir la
porte à la chicane & à la fraude. Bengæus *in tract. de Benef tit.
de Canon. inftit. condit.* & le Commentateur de Melchior Paftor
au Liv. I. Tit. 16. affurent que ces certificats peuvent être débatus fans en venir à l'infcription en faux. Nôtre Jurifprudence
n'admet point les Parties à des preuves dépendantes d'une inftruction préalable, contre la verité du contenu dans la dépofition des
témoins, & dans le certificat de l'Univerfité donné en confequence fur le fait d'étude ; mais elle reçoit les preuves écrites,
publiques & autentiques qui détruifent cette dépofition & ce témoignage. Admettre à la preuve, c'eft ce qui pourroit ouvrir la
porte à la fraude & au menfonge ; avoir égard à des preuves autentiques contraires à un fimple témoignage, c'eft fermer au contraire la porte à la fraude & au menfonge : c'eft ouvrir les yeux à
l'évidence de la verité : c'eft d'ailleurs affez pour l'honneur d'une
Univerfité, que jufqu'à ce que par l'établiffement de ces preuves
contraires, il paroiffe qu'elle a été furprife ; & fans ordonner ou
attendre ces preuves, on prefume pour le certificat qu'elle a donné, & pour les témoignages qu'elle a reçûs. Sur ce principe,
quand il demeure établi que le Gradué dans le tems des études
certifiées, fervoit une Cure ou un Benefice de Chœur, & qu'on
en rapporte des actes, des Regiftres, ou des Pointes, on a égard
à ces preuves preferablement aux certificats d'étude. Il fut ainfi
jugé au Raport de Mr. de Burta, au mois de Mars 1684. en la
Grand'Chambre au Procez de Mes. Canac & Imbert ; comme
auffi en la même Grand'Chambre le 15. Decembre 1688. entre
Mes. Cahours & Maffia pour la Cure de Montaigu.

Mais j'ai vû depuis douter fi l'autorité du certificat & le témoignage d'étude, pouvoit être détruite par le défaut d'un des
deux témoins qui fe trouvoit coufin germain du Gradué, & qu'il
étoit d'ailleurs pleinement juftifié qu'il avoit refidé loin du lieu
des prétenduës études, durant le tems pour lequel il les avoit certifiées : c'étoit au Procez d'entre Coftes & Rocoules, plaidans
pour la Cure de Villegaleal, au Raport auffi de Mr. de Burta.
Alquier témoin étoit coufin germain de Coftes, & la Pointe

du Chapitre de Carcaſſonne, où il étoit Beneficier, prouvoit
que ce témoin avoit aſſidûment ſervi ſon Benefice durant le tems,
pour lequel il avoit certifié que ſon couſin étudioit à Toulouſe. Il y avoit encore cette circonſtance, que les deux couſins
s'étoient entredonnez reciproquement le témoignage d'étude pour
l'obtention du Grade, qu'ils avoient pris à peu prés en même
tems. Rocoules oppoſoit à Coſtes toutes ces raiſons & toutes ces
circonſtances, comme des défauts ou comme des preuves, qui
emportant le témoignage de l'un des témoins, emportoient la
preuve ſur leſquelles le certificat étoit fondé, & par conſequent
le certificat même : on oppoſoit encore les Arrêts que je viens de
rapporter.

Coſtes répondoit qu'on n'étoit pas ici au cas de ces Arrêts,
où le certificat étoit emporté par le fait préciſement, & directement contraire de l'abſence du Gradué, même durant le
tems des études certifiées, hors duquel cas, diſoit-il, il faut s'en
tenir à l'avis de Rebuffe ; c'eſt-à-dire, en croire à l'Univerſité,
& ne regarder point aux témoins, preſumant qu'elle ne reçoit
que des témoins recevables ; qu'ainſi on ne doit pas être reçû à
reprocher les témoins ſous pretexte de parenté, non plus que
ſous nul autre, puiſque les parens ſont, il eſt vrai, generalement
exclus de témoignage en Juriſdiction contentieuſe, quoi qu'ils
puſſent y être témoins quelquefois, comme en cas de preuve
d'âge, de conſanguinité, de validité ou invalidité de mariage ;
mais que ſuivant l'avis de Rebuffe *in tract. de Regiſt. not. art.* 11.
Gloſſ. 1. *num.* 30. ils n'en doivent point être exclus en matiere de
Juriſdiction volontaire, telle qu'eſt celle qu'exerce l'Univerſité
dans le cas dont il s'agit, dans lequel nulle Loi & nulle Ordonnance n'a rejetté le témoignage des parens ; que du reſte la
reciprocité du témoignage étoit une choſe encore plus indifferente & moins défenduë ; mais qu'enfin, quand il y auroit quelque choſe à dire à ce témoin, ſon témoignage étoit fortifié &
ſoûtenu par celui de l'autre témoin qui demeuroit dans ſon entier,
parce qu'en ce cas, ſuivant l'avis de Balde ſur la Loi, *ſi quis de*
eden. integra depoſitio unius ſupplet alterius imperfectam, ſuivi
d'Alexander en ſes conſeils, *conſil.* 24. *num.* 6. où il dit même que
l'autorité

l'autorité du témoignage d'un Docteur supplée à la foiblesse du témoignage d'une femme, *depositio mulieris suppletur per depositionem Doctoris.*

On n'eut neanmoins point d'égard ni au témoignage ni au certificat, non par la raison de la parenté, qui ne fut pas trouvée bien confiderable, mais par la raison de la residence affiduë, justifiée faite par ce témoin, ailleurs que dans le lieu des études, qui le mettoit hors d'état de déposer avec certitude d'un fait qui ne pouvoit être furement de fa connoissance : raison à laquelle on dût avoir d'autant moins d'égard, que l'Univerfité de Touloufe où le Grade contentieux avoit été pris, paroit s'en remettre à la foi des témoins, dont elle exige même le ferment, pour les obliger à rendre un témoignage plus ferieux & plus exact. Quelques-uns des Juges furent touchez de la circonftance de la *reciprocité* des témoignages, dans le cas prefent, où l'on remarqua que fi Alquier témoin venoit à demander un Benefice en vertu de fon Grade, on ne pourroit avoir égard au témoignage de Coftes à caufe de la refidence prouvée d'Alquier hors du lieu des études, & qu'ainfi il n'étoit pas jufte de faire valoir le témoignage d'Alquier en faveur de Coftes, puifqu'il eft naturel que deux témoignages reciproques foient également bons ou également mauvais.

CHAPITRE LXIX.

Si la Profession faite par force & suivie d'une reclama-
tion dans les cinq ans, est ratifiée par le silence de cinq
ans aprés la crainte cessée.

S'il est necessaire que les freres de la Religieuse reclaman-
te sur les violences du pere, soient appellez lors de la
fulmination du rescrit.

Si un mariage peut être confirmé, quoi que fait au préju-
dice d'une appellation comme d'abus.

Toutes ces questions furent amplement traitées en l'Audience de la Grand'Chambre, au mois d'Avril 1665. Le fait
étoit comme je vais briévement le deduire.

La Dame Dumas de Castellane prend l'Habit de Religieuse
dans le Monastere des Religieuses de Marseille, Ordre des Citeaux, & fait Profession en 1641. En 1643. son pere vivant encore, elle declare devant le Commissaire General de l'Ordre
qu'elle avoit été mise en Religion & fait Profession par force,
contrainte par les menaces & mauvais traitemens du Baron d'Allemagne, son pere, dequoi elle demande acte à ce Commissaire,
qui le lui accorde. L'acte est signifié au pere, & puis insinué
dans le Greffe de l'Evéque de Marseille, en vertu d'une Ordonnance de ce Prelat sur la Requête presentée par la Religieuse.
Elle poussa même les choses plus loin, & fit assigner son pere à
venir voir oüir les témoins de ses violences. Quelques-uns des
témoins sont oüis ; aprés quoi, & en 1647. le Baron d'Allemagne meurt. Neuf ou dix ans aprés sa mort, sa fille, qui depuis
ses auditions avoit gardé le silence, obtient un rescrit du Vice-
Legat d'Avignon, adressé à l'Evéque de Marseille, & au Superieur de l'Ordre de Citeaux. Celui-ci ayant donné son consentement, à ce que Mr. le Vice-Legat nommât à sa place tel
autre Commissaire qu'il voudroit, par un nouveau rescrit le

Vice-Legat adreffe la commiffion au même Evêque de Marfeille & au Superieur des Auguftins. Les dépofitions des Religieufes établiffent parfaitement le fait de la crainte & de la
violence alleguées. L'Abbeffe du Monaftere, tant pour elle
que pour la Communauté, confent à la fulmination du refcrit,
auffi-bien qu'un frere puifné de la Reclamante, le Promoteur
conclud aux mêmes fins, & fur ces dépofitions, confentement,
conclufions & procedure faite les Mécredy, Jeudy & Vendredy Saints, le refcrit eft fulminé, & la Religieufe remife au
fiecle. Le Baron d'Allemagne frere aîné, heritier du pere, qui
n'avoit point été appellé à la fulmination, en eft appellant comme d'abus au Parlement de Provence, Juge naturel des Parties. La Plaidoirie y ayant été commencée, & la Caufe renvoyée au premier jour pour être jugée, la Dame de Caftel-
lane contracte Mariage avec le Sr. de Bega. L'appellation comme d'abus ayant été évoquée du Parlement de Provence, &
renvoyée au Parlement de Touloufe, le Baron d'Allemagne impetre des Lettres en caffation du Mariage de fa fœur, par voye
d'abus & d'attentat.

Il prétendoit que le Mariage devoit être caffé, pour avoir
été celebré au préjudice de l'appellation comme d'abus, d'où
dépendoit la decifion du fort & de l'état de la Dame de Caftel-
lane, & que fi jamais une appellation comme d'abus devoit avoir
eu un effet fufpenfif, fi jamais ce qui avoit été fait au préjudice, avoit dû être caffé, celle qu'il avoit relevée avoit dû fuf-
pendre la celebration du Mariage faite depuis, & devoit le faire
caffer, fans entrer même dans la difcution & dans l'examen de la
juftice ou injuftice de cette appellation.

Il ajoûtoit qu'elle étoit neanmoins pleine de juftice. Ses
moyens d'abus étoient. Que le refcrit avoit été adreffé au Superieur des Auguftins, Commiffaire étranger, nullement intereffé à examiner l'affaire dont il s'agiffoit, & par-là fenfiblement
affecté. Que les Commiffaires avoient bâti la procedure fur laquelle ils avoient fulminé le refcrit ; en des jours feriez, & les
plus faints de l'année. Que l'Appellant n'avoit point été appellé
lors de la fulmination, non plus que le Monaftere, quoi que l'Ap-

pellant fût le principal interessé , comme frere de la Reclamante,
& heritier de son pere , & qui en cette qualité devoit lui repre-
senter ses droits successifs , au cas qu'elle fût restituée ; Qu'enfin sa
sœur ayant demeuré dans un parfait silence plus de cinq ans après
la mort du pere , elle avoit par une ratification tacite de ses
vœux , perdu tout droit de se plaindre de la violence qu'elle prétendoit qui lui avoit été faite , & qu'ainsi le rescrit de restitution
avoit été mal & abusivement fulminé.

La Dame de Castellane répondoit que son Mariage, quoi que
contracté durant le cours de l'appellation comme d'abus , ne laissoit pas d'être bon & ne devoit pas moins être confirmé , si l'appellation étoit injuste , comme l'Intimée prétendoit qu'elle l'é-
toit. Que des Mariages faits au préjudice de pareilles apellations,
avoient souvent été confirmez par des Arrêts , entr'autres en
l'année 1646. celui de la Dame d'Aubusson de la Feüillade qui
s'étoit mariée au préjudice d'une pareille appellation comme
d'abus , mais dans des circonstances bien plus desavantageuses.
L'Official & le Superieur de l'Ordre avoient été partagez en avis.
L'avis de l'Official étoit d'ordonner une plus ample preuve, celui
du Superieur , de fulminer & restituer. La Dame d'Aubusson
prenant l'avis du Superieur pour Sentence avoit voulu contracter
Mariage. La Dame de Millars sa sœur uterine , avoit relevé appel comme d'abus de la prétenduë Sentence , après lequel le Mariage fut contracté par la Dame d'Aubusson, attaqué par la Dame
de Millars , & confirmé par cet Arrêt. Tant il est vrai que la
faveur d'un Mariage , contracté & celebré d'ailleurs suivant les
formes , doit l'emporter sur toute formalité de procedure contre
ceux qui se servent injustement des voyes de la Justice pour empêcher des Mariages , ou pour amener & contraindre à des inob-
servations de formalité , surquoi ils puissent ensuite en demander la cassation ; Consideration qui fut encore cause que par un
autre Arrêt rendu en l'année 1656. le Mariage de la Dame Catherine de Roger avec le Marquis de Brun fut confirmé , quoi que
contracté au préjudice des inhibitions contradictoirement faites
par un Arrêt du Parlement de Paris , dont on trouva qu'en cette
rencontre la Religion avoit été surprise. L'Intimée ajoûtoit ,

qu'il y avoit dans le cas prefent, & la plus grande faveur du Mariage, & la plus grande juftice du fond, puifqu'en cas de Mariage, ce qui faifoit la plus grande faveur, étoit la naiffance & le nombre des enfans, & qu'en matiere de reftitution envers les vœux, ce qui la rendoit plus jufte, étoit la force & la violence ici parfaitement établies.

D'où l'Intimée venant aux moyens d'abus, inferoit que ces moyens n'étant que des défauts de formalité, ils devoient être couverts par cette raifon fuperieure de juftice & de faveur du fond. Que cette même raifon devoit empêcher de faire attention aux jours aufquels la procedure de fulmination avoit été faite, dans un cas où tout étoit applani par le confentement de tous ceux qui pouvoient legitimement contredire; & où, tirer du Convent une fille mal appellée, mal & violemment enfermée, pouvoit avoir fon merite, fa hâte & fon privilege. Mais qu'il ne falloit pas faire plus d'attention au moyen pris de ce que le refcrit avoit été adreffé au Superieur des Auguftins, dont le choix juftifié par le confentement du Superieur naturel & intereffé, pouvoit d'autant moins être fufpect d'affectation, que le Monaftere, le premier & le principal intereffé, la vraye & feule partie, confentoit à la fortie de la Reclamante. Elle foûtenoit que ce confentement avoit ôté la neceffité d'appeller le Baron d'Allemagne, puifqu'une Religieufe, par fa profeffion & fes vœux n'eft engagée qu'à Dieu, dont les interêts & les droits refident en la Communauté qui l'a reçûë, & à laquelle en laiffe le foin de les ménager & de les défendre. Qu'ainfi on n'avoit point dû appeller le frere, qui n'y avoit qu'un interêt bien moins confiderable en comparaifon, & à regarder la vraye importance des chofes, un interêt d'ailleurs acceffoire, & qu'on nomme un interêt *per confequentias*, tout comme felon nos Arrêts, les Seigneurs ne font point appellez à l'enterinement des Lettres de grace, quoi qu'intereffez aux condamnations, & tout comme les fubftituez ne font point appellez dans des Procez où il s'agit de la validité ou invalidité des Mariages, & dont l'évenement peut fervir d'obftacle ou d'ouverture à la fubftitution; qu'auffi la chofe avoit été nommément decidée de même dans le cas tout pareil d'un frere non appellé à la fulmination du refcrit obtenu par la fœur , qui reclamoit contre fes vœux : c'étoit la Dame le Breton de la Ramade , & que par Arrêt du 30. Mars 1651. il fut declaré n'y avoir point d'abus dans la Sentence de l'Official de Montauban , qui avoit fulminé le refcrit fans appeller le frere.

Enfin , l'Intimée répondoit au fujet du filence qu'on lui oppofoit qu'elle avoit gardé depuis la mort de fon pere , que la plainte & inftance qu'elle avoit faite déja auparavant , avoit prorogé en fa faveur le tems de fe plaindre , qu'elle en avoit été d'ailleurs empêchée par des infirmitez , par la contagion furvenuë à Marfeille , & par les intrigues du Baron d'Allemagne fon frere , mais que le vice même du titre & de l'origine devoit empêcher d'avoir égard au laps du tems , & faire qu'au befoin on eût quelque indulgence là-deffus comme fur tout le refte.

Sur ces raifons les Juges furent partagez ; mais le partage porté en la Premiere Chambre des Enquêtes par Meffieurs de Papus & de Frezars , il fut declaré y avoir abus dans la fulmination du refcrit & dans la celebration du Mariage.

Les vrais motifs de l'Arrêt furent , qu'à la verité la faveur des Mariages contractez , & des enfans qui en font provenus pouvoient quelquefois faire pardonner ou diffimuler bien des défauts de formalité en pareilles rencontres , mais qu'il falloit que la juftice du fond parlât encore en faveur des contractans. Qu'en des cas femblables la juftice du fond confiftoit en la juftice de la reftitution envers les vœux , & que la juftice de cette reftitution , dans le cas de la violence , confiftoit en la parfaite preuve d'une violence fuffifante & non couverte par nulle ratification expreffe ni tacite , *prævia diligenti inquifitione , dummodo profeffionem expreffè , vel tacitè non ratificaverit* , difent les refcrits de cette nature ; que veritablement la violence étoit ici établie , mais qu'elle avoit été couverte , & la profeffion tacitement ratifiée par le filence gardé plus de cinq ans après la mort du pere , depuis la mort duquel la plûpart des Juges convinrent qu'il falloit compter les cinq années que donne le Concile ; mais qu'après cinq années à compter de là , on étoit bien préci-

fement dans le cas du Chap. *Infinuante qui Cler. vel virg. vov-*
mat. contr. poff. coactionem fi qua fuit patientia & perfeverantia
fequentis temporis penitus profugavit , parce qu'alors on peut dire
comme dit , dans un cas neanmoins bien different , le Chap. *de*
frig. & malef. proclamare potuit quandiu tacuit. Ainfi on trouva
que cette Intimée avoit rompu & gardé le filence à contre-tems
pour fon deffein , qu'elle avoit parlé lors qu'elle pouvoit encore
fe taire , & qu'elle s'étoit tuë lors qu'il étoit neceffaire de parler.
Il ne parût pas jufte que d'auffi petites & foibles raifons que des
infirmitez & une contagion paffagere pûffent lui fervir d'excufe
à ne point faire une chofe auffi effentielle & auffi aifée que de
parler & de reclamer dans les cinq ans après la mort du pere , ni
que la plainte formée , les affignations données , les auditions
faites , euffent pû proroger le tems autant qu'il le falloit pour la
pretention de l'Intimée , tous ces actes pris comme un commencement d'inftance , ayant été perimez dans trois ans , & tout au
plus , n'ayant pû faire autre chofe que de gagner par l'interruption du laps de cinq ans , s'ils avoient couru dés lors , cinq autres années. Ainfi, malgré toutes ces confiderations , on crût
que la ratification tacite la plus forte étoit le filence de cinq ans
non interrompu , de quelque violence & de quelque plainte que
ce filence eût été precedé , & qu'on ne peut en juger autrement
aprés que le Concile a dit , que la profeffion , même faite avant
l'âge ou par force , eft confirmée par le feul filence de cinq ans ,
& que l'Ordonnance de Paris art. 29. a voulu que l'habit de Religion porté dans le Monaftere pendant cinq ans tint lieu de profeffion : & comment fi l'habit porté en filence fupplée à des vœux,
& les fait prefumer faits , ce même habit porté dans un pareil
filence durant autant de tems , ne les fera-t-il pas prefumer rati-
fiez ? On ne fe laiffa point toucher par la confideration des enfans procréez de ce Mariage. On crût que ce n'étoit point au
Mariage à faire valoir la reftitution envers les vœux , mais à la
reftitution envers les vœux à faire valoir le Mariage , & que les
fruits du facrilege ne devoient pas juftifier le facrilege même.
Cependant comme les enfans perfonnellement innocens , font
dignes de la faveur la plus grande en ces occafions , on voulut

bien prefumer que l'ignorance de l'appellation comme d'abus , ou la croyance que cette appellation étoit injufte avoit établi le mari affez en bonne foi pour rendre à fon égard les enfans legitimes , & capables de lui fucceder. Ils furent feulement exclus de toute demande des droits fucceffifs de leur mere , qui comme vraye Religieufe fut condamnée à retourner au Monaftere , y reprendre & porter l'habit & en obferver la Regle.

CHAPITRE LXX.

Des Dîmes Novales.

LA Jurifprudence de nôtre Parlement n'a pas toûjours été égale & uniforme fur cette matiere. Autrefois fans aucune limitation de tems de joüiffance , les Novales étoient adjugées aux Curez privativement aux autres decimateurs , & aux Vicaires perpetuels privativement aux Curez primitifs. En cela on fuivoit l'ufage des autres Parlemens du Royaume , fondé ce femble fur la raifon même , qui a fait diftinguer les Novales des autres Dîmes , car fi on les a diftinguées , & fi on leur a donné un droit fingulier à caufe de l'accroiffement de travail & de moiffon , qui donne au Curé ou Vicaire perpetuel un plus grand nombre d'ouvriers qu'appelle ou retient dans la Paroiffe une plus grande culture , cette raifon n'étant pas paffagere , mais durable , il n'y a pas lieu d'en limiter à un tems les effets & les confequences. C'eft cependant ce que nôtre Parlement a fait. On a trouvé que c'étoit affez que pour cet accroiffement fortuit de travail les Curez ou Vicaires perpetuels euffent le profit , & pour ainfi dire , l'Aubaine de quelque année de joüiffance.

Nôtre Parlement a encore varié fes Arrêts au fujet du nombre de ces années. Tantôt il a voulu que cette joüiffance fût de cinq années , tantôt de dix. Cette difference a été introduite par la diverfité des terres nouvellement défrichées , capables de porter toutes les années , ou feulement de deux années l'une ,

l'une ; La varieté de la Jurisprudence est neanmoins allée jusqu'aux terres de même espece ; & comme une Jurisprudence qui
s'est une fois diversifiée en des matieres, qui font de pure faveur, a de la peine à se fixer, la Jurisprudence des Novales
reglée par la feule faveur des Curez & Vicaires perpetuels, ne
s'est point aifement fixée fur le tems de joüiffance dont j'ai parlé, mais il y a lieu de croire qu'elle se fixera, ou qu'elle est déja
fixée, aux dix ans generalement & indistinctement, soit que les
terres portent toutes les années, ou qu'elles demeurent une année dans le repos.

Par Arrêt rendu à mon Raport en la Grand'Chambre le 11.
Juillet 1693. la joüiffance de toutes les terres nouvellement défrichées furent indistinctement données aux Curez ou Vicaires
perpetuels, parties au Procez, pour l'espace & tems de dix ans.
Il est vrai que par un Arrêt posterieur rendu le 9. Août 1697. au
Raport de Mr. de Vedelly d'Azas, cette joüiffance fut bornée à
cinq années utiles, mais c'étoit dans le cas des terres d'une nature tout-à-fait finguliere ; & qui aprés avoir été cultivées quelques années, devoient en demeurer plufieurs autres dans le repos;
de maniere que les cinq années utiles portoient bien plus loin
que les dix années : mais depuis, & en l'année 1698. en la
Troifiéme Chambre des Enquêtes au Raport de Mr. de Cambon
de Rouffy, il fut rendu un autre Arrêt, qui indistinctement
donne au Curé de Merville contre Mr. l'Evêque de Rieux dix
années de joüiffance des terres nouvellement défrichées, parmi
lefquelles il y en avoit qui produifoient tous les ans des fruits
fujets à la Dîme.

On donne du refte constamment aux Curez & Vicaires perpetuels quarante ans pour demander leur droit de Novales, c'est-à-
dire, qu'on leur donne les Dîmes de toutes les terres ouvertes
& défrichées depuis quarante ans, hors les Vicaires perpetuels
reduits à la Congruë, qui ne peuvent pretendre qu'aux Dîmes
des Novales ouvertes depuis leur option.

Cet article de quarante années à l'égard de ceux qui ne fe
font pas reduits à la Congruë produifit un doute lors de l'Arrêt
de 1693. donné à mon raport. On douta fi aprés la mort du

Vicaire perpetuel qui étoit lors du défrichement , & qui n'avoit fait nulle demande des Novales , le succeſſeur pouvoit quelques années après le défrichement demander les dix années de joüiſſan-ce , ſans diſtraire le tems du predeceſſeur. Le doute alla juſqu'à partager les avis des Juges. Les uns croyoient que ce droit , étant , comme je l'ai dit , accordé aux Curez & Vicaires per-petuels pour les recompenſer du nouveau travail , il regardoit naturellement les années du tems du défrichement , dont une partie s'étant écoulée du tems des Vicaires perpetuels , prede-ceſſeurs de ceux qui étoient Parties au Procez , & ceux-ci les devoient diſtraire de la demande , ou comme fruits , Dîme dont leurs predeceſſeurs avoient joüi durant le tems paſſé de-puis le défrichement juſqu'à leur mort , ou en cas de non-joüiſſan-ce , comme tranſmis & acquis aux heritiers de ces predeceſſeurs avec tous les autres droits & fruits échûs du Benefice. Les au-tres Juges croyoient qu'il n'en étoit pas de même des Novales comme des autres droits ou fruits appartenans au Curé , ou Vi-caire perpetuel , les Novales étant un droit , qui en quelque ma-niere , n'eſt regardé comme dû que depuis la demande , & par la demande même , ce qu'ils appuyoient par cette autre raiſon ; que ſi le Curé ou Vicaire perpetuel laiſſe paſſer le tems du dé-frichement ſans faire nulle demande des Novales , & vient à les demander quelques années après , on ne lui adjugera point les Dîmes échûës , ou la valeur des Dîmes échûës depuis le tems du défrichement , parce que ces Dîmes échûës & perçûës par une autre main , ſeroient trop difficiles à liquider & à eſtimer , & même parce que d'ailleurs il ne ſeroit pas juſte que par ſa ne-gligence ou par ſon affectation , le tardif Demandeur en rendit la reſtitution , auſſi fâcheuſe que la liquidation difficile. D'où l'on concluoit , que ce droit de percevoir la Dîme des terres qui ſe défrichent de nouveau regardant l'avenir , & les fruits à re-cüeillir , ne devoit point paſſer aux heritiers de celui qui n'avoit encore rien demandé ; mais que neanmoins , attaché au Benefice , il le ſuivoit & paſſoit en ſon entier entre les mains du succeſſeur , dequoi l'on prenoit encore une preuve aux quarante ans don-nez pour faire la demande de ces Dîmes , leſquels paroiſſent

donnez au Benefice, bien plûtôt qu'à des heritiers, ou au Curé
même. Il passa à ce dernier avis, & il fut decidé, que le droit
du Curé sur les Novales passoit tout entier au successeur, lors
que le predecesseur n'en avoit ni joüi ni fait nulle demande;
car on convenoit bien que pour les Novales, dont le predecesseur avoit commencé de joüir, il falloit que le successeur de-
duisît des dix années celles de la joüissance que son predecesseur
avoit faite, & que l'on joignoit alors les tems pour composer &
remplir le nombre de dix années. Le même a été jugé par l'Arrêt rendu à la Troisiéme Chambre des Enquêtes au Raport
de Mr. Cambon Roussy, & si l'Arrêt rendu entre ces deux tems
en la Grand'Chambre au Raport de Mr. Vedelly-d'Azas, en
donnant les Novales du tems du défrichement, semble avoir détruit le fondement des deux autres Arrêts à cet égard, il ne l'a
pas fait neanmoins, puisqu'il n'adjugea les Novales du tems du
défrichement, que parce que le tems du défrichement étoit à
peu prés le tems de la demande.

Mais cette joüissance de dix années étant une fois finie, ou les
quarante ans passez, le droit des Curez ou Vicaires perpetuels
est consommé ou perdu, & les Novales, perdant leur qualité &
leur distinction de Novales, rentrent ou demeurent dans le droit
commun, & suivent le partage ordinaire des Dîmes, ce qui doit
être entendu dans les cas où les Novales sont disputées entre le
Curé primitif & le Vicaire perpetuel, ou entre le Curé & les
autres decimateurs Ecclesiastiques; car si le Curé les dispute
avec le possesseur de la Dîme infeodée, elles sont adjugées au
Curé absolument, & sans limitation de tems de joüissance. Il
n'est pas juste que le Laïque qui n'est decimateur que par grace
& par tolerance, ait autant de privilege à l'égard du Curé, que
les autres decimateurs Ecclesiastiques; sans compter que la faveur des Curez & Vicaires perpetuels à part, le Concile de Latran, qui prohibe aux Laïques de posseder à l'avenir des Dîmes,
semble les exclure des Dîmes des terres, qui seront dans la
suite de nouveau défrichées dans les Lieux dont ils possedent la
Dîme infeodée; tout comme de la Dîme des fruits nouveaux,
& qui n'étoient pas en usage du tems du Concile. Sur ces prin-

cipes il fut decidé en faveur du Curé de Projean, contre le Seigneur de Monlezun, Comte de Campagne, par Arrêt rendu au
Raport de Mr. de Bertier en la Premiere Chambre des Enquêtes le 13. Mars 1663.

Il nous reste à examiner ce que l'on entend par le terme de
Novale. Le sens grammatical de ce terme est une terre vierge &
neuve, *primum aratrum experta*, comme dit Cujas sur la Loi
30. *ff. de verb. signif.* Dans ce sens quelques-uns croyent, qu'il
faut que pour être Novale, une terre soit nouvellement défrichée, & qu'il n'y ait ni marque ni memoire d'une precedente
culture. Le Chapitre Novale, *ext. de verb. signif.* decide qu'il
ne faut pas qu'il y ait de memoire de culture precedente, d'où
ces mêmes Auteurs concluent qu'il faut que dans la terre nouvellement défrichée, il n'y ait nulle marque ni vestige d'anciens sillons, puisque les sillons font plus que conserver & entretenir la memoire d'une culture, qu'ils offrent & qu'ils expo-
sent en quelque maniere à la vûë. D'autres veulent s'en tenir
precisément à la Glose sur le chap. *venient de verb. signif. in*
6. qui dit que la terre nouvellement défrichée, quoi que marquée d'anciens sillons, peut n'en être pas moins Novale, parce
que ces sillons même peuvent être anciens jusqu'à être d'un
tems qui excede la memoire des hommes ; ce qui suffit par le
chap. Novale, qu'il faut, ajoûtent-ils, se garder de resserrer
dans l'interpretation qu'il donne au terme Novale, dont au
contraire l'extension par les consequences qui s'en ensuivent
est extremement favorable. Un mouvement singulier & extraordinaire de faveur & de bonne volonté, pour des personnes chargées de tout le poids & de toute la fatigue des fonctions Pastorales, fit passer les Juges plus avant que je n'ai dit sur
l'interpretation du terme, & il fut decidé dans l'Arrêt que j'ai
allegué, rendu à mon raport, que toute la terre qui avoit auparavant été dans une inculture de quarante années, venant à
être ouverte de nouveau, devoit être reputée Novale. On crut
que ce tems appellé dans le Droit un long-tems, & un trés-
long-tems, étant d'ailleurs un tems suffisant pour changer en
bien des rencontres l'état des choses, & d'une durée qui fait la

portée ordinaire de la memoire des hommes ; ce n'étoit pas beaucoup s'éloigner du sens du chapitre Novale , & que même il étoit juste en nôtre Parlement de dédommager en quelque maniere au besoin , par une interpretation moins ordinaire , les Curez & Vicaires perpetuels , de la courte joüissance qu'un usage singulier leur donne de ces sortes de Dîmes , & dans cette vûë d'abreger le tems de l'inculture precedente , communement jugé necessaire pour établir les terres dans la qualité de Novales. L'Arrêt qui le decide de la maniere que je viens de le dire , n'a pas été suivi. Les regles & les interpretations ordinaires reprirent bien-tôt leur autorité , & par l'Arrêt rendu au Raport de Mr. Vedelly d'Azas , ces terres furent seulement declarées Novales , où il n'y avoit nulle marque qu'elles eussent été autrefois cultivées. Les Vicaires perpetuels , parties dans ce Procez , eurent beau alleguer l'Arrêt rendu à mon raport , & ajoûter que les terres , quoi que marquées d'anciens sillons , n'avoient point été cultivées de tems immemorial , offrant & demandant la preuve , les sillons les en exclurent : comme le deffaut de sillons leur tint d'autre côté lieu de preuve d'inculture immemoriale , là où la Relation des Experts ensuite d'une verification ordonnée , avoit declaré qu'il n'y avoit nulle marque de culture ancienne. Depuis , & par l'Arrêt rendu en la Troisiéme Chambre des Enquêtes au Raport de Mr. Cambon Roussy , on a jugé que ces marques & traces de sillons n'empêchent point une terre d'être Novale , si d'ailleurs elle n'a pas été cultivée de memoire d'homme , suivant la Doctrine precise de la Glose ci-dessus alleguée , fidellement conforme au sens le plus naturel du chapitre Novale , lequel demande seulement pour qualité essentielle à la terre appellée Novale , qu'elle soit défrichée de nouveau , & qu'elle ait demeuré dans l'inculture durant un tems immemorial ; ainsi la Jurisprudence sur ce point semble , non sans beaucoup de justice & de raison , se terminer là , qu'une terre nouvellement défrichée , sans marque d'anciens sillons , est presumée Novale comme presumée inculte , d'une inculture qui passe la memoire des hommes , mais que marquée d'anciens sillons , elle n'en est pas moins Novale si l'inculture immemoriale est prouvée. Outre la raison de la

Glofe que la culture defignée par les anciens fillons peut exceder la memoire des hommes : il y a encore une autre raifon, pour ne faire pas perdre par ce feul endroit à une terre le nom de Novale; c'eft que cette terre qui avoit été autrefois travaillée, ne l'a peut être pas été pour produire des fruits fujets à la Dîme, auquel cas la terre n'eft pas moins Novale, comme le difoit la plûpart de nos Docteurs, entr'autres Blenien *de decimis*, *num.* 25. Moneta *de decimis*, *cap.* 4. *num.* 30. Tornet lettre D. chap. 150. L'Auteur des Definitions Canoniques lettre D. fur le mot *Dîme*, Rochette des Dîmes & Novales, pag. 141. Bannot *part.* 2. *in verbo Novales*, *quæft.* 1. Fevret liv. 6. chap. 1. L'Auteur de l'introduction au Droit Canonique, chap. des Dîmes & gros Decimateurs, conformement à cette Doctrine; j'ai vû juger que les preds convertis en terres labourables dans un païs où le foin ne paye point de Dîme, ce qui eft le cas dont parle expreffement une partie des Auteurs ci-deffus alleguez, font vrayes Novales, l'Arrêt fut rendu au Raport de Mr. Chalvet en la Grand'Chambre le 11. May 1691. au Procez d'entre les Peres Jefuites de Bordeaux & le Curé de St. Michel, contre l'avis du Cardinal Zabarella fur la Clementine premiere *de decimis*, fuivi de Grimaudet dans fon Livre des Dîmes, chap. 4. qui decide pofitivement que dans le cas que je viens de dire, la terre de nouveau convertie en culture qui produit des fruits decimaux, n'eft pas neanmoins Novale, parce qu'on ne peut pas dire que jufques-là elle ait été inculte & fterile; & il eft vrai que ce terme Novale prefente d'abord l'idée d'une terre inculte & fterile auparavant; & qu'ainfi les terres qui portoient leur fruit, quoi que ce fruit ne fût point fujet au droit de Dîme, ne doivent pas naturellement être comprifes dans le fens de ce terme; mais lors qu'il s'agit de le regler & de le determiner, par raport au droit des Decimateurs, il eft jufte de ne regarder qu'aux fruits fujets au droit de Dîme que produit la terre, lors qu'il eft établi qu'elle commence à être cultivée pour produire des fruits affujettis à ce droit, par raport à la Dîme, confequemment Novale, *& primum aratrum experta*, outre que le motif qui adjuge les Novales aux Curez & Vicaires perpetuels, se trouve encore dans les terres qui ne produisoient que des fruits exempts de Dîme, qui sont de moindre culture & de moindre conséquence que les autres, & que par ces autres le travail, & par le travail le nombre des ouvriers augmentant dans la Parroisse, c'est le cas de regarder ces terres comme Novales, pour en donner aux Curez & Vicaires perpetuels la nouvelle Dîme : raisons plus solides qu'il ne le faut pour leur accorder une extension si favorable.

CHAPITRE LXXI.

Si celui qui joüit d'une portion des grosses Dîmes, comme infeodée, peut prétendre la même portion de la Dîme des menus fruits.

IL y a sur cette question des raisons de part & d'autre : Pour l'affirmative, on peut dire que la Dîme des menus fruits, est d'un droit aussi ancien que la Dîme des gros fruits, comprise dans l'ancien Testament & dans la nouvelle Loi, tout de même que les autres. Nous en avons vû les textes ailleurs, ce qui établit le droit commun, à l'égard même des menus fruits en faveur des Curez à qui l'on adjuge toûjours cette Dîme, en attendant que les Paroissiens qui alleguent une possession contraire en ayent fait la preuve : D'où il semble qu'on peut conclure que ces Dîmes doivent suivre les autres, & que lorsque les autres sont dans une main Laïque par une infeodation, qui peut être presumée anterieure au Concile de Latran, celles-ci doivent y aller de même, & pour la même portion par une extension, ou plûtôt une suite & une consequence naturelle de privilege : à quoi l'on peut ajoûter la decision du chap. *cum in tua ext. de decim.* qui établit que le Monastere qui a accoûtumé de percevoir la Dîme des autres fruits qui croissoient dans un fonds, doit percevoir la Dîme des fruits d'une nouvelle espece, qui viennent à croître dans le même fonds, par la raison que la Dîme à l'égard du même fonds ne doit pas

être reglée *diverso jure*, comme dit le Chap. & la Glose, sans
compter le tort que feroient au Possesseur de la Dîme infeodée, quant aux gros fruits même, les menus grains, s'il n'en
avoit pas aussi-bien la Dîme, qui par cet endroit lui seroit dûë
comme dédommagement.

Mais d'autre part, & pour la negative, on peut répondre
que le droit de percevoir la Dîme dans un fonds, peut selon
le Chap. *cum in tua*, faire consequence pour la Dîme des fruits
de nouvelle espece en faveur d'un Decimateur Ecclesiastique
capable de posseder les Dîmes, mais non en faveur d'un Laïque,
incapable d'en posseder d'autres que celles qui étoient infeodées
avant le Concile de Latran, telles que ne peuvent être les Dîmes des menus fruits, dequoi la preuve sensible se trouve dans
le Chap. *ex parte*, & dans le Chap. *cum in tua ext. de decim.*
qui sont des Papes Clement III. & Innocent III. posterieurs·
· tous deux au Pape Alexandre III. sous lequel le Concile de
Latran fut tenu. Ces chapitres, qui sur la dispute des menus
fruits paroissent faire un reglement nouveau sur une matiere &
contestation nouvelle, marquent en effet par une consequence
bien concluante, que l'introduction de cette Dîme est une
chose plus nouvelle que le Concile, nouveauté plus particulierement encore marquée pour la France par la Philippine.
Outre quoi il y a encore à répondre au chap. opposé *cum in tua,*
que le Pape n'y regle pas même le droit de Dîme entre divers pretendans, puisqu'il juge seulement entre le Monastere
& les Possesseurs des fonds qui produisent cette espece nouvelle de fruits. Le Monastere qui étoit dans la possession des
autres Dîmes, pretendoit celle-là par suite & par consequence ; les Paroissiens pretendoient absolument en être exempts
comme d'une Dîme nouvelle & insolite, le Pape prononce veritablement pour le Monastere ; mais en y ajoûtant, comme il
fait, que si ces Dîmes n'étoient pas dûës au Monastere, les
Paroissiens n'en auroient pas l'exemption, & qu'elles appartien-
droient au Curé, il laisse encore le droit de Dîme nouvelle
assez en suspens, & la consequence assez mal établie d'une Dîme à l'autre, même dans une main Ecclesiastique ; Sans qu'il
doive

doive entrer en quelque confideration, à l'égard du Poffeffeur de la Dîme infeodée, que les menus fruits peuvent lui faire du tort pour les gros même, s'il ne joüit des uns & des autres, pour fe dédommager de la perte qu'il fait des uns fur les autres; car pourquoi être attentif à réparer le tort & le dommage que des cas & des évenemens fortuits, où il n'y échoit point de fraude, peuvent faire à des droits peu favorables & purement tolerez; pourquoi fe laiffer toucher d'ailleurs de la longueur d'une poffeffion qui ne pouvant être auffi ancienne que le Concile, ne fçauroit acquerir par prefcription à des Laïques un droit dont ils font incapables de joüir; N'eft-ce pas affez qu'on leur ait fait la grace d'ôter au Concile un effet retroactif qu'il devoit avoir en pareille matiere, & ne faut-il pas lui laiffer du moins l'entiere rigueur de la prohibition à l'égard de toute efpece de Dîme pofterieure?

Suivant ces principes & ces raifons, il fut decidé par Arrêt de 1663. au Raport de Mr. de Frezars en la Grand'Chambre pour le Curé de Malauze, contre le Seigneur de ce lieu, qui, comme Poffeffeur de la Dîme infeodée, ne fut cependant maintenu qu'en la Dîme des gros fruits, celle des menus fruits ayant été refervée & adjugée au Curé. J'ai vû cet Arrêt avec deux autres du Grand'Confeil conformes, remis dans un autre Procez, rapporté par le même Mr. de Frezars le 7. Fevrier 1681. dont je n'ai pas marqué l'évenement. J'ai depuis vû dans de nouvelles additions fur Mr. Loüet lettre D. Som. 53. un Arrêt contraire du Parlement de Paris, ce qui marque que la queftion n'eft pas fans difficulté.

CHAPITRE LXXII.

De la necessité d'exprimer clairement le nom & surnom du Resignataire.
De la resignation à cause de mort.

CElui qui resigne doit prendre garde de bien designer le Resignataire, de maniere qu'il n'y ait point d'ambiguité ni d'équivoque, il faut donc marquer nom, surnom, degré de parenté, habitation, tout ce qui est enfin necessaire, afin que la resignation ne puisse être appliquée à deux. L'Edit d'Henry II. communement appellé des petites dattes en l'article 18. l'exige formellement ainsi. Cet article veritablement ne porte point peine de nullité, mais selon Dumoulin elle y est sousentenduë. Nous le jugeâmes ainsi en la Grand'Chambre le 4. Mars 1693. en la cause & au profit de Me. Pierre André, ancien Prieur de Salelles, contre Pierre Lance, sur le Benefice duquel, André avoit jetté un devolu, fondé sur ce que la resignation en consequence de laquelle Pierre Lance possedoit le Benefice étoit en faveur de Pierre Lance, & qu'ils étoient deux de ce nom, Oncle & Neveu, sans que le Resignant eût pris le soin de designer certainement celui à qui il resignoit le Benefice. Il seroit de trop mauvaise, & trop dangereuse consequence, de tolerer ces resignations équivoques & ambiguës, qui aprés avoir floté sur diverses têtes, pourroient être déterminées au besoin sur celle que les suites & les évenemens seroient convenir le mieux.

Cette ambiguité fait plus de tort à la resignation que les termes de resignation à cause de mort dans lesquels elle est conçûë. J'ai vû douter si la resignation où étoit cette clause, avec la reservation expresse de rentrer dans le Benefice au cas de convalescence, rendoit la resignation nulle. Il semble d'abord que non, puisqu'aussi-bien sans cette clause & sans ce tour de resignation à cause de mort, le Resignant malade peut rentrer dans le Benefice, s'il recouvre la fanté. On peut répondre que cela fe fait alors fans convention, & que la faveur du Refignant qui a refigné dans la crainte d'une mort dont il eft heureufement garanti, & l'indignation contre l'ingratitude des Refignataires à l'égard des bien-faiteurs, ont donné aux refignations des malades, l'effet des donations à caufe de mort, mais que la convention n'en eft pas legitime. Elle ne l'eft point certainement. Cependant comme elle ne produit rien, elle eft regardée comme inutile, & par la Regle *fuperflua non nocent*, elle laiffe fubfifter la provifion, c'eft ainfi que je l'ai vû juger.

CHAPITRE LXXIII.

S'il faut neceffairement declarer y avoir ou n'y avoir point d'abus dans les Ordonnances dont il y a appellation comme d'abus, relevée.
Si le Chapitre Curé primitif, peut faire l'Office aux Enterremens des morts.

L E nouveau Code Ecclefiaftique de 1695. deffend de mettre fur les appellations comme d'abus les Parties hors de Cour & de Procez. Mais dans un cas où l'une des Parties avoit allegué une Ordonnance, dont la Partie adverfe avoit relevé appel comme d'abus, & la Partie qui l'avoit alleguée, declarant qu'elle ne vouloit point s'en fervir, le doute fut s'il falloit declarer y avoir ou n'y avoir point d'abus dans cette Ordonnance ainfi d'abord abandonnée, puifqu'il étoit deffendu de prendre le parti de mettre fur l'appellation comme d'abus, les Parties hors de Cour & de Procez. On prit celui de declarer, que demeurant le Regiftre chargé de la Declaration faite par la Partie, qu'elle ne foûtenoit, & n'avoit jamais voulu foûtenir cette Ordonnance, il n'y avoit pas lieu de dire droit fur l'appellation comme d'abus. Ce fut le 5. Mars 1699. en l'Audience de la Grand'Chambre, où Mr. le Premier Préfident Morant prefidoit.

La Cour sur le surplus des demandes des Parties ayant appointé à bailler par écrit, sans préjudice de leur droit & par provision, maintint le Chapitre, Partie au Procez, Curé primitif, dans la faculté de faire l'Office aux Enterremens des morts, toutes les fois qu'ils en seroient priez par les parens du defunct. On crût qu'on ne devoit pas refuser cette satisfaction à la piété des parens, qui cherchoient à s'acquiter avec le plus d'honneur qu'il leur étoit possible, d'un devoir aussi religieux que ce dernier devoir. Mes. Cauffade & Dupont plaidoient dans la cause.

CHAPITRE LXXIV.

Si un Sous-Diacre condamné aux Galeres pour dix ans, aprés les dix ans, a besoin de restitution pour être promeu aux autres Ordres Sacrez, & à qui il appartient d'accorder cette restitution.

UN Sous-Diacre est condamné par Arrêt de la Cour aux Galeres pour dix ans. Aprés les dix ans expirez, il se retire devant l'Evêque d'Albi son Diocesain, & lui demande d'être promeu aux autres Ordres sacrez. L'Evêque d'Albi croyant que cette condamnation avoit laissé au condamné, une tache d'infamie qui s'opposoit à sa promotion, & qu'il n'y avoit que le seul Juge Royal Superieur qui pût l'effacer, l'avoit renvoyé à la Cour pour demander cette restitution, & par là se mettre en état d'être promeu.

Sur la Requête presentée à la Cour par ce Sous-Diacre, il fut representé qu'à la verité le seul Juge Royal peut restituer ceux qui par une condamnation ont encouru l'infamie, & que ce pouvoir ne peut appartenir au Juge d'Eglise suivant le Canon *Euphemium* §. *hinc colligitur*, 2. *quæst.* 3. l'Eglise en effet par la vertu des Sacremens qu'elle administre, peut effacer les pechez, & reconciliant les hommes à Dieu, les rétablir dans les avantages spirituels qu'ils avoient perdu malheureusement, mais ses Juges ne peuvent effacer une infamie imprimée par le Juge Royal, ni rétablir dans leur premier état ceux qu'il a condamnez. Mais ce Suppliant foûtenoit qu'une condamnation aux Galeres à tems ne mettoit point le condamné au rang des infames, & que c'étoit du moins une infamie temporelle, qui s'évanoüiſſoit aprés le tems marqué dans la condamnation. Il employoit l'Ordonnance de 1667. qui declare les condamnez aux Galeres à tems, capables d'efter en jugement, veut qu'ils ſoient aſſignez à leur domicile, & abroge l'uſage de leur donner un curateur. Ils peuvent même contracter & tefter, ſuivant l'avis de Carondas au liv. 3. de ſes Pandectes. Il ajoûtoit que du moins la ſeule condamnation aux Galeres perpetuelles peut produire un effet perpetuel d'infamie, que la condamnation pour un tems, n'en produit point, ou n'en produit que pour un tems. Ainſi par les Loix Romaines, celui qui étoit condamné *ad metalla* pour toute ſa vie, devenoit eſclave de la peine, ſervitude qui n'étoit pas encouruë par celui qui n'y étoit condamné que pour un tems, ſuivant la deciſion du Juriſconſulte, dans la Loy 28. §. 6. *ff. de pænis.*

Il foûtenoit enfin, que quand il auroit encouru quelque note d'infamie par cette condamnation à tems, le tems expiré, tout étoit effacé, & qu'il étoit heureuſement redevenu comme auparavant habile à toutes les fonctions Civiles & Eccleſiaſtiques. Que cela étoit ainſi décidé, quand aux fonctions Civiles, par le Juriſc. Ulpien, dans la 3. Loi §. 2. *ff. de Muner. & Honor.* où il eſt dit que la reſtitution du condamné *ad metalla*, le rend habile comme auparavant à toutes les Charges & à tous les Honneurs de la Republique, dont il redevient citoyen, nonobſtant le malheur de ſa condamnation, mais que par rapport au laps d'un tems limité dans la condamnation. La chôſe eſt encore plus expreſſement decidée à l'égard du condamné dans la Loy 1. cod. *de his qui in exil.* dans la Loy 3. §. 1. *ff. de decur.* dans la Loy *Imperator. ff. de poſtul.* & dans la Loy 3. cod. *ex quib. cauſ. infam. irrog* dans toutes leſquelles Loix il eſt decidé que dans une condamnation à tems, le tems expiré l'infamie ceſſe, *neque enim exageranda ſententia eſt, quæ modum interdictioni fecit, ne pæna tempore determinata ultrà ſententiæ fidem porrigatur,* Godefroy même fur la derniere Loy que j'ai citée a expreffement remarqué qu'il peut y avoir une infamie paffagere, qu'une condamnation ne peut porter ni produire d'effet au delà de fon terme, & que l'exclufion des honneurs & des fonctions pour un tems contient une indulgence & une liberté toute entiere aprés ce tems-là.

Quand aux fonctions Ecclefiaftiques, il foûtenoit auffi qu'il y étoit habile comme avant fa condamnation. Il y a un grand nombre de Textes dans le Droit Canon, qui ont decidé que ceux qui étant tombez dans de grands crimes, même dans l'Apoftafie, avoient merité & fubi des pénitences publiques, reprenent leurs premieres fonctions aprés leur reconciliation à l'Eglife. C'eft ce que l'on voit dans le Canon 13. & fuivant, de la décifion 50. Si la brebis égarée, difent ces Canons, eft rapportée au bercail, pourquoi celui qui eft tombé, ne pourra-t-il pas aprés fa cheute être retabli dans le Miniftere Ecclefiaftique. Ceux-là fe trompent, dit le Pape Calixte, qui croyent que les Prêtres du Seigneur aprés leur cheute, & une pénitence convenable, ne peuvent plus fervir les Autels, *Nos verò*, ajoûte-t-il, *indubitanter tenemus tàm Domini Sacerdotes quàm reliquos Fideles, poffe redire ad honores poft dignam fatisfactionem*, ce qui eft digne de l'efprit de douceur qui doit toûjours animer l'Eglife, conforme à ces paroles de l'Ecriture. *Memor efto unde excideris, age pœnitentiam & fac priora opera.*

Par toutes ces raifons il concluoît qu'il plût à la Cour le declarer habile comme auparavant à toutes les fonctions civiles & Ecclefiaftiques, droit par ordre, le rehabiliter par la grace d'une reftitution favorable.

Cette Requéte ayant été plaidée en l'Audience de la Grand'-Chambre le 9. Decembre 1667. par Me. de Catellan mon neveu, depuis Confeiller & Prefident aux Enqueftes, quoique le Procureur General du Roi y confentit, il fut neanmoins rendu Arrêt par lequel la Cour renvoya ce Sous-Diacre au Roi & au Pape pour lui être pourvû, fuivant leur bon plaifir, fur la reftitution demandée; On crût que cette condamnation laiffoit quelque tache, que la feule autorité fouveraine de celui de qui toutes les graces dependent, pouvoit effacer; & quelque inhabilité pour les fonctions Ecclefiastiques que le Pape feul pouvoit ôter. Cet Arrêt fut un des effets de cette attention religieuse, que nô-tre Parlement a toûjours eû à fe tenir dans les bornes de fon auto-rité, en confervant fidelement au Roi & au Chef de l'Eglife tou-te celle qui leur appartient.

CHAPITRE LXXV.

Si entre Graduez nommez il faut regarder l'ancienneté du Grade, ou l'ancienneté de la nomination.
Si les defauts de Grade peuvent être oppofez par l'Impe-trant, ou Dévolutaire en Cour de Rome.

CEs deux Queftions furent traitées & décidées en la Grand'-Chambre le 18. Août 1698. au rapport de Mr. de Burta, Doyen du Parlement. Les raifons de douter fur la premiere font d'un côté, qu'il femble que dans cette matiere où il s'agit premié-rement & principalement de favorifer & gratifier le Grade, ce qu'il y a de principal & de plus confiderable eft confequement le Grade à l'ancienneté duquel, plûtôt qu'à l'ancienneté de la no-mination, il y a lieu d'avoir égard. Mais d'autre côté, la nomina-tion eft ce qui met le Grade en œuvre, & le fait valoir par rap-port aux Benefices, par où il femble qu'il faut confiderer fon ancienneté, préferablement à celle du Grade. Le §. *Statuimus* du Concordat veut que les Benefices dans les mois affectez foient donnez *antiquiori nominato.* Cela paroit décider d'abord pour l'ancienneté de la nomination. Cependant comme le terme *gra-duato* paroit fenfiblement fous-entendu, on peut pretendre que *antiquiori* tombe fur *graduato* fous-entendu. La premiere expli-cation neanmoins prévalut comme la plus naturelle & la plus lit-terale, par là fuivie de Rebuffe fur ce mot *antiquiori* où il ajoû-te pour note, *id eft, qui primò fit nominatus,* & encore dans fon Traité *de Nominat. quæft.* 21. *nombre* 4. où il dit plus au long que *antiquior dicitur non ætate nec gradu, videlicet ut is qui prius fimp-*

fit præferatur fed tempore , id eft , qui prior fit nominatus , ce qu'é-
tablit auffi le docte Confeiller de nôtre Parlement , Mr. Coras *de
Sacerd. part.* 4. *cap.* 4. *num.* 42. Je l'ai vû juger conformément à
ces autoritez par l'Arrêt que je viens de dire.

    Le même Arrêt jugea que l'Impetrant & Devolutaire en
Cour de Rome ne pouvoit oppofer aux deux Graduez qui dif-
pûtoient le Benefice qui leur avoit été conferé *in vim Gradûs* ,
qu'ils étoient mal qualifiez , ce qu'on decida qu'un autre & troifiéme Gradué pourroit feulement faire. La raifon de la décifion
à cet égard , fut que les titres qui leur ont été faits par l'Ordinaire en qualité de Graduez , ne pouvant valoir en cette qualité , valent toûjours comme titres faits *per obitum* , contre l'Impetrant
& Devolutaire en Cour de Rome par la faveur du titre de l'Ordinaire & la faveur du Grade , de maniere qu'il faut en cette rencontre adjuger le Benefice au moins mal qualifié des prétendans.
On convint fi bien de cette Regle & de cet ufage , qu'on laiffa à
l'écart & indecife une queftion mûë dans ce Procez , & qui s'y
trouvoit amplement traitée , fi la provifion de Rome que le Gradué qui a requis l'Ordinaire obtient en Cour de Rome avant l'in-
petration & devolut , le met à l'abri de l'Impetrant & Devolutaire. Rebuffe au traité des Nominations queftion 17. nombre 19.
avance que le Gradué requerant empêche le Pape de prevenir à
fon préjudice , mais non de prévenir en fa faveur , parce que ce
qui a été établi pour lui ne doit pas tourner contre. *Requirens
poteft prævenire , nempè quæ inducta funt in favorem illius non
debent in prejudicium retorqueri ;* Ce que cet Auteur dit avoir
été jugé par un Arrêt du Parlement de Paris. Il paroît cependant fort fingulier & fort extraordinaire qu'un Gradué qui fait
une mauvaife requifition puiffe par là lier les mains au Pape pour
les autres , & fe le conferver libre , à quoi il paroît même que la
fraude pourroit bien aifement fe mêler.

❧❦☙

CHAPITRE.

CHAPITRE LXXVI.

De l'énonciation de la Directe en faveur de l'Eglise.

PAr Arreſt du 1. Avril 1669. en la Premiere Chambre des Enqueſtes, au rapport de Mr. Mirman, Mr. l'Evêque d'Alet, ſans bail à fief, reconnoiſſance, lauzime ni lieve, fut maintenu en la directe de divers biens ſur les ſeules énonciations contenuës dans les acquiſitions de ſes Parties, les habitans d'Alet où il étoit dit, ſous telle rente dûë à Mr. l'Evêque d'Alet, ſous la rente accoûtumée, dûë à Mr. l'Evêque, ou encore, qui ſe trouvera dûë à Mr. l'Evêque. Les habitans furent ſeulement relaxez à l'égard des acquiſitions dont les Contrats ne diſoient, que, ſous, ou ſauf le droit de Mr. l'Evêque. La même choſe avoit été jugée quelques années auparavant dans la même Chambre, & au profit du même Prélat, au rapport de Mr. de Bertier contre les habitans de Cumazel. La raiſon de l'Arreſt ne fut autre, la force des énonciations anciennes à la faveur de l'Egliſe, & à l'impoſſibilité où elle eſt de prouver & d'établir ſes droits en de certains lieux, tels que le Dioceſe d'Alet, où ceux de la Religion Prétenduë Reformée ont pillé & brûlé tous ſes titres, ce qui eſt conforme à une Déclaration du Roy de l'année 1657.

Fin du Premier Livre.

LIVRE II.
DES SUCCESSIONS.

CHAPITRE I.

De la Clause Dérogatoire.

LEs Docteurs conviennent affez que pour emporter un premier Teftament contenant claufe derogatoire, il n'eft pas abfolument neceffaire que le Teftament pofterieur revoque ou repete expreffement la claufe ; mais ils ont de la peine à convenir entr'eux de ce qui peut équipoler à la revocation expreffe. Selon quelques-uns pour fuppléer, il faut que le Teftateur marque nommement le jour qu'il a fait le Teftament, le Notaire qui l'a retenu, l'heritier en faveur duquel le Teftament eft fait. D'autres difent que la feule expreffion du nom de l'heritier inftitué dans ce Teftament fuffit ; & d'autres enfin veulent qu'au delà même d'une fuffifante defignation du Teftament, le Teftateur declare dans le pofterieur, qu'il avoit inferé dans le precedent une claufe derogatoire dont il ne fe fouvient pas.

Je croy que les difficultez qui furviennent fur une matiere fi importante, doivent beaucoup être reglées par les diverfes circonftances du fait, & que c'eft là qu'il faut tâcher de découvrir, fi dans le Teftament pofterieur où le Teftateur ne repete point la claufe derogatoire contenuë dans le precedent, il y a deffaut de volonté ou deffaut de memoire : car il faut d'un côté prendre garde qu'un Teftateur manquant de memoire, ne foit point privé de faire fa veritable volonté, par les précautions même qu'il a voulu une fois prendre pour la faire ; & d'autre part que ces mêmes précautions ne lui deviennent pas inutiles par les foins & les artifices de ceux contre qui il a voulu les prendre , & qui peuvent plus aifément fuggerer les pretendus équipolans , que la claufe qui peut être plus fecrete & plus cachée.

Par cette raifon , on n'en croit pas au Teftateur même qui allegue fon deffaut de memoire , fans defigner le Teftament anterieur , revoquant feulement & generalement toutes les claufes derogatoires contenuës dans les precedens Teftamens. Ce feroit un tour trop aifé & trop fûr pour les Captateurs , dont on a voulu éviter les impreffions & les fineffes ; & c'eft ainfi que je l'ai vû juger le 30. Juin 1661. aprés Partage , porté de la Premiere à la Seconde Chambre des Enquêtes par Mr. de Burta , Rapporteur , & moy Compartiteur.

Il y a des Auteurs qui pretendent que la claufe derogatoire ne vaut pas dans les Teftamens des femmes , des mineurs & des ruftiques. Il paroît cependant fans difficulté qu'elle peut être mife valablement dans les Teftamens des femmes de quelque condition , & des mineurs approchant de la majorité , que le fexe & la minorité ne mettent point hors d'état de connoître l'ufage & la force de la claufe derogatoire , & qui par le fexe même , ou par la jeuneffe , ont cependant plus de raifon de craindre les violences ou les impreffions , contre lefquelles cette claufe a été introduite.

Suivant ces raifons , j'ai vû juger dans le même Partage , & par le même Arrêt que je viens de citer , qu'un premier Teftament d'une femme , même illiterée , n'étoit point revoqué par un fecond , qui ne faifoit point mention d'une claufe derogatoire contenuë dans le premier , qui veritablement étoit aifée & naturelle.

Si c'étoit neanmoins un vray Ruftique , je ne croy pas qu'on dût faire attention à la claufe derogatoire , dont on devroit préfumer qu'il ignoroit la force & l'ufage. Ce deffaut de connoiffance fi juftement prefumé par fon état , eft quelque chofe de bien plus à regarder que le deffaut de memoire , qui cependant, lorſqu'il peut être preſumé, diſpenſe de la repetition de la clauſe.

Ce deffaut de memoire eſt ſur-tout preſumé par le laps du tems, le tems étant naturellement ce qui ôte le plus le ſouvenir des choſes. Par cette raiſon ſelon la plûpart des Docteurs, ſuivant leſquels il a été jugé en la Grand'Chambre au rapport de Mr. de Barthelemy de Beauregard, s'il s'eſt écoulé dix ans depuis le Teſtament qui contient la clauſe derogatoire, elle n'aura point ſon effet, par cette ſeule preſomption d'oubli.

Sur la matiere que nous traitons, il y a encore cette remarque à faire, que le Teſtament antérieur contenant la clauſe derogatoire, peut être quelquefois la diſpoſition captée plûtôt que le ſubſequent qui le revoque ſans faire mention de la clauſe; ſur-tout lorſque la clauſe étant difficile, elle peut bien avoir été plûtôt une précaution du Captateur que celle du Teſtateur, ſuggerée par le premier qui en a voulu rendre la repetition difficile, pour s'aſſurer davantage d'une diſpoſition qu'il a craint qui ne fût revoquée par le Teſtateur, plus libre conſideration deciſive, pour admetre les équipolans; mais qui les laiſſe toûjours beaucoup dependre des conjonctures & des circonſtances particulieres.

Beaucoup d'Auteurs veulent que ſi le ſecond Teſtament contient le ſerment du Teſtateur, qui a juré qu'il vouloit que ſon Teſtament valût, & qu'il contient ſa veritable volonté, il revoque alors le précedent quoiqu'il ne faſſe pas mention de la clauſe derogatoire qui y eſt contenuë; & c'eſt l'avis de Julius Clarus, *Lib. 3. §. Teſtamentum, quæſt. 99.* Ranchin *ad quæſt. 127.* Guid. Papæ, Faber, *Lib. 6. tit. 5. defin. 11.* Duranti *quæſt. 92.* à quoy Benedictus, *in verbo Teſtam. 2.* ajoûte ſeulement, que cela doit être entendu lorſque le Teſtateur a juré qu'il revoque toutes les diſpoſitions precedentes : Comme ils veulent auſſi que ſi le premier Teſtament contient le ſerment du Teſtateur, cela demande la revocation de ce ſerment dans une diſpoſition poſterieure, faiſant par là valoir même le premier, au préjudice d'un ſecond, contenant ſimplement même ſerment, que la diſpoſition que l'on fait eſt la veritable volonté; de maniere que ces

Docteurs veulent que dans un premier Testament ce serment fasse l'effet de la clause derogatoire, & dans un second, l'effet de la revocation de la clause derogatoire.

Je ne sçaurois, si je l'ose dire, être de l'avis de ces Docteurs; car si le serment est dans le premier Testament, ce peut être sans doute une preuve que le Testateur vouloit bien alors ce qu'il vouloit; mais sans se faire une obligation de le vouloir toûjours, & sans s'imposer la Loy de ne pouvoir point faire de disposition valable, qu'en faisant mention du serment; s'il l'avoit ainsi entendu, il faut croire qu'il l'auroit dit, & c'est avec cette clause ajoûtée que le serment pourroit valoir, ou seroit plûtôt une vraye clause derogatoire. Que si le serment est dans le second Testament, qui ne voit qu'y avoir égard, seroit fournir un de ces tours aisez qui détruiroient sans peine toute la prudence & toute la précaution des clauses derogatoires. Le serment neanmoins pourroît être si Religieux (comme, par exemple, sur les Saints Evangiles) qu'il pourroit équipoler à la revocation de la clause derogatoire, par la sincerité & verité presumée d'une volonté affirmée avec cette sorte de serment, si elle n'étoit combatuë par des circonstances du fait, qu'aideroit d'autre côté la singularité d'un serment si extraordinaire.

Non seulement au reste, on peut suppléer par équipolant à la clause derogatoire, mais la clause derogatoire elle-même peut être supplée & sous-entenduë, elle l'est dans les Testamens faits en faveur des enfans ou de la cause pie, & ils ne sont point emportez par des Testamens posterieurs, faits en faveur d'autres que des enfans ou de la cause pie, si ces Testamens posterieurs ne revoquent pas expressement les dispositions precedentes.

Ce principe fait douter si la clause derogatoire contenuë dans un premier Testament entre enfans, non rapellée dans le Testament posterieur entre enfans aussi, infirme cette seconde disposition. Le doute étoit fondé sur cette faveur des enfans, qui dispense de tant de choses les dispositions faites en leur faveur, & sur ce que la clause derogatoire tacite presumée dans un Testament entre enfans, n'étant bonne qu'à l'égard des étrangers,

& non à l'égard des enfans inftituez dans un Teftament pofterieur, il fembloit qu'il y avoit quelque raifon de pretendre
qu'il en devoit être de même de la claufe derogatoire expreffe,
qu'on pouvoit de même dire qui n'eft appofée qu'à l'égard des
étrangers, & non des enfans, contre lefquels il n'eft pas naturel
qu'un pere foit obligé d'entrer en défiance, & de fe mettre en
garde, & qu'il en doive craindre l'autorité ni la violence. On juge cependant qu'en ce cas, la claufe derogatoire fait fon effet
ordinaire ; & j'ai appris qu'il avoit été ainfi jugé fuivant l'avis de
Brodeau lettre T. nomb. 9. aprés Partage porté de la Premiere
à la Seconde Chambre des Enquêtes, par Mr. de Caumels Rapporteur, & Mr. de Lombrail Compartiteur, au procez des
Valetons, enfans de Valeton, Juge Daubenas ; Par la raifon
que l'omiffion de faire mention expreffe ou équipolante de la
claufe derogatoire, n'étant pas une de ces omiffions de formalité, qui ne font que rendre le Teftament moins parfait, & qui
le laiffent neanmoins parfait entre enfans ; mais une omiffion
effentielle & qui ôte à la derniere difpofition la certitude de volonté, qui entre enfans même eft néceffaire.

On ne peut en effet prendre dans le cas propofé la claufe derogatoire, que comme une precaution qui regarde les enfans,
puifqu'il n'eft pas naturel de penfer que le Teftateur en ait eu
befoin contre des étrangers, à moins qu'il ait craint l'infpira-
tion de ceux-ci en faveur de quelques-uns de fes enfans, auquel
cas il y a lieu de laiffer à la claufe derogatoire fon effet ordinaire, l'exemple en ait aifé à trouver, un Teftateur peut craindre que fa femme ou quelqu'autre perfonne acreditée auprés de
lui, ne l'oblige à faire entre fes enfans même une difpofition
oppofée à fes fentimens, & contre laquelle il fe precautionne ;
la faveur étant égale, il faut s'en tenir au droit commun, même
entre enfans.

La claufe derogatoire eft au refte fuppleée & fous-entenduë
dans les fimples legs pieux, qui ne demeurent pas revoquez par
là revocation du Teftament qui les contient, & qu'il faut qu'ils
foient nommement & fpecifiquement revoquez, comme je l'ai
vû juger en l'année 1650. quoique le fecond Teftament, auffi

bien que le premier , fût en faveur des enfans ; contre le fentiment du Prefident Faber , dans fon Code , *Lib. 6. tit. 5 defin. 29.*

Les circonftances étoient d'ailleurs bien fortes contre le legs.
Le Teftateur âgé de quatre-vingts ans , qui dans un premier teftament entre enfans inftituez également , avoit fait un legs pieux
confiderable , dans un fecond teftament legue à un de fes enfans certain domaine , inftitue l'aîné fon heritier univerfel , declare ne vouloir point faire d'autre legs , revoque fon precedent
teftament , ne fe fouvenant pas , dit-il des legs qu'il y peut avoir
fait. La revocation du teftament , la declaration qu'on ne vouloit pas faire d'autre legs que celuy qui avoit été fait à un des
enfans , le défaut de mémoire énoncé par le Teftateur à l'égard
des legs , & qu'il eft fi naturel de prefumer dans un âge fi avancé ,
ne pûrent garantir l'heritier du payement. L'Arreft fut rendu
au rapport de Mr. de Catellan Doyen du Parlement , mon pere.

Il fut jugé de même en l'Audience de la Grand-Chambre le
12. May 1654. dans l'efpece d'une Veuve , qui dans un premier
teftament entre enfans , ayant legué aux Filles orphelines de
Touloufe 24. linceuls , & dans un autre teftament fubfequent ,
de même entre enfans , ayant legué aux mêmes Filles douze linceuls , & revoqué nommément le precedent teftament , dont elle
avoit marqué la date , l'un & l'autre legs fut adjugé aux Orphelines.

Neanmoins , fi par des conjectures fortes & convaincantes ,
on peut prefumer que le Teftateur , qui dans les deux teftamens
a fait un legs à la même caufe pieufe , a eu intention de revoquer
le premier , & n'a voulu laiffer que le fecond ; le fecond legs
feulement fera dû. C'eft dans cette efpece que fut rendu l'Arreft
entre Faure & le Syndic des Peres Auguftins Déchauffez de Touloufe , en la Premiere Chambre des Enquêtes, au rapport de Mr. de
Paucy au mois de Septembre 1692. Une Teftatrice dans un premier Teftament , qui contient une claufe derogatoire , legue 1000.
livres à ces Religieux , à la charge d'un Service à perpetuité , inftituë un petit-fils , auquel il fubftituë un autre petit-fils. Dans un fecond teftament elle legue aux mêmes Peres Auguftins 800. li-

vres, à la charge du même Service, fait le même héritier, fubftituë les mêmes, revoque le precedent teftament, dont il repete la claufe dérogatoire, fans revoquer expreffement le legs de 1000. livres. L'heritier menaçant de repudier, attendu la petite portée des biens, le Syndic des Auguftins, fans deliberation precedente, reduit ces legs à 600. liv. que l'heritier s'oblige de payer. Cet heritier ayant en effet pofterieurement repudié l'heredité, les Auguftins demandent caffation de cette tranfaction, & les deux legs de 1000. liv. & de 800. liv. le fubftitué dit, qu'il doit joüir de l'effet de la tranfaction paffée avec l'heritier, en tout cas qu'il doit en être quite en payant 800. liv. Par l'Arreft que je rapporte, les Auguftins furent reftituez envers la tranfaction, & neanmoins le fubftitué n'eft condamné de leur payer que le legs de 800. liv. contenu dans le fecond teftament ; Par la raifon que le premier teftament étant repeté & renouvellé dans le fecond en tous fes chefs, hors le legs fait aux Auguftins, la revocation de ce premier teftament contenuë dans le fecond, ne pouvoit tomber precifement que fur le legs fait aux Auguftins dans ce premier teftament, legs qu'il paroiffoit fenfiblement que le Teftateur après une plus grande attention à la portée de fes biens, avoit voulu diminüer par la revocation du premier teftament, & encore mieux par la repetition de la claufe dérogatoire qui y étoit contenuë. Ces circonftances font que cet Arreft ne choque point la Maxime generale que j'ai établie ; que les legs pieux doivent être nommément revoquez. La conviction de la volonté du Teftateur doit fans doute toûjours prevaloir à tout ce qui n'eft que prefomption.

Quoy que j'aye dit ci-deffus de la claufe derogatoire, plufieurs croyent cependant, que s'il s'eft paffé plus de dix ans depuis le premier teftament contenant les legs pieux jufqu'au fecond, les legs pieux font revoquez par la fimple revocation du teftament où ils font contenus. La raifon de douter eft prife de ce que la derogatoire tacite & fous-entenduë, ne doit pas avoir plus de force que la derogatoire expreffe & formelle, qui eft emportée, felon ce qui a été dit ci-devant, par le laps de dix ans, & la feule prefomption d'oubli. Mais d'autre côté, les difpofitions en faveur

de

de la cause pie sont plus favorables, & doivent moins recevoir
la presomption du changement d'une volonté. Je croirois cependant que cet intervalle de tems dispense de la revocation particuliere, sur-tout lors qu'au-delà du laps de dix ans le second
testament se trouve fait en faveur des enfans ou des heritiers *ab*
intestat ; Dont l'objet & les motifs sont toûjours les mêmes, ou
qu'il contient d'autres legs pieux.

Despeysses Partie 1. des Testamens, sect. 5. nomb. 17. avance
sur cette matiere, que la clause derogatoire contenuë dans un testament, infirme les codicilles postericurs où elle ne se trouve
pas revoquée, même quoi que la clause derogatoire ne parle que
des testamens ; mais dans ce cas je serois d'un avis contraire, il
me semble que la necessité frequente de faire des codicilles pour
gratifier de nouveaux amis, ou recompenser de nouveaux services,
demande encore plus de liberté pour faire des codicilles que
pour faire des testamens, qu'ainsi il ne faut pas presumer aisément qu'on ait voulu se lier & se contraindre à l'égard des codicilles ; qu'il faut presumer au contraire, que si le Codicillant
s'est souvenu de la clause derogatoire, il peut s'être en même-tems
souvenu qu'elle ne regarde que les testamens posterieurs, ce qui
peut lui en avoir fait regarder la revocation comme superfluë
dans un codicille, & qu'enfin la clause derogatoire n'étant que
contre les Captateurs, qui sont nommez des devoreurs d'heredité, *hæreditatum helluones*, & les codicilles n'étant ordinairement faits que pour de simples legs, qui ne sont pas autant sujets à la captation, ou du moins à une captation aussi violente
& aussi à craindre, ce n'est pas le cas d'étendre cet usage, d'autant plus que nôtre Jurisprudence ne l'ayant introduit qu'en
transplantant d'un testament à l'autre, ce qui n'avoit été établi
que du commencement & de l'entrée, au cours & à la suite de la
même disposition, suivant la Loi *Si quis in principio* 22. *ff. de leg.*
3. ce seroit le porter trop loin & le trop transplanter que de le
porter & de l'étendre des testamens aux codicilles, à moins
que le codicille ne contînt un fideicommis universel, avec prohibition de quarte, ou quelque gros legs qui consommât l'heredité ;
car alors le codicille pourroit passer pour un testament déguisé.

& pour le tour rufé d'un Captateur, qui a voulu parvenir, par cette voye, à ce que le Teftateur avoit voulu éviter par la claufe derogatoire de fon teftament.

Il eft conftant que ces claufes derogatoires ne s'étendent point jufques aux actes & donations entre vifs, & une donation de tous les biens entre vifs revoque un teftament contenant claufe derogatoire, dont il n'eft pas fait mention dans la donation, Loüet lettre T, nomb. 9. Ferrieres fur la Queftion 127. de Guy Pape, Cambolas Liv. 2. chap. 1. Ce font des actes d'une nature tout-à-fait differente, & qui naturellement ne fe rapportent pas les uns aux autres ; Il s'en faut bien d'ailleurs qu'on penfe à fe précautioner contre les donations entre vifs, comme contre les difpofitions de derniere volonté, on fe croit moins expofé aux captations, & plus en état d'y refifter dans le premier cas.

J'ai vû douter cependant fi la derogatoire tacite & prefumée contenuë dans le legs pieux étoit emportée par une donation univerfelle, ou par la donation particuliere de la chofe leguée. Cette queftion fut debatuë dans le Jugement d'un Partage porté par Mrs. de Sevin Manfencal & de Tiffaut Rapporteur & Compartiteur, de la Seconde en la Premiere Chambre des Enquêtes le 8. Juin 1666. Ferrieres rapporte là-deffus un Arreft contre la caufe pie, dans le cas de la donation de la chofe leguée auparavant à l'Eglife : on en rapporta dans ce Partage un autre rendu en la Grand'-Chambre au rapport de Mr. de Comere le 8. May 1665. par lequel le Donataire de tous les biens, fous la feule refervation de 400. liv. pour le Donateur, fut relaxé de la Fondation auparavant faite dans un teftament qui l'avoit precedée par le Donateur, fauf le recours fur les 400. liv. refervez. Ces decifions contre l'Eglife paroiffent trés-bien fondées, par la decifion de la Loi 24. §. *Pater, ff. de adim. vel transf. legat.* où le pere ayant legué à fa fille *hortos inftructos*, & puis ayant donné quelques efclaves de ces jardins à fa femme, cette donation, foit confirmée ou non, valable ou non, diminuë d'autant le legs fait à la fille, ce qui tire fans doute à confequence contre la caufe pie, qui n'eft pas plus favorable que les enfans, & qui tout au plus marche d'un pas égal avec eux : la queſtion ne fut pas jugée dans ce Partage à cauſe des circonſtances, mais il fut allegué un Arreſt, par lequel il avoit été jugé que la donation & permutation de la choſe leguée à la cauſe pie ne revoque pas le legs.

CHAPITRE II.

Du Teſtament imparfait en faveur des Heritiers ab inteſtat.

De la ſimple revocation d'un Teſtament.

LE teſtament parfait n'eſt pas revoqué regulierement par un teſtament imparfait, quoi que le ſecond revoque nommément le premier, §. *penult. inſt. quib. mod. teſtam. inf* Cette Regle n'a pas lieu lors que le teſtament parfait eſt en faveur de l'heritier étranger, & le poſterieur imparfait en faveur des heritiers *ab inteſtat*, *L. 1. ff. de inj. rupt.* pourvû qu'il y ait cinq témoins, *L. hac conſultiſſimâ §. 3. Cod de teſtam.* mais on doute s'il eſt neceſſaire que tous les heritiers *ab inteſtat* ſoient inſtituez dans ce ſecond teſtament. Cujas dans ſa Conſultation 55. ſemble l'entendre ainſi, de même que Benedictus *ad Cap. Raynutius, in verbo Teſtamentum,* 1. *num.* 76. & que Mr. Cambolas au Liv. 1. chap. 33. & 34. ce qu'on infere de ce que le teſtament du pere, où le fils eſt de ſa propre main écrit heritier, vaut au cas que ce fils ſoit ſeul ſucceſſeur *ab inteſtat,* autrement il ne vaut pas, par où Cujas concilie la contrarieté apparente de la Loi 14. *Si maritus, ff. ad L. Corn. de falſ.* & de la Loi 1. au même Titre du Code. D'ailleurs, l'inſtitution du Tuteur n'eſt bonne, qu'au cas ce Tuteur ſoit unique ſucceſſeur *ab inteſtat.* Cela ſemble pouvoir encore être inferé de la Loi 2. *Si duabus, ff. de bon. poſſ. cont. tab.* qui veut que le ſecond teſtament, dans lequel le fils eſt preterit, revoque le premier, où ce fils avoit été exheredé ; *Si remoto quoque filio, potiores ſint in ea hæreditate poſteriori teſtamento ſcripti hæredes.* D'où il ſemble qu'on puiſſe conclure, qu'afin que le ſecond Teſtament ſoit valable, il eſt neceſſaire que les heritiers *ab inteflat*, y foient tous inftituez, puifqu'il eft neceffaire que les inftituez foient les plus proches, *potiores*, c'eft-à-dire, qu'ils excluent tout autre de la fucceffion. A quoi l'on peut ajoûter les termes de la Loi *hac confultiffima, nifi in fecunda voluntate eos fcribere inftituit, qui ab inteftato ad hæreditatem vocantur*, où le nombre pluriel qui y eft employé femble encore les ramaffer tous, d'autant mieux que cette même Loi dit dans la fuite que ce fecond teftament ne vaut point comme teftament, mais comme derniere volonté *ab inteftat*, & qu'il eft de l'ordre de toutes les difpofitions *ab inteftat*, que tous les heritiers *ab inteftat*, y font prefumez appellez.

Je croi neanmoins, malgré tout ce que je viens de dire, qu'il fuffit que quelqu'un des heritiers *ab inteftat*, (j'entends des plus proches, & de ceux qui auroient recüeilli la fucceffion, ou partie de la fucceffion du défunt, s'il n'avoit point fait de tefta-ment) foit inftitué heritier dans le teftament imparfait, au cas propofé, allegué, & les raifons de l'avis contraire ne me pa-roiffent pas bien concluantes. L'inftitution d'un heritier qui s'eft écrit heritier lui-même, & l'inftitution d'un tuteur, prefentent un foubçon fi grand & fi jufte, que pour le guerir on demande qu'en ces deux cas, dont celui, duquel il s'agit, eft bien diffe-rent, l'inftitué foit le feul heritier *ab inteftat*. Quant à la Loi *fi duobus*, fi elle femble d'abord demander que *infcripti in fecundo Teftamento fint potiores ab inteftato*, elle s'explique elle-même par fa fuite, où difant qu'il fuffit *ut fcriptus hæres in fecundo Tef-tamento poffit obtinere hæreditatem remoto filio*, elle ôte la necef-ceffité de nommer dans le fecond Teftament tous les heritiers *ab inteftat*. Cela eft encore expliqué, autorifé & confirmé par la Loi 2. ff. *de inj. rup* qui requiert feulement que *in fecundo Teftamen-to fcriptus fit qui ab inteftato venire poteft*, ce qui ôte le fens collectif du nombre pluriel employé dans la Loi *hac confultiffi-ma*, dans laquelle il eft encore à remarquer, que dans ces paroles *nifi fortè in priore Teftamento fcriptis qui ab inteftato ad Teftato-ris hæreditatem vel fucceffionem venire non poterant, eos fcribere inftituit qui ab inteftato ab ejus hæreditatem vocantur*, ces deux pluriels qui répondent l'un à l'autre, marquent que ni l'un ni l'autre ne doit avoir ce fens collectif, & qu'ils ne fignifient que quelqu'un du nombre indefiniment, c'eft-à-dire, que voici leur fens précis, fi ce n'eft qu'après avoir nommé des étrangers dans le premier teftament *fcriptis his qui ab inteftato venire non pote-rant*, dans le fecond il inftitué de fes plus proches ou heritiers *ab inteftat*, *eos fcribere inftituit qui ab inteftato vocantur.* Enfin le titre de derniere volonté *ab inteftat*, donné à cette feconde difpofition ne peut pas non plus operer l'obligation d'inftituer tous les heritiers *ab inteftat*, puifqu'il n'eft pas nouveau que par la volonté même & la difpofition *ab inteftat*, quelqu'un des plus proches parens puiffe être privé de l'entiere fucceffion, car il peut l'être bien facilement, & il l'eft fi le Teftateur, par exemple, le prie de rendre fa fucceffion toute entiere, & fans détraction de quarte. Mais ce qu'il y a de plus decifif & de plus folide pour déterminer le cas dont il s'agit, c'eft qu'il n'y eft point jufques-là queftion fi l'Inftitué au fecond teftament doit exclurre les autres heritiers *ab inteftat*, qui font au même degré, & que la quef-tion roulle uniquement d'un teftament à l'autre, entre l'heritier inftitué dans le premier teftament parfait, & l'heretier *ab inteft-at*, inftitué dans l'imparfait pofterieur, & que celui-ci ayant pour lui la Loi du fang & de la nature, avec une difpofition du défunt, doit l'emporter fur l'autre, & merite qu'on explique en' fa faveur ce que les autres Loix peuvent avoir laiffé d'ambigu, l'heritier *ab inteftat*, par le droit naturel qu'il a fur les biens, pa-roiffant difputer *de damno vitando*, au lieu qu'il n'y va pour l'au-tre que d'un profit qu'il cherche à faire ; d'autant plus que fi les coheritiers *ab inteftat*, vouloient relever leur intereft, ils feroient uniquement l'affaire de l'étranger, & ne feroient rien pour eux, ce qui ne feroit ni jufte ni favorable.

Il femble donc d'abord qu'il y auroit plus de doute fi fans nul teftament parfait en faveur d'un étranger, il s'agiffoit d'un teftament imparfait, où, un feul, ou bien quelques-uns feule-ment d'un plus grand nombre des heritiers *ab inteftat*, feroient heritiers inftituez. On ne pourroit pas alors les exclure par la derniere des raifons que je viens de dire. Mais l'heritier, ou les heritiers inftituez auroient toûjours pour eux avec la Loi du fang

& de la nature, la difpofition du défunt qui ne feroit que les choifir dans le nombre, & il feroit bizarre que cette difpofition ne peut fe foûtenir feule, lorfqu'elle feroit en état de combattre & de vaincre une difpofition contraire & plus parfaite.

Un des plus fçavans Profeffeurs que l'Univerfité de Touloufe ait eu dans le Droit, & qui en connoiffoit le mieux la pureté, croyoit qu'à la lettre, le teftament imparfait dont nous avons parlé, ne devoit être regardé que comme une difpofition *ab inteftat*, & qu'ainfi dans le cas d'un feul ou de quelques-uns feulement des heritiers *ab inteftat*, inftituez, les autres heritiers *ab inteftat*, font priez de rendre leur portion d'heredité à l'inftitué dans cette difpofition imparfaite, qui à cela prés qu'elle infirme le teftament anterieur, *infirmato priori Teftamento*, n'eft au furplus regardée que comme un Codicille ou teftament foûtenu par la claufe Codicillaire, *non quafi teftamentum fed tanquam ultima ab inteftato voluntas*, comme dit la Loi *hac confultiffima*. Et lorfque la Loi ajoûte *in qua voluntate quinque teftium depofitiones fufficiunt*, ces paroles qui donnent lieu d'entendre que ce n'eft qu'à titre de difpofition *ab inteftat*, & felon le droit commun de ce genre, que cette difpofition n'a befoin que de cinq témoins, femblent l'égaler encore plus aux Codicilles.

Cette interpretation eft peut-être la plus conforme aux paroles de la Loi, & feroit d'autant plus favorable, que tous les heritiers *ab inteftat*, également appellez d'ailleurs par le fang & par la nature, trouveroient quelque profit à cette difpofition ; je ne crois pas cependant qu'on la fuivît au Palais, où je vois que l'on tient communément & generalement que le teftament fait devant cinq témoins en faveur des heritiers *ab inteftat*, vaut comme teftament, en telle forte, *ut ex eo hæreditas directo data intelligatur*. Ce qui eft conforme à l'avis de Benedictus *ad cap. Raynutius in verbo Teftamentum i. num.* 76. qui lorfqu'il dit que dans cette difpofition imparfaite le feul nombre de témoins eft remis, & que toutes les autres folemnitez du teftament, demeurent requifes & neceffaires, témoigne bien qu'il regarde cette difpofition comme un teftament, & non comme un Codicille, puifqu'une difpofition purement reduite à cette condition, ne peut fans doute d'ailleurs emporter un teftament précedent.

Un autre grande queftion fur la matiere de la revocation des teftamens, c'eft fi le teftament parfait peut être revoqué par une fimple declaration de revocation. Mornac fur la Loi 8. *ff. de pecul.* dit que le teftament eft revoqué par une fimple declaration de revocation faite devant un Notaire, Papon des Teftamens liv. 2. tit. 1. arr. 2. prétend que la fimple revocation faite devant un Notaire & trois témoins, revoque un teftament fait entre enfans. Suivant Guy-Pape, *queft.* 200. *num.* 1. 3. 4. la revocation du teftament parfait vaut, pourvû qu'elle foit faite devant fept témoins, fans qu'il foit befoin que 10. ans fe foient écoulez depuis le teftament revoqué, jufqu'à la mort du Teftateur, il croit que la Loi *fancimus* doit être entenduë au cas d'une revocation faite devant un nombre de témoins moindre que fept, avec lequel nombre de fept, il prétend que le fecours du tems eft furperflu. Ferrieres fur cette même queftion a donné dans le fentiment de fon Auteur, parce que, dit-il, une revocation auffi autentique que celle qui eft déclarée devant fept témoins, fait que l'heritier n'a plus pour lui la volonté du défunt, ce qui feul, dit-il, doit fuffire. *Ex l. peto ff. de legat.* 2. & il n'eft pas neceffaire, ajoûte-t'il, que le Teftateur declare de plus qu'il veut mourir *ab inteftat;* Par la raifon que lorfque le Teftateur devant le nombre des témoins legitimes declare qu'il ne veut pas que fon teftament vaille, par une naturelle & neceffaire confequence, il declare qu'il veut mourir *ab inteftat,* & il inftituë fes plus proches *l.* 8. *conficiuntur l.* 16. *ab inteftato ff. de jur. codic.*

Mais Mr. Cujas, cette grande lumiere du Droit, fur la Loi 1. *ff. fi tab. Teft. nul. ext.* foutient au contraire que la feule & nuë revocation ne fçauroit infirmer un teftament, ce qu'il établit par plufieurs Loix qu'il cite. Ranchin fur la queftion 200. de Guy-Pape, Julius Clarus au Liv. 3. §. *Teftamentum* queft. 92. croyent que la revocation du teftament, faite même devant fept témoins, ne vaut qu'avec le fecours du laps de dix ans, ou de la declaration ajoûtée par le Revoquant, qu'il veut mourir *ab inteftat.*

Je fuis tout-à-fait de l'avis de Cujas, de Ranchin, & de Julius Clarus. Je me fonde fur ce que jamais le teftament ne peut être

infirmé par ce feul endroit, que le Teftateur n'a pas voulu qu'il
valût, fuivant la décifion expreffe du §. penultiéme, *teftit. quib.
mod. Teftam. infirm.* d'ailleurs, *hæreditas fola exhæredatione adimi non poteft nifi à milite*, comme il eft dit dans la Loi 17. au §:
fi eodem ff. de Teftam. mil. De plus le teftament fait entre enfans
n'eft pas revoqué par une fimple declaration faite devant fept
témoins, fi le Teftateur ne fait une nouvelle difpofition. *Auth.
hoc inter Cod. de Teftam. novel.* 107. *cap.* 2. Enfin la Loi *Sancimus* me femble claire, & me paroit dire fort intelligiblement,
que pour emporter un teftament parfait, il faut ou un fecond
teftament parfait, ou le cours de dix années, accompagné d'une
revocation, de laquelle il faut qu'il y ait du moins trois témoins, afin qu'elle demeure fuffifamment établie : Sur quoi il eft
encore à remarquer que l'Empereur dans cette Loi deroge à un
droit plus ancien, contenu dans la Loi 3. au Code Theodo-
fien *de Teftam.* fuivant lequel un teftament étoit infirmé, par le
laps feul de dix ans, après lequel il étoit regardé comme nul &
furanné, *antiquatum.* L'Empereur ne veut donc point qu'à l'a-
venir le tems feul fuffife pour abroger un teftament, fi au-delà de
dix années il n'y a quelque revocation pofitive faite par le Teftateur, ou dans un acte public, ou, devant tout au moins trois
témoins, ce que l'Empereur veut qui établiffe fuffifamment la
revocation ; mais non que la revocation feule fuffife pour emporter le teftament precedent, fur quoi la décifion de la Loi ne porte point, puifque l'Empereur n'appuye que fur le laps du tems :
comme fur ce qui autrefois feul fuffifoit pour infirmer une difpofition, & la feule chofe qu'il veut changer, laiffant fans doute tout
le refte à regler felon les principes & les regles ordinaires du Droit.

Par toutes ces raifons, je fuis convaincu qu'une fimple revocation, quoique faite devant fept témoins, n'emporte point le teftament parfait : à quoi cependant j'ajoûterai l'exception marquée
par Julius Clarus, & par Ranchin aux endroits que j'ai marquez
auparavant, perfuadé de même fuivant leur avis, que fi le Teftateur, à la declaration de revocation faite devant le nombre legitime de témoins ajoûte qu'il veut mourir *ab inteftat*, la revocation
alors fuffit pour infirmer le teftament.

Et

Et il n'y a rien de singulier & d'extraordinaire, il y a au contraire beaucoup de raison dans cette difference d'entre la simple revocation faite devant sept témoins, & cette même revocation accompagnée de la declaration qu'on veut mourir *ab intestat.* Cette declaration n'est nullement, par une consequence necessaire, contenuë dans la simple revocation, comme le pretendent Guy-Pape & Ferrieres contre l'esprit de la Loi *sancimus.* Car il est même bien sensible d'ailleurs, qu'on ne peut asseurer que dans la simple revocation le Testateur ait voulu appeller des heritiers *ab intestat,* puisqu'il pouvoit n'avoir d'autre vûë que celle d'ôter sa succession à celui qu'il avoit institué, & que, soit raison ou caprice, il ne vouloit plus qu'il fût son heritier, projettant peut-être vaguement & indeterminement d'en faire un autre, ce qui est précisement le cas de la regle *sola exhæredatione hæreditas adimi non potest*; c'est-à-dire, que l'on ne peut ôter une succession pour l'ôter seulement, & qu'ainsi on ne l'ôte point à l'heritier nommé dans un testament parfait, si en même-tems on n'en dispose en faveur de quelqu'autre.

Ainsi cette declaration qu'on veut mourir *ab intestat,* a besoin d'être specifiquement ajoûtée à la déclaration de revocation; mais lors qu'elles sont jointes toutes deux ensemble, il n'y a pas, à mon avis, de doute qu'elles ne soient assez fortes pour emporter le testament precedent, puisque c'est alors tout de même comme si l'on instituoit les plus proches parens, & si l'on disoit que l'on veut donner son heredité à ceux à qui la nature & la Loi la donnent.

Je suis surpris que Mr. Maynard au Liv. 5. chap. 23. soûtienne le contraire: son avis me paroît mal fondé sur la Loi *sancimus,* & sur le §. penultiéme, *inst. quib. mod. test. inf.* qui regardent d'autres cas tout-à-fait differens, & sur la Loi *Militis* au §. *Veteranus ff. de test. mil.* dans le cas de laquelle, on peut pretendre que le nombre de témoins requis manquoit; & combatuë d'ailleurs par la Loi 1. §. 5. *si hæres ff. si tab. testam. nul. extab.*

J'établis encore mon sentiment sur la Loi derniere, *ff. de his quæ in testam. del.* dans laquelle, *si Testator plurib. tabulis unius testamenti scriptis, quasdam tabulas ex publico abstulit & delevit,*

quæ extant non erunt irritæ , nisi ut intestatus moreretur revoca-
verit. Je me fonde de plus sur la Loi *69. Peto ff. de leg.* 2. où l'heritier institué est presumé grevé de rendre aux heritiers *ab intestat*
du Testateur, s'il a parlé de la sorte, *Peto pro hæreditate quam*
tibi reliqui quæ ad fratrem meum , jure legitimo rediret contentus
sis centum aureis , ce qui , joint à la Loi precedemment citée ,
marque, & contre Mr. Maynard, la facilité que les Loix aportent
aux changemens de volonté favorables aux heritiers *ab intestat ,*
& contre Guy-Pape & Ferrieres , qu'il faut neanmoins qu'il paroisse à quelque marque particuliere qu'on les a eus dans la vûë &
dans la pensée.

Mais au sentiment de Mr. Maynard je puis de plus opposer
un Arrêt rendu le *9.* Septembre 1647. entre Brugelles & Perés ,
Neveux de la Demoiselle de Prunieres Testatrice , qui ayant fait
deux divers testamens parfaits , avoit ensuite , devant un Notaire
& sept témoins , declaré qu'elle vouloit que le premier testament
valût. Ce premier testament fut confirmé ; *ex L.* 20. *Titius*
ff. de testam. mil. L. 11. *§. ult. ff. de bon. poss. sec. tab.* Mais sur
tout par cette raison , que c'étoit tout de même que si la Testatrice eût fait un troisiéme testament conforme au premier ; d'où
il est aisé de conclure que dans le cas de la revocation , accompagnée de la declaration , qu'on veut mourir *ab intestat ,* il y a lieu
de dire aussi , que ce doit être comme si le Testateur avoit dit
qu'il vouloit instituer ses heritiers *ab intestat.*

Ce qui même m'incline assez à croire qu'une revocation pareille , avec pareille declaration , n'auroit besoin que de cinq témoins ,
comme un testament en faveur des heritiers *ab intestat ,* & je trouve que c'est aussi le sentiment de Covarruvias , *in* 2. *part. rubr.*
de testam. ord. & on ne sçauroit , ce me semble , donner de bonnes raisons pour la necessité d'un plus grand nombre de témoins
dans cette rencontre.

Toute cette matiere fut amplement agitée au mois de Mars
1698. en la Troisiéme Chambre des Enquêtes , au rapport de
Mr. Requy , entre Decros & Mr. Fizes , Conseiller en la Cour
des Aydes de Montpellier , dans le cas que je vais déduire.

Le Sr. Pradelles fait en faveur du Sr. de Fizes un testament nuncupatif à Montpellier, devant un Notaire & trois témoins, nombre fuffifant dans cette ville-là.

Le Sr. Decros Neveu & plus proche parent du Teſtateur, affigne le Sr. de Fizes au Senêchal à venir voir déclarer nul ce teſtament ; il ſoûtient qu'il avoit été revoqué par le Teſtateur ſon Oncle cinq ou ſix jours avant ſa mort ; & pour établir ce fait, il met en avant que le Teſtateur voulant revoquer ce teſtament, avoit le Vendredy 29. Juin 1696. appellé un Notaire & trois témoins, que ce Notaire ne s'étant pas trouvé en commodité de retenir cette revocation, & ayant renvoyé la choſe an Dimanche pour lors prochain, le Teſtateur y avoit conſenti ; & neanmoins dèslors devant ce Notaire & ces témoins declaré la revocation du teſtament, laquelle il pretendoit avoir ſa force dès ce moment, voulant qu'il fût comme non avenu, & pour l'inſtitution faite au profit dudit Sr. Fizes, & pour tous les legs y contenus, ſauf celui de 300. liv. fait en faveur des Pauvres, lequel il augmente de 200. liv. au delà, priant le Notaire & les témoins de ſe ſouvenir de tout ce qui vient d'être dit ; à la preuve, dequoi, ledit Decros demande d'être reçû. Le Senêchal ayant refuſé la preuve, & confirmé le teſtament, Decros en fut appellant en la Cour, qui reformant la Sentence du Senêchal, le reçût à la preuve des faits, par le nombre des témoins neceſſaire aux teſtamens, ſuivant le Statut de Montpellier, où il diſoit que la revocation avoit été faite ; quoiqu'il ne nommât point les témoins, & que le Notaire fût mort depuis le tems dont il donnoit la date à la revocation.

Par cet Arrêt on préjugea deux queſtions. La premiere, que la revocation faite dans ce cas-là, devant un nombre legitime de témoins, ſuffiſoit pour emporter le Teſtament ſans le ſecours du tems, & ſans une déclaration expreſſe qu'on veut mourir *ab inteſtat.* Mais cela ne contrarie pas les maximes que j'ai cy-deſſus établies, ſi l'on remarque la circonſtance du legs de 300. liv. conſervé & augmenté de 200. liv. au delà, qui ne pouvait être laiſſez que payables *à venientibus ab inteſtato,* c'eſt le cas, où par cet endroit même *creditur paterfamilias his ſponte ſu· legitimam hæreditatem reliquiſſe,* comme il eſt dit dans la L. *Conficiuntur ff. de jur. Codic.* Ce legs conſervé & augmenté, qui marquoit

D d ij

d'ailleurs que le Teſtateur ne penſoit point à faire d'autre teſtament, ne permettoit pas de lui donner d'autre vûë que celle de
laiſſer ſon bien à ſes plus proches, ſans compter ſon état de malade & de mourant, dans lequel, comme il eſt naturel de penſer
à diſpoſer de ſon bien, on devoit encore mieux preſumer que
Pradelle avoit voulu diſpoſer en faveur de ſes plus proches, en revoquant la diſpoſition teſtamentaire precedente.

La 2. queſtion jugée par cet Arrêt, fut que cette revocation
pouvoit être prouvée par témoins, ce qui eſt pris de la même Loi
Sancimus, qui ne demande nullement que la revocation ſoit écrite ; mais dit nommement au contraire qu'il ſuffit qu'elle ſoit verbale. *Sin autem Teſtator tantummodo dixerit jam noluiſſe prius
ſtare teſtamentum, vel aliis verbis utendo contrariam aperuerit voluntatem, & ſic per teſtes idoneos manifeſtaverit.* Ce qui comprend également la preuve litterale ou teſtimoniale. Et pourquoi
l'écriture ſeroit-elle neceſſaire, & la preuve ne ſeroit-elle point
reçûë dans ces ſortes de revocation, qui ſelon ce que nous venons
de dire, ſont une maniere de diſpoſition nuncupative, puiſque
l'écriture, eſt ſuperfluë, & la preuve doit être reçûë dans les vrais
teſtamens nuncupatifs, même contre un teſtament écrit precedent, quoique quelques-uns, & entr'autres Godefroy ſur la Loi
Nolumus Cod. de teſt. abuſant du veritable ſens de cette Loi,
ayent voulu dire que la preuve des teſtamens nuncupatifs ne devoit point être reçûë contre le teſtament precedent ; Fauſſe interpretation de la Loi *Nolumus*, où l'Empereur défend ſeulement
que contre l'heritier inſtitué dans un teſtament écrit, & même
contre des heritiers *ab inteſtat*, on reçoive la preuve par témoins
d'un teſtament nuncupatif pretendu fait en faveur du Prince ou de
quelque autre Puiſſance, afin, dit-il, que *nemo relictus hæres,
vel legibus ad ſucceſſionem vocatus noſtrum, vel parentum nomen
hæreſcat*, ce qui eſt une exception qui établit & confirme en
d'autres cas la regle generale ; L'Ordonnance de 1667. que le Sr.
Fizes oppoſoit encore dans le ſuſdit procez, n'étant point, quant
à la preuve par témoins, ſuivie au Parlement de Toulouſe, en
ce qui regarde la matiere des teſtamens, qui fait la plus conſiderable partie du Droit écrit, ſelon lequel nos Rois mêmes ont

bien voulu que cette Province fut regie.

Il eſt à remarquer que le dernier Arreſt que je viens de rapporter d'entre les Sieurs Fizes & Decros n'oblige point Decros à nommer les témoins de la pretenduë revocation, qui n'avoient jamais été nommez par lui avant l'Arrêt. Il eſt vrai que le Sieur de Fizes, qui avoit toûjours inſiſté que Decros n'étoit point recevable à la preuve, ne l'avoit point ſommé de nommer, & que ſans nommer les témoins, Decros avoit nommé l'année, le mois, le jour & le lieu de cette revocation. L'Arrêt ordonne donc ſeulement que Decros prouvera par le nombre de témoins ſuffiſans ſuivant le Statut de Montpellier, que la revocation a été faite devant eux, ce qui reduit toûjours la preuve à la dépoſition ou reſomption des temoins numeraires, preſens à la revocation alleguée, de la nomination deſquels on peut diſpenſer celui qui l'allegue, conformément à la doctrine du Preſident Faber dans ſon Code, Liv. 6. tit. 4. où ce Preſident rapporte qu'un étranger, qui demandoit contre l'heritier *ab inteſtat* la preuve d'un teſtament nuncupatif fut reçû à le prouver, après avoir marqué ſeulement le jour & le lieu du teſtament, ſans être obligé de nommer les témoins, pour le danger qu'il y pouvoit avoir que ces témoins ne fuſſent ſubornez, *An & teſtium qui nominationi interfuiſſe dicuntur nomina edi oportebit ? Minimè propter metum ſubornationis. Ita Senatus, &c.* Autorité d'autant plus deciſive dans le cas de l'Arrêt que je rapporte que l'heritier *ab inteſtat*, y demandoit la preuve du Teſtament nuncupatif contre l'étranger, au lieu que l'étranger la demandoit contre l'heritier *ab inteſtat*, dans le cas de l'Arrêt rapporté par Faber.

Pour revenir au tems neceſſairement requis afin de faire valoir la ſimple revocation, Julius Clarus autheur de nom, en l'endroit que j'ai cité, pretend qu'il eſt neceſſaire qu'il y ait dix ans entre la revocation & la mort. Les termes, *Si in medio*, de la Loi *Sancimus*, établiſſent formellement, qu'il ſuffit qu'avec la revocation il ſe trouve dix ans entre la mort & le teſtament. Godefroi même ſur cette Loi en rapporte deux Arrêts, l'un de Paris, l'autre de Grenoble. Mais outre les paroles expreſſes de la Loi, il n'y a qu'à entrer dans ſon ſens, qui étoit préciſement

d'ajoûter , au laps de dix ans, feul autrefois fuffifant pour la revocation des teftamens, la neceffité & l'obligation d'une revocation plus precife.

CHAPITRE III.

Du Teftament fait aux champs.

L E teftament fait aux champs devant cinq témoins vaut ,
felon la Loi derniere , *Cod. de teftam*. Il n'eft pas même neceffaire que les témoins foient priez , fuivant Guy-Pape dans la
Queft. 543. ce qu'il infere de ces mots de la Loi , *in multis legum*
fubtilitatibus obfervatio eis remiffa. Paroles qui marquent que
les teftamens faits aux champs , font difpenfez de plufieurs formalitez , portent donc plus loin que de la feule difpenfe du
nombre de fept témoins requis & néceffaires ailleurs. Mais on
doute fi cette Loi eft tellement en faveur des Ruftiques , dans le
fens apparent & naturel de ce terme , qu'un autre Habitant des
champs , un Gentilhomme , par exemple , ne puiffe faire de la
même maniere un teftament valable.

La raifon de douter eft , que cette Loi paroît d'abord n'être
faite que pour les Ruftiques ou Païfans. L'Empereur n'y parle
d'entrée que de la faveur & des égards que meritent , fur cette
matiere fi embarraffée de formalitez , l'ignorance & la groffiereté
des Ruftiques , par où il femble qu'elle ne comprend point les
Gentilshommes ou autres Habitans de ville non Ruftiques dans
ce fens-là ;

Neanmoins , attendu qu'à la fin de la Loi , & en l'endroit où
elle decide , l'Empereur appuye beaucoup fur l'impoffibilité ou
difficulté de trouver au champs le nombre des témoins requis
ailleurs , & que c'eft la même impoffibilité , ou la même difficulté pour tous ceux qui y habitent , il eft jufte qu'ils profitent
de la difpofition de la Loi.

Auffi la queftion fut ainfi jugée en la Troifiéme Chambre des
Enquêtes , au rapport de Mr. de Lanes en faveur de la Demoifelle
de Boifredon , veuve du Sieur Delvolvé , finon Gentilhomme ,

du moins d'une condition & d'une fortune beaucoup au-deſſus du Ruſtique, qui dans un teſtament fait aux champs devant cinq témoins avoit inſtitué ſa femme, à qui des néveux du Teſtateur diſputoient l'heredité.

Il fut même allegué inutilement de la part des néveux, que le teſtament avoit été fait dans une campagne peuplée, où l'on auroit pû trouver ſept témoins. On ne crût pas qu'il fallût entrer dans ce détail & dans ces diſcuſſions ſur ce ſujet, d'autant plus que la Loi ne demande pas une impoſſibilité de trouver ſept témoins, mais ſeulement qu'on ne les ait pas trouvez, ce qu'on préſume facilement quand on n'en a employé que cinq dans le teſtament, les gens de la campagne étant d'ailleurs diſperſez, & par leurs habitations & par leurs travaux, leurs ſoins & leurs affaires, ce qui fait qu'ils ſont moins à portée, moins aiſez à trouver & à r'aſſembler.

On pourroit tout au plus pretendre que ceux de cette derniere eſpece d'Habitans aux champs, demeurent aſſujetis aux formalitez dont on exempte les Ruſtiques, & dont l'exemption eſt fondée ſur leur groſſiereté & leur ignorance, comme par exemple, la formalité de prier les témoins.

A l'égard des Habitans des villes, qui ſe trouvant aux champs y font teſtament, les Docteurs ſont partagez, Benedictus *in verb.* *Teſtamentum* I. *num.* 12. Faber en ſon Cod. tit. *de Teſtam.* pretendent que cette Loi derniere n'eſt point faite pour eux, ce qu'ils inferent de cette Loi-même, qui ne parlant que des Ruſtiques, ni dans ſon preambule, ni dans ſa concluſion, conçûë en ces termes, *quod igitur quiſque Ruſticorum diſpoſuerit,* c'eſt aſſez d'en étendre la déciſion aux Habitans des champs non vraiment Ruſtiques, ſans la porter aux Habitans des villes, qui ne ſont ruſtiques en nul ſens, c'eſt-à-dire, ni d'une ruſticité perſonelle, ou de condition, ni d'une ruſticité réelle & de domicille. D'autres, & entre ceux-ci, Godefroi ſur cette Loi même, veulent que les Habitans des villes puiſſent de même teſter aux champs devant cinq témoins.

Je prendrois volontiers un milieu entre ces deux avis, & je croirois que ſi le Teſtateur, en pleine ſanté, avoit teſté aux

champs devant cinq témoins ſeulement, le teſtament ne vau-
droit pas.

Ma raiſon eſt, qu'un teſtament fait aux champs devant cinq
témoins, n'eſt ſoûtenu que par l'impoſſibilité ou difficulté de
trouver des témoins aux champs, ce qui ſert au défaut de nombre, mais cette impoſſibilité ou difficulté ne doit point excuſer
ni ſoûtenir le teſtament d'un homme qui l'a volontairement cher-
chée, & qui pouvant teſter commodément à la ville, & voulant
par choix, & hors de beſoin, teſter aux champs, *has ſibi ipſe an-
guſtias fecit.*

A quoi l'on oppoſeroit inutilement que le teſtament vaut lorsqu'il eſt fait ſelon les Uſages & les Coûtumes des lieux où il eſt
fait ; par exemple, quand il eſt fait à Toulouſe avec deux témoins.
La différence eſt aſſez ſenſible. C'eſt une vraïe Coûtume à Toulouſe, & comme un Privilege, que le teſtament fait avec deux
témoins eſt valable, & il n'eſt en nulle maniere requis ni neceſſaire d'y en appeller davantage. Aux champs il faut, ſuivant
même cette Loi derniere, *Cod. de teſtam.* qu'il y ait, s'il ſe peut
ſept témoins. Il eſt vrai que ſi on n'en trouve que cinq elle s'en
contente, mais ce n'eſt donc point tant une vraïe Coûtume, ou
une Loi de privilege, qu'un uſage forcé, ou une Loi de neceſſité, qui ne doit point par conſéquent être preſumée faite pour
ceux qui peuvent auſſi commodément s'en paſſer que des Habitans des villes.

Mais ſi le Teſtateur étant malade fait ſon teſtament aux champs,
il ſemble que ce teſtament doit valoir, par les raiſons qui ont été
marquées.

Et je croi cela abſolument vrai, au cas que le Teſtateur vienne à mourir de cette maladie, mais au cas que le Teſtateur revenu en ſanté reprenne le ſejour de la ville ; je croi que ſi après
un tems ſuffiſant & raiſonnable, qu'il faut donner pour confirmer, s'il le trouve à propos, ſon teſtament devant le nombre
des témoins ordinaire & legitime, il ne le confirme point, il y
auroit raiſon de ne pas faire valoir ce teſtament, à l'exemple du
teſtament du Soldat, qui ne vaut que *intra annum miſſionis,*
c'eſt-à-dire durant l'année, à compter depuis que le congé donné

l'a

l'a remis en obligation comme en état de tester *jure communi*, & selon les formalitez ordinaires, selon lesquelles la guerre & le service l'avoient dispensé de tester ; & je ne vois pas qu'il y ait un grand inconvenient, que faute d'avoir pris une pareille precaution qu'une juste défiance auroit apparamment obligé le Testateur de prendre, s'il s'étoit beaucoup soucié d'asseurer ses biens à l'heritier institué aux champs, ses biens aillent aux heritiers que la nature & la Loi lui donnent generalement ; d'ailleurs les formalitez si grandes dont les Loix ont imposé l'obligation à ceux qui testent, n'ont pas été seulement établies pour prevenir & pour empêcher les surprises, elles ont peut-être plus encore voulu resserrer la liberté de tester, afin que les heritiers naturels & presomptifs, ne soient pas si aisement frustrez de leurs legitimes esperances.

CHAPITRE IV.

Si le Testament retenu par Ecrit peut valoir comme Nuncupatif.

CEtte Question n'est pas sans difficulté. L'affirmative & la negative trouvent des principes, des Loix, & des Auteurs qui les favorisent. Aussi les avis des Juges se trouverent partagez là-dessus en la Premiere Chambre des Enquêtes le 22. Fevrier 1681. au procez rapporté par Mr. d'Agret, d'entre Escayre & Guitous dans le cas que je vais deduire.

Le nommé Baudet malade appelle un Curé étranger, ce Curé entend sa Confession, & par occasion ensuite retient le testament que son Penitent malade le prie de recevoir en défaut de Notaire, & dans le danger pressant de mort. Il y est dit, que le testament a été lû mot à mot devant dix Témoins, dont cinq n'ont sçû signer, non-plus que le Testateur, & que les autres l'ont signé, comme il se trouve qu'ils l'ont signé en effet. Procez sur la succession entre l'heritier institué dans ce testament, & le plus proche Parent du Testateur , qui prétend sa succession *ab intestat.*

Il étoit dit pour le Parent que le testament, dont il s'agissoit, étant un testament imparfait, ne pouvoit valoir qu'en faveur des enfans, suiv. le §. *Ex imperfecto*, de la Loi *hac consultissima*, *Cod. de Testam.* & que par cette raison un testament par écrit, & où toutes les formalitez n'ont pas été observées, ne doit point valoir, étant imparfait en son genre ; qu'ainsi, suivant l'avis de Ferrieres sur la Quest. 138. de Guy-Pape, il ne faut pas s'aviser de le faire en ce cas valoir comme nuncupatif. Doctrine conforme au §. *Per nuncupationem*, de la même Loi *hac consultissima*, *per nuncupationem quoque, hoc est sine scriptura testamenta non alias valere sancimus quam si septem testes ut suprà dictum est simul eodemque tempore collecti, Testatoris voluntatem ut testamentum sine scripturâ facientis audierint.* Ce qui marque bien sensiblement que pour faire valoir le testament comme nuncupatif, il faut que le Testateur ait voulu faire *testamentum sine scripturâ*, & que les Témoins ayent oüi sa volonté sur le pied de disposition verbale & non écrite, *ut testamentum sine scripturâ facientis audierint.* A quoi, & par le même principe, se rapporte la decision de la Loi *Non Codicillum*, *Cod. de Testam.* qui établit, que si dans un acte où il manque quelqu'une des formalitez requises dans un testament, mais accompagnée de toutes celles que demandent les codicilles, il y a institution d'heritier, l'acte ne pourra pas valoir comme codicille, par la raison que l'institution qu'il contient, fait voir que le dessein de celui qui la fait, n'étoit pas de faire un codicille ; mais plûtôt de faire un testament, & qu'ainsi, comme dit la Glose, *eligendo unum videtur renunciasse codicillis qui sunt in contrarium.*

Il étoit répondu par l'heritier, qu'encore que le Testateur eût voulu tester par écrit, il ne falloit pas presumer qu'il se fût departi de la vûë de faire, au défaut du testament écrit, un testament nuncupatif, *nec enim*, comme dit la Loi, *si miles*, *ff. de Testam. credendus est quisquam genus testandi eligere ad impugnanda propria judicia, sed magis utroque genere testari voluisse*, ce qui peut encore plus particulierement, à l'égard du testament nuncupatif,

être inferé de la Loi derniere , *Cod. de Teftam.* qui décide que ,
de fept témoins du teftament par écrit , deux feulement ayant fatisfait à l'obligation , où felon le Droit , les témoins étoient de
fceller & de foufcrire , le teftament ne laiffera pas de valoir , pourvû que les témoins dépofent de la verité de la volonté du Teftateur , principes fuivant lefquels Julius Clarus au Liv. 3. chap. 4.
dans le §. *Teftamentum* , établit nommément que dans le cas propofé le teftament doit valoir , s'il n'eft conftant que le Teftateur
a voulu tefter feulement par écrit , mais dans le doute , dit-il , il
faut recevoir la prefomption qui favorife & fait valoir l'acte. A
quoi l'heritier ajoûtoit encore , que s'il paroiffoit y avoir dans le
Droit , des Loix contraires à fa pretention , c'étoit que par le
Droit les teftamens par écrit n'étoient point regardez comme
nuncupatifs , ainfi qu'on l'infere de la Loi 29. *Jubemus* , *Cod. de
Teftam.* au lieu qu'aujourd'hui , comme l'établiffent Mr. d'Olive
Liv. 5. chap. 3. & Mr. Cambolas Liv. 3. chap. 46. ils font regardez fur ce pied par nôtre ufage , l'écriture n'y étant ajoûtée que
pour fervir de preuve , qui peut d'ailleurs être faite par la refomption des témoins.

Cependant le proche parent gagna fa caufe : Le Partage porté
en la Seconde Chambre des Enquêtes par Mrs. d'Agret & de
Theron , fut départi en fa faveur. Il eft vrai que fes raifons furent encore aidées par la circonftance des mauvais bruits repan-
dus au fujet du teftament , où l'on difoit , & plufieurs des Juges
en paroiffoient imbus , que les chofes ne s'étoient point paffées
d'une maniere bien nette & bien reguliere.

Et par Arrêt rendu pofterieurement en la même Premiere
Chambre , au rapport de Mr. de Thefan du Puiol d'Olargues
en la caufe de Sanchely , un teftament fut déclaré bon comme
nuncupatif dans un cas approchant , que je vais déduire.

Un pere malade à Touloufe , declare à un Notaire , mandé à
cet effet , quelle eft fa volonté , & la diftribution qu'il veut faire
de fes biens à fes enfans. Il charge le Notaire de l'écrire ; A cette
declaration & à cet ordre fe trouve prefent l'Apoticaire du mala-
lade , auquel le difcours n'étoit point adreffé , mais qui l'entend.
Le Notaire part pour aller écrire chez lui plus commodement ,

il commence d'écrire , & lors qu'il a déja écrit , les premieres clauſes , on vient lui apprendre que le malade eſt mort ; il ceſſe d'écrire en marquant la raiſon qui le fait ceſſer , & qui n'eſt autre que la mort qu'il vient d'apprendre. Aprés quoi la veuve , mere des enfans pupilles que laiſſe le défunt , ayant fait reſumer tant le Notaire que l'Apocaticaire témoin , les enfans devenus adultes , mais mineurs , paſſent des actes & des tranſactions entr'eux ſelon la diſpoſition de ce teſtament ; devenus majeurs , quelques-uns d'eux demandent leur reſtitution envers ces actes & tranſactions , la caſſation du teſtament , & le partage de la ſucceſſion *ab inteſtat*.

La diſpoſition recevoit une double difficulté : le Teſtateur avoit voulu la faire par écrit , on mettoit en doute ſi elle pouvoit être convertie en diſpoſition nuncupative. De plus le Teſtateur n'avoit parlé qu'au Notaire , quoique l'Apoticaire , à qui il ne parloit point , l'eût entendu ; ainſi la diſpoſition ſembloit manquer de ſuffiſant témoignage , car quoiqu'entre enfans la formalité de prier les témoins ne ſoit pas indiſpenſable ; il faut qu'en toute diſpoſition & en tout acte les témoins ſoient établis témoins par la connoiſſance qu'on leur donne à cet effet de la diſpoſition & de l'acte : Neanmoins le teſtament fut declaré bon comme nuncupatif à cauſe de la reſomption faite d'abord à la Requête de la mere , & des acquieſcemens faits par les enfans , quoique mineurs. On crût que tout cela rendoit conſtante la volonté du Teſtateur , qui ſeule doit ſuffire entre enfans. Cependant à cauſe de la ſingularité du cas , & de la maniere dont le témoignage étoit bâti , on trouva à propos d'inſerer dans l'Arrêt , que c'étoit pour certaines cauſes & conſiderations à ce mouvantes , de peur de donner lieu à de mauvaiſes conſéquences ſur une matiere ſi delicate , & qui intereſſe ſi conſiderablement le public. Mais on jugea qu'en ce cas d'enfans , le Teſtament par écrit , ou encore non achevé d'écrire , avoit pû être converti en Teſtament nuncupatif , ſuivant Laroche , liv. 4. chap. 5. arr. 11.

Avant l'Arrêt rendu au rapport de Mr. d'Agret , il avoit été jugé au rapport de Mr. d'Olivier en la Seconde Chambre des Enquêtes conformément à la deciſion du dernier Arrêt , & en faveur même d'autres que des enfans , entre Auzet & autre Auzet.

Le nommé Auzet malade, voulant faire un teſtament par écrit, avoit envoyé querir un Notaire pour le faire, le Notaire occupé ailleurs, avoit envoyé ſon Clerc au malade, lequel avoit dit ſa volonté au Clerc, qui l'avoit écrite en preſence de ſix témoins. Le Teſtateur étant mort pendant que le Clerc alloit remettre ſon écrit au Notaire, celui-cy neanmoins le met en forme ſur ſon Regître avec la déclaration fidele de tout ce qui s'étoit paſſé; aprés quoi procez entre Auzet heritier inſtitué dans cette diſpoſition, & le plus proche parent nommé de même, qui pretendoit être heritier legitime, ſoûtenant que le teſtament étoit nul, & ne pouvoit valoir comme nuncupatif, à cauſe que ce n'avoit pas été la vûë & l'intention de celui dont la ſucceſſion étoit debatuë. L'heritier inſtitué fut néanmoins reçû à prouver le teſtament nuncupatif par la reſomption de ſix témoins & du Clerc du Notaire.

Il ſemble donc que le teſtament par écrit peut-être abſolument converti en teſtament nuncupatif, nonobſtant les raiſons qui ont été alleguées pour le premier Arrêt rapporté dans ce Chapitre, & que conciliant les Loix auſſi-bien que les avis des Docteurs, on peut faire valoir la diſpoſition écrite comme nuncupative, & dans le doute ſi le Teſtateur a voulu ou n'a pas voulu uniquement & taxativement teſter par écrit, ſoûtenir l'acte ſuivant l'avis de Julius Clarus, mais avec ce temperament aſſez naturel, ſi la diſpoſition eſt d'ailleurs hors d'atteinte & de mauvais ſoupçon.

CHAPITRE V.

Si les témoins du Teſtament nuncupatif ſont reprochables.

CEtte Queſtion n'eſt pas des plus aiſées à reſoudre. Mr. Maynard ſoûtient l'affirmative, & quoiqu'il n'appuye ſon avis d'aucun Arrêt, il eſt appuyé de ſa propre autorité. Il eſt encore ſoutenu par des raiſons ſolides. Toute preuve qui ſe fait par témoins eſt generalement ſujette aux reproches des témoins par

qui l'on prétend l'établir , c'eſt la défenſe naturelle de celui contre lequel la preuve eſt faite , ſans quoi il ſeroit trop dangereux
que par de mauvais témoins on ne prouvât tous les faits que l'on
ſeroit reçû à prouver. Cet inconvenient qui ſe rencontre auſſi
bien dans les teſtamens nuncupatifs , & qui d'ordinaire y eſt de
plus grande conſequence qu'ailleurs , paroît devoir les aſſujettir à
la Loi commune. On en excepte les teſtamens ou actes dont la
verité regulierement établie n'a pas beſoin de témoins irreprochables , mais ce n'eſt pas le cas dont nous parlons , où la grande
queſtion eſt de ſçavoir s'ils ont été faits *ubi inquiritur veritas Teſ-*
tamenti , comme dit la Gloſe ſur la Loi 22. *ad teſtium* §. *i. condi-*
tionem. ff. qui Teſtam. fac. poſſ.

L'avis contraire n'eſt cependant pas dépoüillé d'autorité ni de
raiſon. Il y paroît avoir quelque lieu de regarder avec diſtinction
par rapport au ſujet dont il s'agit , la preuve des teſtamens nuncupatifs , qui ſe faiſant par la ſimple reſomption des témoins , me-
rîte de n'être point confonduë avec les enquêtes reſpectives pour
leſquelles la Loi de la liberté des reproches a été proprement introduite. Cette liberté à l'égard des teſtamens nuncupatifs paroît
bleſſer d'ailleurs celle de teſter de cette maniere , qu'elle rendroit
preſque inutile en expoſant à toutes les conteſtations & chicanes
des réproches , la diſpoſition nuncupative , qui n'étant ordinairement miſe en uſage que dans des conjonctures extrêmes , ne
laiſſe pas le choix des témoins. C'eſt pour cela que ſelon Julius-
Clarus , au §. *Teſtamentum* , *queſt.* 55. *nomb.* 10. le Legataire
même du teſtament nuncupatif y peut être témoin ; quoique ſans
doute des plus reprochables par ſon propre interêt , ſentiment
ſuivi par Perezius ſur le titre du Code *de teſtam. & quemad.* en
quoi ces deux Auteurs ne font que ſuivre dans la generalité de ſa
déciſion la Loi 20. *ff. qui teſtam. fac. poſſ.* où le Juriſconſulte
Ulpien établiſſant que le Legataire peut être témoin , ne marque nulle difference entre le teſtament écrit & le teſtament
nuncupatif , deux genres de teſter également introduits par le
Droit.

Auſſi le Preſident Faber dans ſon Code liv. *6.* tit. *5.* defin. 8.
dit à la verité qu'un teſtament nuncupatif peut recevoir atteinte

par la preuve faite de l'autre côté, que le Teftateur étoit ailleurs que là où les témoins ont depofé qu'il avoit tefté nuncupativement. Mais en s'arrêtant là, cet Auteur fait affez entendre qu'il n'y a d'autre moyen pour emporter la preuve d'un teftament nuncupatif, que la fauffeté prouvée de la dépofition des témoins par où l'on a voulu l'établir. Cette Doctrine eft de plus confirmée par deux Arrêts que rapporte Albert, lettre **T.** Chap. 13. & 23. où il cite même Ferron fur la Coûtume de Bordeaux.

Neanmoins j'ai vû dans les Memoires de feu Mr. de Guillermin, Doyen du Parlement, trés-habile Magiftrat, un Arrêt du 22. Juin 1613. rendu au rapport de Mr. Toupignon, par lequel celui qui impugnoit le teftament nuncupatif, fut reçû en preuve des reproches de la même maniere qu'on y eft reçû dans les enquêtes ordinaires.

Les témoins furent auffi declarez reprochables dans l'affaire des nommez Auzet, dont j'ai parlé dans le Chap. precedent. On y convint fans beaucoup de difficulté fur la difference à faire entre le cas où il s'agit de la validité des actes écrits & parfaits, & les cas où il s'agit de la verité des chofes, quoiqu'il y ait commencement de preuve par écrit, difference qu'on crût devoir être faite pareillement entre les teftamens écrits & parfaits, & les teftamens commencez même par écrit, qui ne peuvent devenir nuncupatifs & parfaits que par la preuve entiere de la verité de la difpofition.

Neanmoins dans le même Procez il intervint partage concernant les témoins, qui parens du Teftateur fe trouvoient encore parens des deux Parties. Le partage porté à la Premiere Chambre des Enquêtes par Mr. d'Olivier Rapporteur, & Mr. de Reffeguier Compartiteur, il paffa à l'avis de ne reprocher point des témoins, qui étant parens communs des Parties, parens d'ailleurs du Teftateur, & par là témoins naturels, & comme neceffaires, ne laiffoient aucun foupçon d'affectation, ou d'interêt, qui peut affoiblir leur témoignage. On crût que c'étoit un cas à ufer de la liberté que la Loi *teftium ff. de teftib.* donne generalement au Juge d'avoir égard aux reproches felon fa prudence, c'eft-à-dire felon les conjonctures.

S'il m'est permis d'ajoûter mon avis particulier à ces Arrêts, je serois porté, suivant l'esprit de la Glose que j'ai citée, à ne regarder point aux reproches des témoins, si la verité du testament étoit une fois établie, ou par quelque écriture du Testateur, qui marquât qu'il avoit fait un testament nuncupatif, & qui en nommât & établit les témoins ou par la deposition même de deux témoins de la disposition nuncupative, demeurez sans reproche ; ne seroit-il pas juste alors de n'avoir nul égard aux reproches proposez contre des témoins, qui superflus à la volonté ne demeureroient necessaires qu'à la solemnité, qui ne demande si ce n'est que les témoins soient en certain nombre, sans éxiger qu'ils soient irreprochables, pourvû qu'ils soient capables d'être témoins dans les dispositions de derniere volonté ; Il me semble que la verité étant alors établie, & la solemnité satisfaite ; il n'y auroit guere lieu de faire à cet égard difference entre le testament écrit & le testament nuncupatif, ni de reprocher ces témoins devenus surnumeraires quant à la preuve, sur tout si ces témoins étoient parens du Testateur, ou personnes à lui affidées qui eussent accoûtumé d'être auprés de lui, & qui par là, témoins naturels & comme necessaires, deussent être encore par ce même endroit plus au dessus des reproches.

Dans un des cas depoüillé des circonstances que je viens de marquer, il fut jugé en la Troisiéme Chambre des Enquêtes en l'année 1698. que les témoins de la revocation nuncupative d'un testament étoient exposez & sujets aux reproches ordinaires. Ce fut une suite de l'Arrest entre les Srs Fizes & Decros, que j'ai rapporté dans le Chapitre II. de ce Livre. Decros avoit été reçû à prouver la revocation nuncupative du testament, par les témoins devant qui 'elle avoit été faite. Le Sr. Fizes voulant donner des reproches, Decros insistoit que ce n'étoit point le cas d'en donner, par les raisons que j'ai alléguées dans le cas du testament nuncupatif, à quoi il ajoûtoit que la simple revocation du testament, donnant les biens à l'heritier legitime, étoit plus favorable que le testament nuncupatif qui souvent les lui ôte, & qu'aussi selon les loix, il y avoit moins de façon à revoquer un testament qu'à le faire. Le sieur Fizes répondoit que

la

la même raison prise de l'inconvenient du danger des fausses preuves, vouloit que les témoins des testamens nuncupatifs, & ceux
des revocations de testament, fussent reprochables, & que les
témoins de la revocation dont il s'agissoit devoient l'être d'autant
plus qu'ils n'avoient point été nommez par la Partie, avant qu'on
la reçût à la prouver, ce qui reduisoit encore davantage cette
preuve à la condition des enquêtes. A quoi Decros repliquoit
qu'encore qu'avant la preuve il n'eut pas nommé les témoins, de
peur que par autorité on ne les empêchât de parler ; sa preuve n'é-
toit point une enquête, mais une vraïe resomption des témoins presens à la revocation nuncupative, ausquels l'Arrêt avoit reduit la
preuve. Resomption marquée encore en ce que l'Arrêt ne reservoit
point à la Partie adverse de faire sa contraire enquête, comme c'est
le train des enquêtes ordinaires, qui sont toûjours respectives. Sur
ces raisons il intervint partage. L'un des avis étant, qu'il falloit
examiner les reproches proposez par le sieur Fizes, & l'autre qu'il
n'y avoit pas lieu de les examiner, mais qu'attendu le fait dont il
s'agissoit, il falloit sans autre examen declarer les témoins irreprochables. Le partage porté de la Troisiéme Chambre des Enquêtes en la Premiere, par Mr. Requy Rapporteur, & Mr. Catellan mon Neveu, Compartiteur, il passa par remontrance,
comme nous l'appellons, à un troisiéme avis de recevoir le seul
reproche de la subornation des témoins, & de rejetter tous les
autres, droit par ordre, & au cas que la remontrance ne fût pas
acceptée, les avis des Juges de cette Chambre furent encore partagez. La remontrance ayant été rapportée en la Troisiéme, &
rejettée, le partage qui subsistoit, fut porté en la Seconde
Chambre, & départi à l'avis de ceux qui vouloient l'examen ordinaire des reproches, ont crû qu'en general la certitude des faits
qui gissent en preuve, ne pouvant être établie que par le témoignage des personnes, qui sont au dessus des reproches, que
l'usage a introduits pour le parfait éclaircissement de la verité ; Il
falloit assujettir à cette Loi une preuve, qui n'a sans-doute pas
un moindre besoin de certitude que les autres.

CHAPITRE VI.

De la preterition des Enfans ou ascendans.
De la Clause Codicillaire.

LA matiere de la preterition des enfans est fertile en questions douteuses & difficiles à resoudre. Une des principales est, si la clause codicillaire soûtient un testament, où les enfans ont été ignoramment preterits, sur quoi l'on trouve bien des
raisons, des Auteurs, & des Arrêts contraires. La grande raison
pour l'affirmative est, que la clause codicillaire apposée dans un
testament, le change en codicille *ab intestat*, *clausula codicillaris*
facit Codicillos ab intestato, pour me servir des propres termes de
la Maxime triviale, d'où il semble qu'on ne peut s'empêcher de
conclure, qu'elle soûtient le testament & le fait valoir comme
codicille, malgré la preterition des enfans, puisque cette preterition n'annulle pas des codicilles, où tous les heritiers *ab intes-*
tat, & par conséquent les posthumes, mêmes preterits, sont presumez priez ou chargez de payer les legs ou fidei-commis faits par
le Codicillant. Ceux qui sont pour la negative répondent d'a-
bord, que la clause codicillaire ne repare que les défauts du testament, regardé par rapport au tems qu'il a été fait, & non des défauts survenus, moins encore aussi un défaut essentiel que celui que
donne l'agnation d'un posthume, cas ordinaire de la preterition
ignoramment faite. A cette réponse ils ajoûtent, que jamais la
clause codicillaire ne peut reparer le plus essentiel de tous les défauts en matiere de disposition. J'entends l'incertitude de la volonté. Ils disent que cette incertitude doit ôter tout pouvoir & toute
force à une clause, introduite seulement pour conserver une volonté connuë & certaine, & ils pretendent que cette incertitude
se trouve dans le testament du Pere, où est preterit ignoramment
un Fils, qui connu ou prévû, eût peut-être dérangé tout le plan
& tout l'ordre de la disposition, à laquelle on ne doit pas même
d'ailleurs donner la faveur d'une disposition entre enfans, puis-

qu'elle n'est pas entre tous, & qu'ils n'y sont pas tous compris.

Ces raisons, qui paroissent fortes de part & d'autre, ont aussi partagé d'une maniere extraordinaire les sentimens des Docteurs, & par-là varié les avis des Juges & les Arrêts, lors que la question s'est presentée à juger. On le peut voir dans Ferrieres sur la Question derniere de Guy-Pape. Benedictus *ad Cap. Raynutius in verbo, Testamentum*, num. 247. M. Maynard Liv. 5. ch. 13. Mr. Cambolas *Liv. 3. chap.* 31. Bereng. Fernandus *ad L. Si unquam, Cod. de revoc. donat.* Mr. Laroche-Flavin *Liv.* 4 *tit.* 5. *Arr.* 3. le Président Faber dans son Code *Liv. 6. tit.* 17. *defin.* 2.

Il faut convenir que l'opinion la plus ancienne, comme la plus generalement reçûë, est l'opinion qui fait valoir dans le cas de pareille preterition le testament soûtenu de la clause codicillaire. Julius-Clarus avoüe qu'elle est la plus commune, mais il ne laisse pas d'ajoûter, qu'elle est impie, il veut dire contraire au sentiment de la nature, & aux loix de la pieté paternelle.

La plûpart des Auteurs, & de ceux même que j'ai alleguez, trouvant en effet cette opinion dure, ont tâché de l'adoucir par des ajustemens & des distinctions, par où ils ont crû pouvoir concilier les sentimens contraires, & il y a sans doute bien quelque ajustement à prendre entre deux avis qui paroissent insoûtenables l'un & l'autre dans de certains divers cas particuliers.

Comment peut-on pretendre, par exemple, que la clause codicillaire soûtient un testament, où le Testateur qui institue ses heritiers des étrangers, preterit ignoramment un Fils posthume auquel il n'a point pensé, & qui lui est venu contre son attente ? La donation d'un fonds faite entre vifs à un étranger dans son contract de Mariage, est revoquée par la survenance des enfans, quoi qu'une pareille donation soit un titre onereux & un acte irrevocable de sa nature, elle est cependant, dis-je revoquée, & par cette seule raison que le Donateur n'auroit pas fait des donations, même particulieres, s'il avoit eu des enfans en veüe, & l'on fera valoir des dispositions de mort, titres de liberalité, & les plus revocables de tous les actes, qui au préjudice des enfans, disposeront en faveur d'un étranger de la plus grande partie des biens. On presumera que le Testateur a pensé dans ce testament, ou codicille, à des enfans qu'il ne connoissoit point, pendant qu'on presume le contraire dans des donations faites en de contracts de Mariage, qui presentent bien plus naturellement l'idée & la pensée des enfans, que ne la presentent des testamens & des codicilles, dans lesquels la Loi même regarde le Testateur ou Codicillant, comme dominé jusqu'au trouble par la pensée de la mort? Le Pere qui a donné des Tuteurs à ses enfans, n'est point presumé en avoir donné à ceux dont il ignoroit la naissance, *L.* 16. *Si quis ita*, §. 3. *ff. de Testam. tut.* quoique la chose paroisse avantageuse aux enfans mêmes; sera-t-il juste de presumer qu'il a voulu priver de ses biens des enfans inconnus & imprévûs? Il n'est pas même presumé en vouloir priver ses petits-fils, lors qu'il charge son Fils de restituer l'heredité à un autre, & une presomption naturelle & pieuse, prête en ce cas à sa volonté la clause *Si sine liberis decesserit.* De plus les privileges Militaires sont encore plus forts pour faire subsister le testament du Soldat, que ne l'est la clause codicillaire pour faire valoir une disposition commune; cependant si le Soldat, ignorant qu'il eût un fils, le preterit pour instituer des étrangers, son testament ne subsistera ni pour l'institution ni pour les legs, suivant la Loi 36. *ff. de Testam. milit.* & les Loix 9. & 10. au même Titre du Code. Enfin si dans des codicilles même, le Pere qui croit avoir perdu un de ses enfans, charge de legs celui qu'il croit lui rester uniquement, les legs sont caduques pour la moitié du Fils crû mort, & ne valent que pour la portion hereditaire de celui qu'il croyoit en vie, suivant la Loi penultiéme, *ff. de jur. Codicill.* la Loi ne presumant pas alors qu'il ait voulu charger le Fils qu'il ignoroit qu'il eût, quoiqu'il ait chargé celui qu'il croyoit unique; avec combien moins de raison dans des testamens devenus codicilles par la clause codicillaire, un Fils dont le Pere n'a pas eu connoissance doit-il être presumé chargé d'un fideicommis universel envers des étrangers? Ainsi, en ce cas, il est sensible que la clause codicillaire, quoi que de sa nature generalement presumée adressée à tous les heritiers *ab intestat*, n'est point adressée au Fils, ni ce Fils ignoré presumé chargé de rendre à l'étranger, parce que ce seroit trop mal juger de la pieté paternelle, & il y auroit un veritable sujet d'appeller impie dans ce sens, avec Julius-Clarus, l'opinion de ceux qui favoriseroient un pareil testament, sous pretexte de la clause codicillaire ; Toute la grace qu'on peut lui faire c'est de le faire valoir pour les legs pieux, ou pour les legs, qu'on peut avoir lieu de croire que le Testateur n'auroit pas laissé de faire, quoi qu'il eût eu des enfans.

Mais autant que cette opinion pourroit paroître impie & dure dans le cas que je viens de dire, autant pourroit-elle paroître juste & raisonnable en d'autres : comme par exemple, si le Testateur avoit institué heritier son Fils aîné, & donné simplement la legitime à ses autres enfans déja nez, sans faire mention du posthume qui vient après à naître. Qu'elle justice n'y a-t-il pas alors de conserver une disposition, qui autant que celle-là, *voto parentum congruit*, & remplit les veües ordinaires des Peres pour la conservation de leur maison ? Quelle apparence, que n'ayant donné que la legitime à des enfans qu'il connoissoit, & qu'il avoit eu veuë, il eût donné davantage, s'il y eût pensé, à un cadet à naître, & plus cadet, s'il est permis de parler ainsi, que les autres? N'est-ce pas le cas de suivre sans peine l'avis de Fernand, qui veut qu'au moyen de la clause codicillaire le Fils inconnu preterit soit chargé de rendre à l'heritier institué la succession, en retenant la seule legitime, & que par cet endroit le testament subsiste.

Il a été en effet jugé pour le testament dans ce même cas par Arrêt de la Grand'-Chambre, après partage vuidé en la Premiere Chambre des Enquêtes, Rapporteur Mr. de Chalvet, Compartiteur Mr. Tournier, au procez d'entre les Arnauds de Beaucaire le 9. Août 1697. les Parties étoient la Dame de Roquebouïllac, veuve de Jean d'Arnaud, mere & legitime administrerese de ses Enfans, d'une part ; & la Dame de Faure, veuve de Cesar d'Arnaud, aussi mere & legitime administrerese de ses enfans, d'autre. La raison déterminente qui vuida le partage & sauva le testament, fut qu'en pareilles matieres il falloit suivre le sentiment & l'esprit de Mr. Laroche-Flavin & des Arrêts qu'il rapporte, c'est-à-dire, se regler par les presomptions de volonté, & que c'étoit mettre la clause codicillaire a son veritable usage que de la faire servir de soûtien à une volonté connuë & certaine, sur tout celle du pere, qui a disposé entre ses enfans, quoi qu'il ne les ait pas tous connus, mais, qu'il est évident que la connoissance de tous n'auroit pas empêché de tester de même.

Il est vrai que dans ce procez il y avoit la circonstance du silence du fils preterit, qui avoit vêcu long-tems, & qui étoit mort même sans se plaindre, de maniere que le testament n'étoit attaqué que par un des enfans, que le pere avoit reduit à la legitime, & qui venoit contre, *ex personá præteriti*, mais cette circonstance ne decida point, elle demeura comme superfluë, les Juges s'étant determinez par l'endroit que j'ai marqué. La question que pouvoit former ce silence étoit assez superfluë d'ailleurs, comme indifferente & étrangere au cas dont il s'agissoit, puisqu'il est assez constant que le silence ni l'aprobation ne font rien contre des enfans instituez en portions inégales. Un droit acquis aux freres le moins favorablement traitez ne peut leur être ôté par cette voye. Cette approbation n'est bonne que pour les testamens, où les enfans sont instituez en égales portions, elle sauve les legs de liberté, & autres legs pieux faits par le pere; car c'est l'espece de la Loi 17. *Filio præterito*, *ff. de inj. rupt.* & en ce cas-là, il paroît assez clair, que le silence ne suffit pas, parce que pour asseurer le payement des legs il faut quelque chose de plus asseuré qu'un silence qui peut être rompu.

Mais lors que plusieurs enfans étant instituez heritiers égaux par le pere, le posthume preterit se plaint, je ne suis point porté à croire qu'il faille suivre le sentiment de Fernand, & presumer le posthume qui a été preterit, chargé en vertu de la clause codicillaire apposée, de rendre à ses freres *retentâ solum legitima portione*. Il y a lieu, ce me semble, de le traiter comme ses freres, & en lui donnant une portion égale à la leur, de ne conserver que les legs, qu'il sera seulement presumé chargé de payer également avec eux, avec qui, selon toutes les apparences, il eût été également institué, & sous les mêmes charges, s'il s'étoit avec eux presenté à la vûë de son pere; si bien qu'on ne peut refuser de croire, que ce pere alors dans un goût moins ordinaire, mais non blâmable, a voulu conserver cette égalité de droit

que la Nature & la Loi donnent à des enfans fur les biens paternels , & ne fe laiffer que le plaifir de les leur diftribuer , comme
de fa main , & la liberté de faire quelques legs.

Avant l'Arrêt que je viens de rapporter , j'avois veu juger fans
beaucoup de difficulté fur cette matiere , que la claufe codicillaire foûtenoit un teftament où étoit ignoramment preterit un
Fils , dont le Teftateur avoit enfuite parlé dans un codicille. On
oppofoit neanmoins à ce teftament les deux Maximes , qu'une
heredité ne peut être donnée ni ôtée par des codicilles , & que
le teftament étant annullé , les codicilles qui fe rapportent &
qui appartiennent à ce teftament font confequemment annullez.
On crût que ces Maximes qui ont leur ufage en d'autres cas ,
ne faifoient point d'effet au cas prefent , decidé par la Loi premiere *Cod. de Codic.* & qu'il fuffifoit que le codicille , partie &
fuite du teftament , faifant mention du fils que le teftament avoit
preterit , ramenât les chofes au point de la preterition fciem-
ment faite , où felon le fentiment general , le teftament eft foûtenu par la claufe codicillaire. L'Arrêt fut rendu le dernier Avril
1665. en la Seconde Chambre des Enquêtes , au rapport de
Monfieur de Vignes.

Il y avoit même une circonftance remarquable qu'on oppofoit
au teftament. Les codicilles non fignez , quoi qu'olographes ne
valoient pas , difoit-on , à caufe qu'ils étoient en faveur de la
femme heritiere inftituée dans le teftament confirmé par ces pretendus codicilles , qu'il n'étoit pas jufte , ajoûtoit-on , de faire valoir au prejudice des enfans , puifqu'en les faifant valoir on nui-
foit en effet , & au fils preterit , & aux enfans même non pre-
rits , qui n'étoient dans le teftament inftituez qu'en des legs particuliers. Les Juges ne furent point touchez de cette circonftance. Par la raifon , que fans compter que des codicilles olographes , quoique non fignez , doivent generalement valoir en ce
qui regarde les enfans ; il fuffifoit qu'ils fuffent bons à établir que
le pere avant fa mort , avoit eu connoiffance du fils preterit , &
tout le tems , tout le loifir , toute la liberté de changer le teftament , dans lequel il l'avoit preterit , comme on voyoit qu'il
avoit eu dans cette rencontre , où l'on crut qu'il falloit fe con-

former à l'Arrêt rapporté par Ferrieres, lequel confirme un teftament foûtenu de la claufe codicillaire, dans le cas de la preterition ignorament faite, parce que le Teftateur avoit furvécu long-
tems à la naiffance du Pofthume qu'il avoit toûjours tenu auprés
de lui fans changer fa difpofition, ce qui confirme encore la
regle que j'ai cherché à établir fur cette matiere, & qui confifte à examiner fi la volonté du Teftateur eft fuffifament ou in-
fuffifament prefumée telle qu'elle eft dans le teftament, en y ajoûtant la legitime pour le fils preterit, prefumé par la claufe codicillaire, chargé de rendre *retenta*, comme j'ai dit, *legitima portione.*

Quelques-uns veulent faire difference des defcendans avec les
afcendans dans la queftion de la preterition ignoramment faite,
& de la claufe codicillaire, par la raifon, que la nature & les
vœux mêmes des peres & des meres appellent à la fucceffion les
enfans, au lieu que ce n'eft que la pitié, pour le malheur des peres
& des meres furvivans à leurs enfans, qui leur en donne la fucceffion, *liberos naturæ fimul & parentum commune votum, parentes vero ratio miferationis admittit*, comme il eft dit dans la Loi
7. au §. dernier *fi tab. teftam. null. extab.* Il a été neanmoins jugé
par Arrêt rendu en la Seconde Chambre des Enquêtes, au rapport de Mr. P. Olivier, que la mere ayant été ignoramment prete-
rite, crûë morte, le teftament, quoique foûtenu de la claufe codicillaire, étoit nul, par la raifon prife de la Loi 15. *Nam & fi ff.
de inoff. teftam.* qu'encore que les mêmes raifons n'appellent pas les
peres & les meres aux fucceffions de leurs enfans, & les enfans
aux fucceffions de leurs peres & meres, un même devoir de pieté
& d'affection appelle refpectivement & reciproquement les uns &
les autres; & qu'ainfi les peres & meres ne font pas moins appellez, & ne doivent pas moins être inftituez que les enfans lorfque la mort dérange & renverfe l'ordre de la nature, *turbato tamen ordine mortalitatis non minùs parentibus quam liberis pie relinqui debet.* Il eft vrai que dans le cas de cet Arrêt, le mari,
perfonne étrangere, avoit été inftitué heritier, par où on pouvoit
douter, fi au cas que la fille, qui avoit preterit la mere, eût crû
que fa mere étoit en vie, elle ne lui auroit pas donné fa fucceffion

sion preferablement à son mari : aussi tout ce qu'on peut faire de mieux pour les ascendans, c'est de les traiter là-dessus de même que les descendans ; c'est-à-dire, de prendre pour regle la presomption de volonté, & decider selon que cette presomption paroît assez, ou trop peu certaine.

Les Docteurs disent communément que la clause codicillaire est sousentenduë dans le testament entre enfans. C'est ainsi que le disent entr'autres Mr. Maynard, Liv. 5. chap 22. & 41. *&* *Mantica de conjecturis*, Liv. 1. chap. 9. ils l'entendent sans doute dans le cas où tous les enfans sont instituez heritiers, seuls vrais testamens entre enfans, & non dans le cas où il y a quelqu'un des enfans preterit ; ce seroit alors, & dans un cas non favorable, trop suppléer & trop presumer, puisque l'état de la question en matiere de clause codicillaire, & de pretention si vivement debatuë par les Docteurs de part & d'autre, est précisément, si la clause codicillaire inserée dans les testamens, les fait valoir comme codicilles, & presumer que les enfans preterits sont chargez de rendre ; question qui demeureroit, & hors d'œuvre, suposé que la clause fût sousentenduë, suivant les principes qu'on trouve dans tous ces Auteurs, quoique divisez en sentimens, la clause codicillaire en certains cas & certaines conjonctures de presomption, peut faire presumer que le Testateur a chargé l'enfant preterit de rendre, & par-là peut sauver sa disposition : Mais une clause qui peut faire une presomption de volonté, ne doit pas être en nul cas établie par presomption elle-même ; Cette maxime que la clause codicillaire doit être suppléée au testament entre enfans, me paroît, quoique commune, avancée sans fondement & sans reflexion : Car où il paroit que la disposition entre enfans contient la veritable volonté du Testateur, ou sa volonté demeure douteuse. Si la volonté paroît, en voilà assez pour faire valoir la disposition comme testament, sans qu'il soit besoin d'autant de ceremonie & de formalité qu'il en faut pour un codicille ; & s'il y a lieu de doute sur la volonté, la disposition pourra aussi peu valoir comme codicille que comme testament, puisque le deffaut de volonté est un deffaut également essentiel à l'une & à l'autre de ces deux sortes de dernieres dispositions. Cette maxime n'eſt pas cependant indifferente, car il n'eſt pas indifferent que le teſtament vaille comme teſtament ou comme codicille. Au premier cas l'heritier inſtitué eſt d'abord nanti & maître de l'heredité ; au ſecond les heritiers *ab inteſtat* ſont d'abord les maîtres, mais chargez de rendre à l'heritier inſtitué, ſoûs la reſervation ordonnée par les Loix. Que ſi l'on veut dire que la clauſe codicillaire eſt ſuppléée & ſoûſentenduë dans le teſtament entre enfans à l'égard des legs & fideicommis étrangers, la maxime ne me paroît pas plus fondée : Car ſi les legs & fideicommis valent dans cette rencontre, ſuivant les Arrêts rapportez par Mr. Cambolas, Liv. 1. chap. 13. ce n'eſt point que le teſtament vaille alors à cet égard comme codicille par la clauſe codicillaire ſuppléée ; car ce ſeroit la ſuppléer (contre les enfans même,) que par ce moyen on chargeroit du payement de ces legs & de ces fideicommis. Ce qui ne ſeroit pas raiſonnable, parce que le principal qui eſt l'inſtitution étant ſauvé, les entraîne aprés lui, comme acceſſoire ; & que la pieté des enfans exige que par le payement des legs & des fideicommis étrangers, ils faſſent honneur en l'entiere diſpoſition d'un pere qui a rempli ſon devoir à leur égard. Ce motif de pieté eſt marqué par le Juriſconſulte dans la Loi 38. *ff. de fideic. libert.* qui decide que les enfans inſtituez dans les teſtamens imparfaits de leur pere, ont deu donner à l'Eſclave qu'il avoit particulierement cherie, la liberté & le legs qu'il lui avoit laiſſez, *pios filios debuiſſe manumittere eam quam patet dilexiſſe ideoque fideicommiſſa & præſtanda.* D'où vient que les Loix ont diſpenſé en pareil cas les enfans du payement des legs faits à des perſonnes moins cheres, ſans quoi on ne peut guere concilier cette Loi 38. *ff. de fideic. libert.* avec la Loi 11. *C. de teſt.* qui decide que la liberté même leguée dans un pareil teſtament n'eſt point duë. Auſſi *Mantica de conjecturis, Lib.* 1 *tit.* 9. *num.* 7. remarque que le degré de l'ardeur & de l'afection eſt alors la regle qui doit decider de la validité, ou de la nullité du legs qui n'eſt pas ſoutenû par la faveur de la liberté ; ſi cette faveur n'eſt elle-même ſoûtenuë par l'amitié ſinguliere du Teſtateur pour l'Eſclave, *nec ſufficit favor libertatis, niſi concurrat ardor legitimi amoris.* C'eſt dans le même ſens que Be-

nedictus ad cap. Rainutius in verbo testamentum 3. 11. 46. dit qu'en cette ocasion la clause codicillaire est suppléée en faveur de cette seule sorte de legataires : Improprieté d'expression contraire aux principes de droit qui ne permettent point de prêter des codicilles en sousentendant, & suppleant la clause codicillaire, & aussi peu d'en diviser l'effet ; mais l'expression ne va sans doute qu'à faire entendre le devoir des enfans envers leur pere, & envers les personnes qui sont tendrement cheries, obligez d'aquiter religieusement ces legs sans avoir la liberté d'opposer l'omission des clauses & des formalitez.

CHAPITRE VII.

Si la Substitution reciproque faite par le Pere entre ses enfans, comprend la légitime.

PLusieurs Auteurs comprennent la légitime dans la substitution reciproque, plusieurs l'en distraisent. Me. Duperier Liv. 1. quest. 22. cite les uns & les autres. On y peut ajoûter pour le premier avis Godefroi & Paul de Castro sur la Loi *Si pater puellæ, Cod. de inoff. testam* & pour l'avis contraire Mornac sur la même Loi. On sçait assez que cette Loi, & la Loi *Quoniam in prioribus*, du même Titre, confirmée par la Novelle 115. au Chap. *Cæterum*, font le doute, & partagent les sentimens. Les uns se fondent sur la décision de cette premiere Loi, qui établit que dans la substitution reciproque nul des substituez n'étant presumé grevé, à cause de l'incertitude des évenemens, qui rendent égaux de part & d'autre le risque & l'esperance, nul n'est en droit de se plaindre du tort fait à la legitime, qui dans toutes les mains a pû également gagner & perdre. Les autres pretendent que cette Loi est revoquée par la Loi *Quoniam in prioribus*, & par la Novelle ci-dessus alleguée, qui rejettent, à concurrence de la legitime toutes les conditions onereuses apposées aux institutions & donations faites au profit des enfans. A quoi ceux du premier avis répondent, que la Loi

G g ij

qui exempte la legitime de toute condition onereuse, ne l'exempte pas, & ne la doit point distraire d'une substitution ; qu'une Loi precedente, contenuë dans le même Titre, a declaré n'être pas onereuse : Et qu'à l'entendre autrement c'est admettre deux Loix contraires dans un même Titre, aprés l'expresse protestation de Justinien qu'il n'en a point laissé de contraires dans tout le corps du Droit. Quoi de plus contraire en effet si ce n'est que la Loi *si pater puellæ*, declare que cette substitution n'est pas onereuse, & que comme onereuse elle soit rejettée à concurrence de la legitime par la Loi *Quoniam in prioriobus*, que la Novelle ne fait que confirmer. Suivant Duperier la raison est pour l'avis qui comprend la legitime dans cette substitution, & l'usage, dont il paroît souhaiter le changement, est pour l'avis contraire. Il est vrai que le raisonnement des premiers est plus droit & plus exact, mais on a voulu gauchir & raisonner moins juste, en faveur de la legitime, qui se trouve dans le cas dont il s'agit, blessée & grevée par l'évenement, si elle ne l'est pas dans la disposition du pere. Une aparence contraire dans la Loi *Quoniam in prioribus*, & dans la Novelle, à la décision de la Loi *si pater puellæ*, une note échappée au Glossateur, tout a été bon pour ne pas assujetir un droit que donne la Nature, suivant laquelle tout est libre. Ainsi l'usage a ses raisons moins bizarres, ce me semble, qu'il ne paroît à Duperier, en ce que nonobstant cette Loi *Quoniam in prioribus*, & la Novelle, il a laissé subsister la Loi *Ex tribus unciis* du même titre du Code, & le pouvoir donné à la substitution pupillaire de comprendre la legitime de pupille. Il y a bien à dire du cas de la substitution pupillaire au cas de la substitution reciproque. La premiere, bien loin de pouvoir ni en elle-même, ni par l'evenement, passer pour une substitution onereuse au fils, bien loin de le priver de la liberté de disposer de sa legitime, est regardée au contraire comme le testament & la disposition du fils, que fait pour lui la pieté & la providence paternelle dans un âge où il ne peut disposer lui-même. Il n'en faut pas dire davantage, il est trop aisé de sentir la difference.

Pour conclure & m'expliquer d'une maniere nouvelle peut-être fur cette matiere , le premier avis eſt meilleur & mieux raiſonné dans la fpeculation & dans la theorie , regardant la queſtion en elle-même comme feparée de l'évenement , & au point & par rapport au tems auquel les évenemens encore incertains tiennent dans une égalité parfaite l'avantage ou le defavantage de la legitime. Auſſi remarquai-je que c'eſt à peu prés le cas de la déciſion de la Loi *Si pater puellæ* , où l'Empereur prend ocaſion de l'incertitude actuelle des évenemens, pour fauver la difpoſition du pere, qui fuivant la Jurifprudence alors établie , ſi elle avoit été onereuſe à la legitime , auroit non feulement été rejettée, mais auroit annullé le teſtament même. Le fecond avis eſt meilleur dans la pratique & dans l'uſage, plus équitable lorſqu'il s'agit de juger d'un cas écheu , qui fortuitement à la verité, mais toûjours en confequence de la difpoſition du pere , faifant perdre la legitime au fils , ramene par-là les choſes au cas de la Loi *Quoniam in prioribus* , & de la Novelle. Uſage d'autant plus à fuivre, que par cette derniere Loi & cette Novelle, les conditions onereuſes à la legitime devant ſimplement être rejetées , fans gâter la difpoſition où elles font contenuës , il y a beaucoup moins d'inconvenient , & par là on doit moins heſiter à les regarder comme onereuſes à cette même legitime. Quoiqu'il en foit, nôtre Parlement en la Grand'-Chambre , au rapport de Mr. de Fauré , fuivit fans peine cet uſage en faveur des heritiers d'une legitimaire , fubſtituée reciproquement & prédecedée. L'Arrêt eſt du mois de Juin 1692. les Parties, Buros & Galiech.

CHAPITRE VIII.

Si la priorité & postériorité de deux testamens faits par un pere entre ses enfans, doit être reglée par la date de ces testamens, ou par la date des suscriptions qu'il y a apposées dans la suite.

CEtte question s'est presentée à juger en la Troisiéme Chambre des Enquêtes le 9. Mai 1699. au rapport de Mr. de Reversac de Celez, dans un cas assez singulier, qui n'est pas long à deduire.

Jacques Leuziere fait son testament le 5. Juin 1652. écrit & signé de sa main, du reste, sans témoins ni autre formalité. Il institue Estienne Leuziere son Fils, & fait un legs de 150. l. à chacune de ses filles. Le 20. du même mois, il fait un second testament, en la même maniere & forme : Il institue le premier enfant à naître d'Estienne, legue à Estienne 150. l. de même qu'à ses filles qu'il substitue à son fils, au cas que ce fils vienne à mourir sans enfans. Huit ans après, & dans le même jour, le Testateur fait apposer la suscription à ces deux Testamens, sçavoir au second avant midy, & après midy au premier. Les deux actes de suscription contiennent la clause ordinaire de revocation de tous testamens & dispositions précedentes. Estienne son fils recüeillit son heredité, en joüit plusieurs années, paye les legs de chacune des filles, & meurt sans laisser des enfans, & sans s'être mis en peine de faire ouvrir aucun des deux Testamens, qui furent trouvez clos & cachetez parmi ses papiers. Procez entre les Demoiselles de Durand, heritiers d'Estienne Leuziere, & les Demoiselles de Laporte ses niéces. Celles-cy vouloient faire valoir le second testament, comme le second, & en vertu de ce testament demandoient l'ouverture de la substitution qu'il contenoit, & dont l'esperance leur avoit été transmise par leur mere. Les Demoiselles du Durand soûtenoient le premier testament, dernier souscrit, & par-là disoient-elles, devenu & demeuré le der-

nier, & ce teftament ne contenant pas de fubftitution, elles prétendoient que leurs parties adverfes en demandoient mal à propos
l'ouverture.

Les fubftituées appuyoient leur prétention fur ce que les deux
teftamens de Jacques Leuziere, écrits & fignez de fa main, étant
parfaits entre enfans, le premier étoit abfolument revoqué par
l'autre fuivant la Loi 2. *Nunc autem ff. de inj. rup.* De forte que
le fecond qui revoquoit le premier ne pouvoit plus être revoqué
que par un autre & troifiéme teftament parfait, & non par l'afte
indifferent de la fufcription appofée au premier teftament, fufcription inutile dans le cas des teftamens entre enfans, mais qui
appofée d'ailleurs à un teftament annullé & emporté, devoit
être regardée comme nulle, & ne meritoit nulle confideration,
derniere écriture, non derniere volonté.

Les heritiers d'Eftienne Leuziere répondoient que les teftamens recevant leur derniere perfection de la fufcription, fuivant
la Loi *hac confultiffimâ*, cette fufcription, & fa date, en devoient
regler la priorité ou pofteriorité, même dans le cas prefent, dans
lequel il paroiffoit que le pere n'avoit pas regardé la fufcription
comme une chofe indifferente, & avoit eu deffein de tefter de
la maniere la plus parfaite; de forte que dans fon idée, par où
il falloit fe regler, ces teftamens avant la fufcription n'étoient
que de fimples projets, à quoi la feule fufcription devoit donner
une perfection entiere. Ces mêmes heritiers ajoûtoient, que quand
on regarderoit les deux teftamens comme parfaits avant la fufcription, par la faveur de la difpofition entre enfans, la caufe
ne deviendroit pas meilleure à ce point de veüe pour les fubftituées, puifqu'il faudroit toûjours par cette même faveur regarder la fufcription enfuite & en dernier lieu appofée à ce premier teftament, comme une écriture contenant bien clairement
la volonté du Teftateur, & qui entre enfans devoit fans doute
fuffire.

Sur ces raifons par Arrêt infirmatif de la Sentence du Juge
d'Appeaux d'Alais, les fubftituées perdirent leur caufe, & le premier teftament, dernier foufcrit, fut confirmé. Mrs. les Juges
appuyerent particulierement leur avis fur la Loi 11. au §. 2. *de*

bon. poss. sec. tab. dont les décisions paroissent faire une conséquence bien naturelle pour le cas présent. Cette Loi contient
en effet deux décisions, l'une dans le cas du Testateur, qui étant
sui juris, avoit fait son testament, aprés lequel il s'étoit donné
en arrogation, & l'avoit ainsi rendu nul par ce changement
d'état, *per capitis diminutionem*. Auquel cas le Jurisconsulte décide que si le Testateur redevenu *sui juris*, declare dans des Codicilles, ou autre acte, qu'il veut que ce testament vaille, le testament sera rétabli par cette declaration; & pour employer les
termes même de la Loi, *voluntas quæ defecerat, recenti judicio
rediisse videtur*. L'autre decision de la même Loi est dans le cas
de deux testamens, dont le second a été barré & déchiré par le
Testateur : Le Jurisconsulte decide encore, que cette barrure & ce
déchirement font revivre le premier. Si des pareilles marques de
la volonté du Testateur donnent donc ainsi une force nouvelle à
un testament emporté ou revoqué, à combien plus forte raison
doivent-elles faire ce même effet dans le cas des testamens entre
enfans, où la seule volonté du pere qui dispose, tient absolument
lieu de toutes choses. On n'oublia pas la Loi premiere *Cod. de
Codic.* où le Testateur, à qui depuis le testament il étoit né un
posthume, ayant aprés la naissance de ce posthume, déclaré qu'il
vouloit que son testament valut, l'Empereur prononce que la
disposition de ce testament vaut, & doit être executée en vertu
de cette derniere volonté; Il est vrai qu'elle ne vaudra que comme Codicille, mais selon les principes que j'ai été obligé de ramener plus d'une fois sur semblables matieres, il y a bien à dire
entre un pere qui dans sa disposition preterit quelqu'un de ses enfans,
& un pere qui dispose en pere entre tous ses enfans, & ne perd
rien de la faveur des loix par l'omission d'aucun des devoirs de
la pieté & providence paternelle. Ainsi il est juste de se regler
en ce dernier cas par la décision qui en approche le plus, j'entends
la décision de cette Loi 11. *ff. de bon. poss. sec. tab.* & de faire
valoir, comme le fit l'Arrêt que je rapporte, le testament, non
seulement *jure codicillorum*, mais encore *jure testamenti*.

CHAPITRE

CHAPITRE IX.

Si cette claufe ajoûtée à l'inftitution d'heritier, étant affuré que s'il vient à deceder fans enfans il fuivra l'ordre de la nature, &c. *contient une fubftitution en faveur des plus proches.*

LEs hommes ont des manieres fi differentes d'expliquer leurs penfées & leurs volontez, qu'une partie de l'atention des Loix eft ocupée à débroüiller & à expliquer ce qu'ils ont voulu dire, foit dans les contracts, foit dans les actes de derniere volonté. La peine eft encore plus grande dans les actes de cette derniere efpece, où l'idée de la mort, & quelquefois fes aproches, peuvent faire qu'on s'énonce d'une maniere moins claire & moins naturelle. Ces differentes manieres d'expreffion de volonté paroiffent fingulierement dans les fubftitutions, non feulement obfcures fouvent quant aux perfonnes qu'elles apellent, & le degré jufques où elles doivent être portées ; mais envelopées quelquefois foûs certains témoignages de defir & de confiance, qui femblent n'impofer point d'obligation ni de charge. C'eft ce qui forma une grande difficulté fur le teftament de feu Mr. de Marca Archevêque de Paris, & qui auparavant avoit été le nôtre à Touloufe. Ce Prelat, un des plus illuftres hommes de fon tems, connu par fes Ouvrages ; Avant de fe dévoüer au fervice de Dieu dans l'Eglife, avoit eu plufieurs enfans de fon mariage avec la Dame de Forgues. Difpofant de fes biens à la mort, il fait fon heritier Mr. de Marca fon fils, Prefident au Parlement de Navarre, Abbé de St. Aubin d'Angers. Il ajoûte à l'inftitution la claufe, dont voici les propres termes. *Etant bien affuré aue s'il vient à deceder fans enfans* (c'eft du Prefident fon fils qu'il parle,) *il difpofera de fes biens fuivant l'ordre de la nature, & au profit de ceux dont il aura reçu plus de fervices & de témoignages d'amitié.* Ces paroles firent le fujet d'une conteftation entre le Sr. B. en de

Tome I.

Mirepoix de Navailles , qui , comme petit-fils & defcendant par
filles du Sr. Archevêque , pretendoit être fubftitué à fes biens en
vertu de la claufe que je viens de dire , & le Sr. Vicomte de St.
Martin , Neveu , *ex forore* , de cet Archevêque , qui avoit été
inftitué heritier par le Préfident.

Le Sr. Baron de Mirepoix foûtenoit que cette claufe renfer-
moit une fubftitution. Il fe fondoit fur la Loi *eo modo* 118. *ff. de
legat.* 2. la Loi *Credo*, la Loi *etiam* 115. *ff. eod.* où les termes ,
Credo , *fcio te reftituturum* établiffent un fideicommis , quoîque
fans doute moins forts que les termes , *étant bien affuré* , contenus
dans la claufe dont il s'agit. . Il fe fondoit encore fur la Loi
unum ex familia ff. de legat. 2. où , dans le cas d'un pere , qui avoit
dit qu'il ne doutoit pas que fa femme ne rendît l'heredité à fes enfans ; Le Jurifconfulte Papinien decide que felon le refcrit de l'Empereur Marcus , ces paroles doivent être prifes pour un fideicommis ; par cette raifon , qu'il ne devoit pas être permis à cette femme de trahir la confiance que fon mari avoit euë pour elle , fur
le fondement de la bonne intelligence où ils avoient vêcu durant
leur mariage , & de la tendreffe naturelle d'une mere pour fes enfans , *ne honor. benè tranfacti matrimonii , fides etiam communium
liberorum decipiat patrem qui melius de matre præfumpferat* ; motif de l'Empereur , pour prêter des paroles au Teftateur en faveur
du fideicommis , qu'il n'avoit pas tout-à-fait exprimé , *& ideo
princeps religiofiffimus cum fideicommiffi verba ceffare animadver-
teret , cum fermonem pro fideicommiffo accipi refcripfit*: Laquelle
même raifon fait que le Jurifconfulte Scævola decide de même
dans la Loi *Pamphilo ff. de leg.* 2. & dans le cas pareil d'un maître,
qui ayant fait un legs à fon affranchi y ajoûte cette claufe, *fcio quod
tibi relinquo ad filios meos perventurum poft mortem tuam* ; *cum
fciam tibi eos effe cariffimos* : Le Jurifconfulte répond que c'eft un
vrai fideicommis , parce que ce feroit une chofe trop cruelle que
l'efperance du pere fut trompée par l'affranchi , fur la foi duquel il
avoit compté , *inhumanum eft decipi patrem à liberto de quo melius fperabat.* De toutes ces Loix le Sr. de Mirepoix tiroit cette
confequence , que de pareils termes établiffant un fideicommis ,
on ne pouvoit pas nier qu'il y eût dans la claufe dont il s'agiffoit

un fideicommis en faveur du plus proche de la famille, apellé par l'ordre de la nature, que le Sr. Archevêque avoit voulu qui fût fuivi, fuivant lequel ordre naturel, il eft decidé dans la Loi, *Peto* §. *fratre ff. de leg.* 2. que ce qui eft laiffé à la famille apartient au plus proche, & par-là au defcendant, privativement aux collateraux, *ne videatur Teftator alienas fucceffiones propriis anteponere*, ce qui n'eft ni naturel ni jufte, comme on peut encore l'établir par la Novelle 118. Ainfi le Sr. de Mirepoix étant defcendant & petit-fils du Sr. Archevêque, au lieu que le Sr. de St. Martin n'étant que Neveu *ex forore*, pretendoit être preferé dans le fideicommis, qu'il avoit prouvé, qui étoit dans cette claufe.

Le Sr. Vicomte de St. Martin heritier foûtenoit que les biens du Sr. Archevêque étoient libres entre les mains du Sr. Prefident, à qui ils avoient été donnez, *fine onere fideicommiffi*. Il répondoit aux Loix alleguées au contraire, qu'elles parloient d'une reftitution précife en faveur des perfonnes certaines & defignées, au lieu qu'ici tout étoit vague ; rien de précis ni de déterminé, de maniere que tout le fondement du fideicommis étoit en l'air. Que les termes où on le pretendoit renfermer, n'étoient qu'une fimple recommandation que les Loix diftinguent extrêmement du fideicommis, fuivant le texte formel de la Loi *Fideicommiffa* §. *fi ita quis ff. de leg.* 2. *aliud eft commendare, aliud voluntatem fuam fideicommittentis, haeredibus infinuare.* Recommandation ici d'autant moins obligatoire, que ce n'étoit qu'une recommandation generale de la famille & parenté, fans qu'il parût que le Teftateur s'intereffat particulierement pour perfonne. Que fi ces paroles étoient un confeil il n'obligeoit pas plus que la recommandation, tel que celui que le pere donne à fa fille de ne point faire de teftament, tandis qu'elle n'aura point d'enfans, lequel n'eft point une vraïe deffenfe de tefter, & confequemment n'induit point un fideicommis au deffaut d'enfans, en faveur des heritiers *ab inteftat* de la fille inftituée, comme il eft décidé dans la Loi *Cum pater* §. *mando ff. de leg.* 2. Qu'à le prendre même comme un ordre & un commandement, c'étoit un ordre dépoüillé de toute autorité & de tout effet, tel que celui que les Loix apellent *nudum praeceptum*, comme la deffenfe d'aliener qui n'engage l'heritier à rien, à moins

que l'on ne défigne la perfonne en faveur de qui la prohibition eft
faite, ce qui eft encore decidé d'une maniere plus conclüante
pour le cas préfent, dans la Loi *pater filium* 38. *ff. de leg.* 3. où il
eft decidé que cette même deffenfe d'aliener un fonds & de le
conferver aux fucceffeurs, *fucceffioni confervare*, n'établit point
de fideicommis, *nihil de fideicommiffo proponi.* On ajoûtoit qu'il
étoit fenfible par tous les termes de cette claufe, qu'elle n'avoit
été apofée par le Teftateur, que dans la vûë de lier d'amitié fon
heritier & la famille, & les engager dans un commerce reciproque de fervices & de bienfaits, & d'animer fur tout cette famille
à faire fon devoir à l'égard de fon fils par l'efpoir de la recompenfe, ce qui devoit, difoit-on, faire regarder cette claufe comme
apofée, bien plus pour autorifer le fils, que pour le charger.
On prouvoit la juftice de cette interpretation par la Loi 68. *Teftatorem* §. 1. *ff. de leg.* 1. où le Teftateur ayant exhorté fes deux
affranchis, dont il avoit retenu les enfans fous fa puiffance, à bien
prendre foin des affaires de fon heritier, les affurant qu'en faifant leur devoir ils meriteront que fon heritier leur donne leurs
enfans ; le Jurifconfulte répond qu'il n'y a pas de fideicommis,
par cette raifon fans doute, que la claufe paroiffoit apofée, plus
pour l'avantage que pour la charge de l'heritier ; ce qui eft conforme à la décifion de la Loi *Generali* 32. *ff. de uf. & ufuf. leg.*
qui eft dans le cas d'un Teftateur, lequel aprés avoir donné l'ufufruit de quelque fonds à fon Efclave, ajoûte, qu'il efpere que cet
affranchi, par fa bonne conduite envers fon heritier, parviendra
à meriter & obtenir la proprieté du fonds legué, exhortant de
plus l'heritier & l'affranchi de vivre enfemble de bonne amitié, ce
qu'il les affure qui convient aux uns & aux autres : le Jurifconfulte
decide que l'affranchi n'a nul droit fur la proprieté. Pareilles paroles que la Glofe fur cette Loi *Teftatorem*, & fur cette Loi *Generali* appelle *verba enunciativa futuri eventûs*, *verba adulatoria*,
ne font point en effet obligatoires, & d'autant moins ici, difoit-
on, que le Teftateur dans cette claufe aprés ces mots, *felon l'ordre
de la nature*, avoit ajoûté, *& au profit de ceux dont il aura reçû
plus de fervices & de témoignages d'amitié* : Paroles qui rendoient
encore la recommandation plus indeterminée & plus vague, &

l'étendoient à toute la parenté, moins selon le degré & la proximité, que selon les services rendus à l'heritier, qui est ce que le Testateur témoignoit avoir le plus en vûë ; de sorte même que l'égard que l'honnêteté pouvoit obliger l'heritier d'avoir pour cette recommandation, en étoit rendu bien plus volontaire. Ledit Sr. de S. Martin soûtenoit de plus que dans cet ordre de services & témoignages d'amitié rendus à l'heritier suivant l'intention du Testateur, il avoit dû être preferé au Sieur de Mirepoix, comme il l'avoit été aussi, par la reconnoissance du Président de Marca, qui, en suposant le fideicommis, avoit le droit de choisir entre ses proches, par raport aux services reçus, & l'avoit en ce cas choisi par l'institution, qui vaut élection ; Qu'il étoit de la famille de Marca par les femmes aussi-bien que le Baron de Mirepoix, qui n'ayant pas la faveur du nom & de l'agnation, ne devoit pas tirer en cette ocasion beaucoup d'avantage de sa descendance ; & qu'enfin le Sieur Archevêque étant un homme parfaitement habile & capable, s'il avoit voulu faire un fideicommis, ne se seroit pas expliqué d'une maniere si imparfaite & si courte ; qu'il auroit chargé son heritier d'un fideicommis exprez & clair, bien loin d'employer une clause, où les paroles qu'on pretend qui l'établissent sont aussi ambiguës que les personnes en faveur de qui on pretend qu'il est établi sont incertaines ; Ce dernier endroit même étant suffisant pour ne presumer point le fideicommis, & pour n'y avoir pas d'égard, au cas qu'on le presume, puisque les dispositions faites en faveur des personnes incertaines sont nulles, suivant la décision formelle des Loix.

Le Sieur Baron de Mirepoix repliquoit que la simple recommandation en faveur des enfans étoit presumée contenir un fideicommis, suivant l'Arrêt de nôtre Parlement, raporté par Albert, lettre T. Qu'il s'en falloit cependant bien que ce ne fût ici une simple recommandation, puisque suivant les termes de la Loi même oposée *aliud est commendare, aliud voluntatem suam fideicommittentis, hæredibus insinuare*, & qu'on ne peut guere nier qu'il ne parût que le Testateur avoit voulu ici insinüer le desir qu'il avoit que son fils, homme d'Eglise, quoi qu'il n'y fut pas engagé, rendît les biens qu'il lui laissoit, à sa famille com-

posée de deux filles dont il avoit des petits-fils ; veüe si raisonnable
& si naturelle que par-là même elle determinoit entierement le
sens & l'interpretation de la clause, laquelle ne devoit non plus
être prise pour un simple conseil, tel que celui du cas du §. *Mando*, de la Loi *Cum pater*, *ff. de leg*. 2. où il paroît que le conseil
du pere n'étoit interessé que pour la fille, à qui il avoit conseillé
de ne point faire de testament jusqu'à ce qu'elle eut dés enfans,
ita enim poterit sine periculo vivere, ce qui établit une extrême
difference d'un cas à l'autre. Outre que d'ailleurs d'un pere à des
enfans, le conseil même induit un fideicommis, *verba consilii
inter liberos inferunt necessitatem*, comme il est dit dans la Loi
fideicommissa 11. §. 9. *ff. de leg*. 3. Le Sieur de Mirepoix alleguoit
encore : Que c'étoit aussi peu le cas de ces ordres dépoüillez d'effet
& d'autorité, que la Loi apelle, *Nuda præcepta*, & qu'on est
fort éloigné de l'espece de la Loi *Filiusfamilias* 114. §. *Divi*, *ff.
de leg*. 2. & de la Loi 38. au §. 7. *ff. de leg*. 3. Que dans la Loi
Filiusfamilias, il est parlé de la prohibition d'aliener, sans nulle
désignation de cause ni de personne, pour, quoi & en faveur de
qui la prohibition soit faite ; & que dans le cas de la Loi *Pater filium*, le Testateur n'exprimant d'autre cause ni d'autre veüe,
sinon que l'heritier conserve ses biens à sa succession, *successioni
conservare*, ces mots qui regardent tous les successeurs, même
les plus étrangers, reduisent cet ordre si étendu à la condition
de ces ordres indifferens, qui n'interessant pas celui qui les donne, n'obligent pas celui qui les reçoit. Qu'en effet si cette prohibition d'aliener regarde la famille, elle induit un fideicommis,
suivant le §. *Si fundum*, de la Loi *unum ex familiâ*, *ff. de leg*. 2.
Et qu'à l'égard même des descendans, quelque chose de moins
qu'une prohibition d'aliener induit un fideicommis en leur faveur,
puisque si le Testateur. prie son fils d'aimer les fonds qu'il lui a
leguez, & d'en prendre tout le soin qui dépendra de lui, afin
qu'ils puissent parvenir en la main de ses petits-fils, *ut possint ad
filios suos pervenire*, ces paroles, quoi qu'elles n'expriment pas
parfaitement un fideicommis, & qu'elles établissent moins une
Loi pour l'heritier, qu'un conseil de rendre ces fonds à ses enfans petits-fils du Testateur, ne laissent pas de faire un fideicom-

mis, *licet non satis exprimant fideicommissum , sed magis consilium quàm necessitatem reliquendi , post mortem patris eorum , vim fideicommissi videntur obtinere ,* de quoi l'aplication se fait tout naturellement au cas present ; Cas (étoit-il ajoûté) bien different encore des cas de la Loi *Testatorem ,* & de la Loi *Generali ,* d'autre part oposées , dont la décision est pour des enfans contre des affranchis du Testateur. Le Sieur de Mirepoix repliquoit encore , que la fin de la clause dont il s'agissoit en ces termes , *& au profit de ceux dont il aura reçû plus de services & de témoignages d'amitié,* ne dérangeoit point l'ordre de la nature precedemment établi , & ne mettoit pas le Sieur President de Marca dans la liberté de choisir parmi tous ses parens celui dont il seroit le plus content. Que cette copulative , & *au profit ,* ne pouvoit être tournée en disjonctive dans le cas , au prejudice des descendans , en faveur de qui les Loix veulent au contraire , que les disjonctives soient au besoin tournées en copulatives , qu'ainsi toute la liberté qu'avoit ce President , c'étoit de choisir entre ceux qui tiendroient à sa mort le premier rang dans l'ordre de la Nature , c'est-à-dire , entre les filles ou petits-fils du Testateur , s'il y en avoit qui survêcussent à l'heritier. Que ce cas étant arrivé , & le Sieur de Mirepoix se trouvant le seul éligible , il lui suffisoit pour être uniquement apellé , qu'il n'eût point positivement offensé le President de Marca , suivant la décision de la Loi *Cum pater , ff. de leg.* 2. qui decide , qui si le pere charge sa fille de distribuer son bien à ses enfans , selon qu'ils auront merité d'elle , ils sont presumez tous également apellez , quoi qu'ils n'ayent pas également merité de leur mere , qu'il suffit qu'ils n'ayent point offensée pour parvenir également au fideicommis , au cas qu'elle n'élise point , ce qui prouve que la clause , *& au profit de ceux qui lui auront rendu plus de services & de témoignages d'amitié,* ne dérange rien dans l'ordre naturel , qui conserve toûjours ses droits , & qui étant aussi établis qu'ils le sont , doivent sans doute être considerez preferablement à la valeur arbitraire des services ; Que cette consideration a tout son effet dans l'élection ou dans l'exclusion , qu'elle peut meriter ou attirer parmi ceux de même rang , & qui sont également proches ; sans qu'il pût être oposé au

Sieur de Mirepoix, que n'étant point agnat de la famille, sa faveur n'étoit pas bien grande, puisque s'il n'avoit pas cette faveur, il avoit celle de descendant, plus grande à l'égard d'un collateral, que ne l'est celle d'un descendant des mâles sur le descendant des filles, les collateraux étant traitez étrangers par raport à tous les descendans. Pour ce qui est de l'habileté du Sieur Archevêque, d'où le Sieur de Saint Martin tiroit cette consequence, que si ce Prélat très-versé même dans la Jurisprudence avoit voulu faire un fideicommis, il l'auroit fait moins douteux, & moins équivoque ; Le Sieur de Mirepoix répondoit, que cette habileté même & cette connoissance du Droit, devoit faire presumer que le Sieur Archevêque connoissoit toute la valeur des termes dans cette matiere, qu'il avoit donc bien sçû qu'ils contenoient un fideicommis, qu'ainsi instruit qu'il le pouvoit sans hazarder sa volonté, il avoit voulu traiter honnêtement son fils, lui imposer la charge d'une substitution avec toutes les bienseances de termes & d'expression dignes de personnes de cette naissance, & ménageant tout à la fois les égards & ses intentions, donner quelque air de liberté à un engagement veritable. Enfin sur la pretendüe incertitude des personnes apellées au fideicommis, il étoit répondû, que c'étoient ici *incertæ persona de certis*, ce qui avoit toûjours suffi, suivant le §. *Incerta inst. de legat.* sans compter que maintenant le Droit ancien est extrêmement corrigé à cet égard, comme il est aisé de voir dans tout le Titre du Code *de incert. person.*

Sur ces raisons le Sieur de Mirepoix gagna sa cause, aprés partage, porté de la Grand'-Chambre en la Premiere Chambre des Enquêtes par Mr. de Chalvet Raporteur, & moi Compartiteur, au moins d'Août 1693. Il y avoit veritablement quelques lettres missives qui sembloient favoriser la substitution, par le raport qu'il sembloit que la disposition du Sieur Archevêque avoit à ces lettres, mais la grande attention des Juges fut aux principes & aux regles generales, & l'on crût qu'en bonne Jurisprudence cette clause établissoit un fideicommis, & l'établissoit en faveur des plus proches, particulierement en faveur des descendans à l'exclusion des collateraux.

CHAPITRE

CHAPITRE X.

*Si la preuve du Fideicommis peut être reçûë par d'autres
témoins que les témoins numeraires du teſtament.
Si on admet toûjours en preuve du Fideicommis verbal.*

AU procez de Loüiſe Blachere d'une part, & de Jean Blachere d'autre, il étoit queſtion de ſçavoir ſi on pouvoit admettre en preuve que le Notaire n'avoit pas écrit exactement la
volonté du Teſtateur, & qu'il avoit omis de mettre un degré de
ſubſtitution, dicté par le Teſtateur, au-delà de celui qui ſe trouvoit écrit. Le Senéchal avoit admis en preuve de ce fait, & de
ce Fideicommis, comme il étoit allegué ; mais il avoit reſtraint
la preuve aux témoins numeraires de ce teſtament, dequoi on
cottoit grief & on demandoit d'être reçû à faire cette preuve,
per quoicumq. teſtes, par Arrêt du mois de Mars 1666. en la Premiere Chambre des Enquêtes, au raport de Mr. Junius, la Sentence fut confirmée. Les raiſons furent, que le fait allegué ſembloit être *contra teſtamentum,* auquel cas, ſuivant le ſentiment
de Mr. d'Olive liv. 5. chap. 22. la preuve doit être reſtrainte aux
ſeuls témoins numeraires. On crût même qu'on ne s'arrêtoit plus
à la diſtinction alleguée par cet Auteur, de *præter aut contra
teſtamentum,* & que tels faits devoient être toûjours prouvez par
les ſeuls témoins numeraires, & qu'on n'en recevoit plus la preuve
generalement par toutes ſortes de témoins, à cauſe du danger
qu'il y a par la corruption des tems, comme il avoit été jugé auparavant, aprés partage porté de la Grand'-Chambre à la Premiere Chambre des Enquêtes, en faveur de Me. de Lacarry,
heritier inſtitué par la Demoiſelle de Barade., contre les Peres
Carmes Déchauſſez de cette Ville, qui ſoûtenoient que Lacarry
avoit été chargé par la Teſtatrice d'un Fideicommis en leur
faveur, duquel fait, quoiqu'il fut *præter & non contra teſtamentum,* ils ne pûrent être reçûs en preuve que par les témoins numeraires du teſtament. La qualité des Parties qui demandoient

d'être admiſes en preuve du Fideicommis, ne laiſſoient poin
à craindre la corruption des témoins. Cette conſideration n
peut cependant rien gagner ſur l'eſprit des Juges. On crût qu'i
falloit établir ſur une matiere ſi importante une Loi tout-à-fai
uniforme, pour ne point venir à faire des mauvaiſes conſequence
ou des diſtinctions injurieuſes.

Quelquefois même on refuſe abſolument d'admetre en preuv
des Fideicommis verbaux, à cauſe du laps du tems, & autres cir
conſtances, comme dans l'eſpece de l'Arrêt rendu en la Grand'
Chambre au raport de Mr. de Paucy, le 17. Août 1699. Tar
rabuſt, ſieur d'Aucillan, fait ſon teſtament, par lequel il inſtitu
la Demoiſelle de Fabre ſon heritiere, *pour de ſes biens, & here*
dité en faire à ſes plaiſirs & volontez, tant en la vie qu'en l
mort. Quinze ans aprés la mort du Teſtateur le Sr. Daide ſo
parent fait aſſigner l'heritiere, à ce qu'elle fut tenuë de jurer
ſon mari, lors de ſon teſtament, ne la chargea pas de lui rendr
cette heredité à la fin de ſes jours, & s'en remet à ſon ſermer
déciſoire. Cette heritiere en conſequence d'un Arrêt fait le ſer
ment, & nie d'avoir été chargée d'aucun Fideicommis. Un a
aprés le ſieur Reynaud, autre parent du Teſtateur, fait une nou
velle inſtance contre cette femme, pretendant qu'elle a été char
gée de rendre à un autre parent du Teſtateur, au cas que Dayd
ne pût recüeillir le Fideicommis, il eſt opoſant envers l'Arrê
qui ordonnoit que cette heritiere feroit le ſerment déciſoire qu
Dayde lui avoit deferé, & ſoûtient que c'eſt un Arrêt pourſuiv
d'intelligence entre la Demoiſelle de Fabre & le ſieur Dayde
Il demande enfin d'être reçû en preuve de ce Fideicommis ver
bal, dont il prétend qu'il avoit été fait un écrit en preſence d
Teſtateur, l'Arrêt déboute Reynaud de ſon opoſition & de ſ
demande ; le ſerment fait par l'heritiere ſur la délation de l'autr
prétendu ſubſtitué, & le laps du tems, furent le motif de l'Arrê
d'autant que pluſieurs Auteurs, entr'autres Maynard Liv. 5
Chap. 94. croyent qu'on ne peut être reçû à la preuve d'u
Fideicommis verbal, ſi cette demande n'eſt faite dans les dix ans
à compter de la mort du Teſtateur, l'incertitude & l'équivoqu
que peut metre dans la memoire des témoins, & par-là dans l

témoignage le long tems paffé entre les faits témoignez & le témoignage, fit une partie des motifs de la decifion.

CHAPITRE XI.

Si les Religieux peuvent être témoins dans les teftamens.

LA raifon pour exclure les Religieux du témoignage dans
les teftamens, peut être prife de leur condition même qui
les rend morts au monde, les éloigne de tout commerce des affaires temporelles, & les prive entierement de la participation du
Droit Civil. La fainteté de leur état, accompagnée ordinairement de la fainteté de la vie, pourroit rendre leur témoignage
plus feur que tout autre, & la preuve de la volonté des Teftateurs plus certaine; mais cet état même, & la folemnité que les
teftamens requierent, femble les rendre incapables d'y être reçûs
comme témoins; d'autant plus que le nombre extraordinaire de
témoins que la Loi exige furabondans pour la preuve, n'eft requis
que pour faire une partie de cette folemnité. Il eft vrai qu'il n'y
a point de Texte qui ait declaré précifement l'incapacité des
Religieux fur ce point : mais on peut dire que cette incapacité
eft une fuite & une confequence neceffaire de la mort civile qu'ils
ont encouruë, & à laquelle la Loi les condamne. Cette Loi qui
dans les teftamens demande des Citoyens pour témoins; Comment peut-elle y recevoir comme témoins ceux qu'elle retranche
du nombre des Citoyens, & qu'elle met au rang des morts ? Ne
peut-on pas les metre auffi au rang des efclaves, par la renonciation qu'ils ont faite à leur liberté; quoique par des motifs & pour
des avantages, fans doute, préferables à la liberté même ? Comment l'état qu'ils ont embraffé peut-il leur permetre d'affifter &
de rendre témoignage dans un acte où l'on difpofe des biens de
la terre, aufquels ils ont auffi renoncé, & aufquels ils ne doivent
avoir nulle attention ? A quoi l'on peut ajoûter l'autorité de
Faber fur le §. *Teftes inftit. de teftam.*

Il eft neanmoins certain que prefque tous les Auteurs font de

I i ij

l'avis contraire, qui permet aux Religieux d'être témoins dans les testamens. Cet avis favorable aux Religieux & à l'exécution de la volonté des Testateurs, est fondé sur ce qu'il n'y a point de prohibition expresse de ce témoignage, & que c'est une regle qu'on peut recevoir pour témoins tous ceux qui ne sont pas prohibez de l'être, suivant la Loi premiere §. 1. *ff. de testib.* c'est ainsi que l'ont decidé la Glose sur l'authentique *si testis*, sur le mot *impleatur*, *Cod. de test.* Guy-Pape Quest. 517. Chassanæus *in consuet. Burgund. rubrica.* si le Testateur dispose *versic.* par son testament *num.* 8. & 9. Automne des Loix abrogées liv. 4. chap. 20. Julius-Clarus *in verbo testamentum quæst.* 55. §. 7. *Ita se habet*, dit ce dernier Auteur, *communis observantia & consuetudo quæ est valde rationabilis· solent enim à Testatoribus adhiberi tanquam legaliores, sub spe quod eorum voluntatem non revelent.*

Quant aux Arrêts de ce Parlement, d'un côté il y a un Arrêt raporté par Mr. de Cambolas Liv. 5. Chap. 37. confirmatif d'un testament olographe fait par un homme enrôlé, quoi qu'il ne fut attesté d'autres témoins que de Cordeliers. Mais l'espece de cet Arrêt, & les diverses questions qui y furent traitées, font qu'on ne peut en tirer une decision generale pour établir le témoignage des Religieux dans les testamens.

D'autre côté il y a un Arrêt du 26. Juin 1647. à la Premiere Chambre des Enquêtes, au raport de Mr. de Fermat, par lequel un testament olographe souscrit par sept Capucins, parmi lesquels étoit le Gardien, fut declaré nul. Il est vrai que c'étoit dans une Ville où l'on pouvoit avoir d'autres témoins. C'est une affectation en effet singuliere d'apeller sept Capucins, quand on peut aussi facilement apeller d'autres personnes.

Dans cette varieté de raisons & d'Arrêts, qui d'ailleurs ont des circonstances particulieres; le plus seur est de suivre la plus commune opinion qui decide pour le témoignage des Religieux. Je croi donc qu'il ne doit pas être absolument rejetté, & qu'il peut être reçû dans les cas de necessité, & faute d'autres témoins, principalement à l'égard des Religieux *qui Regulæ inserviunt laxiori*, & qui moins morts au monde plus participans de la societé civile, vivant comme libres, s'ils meurent comme esclaves, *viventes ut liberi, morientes ut servi*, sont capables de toutes donations entre vifs, & peuvent même disposer par testament, possedent des Places & des Benefices, & ont un revenu en leur particulier : car ceux-là même sont capables de toutes donations entre vifs, *quia vivunt ut liberi moriuntur ut servi*, même ils peuvent disposer par testament, pourvû que leur disposition soit suivie de tradition actuelle & réelle, comme dit Brodeau sur Loüet lettre R nombre 42. Et si le Chap. *Religiosus extr. de testam.* dit qu'un Religieux ne peut pas être Executeur Testamentaire, cela ne s'entend que des Religieux cloîtrez, qui vivent sous l'observation d'une Regle étroite, auquel cas ce n'est pas tant l'incapacité du Religieux, qui est le motif de la prohibition, que la crainte de déranger le recueillement & l'obeïssance de son Etat, par les soins & l'autôrité d'une Execution Testamentaire ; Aussi la Glose, dit-elle, sur ce Chapitre, qu'il en est autrement des Religieux qui ne sont pas d'une si grande Regularité, *secùs de non Claustralibus quia habent velle & nolle.* Il a même été jugé qu'un Religieux de cette derniere espece, chargé par une sœur d'élire pour son heritier un de ses enfans, avoit pû faire une nomination valable en la cause de Villa & Labaume, habitant de Beziers, par Arrêt du 3. Septembre 1663. au raport de Mr. de Lestang.

Pourquoi même generalement les Religieux plus capables de s'atirer & de meriter la confiance, que les personnes du siecle ; Ne seroient-ils pas capables d'un ministere, & d'un emploi qui dépend entierement de cette confiance : & où il n'y a solemnité à remplir, ni soin à prendre, ni detour à craindre ? Trompera-t-on, en ce cas, la volonté du Testateur ; dont le Religieux aura, peut-être même, le secret & l'ordre ? Et voudra-t-on prescrire à ceux qui ont une entiere liberté, de disposer de leur bien, le genre des personnes chez qui ils doivent placer une confiance, qu'ils ne peuvent, à leur gré même, donner à tout le monde ? Les dépostats & les bannis conservent, par ces raisons, la faculté d'élire, qui leur a été confiée.

CHAPITRE XII.

Si celui qui ne sçait pas lire l'écriture de main peut faire un Testament Clos.

LA forme des testamens clos a été établie & reglée par les Empereurs Theodose & Valentinien dans la Loi 21. *Hac consultissima Cod. de testam.* Celui qui veut disposer de cette maniere, dans le desir qu'il a que sa disposition soit secrete, & qu'elle ne puisse être divulguée par les témoins, doit après les avoir apellez, au nombre de sept, leur presenter cette disposition, écrite par lui-même, ou par un autre : & après leur avoir declaré que c'est-là son testament, le leur faire souscrire ; Cette forme étant observée, le testament vaudra, sans que l'ignorance où les témoins qui sont du détail de la disposition, puissent la rendre inutile. Les mots qui suivent, font la difficulté de la question que je propose. *Quod si litteras Testator ignoret, vel subscribere nequeat octavo teste adhibito hæc eadem observari decernimus.* Quelques-uns entendent, par ces termes, de celui qui sçait lire & qui ne sçait pas écrire, auquel seulement ils pretendent qu'il a été permis de faire un testament clos ; D'autres, suivant une autre explication qu'ils donnent à ces mêmes termes, entendent la permission de tester en secret, à celui qui ne sçait ni lire ni écrire.

Pour la premiere explication qui va à défendre cette sorte de testamens à ceux qui ne sçavent pas lire, on allegue l'autorité de Godefroy sur cette Loi. *Litterarum peritia,* dit-il, *scribendi peritia est non legendi, simpliciter, unde possit meritò deffendi ignaros legendi secreto, vel aliter quam cæcos testari non posse, quis enim omnium bonorum hæreditatem, vel ab alienationem uni tantum tabulario, vel subscriptori committat reliquis testibus voluntatis defuncti ignaris contra præcepta legum.* On ajoûte que les premiers mots, *si litteras ignoret,* signifient *si le Testateur ne sçait écrire,* & que les suivans, *si subscribere nequeat,* signifient *si sçachant écrire, il ne pouvoit neanmoins signer, propter adver-*

am valetudinem, *aut alium cafum* , & que fi les premiers mots
ignifioient , *fi le Teſtateur ne ſçait ni lire ni écrire* , les fuivans ,
fubſcribere nequeat , feroient beaucoup moins à leur place. On
onfirme cet avis par l'exemple des aveugles , propofé par Gode-
roy en l'endroit cité , à qui par la Loi *hac conſultiſſima* 8. *Cod.*
qui teſt.m. fac. poſſ il eſt défendu de faire des teſtamens clos , &
qui doivent teſter ouvertement en prefence de huit témoins ,
puifqu'on peut également fupofer à un aveugle , & à celui qui ne
çait pas lire , une autre écriture au lieu de celle qui contenoit
eur volonté ; puifque ce dernier eſt en quelque maniere , à cet
gard, aveugle. Enfin on prouve par la Loi 30. & par la Loi 31.
Cod. de teſtam. quæ , & *litteras ignorare* , fignifie *ne fçavoir pas*
écrire. On le prouve encore par la Loi *diſcret. C qui teſtam.*
facere peſſint , ou par ces termes , *ſcientem litteras.* Il eſt clair
que l'Empereur entend celui qui ſçait écrire ; d'où , fans doute ,
l s'enfuit que *neſcire litteras* , doit fignifier au contraire ne ſçavoir
pas écrire.

Ceux qui fuivent la feconde explication ; & qui veulent permettre à celui qui ne ſçait ni lire ni écrire , de faire un teſtament
clos, employent la Novelle 69. de l'Empereur Leon , qui parlant par raport à la Loi *hac conſultiſſima* , que nous examinons,
dit que puifque par cette Loi les Empereurs ſes predeceſſeurs ont
ordonné , que *rudes litterarum* , peuvent faire un teſtament clos,
quoique *fides in ſolo tabulario fluctuet* , il ordonne que les aveugles pourront auſſi teſter en fecret , n'y ayant pas plus d'inconvenient en ce cas qu'en l'autre ; & quoi que cette décifion qu'il fait
concernant l'aveugle , ne foit pas fuivie : On peut neanmoins
conclure de cette Novelle , que l'Empereur Leon a entendu par
ces mots de la Loi *hac conſultiſſima* ; *ſi litteras Teſtator ignoret* ,
celui qui ne ſçait ni lire ni écrire ; puifque lors que le Teſtateur
ſçait lire , *fides in ſolo tabulario non fluctuat* ; Il eſt à prefumer que ce dernier Empereur penfant à faire une Loi nouvelle, a
plus examiné & mieux penetré le fens de fon predeceſſeur , que
le Commentateur Godefroy. On ajoûte que c'eſt faire tort aux
perfonnes qui ne ſçavent pas lire , de leur défendre de teſter en
fecret ; puifque cette maniere a été introduite , *ut libera ſit unicui-*
que teſtandi facultas.

Cette question est traitée par Mr. de Cambolas, Liv. 5. Chap. 16. où il raporte un Arrêt qui a jugé, que celui qui ne sçait ni lire ni écrire, peut neanmoins faire un testament clos; Mais à la fin de ce Chapitre il ajoûte, qu'aujourd'hui la commune façon de juger, est que le testament clos fait par celui qui ne sçait ni lire ni écrire n'est pas bon, comme il a été jugé depuis, dit cet Auteur, par divers Arrêts.

J'en vai raporter quelques-uns, pour confirmer cette derniere Doctrine de Mr. Cambolas, qui est la plus seure pour obvier aux inconveniens qui peuvent s'ensuivre de l'avis contraire, & qui ont jugé que pour faire un testament clos, il faut sçavoir lire, & lire la lettre de main ; Car si la Loi *hac consultissima*, en permettant seulement à ceux qui ne sçavent ou ne peuvent écrire, de faire de pareilles dispositions, le défend tacitement à ceux qui ne sçavent pas lire ; Ceux qui ne sçavent pas lire la lettre de main, doivent être compris dans la même défense, comme exposez aux mêmes supositions d'écriture, que ceux qui absolument ne sçavent point lire. Il y a un Arrêt de l'année 1646. en la Premiere Chambre des Enquêtes, par lequel le Sr. de la Forcade, heritier institué par la Demoiselle de Bourgeois sa femme, par un testament clos, fut chargé de prouver que sa femme sçavoit lire l'écriture du Notaire, ou autre lettre de main ; Il est vrai qu'ayant raporté son enquête concluante, il fut maintenu dans l'heredité de sa femme contre la Demoiselle d'Esperon, proche parente, par Arrêt du 7. Decembre 1649. Il y a pareil Arrêt du 11. May 1648. aussi en la Premiere Chambre des Enquêtes, par lequel un autre mari, heritier institué par le testament clos de sa femme, qu'on soûtenoit ne sçavoir ni lire ni écrire, fut pareillement chargé de prouver que la Testatrice sçavoit lire la lettre du Notaire qui avoit écrit le testament, ou autre lettre de main. Autre Arrêt du 2. Août 1663. qui charge l'heritier de pareille preuve, aprés Partage, porté de la Premiere en la Seconde, Mr. de Cassaignau Raporteur, & moi Compartiteur, quoique la Testatrice eût signé de sa main chaque page du testament & l'acte de souscription : Il y avoit dans ce testament une clause derogatoire insolite, qui portoit que la Testatrice ne vouloit pas qu'aucun autre testament

valût,

valût, *s'il ne contenoit mot à mot ce prefent teſtament.* D'où quelques-uns inferoient la captation ou la fraude pratiquée par le
mari, heritier inſtitué. On allegua auſſi dans le jugement de ce
dernier procez, un Arrêt anterieur rendu aprés Partage porté de
la Premiere en la Seconde, Raporteur Mr. de Madron, Compartiteur Mr. de Gach, par lequel le teſtament clos d'un Teſtateur qui ne ſçavoit ni lire ni écrire, fut caſſé : il eſt vrai qu'on demeura d'accord qu'il y avoit cette circonſtance, que le Notaire
qui l'avoit écrit pourſuivoit le jugement du procez au nom d'un
Legataire qui avoit un legs confiderable dans le teſtament, ce
qui avoit donné du ſoupçon à quelques-uns. Mais les Juges dans
ces deux derniers Arrêts même, firent plus d'atention à la regle
generale qu'aux circonſtances particulieres ; d'ailleurs les deux
premiers Arrêts que j'ai raporté étant ſans aucune circonſtance
particuliere : Il demeure établi que le teſtament clos de celui qui
ne ſçait pas lire l'écriture de main, doit être declaré nul.

Tous ces Arrêts ont été ſuivis d'un autre rendu à mon raport
entre François & Arnaud Gabiole freres, qui decida la même
choſe en theſe ; Il a été jugé de même & en theſe auſſi en la
Troiſiéme Chambre des Enquêtes, au raport de Mr. Fauré St.
Maurice, entre les nommez Lagaſſe au mois de Juillet 1697.
quoi que le Teſtateur qui ne ſçavoit pas lire la lettre de main,
eût comme dans le cas d'un autre Arrêt que j'ai cité, ſigné le
teſtament à chaque page, & encore l'acte de ſuſcription : mais
ces ſeings ne l'ayant pas mis à l'abri de la ſupoſition ou infidelité
d'écriture, on n'eut pas d'égard à ſon teſtament, que l'on regarda
comme une diſpoſition incertaine ; & c'eſt moins bleſſer que favoriſer ceux qui ne ſçavent pas lire, leur ôter moins la liberté &
la commodité de teſter, que l'ocaſion & le moyen d'être ſurpris.

Sans cela, & ſi la faveur devoit regler ces matieres dans un danger de ſurpriſe qui n'eſt guere plus grand ; Les aveugles ne de-
vroient-ils pas auſſi-bien & encore mieux, par la conſideration
du pitoyable malheur de leur état, avoir la liberté de faire des
teſtamens clos & ſecrets, dont ils ont plus de beſoin ; plus particulierement aſſujetis aux égards, & aux menagemens par cet état.

même qui les fait dépendre de toutes les perſonnes qui ſont auprés d'eux.

Il y a neanmoins un Arrêt rendu au mois d'Août 1678. en la
Premiere Chambre des Enquêtes, au raport de Mr. de Reynier,
qui confirme le teſtament clos d'une Teſtatrice qui ne ſçavoit ni
lire ni écrire, mais c'eſt une eſpece ſinguliere qui ſert d'exception
à la regle, & la confirme. C'étoit le teſtament d'une Villageoiſe,
écrit par un Notaire en preſence de deux témoins, ſigné par le
Notaire & les témoins, & dont la ſuſcription étoit ſignée par
huit témoins, parmi leſquels étoient les deux qui avoient ſigné
le teſtament. Il eſt aiſé de voir que dans ce cas, où le teſtament
étoit ateſté par deux témoins, outre le Notaire, *fides in ſolo
tabulario non fluctuabat*, & que la verité du teſtament étoit ſuffiſamment établie par le témoignage de ces trois perſonnes.

CHAPITRE XIII.

De la Subſtitution aux biens donnez, & ſi elle doit être faite nommement aux biens donnez.

PAr la Juriſprudence du Palais, il eſt permis aux peres de
ſubſtituer aux biens qu'ils ont donnez à leurs enfans, pourvû que cette ſubſtitution ſoit acompagnée de trois conditions,
qu'elle ſoit faite nommement aux biens donnez, au cas que le
Donataire decede ſans enfans, & en faveur d'un des deſcendans
du Donateur, *nominatim*, *ſi fine liberis*, *favore liberorum*. Cette
permiſſion a été étenduë à la mere & à l'ayeul, qui peut charger
de ſubſtitution ſes petits-fils pour les biens qu'il avoit donnez à
leur pere prédecedé. Les Arrêts qui prouvent cet uſage ſont
raportez par Maynard *Liv.* 5. *chap.* 34. *Liv.* 6. *chap.* 5. Cambolas
Liv. 1. *chap.* 35. & *Liv.* 6. *chap.* 13. Olive *Liv.* 5. *chap.* 15.

Cette Juriſprudence, qui permet de ſubſtituer aux biens donnez eſt contre les principes du Droit; Une donation parfaite ne
peut plus recevoir, de la part du Donateur, ni modification, ni
condition, *perfecta donatio*, *non recipit modum neque conditio-*

nem, L. *Perfecta*, C. *de donat. quæ ſub mod.* les biens donnez
entre vifs étant *extra cauſam bonorum*, n'étans plus dans le patrimoine du Donateur, il s'enſuit qu'il ne peut avoir aucun droit
d'en diſpoſer, & le pere, quelque favorable que ſoit ſa perſonne,
doit ſubir ſur ce point la regle generale des autres Donateurs,
parce que telle eſt la nature de la donation une fois conſommée.
C'eſt l'avis de Cujas en ſa Conſult. 20. La donation entre vifs,
dit cet Auteur, eſt irrevocable, *& plenum jus tribuit accipienti*,
& c'eſt revoquer ce plein droit qui a paſſé au Donataire, que de
le charger de ſubſtitution. *At ei cui donaſti addere ſubſtitutum
plenum jus quod in eum contuliſti revocare eſt.* C'eſt ſur ce principe qu'il decide que le pere ayant fait une donation à ſon fils, en
le mariant, ne peut plus charger les biens donnez d'aucune ſubſtitution. Il eſt vrai que dans la Conſult. 58. il dit, que ſi un pere
dans ſon propre contract de Mariage a donné une partie de ſes
biens à un de ſes enfans à naître, tel qu'il élira, il peut, inſtituant
l'aîné, & par-là l'éliſant tacitement, le charger de ſubſtitution,
ſi ſine liberis, en faveur de ſes autres enfans, & que cette ſubſtitution comprend les biens donnez. Le choix que le pere, dans
ce cas, s'étoit reſervé parmi ſes enfans, peut lui donner ce droit
de ſubſtituer à celui qu'il choiſit, auquel il pouvoit preferer un
autre, mais ce n'eſt pas la queſtion que nous traitons. Nous parlons de la donation faite par le pere à un de ſes enfans, à l'aîné
par exemple, en ſe mariant, ou en le mariant, & cette donation
étant parfaite, le pere, par les principes du Droit, ne peut plus la
charger de ſubſtitution.

On prétend neanmoins apuyer l'avis contraire, qui permet aux
peres de ſubſtituer aux biens donnez, ſous les conditions que j'ai
remarquées, par des argumens tirez de quelques Loix, qu'on allegue ordinairement à ce propos.

On allegue premierement la Loi *Sequens quæſtio* 68. *ff. de leg.*
2. dans laquelle il eſt decidé, que la ſubſtitution faite par le mari
à ſa femme, ſon heritiere, comprend ce que le mari lui avoit
donné entre vifs, ſi elle a été nommement chargée de le rendre,
ſi nominatim fidei uxoris commiſerit ut ea reſtitueret.

On cite encore la Loi derniere, §. 5. *Filiæ*, *ff. de leg.* 2. où il est decidé, que le pere qui a constitué un dot à sa fille, peut la charger de la rendre à un de ses freres, si elle vient à mourir sans enfans.

Enfin, on cite la Loi 78. *Lucius Titius* , §. 14. *ff. de legat.* 3. dans laquelle un mari, qui a institué sa femme heritiere pour un tiers, lui a prélegué la dot qu'il avoit reçû d'elle, & a même ajoûté d'autres legs en sa faveur, la charge ensuite de rendre son heredité , *& quæcumque ei legasset*, à leur fils commun. On demande si dans ce fideicommis general la dot peut être comprise. Le Jurisconsulte répond, qu'elle n'y est pas comprise, si ce n'est qu'il paroisse manifestement que c'étoit l'intention du Testateur ; *Respondit non aliter , nisi manifestum esset de dote quoque restituenda testatorem sensisse*, où la Glose ajoûte, *quia hoc expresse dixisset.*

De toutes ces Loix on pretend conclure, que sans choquer les principes du Droit, on peut permetre aux peres de substituer aux biens donnez, pourvû qu'ils le fassent *nominatìm* , *si sine liberis & favore liberorum.*

Mais il est aisé, en expliquant ces Loix, de faire voir qu'elles ne peuvent pas servir de fondement solide à cette doctrine. Car quant à la Loi *Sequens quæstio*, il y est parlé d'une donation faite par le mari à sa femme, qui n'est pas irrevocable, *& morte tantum confirmatur*, & il est bien naturel que le mari puisse substituer à cette donation, & charger sa femme de rendre les biens donnez, puisqu'il pouvoit les lui ôter absolument, en revoquant cette donation, qu'il veut bien confirmer en mourant.

Quant à la Loi derniere, §. *Filiæ* , *ff. de legat.* 2. il est à remarquer que la Glose & Cujas sur cette Loi, disent que dans cette espece, la fille étoit instituée heritiere, & c'est aussi, selon Maynard *Liv.* 5. *chap.* 34. l'explication de plusieurs, qui disent, que cette fille étoit heritiere, ou du moins avoit part en l'heredité , & cela supposé, le pere a pû charger cette fille de rendre la dot à ses freres, puisqu'il est certain que *res hæredis legari potest*. D'ailleurs, on peut dire avec la Glose, contre Cujas, que dans cette espece le pere, en constituant la dot à sa fille *eam sibi reddi stipu-latus fuerat*, ce qui paroît marqué par ces mots, *cautionem dotis mutare*, *& eam fratribus restituere*, & telle est la plus commune explication & la plus suivie, suivant Maynard au lieu cité : Ainsi le pere, qui retient toûjours quelque droit sur la dot qu'il a constitué à sa fille, le retenant encore plus fort par la stipulation du retour, il est juste qu'il puisse charger sa fille, *cautionem dotis mutare, & eam restituere fratribus.*

Enfin, quant à la Loi 78. Lucius Titius, §. *Maritus*, *ff. de leg.* 3. la femme heritiere pour un tiers, a pû être chargée par son mari de rendre la dot, qu'il lui legue, parce que, comme j'ai déja dit, *res hæredis legari potest.* D'ailleurs, comme dit cette Loi, le fideicommis ne vaut qu'en ce qu'il n'excede pas la Trebellianique duë à cette femme.

Toutes ces Loix, ainsi expliquées, prouvent seulement ou que l'on peut charger de substitution une donation qui n'étoit pas irrevocable, & qui est seulement confirmée par la mort, ou que le Donateur, ajoûtant à sa premiere liberalité l'institution hereditaire, peut, comme par une charge & une condition de cette institution, charger celui qu'il instituë, de rendre les biens qu'il lui avoit donnez auparavant, comme il est permis à tous les Testateurs de charger leurs heritiers de délivrer à un Legataire la chose qui leur apartient en propre ; car alors l'heritier institué ne peut pas diviser la volonté du Testateur, & avoir l'heredité sans remplir la condition. Mais on ne sçauroit conclurre de-là que le Donateur peut imposer à la donation qu'il a faite, une nouvelle charge ou une nouvelle condition.

Il est neanmoins certain que par l'usage constant de ce Parlement, contraire aux principes de la bonne Jurisprudence, le pere peut charger de substitution les biens qu'il a donnez à un de ses enfans ; à l'aîné, par exemple, en se mariant, ou en le mariant ; sous les trois conditions ci-dessus marquées, & que cette permission a été étenduë à la mere, & à l'ayeul à l'égard de ses petits-fils, le fils Donataire étant predecedé, comme je l'ai dit au commencement de ce Chapitre.

Le pere même sous ces trois conditions, peut charger de substitution la dot qu'il a constitué à sa fille en la mariant ; en ce que cette dot excede la legitime, la faveur de la dot, qui ne peut être diminuée par aucune convention, n'ôte pas neanmoins au pere le droit qu'il a d'impofer cette charge à la donation qu'il a faite à fa fille. Ainfi il a été jugé par Arrêt rendu à mon raport le 5. Juillet 1696. en la Grand'-Chambre, en la caufe de Pierre & Madelaine Rouby frere & fœur. Jacques Rouby, pere commun de ces deux parties, mariant Jeanne Rouby avec Sales, lui avoit conftitué 5500. livres, & par fon teftament lui avoit fubftitué Pierre Rouby fon fils, en ce que la dot excedoit la legitime, au cas que Jeanne Rouby vint à mourir fans enfans, Sales mari de Jeanne, étant predecedé, & enfuite Jeanne étant morte fans enfans, la fubfti tution fut ouverte au profit du frere fubftitué, en ce que cette conftitution dotale fe trouvoit exceder la legitime.

On a même douté s'il eft abfolument neceffaire que la fubfti tution foit faite *nominatìm* aux biens donnez, & s'il fuffit que le pere la faffe en termes generaux, Cambolas fur la fin du *Chap.* 35 du *Liv.* 1. raporte un Arrêt qui a jugé, que le pere ayant fait donation de tous fes biens à fon fils, & l'ayant inftitué, à la char ge de rendre la fubftitution, comprenoit les biens donnez. May nard *Liv. 6. Chap.* 5. raporte un Arrêt, qui a jugé que la fubfti tution, quoique generale, & non expreffement faite aux biens donnez, les comprend neanmoins, fi le Donataire a accepté l'inftitution faite de fa perfonne, fous la charge de cette fubfti tution generale. Il y a un Arrêt plus moderne du mois de Janvier 1643. après partage porté de la Grand'-Chambre en la Premiere Chambre des Enquêtes, Mr. d'Affezat Raporteur, Mr. de Guil lermin Compartiteur, entre Marcelin & Agudes parties, qui a pareillement jugé que la fubftitution generale comprend les biens donnez, ce qu'on infere de la Loi 147. *Semper*, ff. de reg. jur. *femper fpecialia generalibus infunt*, & de la Glofe fur la Loi 11. *Fideicommiffa*, §. *Cui ita*, ff. de leg. 3. *non refert quid ex æqui pollentibus fiat*, & de la Loi *Nominatìm*, ff. eod. *nominatìm lega tum accipiendum eft quod à quo legatum fit intelligitur licet nomen pronunciatum non fit.*

Neanmoins aujourd'hui l'opinion contraire prevaut, fuivant laquelle le 17. Fevrier 1655. après partage porté de la Grand'- Chambre à la Premiere Chambre des Enquêtes par Mr. de

Frezars Raporteur, & Mr. de Caumels Compartiteur ; Il a été jugé que la fubftitution doit être faite nommément aux biens donnez, pour les comprendre.   On crût qu'il falloit traiter à toute rigueur un ufage, qui s'eft par furprife & comme à fauffes enfeignes, établi contre la pureté du Droit, & revenir à la vraye decifion des Loix autant de fois qu'on trouvoit une ocafion de retour, & que ce n'eft pas nommément & expreffement le cas de l'ufage contraire.

Il y a un autre Arrêt conforme à cette decifion, rendu en la Seconde Chambre des Enquêtes au raport de Mr. de Reffeguier, dépuis Prefident en cette Chambre, le 17. Avril 1665. dans cette efpece. Lalane ayant donné dans fes pactes de mariage à fon premier né mâle, la moitié de fes biens, eut de ce mariage deux fils mâles, lefquels il inftituë heritiers par fon teftament, & leur divife tous fes biens, affignant à chacun d'eux fa portion, & les fubftituë reciproquement en cas de decez fans enfans, fans faire dans ce teftament aucune mention de la donation faite à l'aîné. L'aîné étant mort fans enfans, aprés avoir inftituë un étranger, cet heritier fut maintenu aux biens donnez contre le puifné fubftitué, par où il fut jugé que la fubftitution faite aux biens donnez ne vaut pas fi elle n'y eft faite *nominatim* avec la qualification des biens donnez ; & que la fubftitution reciproque entre les enfans, faite par le pere dans fon teftament, aprés avoir divifé entre eux tous fes biens, ne pouvoit comprendre les biens par lui donnez auparavant à l'un d'eux.

Par autre Arrêt du 8. Fevrier 1676. en la Seconde Chambre des Enquêtes au raport de Mr. Davifard, depuis Prefident au Mortier, il a été pareillement jugé que la fubftitution en termes generaux ne comprenoit pas les biens donnez, & qu'elle doit être faite *nominatim*. Le même Arrêt juge que la fubftitution faite par le pere dans fon teftament, ne comprend pas les biens aufquels le pere avoit promis d'inftituer fa fille dans les pactes de mariage pofterieurs au teftament, contenant la fubftitution. Un pere ayant trois filles, par fon teftament inftituë l'aînée, & au cas qu'elle decede fans enfans, fubftituë les cadetes ; mariant enfuite fa fille aînée, il lui donne la moitié de fes biens, & promet de

l'inſtituer en l'autre moitié. Aprés la mort du pere la fille aîné
meurt ſans enfans, ayant inſtitué ſon mari ſon heritier. Les deu
ſœurs demandent ouverture de la ſubſtitution apoſée au teſtame
de leur pere : jugeant ce procez on convint d'abord que la ſubſt
tution ne pouvoit pas avoir lieu à l'égard de la moitié des bie
donnez dans le contract de mariage, parce que dans le teſtame
il n'y avoit pas de ſubſtitution faite *nominatìm* aux biens donne
quoique le teſtament contenant l'inſtitution & ſubſtitution f
anterieur au contract de mariage contenant la donation ; mais
l'égard de l'autre moitié, en laquelle le pere avoit promis d'in
tituer ſa fille aînée, il y eut beaucoup de difficulté ; il paſſa enf
à la negative, & il fut declaré n'y avoir lieu d'ouvrir la ſubſtit
tion. La raiſon de douter étoit priſe de ce que la promeſſe d'in
tituer, quoiqu'auſſi irrevocable que la donation, laiſſoit nea
moins un plus grand droit ſur les biens auſquels un pere s'eſt obl
gé d'inſtituer, que la donation n'en laiſſe au pere donateur. Pui
que le pere qui a promis d'inſtituer un de ſes enfans en une portio
de ſes biens, ne peut pas veritablement inſtituer un autre e
cette portion, ni abſorber tous ſes biens par des alienations
emprunts, ou legs faits en fraude, mais qu'il peut contracter e
achetant, vendant, permutant, ſuivant l'avis de Fernand, ſuivar
lequel *res ea deducitur ; ut pater prohibeatur bona pactis compre
henſa donare, in illis alterum inſtituere, eadem alteri legare, au
certè in fraudem doloſe per laſciviam vendere, ad reliquos ver
uſus de his diſponere, non impediatur ;* A quoi eſt conforme l
ſentiment de Duperier, qui dit au *Liv. 2. Chap. 15.* que l'inſti
tution univerſelle, faite par le pere dans le contract de mariag
de ſon fils, ne lui ôte pas la liberté de donner ou leguer à ſes au
tres enfans, pourvû qu'il n'excede guere leur legitime, ni de fair
des legs pieux & des donations moderées & ſans fraude ; De tou
cela on concluoit que la promeſſe d'inſtituer laiſſant plus de droi
au pere ſur les biens que la donation, la ſubſtitution generale de
voit ſuffire. On ajoûtoit, que l'inſtitution faite par le pere dan
ſon teſtament, étant l'execution de la promeſſe d'inſtituer, l
ſubſtitution apoſée à l'inſtitution devoit comprendre les biens auf
quels il a promis d'inſtituer, & quoique dans le cas preſent l
                                                    teſtamen

teftament fût anterieur à la promeffe d'inftituer ; il eft certain que
fe raportant toûjours au tems du decez, il falloit même, dans le
cas prefent, regarder l'inftitution contenuë dans ce teftament,
comme l'execution de la promeffe d'inftituer. Il paffa neanmoins
à l'avis de debouter les deux fœurs de l'ouverture de la fubftitution, même quant aux biens aufquels le pere avoit promis d'inftituer fa fille aînée. Les raifons de decider furent que Fernand,
au lieu cité, après avoir fait voir les differences qu'il y a entre la
donation & la promeffe d'inftituer, n'en fait pas neanmoins à
l'égard de la fubftitution, & decide que celui qui eft inftitué dans
un contrat de mariage, *non poteft deinde gravari in teftamento
patris, neque legato, neque fideicommiffo, nifi illa tria concurrant,
ut gravetur nominatim, fi fine liberis decedat, & favore liberorum
ipfius Teftatoris.* Que le teftament du pere contenant inftitution
& fubftitution, étant dans cette efpece anterieur au contrat de
mariage, portant promeffe d'inftituer, le pere ne pouvoit pas
avoir eu intention lors du teftament de fubftituer aux biens aufquels dans le contrat de mariage pofterieur, il avoit promis d'inftituer ; depuis lequel contrat n'ayant donné aucune marque qu'il
vouloit les charger de la fubftitution faite anterieurement, il
falloit les en declarer exempts. Que quoi que le teftament foit
raporté au tems du decez, on confidere auffi le tems qu'il a été
fait, & que ce pere par le contrat de mariage de fa fille aînée, contenant donation & promeffe d'inftituer fans aucune mention de
fubftitution, s'étoit départi de la fubftitution apofée dans le teftament anterieur.

Tous ces Arrêts que je viens de raporter ont établi que la fubftitution doit être faite nommément aux biens donnez ; Neanmoins fi le pere ou la mere dans leur teftament contenant fubftitution, ont fait mention des biens donnez, & ont donné des marques évidentes & non équivoques, de vouloir comprendre les
biens donnez dans la fubftitution, cela doit fuffire. Il y a un Arrêt
du 18. Decembre 1684. en la Premiere Chambre des Enquêtes,
au raport de Mr. Dejean Gradeils, qui l'a jugé ainfi dans le cas
que je vais expofer. Une femme ayant conftitué une dot à fes
trois filles, & donné à fon fils le mariant une certaine fomme &

une portion de ſes biens, inſtituë par ſon teſtament ſon fils & ſes
trois filles par égales portions, à la charge d'imputer ſur leur portion ce qu'elle leur avoit donné dans leurs contrats de mariage,
& au cas que quelqu'un d'eux decede ſans enfans, veut que ſa
portion vienne aux ſurvivans, ſauf la legitime dont il pourra diſpoſer. Aprés la mort de cette mere ſes quatre enfans diviſent ſon
heredité, & le fils mâle aprés avoir inſtitué ſa femme meurt ſans
enfans, les ſœurs demandent l'ouverture de la ſubſtitution, &
pretendent y comprendre les biens donnez à leur frere, dont ſa
veuve au contraire demande la diſtraction, attendu qu'il n'y a
point de ſubſtitution expreſſe. L'Arrêt ouvre la ſubſtitution en
faveur des ſœurs tant pour les biens donnez que pour ſes autres
biens. On crut que la mere ayant fait mention des biens donnez,
& voulu que chacun de ſes heritiers raportât ſa donation pour
partager également, & fait une ſubſtitution reciproque, avec la
ſeule exception de legitime, il étoit évident qu'elle avoit voulu y
comprendre les biens donnez auſquels elle avoit fait attention,
& qu'elle l'avoit ſuffiſamment exprimez.

Au reſte, il eſt remarquable ſur cette matiere, que le pere ne
peut pas ſubſtituer aux biens qu'il a donnez à ſon fils, un des enfans de ce fils donataire. C'eſt ainſi que cette queſtion a été jugée le 23. Janvier 1651. aprés partage porté de la Premiere en la
Seconde Chambre des Enquêtes, Mr. d'Auterrive Raporteur,
& Mr. de Fermat Compartiteur ; & par autre Arrêt rendu en la
Grand'-Chambre, au raport de Mr. d'Olivier, Conſeiller Clerc,
au mois de Mai 1665.

La raiſon de douter étoit priſe, de ce que le pere donateur
ſemble être en droit de ſubſtituer ſes décendans aux biens donnez, par ces termes, *favore liberorum*, dont on ſe ſert communement dans l'expoſition de nôtre regle ſur cette matiere, & qui
comprenent naturellement tous les décendans. Il ſemble de plus
que ſi le pere donateur peut ſubſtituer aux biens donnez, les
freres & les neveux même du donataire ; Il peut encore mieux
ſubſtituer les enfans du même donataire, en quoi il le greve & le
charge moins : Mais d'autre côté, ſuivant nôtre même regle, le
pere donateur ne peut ſubſtituer aux biens donnez, que *ſi ſine*

liberis ; Et ces termes excluent formelement les peres donateurs, du pouvoir de fubftituer les enfans du fils donataire incompatibles, avec cette condition *fi fine liberis*, neceffairement requife ; Ainfi la regle prevalut fur les raifons contraires, jointe à la faveur naturelle du pere donataire, à l'égard de la liberté de difpenfer de fes biens entre fes enfans ; le feul défaut defquels ne donne au pere donateur, la liberté de difpofer de nouveau dans la famille, des biens qu'il avoit donnez.

CHAPITRE XIV.

De la Donation faite dans le contrat de mariage au futur Epoux & à fes enfans, ou bien au futur Epoux, ou à fes enfans.

LA donation faite dans le contrat de mariage au futur époux, en contemplation du mariage & des enfans qui en proviendront, ou même faite en faveur du mariage, & en preciput & avantage des enfans qui en décendront, ne regarde point les enfans, & ne leur donne aucun droit de leur chef aux biens donnez, & ne contient aucun fideicommis en leur faveur. Cette donation fe termine uniquement à la perfonne du futur époux, les enfans en font tout au plus la caufe impulfive & non la caufe finale. C'eft la Doctrine d'Olive & de Cambolas, Liv. 4. chap. 5. & Liv. 3. chap. 49. confirmée par les Arrêts que ces Auteurs raportent.

Mais la donation faite au futur époux & à fes enfans, comprend les enfans comme veritablement donataires, & comme étant apellez, *ordine fucceffivo*, pour recüeillir la donation aprés leur pere, & contient un fideicommis en leur faveur, qui laiffe neanmoins au pere la liberté de choifir un d'eux pour recüeillir la donation : C'eft ainfi que cette queftion fut decidée le 15. Mai 1648. au raport de Mr. Prohenques en la Premiere Chambre des Enquêtes. Un pere mariant Jean fon fils, donne dans le contrat de mariage certains biens au futur époux & à fes enfans ; & un.

oncle fait auſſi certaine donation à ce futur époux & à ſes enfans. Jean ayant eu de ce mariage Bernard & Françoiſe, mariant Bernard, lui donne la moitié de ſes biens, & promet de l'inſtituer en l'autre moitié. Aprés la mort de Jean, Françoiſe ſa fille fait inſtance contre Bernard ſon frere, en delaiſſement de la moitié des biens donnez à Jean ſon pere, & dit que la donation étant faite à Jean & à ſes enfans, contient une ſubſtitution fideicommiſſaire en faveur de tous les enfans, qui ſont tous apellez par égales portions : au contraire Bernard replique que la donation faite à Jean ſon pere & à ſes enfans, ne contient en faveur des enfans de Jean qu'une ſubſtitution vulgaire, qui a expiré en la perſonne de ſon pere, lequel ayant ſurvêcu aux donateurs a recüeilli l'effet de la donation. Il ajoûte, que quand bien il y auroit une ſubſtitution fideicommiſſaire, Jean ſon pere a eu le droit d'élire parmi ſes enfans, & qu'il l'a ſuffiſamment élû par la donation qu'il lui a faite de la moitié de ſes biens, & par la promeſſe de l'inſtituer en l'autre ; jugeant ce procez on convint que ſi dans un teſtament la liberalité étoit faite à Jean & à ſes enfans, il y auroit ſeulement une ſubſtitution vulgaire, ſuivant l'avis de Ferrieres dans l'adition ſur la queſt. 230. de Guy-Pape, & de Maynard Liv. 5. chap. 37. Mais qu'étant queſtion d'une donation entre vifs faite à celui qui ſe marie, & à ſes enfans à naître, elle ne pouvoit contenir qu'une ſubſtitution fideicommiſſaire, par laquelle Jean étoit chargé de rendre à ſes enfans, parmi leſquels on jugea qu'il en avoit peu élire un, & qu'il avoit ſuffiſamment élu Bernard par la promeſſe d'inſtituer, qui eſt en effet une inſtitution. Cela eſt conforme à l'avis de Maynard Liv. 5. chap. 91. ſur la fin, où il dit que *donatio facta favore matrimonii filio & filiis ſuis deſcendentibus intelligitur ordine ſucceßivo, & filius donatarius poteſt eligere unum è filiis deſcendentibus.* Ce droit d'élection eſt toûjours acordé à celui qui eſt chargé de fideicommis en faveur de pluſieurs ſoûs un nom collectif, ſuivant la Doctrine de Mr. d'Olive, Liv. 5. chap. 14.

Ce que je viens de dire que la donation faite en faveur du futur époux & de ſes enfans, contient un fideicommis en faveur des enfans, doit auſſi avoir lieu lorſque la donation eſt faite au futur

époux ou à ſes enfans, comme il fut jugé aprés partage porté de
la Premiere en la Seconde Chambre des Enquêtes, & vuidé en
la Grand'-Chambre, Raporteur Mr. de Parade, depuis Preſident
au Mortier, & moi Compartiteur. Valada mariant François
Valada ſon fils, donne dans le contrat certains biens à ce fils ou
à ſes enfans par preciput & avantage, & promet l'inſtituer au
reſtant de ſes biens également avec ſes autres enfans ; De ce mariage naiſſent trois enfans, François Valada fils meurt aprés ſon
pere, & ſes biens ſont generalement ſaiſis, ſes trois enfans demandent diſtraction des biens donnez par leur ayeul, à leur pere
& à eux, & l'obtiennent par l'Arrêt que je raporte. La raiſon
de la deciſion eſt priſe de ce que la donation faite au futur époux
& à ſes enfans, contient un fideicommis en faveur des enfans,
comme j'ai déja dit : Or il en doit être de même lorſque la donation eſt faite au futur époux ou à ſes enfans, parce qu'en faveur
des enfans la disjonctive eſt convertie en copulative, *& vice
verſa*, outre que par la Loi 4. *cum quidam C. de verb & rer.
ſignif.* ſi l'inſtitution, legs, fideicommis, ou donation eſt faite à
un tel ou à un tel, la disjonctive eſt priſe pour copulative ; en
ſorte que tous deux ſont apellez également à cette liberalité, ce
qui doit être entendu lorſque les liberalitez ſont faites à des perſonnes également connuës & cheries, & non à celles, *inter quas
cadit ordo charitatis & ſucceſſionis* ; car à l'égard de celles-cy la
disjonctive ſera convertie en copulative, non pour faire ſucceder
en même-tems les petits-fils du Donateur avec leur pere, mais
pour faire preſumer que le pere Donataire eſt chargé de rendre
les biens donnez à ſes enfans.

CHAPITRE XV.

Si la Donation faite par le pere dans le contrat de Ma-
riage de fon fils au premier mâle qui en décendra, o
à fon défaut à la premiere fille fuivant l'ordre a
primogeniture, apartient à la fille de l'aînée predece-
dée, ou à la feconde fille furvivante à fon pere ?

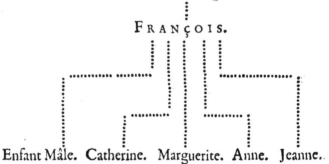

PIERRE PIQUIER.

FRANÇOIS.

Enfant Mâle. Catherine. Marguerite. Anne. Jeanne.
mariée avec . . . . .

Catherine-Marie.

IL a été jugé qu'au cas propofé dans le Titre de ce Chapitre
la donation apartient à la fille de l'aînée predecedée, & no
à la feconde fille furvivante à fon pere. L'Arrêt eft du 31. Mar
1651. en la Premiere Chambre des Enquêtes au raport de M
de Boyffet, en la caufe d'Anne, Jeanne & Catherine-Mari
Piquier. Pierre Piquier mariant fon fils François ; en contem
plation de ce mariage donna au premier enfant mâle qui en dé
cendroit la moitié de fes biens prefens & à venir, & en défaut d
mâle, à la premiere fille fuivant l'ordre de primogeniture. De c

mariage il y eut cinq enfans, un mâle & quatre filles, Catherine, Marguerite, Anne & Jeanne, l'enfant mâle deceda avant son pere, & son ayeul Donateur, qui deceda ensuite, & après lui deceda Catherine, fille aînée de François, sans enfans. Marguerite mourut, François son pere laissant une fille nommée Catherine-Marie ; François étant enfin decedé, laissant à lui survivantes Anne & Jeanne ses deux filles, & Catherine-Marie sa petite fille, fille de Marguerite predecedée, procez est mû entre ces trois parties, pour raison de la donation contenuë au contrat de mariage de François. Elles convenoient que le fils de François étant mort avant son pere, & son ayeul Donateur, n'avoit pû acquerir cette donation, ni la transmetre à ses heritiers. Jeanne pretendoit devoir recüeillir l'effet de cette donation, comme heritiere de son pere, & son pere heritier de Catherine predecedée, & disoit que cette donation avoit été acquise à Catherine en défaut de mâles, comme étant l'aînée au tems du decez du Donateur : mais on n'eut point d'égard à cette demande ni à ces raisons, attendu que quoi que les donations contractuelles faites par l'ayeul aux enfans à naître du mariage de son fils ayent un effet present, quant à la substance de l'obligation ; cet effet est neanmoins suspendu jusques au tems de la mort de ce fils, & ainsi Catherine ayant predecedé son pere, sans laisser des enfans ; Jeanne, comme heritiere de Catherine n'y pouvoit rien pretendre. Toute la question fut donc reduite à sçavoir si cette donation apartenoit à Catherine-Marie, fille de Marguerite predecedée, ou à Anne, fille puisnée de François survivante : L'Arrêt que je raporte l'adjugea à Catherine-Marie, non par la transmission ou la representation, mais comme lui apartenant de son chef, parce que les petits-fils, par le predecez de leur pere, sont apellez aux droits qui lui ont apartenu en qualité de fils, comme par exemple, à la dot & à l'augment de leurs ayeules, & qu'ainsi Marguerite étant apellée à la donation, en qualité de fille & comme l'aînée, Catherine-Marie sa fille pouvoit pretendre cette donation de son chef.

CHAPITRE XVI.

Si le Donataire de tous les biens , à la reserve d'une ce
taine somme , contribuë aux fraix funeraires lo
qu'il y a un Heritier , & du privilege des fra.
funeraires.

CEtte question se presenta au jugement du procez entre l
nommez Gasc freres germains & consanguins de feu M
Dominique Gasc , Curé de Gargas ; ce Curé aprés avoir fait u
donation de tous ses biens à Martin Gasc , un de ses freres , so
la reservation de 800. livres & de quelques meubles , étoit mc
ab intestat. Sa succession forma un procez entre ces freres , lequ
étant porté sur le Bureau de la Grand'-Chambre , on convi
d'abord de diviser également entre Martin Gasc Donataire & l
autres freres germains & consanguins , les 800. livres & meubl
reservez par la donation , qui se trouvoient dans le Gardiage
Toulouse , à la charge par ce Donataire de contribuer au pay
ment des dettes à proportion de sa donation , & de sa part
succession *ab intestat.* Mais à l'égard des fraix funeraires les Jug
furent partagez , les uns vouloient exempter la donation de c
fraix , & ne vouloient y faire contribuer Martin Gasc Donatair
qu'à proportion de ce qu'il prenoit de la succession *ab intestat ,* l
autres vouloient le condamner d'y contribuer , tant à proporti
de sa donation que de sa part de succession *ab intestat.*

Pour apuyer ce dernier avis , on disoit que le Donataire u
versel , à la reserve de peu de chose , doit être consideré comi
heritier , & qu'il est juste , que profitant quasi de tous les biens
défunt , il contribuë aux fraix funeraires à proportion de sa dor
tion , comme le Legataire d'une partie de l'heredité , ou d'un
partie des biens y contribuë , suivant la Loi 8. & *9. ff. de leg. 2.*
comme le mari qui gagne la dot de sa femme y contribuë , qu
qu'il ne soit pas son heritier , suivant la Loi 22. & 23. *ff. de rel*
& sumpt. fun. d'autant plus que les fraix des honneurs funebr

so

ont confiderez comme une dette ancienne que nous contraƈtons
n naiſſant, par la neceſſité où la naiſſance nous met de mourir
n jour ; Raiſon pour laquelle ces ſortes de fraix ſont diſtraits de
'heredité, & precedent tous Donataires & creanciers par une
allocation privilegiée qu'on leur acorde dans toutes les diſtribu-
ions, *Impenſa funeris ſemper ex hæreditate deducitur, quæ etiam
mne creditum ſolet præcedere cum bona ſolvendo non ſunt*, dit le
Iuriſconſulte en la Loi 45. *ff. de Relig. & ſumpt. fun.* par où cette
allocation privilegiée reculant les Donataires comme les au-
res creanciers, il s'enſuit que les Donataires, comme les au-
res creanciers, contribuent neceſſairement au payement de ces
raix.

On ajoûtoit que celui qui donne ſes biens à la reſerve d'une
ſomme modique, a ſans doute intention d'avoir ce qu'il reſerve
ranc & quitte, ce qui étoit marqué dans le cas preſent, par cette
'lauſe ajoûtée à la reſervation, *pour en diſpoſer à ſes plaiſirs &
volontez*, par où le Donateur avoit témoigné qu'il vouloit que
'e qu'il reſervoit paſsât abſolument, & ſans diminution à ſes
eritiers.

Voici les raiſons du premier avis, qui étoit de décharger le
Donataire ; C'eſt une Maxime generale, *Quiſque debet de ſuo
funerari, L.* 14. §. 1. *ff. de Relig.* Les biens donnez n'apartenant
plus au défunt au tems de ſon decez, il eſt naturel de rejeter
ette charge ſur les ſeuls biens qu'il a voulu reſerver. La reſerva-
ion & la clauſe ajoûtée, *que c'eſt pour en diſpoſer à ſes plaiſirs
& volontez*, n'empêche pas que le Donateur ou ſon Heritier ne
ſoit obligé de payer les dettes contraƈtées depuis la Donation.
C'eſt parmi ces dettes qu'on doit metre les fraix funeraires,
comme une dette contraƈtée à la mort, dont le Teſtateur charge
ſon heredité, & c'eſt ainſi qu'on peut entendre ce qui eſt dit
dans la Loi 1. *ff. de Relig. qui propter funus aliquid impendit
contrahere videtur cum defunƈto non cum hærede.* Ce n'eſt pas
parce que c'eſt une dette ancienne contraƈtée en naiſſant, qu'on
corde une allocation privilegiée à ces ſortes de fraix ; c'eſt parce
qu'ils ont une cauſe privilegiée, les honneurs funebres ſont un
uſte devoir que la pieté exige des vivans à l'égard des morts, &

qui font partie des ceremonies de la Religion. Cette allocati
privilegiée anterieure à tous Donataires & creanciers dans
inſtances de diſtribution, recule ſans doute les Donataires & a
tres creanciers, mais il ne s'enſuit pas que le Donataire non-pl
que les autres creanciers doive contribuer à ces fraix, ſinon i
directement; & en ce qu'il peut par-là ſe trouver en rang ir
tile, d'où on ne peut pas conclure que lors que la queſtion
entre l'Heritier & le Donataire, celui-ci puiſſe demander q
le Donataire y contribuë, dans le cas de diſtribution de bien
cum bona ſolvendo non ſunt, c'eſt une dette privilegiée : on pe
même la regarder comme une dette ancienne, la premiere de
du défunt, par lui contractée en naiſſant : mais hors de ce cas
diſtribution, c'eſt une charge de l'heredité qui doit être ſuport
par l'Heritier, le Legataire d'une partie de l'heredité y cont
buë, parce qu'il eſt regardé comme coheritier. Le Legata
d'une partie des biens n'y contribue pas, ſuivant l'avis de Go
froy, & l'explication qu'il donne à la Loi *9. ff. de legat.* 2. *Leg*
tarius partis hæreditatis non legatarius partis bonorum ſubja
oneribus hæreditariis, ou, s'il y contribue, c'eſt parce que re
vant partie des biens par la liberalité que le Teſtateur lui fait
mourant, il peut être juſte de le faire contribuer aux honnen
funebres de ce Teſtateur, mais le Donataire univerſel ſous u
reſervation, qui ne reçoit rien de la liberalité du Teſtateur mo
rant, & qui n'eſt jamais heritier tandis qu'il y en a un autre,
doit pas être obligé de contribuer aux charges de cette heredit
& ſi le mari qui gagne la dot de ſa femme, doit ſuporter par
des fraix funeraires à concurrence, c'eſt parce qu'il y a une L
expreſſe qui l'ordonne ainſi, & que ce gain lui étant deferé par
decez de ſa femme, peut être ſur ce point conſideré comme u
donation à cauſe de mort.

Sur ces raiſons intervint partage en la Grand'-Chambre, q
fut vuidé en la Premiere Chambre des Enquêtes, à l'avis de ce
qui vouloient décharger le Donataire. Raporteur Mr. Puymiſſo
Compartiteur Mr. Delong, le 13. Decembre 1664.

Il y eut pareil Arrêt aprés partage, porté de la ſeconde à
premiere Chambre des Enquêtes, Raporteur Mr. de Joſſé-L

vreins, Compartiteur Mr. de Rech-Penautier, en faveur d'Aymée Lagrange Donataire de tous les biens de fa fœur, à la referve de 500. liv. contre l'Heritier inftitué par cette fœur. Il eft vrai que dans cette efpece la Donatrice par fon teftament avoit ordonné que fes honneurs funebres fuffent faites à la difcretion de fon Heritier ; mais on ne fit point d'atention à cette claufe, & cet Arrêt comme le precedent juge en thefe que le Donataire de tous les biens à la referve de quelque fomme, ne contribue pas aux honneurs funebres. Ces deux Arrêts font conformes à la Doctrine de Cambolas, Liv. 2. chap. *9.* où il raporte un Arrêt, par lequel un Donataire de la troifiéme partie des biens, fut condamné de payer la troifiéme partie des dettes, autres toutefois que les legs, legitimes & honneurs funebres.

CHAPITRE XVII.

Si les petits-fils ex filio præ mortuo, *inftituez par leur ayeule, heritiers égaux avec les petits-fils,* ex alio filio præ mortuo, *doivent conferer la donation faite à leur pere.*

Cette queftion fe prefenta le 13. Janvier 1649. en la Premiere Chambre des Enquêtes, au raport de Mr. de Larocheflavin. Une Demoifelle ayant deux fils, mariant l'aîné lui donne la moitié de fes biens, le fecond fils fe marie auffi pendant la vie de fa mere, les deux fils meurent avant leur mere ayant chacun laiffé un fils. La Donatrice par fon teftament inftitue heritier en la moitié de fes biens le fils de fon fils aîné, & en l'autre moitié le fils de fon cadet. Ces deux coufins affiftez de leurs Tuteurs partagent également les biens de leur ayeule ; le fils de l'aîné étoit pourvû par Lettres contre cette divifion, il difoit qu'elle étoit injufte, confentie erronement par fon Tuteur, qui n'avoit pas eu connoiffance de la donation de la moitié des biens, faite par fon ayeule à fon pere, & atendu qu'il étoit dans le tems legi-

time de la reſtitution, demandoit que ſans avoir égard à ce partage
il fut maintenu aux trois quarts de l'heredité de ſon ayeule, la
moitié en vertu de la donation faite à ſon pere, & la moitié du
reſtant, faiſant en tout les trois quarts, en vertu de l'inſtitution,
ſoûtenant qu'il n'étoit pas obligé de raporter la donation, comme
ne lui étant pas faite, mais à ſon pere ; Qu'à la verité les petits-
fils qui concourent avec leurs oncles dans la ſucceſſion *ab inteſtat*,
de l'ayeul ou de l'ayeule, doivent raporter ce qui a été donné à
leur pere, ſuivant la Loi *illam Cod. de collat.* parce que ne pouvant
être apellez à cette ſucceſſion, par concours avec leurs oncles,
que par repreſentation de la perſonne de leur pere : il eſt juſte
qu'ils raportent à cette ſucceſſion ce qui lui a été donné ; mais
qu'il n'y a point de Loi qui ait étendu cette déciſion à l'égard des
petits-fils à la ſucceſſion teſtamentaire de leur ayeul : au contraire
il étoit repreſenté par le fils du cadet que la diviſion dont on ſe
plaignoit étoit juſte, & le raport de la donation neceſſaire : qu'il
eſt vrai que la Loi *illam* ne parle que du raport que ſont obligez
de faire les petits-fils, apellez à la ſucceſſion *ab inteſtat*, de leur
ayeul, de ce qui a été donné à leur pere ; mais qu'il eſt à remarquer que dans le tems de cette Loi le raport ne ſe faiſoit que dans
la ſucceſſion *ab inteſtat*, & non dans la ſucceſſion teſtamentaire.
Et que Juſtinien dans ſa Novelle 18. chap. 6. & dans l'Auth.
ex teſtamento Cod. de collat. ayant étendu le raport qui ſe faiſoit
ab inteſtat ad cauſam teſtati : il s'enſuivoit que le raport devoit
avoir lieu dans la ſucceſſion teſtamentaire, en tous les cas auſquels il auroit lieu *ab inteſtat*. Sur ces raiſons le demandeur fut
debouté, & il fut ordonné que la diviſion faite également de
tous les biens de l'ayeule auroit ſon plein & entier effet, ſi mieux
le Demandeur n'aimoit ſe contenter de la moitié des biens donnée à ſon pere.

CHAPITRE XVIII.

Si les petits-fils, ex filio præ mortuo, *repudians l'he-*
redité de leur pere, font obligez d'imputer fur la
legitime qui leur compete fur les biens de leur ayeul,
ce que leur pere avoit reçû de cet ayeul.

ON ne doute point que les petits-fils n'imputent fur la legitime qu'ils demandent fur les biens de leur ayeul, ce que
leur pere predecedé en a reçû, lors qu'ils font fes heritiers & poffeffeurs de fes biens ; cette qualité d'heritiers qui fait qu'ils reprefentent leur pere, les oblige à cette imputation, & fi on les en
difpenfoit ils fe trouveroient prendre double legitime fur les biens
de cet ayeul, l'une par les mains du pere aufquels ils fuccedent,
& l'autre par leurs mains. La queftion eft donc s'ils font obligez
à cette imputation lors qu'ils repudient l'heredité paternelle.

Il femble qu'ils n'y font pas obligez, parce qu'ils viennent de
leur chef, & qu'ils ceffent de reprefenter la perfonne de leur pere
dés qu'ils ceffent d'être fes heritiers, les petits-fils par le prédecez
de leur pere, *jura fuorum hæredum quafi agnafcendo nancifcun-*
tur, & rompent le teftament auquel ils font preterits, quoique le
pere y fût inftitué, ou exheredé, & qu'il ne put pas fe plaindre,
L. pofthumorum ff. de in rupt. ce qui marque clairement qu'ils
viennent *proprio jure*, & non par reprefentation de la perfonne
de leur pere. Ils entrent dans le premier degré, & c'eft le degré
qu'ils reprefentent & non la perfonne. *Repræfentant potiùs gra-*
dum quam perfonam, difent les Docteurs. Ils prennent la place
de leur pere, *remiffivè non tranfmiffivè*, comme parlent d'autres.
La mort qui enleve le pere entre l'ayeul & les petits-fils, aproche
ceux-ci de leur ayeul, les apelle au premier rang devenu vuide,
& confequamment à la fucceffion de leur ayeul, qu'ils recueillent
en défaut de leur pere, mais par un droit qui leur eft propre, &
qu'ils ne reçoivent pas de lui. Ainfi la legitime des petits-fils fur
les biens de leur ayeul, dans le cas du prédecez du pere, étant

dûë de leur chef, *& ex propria persona*, semble ne pouvoir pas être diminuée par le fait du pere auquel ils ne succedent point, & qui est mort avant le tems qui doit determiner & regler cette legitime ; comme la renonciation faite par la fille prédecedée n'exclut pas les petits-fils de la succession *ab intestat* de leur ayeul, lors qu'ils ne sont pas heritiers de leur mere, parce qu'entrant dans le premier degré, ils sont apellez de leur chef à cette succession : Cette doctrine qui dispense les petits-fils de l'imputation dans le cas que nous proposons, est apuyée par l'autorité de Fernand sur la Loi *in quartam*, chap. 3. nomb. 3. art. 21. où il decide que si la fille qui a reçû une dot de son pere, l'aliene & la dissipe en telle sorte qu'elle n'en laisse rien à ses enfans, les petits-fils ne seront pas tenus d'imputer cette dot sur les biens de leur ayeul, *avus*, dit cet Auteur, *sibi imputare debet, cur suprà re à se tradita cautè non providerit* : Laroche dans son Recüeil d'Arrêts, *in verbo imputationis*, art. 3. dit même en termes plus generaux, que les petits-fils qui viennent de leur chef à la succession de l'ayeul par le prédecez de leur mere, ne sont jamais tenus d'imputer la dot qui lui avoit été constituée.

Nonobstant ces raisons les Arrêts que je vais raporter ont jugé que les petits-fils qui demandent la legitime sur les biens de leur ayeul, doivent imputer ce qui a été donné à leur pere en avancement-d'hoirie, quoi qu'ils ne soient pas ses heritiers ; Il y en a un du 24. Novembre 1666. rendu en la Premiere Chambre des Enquêtes aprés partage vuidé en la Seconde, Raporteur Mr. de Rudelle, Compartiteur Mr. de Junius, en la cause de l'Espinasse. L'Espinasse ayant laissé quelques enfans, avoit institué un petit-fils, *ex filio præ mortuo* ; Deux autres petits-fils, *ex alio filio præ mortuo*, demandoient une legitime sur les biens de leur ayeul, aprés avoir repudié l'heredité de leur pere prédecedé ; L'heritier institué pretendoit qu'ils devoient imputer la somme de 5000. liv. Cette somme avoit été baillée en parcelles, en diverses fois & en differens tems, par l'ayeul au pere des demandeurs, qui negocioit & habitoit separement, & il avoit été enfin passé une liquidation entre cet ayeul & le pere des demandeurs, par laquelle toutes les sommes par lui reçûës, s'étoient trouvées revenir à la fufdite fomme de 5000. liv. que le pere des demandeurs, pour lui & fes fucceffeurs à l'avenir, avoit promis de précompter fur ces droits paternels & maternels, c'étoit la fomme dont l'heritier demandoit l'imputation, que les demandeurs refufoient de faire, opofant qu'ils avoient repudié l'heredité de leur pere qui l'avoit reçûë. L'Arrêt que je raporte ordonne l'imputation.

Il eft fondé fur l'autorité des anciens Arrêts raportez par Maynard Liv. 8. chap. 58. & de ceux du Parlement de Paris, raportez par Mr. le Prêtre, Centur. 1. chap. 7. & Centur. 2. chap. 95. & par Anneus Robertus, *Lib. 2 rer. jud. cap.* 5. & fur les raifons fuivantes qui furent alleguées lors du jugement du procez ; Les petits-fils par le prédecez de leur pere, entrent en fa place & en fon lieu, *in locum patris fuccedunt*, comme il eft dit dans la Loi *fi nepotes ff. de collat. bon.* §. *cum filius inft. de hæred. quæ ab inteft. def.* Cujas fur la Loi *illam Cod de collat.* dit encore plus précifément, que *patrem repræfentant.* La Loi *fed fi* §. *nepotes ff. de hæred. inft* établit que les petits-fils par le prédecez de leur pere *ad filii conditionem rediguntur*, d'où il s'enfuit qu'ils doivent imputer ce qui devroit être imputé par leur pere. La diftinction qu'on pretend faire entre la reprefentation du degré & la reprefentation de la perfonne qui peut avoir fon ufage en d'autres cas, comme nous le dirons en fon lieu, ne peut être apliquée au cas prefent. Il femble même que les demandeurs dans l'efpece prefente reconnoiffent bien eux-mêmes qu'ils ne viennent que par la reprefentation de la perfonne de leur pere & non du degré, puis qu'ils ne demandent qu'une legitime, qui eft feulement ce que leur pere pourroit pretendre s'il étoit vivant ; car s'ils venoient de leur chef, & comme reprefentant, *gradum non perfonam*, qu'ils devroient demander deux legitimes, comme étant deux perfonnes diftinctes, dont chacune devroit avoir fa legitime ; ce qui ne peut être avancé, du moins quand il y a des oncles ou des enfans d'un autre fils prédecedé, comme dans le cas de ce procez : car par le texte des Inftitutes qui vient d'être cité ; Si l'ayeul mourant *ab inteftat*, laiffe un petit-fils, *ex filio præ mortuo*, & dix autres petits-fils, *ex alio filio præ mortuo*, celui-là aura autant dans la fucceffion de l'ayeul que les dix autres, par cette raifon fans doute, que quoi qu'ils foient tous au premier degré, ils ne viennent pourtant pas de leur chef, mais par reprefentation de la perfonne de leurs peres, autrement chacun devroit avoir pour fa portion un onziéme de cette heredité, & par la Loi *illam Cod. de collat.* il eft decidé que les petits-fils fuccedant à leur ayeul avec leurs oncles, doivent raporter la donation à caufe des nôces, faite à leur pere, de même que leurs oncles doivent raporter pareille donation. Sur quoi il eft à remarquer que cette Loi parle generalement, & fans diftinguer fi les petits-fils font heritiers de leur pere prédecedé, ou s'ils ne le font pas, & qu'elle n'eft corrigée par la Novelle 118. chap. 1. qu'en ce que la Novelle leur donne tout ce que leur pere auroit eu en la fucceffion de leur ayeul : au lieu que la Loi precedente ne leur en donnoit que les deux tiers, quoi qu'elle les obligeât de raporter tout ce que leur pere avoit reçû. L'équité demande que dans le concours des legitimes dûës aux fils du defunt & à fes petits-fils, *ex filio præ mortuo*, ceux-ci imputent tout ce que leur pere a reçû, puifque ceux-là imputent ce qu'ils ont reçû eux-mêmes, quoi qu'ils l'ayent peut-être diffipé : ainfi par cette même raifon d'équité, quoi que par le Droit la donation fimple ne foit pas raportée ; Neanmoins fi des deux freres l'un a reçû une donation, à caufe des nôces, qui eft fujete au raport, & l'autre une donation fimple qui n'y eft pas fujete ; celui-ci fera obligé de raporter cette donation, *ne iniquum illud eveniat ut unus conferre teneatur alter non*, comme il eft decidé dans la Loi *penult. illud* §. 1. *Cod. de collat.* & n'importe que les petits-fils font admis à la fucceffion de leur ayeul, à laquelle leur mere prédecedée avoit renoncé ; car comme ils font admis à cette fucceffion, foit qu'ils foient heritiers de leur mere, ou qu'ils ne le foient pas, ils font obligez d'imputer la dot que leur mere avoit reçû ; foit qu'ils acceptent ou qu'ils repudient fon heredité. Il faut donc conclure que dans l'efpece prefente les petits-fils qui demandent leurs legitimes, doivent raporter à la fucceffion de leur ayeul, & imputer ce que leur pere prédecedé en a reçû, quoi qu'ils ne foient pas fes heritiers ; & fi la diffipation & la mauvaife œconomie de ce pere, dont ils font obligez de repudier l'heredité, diminue leur legitime par accident,

dent, c'est un malheur qui ne peut pourtant pas les dispenser de cette imputation, & dont il est plus naturel que les enfans du mauvais œconome se ressentent que ses freres.

Il y a un Arrêt du onziéme Avril 1681. rendu aussi en la Premiere Chambre des Enquêtes, au raport de Mr. Resseguier, depuis Président en la Seconde, par lequel les petits-fils qui demandent un suplément de legitime sur les biens de leur ayeul, qui leur avoit fait un legs modique, furent condamnez d'imputer la somme de 900. liv. que leur ayeul avoit donné à leur pere en le mariant, soûs la condition de les imputer sur les droits paternels. Cette derniere clause n'entra pas dans les raisons qui déterminerent les Juges à ordonner cette imputation, puisque toute donation faite par le pere à ses enfans dans leur contrat de mariage, est toûjours faite en avancement d'hoirie, pour être imputée sur leurs droits, quoi qu'il n'y ait point de stipulation expresse pour cette imputation.

Il y eut une difficulté dans ce procez, si les petits-fils étoient obligez d'imputer les sommes prêtées par leur ayeul à leur pere. Les Arrêts du Parlement de Paris, raportez par Mr. le Prêtre & par l'Avocat Robert, aux lieux ci-dessus citez, decident que les petits-fils sont obligez à cette imputation, parce que lors que le pere prête à son fils, la personne & la qualité du fils est presumée être le motif de ce prêt, que le pere a par consequent eu intention de faire précompter. Il fut neanmoins decidé par celui-ci, que les petits-fils doivent être déchargez de cette imputation, tant parce que les sommes que le pere prête à son fils, il les prête, *ut quilibet extraneus cuilibet extraneo*, que parce que ces prêts qui étoient alleguez, n'étoient pas bien justifiez, & que les demandeurs en legitime oposoient une prescription, & que l'interruption de la prescription alleguée au contraire n'étoit pas bien éclaircie. L'idée de liberalité & d'imputation paroît en effet trop éloignée de l'idée de creance, & de repartition atachée au nom de prêt.

CHAPITRE XIX.

De la Subſtitution faite ſous deux conditions alternati-
ves ou conjonctives.

LOrs qu'un legs eſt laiſſé, ou qu'une ſubſtitution eſt faite ſous
deux conditions alternatives ou disjonctives, il ſuffit regulierement qu'une des deux conditions arrive pour donner lieu à
la demande du legs & à l'ouverture de la ſubſtitution, *L. Si hæredi*
plures, *ff. de condit. inſtit. L.* 78. *Cum pupillus*, §. 1. *ff. de con-*
dit. & dem. L. 110. *In eo*, §. 3. *ubi verba*, *ff. de reg. jur.* §. *penult.*
inſt. de hæred. inſtit.

Mais en faveur des enfans ou décendans chargez de rendre
ſous ces conditions, s'ils decedent ſans enfans, ou ſans faire teſtament, l'alternative & disjonctive eſt priſe pour copulative, ſuivant la Loi *Generaliter Cod. de inſt. & ſubſt.* & il ſuffira pour
faire ceſſer la ſubſtitution que l'heritier chargé, décendant du
Teſtateur, ait laiſſé des enfans, quoi qu'il n'ait pas fait teſtament,
ſuivant l'avis des Docteurs, & entre autres de Fernand ſur cette
Loi, & de Maynard Liv. 5. chap. 38. & 39. que s'il n'a point
d'enfans, & qu'il ait fait teſtament, la ſubſtitution doit auſſi ceſſer, ſuivant la deciſion de cette même Loi *Generaliter*, qui veut
que le défaut de l'une des conditions faſſe ceſſer le fideicommis
dont le fils eſt chargé. C'eſt la Juriſprudence de nôtre Parlement, Maynard qui l'ateſte l'explique mal dans ce chap. 39. lors
qu'il dit, que dans ce cas l'alternative demeure en ſa force : car ſi
l'alternative ſubſiſtoit, la ſubſtitution devroit être ouverte, parce
que de deux conditions alternatives il ſuffit que l'une arrive, quoi
que l'autre défaille, comme j'ai dit dés le commencement. Neanmoins Fernand ſur cette Loi *Generaliter*, & Charondas en ſes
Rép. Liv. 7. chap. 62. decident que l'alternative n'eſt jamais convertie en copulative, que lors que l'heritier, (ſoit-il des décendans du Teſtateur ou étranger,) a laiſſé des enfans : mais que
s'il eſt mort ſans enfans, quoi qu'il ait fait teſtament, l'alternative

n'est pas convertie en copulative, & que la substitution aura lieu,
ce qu'ils pretendent inferer des termes de la Loi, *Cui enim feren-*
dus, &c. qui neanmoins est tout-à-fait contraire à cet avis, &
qui decide au cas de la substitution sous l'alternative, *sive liberos*
sustulerit, sive testamentum fecerit non esse locum restitutioni, si
enim nihil ex eis, ci fuerit subsecutum, tunc valere conditionem
& res restitui.

Mais quand ni l'heritier, ni le substitué ne sont pas des décendans du Testateur, le doute est grand, si l'alternative doit être
convertie en copulative, Laroche Liv. 3. tit. 5. art. 4. & Maynard
au lieu cité, semblent decider pour l'affirmative, quoi que l'heritier n'ait point d'enfans, parce que dans les cas qu'ils raportent, ils ne marquent point que l'heritier fut décendant du Testateur.

Pour moi je croi que si l'heritier étranger a des enfans, l'alternative doit être convertie en copulative, & la substitution doit
cesser, quoi que l'autre condition soit arrivée, c'est-à-dire, quoi
que l'heritier n'ait pas fait testament, parce que l'Empereur dans
la Loi que nous examinons, aprés avoir dit, *Cui enim ferendus*
est intellectus, si forsitan testamentum quidem, non fecerit
hæres, posteritatem autem habuerit liberos ejus omni penè paterno
fructu defraudari, ajoûte immediatement, *quo exemplo, etiam*
aliis personis, licet extranei sint de quibus hujusmodi aliquid scriptum
fuerit, medemur. Ce que je croi qu'il faut raporter au cas seulement
qui precede, de l'existance des enfans de l'heritier ; ainsi je croi
que l'heritier étranger étant chargé de rendre à un étranger sous
la condition alternative, s'il decede sans enfans ou sans faire testament, la substitution aura lieu, s'il decede sans enfans ou sans
faire testament, & que l'alternative en ce cas ne sera pas convertie en copulative, mais demeurera alternative.

Les enfans heritiers du pere, en cette qualité d'enfans, maîtres
de son bien durant sa vie, sont à sa mort ses heritiers si naturels,
qu'encore qu'il meure sans faire testament, il doit être neanmoins
regardé comme ayant testé & disposé en leur faveur ; il ne laisse
point, en ne disposant pas, cette aparence d'incertitude & d'in-
difference de volonté que laisse celui qui n'ayant point d'enfant,

ne difpofe en faveur de perfonne ; ce qui eft le feul cas où le Teftateur qui fous l'alternative , dont nous parlons, a chargé fon heritier de rendre , eft prefumé l'en avoir voulu charger, lors que cet heritier n'a point fait teftament.

Que fi les décendans du Teftateur font fubftituez fous la condition alternative , il faut diftinguer , ou l'heritier eft décendant , ou il eft étranger ; s'il eft étranger je croi que foit qu'ayant des enfans , il meure fans teftament, ou qu'ayant fait teftament, il meure fans enfans , l'alternative demeurera toûjours alternative , & ne fera point convertie en copulative , & la fubftitution aura lieu en faveur du fubftitué décendant du Teftateur : car il ne feroit pas jufte qu'en faveur des enfans d'un heritier étranger contre le décendant du Teftateur , on fit violence à la condition alternative , en la convertiffant en copulative, contre fa nature & contre la volonté prefumée du Teftateur , quoi que la Loi *Generaliter* femble decider au contraire generalement & fans diftinction , que lors que l'heritier étranger laiffe des enfans, bien qu'il meure fans faire teftament, l'alternative doit être convertie en copulative. Mais fi l'heritier eft des décendans auffi-bien que le fubftitué : diftinguons encore , fi l'heritier a des enfans, c'eft fans doute que la fubftitution ceffe, quoi qu'il n'ait pas fait teftament , fuivant la Loi *Generaliter* , & en ce cas en faveur des enfans de l'heritier , qui fe trouvent décendans du Teftateur , l'alternative eft convertie en copulative : mais fi l'heritier qui eft décendant du Teftateur , fait teftament & meurt fans enfans , il n'y a point de difficulté que la fubftitution ne doive être ouverte au profit de l'autre décendant du Teftateur , fuivant l'avis de Maynard au Liv. 5. chap. 38. que j'ai cité , qui foûtient comme une Maxime établie , que la disjonctive fe convertit en copulative , & la copulative en disjonctive en faveur des enfans du Teftateur , quoi que le Prefident Laroche dife , que lors que le fubftitué eft des décendans du Teftateur , il fuffit que l'une ou l'autre des conditions foit arrivée , *ut locus fit fubftitutioni favore liberorum* , ce que je ne croi pas veritable , lors que l'heritier eft un des décendans, & qu'il laiffe des enfans, comme j'ai dit ci-deffus, il a même été jugé que la converfion de l'alternative en copula-

tive, ou la copulative en alternative n'avoit point lieu, lors qu'un
décendant du Teftateur avoit les biens, foit par la fubftitution
ou par quelqu'autre droit. L'Arrêt fut rendu aprés partage porté
de la Premiere à la Seconde par Meffieurs de Prohenques &
de Madron, Raporteur & Compartiteur, au mois de Fevrier
1658.

La conjonctive eft auffi convertie en disjonctive en faveur des
décendans du Teftateur fubftituez, Maynard Liv. 5. chap. 40.
& ainfi il fuffira que l'une des deux conditions arrive, quoi que
regulierement *omnibus conditionibus conjunctim datis parendum
fit*, *L. Si hæredi plures*, *ff. de condit. inft. L. 45 quod vulgò*, *ff.
de manum teftam.* & il y a divers autres cas dans le Droit, où la
conjonctive eft prife pour disjonctive, comme en la Loi *Conjunc-
tionem*, *29. ff. de verb. fignif.*

Cette converfion de l'alternative en disjonctive, & de la dif-
jonctive en conjonctive a lieu, comme je l'ai déja dit, non feulement en faveur des enfans : mais auffi en faveur de tous les décendans du Teftateur fubftituez, comme il a été jugé en la Premiere Chambre des Enquêtes, au raport de Mr. de Caulet le 20.
Avril 1654.

La même converfion a lieu en faveur de la caufe pie, fuivant
l'avis de Maynard, Liv. 5. chap. 41.

Mais fi la caufe pie eft fubftituée aux décendans du Teftateur
foûs deux conditions conjonctives, la conjonctive ne fera point
convertie en disjonctive, & la fubftitution défaillira, quoi que
l'une des conditions arrive, comme il fut jugé en la Seconde
Chambre des Enquêtes le 28. Fevrier 1664. aprés partage porté
en la Premiere, Mr. d'Olivier, Confeiller Clerc, Raporteur, &
Mr. Dupuy, Compartiteur au procez de Françoife de Charroas,
d'une part, & du Syndic des Monafteres des Religieufes des villes
du Puy, St. Etienne, & Viviers. Antoinete Magé, veuve de
Pons de Jacques ayant trois filles Religieufes dans les Couvens
du Puy, St. Etienne, & Viviers, & deux petits-fils, *ex filio præ
mortuo*, nommez Pierre, & Jean de Jacques, fait fon teftament,
par lequel elle inftitue fes petits-fils fes heritiers univerfels, &
au cas que l'un d'eux decederoit avant l'âge de 25. ans, ou fans

enfans, fubftitue le furvivant, & au cas tous fes deux petits-fils viendroient à deceder avant l'âge de 25. ans & fans enfans, elle leur fubftitue les trois Monafteres fus-nommez, voulant qu'ils foient fes heritiers univerfels, audit cas, & non autrement ; Par un codicille fait peu de jours après, la Teftatrice ordonne qu'au cas que Pierre, & Jean de Jacques fes petits-fils fe mettent en Religion reguliere, en ce cas, enfemble aux cas contenus au teftament, la fubftitution aura lieu de l'un à l'autre, & en défaut d'eux, en faveur des autres nommez au teftament. Après le decez de la Teftatrice, Pierre de Jacques deceda majeur de 25. ans, & étant Jefuite, Jean de Jacques fut Chanoine de l'Eglife Cathedrale du Puy, & deceda après fon frere majeur auffi de 25. ans, & après avoir inftitué fon heritiere univerfelle la Demoifelle de Charroas, fœur de Françoife de Charroas fa mere, laquelle ayant cedé fes droits à fa fœur, mere du défunt ; le Syndic des Couvens fubftituez fait inftance contre cette mere en ouverture de fubftitution, & obtient Sentence conforme à fa demande, de laquelle y ayant eu apel par Françoife de Charroas ; fur le jugement de ce procez intervint partage.

Les raifons de ceux qui vouloient reformer la Sentence, & declarer n'y avoir lieu d'ouvrir la fubftitution, étoient que la fubftitution étant faite foûs deux conditions conjonctives du decez avant l'âge de 25. ans & fans enfans, il falloit que toutes deux fuffent arrivées, & que par le défaut de l'une la fubftitution avoit défailli, fuivant les textes ci-deffus citez ; Que la Loi *generaliter* ne parle que de la converfion de la disjonctive en copulative, & que la converfion de la conjonctive en disjonctive a été établie par les Arrêts en faveur des décendans du Teftateur ; Que fi l'on avoit étendu cette Jurifprudence à la caufe pie, cela ne pouvoit jamais avoir lieu, lorfque la caufe pie eft fubftituée aux décendans du Teftateur. Qu'en ce cas toute la faveur & tout le privilege de la caufe pie doit ceffer, & qu'ainfi on ne pouvoit ôter à Jean de Jacques petit-fils & heritier inftitué, la libre difpofition de fes biens, en le foûmetant à une fubftitution autre que celle que la Teftatrice avoit exprimée, par la divifion des deux conditions qu'elle avoit jointes ; On ajoûtoit que par la maniere differente dont les deux substitutions contenues au testament étoient exprimées, celle qui étoit en faveur du survivant des petits-fils, étant sous deux conditions alternatives, & celle qui est au profit des Couvens étant sous deux conditions conjonctives, il paroissoit que la Testatrice n'avoit eu intention de charger ses petits-fils à l'égard des derniers substituez, qu'au cas qu'ils décedassent sans enfans, & avant l'âge de 25. ans, voulant sans doute leur laisser la disposition des biens, lors qu'ils seroient venus à un âge non sujet à captation, pourvû toutefois, comme elle l'avoit marqué dans le codicille, qu'ils n'entrassent pas en Religion, parce que les majeurs même de 25. ans peuvent être sujets aux captations des Superieurs des Maisons Religieuses où ils entrent, que la volonté de n'apeler les Couvens que par l'écheance des deux conditions, étoit marquée encore plus précisement par ces mots aposez aprés la substitution, *audit cas*, *& non autrement.* Que les Couvens ne sont point favorables quand il s'agit des successions universelles, atendu que l'interêt du public & de l'Etat, demande qu'elles ne passent pas en main morte, & que la recherche des richesses excessives ne convient point à des maisons composées de personnes qui ont tout quité pour n'avoir que Dieu seul en partage. On soûtenoit même que dans le cas present il ne falloit pas metre au rang de cause pie les Couvens substituez, parce qu'ils n'étoient chargez d'aucune priere ni service, & qu'ils n'avoient pas été instituez *pietatis intuitu*, & par les veuës du Ciel, mais seulement par l'affection terrestre du sang, & à cause des trois filles de la Testatrice, qui étoient Religieuses Professes dans ces Maisons.

Ceux qui vouloient confirmer la Sentence, & declarer la substitution ouverte au profit des Couvens, disoient qu'il ne falloit pas grammaticalement examiner les particules conjonctives ou disjonctives aposées dans une clause de substitution ; mais que c'est uniquement la volonté du Testateur qu'il faut chercher avec atention, que dans cette espece on voyoit clairement la volonté de la Testatrice, qui avoit voulu faire passer ses biens aux Monasteres qu'elle avoit nommez, au cas que ses petits-fils décedassent sans enfans, même aprés l'âge de 25. ans ; puisque

par le codicille elle declaroit en termes generaux , que la fubftitution auroit lieu au cas que les petits-fils entraffent en Religion.
Que la caufe pie doit joüir du privilege des enfans , lors qu'elle
n'eft pas en concours avec eux ; qu'ici il n'y avoit aucun décendant de la Teftatrice qui concourut avec la caufe pie ; c'eft-à-
dire , qui fuccedât aux biens en queftion , au cas qu'ils ne fuffent
pas adjugez à la caufe pie : Qu'il ne faut pas confiderer la perfonne de l'heritier , particulierement contre un fubftitué privi-
legié. Qu'ainfi fuivant l'avis de Maynard & de Laroche , lorfque
le fils eft chargé de rendre à un autre fils fous deux conditions
copulatives , il fuffit que l'une foit arrivée pour donner lieu à
l'ouverture du fideicommis ; d'où il paroît que la conjonctive eft
convertie en disjonctive en faveur des fubftituez décendans du
Teftateur , contre l'heritier auffi décendant : ce qui doit être
pareillement établi à l'égard de la caufe pie , & la faveur de cet
heritier ne merite pas alors d'être confiderée , & elle eft de peu
de confequence ; puis qu'ayant joüi des biens pendant fa vie , il
lui importe peu d'être privé de la difpofition : & l'intereft qu'il
peut avoir de la conferver , ne peut pas raifonnablement balancer
la faveur de la caufe pie. On ajoûtoit que les Maifons Religieufes ne font pas incapables des fucceffions univerfelles , & que
toutes les liberalitez qui leur font faites , font regardées comme
faites à la caufe pie , quoi qu'il n'y ait ni prieres , ni fervice ata-
ché ; La charge de prier Dieu pour le Bienfaiteur étant toûjours
foûs-entenduë , tant de la part de celui qui donne , que de la part
des Maifons Religieufes qui reçoivent : & que leur inftitut & la
Loi naturelle d'une jufte reconnoiffance chargent indifpenfable-
ment de prier Dieu pour ceux qui leur font du bien.

Le partage porté en la Premiere Chambre des Enquêtes , il
paffa , comme je l'ai déja dit , à l'avis de ceux qui reformant la
Sentence , vouloient declarer n'y avoir lieu d'ouvrir la fubftitution ; les raifons decifives furent la prefumée volonté de la Teftatrice , prife des termes dont elle avoit ufé dans cette fubftitution , & la faveur de l'heritier chargé de rendre qui étoit un décendant , jointe à la faveur de la mere de cet heritier , qui défendoit à la demande en ouverture de fubftitution.

CHAPITRE.

CHAPITRE XX.

De la succession ab intestat *du pere, ou freres, au fils,
& frere decedé.*

SI un fils ayant des biens maternels ou autres biens propres,
vient à deceder sans enfans, sa succession est également par-
tagée entre les freres du défunt & le pere commun : & le pere
suffisament dédomagé par la portion de proprieté qui lui est acordée, n'a point l'usufruit des portions de ses autres enfans, quoi
qu'ils soient en sa puissance. C'est la décision de la Novelle 118.
chap. 2.

Quelques-uns trouvant cette privation d'usufruit trop rigou-
reuse, croyent que la décision de cette Novelle, quant à cette
privation doit être restrainte au cas seulement des biens du fils
decedé, dont le pere n'avoit pas l'usufruit ; auquel cas ils
avoüent que le pere n'ayant pas eu cet usufruit sur les biens du
fils, il n'est pas juste qu'il l'acquiere de nouveau sur les portions
des heritiers qui lui ont succedé : mais ils croyent que lors que
le pere a eu une fois l'usufruit des biens de son fils, il ne le perd
pas par sa mort, & qu'il le conserve & le retient sur les portions
des autres enfans qui lui succedent, & tel est le sentiment de
Fernand sur cette Novelle.

On dit pour cet avis, que l'usufruit ne s'éteint que par la mort
de l'Usufruitier, & jamais par la mort de celui sur les biens de
qui il est établi. Qu'ainsi le pere Usufruitier des biens du fils decedé, doit pendant toute sa vie conserver cet usufruit, que la
mort de ce fils ne peut l'en priver, & que les autres enfans prenant part en cette succession, la doivent prendre avec la charge
de l'usufruit à quoi elle étoit auparavant soûmise. On ajoûte que
la Novelle, parlant de cette privation d'usufruit, & établissant
que le pere ne peut pas le demander, se sert du mot *vindicare*,
qui marque assez que l'Empereur a voulu que le pere ne pût pas
demander & acquerir un nouvel usufruit, lors qu'il ne l'avoit

fur les biens du défunt, & qui fait affez entendre auffi que l'intention du Legiflateur n'a pas été de faire perdre au pere fur la tête de fes autres enfans, l'ufufruit qu'il avoit fur les biens de fon fils défunt. Enfin, on fortifie cet avis par l'autôrité de divers Arrêts de la Chambre de l'Edit du reffort de nôtre Parlement, qui conformement à cette diftinction, ont jugé que le pere confervoit fur les portions de fes autres enfans l'ufufruit qu'il avoit auparavant fur les biens du decedé. Il y en a un au raport de Mr. Ranchin en la diftribution de Capou ; Un autre de l'année 1637. au raport de Mr. Foucaut, & un autre du mois d'Avril 1641. au raport de Mr. Delong, entre Marie Aubert & Magé, en faveur des creanciers du pere.

Nonobftant ces raifons & ces Arrêts de la Chambre de l'Edit, il faut decider fans nulle diftinction, que le pere fuccedant à un de fes fils avec fes autres enfans, n'a point d'ufufruit fur leurs portions, c'eft la Jurifprudence du Parlement ; il y a un Arrêt du 7. May 1663. au raport de Mr. de Lanes en la feconde Chambre des Enquêtes, qui prive le pere de cet ufufruit, quoi qu'il l'eût fur les biens du fils decedé. Il y a même un Arrêt de la Chambre de l'Edit de 1644. pofterieur à ceux que j'ai citez pour l'avis contraire, qui a fuivi cette derniere decifion que je viens d'établir, & c'eft à ce dernier Arrêt de la Chambre de l'Edit, & à celui du Parlement qu'il faut s'en tenir. L'avis contraire eft en effet peu conforme à la Novelle, dont la raifon generale prife de la portion de propriété acordée au pere, doit fans doute comprendre les deux cas. D'ailleurs cette Loi comprend nommément dans fa decifion, la fucceffion du fils qui eft en la puiffance de fon pere, des biens duquel le pere a l'ufufruit, fuivant la prefomption commune, *five fuæ poteftatis, five fub poteftate fit is cui fuccedunt*, fi cette Novelle fe fert du mot *vindicare*, on ne fçauroit inferer de là qu'elle a voulu indiquer que le pere ne peut pas à la verité demander un nouvel ufufruit qu'il n'avoit pas, mais qu'il peut conferver celui qu'il avoit. Car il eft répondu que le terme *vindicare*, peut n'avoir pas été mis dans fon étroite fignification ; il peut même, étant pris dans cette étroite fignification qu'on veut lui donner, être expliqué de cette maniere, que les

freres du défunt voulant joüir de leurs portions, le pere ne pourra
pas demander l'usufruit *per vindicationem.*   Enfin , quoi que
l'Usufruitier conserve ordinairement l'usufruit pendant sa vie , &
qu'il ne le perde pas par la mort de celui sur les biens duquel il a
cet usufruit ; on ne fait neanmoins point de tort au pere de le
priver dans le cas present de celui qu'il avoit , puis qu'il en est dédomagé , comme il a été dit , par la portion de proprieté qui lui
est acordée.

Il semble qu'on peut conclure de ce que je viens de dire, que
si le pere renonce à cette portion de proprieté, & qu'il abandonne toute la proprieté de la succession de son fils decedé à ses
autres enfans , il pourra demander l'usufruit de cette succession ,
puisque l'usufruit ne lui a été ôté qu'en consideration de cette
portion de proprieté. Il fut neanmoins jugé par l'Arrêt de 1663.
que je viens de raporter, que la renonciation que le pere offre
de faire à sa portion de proprieté , ne lui permet pas de demander
l'usufruit. L'ordre & la maniere de la succession dans le cas que
nous traitons , ayant été reglé par la Novelle ; c'est un droit
public que des declarations particulieres & des renonciations ne
peuvent pas changer , & qui ne peut recevoir d'ateinte.

Si la renonciation volontaire du pere à sa portion de proprieté
ne lui donne pas le droit de demander l'usufruit ; avec combien
moins d'aparence de raison le pere remarié , qui par les secon-
des nôces est privé de cette portion de proprieté en la succession
de son fils ; pourra-t-il sous ce pretexte demander l'usufruit des
portions de ses autres enfans ? Il n'est pas juste que cette privation
que la Loi lui impose , comme une peine , tourne à son avantage , par un usufruit qui pourroit quelquefois être plus avanta-
geux qu'une portion en la proprieté même. Je croi donc que le
pere remarié est absolument privé de cet usufruit , quoi qu'il
n'ait point de part en la proprieté de la succession de son fils decedé , sans nulle distinction si le pere s'est remarié avant ou après
le decez de son fils, qui est une distinction neanmoins autorisée
par le sentiment de Duperier , conforme aux derniers Arrêts de
Provence, qu'il raporte Liv. 1. quest. 16. Il est juste qu'en l'un
& en l'autre cas , le pere remarié soit ou demeure privé de la pro-

prieté à pure perte, & fans retenir ni reprendre l'ufufruit ; & que pour le tort qu'il fait par un fecond mariage aux enfans du premier , il fubiffe à la rigueur la decifion de deux Loix , dont l'une lui ôte l'ufufruit , & l'autre la proprieté.

CHAPITRE XXI.

De la renonciation aux droits paternels , fauf future fucceffion.

LA queftion , fi la refervation de future fuccesfion opere la refervation de la fuccesfion *ab inteftat* , a reçû de la difficulté dans nos Jugemens.

Il femble qu'elle ne doit pas l'operer, parce qu'autrement cette refervation rend la renonciation inutile ; puifque la fille qui a renoncé n'étant pas excluse de fa legitime , fi la refervation dont nous parlons, la fait concourir avec fes freres dans la fuccesfion *ab inteftat* , il fe trouve en effet qu'elle n'a renoncé à rien. Il paroit donc plus naturel de raporter cette refervation à la fuccesfion qui lui peut avenir, par le décez de fes autres freres , en faveur de qui la renonciation eft faite , & c'eft le fondement des Arrêts raportez par Cambolas.

Il y a neanmoins des Arrêts pofterieurs, qui ont jugé que par cette refervation la fille qui a renoncé eft admise à la fuccesfion *ab inteftat* avec fes freres. J'en raporterai deux , l'un eft du 5. Juin 1662. à la Seconde Chambre des Enquêtes après partage vuidé à la Premiere, Raporteur Mr. de Catellan mon frere, depuis Prefident en la Premiere des Enquêtes, Compartiteur Mr. de Sevin ; l'autre eft du 8. Juillet 1663. en la Premiere, au raport de Mr. Dupuy-Montaud , en la caufe de Françoife Ducher, Dupuy & autres. On crût lors de ces Arrêts que la refervation de la future fuccesfion feroit inutile , fi elle n'operoit la refervation de la fuccesfion *ab inteftat* , & fi on la raportoit uniquement au cas du prédecez de tous les freres, auquel cas fans cette refervation , la fille qui a renoncé devoit équitablement rentrer dans

tous ſes droits, par la ceſſation du motif qui avoit fait ſtipuler &
faire la renonciation. On peut là-deſſus voir Cambolas Liv. 1.
chap. 9. Maynard Liv. 4. chap. 20. Guy-Pape & Ferrieres queſt.
192. Cujas Conſult. 1. Benedict. *in Cap.* Raynutius, *in verbo*
Duas, *num.* 297.

CHAPITRE XXII.

*Si la fille inſtituée Heritiere par ſon pere, à la charge
de ne rien prétendre à la ſucceſſion de ſa mere, ayant
accepté, peut ſucceder* ab inteſtat *à ſa mere?*

IL intervint partage ſur cette queſtion en la Seconde Chambre
des Enquêtes, vuidé en la Premiere, le 1. Decembre 1668.
Raporteur Mr. de Nupces-Florentin, Compartiteur Mr. Dupuy,
en la cauſe de Loüis Delong & Barrier.

Ceux qui vouloient admettre cette fille à la ſucceſſion *ab inteſtat* de ſa mere, diſoient que tous pactes concernant la ſucceſſion d'une perſonne vivante ſont reprouvez; que nôtre uſage a
reçû à la verité des renonciations à ces ſucceſſions : mais qu'il n'y
a que celui à la ſucceſſion de qui on renonce qui puiſſe les ſtipuler, ou que du moins on ne peut les ſtipuler que de ſon conſentement, que cette condition ajoûtée à l'inſtitution du pere eſt une
condition vicieuſe qui doit être rejetée, comme non écrite.

Il fut neanmoins conclu à l'avis de ceux qui vouloient adjuger
l'entiere ſucceſſion de la mere au frere. Le pere qui inſtituant ſa
fille, a ajoûté, *que c'étoit à la charge de ne rien prétendre à la
ſucceſſion de ſa mere,* n'a rien fait qui ſoit défendu par les Loix.
Il eſt permis aux Teſtateurs d'impoſer aux liberalitez qu'ils font
les conditions qu'il leur plaît, & l'heritier qui accepte l'heredité,
doit acomplir la condition ſi elle n'eſt pas contraire aux bonnes
mœurs. Et puis qu'un Teſtateur inſtituant ou leguant, peut charger l'heritier ou Legataire de délivrer à un autre une choſe qui
apartient en propre à cet heritier ou à ce Legataire; pourquoi

ne pourra-t-il pas ajoûter à l'institution, la charge de ne rien demander d'une autre succession ? Pouvant le faire renoncer à la succession d'un bien échû : ne pourra-t-il pas le faire renoncer à l'esperance d'un bien avenir, l'étranger a ce droit à l'égard de l'étranger, le pere n'aura-t-il pas le même pouvoir à l'égard de ses enfans ?

CHAPITRE XXIII.

Si l'acte par lequel un malade défend à celui qu'il a institué Heritier, de rien demander à un Debiteur present & acceptant, se reservant neanmoins d'en faire demande en cas de convalescence, est une donation à cause de mort, & s'il y faut cinq Temoins ?

UNe Testatrice ayant par son testament institué heritier son neveu, passe ensuite un acte public, par lequel ayant narré ce testament, elle declare qu'elle ne veut pas que son heritier fasse aucune demande du suplément de legitime qui lui est dû par ses freres presens & acceptans ; se reservant neanmoins d'en faire demande au cas qu'elle releve de la maladie dont elle est detenuë. Aprés le decez de cette femme qui meurt de cette maladie, le neveu heritier institué, fait instance contre son pere & son oncle en payement du suplément de legitime dû à la Testatrice, & impetre des Letres en cassation & declaration de nullité de l'acte dont j'ai parlé, atendu que c'étoit une donation à cause de mort, & qu'il n'y avoit que deux témoins. Cette affaire portée sur le Bureau de la Seconde Chambre des Enquêtes, il intervint partage, lequel ayant été porté à la Premiere Chambre des Enquêtes par Mr. de Nicolas Raporteur, & Mr. Daspe, deputé President à Mortier, Compartiteur, a été vuidé à l'avis de ceux qui vouloient considerer cet acte, non comme une simple declaration, mais comme une donation à cause de mort, nulle par défaut de cinq témoins, qui sont necessaires à toutes les derni-

res difpofitions. Cette decifion femble contraire à celle du Jurifconfulte en la Loi 18. §. *Titia*, *ff. de mort. cauf. donat.* On peut
les concilier en fupofant qu'il y avoit cinq témoins dans la donation dont cette Loi parle.

CHAPITRE XXIV.

De la divifion de l'Heredité, faite entre freres Coheri-
tiers fubftituez reciproquement.

L A divifion faite entre freres Coheritiers de leur pere, avec
promeffe de garantir, & de ne fe plus rien demander l'un à
l'autre *de prefent ni à l'avenir*, ne préjudicie pas à la fubftitution
reciproque, faite entr'eux par le pere commun, en cas de decez
fans enfans. On convint de cette Maxime au Jugement du procez de Palanque à la Première Chambre des Enquêtes, le 8.
Août 1667. au raport de Mr. Dumay. Ce qui eft conforme à la
Doctrine de Maynard Liv. 5. chap. *96.* & à celle de Cujas & de
Godefroy fur la Loi 122. *Qui Romæ*, §. *duo fratres*, *ff. de verb.*
obligat. Cette Loi femble neanmoins contraire dans l'explication
qu'ils en font ; Elle dit que dans le cas d'une pareille divifion &
renonciation faite entre freres, fubftituez reciproquement, l'un
deux ayant demandé l'ouverture de la fubftitution par le decez de
l'autre, il fut prononcé contre lui, *contra eum pronunciatum eft,*
quafi de hoc quoque tranfactum effet. Ces Auteurs difent que,
fola divifio non eft idoneum argumentum remiffi fideicommiffi, fed
judicem alia argumenta moverunt. La fubftitution n'aura pas lieu,
fi les freres renoncent à la fucceffion teftamentaire de leur pere,
& partagent fon heredité *ab inteftat*, en ce cas c'eft une renonciation à la fubftitution contenue dans le teftament qu'ils aban-
donnent, comme il a été jugé par l'Arrêt que je viens de citer.

CHAPITRE XXV.

Si la qualification de mâles mise aux derniers degrez de substitution est presumée repetée aux premiers degrez.

LEs Jurisconsultes ont decidé que le sens d'un legs obscur & ambigu, doit être éclairci & determiné par la volonté presumée du Testateur, par le merite du Legataire, par la plus grande, ou moindre affection que le Testateur a pû avoir pour lui, & par les clauses qui precedent le legs, ou qui le suivent, *mens patrisfamilias, legatarii dignitas aut charitas, & necessitudo, item & quæ sequuntur vel præcedunt spectanda sunt*, dit la Loi 50. *Si servus plurium*, §. *si numerus, ff. de legat.* 1.

Sur ce fondement plusieurs Docteurs ont crû indistinctement, que puis qu'une partie du testament peut être expliquée par l'autre, la qualification des mâles mise, ou à l'institution, ou à quelqu'un des degrez de substitution, est presumée repetée aux autres, suivant la volonté presumée du Testateur. L'Avocat Ferrieres, qui traite cette question sur la 485. de Guy-Pape, croit que c'est une question de fait qui doit être decidée par les conjectures. Il en marque ensuite quelques-unes, *Si mentio*, dit-il, *fiat filiorum diversarum personarum puto qualitatem masculinitatis in una parte testamenti adjectam non porrigi ad aliam in qua fit mentio filiorum alterius personæ.* A quoi il ajoûte qu'il faut faire atention si la qualification de mâles a été aposée, *agnationis conservandæ gratia. Hoc casu puto*, dit-il, *qualitatem masculinitatis in una parte testamenti adjectam, porrigi ad aliam.*

Les Arrêts que je vais raporter, avec les especes sur lesquelles ils ont été rendus, ont jugé que la qualification de mâles mise aux derniers degrez de substitution, devoit être sous-entenduë & supleée aux premiers degrez.

Le premier est du 1. Septembre 1644. rendu en la Premiere Chambre des Enquêtes, aprés partage porté en la Seconde, Raporteur

Raporteur Mr. de Laroche, Compartiteur Mr. de Gach. Guy
de Liques Marchand du Puy institue Gabriel de Liques son fils,
& au cas qu'il decede sans enfans, & ses enfans en pupillarité, ou
sans enfans, substitue Jean de Liques son autre fils ; fait pareille
substitution, & en mêmes termes à Jean de Liques en faveur de
Guillaume de Liques son troisiéme fils ; & au cas que Guillaume
ou ses enfans, en ayant, viendront à deceder en pupillarité, ou
sans enfans, le Testateur substituë à ses biens & heredité les autres enfans mâles qui par ci-aprés lui naîtront de l'un à l'autre
successivement decedans, & leurs enfans en la qualité que dessus,
& aprés lesdits mâles decedans en la qualité prédite ; comme aussi
en défaut des mâles à naître, substituë ses biens & heredité à
toutes ses filles qui se trouveront lors vivantes, & à leurs enfans
par droit de representation par égales portions, n'étant tous les
enfans de chacune des filles qu'un chef, (c'étoient les propres
termes de la clause.) Ensuite de quoi ce Testateur aprés avoir
permis l'alienation de certains biens, défend l'alienation de tous
les autres, pour être rendus aux substituez de degré en degré,
avec prohibition de Quarte Trebellianique. Gabriel premier de
Liques heritier eut un fils nommé Gabriel second de Liques qui
mourut avant lui, & Gabriel premier de Liques ayant institué
Françoise de Liques sa fille, Gabriel-François de Liques petit-
fils de cet heritier, & arriere petit-fils du Testateur, fait instance
en ouverture de substitution contre Françoise de Liques sa tante :
On lui opose qu'il n'est que dans la simple condition sans qualification de mâles, & que par consequent il n'est pas apellé. Il
répond que cette qualification mise dans la derniere clause en faveur des enfans mâles du Testateur à naître, doit être sous-entenduë dans tous les precedens degrez, & par consequent dans la
substitution faite à Gabriel premier, au cas qu'il decederoit sans
enfans, ou ses enfans sans enfans ; Ce qui fut ainsi jugé par l'Arrêt
que je raporte, & la substitution fut ouverte au profit de Gabriel-
François de Liques. Contre cet Arrêt Françoise de Liques ayant
impetré Requête Civile, elle en a été demise par Arrêt du dernier Fevrier 1668. au raport de Mr. Cassagnau, en la Premiere
Chambre des Enquêtes.

GUY DE LIQUES.

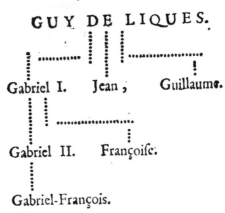

Gabriel I.   Jean,   Guillaume.

Gabriel II.   Françoise.

Gabriel-François.

Le fecond Arrêt que j'ai à raporter fur cette matiere, eft du 5. May 1668. en la Premiere Chambre des Enquêtes à mon raport. Claude Surel inftituë autre Claude Surel fon fils, & au cas qu'il vienne à deceder fans enfans, ou fes enfans fans enfans, veut que fes biens parviennent à Genevieve Surel fa fille, & aux fiens, les mâles preferez aux femelles. Claude Surel fils & heritier eut quatre enfans, François, Jacques, Jeanne & Marguerite, & par fon teftament il inftituë Jacques fon heritier, qui étant mort *ab inteftat*, aprés avoir recüeilli la fucceffion de fon pere, François Surel demande contre fes fœurs ouverture de la fubfti-tution apofée au teftament de Claude Surel fon ayeul, comme étant apellé, parce qu'il eft dans la reduplicative, & le feul apellé en qualité de mâle en vertu de la claufe, les mâles preferez aux femelles, à quoi il étoit repliqué par Jeanne & Marguerite qu'el-les étoient auffi dans la reduplicative, & apellées conjointement avec leurs freres ; Que la preference des mâles aux femelles n'étoit pas mife à la fubftitution faite aux enfans de Claude Surel leur pere, mais feulement à la fubftitution faite pofterieurement en faveur des enfans de Geneviéve : & qu'ainfi on ne pouvoit pas faire remonter la qualification de mâles à un degré de fubfti-tution qui regardoit les enfans d'une autre perfonne ; d'autant plus que la qualification de mâles n'avoit pas été mife pour conferver

l'agnation, puifque les enfans des filles font hors de la famille &
de l'agnation, & que d'ailleurs le Teftateur n'étoit pas Noble.
L'Arrêt prononce en faveur de Claude Surel, & ouvre la fubftitution à fon profit à l'exclufion de fes fœurs, foit parce qu'on crut
que la qualification de mâles mife dans un dernier degré de fubftitution, doit être prefumée exprimée au premier, foit parce
qu'on crut auffi que dans cette efpece, ces mots, *les mâles preferez aux femelles*, mis à la fin de la claufe contenant les fubftitutions, ne fe raportoient pas feulement au dernier degré, mais
qu'ils comprenoient les precedens.

CLAUDE SUREL.

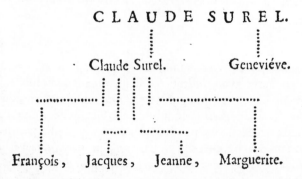

Claude Surel.   Geneviéve.

François,   Jacques,   Jeanne,   Marguerite.

Cette decifion qui tranfporte la qualification de mâles d'un degré fubfequent à un degré precedent, paroit conforme au fentiment de Cujas dans fa Confultation 20. fur tout fi le Teftateur
eft Noble, ce que cet Auteur femble même exiger. Mais en pareil cas il n'eft jamais, ce femble, à prefumer qu'un Teftateur qui
a preferé les mâles aux filles dans la ligne de fa fille, n'ait pas
voulu donner la même preference dans la ligne de fon fils, où il
eft bien plus naturel de vouloir preferer les mâles pour la confervation du nom, dont il ne s'agit pas dans la ligne de la fille ;
Chacun d'ailleurs foit Roturier, foit Noble aime fon nom, &
veut le conferver ; Il y a toûjours la même proportion entre le
nom & celui qui le porte : ainfi chacun le prife également, & en
fouhaite également la durée ; il femble de même à chacun qu'il
fe perpetuë beaucoup plus dans la décendance qui le conferve,

que dans celle qui le perd ; Cette impreſſion ſecrete de l'amour
propre & de la vanité , agit à peu prés de la même maniere ſur
tous les hommes.

CHAPITRE XXVI.

Si le Subſtitué a deux heritiers , ou donataires , ou le-
gataires , prend la portion du prédecedé , ou ſi elle
apartient à l'autre heritier , ou donataire , ou le-
gataire.

DAns la Loi 42. *qui duos ff. de vulg. & pup.* & dans la
Loi *cum quidem Cod. de impub. & al. ſubſt.* il eſt decidé
que ſi un pere aprés avoir inſtitué ſes deux enfans leur ſubſtituë
pupillairement en ces termes, *ſi uterq. impubes deceſſerit*, ou ,
ſi ambo impuberes deceſſcrint, le ſubſtitué n'eſt apellé qu'au cas
que tous deux décedent en pupillarité , & ne recüeille point la
portion de l'un d'eux prédecedé en bas âge , *in hæreditate noviſ-*
ſimi pueri ejus fratris , qui antè mortuus eſt hæreditatem ſubſti-
tutus inveniet, dit Papinien , *non aliter ſubſtitutionem admitten-*
dam eſſe cenſemus niſi uterq. eorum in prima ætate deceſſerit , diſent les Empereurs. Le ſubſtitué n'eſt donc ſubſtitué qu'au dernier
mourant, & ne l'eſt pas à chacun des heritiers en particulier.

Suivant cette deciſion, il a été jugé que le ſubſtitué à deux
donataires au cas qu'ils décedent ſans enfans , n'eſt ſubſtitué qu'au
dernier mourant. La Demoiſelle de Barrau, veuve de Montaigne
qui avoit donné la moitié de ſes biens à la Demoiſelle de Montaigne ſa fille , la mariant avec Frayſſe, fait une donation entre
vifs à deux Demoiſelles de Frayſſe ſes petites-filles , filles de cette
Demoiſelle de Montaigne , ſous certaine reſervation , & en leur
défaut & au défaut de leurs décendans , & par leur mort veut que
cette donation apartienne à la Demoiſelle de Montaigne ſa fille ;
l'une des petites filles meurt ſans enfans & ſans faire teſtament,
laiſſant ſa mere & ſa ſœur ſurvivantes : Procez entr'elles , la mere

pretendoit que la portion de ſa défunte fille lui apartenoit en vertu de la ſubſtitution, par le decez de cette fille ſans enfans; Et la ſœur de la défunte pretendoit au contraire que leur mere n'étoit apellée qu'en cas de decez des deux ſœurs ſans enfans, que la derniere mourante étoit ſeule chargée de rendre, & par conſequent ſubſtitue neceſſairement à la portion de la ſœur prédecedée. Par l'Arrêt qui fut rendu ſur ces conteſtations, la ſœur gagna ſa cauſe.

Si neanmoins on peut raiſonablement préſumer que l'intention du Teſtateur a été de ſubſtituer ſeparément à chacun de ceux qu'il a chargez de rendre, en ce cas dés après la mort de l'un d'eux, le ſubſtitué doit être maintenu en la portion du decedé. C'eſt dans ces circonſtances que ſont rendus les deux Arrêts que je vais raporter. Le premier eſt donné en la Premiere Chambre des Enquêtes, au raport de Mr. de Boyſſet, le 18. Juillet 1676. La Demoiſelle Dejean inſtitue heritiere ſa ſœur femme de Fabrien, & les ſiens, legue à un de ſes neveux 500. livres, & à l'autre 1500. livres, & au cas qu'ils décedent ſans enfans leur ſubſtitue les fils de Fabrien ſes autres neveux. L'un des legataires étant decedé ſans enfans; l'autre legataire demande la ſomme leguée au défunt, ou comme heritier de ſon frere *ab inteſtat*, ou comme lui étant ſubſtitué par une ſubſtitution reciproque & neceſſaire; puiſque le ſubſtitué aux deux legataires étant ſubſtitué ſeulement au dernier mourant: & devant recüeillir les deux legs par le decez des deux legataires, il faut neceſſairement que le dernier mourant ſoit ſubſtitué à celui qui prédecede. L'Arrêt prononce en faveur des ſubſtituez. Le ſecond Arrêt fut rendu le 17. Juillet 1680. en la Grand'-Chambre, au raport de Mr. de Laporte, en faveur de Jacques Bermond, heritier inſtitué par la Dame d'Arnoye ſa mere, laquelle par le même teſtament avoit legué 8000. liv. à Jean Bermond ſon autre fils, & 4000. liv. à Antoinete Bermond; & au cas que Jean & Antoinete vinſent à deceder ſans enfans, avoit ſubſtitué Jacques Bermond ſon fils aîné & heritier. Jean étant mort ſans enfans, Antoinete pretendoit que la ſubſtitution neceſſairement ſous-entenduë entr'elle & ſon frere, devoit être ouverte en ſa faveur; au contraire Jacques

Bermond ou ſes creanciers demandoient qu'elle fut ouverte en ſa faveur pour augmenter ſon patrimoine à leur profit ; Ce qui fut ainſi ordonné , & la ſubſtitution ouverte conformement à la demande des creanciers , à l'égard de ce à quoi le legs excedoit la legitime. La raiſon de la deciſion de ces deux derniers Arrêts , eſt que c'étoient deux legs faits ſeparement de deux ſommes differentes à deux legataires , qui par conſequent n'étoient joints entr'eux , *neque re* , *neque verbis* , d'où l'on pouvoit conclure que la ſubſtitution faite dans la ſuite , quoique *unico ſermone* , devoit être ſeparée & conſiderée comme faite à chacun en particulier , le Teſtateur ayant ſubſtitué au cas que les legataires décedaſſent ſans enfans , & non au cas qu'ils décedaſſent tous deux ſans enfans : D'où l'on voit que cette deciſion n'a rien de contraire à celle des Loix que j'ai citées au commencement de ce Chapitre , ni à l'Arrêt de Frayſſe & Montaigne , que j'ai raporté en premier lieu ; car à l'égard des Loix il y eſt queſtion d'une heredité laiſſée à deux , chargez enſuite de rendre *unico ſermone* , auquel cas il eſt naturel de préſumer que le Teſtateur a voulu que le ſurvivant recüeille la portion du prédecedé , ce qu'il avoit d'ailleurs ſuffiſament marqué par ces mots , *ſi uterque* , ou *ſi ambo deceſſerint* , & à l'égard de l'Arrêt de Frayſſe & Montaigne , la donation de la moitié des biens avoit été faite conjointement aux deux petites filles de la Donatrice , & la ſubſtitution n'avoit été faite qu'à leur défaut , & au défaut & par le decez de leurs décendans ; ce qui marquoit aſſez clairement que la Donatrice avoit ſubſtitué ſeulement à celle qui mourroit la derniere , & voulu par conſequent que la ſurvivante recüeillît la portion de la prémourante , par une ſubſtitution neceſſairement ſous-entenduë.

CHAPITRE XXVII.

Si l'heritier chargé de rendre , peut élire un des enfans
du subſtitué prédecedé , qui viennent par tranſmiſſion
au fideicommis fait en faveur de leur pere , ou ſi ce
fideicommis apartient également aux enfans ſurvi-
vans à l'heritier.

UN frere eſt chargé de rendre à ſon frere l'heredité paternelle , s'il meurt ſans enfans ; le ſubſtitué laiſſant pluſieurs
enfans , meurt avant cet heritier , & ſuivant l'uſage de ce Parlement leur tranſmet l'eſperance de ce fideicommis. On demande
ſi cet oncle peut élire un de ſes neveux pour recüeillir la ſubſtitution de leur ayeul. Il ſemble d'abord qu'il le peut , & que la
ſubſtitution ne devenant pas caduque par le prédecez du ſubſtitué , & l'heritier demeurant chargé de rendre aux enfans qui
viennent par la tranſmiſſion , il doit lui être permis d'en choiſir
un parmi eux , comme il l'eſt à celui qui eſt chargé de rendre à
pluſieurs *nomine collectivo*. Il faut neanmoins decider au contraire , que dans le cas propoſé l'heritier n'a point d'élection :
cette faculté d'élire n'apartient à l'heritier qu'à l'égard de ceux
qui ſont apellez de leur chef ; celui-ci qui étoit chargé de rendre
à un ſeul , ne peut par le prédecez de ce ſubſtitué , acquerir le
droit de choiſir parmi les enfans qu'il a laiſſez. La tranſmiſſion
apelle également à la ſubſtitution tous les enfans du Fideicommiſſaire prédecedé , ſoit qu'ils ſoient heritiers de leur pere , ou
qu'ils ne le ſoient pas , *jure ſuitatis & filiationis* , comme dit Mr.
d'Olive , Liv. 5. chap. 24. & Ferrieres ſur la queſt. 458. de Guy-
Pape. Ils viennent donc tous par le même droit de tranſmiſſion ,
introduit par les Arrêts en leur faveur ; & il ne doit pas être permis à l'heritier de changer ce droit par ſon élection : ainſi l'augment étant acquis par la Loi également à tous les enfans , il n'eſt
pas permis à la mere de le donner à un ſeul d'entr'eux au préju-

dice des autres. Tous les enfans font donc apellez à ce fideicommis chacun pour leur virile, ce qui doit être entendu de ceux qui furvivent à l'heritier : car comme le pere ne leur a tranfmis que l'efperance du fideicommis, il n'y a que ceux qui font furvivans au tems de l'écheance de la condition , qui puiffent recüeillir l'effet de cette efperance.

Ces deux queftions ont été ainfi decidées par Arrêt du mois de Juin 1678. donné au raport de Mr. de Chalvet, en la Seconde Chambre des Enquêtes ; Il fut jugé que l'heritier ne peut pas élire pour recüeillir l'entier fideicommis , un des enfans du fubftitué predecedé , qui venant par tranfmiffion , font apellez également, & qu'il n'y a que les enfans furvivans à l'heritier qui puiffent recüeillir ; Cette feconde queftion ne fut decidée qu'aprés partage porté en la Premiere Chambre des Enquêtes , Mr. de Lucas étoit Compartiteur, les Parties, Simon & Marguerite de Latanarie , & les creanciers de feu Jean Latanarie.

Ce que j'ai dit , que l'heritier n'a pas droit d'élire un des enfans qui viennent par la tranfmiffion , doit avoir lieu à l'égard feulement des enfans qui décendent d'un feul & même fubftitué , & non à l'égard des enfans de deux differens fubftituez , entre lefquels l'heritier avoit droit d'élection , par exemple , fi le Teftateur a inftitué un étranger , à la charge de rendre à fon decez à un des enfans du Teftateur, tel que bon lui femblera, aufquels le Teftateur legue la legitime à titre d'inftitution ; en ce cas fi les deux enfans meurent avant l'heritier laiffant chacun plufieurs enfans , aufquels ils tranfmetent l'efperance du fideicommis , je croi que l'heritier pourra élire & reftituer l'entiere heredité aux enfans de l'un de ces fils du Teftateur, à l'exclufion des enfans de l'autre fils , parce que cet heritier pouvoit élire tel des deux fils du Teftateur qu'il auroit voulu, s'ils ne l'euffent pas predecedé : & les enfans par la tranfmiffion reprefentant leur pere , il faut que l'heritier ait le même choix entre tous les enfans de l'un , & tous les enfans de l'autre ; & comme on ne trouve pas jufte que l'heritier gagne le droit d'élire par le predecez d'un fubftitué qui tranfmet fon droit , il ne faut pas auffi qu'il le perde par la tranfmiffion , à laquelle donne lieu le predecez de plufieurs fubftituez. Un

droit

droit transmis ne doit rien gagner ni perdre, par la transmission qui ne fait que transmettre le droit tel qu'il est, & consequemment il ne doit rien donner ni ôter à personne : ainsi dans les cas proposez, l'heritier chargé de rendre ne doit avoir ni plus ni moins de liberté de choisir.

CHAPITRE XXVIII.

La Donation étant faite par le pere dans son contrat de
mariage à un des enfans qui en proviendront, tel qu'il
élira, & en défaut de son élection, tel que sa femme
élira ; & en défaut, tant par lui que par sa femme,
de nommer, à l'aîné, à qui apartient cette Donation
en défaut de nomination du pere & de la mere, ou à
celui qui se trouve l'aîné lors du decez du pere pré-
mourant, ou à celui qui se trouve l'aîné lors du decez
de la mere, qui decede la derniere.

Et si l'élection tacite continuë sous l'institution d'heri-
tier faite par le pere, cesse par l'élection expresse
de la mere.

Vital Frayssinet, sieur Dasprieres, se mariant avec la Demoiselle de Montfaucon, donne la moitié de ses biens à
un des enfans qui proviendront de ce mariage, tel qu'il élira, ou
s'il ne fait pas d'élection, à tel que sa femme élira : & au cas que
ni lui ni sa femme ne la fasse, il veut que cette donation apartienne à l'aîné. Ce Donateur meurt *ab intestat*, sans faire aucune
nomination, laissant trois enfans, Christophle, Jean & Jeanne
Frayssinet. Christophle est ensuite condamné à mort par défaut ; Jean meurt, & la Demoiselle de Montfancon vient aussi à
deceder : ce qui ayant formé un procez entre Jeanne de Frayssinet
& Christophle son frere, sur l'apel de la Sentence rendue par le
Senéchal ; le Procureur General intervient en l'instance, & dit

que Chryſtophle Frayſſinet étant condamné à mort ne peut teſter à droit , & demande qu'attendu la confiſcation de ſes biens , le
Roy ſoit maintenu en la moitié des biens donnez par Vital Frayſſinet dans ſon contrat de mariage ; d'autant qu'en défaut de nomination du pere & de la mere , cas qui étoit arrivé , l'aîné étoit
nommé , & que Chriſtophle étant l'aîné au tems du decez de
ſon pere , cette donation lui apartenoit , & au Roy par conſequent , au profit de qui les biens demeuroient confiſquez , le
condamné n'ayant pas purgé la contumace , quoique les cinq ans
fuſſent expirez : au contraire Jeanne Frayſſinet pretendoit que
cette donation lui apartenoit , & demandoit d'y être maintenuë
comme la ſeule capable & habile au tems du decez de ſa mere
qui avoit le pouvoir de nommer. Par Arrêt du commencement
de l'année 1679. en la Seconde Chambre des Enquêtes , au raport de Mr. Tournier , le Procureur General du Roy fut debouté
de ſa demande , & Jeanne Frayſſinet maintenuë aux biens donnez. Le fondement de l'Arrêt fut la clauſe du contrat de mariage ,
qui donnoit l'élection au pere & à la mere , & n'apelloit l'aîné
qu'en défaut d'élection faite par l'un ou par l'autre ; cette condition ne pouvoit s'acomplir & ſe verifier que par la mort de tous
les deux : & Chriſtophle quoique l'aîné au tems du decez du pere ,
& habile à ſucceder , devoit neanmoins être exclus , parce qu'il
étoit inhabile & mort civilement au tems du decez de la mere ,
auquel tems Jeanne ſe trouvant ſeule capable , devoit ſeule recüeillir ; la mort du pere ne pouvant acquerir aucun droit à
Chriſtophle en la proprieté des biens donnez , puiſque la mere
avoit droit de choiſir juſques au dernier moment de ſa vie. Il ſemble à la verité que Chriſtophle avoit droit de joüir en ſeul des
biens donnez , depuis le decez de ſon pere , & pendant la vie de
ſa mere juſques à ſa condamnation ; tandis que cette mere ne faiſoit pas d'autre élection , vû que la donation devant apartenir à
un ſeul , & non à pluſieurs en aucun cas , ſuivant la prévoyance
du Teſtateur : il étoit bien plus juſte que l'aîné mâle , qui ſe trouvoit nommé par le Teſtateur en défaut d'autre élection , joüit des
biens juſques à ce que la mere eût fait une autre nomination ;
mais je croi que cette joüiſſance devoit ceſſer dés aprés la con-

damnation de Chriftophle , puis qu'il avoit ceffé par-là d'être
habile , comme par la mort naturelle fi elle fût arrivée pendant
la vie de fa mere : & cette joüiffance devoit pareillement ceffer
par une autre nomination de la mere , fi elle en avoit fait. Sur ce
pied-là Chriftophle auroit gagné les fruits qu'il auroit perçûs
pendant fa joüiffance, comme poffeffeur de bonne foi , & en
vertu de la nomination faite par fon pere, qui fubfiftoit jufques à
la nomination qui auroit été faite par la mere , qui ne pouvoit
avoir d'effet que du jour de fa date. Ces queftions ne furent point
agitées lors de l'Arrêt, parce qu'elles n'étoient pas du procez.

J'ajoûterai que la difficulté eût été grande, fi Vital Frayffinet
eût inftitué Chriftophle fon fils, fans nommer expreffement à la
donation : & qu'enfuite la Demoifelle de Montfaucon mere,
fuivant le pouvoir qui lui en avoit été donné, eût nommé expreffement à cette donation un autre des enfans ; quelle nomination
devoit prévaloir, ou la nomination tacite contenuë fous l'inftitution faite par le pere, ou la nomination expreffe faite par la
mere ? Il y a des Arrêts qui ont decidé que lors que le Teftateur
chargeant fon heritier de rendre à celui de fes enfans qu'il élira ;
en défaut d'élection, veut que l'heredité foit renduë à l'aîné ;
l'élection tacite de l'heritier en inftituant un de fes enfans, ne
peut nuire à l'élection expreffe faite par le Teftateur, j'en raporte
un Arrêt dans un autre Chapitre de ce Livre : je crois qu'il en
faut dire de même dans le cas que je propofe prefentement.

On peut neanmoins opofer que la femme ne fait aucune liberalité , qu'elle n'a ce pouvoir d'élire que par la permiffion que fon
mari Donateur lui a donnée , & que perfonne n'eft préfumé donner tant de droit à un tiers qu'il ne s'en referve toûjours davantage, *Cap. dudum* §. *nos igitur de Prabend. in fexto :* d'où on peut
inferer que la nomination tacite du Donateur doit prévaloir à la
nomination expreffe de fa femme.

Il eft aifé de répondre, que le mari par une nomination expreffe , auroit fans doute pû rendre inutiles toutes les nominations, même expreffes de fa femme ; mais que le pouvoir qu'il a
acordé à fa femme de nommer en défaut de fa nomination , doit
être entendu de la nomination expreffe & non de la tacite , qui

perd son effet en concurrence avec l'expresse. Le mari en ce
qu'il n'a pas nommé expressément à cette donation, celui qu'il
institué heritier, est présumé avoir voulu conserver à sa femme
le droit d'élection qu'il lui avoit donné : & lors qu'elle nomme
ensuite, c'est le mari qui nomme par le ministere de sa femme ; il
ne peut lui ôter qu'expressément un droit qu'il lui a expressément
donné.

Outre que les Contrats étant *stricti juris*, la convention con-
tractuelle qui porte, qu'en défaut de nomination faite par le
mari, la femme élira, doit-être prise rigoureusement & literale-
ment : & qu'ainsi la nomination interpretative du mari, ne doit
point exclure la femme du droit de nommer, qui lui est acquis
par son Contrat de mariage : il faut pour cela une nomination
expresse & literale ; Il est plûtôt à presumer que le mari n'a pas
voulu nommer, qu'il n'est à presumer qu'il n'a pas voulu, ou qu'il
n'a pas sçû le dire, comme il étoit bien naturel & bien aisé.

CHAPITRE XXIX.

*Si l'heritier chargé de rendre, qui achete un fonds de
celui qui avoit promis le vendre au Testateur par une
promesse privée, est présumé l'acheter pour l'heredité,
ou s'il doit être seulement remboursé du prix par le
substitué.*

*Si l'heritier chargé de rendre, repete du substitué les fraix
qu'il a exposez pour la défense des biens de l'heredité
qu'il a conservez par une Transaction, portant com-
pensation des dépens.*

CEs deux questions ont été jugées en la Seconde Chambre
des Enquêtes au mois de Fevrier 1681. au raport de Mr.
Daliez, en la cause de Paul Lapra, substitué d'une part, & Françoise Andrée, veuve & heritiere de Jacques Lapra, heritier chargé de fideicommis.

Il fut décidé quant à la premiere queſtion, que l'heritier qui achete un fonds de celui qui avoit promis de le vendre au Teſtateur par une promeſſe privée, ne l'acquiert pas pour lui, mais pour l'heredité, & que le ſubſtitué à cette heredité peut demander ce fonds en rembourſant le prix à l'heritier. Il ſemble d'abord que ce fonds n'ayant jamais apartenu au Teſtateur, puis qu'une promeſſe de vendre n'acquiert pas de proprieté à celui à qui elle eſt faite, & que ſon inexecution n'expoſe le refuſant qu'à de dommages & interêts, le ſubſtitué ne peut pas demander ce fonds acquis par l'heritier ; Mais la déciſion eſt fondée ſur ce que l'heritier n'a acquis ce fonds qu'en conſequence de cette promeſſe privée faite au défunt, que celui qui l'avoit faite a bien voulu executer pour s'acquiter de ce qu'il avoit promis, ſans quoi il n'auroit peut-être pas vendu à l'heritier. La vente remplit l'engagement pris avec le défunt, dont elle n'eſt que l'execution & l'effet.

Quant à la ſeconde queſtion, il fut jugé que l'heritier peut repeter du ſubſtitué, les fraix qu'il a expoſez pour la défenſe des biens de l'heredité, qu'il a conſervez par une Tranſaction, portant compenſation de dépens. Et l'on ne peut opoſer à cet heritier qu'il a eu tort de ſe départir des dépens, & qu'il a dû les exiger de l'agreſſeur temeraire, qui s'eſt reconnu tel lui-même ; l'heritier a toûjours fait les affaires de l'heredité, & s'eſt conduit avec ſageſſe, en aſſurant par une Tranſaction des biens litigieux, & les metant à l'abri de l'incertitude des évenemens où le fonds riſque toûjours quelque choſe, & les dépens encore d'avantage.

CHAPITRE XXX.

Si l'heritier chargé de rendre, qui a joüi durant moins de dix ans, doit imputer les fruits perçûs sur la Quarte Trebellianique à proportion du tems de sa joüissance.

C'Est un usage constant dans ce Parlement, que l'heritier confume sa Quarte Trebellianique par la joüissance de dix ans, à la referve neanmoins des enfans, qui par une Constitution expresse des Empereurs font exceptez de la regle generale, & dispensez de cette imputation.

Mais on doute si la Quarte qui est confumée par la joüissance de dix ans est diminuée par une moindre joüissance, & si l'heritier qui a joüi moins de dix ans, doit imputer les fruits à proportion du tems de sa joüissance ; en forte que s'il a joüi cinq ans, par exemple, il a confumé la moitié de sa Quarte Trebellianique, & ainsi à proportion.

Ceux qui croyent cette imputation juste, employent la decision generale de la Loi 18. *in fideicommiffaria* §. 1. *planè ff. ad Trebell. planè fructus in quartam imputantur ut est refcriptum ;* ce qui est repeté dans la Loi 18. *Papinianus* §. 11. *undè si quis ff. de inoff. test. fructus enim,* dit le Jurifconfulte, *folere in falcidiam imputari non est incognitum :* Ils employent auffi la parité de la Falcidie, par raport aux legs particuliers ; car il est decidé dans la Loi 88. *qui quadringenta* §. *qui ducenta ff. ad leg. falcid.* que les fruits que perçoit l'heritier du legs conditionel avant l'evenement de la condition, font imputez en la Falcidie & la diminuent, quoi qu'ils ne la confument pas ; puifque dans l'efpece de cette Loi les fruits n'alloient qu'à 25. écus, & la Falcidie montoit 50. Or on ne voit point de raifon pour établir fur ce point une difference entre la Falcidie & la Trebellianique. On ajoûte pour apuyer cet avis, qu'il faut regler la partie comme le tout, *eadem est ratio partis ac totius,* qu'ainfi la joüissance de dix ans consumant la Quarte, une moindre joüissance doit la diminuer à proportion ; & que si le Testateur qui charge son heritier de rendre aprés dix ans, lui témoigne plus d'afection que s'il le chargeoit de rendre aprés cinq ans seulement ; il n'est pas juste que dans le premier cas l'heritier consume entierement sa Quarte, & que dans le second il n'en consume pas la moitié.

Ceux qui croyent au contraire que l'heritier n'est point du tout obligé d'imputer en la Quarte Trebellianique les fruits qu'il a perçûs, à moins qu'il ait joüi dix ans entiers, alleguent la Loi 22. *mulier §. 2. ff. ad Treb.* où le Jurisconsulte parlant d'un fideicommis universel fait à tems ou sous condition, *quod percipitur,* dit-il, *summovet Falcidiam, si tantum fuerit quantum quartam facit & quartæ fructus* ; d'où ils inferent que si les fruits perçus ne montent pas autant que la Quarte & les fruits de la Quarte, l'heritier peut la demander toute entiere sans aucune imputation. Ils employent encore la Loi 8. au *§. 11. ff. de inoff. testam.* qui est une Loi qu'on opose pour l'avis contraire : mais qui aprés avoir dit que *solent fructus in Falcidiam imputari* ; ajoûte les mots suivans, qui font une restriction à ce qui a precedé, *undè si hæres institutus rogetur restituere hæreditatem post decennium nihil habet quod quæratur quoniam facilè potest debitam portionem, ejusque fructus medio tempore cogere* ; d'où l'on conclud pareillement que l'heritier n'est pas tenu d'imputer les fruits sur la Quarte, s'ils ne montent autant, ce qui n'est presumé arriver que par la joüissance de dix ans ; en sorte que cette joüissance de dix ans est absolument necessaire & indivisible, & qu'une moindre joüissance n'opere aucune imputation, à l'exemple d'un acquereur, qui ayant acheté un fonds le complante en vigne, & qui dépossedé ensuite est payé des fraix du complantement, meliorations & reparations, s'il a joüi pendant dix ans, & n'impute rien pour la joüissance d'un moindre tems, qui ne l'empêche pas de demander les entiers fraix du complantement & des meliorations.

Quelques-uns de ceux que j'ai consultez sur cette question, m'ont cité un Arrèt donné en la Grand'-Chambre, au raport de Mr. de Frezars le 11. Septembre 1676. par lequel on pretend que la Cour a jugé que la Demoiselle de Fuïlla, veuve & heritiere de

Jean Montanier, chargé de rendre à ses enfans, avoit consumé
sa Quarte ou partie, quoi qu'elle n'eût pas joüi dix ans entieres de
l'heredité : mais j'ai lû & examiné cet Arrêt, & trouvé qu'il ne
juge point cette question, mais seulement que cette Demoiselle
de Fuilla, avoit consumé sa Quarte par la joüissance de dix ans
qui se trouvoient revolus, à compter du jour du decez de son
mari, quoi qu'elle n'eût pas joüi dix ans depuis l'acceptation de
l'heredité & le premier acte d'heritiere : cette acceptation ayant
un effet retroactif jusques au jour du decez du Testateur, donnoit
à cette heritiere un droit incontestable de percevoir tous les fruits
depuis ce jour-là.

Mais enfin cette question s'étant presentée au procez de Paul
Lapra, & Françoise Andrée, veuve & heritiere de François
Lapra, dont nous avons parlé au Chap. precedent, jugé le 14.
Fevrier 1681. au raport de Mr. Daliez, il fut conclu que l'heritier devoit imputer à proportion du tems sur sa Quarte une joüissance moindre que de dix ans. Ce cas est bien different du cas
d'un complantement, où celui qui repete les fraix qu'il a faits pour
meliorer un fonds, dont la melioration doit tourner au profit de
celui qui le possede, est bien autrement favorable qu'un heritier
qui demande un pur gain sur une heredité qu'il est obligé de rendre. En ce dernier cas, d'ailleurs dans un terme moindre de dix
ans, la juste proportion ou tems de joüissance peut être aisément
reglée : elle pourroit difficilement l'être dans l'autre cas du complantement, où le profit des dernieres dix années est sans comparaison plus considerable que celui des premieres. Cet Arrêt est
conforme à la Doctrine de Maynard, Liv. 5. chap. 9. où il dit
que si l'heritier a joüi moins de dix ans, la Cour a coûtumé en
adjugeant la Trebellianique d'ajoûter, à la charge toutefois d'imputer les fruits perçûs durant sa joüissance. Dupetier croit que
l'heritier chargé de rendre, consume sa Quarte par la joüissance de
six ans huit mois, & le President Faber, Liv. 6. tit. 24. defin. 18.
ne demande que la joüissance de cinq ans.

Au reste, ce que je viens de dire de l'imputation des fruits sur
la Quarte doit être entendu des fruits perçûs *judicio defuncti*, &
avant l'écheance du tems ou de la condition aposée au fideicommis,

mis, & non de ceux qui sont perçûs depuis l'écheance de ce
tems, ou l'évenement de cette condition, qui ne sont pas imputez sur la Trebellianique, parce que *non judicio defuncti, sed ne-*
gligentia petentis sunt percepti, suivant la decision de la Loi 22.
mulier ff. ad Trebell.

CHAPITRE XXXI.

Si les enfans heritiers chargez de rendre imputent les
  fruits en la Trebellianique.
S'ils peuvent être chargez de rendre leur propre bien.

J'Ai dit au Chapitre precedent, que les enfans heritiers chargez de fideicommis par leur pere, ne sont obligez à nulle imputation de fruits sur leur Trebellianique. C'est en effet la décision expresse de la Loi *Jubemus quod ad Treb.* Il est à remarquer
qu'au tems de cette Loi & par le Droit écrit, le fils heritier chargé de rendre ne retenoit qu'une Quarte, & qu'aujourd'hui suivant
les décisions du Droit Canon que nous observons il en retient
deux, la legitime comme fils, & la Trebellianique comme heritier : Il est neanmoins certain que nonobstant ce nouvel avantage
acordé aux enfans, ils joüissent toûjours par nôtre usage de celui
que la Loi *Jubemus* leur acorde, en les dispensant de l'imputation des fruits sur la Trebellianique. C'est la Jurisprudence de
nôtre Parlement, comme on peut voir dans Maynard, Liv. 5.
chap. 47. Cambolas, Liv. 1. chap. 8. ce qui même a été étendu
aux petits-fils qui se trouvent au premier degré.

Quelques-uns encore croyent que les enfans sont si absolument
dispensez de cette imputation, qu'ils n'y peuvent être obligez,
quoique le Testateur l'ait ordonné ainsi ; ce qui est conforme à la
Loi, *Licet hoc Testator rogaverit vel jusserit.*

Je croi qu'il faut distinguer sur cette question, comme l'on dis-
tingue sur la prohibition de la Quarte Trebellianique, un pere
peut la prohiber à ses enfans, pourvû qu'il le fasse expressement ;

& les termes generaux par lefquels il les charge de rendre fon heredité toute entiere, de plein droit, & fans diminution, ne les privent pas de la retention de la Trebellianique, fuivant la Doctrine de Cambolas, Liv. 1. chap. 32. & de Ferrieres fur la queft. 51. de Guy-Pape : Ainfi il faut decider que le pere peut obliger fes enfans d'imputer les fruits de leur joüiffance fur la Trebellianique, mais qu'il faut qu'il le faffe expreffement, & que des termes generaux qui les chargent de rendre l'heredité toute entiere & fans diminution, ne peuvent pas les obliger à cette imputation, par l'égalité de faveur qu'il y a pour eux dans l'un & dans l'autre cas.

Mais on demande fi les enfans inftituez & chargez d'un fidei-commis univerfel aprés leur mort ou aprés certain tems, peuvent être chargez de rendre leur propre bien avec l'heredité de leur pere, & fi ce fideicommis de leur bien vaut à proportion des fruits qu'ils auront perçû de l'heredité paternelle. Duperier Liv. 3. queft. 3. croit que non. Pour moi je croi qu'il faut pareillement diftinguer, & que fi le pere en chargeant fes enfans de rendre leur bien propre, a dit expreffement qu'il leur donnoit les fruits de fon heredité en reprefentation de leur bien, qu'il les charge de rendre, & que fans cette condition il ne leur auroit pas donné la joüiffance de fes biens ; en ce cas les enfans font obligez de rendre leur bien propre, à concurrence de ce qu'ils auront reçû de la valeur des fruits de l'heredité de leur pere, diftraction préalablement faite des fruits de la legitime & de la Trebellianique ; mais fi le pere a chargé fimplement fes enfans de rendre leur bien propre, fans dire que c'eft en confideration des fruits de fon heredité, ni exprimer qu'il leur donnoit les fruits de fon heredité en reprefentation de leur bien ; je croi qu'en ce cas il n'eft pas jufte de les obliger de rendre leur bien, quoi que les fruits qu'ils ont perçû de l'heredité paternelle puiffent valoir plus que leur bien même. La même faveur qui donne des avantages aux enfans, fait qu'il faut quelque chofe d'exprés & de formel pour les leur ôter. Mais cette faveur doit toûjours ceder à la volonté expreffe contraire du pere, en tout ce qui n'intereffe pas la portion que la nature leur donne.

CHAPITRE XXXII.

Si la donation universelle contient une élection tacite au fideicommis.

Si elle la contient lors qu'il y a un testament portant institution d'un autre éligible.

Si l'institution d'un éligible étant cassée, l'élection tacite subsiste.

CEs questions ont été decidées, par un Arrêt rendu aprés partage fait en la Seconde Chambre des Enquétes, porté en la Premiere, & ensuite en la Grand'-Chambre, où il a été vuidé le 12. Juillet 1686. Raporteur Mr. de Polastré, Compartiteur Mr. de Tournier.

François Gineste chargé par le testament de Jean Gineste son pere, de rendre son heredité à ses sœurs, au cas qu'il decedât sans enfans mâles ; marie un fils nommé Jacques, & lui fait donation de tous ses biens, avec cette clause, qu'au cas qu'ils ne pourroient vivre ensemble le fils jouïroit de certains biens, & le pere jouïroit de certains autres : dans tous lesquels biens dont ils partagent, en ce cas, la jouïssance, étoient compris tous les immeubles dépendans de la substitution ; ce pere remarié & puis broüillé avec son fils du premier lit, fait un testament, par lequel il l'exherede pour les causes qu'il marque ; & instituë François son fils du second lit : Procez entre les deux freres, l'aîné demande cassation du testament contenant son exheredation faite pour des causes non justifiées, maintenuë en la donation à lui faite par son pere, & ouverture à son profit de la substitution aposée au testament de son ayeul. Il dit que la substitution étant masculine le regardoit en seul, que les mâles quoique dans la simple condition étant apellez par la qualification de mâles, l'aîné devoit être preferé aux autres, & que son pere n'avoit pas droit d'élection, que même s'il avoit eu ce droit il avoit suffisament élû son aîné, en lui

R r ij

faisant une donation universelle de tous ses biens, qui contient
une élection tacite comme l'institution la contient, puis qu'en
effet le Donataire universel est à la place de l'heritier, *est loco
hæredis, pro hærede habetur*, qu'à la verité suivant un Arrêt raporté par Cambolas, Liv. 1. chap. 12. la donation du tiers des
biens faite à un des éligibles par l'heritier, ne vaut pas élection
pour un tiers du fideicommis ; mais qu'il en est autrement de la
donation universelle qui met le Donataire à la place de l'heritier,
comme je l'ai dit. Que l'institution faite posterieurement par le
pere commun de la personne de son second fils, ne peut pas operer une élection tacite, parce que ce testament étant inofficieux,
contenant une exheredation injuste de l'aîné sur des causes non
prouvées, cette institution devoit être emportée, & par conséquent la restitution du fideicommis qui pourroit y être tacitement
attachée : & quoique par la Novelle 115. & l'Authentique qui en
a été tirée, l'institution étant cassée tout le reste subsiste, *cætera
firma manent*, cela doit être entendu des autres chefs du testament, & non de la restitution tacite comprise dans l'institution,
qui n'est pas un de ces autres chefs, *si vero*, dit le Texte, *conti-
gerit in quibusdam talibus testamentis quædam legata vel fideicommissa, vel libertates, aut tutorum dationes relinqui ; vel quæli-
bet alia capitula concessa legibus nominari, & omnia jubemus adim-
pleri tanquam in hoc non rescissum obtinent testamentum* : Sans
qu'on puisse oposer que l'heritier institué par celui qui est chargé
de rendre à un de plusieurs, & qui est tacitement élû par cette
institution peut repudier l'heredité, & neanmoins retenir l'élection contenuë tacitement sous cette institution : car il y a une no-
table difference à faire entre ce cas & celui-ci, puisque dans celui-
là l'heritier qui repudie demeure toûjours heritier par la pureté
du Droit, *remanet semper hæres*, particulierement un fils qui est
heritier necessaire, quoique le benefice de l'abstention lui soit
acordé : mais quand l'institution est cassée, elle ne peut absolument avoir aucun effet, ni par consequent operer une restitution
tacite du fideicommis, & qui ne peut être presumée contenuë
dans une institution qui ne subsiste plus, & qui même n'a jamais
été bonne & legitime.

Il étoit repliqué par François Ginefte fils du fecond lit, que le pere commun étant chargé de rendre à fes mâles avoit pû en choifir un, que la donation quoique univerfelle faite à l'aîné, ne pouvoit pas valoir une élection tacite, fuivant l'Arrêt raporté par Mr. de Cambolas, qui juge que la donation du tiers des biens ne vaut pas élection pour un tiers du fideicommis ; d'où l'on peut conclure que la donation univerfelle ne vaut pas élection pour l'entiere fubftitution. Le Donataire univerfel, ajoûtoit-il, eft pris en quelque maniere pour heritier, mais il n'eft pourtant pas heritier, puis qu'il ne contribuë point aux fraix funeraires, ni ne peut être convenu que les creanciers anterieurs à la donation, que fubfidiairement & aprés avoir difcuté l'heritier ; l'inftitution univerfelle eft un titre d'honneur, auquel on a plus naturellement attaché la reftitution tatite du fideicommis : ainfi l'élection tacite contenuë fous l'inftitution, devoit en tout cas, difoit-il, prévaloir à celle qui pouvoit être contenuë fous la donation univerfelle, principalement dans ce cas où l'inftitution étoit pofterieure, & où par confequent elle avoit revoqué l'élection tacite qui pouvoit être attachée à la donation ; il prétendoit même que l'inftitution feroit emportée par la plainte d'inofficiofité propofée par le fils du premier lit, l'élection tacite ne laifferoit pas de fubfifter, fuivant l'Authentique tirée de la Novelle 115. qui dit en termes generaux, que *cætera firma manent* : puifque la repudiation volontaire de l'heritier ne l'empêchant pas de retenir l'élection tacite faite de fa perfonne ; Il n'y a point d'aparence que la caffation de l'inftitution emporte l'élection tacite qu'elle contient.

Sur ces raifons, aprés que les Juges en la Seconde Chambre des Enquêtes eurent convenu de confirmer la donation faite au fils du premier lit, & de caffer l'inftitution faite de la perfonne du fils du fecond lit, comme contenant l'exheredation du fils du premier lit, fans que les caufes fuffent prouvées, il intervint partage à l'égard des biens fubftituez ; l'un des avis étant de maintenir le fils du premier lit, en tous les biens dépendans de la fubftitution, en confequence de la donation univerfelle ; & l'autre de ne maintenir le fils du premier lit qu'aux biens du fideicommis, qui fe trouvoient contenus & fpecifiez dans la donation. Le partage fut vuidé au premier avis.

Il a donc été decidé par cet Arrêt, que la donation univerſelle faite par l'heritier à un des éligibles, contient élection tacite & reſtitution du fideicommis ; ce fut l'avis du plus grand nombre des Juges, quelques-uns pourtant doutant de la decision en theſe, crurent que dans cette hypotheſe particuliere la donation univerſelle devoit contenir une reſtitution tacite du fideicommis, parce que le Donateur avoit nommément exprimé dans ſa donation tous les immeubles qui dependoient de la ſubſtitution ; d'où ils inferoient qu'il avoit voulu donner à ſon fils Donataire tous les biens & droits ſubſtituez, n'étant pas à préſumer qu'il voulût diviſer les biens du fideicommis, particulierement n'ayant au tems de la donation que le fils mâle à qui il la faiſoit. Il fut auſſi decidé que cette élection tacite contenuë ſous la donation univerſelle, pouvoit être revoquée par l'inſtitution valable d'un autre éligible. Enfin que l'inſtitution étant caſſée par la plainte d'inofficioſité, l'élection tacite qu'elle contient eſt auſſi emportée. Il n'eſt pas juſte de donner la force & l'effet d'une reſtitution de fideicommis à une inſtitution caſſée, ſur la plainte d'inofficioſité d'un fils injuſtement exheredé, & conſequemment caſſée par le défaut de bon ſens preſumé dans celui qui l'a faite, *quaſi ſanæ mentes non fuerit.*

CHAPITRE XXXIII.

De la Succeſſion ab inteſtat, *dans la Coûtume de Touloſe.*

L A Coûtume parle ainſi, *ſi aliquis non habens patrem decedit ab inteſtato, bona illius devolvuntur proximiori, ſeu proximioribus illius perſonæ defunctæ in gradu parentelæ ex parte patris, & ſi forte perſona illa defuncta patrem habet pater illius ſuccedit.* Ce Texte a reçû diverſes interpretations qui ont cauſé des difficultez qu'on trouvera decidées par les Arrêts que je vais raporter. Cette Coûtume exclud la mere de la ſucceſſion de ſon

fils pour les biens ſituez dans ſon diſtroit, le Parlement le juge
ainſi, quoique par équité, ſes Arrêts ayent acoûtumé de lui adjuger une legitime ſur ces mêmes biens.

Cette excluſion de la mere, laquelle eſt *prima cognata*, a fait
croire à quelques-uns que cette Coûtume avoit été faite en faveur de l'agnation, & qu'elle apelle à la ſucceſſion les agnats
quoique reculez à l'excluſion des cognats qui ſe trouvent plus
proches. C'eſt le ſentiment de Caſaveteri Commentateur de
cette Coûtume, *hoc ſtatutum*, dit-il, *favorabile eſt propter ag-
nationem, & conſervationem nominis & domus.* Il ajoûte que
cette Coûtume eſt conforme à la Loi des 12. Tables qui donnoit la préference aux agnats. C'eſt auſſi le ſentiment de Benedictus *ad caput Reynutius, in verbo & uxorem.*

Mais cette interpretation, & cette préference des agnats aux
cognats plus proches qu'eux, a été rejetée par un Arrêt du 27.
Fevrier 1669. en la Seconde Chambre des Enquêtes, au raport
de Mr. de Tiffaut. Par cet Arrêt les niéces, *ex ſorore conſan-
guinea*, ont été préferées en la ſucceſſion de leur oncle mort *ab
inteſtat*, à un parent au cinquiéme degré, qui étoit le ſeul agnat,
portant le même nom que le défunt pour les biens mêmes, ſituez
dans le diſtroit de la Coûtume de Toulouſe. Jean Guiraud, habitant de Toulouſe étoit mort *ab inteſtat*, laiſſant un frere uterin,
quatre niéces nommées Dupuy, filles d'une ſœur conſanguine,
& un parent au cinquiéme degré nommé Jean Guiraud Avocat,
ſon agnat, & de ſon nom, uni au défunt & à ſon pere par une
parenté ſoûtenue, *per virilis ſexus perſonas.* La ſucceſſion étoit
diſputée entre ce parent & les niéces. Jean Guiraud la prétendoit en vertu de la Coûtume, & employoit d'abord l'interpretation des Auteurs que je viens de citer. Il ajoûtoit que ſi la Coûtume de Toulouſe n'étoit pas *favore agnationis & nominis*, elle
ſeroit fort injuſte de préferer à la mere du défunt, qui en cette
qualité eſt la premiere dans l'ordre de la cognation des perſonnes
du même ſexe, ou des parens par elles, & qui ne ſeroient qu'au
huitiéme, dixiéme, ou encore plus éloigné degré de parenté dans
l'ordre de cognation auſſi. Il ſoûtenoit que la Coûtume apellant,
proximiorem perſona defunctæ in gradu parentelæ ex parte patris.

apelle les plus proches du côté du pere de celui qui veut fucceder, & non les plus proches du côté du défunt, *de cujus bonis
agitur*, & que ces termes ainfi expliquez, il étoit apellé à l'exclufion des niéces.

Au contraire ces niéces, filles de la fœur confanguine du défunt, demandoient cette fucceffion comme plus proches, par les
raifons fuivantes. Que la Coûtume n'établit autre droit fingulier
que d'apeller *proximiores ex parte patris* ; c'eft-à-dire, du côté du
pere du défunt, à l'exclufion de la mere & des parens de la mere :
De forte que pour regler la préference entre les parens du
défunt, il faut fuivre le droit commun, en ce que le ftatut
n'y a pas dérogé. Il fe fondoit encore fur ce que la Coûtume apellant, *proximiores ex parte patris*, comprend dans
ces termes generaux les agnats & cognats ; ce qu'elle explique encore mieux par ce terme general, *in gradu parentelæ*,
ce mot *parenté* comprenant également les uns & les autres ;
il pretendoit que fi les Auteurs opofez difent que cette Coûtume eft conforme à la Loi des 12. Tables : ce n'eft qu'un raport analogique, *& fecundùm quid*, en ce qu'elle prefere
les parens, *ex parte patris*, aux parens maternels, & non
un raport entier & abfolu : puifque le même Commentateur
traitant la queftion, fi les enfans du frere prédecedé concourent avec leurs oncles par reprefentation, après avoir ramené
les raifons de part & d'autre, laiffe la queftion indécife, *hoc
relinquo judicio fapientioris* : or s'il eût crû que la Coûtume
étoit entierement conforme à la Loi des 12. Tables, il auroit
decidé fans difficulté cette queftion, puifque cette Loi des 12.
Tables exclüoit par exprez la reprefentation des enfans du frere
prédecedé pour concourir avec leurs oncles, fuivant la Loi *Con-
fanguinitatis Cod. de legit. hæred.* reprefentation que le Parlement a toûjours admis même dans la Coûtume de Touloufe,
fuivant le droit nouveau, ainfi que l'attefte Cambolas, Liv. 1.
chap. 22. d'où ces niéces conclüoient que reprefentant leur
mere, fœur du défunt, pour exclure le frere uterin des biens
fituez hors du diftroit de la Coûtume ; cette reprefentation
les mettoit à la place de leur mere, qui étoit *agnata* à l'égard
même

même des biens situez dans le diſtroit de la Coûtume, parce
que les mêmes perſonnes ne pouvoient être conſiderées comme agnats à l'égard de certains biens, & comme cognats à
l'égard de certains autres biens de la même ſucceſſion ; d'autant plus que par la Loi 14. *Cod. de legit. hæred.* & par le §.
hoc etiam addendum inſt. de legit. agnat. ſucceſ. les enfans de
la ſœur ſont à l'égard de leur oncle maternel, *in gradu agna-
torum* ; Enfin ces niéces ajoûtoient que la Coûtume apellant
le plus proche de la parenté, ſans diſtinguer les agnats des
cognats ; l'interpretation qu'on y ajoûtoit devoit être rejetée,
puiſque tous les Auteurs conviennent qu'à l'égard des Statuts,
*verbis tenaciter eſt inhærendum, ſtatuta non recipiunt gloſſatio-
nem, ſtatutorum tyrannicus eſt intellectus, in ſtatutis munici-
palibus nihil de anxia, & ſubtili proprietate verborum remit-
titur,* de quoi le Commentateur a convenu lui-même, lors
qu'il a dit, *ſi ſtatutum de agnatis intellexiſſet, illud expreſ-
ſiſſet.*

Sur ces raiſons intervint l'Arrêt que je raporte, par lequel
la Cour infirmant la Sentence du Senêchal qui avoit maintenu Guiraud en la ſucceſſion, y maintint les niéces du défunt, & a decidé par-là que la Coûtume de Touloûſe qui
apelle *proximiorem ex parte patris,* devoit être entenduë du
plus proche parent du côté du pere du défunt, mais ſans conſi-
derer l'agnation.

Ce que je viens de dire, que dans nôtre Coûtume le plus
proche parent du côté du pere du défunt exclud les autres parens, quoique plus proches, doit être entendu du parent du
pere du défunt qui décend de la même tige, eſtoc, & famille
que le pere du défunt. C'eſt ce qui ſera plus clairement expliqué par la Genealogie que je vas marquer, & par le fait que je
vas déduire.

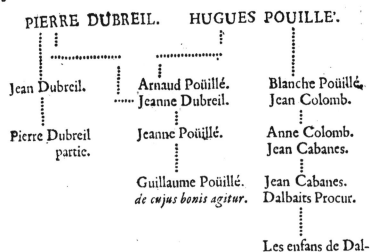

PIERRE DUBREIL.　　HUGUES POUILLE'.

Jean Dubreil.　　　Arnaud Poüillé.
　　　　　　　　　Jeanne Dubreil.

Blanche Poüillé.
Jean Colomb.

Pierre Dubreil
partie.

Jeanne Poüillé.

Anne Colomb.
Jean Cabanes.

Guillaume Poüillé.
de cujus bonis agitur.

Jean Cabanes.
Dalbaits Procur.

Les enfans de Dal-
baits , & de Fran-
çoife Cabanes ,
parties.

Guillaume Poüillé mort *ab inteſtat* , avoit laiſſé ſurvivans
Pierre Dubreil, Chanoine de St. Felix , ſon parent du ſecond
au troiſiéme degré , & les enfans de Françoiſe Cabanes & de
Dalbaits qui étoient ſes parens du troiſiéme au quatriéme , procez entre ces parties pour raiſon de cette ſucceſſion , concernant
les biens ſituez dans la Coûtume de Toulouſe. Dubreil les demandoit comme plus proche parent du défunt , *ex parte patris* , & employoit les termes de cette Coûtume qui apelle ,
*proximiorem perſonæ defunctæ in gradu parentelæ , ex parte
patris.*

Au contraire les enfans de Delbaits & de Françoiſe Cabanes
pretendoient être preferez , quoique dans un degré de parenté
plus éloigné , & la raiſon de la preference qu'ils demandoient ,
étoit qu'ils décendoient de la ſouche de la famille de Poüillé ,
qui étoit Hugues Poüillé , & que Dubreil n'en décendoit point ,
& que les termes de la Coûtume qui apelle le plus proche , *in*

gradu parentelæ ex parte patris, s'entendoit de la famille & eftoc
du pere ; ce qui fut ainfi jugé par Arrêt du mois de Juillet 1693.
au raport de Mr. de Progen en la Premiere Chambre des Enquê-
tés, qui maintient les enfans de Dalbaits en cette fucceffion concernant les biens fujets à la Coûtume.

Dubreil opofoit que ces paroles, *proximiores ex parte patris*,
litteralement, comme il les falloit entendre, vouloient dire les
plus proches parens du côté du pere, qu'ici Dubreil étoit le plus
proche parent de Poüillé du côté du pere de Poüillé même,
puis qu'on ne pouvoit pas dire qu'il ne fût pas fon parent, ni qu'il
fût fon parent du côté de la mere, après quoi il ne pouvoit l'être
que du côté du pere, puifque (la parenté une fois fupofée) il n'y
a pas de milieu entre parent du côté du pere, & parent du côté
de la mere ; c'eft-à-dire, parent paternel & maternel : Que puifque pour fuivre litteralement le Statut, & ce que nous apellons
tyrannicum intellectum, on ne donne aucun privilege aux vrais
agnats, ni aux agnats du nom fur les cognats, on ne devoit donner nul privilege d'une efpece de parens paternels fur l'autre :
Qu'autant que faire fe pouvoit fans faire violence aux termes des
Loix & des Coûtumes ; il falloit garder la reciprocité des fucceffions *ab inteftat*, rien n'étant fi naturel & fi jufte, qu'ainfi il
falloit faire fucceder Dubreil à Poüillé, de même qu'en pareil
cas Poüillé eût pû fucceder à Dubreil, & qu'il falloit le faire :
d'autant plus que non-feulement les paroles de la Coûtume n'y
refiftoient pas, mais qu'elles refiftoient à ne le pas faire ; Qu'il
étoit fenfible que la vûë de la Coûtume n'avoit été que d'exclure
les parens maternels, ou du côté de la mere, qui feule par la
Coûtume étoit exclufe de la fucceffion du fils. Que cette exclufion étoit en effet fi perfonelle, que fuivant Brodeau fur Loüet,
lettre M, nomb. 22. les Coûtumes qui excluent la mere de fucceder ne comprennent pas l'ayeule maternelle : à combien moins
forte raifon l'ayeule paternelle, & les parens du chef de cette
ayeule paternelle, tel qu'étoit ici Dubreil ; Que lorfque la Coûtume ne parle point précifément d'eftoc & de ligne ; mais feulement des parens du côté du pere, *ex parte patris*, tous parens
paternels fuccedent, & il n'y a d'exclus que les parens qui le font

du feul côté de la mere , fuivant la decifion de Brodeau fur
Loüet , lettre P , nomb. 28. où il decide formellement la queftion
prefente en expliquant les termes , *conjuncti ex parte patris* , &
les apliquant aux parens du chef de l'ayeule paternelle. Il eft certain , dit-il , que les parens du chef de l'ayeule paternelle (il entend de l'ayeule paternelle du défunt) font parens paternels du
défunt , *It enim* , ajoûte cet Auteur , *omnes conjuncti ex parte
patris dicuntur filio agnati , five ex linea mafculina , five ex linea
fœminina eum contingant , inftit. de legit. agnat. fucc. & quamvis
omnes patri conjuncti fint ipfi cognati , tamen ejus filio , mutato
cognationis nomine , efficiuntur agnati* , ce qui s'entend d'une
agnation analogique , telle que nous avons dit que les Arrêts
précedens decidoient être feule favorifée par la Coûtume.

Nonobftant toutes ces raifons Dubreil perdit fa caufe. On
crût que l'intention de la Coûtume étoit de favorifer les décendans de la maifon du défunt , & qu'elle regardoit tous les autres
parens comme étrangers par raport à ceux-là ; qu'ainfi elle les
excluoit des fucceffions , là où il y avoit des décendans de la
maifon par l'un ou par l'autre fexe , & que c'étoit le fens de ces
paroles , *ex parte patris* , le mot , *patris* , comprenant l'ayeul &
bifayeul , & tous les afcendans paternels , par où il falloit pour
être apellé par la Coûtume avoir un afcendant commun dans la
droite ligne paternelle , *ftipitem communem in recta linea pa-
terna* , ce que l'on juftifioit qui avoit été jugé par deux Arrêts
précedens , en fuivant lefquels on crût ne pouvoir pas manquer
dans un cas d'interpretation de Coûtume , nul Arrêt fur tout
n'étant opofé au contraire.

CHAPITRE XXXIV.

Si le legs reçû par le legataire, l'empêche d'impugner le Testament.

Si le pere doit ajoûter le titre d'inftitution à la legitime qu'il legue à fes enfans lors qu'il inftituë un étranger.

De l'inftitution du fils en cinq fols.

LEs Jurifconfultes ont décidé que le legataire qui a reçû le legs, & par-là femblé avoir aprouvé le Teftament, en vertu duquel il le reçoit, ne laiffe pas d'avoir la liberté de l'impugner enfuite par nullité ou fauffeté, quoiqu'il ne puiffe pas le faire par la plainte d'inofficiofité. *Poft legatum acceptum non tantùm licebit falfum arguere, fed & non jure factum, inofficiofum autem dicere non permittitur.* C'eft la décifion de Paulus en la Loi 5. *ff. de his quæ ut indig.* Par la plainte d'inofficiofité, le Jugement du Teftateur eft directement impugné & attaqué, *quafi non fuerit fanæ mentis*, & c'eft ce qui ne doit plus être permis à celui qui a une fois reconnu le contraire en recevant le legs ; mais dans la voye de fauffeté ou de nullité, on prétend feulement que ce n'eft pas la veritable volonté du défunt, ou que dans fa difpofition il n'a pas fuivi toutes les formalitez prefcrites par les Loix, ce qu'on a pû ne pas examiner, ou ne pas voir tout d'abord, *de jure difputatur non judicium impugnatur*, comme il eft dit dans la Loi 24. du même Titre, où il eft auffi décidé par la même raifon, que le fils après avoir demandé caffation du teftament de fon pere par nullité, & après avoir été débouté de fa demande, peut neanmoins recuëillir les liberalitez qui lui ont été faites dans ce teftament, *fi teftamentum patris jure factum filius negavit, quoniam de jure difputavit non judicium impugnavit retinet defuncti voluntatem.*

Ce que j'ai dit que le legs reçû empêche le legataire d'impugner le teſtament, *quaſi teſtator non fuerit ſanæ mentis*, fit que l'on mit en doute ſi la Dame de S. Blancard, épouſe du ſieur de Layrac Lieutenant Principal au Senêchal de Touloufe, pouvoit être admiſe à la preuve du fait qu'elle avançoit, que la Dame de Carriere ſa mere étoit imbecille, dans le tems du teſtament, & qu'elle avoit demeuré imbecille juſqu'à ſa mort, par un reſte d'attaque d'apoplexie, qui l'avoit même miſe hors d'état de prononcer & d'articuler diſtinctement, de maniere à pouvoir être entenduë. La Demoiſelle de Layrac fille de l'impugnante, aprés avoir été émancipée par ſon pere, avoit reçû le legs qui lui avoit été fait dans ce teſtament. Le ſieur de S. Blancard frere de cette Dame heritier inſtitué par cette diſpoſition de la mere commune, & les créanciers de cet heritier, ſoûtenoient que la demanderefſe, comme ayant reçû ce legs en la perſonne de ſa fille, ne pouvoit plus attaquer le teſtament par fait d'imbecillité, d'autant plus qu'on prétendoit qu'il avoit été aprouvé par le ſieur de Layrac ſon mari. Neanmoins attendu que la Dame de S. Blancard ne l'avoit pas elle-même aprouvé, & que le legs reçû par ſa fille ne la regardoit pas perſonellement, il y eut Arrêt le 13. Fevrier 1680. en l'audience de la Grand'-Chambre, qui avant dire droit ſur la caſſation du teſtament, l'admit à la preuve des faits alleguez : On crût que le legs reçû par la fille de la demanderefſe ne pouvoit fournir des fins de non recevoir contre la mere, & que cette exception peu favorable dans le cas dont il s'agiſſoit, ne meritoit pas d'être étenduë par des interpretations.

Par la même raiſon que j'ai dit, qu'aprés le legs reçû, il n'eſt plus permis au legataire d'attaquer le teſtament, *quaſi teſtator non fuerit ſanæ mentis*, il y eut Arrêt en la Grand'-Chambre le 14 Fevrier 1681. au raport de Mr. de Frezars, en la cauſe de Gaſpard & Pierre Bachou freres, qui jugea que le fils à qui ſa mere avoit legué une ſomme pour ſa legitime dans un teſtament où elle inſtituoit un étranger, ſans avoir ajoûté au legs de la legitime le titre honorable d'inſtitution, ne pouvoit plus aprés avoir reçû ſon legs ou ſa legitime, demander la caſſation du teſtament par cette omiſſion d'inſtitution, parce que c'étoit en effet une plainte d'inofficioſité qui alloit à attaquer le Jugement de la

mere, *quasi non fuisset sanæ mentis*, en lui imputant d'avoir
manqué par l'omission de ce titre d'honneur, à ce devoir d'ho-
nêteté que la nature & le sang exigeoit d'elle à l'égard de ses enfans, dans un testament où un étranger étoit institué : On crût
que le legs reçû ne permetoit plus à ce fils de prendre cette voye,
que recevant le legs, il avoit aprouvé la maniere & les termes
dans lesquels il lui étoit fait, qu'il ne pouvoit donc plus se plaindre de cette maniere & de ces termes, ni alleguer que le legs
devoit lui être fait à titre d'institution, & s'offenser d'une injure
que la dissimulation avoit effacée. Je vais raporter le fait de ce
procez. Un mari & une femme font un testament mutuel &
clos, écrit de la main du mari, signé par le mari & par la femme.
Ils s'instituent mutuellement heritiers, à la charge de rendre à
leurs enfans, ausquels, & à chacun d'eux, ils leguent 1000. liv.
pour leur legitime : ensuite ces deux Testateurs font métre l'acte
de suscription par un Notaire en présence de sept témoins, &
cet acte de suscription porte nommément que le testament est
écrit de la main du mari. Etant morts en cette volonté, & l'aîné
possedant tous les biens en vertu d'une donation qui lui avoit été
faite par son pere, le puis-né forma instance en payement de sa
legitime paternelle & maternelle, & aprés plusieurs Arrêts donnez sur la composition de cette legitime qui fut reglée à 7500.
liv. aprés avoir même reçû partie de cette somme sans faire aucune reservation contre le testament, il fait quitance du restant,
avec reservation de se pourvoir contre le testament de sa mere ;
enfin il impetre des lettres en cassation & déclaration de nullité
& maintenuë en sa portion *ab intestat* : Les moyens de cassation
qu'il allegue sont, que le testament est écrit de la main de son
pere, heritier institué contre la prohibition des Loix, & que le
legs de 1000. l. ne lui a pas été fait à titre d'institution, suivant le
desir des dernieres constitutions de Justinien, observées quand les
testamens des peres & des meres sont en faveur des étrangers,
comme dans le cas présent. Jugeant ce procez le premier moyen
de cassation ne parut pas considerable. On crût que ce n'étoit
point le cas où le testament est nul pour avoir été écrit par l'heritier institué. C'étoit un testament mutuel & reciproque ; le

mari qui l'avoit écrit donnoit ses biens à sa femme, tout comme
la femme donnoit ses biens à son mari, & ils étoient reciproque-
quement chargez de rendre à leurs enfans; ainsi l'écriture du
mari heritier institué, ne devoit point être suspecte lorsqu'il
avoit plûtôt fait l'avantage de ses enfans que le sien propre.
L'autre nullité prise de l'omission d'institution en la legitime parut considerable & essentielle dans le cas présent, d'autant que par
la Novelle 115. qui corrige en ce point les Loix précedentes, il
faut que la legitime soit précisement laissée à titre d'institution,
& qu'il ne suffit plus comme il suffisoit auparavant pour exclure la plainte d'inofficiosité, que le pere ou la mere ayent fait à
leurs enfans quelque donation, ou leur ayent laissé quelque legs
ou sideicommis pour leur legitime, ce qu'il est juste d'observer
à la lettre lorsque l'institution est au profit d'un étranger. Mais
on crût que cette nullité qui se reduit à une plainte d'inofficiosité ne pouvoit être alleguée après le legs demandé & reçû par
le fils de la maniere que je l'ai dit, & que ce legs reçû four-
nissoit contre lui des fins de non recevoir par les raisons que
je viens de dire.

L'omission d'instituer en la legitime est donc comme on le
crût dans les cas de ce dernier Arrêt, une nullité dans le testament du pere où un étranger est institué heritier : la faveur
des enfans exclus de la succession le demande ainsi. C'est un honneur qui leur est dû, & qui omis, peut du moins en ce cas,
operer la cassation du testament ; tout comme ajoûté au legs
de cinq sols, quoiqu'il paroisse derisoire, il fait neanmoins valoir
le testament, & le fils ne peut que demander le suplement.
Mr. Cambolas en raporte un Arrêt, Liv. 2. Chap. 15. J'y en
ajoûterai un autre du 5. Juin 1651. Après partage porté de la
premiere Chambre des Enquêtes à la seconde, Mr. de Prohenques
Raporteur, Mr. de Fermat Compartiteur. L'autorité de Cambolas, & de l'Arrêt qu'il raporte n'ayant pû empêcher qu'il
n'y eût partage sur cette question, j'ai crû qu'il n'étoit pas
inutile de confirmer sa doctrine par cet autre Arrêt rendu en
conformité, malgré la raison prise d'un legs si vil, qui joint au
titre d'institution, semble plûtôt faire aux enfans une vraye injure,

jure , que l'honneur que la Loi a voulu que leur pere leur fit ;
mais le pere en ce cas a litteralement fatisfait à tout ce que la
Loi demande de lui fur l'article de fes enfans , pour la validité de
fa difpofition , il eft pourvû du refte à leurs interêts par le fuplément de legitime.

CHAPITRE XXXV.

De l'incertitude de la perfonne du Legataire.

LOrs qu'un Teftateur ayant deux amis nommez Titius , legue
à fon ami Titius , le legs demeure inutile , & il n'eft dû ni
à l'un ni à l'autre , fi l'on ne peut pas connoître duquel des deux
le Teftateur a entendu parler , *fi in dando incertum fit cui datum
fit neutri debetur.* C'eft la decifion des Jurifconfultes dans la
Loi 3. §. 7. *ff. de adim. vel transf. leg.* & dans la Loi 10. *ff. de
reb. dub.* c'eft une incertitude de volonté , dans laquelle il faut
fans doute épargner l'heritier , felon les maximes du Droit , quand
on ne peut fçavoir à qui l'heritier doit payer , & il eft bien jufte
& bien naturel alors que le legs demeure en fa main. Mais fi par
quelque conjecture & préfomption raifonnable on peut connoître quel eft celui dont le Teftateur a entendu parler , c'eft à celui-
là à qui le legs doit être délivré , ainfi qu'il fut jugé à l'Affemblée
des Chambres , Raporteur Mr. de Chaubard , Compartiteur
Mr. d'Olivier : Un ayeul maternel ayant deux petits-fils *ex filiâ*,
nommez tous deux Guillaume , & tous deux fes filleuls , legue à
Guillaume fon petit-fils & filleul une vigne , & en tous fes autres
biens inftituë ledit Guillaume & autre Guillaume fes petits-fils.
Il fut jugé que ce prélegs étoit dû à l'aîné. On préfuma que
l'ayeul faifant fes deux petits-fils heritiers , & faifant un legs à un
d'eux , c'étoit l'aîné qu'il avoit deffein d'avantager , quoi que cette
famille ne fût pas Noble , & qu'il n'y eût pas d'autres conjectures.
Outre la prédilection ordinaire pour les aînez , qui faififfent les
premieres ; & par-là , les plus tendres inclinations de la famille ,
dans le cas de deux freres nommez de même , & petits-fils du

même , l'ayeul ne peut entendre naturellement le cadet que *cum addito* , & avec la qualification de *cadet* ; ainsi on crût que n'avoir pas ajoûté sa qualité distinguée de *cadet* , à la qualité commune ; c'étoit assez avoir designé l'aîné , à qui ce nom commun & cette qualité commune purement & sans suite semblent uniquement apartenir , le legs n'étant pas incertain en lui-même , mais seulement dans la personne du Legataire , il est juste de chercher & de trouver , s'il se peut en nulle maniere ce Legataire pour satisfaire à la volonté du Testateur , qui constament n'a pas voulu que la chose leguée fut à l'heritier : cette consideration fut encore le motif de l'Arrêt suivant.

Une femme qui avoit un oncle paternel nommé Bernard, pere de Jean , & un autre oncle paternel nommé Manaud, pere de François , avoit fait un legs d'une vigne à Jean fils de Manaud son oncle. L'incertitude de la personne à qui le legs étoit fait étoit grande, attendu l'erreur de la Testatrice, qui avoit erré ou dans le nom du Legataire , ou dans le nom du pere du Legataire qu'elle avoit voulu designer. François , fils de Manaud , avoit joüi pendant seize ans. Par Arrêt de l'an 1677. en la Seconde Chambre des Enquêtes au raport de Mr. de Catellan mon neveu , le legs fut adjugé à Jean , quoi qu'il ne fût pas fils de Manaud. On crût que le nom de Legataire étant exprimé , l'alteration du nom de son pere étoit une fausse demonstration qui ne nuit point au legs, suivant la Loi 17. §. 1. & la Loi 34. *ff. de cond. & demonst.* que la Testatrice avoit mieux sçû le nom de celui à qui elle vouloit faire du bien que le nom de son pere , & celui de ses cousins germains, que celui de ses oncles avec qui elle avoit aparemment une societé moins familiere. Cette consideration prévalut à celle de la joüissance faite par François fils de Manaud durant seize années, & dés aprés la mort du Testateur, laquelle sembloit d'abord avoir determiné & expliqué la volonté en faveur de ce François fils de Manaud. Cet Arrêt est conforme à la decision de la Loi 28. *Qui habebat ,ff. de reb. dub.*

CHAPITRE XXXVI.

De *l'Heritier inftitué ou fubftitué pupillairement* in re certa.

L'Heritier inftitué *in re certa*, eft heritier univerfel, s'il n'a point d'autre coheritier. C'eft la décifion des Jurifconfultes Ulpien & Papinien en la Loi 1. §. 4. *ff. de hæredib. inft.* & en la Loi *Cohæredi*, au §. dernier, *ff. de vulg.* le Teftateur ne pouvant deceder *partim teftatus*, *partim inteftatus*, il a été neceffaire d'adjuger l'entiere heredité à cet heritier, quoi qu'inftitué feulement en une certaine chofe, pour ne pas partager la fucceffion entre lui & les fucceffeurs *ab inteftat* ; mais fi cet heritier, ainfi inftitué en une certaine chofe, a des coheritiers, ou fans expreffion de portion, ou en une portion d'heredité : en ce cas cet heritier en la chofe particuliere, ne fera regardé que comme fimple legataire, fans pouvoir pretendre autre chofe, & fans être auffi tenu de contribuer aux charges hereditaires. C'eft ainfi que Juftinien l'a decidé par une de fes Conftitutions, en la Loi *Quoties*, Cod. *de hæredib. inftit.*

On a douté fi cet heritier en une certaine chofe, qui n'eft que comme legataire, tandis qu'il y a un autre heritier, peut devenir heritier univerfel, par le prédecez de l'autre heritier avant le Teftateur, ou par la repudiation ; plufieurs ont crû qu'il ne le peut. Ils fe fondent fur ce que ce cas ne fe trouve exprimé dans aucune de nos Loix, & qu'au contraire les Loix citées mettent au rang d'un fimple legataire l'heritier inftitué *in re certa*, fi le Teftateur lui a donné des coheritiers ; Pour être heritier univerfel il faut qu'il ait été nommé feul heritier, *qui certæ rei hæres inftituitur cohærede non dato totam hæreditatem obtinet* ; N'étant donc que legataire avant la mort ou la repudiation du coheritier, il s'enfuit que cette mort, ou cette repudiation ne fçauroit le rendre heritier univerfel, par l'accroiffement de la portion des autres coheritiers, parce que le droit d'accroiffement n'a lieu qu'entre ceux.

qui ont un droit commun & une qualité commune qui les unit,
ce qui ne se rencontre pas entre cet heritier institué en une chose
vrai legataire, & les autres coheritiers.

Il faut neanmoins decider au contraire, que par la mort arrivée
avant celle du Testateur, ou par la repudiation des autres coheritiers, l'heritier institué en une certaine chose devient heritier
universel. Il est vrai que par les Loix cet heritier est regardé comme legataire, s'il y a un autre coheritier : mais ce n'est qu'en ce
qu'il ne peut demander que la chose en laquelle il est institué,
& qu'il n'est pas tenu contribuer au payement des legs & des autres charges hereditaires ; Il est consideré comme heritier quant à
d'autres effets. L'institution du fils en une certaine chose l'empêche de se plaindre du testament de son pere, ce qu'il pourroit
faire s'il n'étoit que simple legataire, suivant la Novelle 115. & il
n'y a pas d'aparence que Justinien ait exigé cette institution, *propter solum honorem*, si elle n'aportoit quelque utilité au fils, sçavoir le droit d'accroissement, au cas que l'heritier universel prédecede le Testateur, ou repudie l'heredité ; D'ailleurs, si l'heritier
in re certa, est heritier universel lors qu'il n'y a point de coheritier, il doit l'être aussi lors qu'il cesse d'y en avoir d'autre, par la
mort ou par la repudiation, *paria sunt alium hæredem non fecisse,
& factum repudiass, aut mortuum esse ante Testatorem*, dit
Benedictus *ad Cap.* Reynutius *in verbo, in eodem testamento,
num.* 256. & *seqq.* traitant cette question sur laquelle il a beaucoup varié : Enfin l'heritier institué *in re certa*, est heritier universel, *alio cohærede non dato*, par cette seule raison, *ne prò parte
intestatus decedat testator*. Or cette même raison a lieu lors que le
coheritier meurt avant le Testateur ou repudie : il faut donc dans
ce cas établir la même décision, & donner par le prédecez ou par
la repudiation des coheritiers toute l'heredité à cet heritier institué *in re certa*, soit par le droit d'accroissement, qui a lieu entre
coheritiers, quoi que le Testateur leur ait marqué des portions,
soit parce que l'institution particuliere est convertie en institution
universelle, *institutus in re certa venit ad totum non jure accres-
cendi, sed quia institutio in re certa transfunditur in universalem*,
dit Benedictus.

Cette queſtion a été jugée en faveur de l'heritier inſtitué *in re
certa*, le 22. Mars 1670. aprés partage porté de la Grand'-Cham-
bre à la Premiere Chambre des Enquêtes, Mr. de Viguerie, depuis Doyen, Raporteur, & moi Compartiteur au cas ſuivant.
Pierre Doladere par ſon teſtament, inſtituë heritier univerſel Jean
Doladere ſon fils, & de Marie Noguiez ſa femme, & au cas
qu'il viendroit à deceder en pupillarité & ſans teſter, veut que ſon
heredité, pour le bien fonds tant ſeulement, vienne & apartienne à Anne Solan ſa tante, & l'autre moitié, enſemble tous
ſes meubles, dettes & effets mobiliaires à Marie Noguiez ſa femme, mere de l'heritier. Aprés la mort du Teſtateur Marie Noguiez, une des ſubſtituées, decede avant Jean Doladere ſon fils,
qui meurt enſuite en pupillarité, laiſſant ſurvivantes Cabriere ſon
ayeule & Anne Solan ſubſtituée, entre leſquelles s'étant formé
un procez ſur cette ſucceſſion ; & l'affaire portée en la Grand'-
Chambre ſur l'apel d'une Sentence arbitrale, il intervint partage, Mr. le Raporteur étant d'avis de maintenir Anne Solan en
la moitié du bien fonds ſeulement, & Cabrieres ayeule, comme
heritiere *ab inteſtat* en tous les biens reſtans du pupille. Je fus
au contraire d'avis de maintenir Anne Solan en tous les biens du
pupille, comme ſon heritiere univerſelle par la ſubſtitution pupillaire, auquel avis le partage fut vuidé en la Premiere Chambre
des Enquêtes, & par-là, il fut jugé que l'inſtitué *in re certa*, ou
ſubſtitué pupillairement *in re certa* ; la ſubſtitution pupillaire
étant le teſtament du pupille, devenoit heritier univerſel par le
decez de l'autre ſubſtitué pupillairement, mort avant le decez du
pupille. J'ai déja ramené au commencement de ce Chapitre les
raiſons de cette déciſion generale, j'ajoûterai ſeulement ici qu'elles conviennent encore mieux à la ſubſtitution pupillaire qu'à un
autre inſtitution, attendu que dans la ſubſtitution pupillaire on
regarde particulierement l'état des choſes au tems du decez du
pupille, ſuivant la Loi 11. §. *Si quis*, *ff. de vulg.* où il eſt decidé,
que quoi que le ſubſtitué pupillairement ſoit incapable de re-
cüeilir au tems du teſtament & du decez du pere, il ſuffit qu'il ſoit
capable de ſucceder au tems du decez du pupille, dont c'eſt le
teſtament fait pour lui par le pere. Ainſi quoi que le ſubſtitué pu-

pillairement *in re certa*, ait un coheritier au tems du teftament &
du decez du Teftateur, il fuffit qu'il n'en ait point au tems du décez du pupille.

Ce qui faifoit la principale difficulté dans ce procez étoit la
claufe reftrictive, de laquelle le Teftateur s'étoit fervi dans la
fubftitution pupillaire, par laquelle il avoit reftraint Anne Solan
à la moitié du bien fonds *tant feulement*, d'où on inferoit que le
Teftateur avoit prohibé expreffement le droit d'accroiffement
entre les deux fubftituez pupillaires, & quoi que le droit d'accroiffement ne puiffe pas être prohibé dans une inftitution veritablement univerfelle, on prétendoit qu'il pouvoit être prohibé dans
une inftitution interpretativement univerfelle, telle qu'eft l'inftitution *in re certa*, comme dit Benedictus.

Mais à cela il fut répondu, que cette claufe reftrictive n'empêche pas que le fubftitué pupillairement *in re certa*, n'ait l'entiere
fucceffion, *alio coharede non concurrente*, parce que la raifon de
la décifion fubfifte toûjours, il faut éviter que le pupille meure
partim teftatus, *partim inteftatus*. Ainfi le Jurifconfulte decide,
que quoi que le Teftateur n'eût intention de fubftituer pupillairement qu'à fes biens propres, la fubftitution pupillaire comprend
neanmoins generalement tous les biens du pupille ; C'eft en la
Loi 10. *Sed fi plures*, §. *ad fubftitutos*, *ff. de vulg. & pup. fubft.*
Ainfi un pere ayant legué à fa fille pupille 1500. liv. & lui ayant
fubftitué, au cas de decez fans enfans, un collateral pour la fomme de 500 liv. il fut jugé par un Arrêt raporté par Mr. de Cambolas au Liv. 6. chap. 19. que cette fubftitution pupillaire comprenoit tous les biens de cette fille morte en pupillarité, cette
fubftitution étant pupillaire expreffe en termes generaux, même
à l'exclufion de l'ayeul maternel à qui on donna une legitime. Il
y a un pareil Arrêt du 3. Decembre 1656. aprés partage, Mr. de
Sevin Raporteur, & Mr. de Reffeguier Compartiteur, par lequel
il fut jugé que la fubftitution pupillaire faite *in re certa*, en la
fomme de 700. liv. comprenoit tous les biens du pupille, au préjudice même de fa mere. Ferrieres fur la Queft. 522. de Guy-
Pape, decide pareillement que la fubftitution compendieufe en
une certaine chofe comprend le pupillaire. On concluoit donc

par toutes ces raisons, que nonobstant la clause restrictive, *tant seulement*, le substitué au pupille *in re certa*, devoit avoir toute l'heredité par le prédecez de l'autre substitué, & si Benedictus a dit que le droit d'accroissement pouvoit être prohibé dans cette institution, qui n'est universelle que par interpretation, cet Auteur ajoûte, que le Testateur le doit faire expressément, *Si testator prohibuerit institutum in re certa plus de bonis suis petere, & residuum hæreditatis ei accrescere, valet prohibitio in perditionem talis institutionis, & totius testamenti & causa testati deducitur ad causam intestati.*

Il fut donc jugé par cet Arrêt que je raporte, que le substitué au pupille *in re certa*, doit avoir toute l'heredité, lorsque l'autre substitué meurt avant le pupille. Il est neanmoins à remarquer que par ce même Arrêt, la Cour adjugea le tiers des biens délaissez par le pupille à son ayeule maternelle ; les Juges ayant crû que puisque la substitution n'étoit faite nommément qu'en une portion des biens, il n'étoit pas juste qu'en l'étendant à tous les autres biens ce fut au préjudice de la legitime.

CHAPITRE XXXVII.

Si la cession de tous les droits paternels, faite par la sœur à son frere moyenant certaine somme, empêche la demande du supplément de legitime dans les trente ans.

LA rénonciation generale à tous droits paternels & maternels, ne comprend pas le supplément de legitime, il faut une rénonciation expresse, *nullam sibi superesse de repletione quæstionem*, c'est la décision de la Loi, *si quando* §. *& generaliter Cod. de inoff. test.* Il en est de même de la cession faite par une sœur à un frere, de tous ses droits moyenant une certaine somme ; ainsi la Dame de Beaucaire ayant fait cession de tous ses droits paternels, moyenant la somme de 20000. liv. au Marquis de St. Proget fon frere, fans être tenuë d'aucune éviction ou garantie : il fut jugé que nonobftant cette ceffion elle pouvoit demander un fupplément de legitime, quoi qu'elle ne fe pourvût pas contre l'acte de ceffion dans le tems des actions refcifoires, la demande en fupplément durant 30. ans, à compter du jour du decez de celui fur les biens de qui la legitime eft duë nonobftant toutes rénonciations, ou ceffions generales ; l'Arrêt eft du mois de Juillet 1670. aprés partage fait en la Seconde Chambre des Enquêtes, porté en la Premiere, & vuidé en la Grand'-Chambre, Raporteur Mr. de Senaux, Compartiteur Mr. de Joffé ; La faveur d'un droit le plus naturel de tous les droits, eft le motif de la décifion.

CHAPITRE XXXVIII.

Si le Teftament écrit & figné par le Teftateur, vaut en faveur de la caufe pie, fans Notaire & Témoins.

LE teftament d'un pere par lequel un des enfans eft inftitué heritier fans Notaire & Témoins, s'il eft écrit de la main du Teftateur, & figné par lui, eft bon & valable à l'égard des enfans, & c'eft l'ufage conftant de ce Parlement. Les enfans fuccedent fi naturelement à leur pere, des biens duquel ils font comme les maîtres & les proprietaires pendant fa vie, que la difpofition qu'il en fait entr'eux, peut être confiderée comme une fimple divifion qui n'a befoin d'aucune formalité, quand un pere tefte, il fuffit qu'il faffe connoître fa volonté à fes enfans, & il n'y a pas fans doute de preuve plus certaine de cette volonté que fon écriture & fon fein.

Le teftament fait en faveur de la caufe pie a le même privilege, même contre les heritiers *ab inteftat*, non toutefois contre les enfans. Ainfi Me. Mercorant ayant inftitué la Chapelle Nôtre-Dame de l'Eglife des Jefuites de Beziers, qu'il avoit chargé de dire des Meffes & reciter des Litanies, fut confirmé, parce qu'il

qu'il étoit écrit & figné par le Teftateur, quoique fans Notaire
& Témoins, contre une coufine germaine fuccedant *ab inteftat*,
qui en demandoit la caffation ; l'Arrêt eft du 26. Avril 1659.
Et une autre parente s'étant pourvûë en opofition contre cet
Arrêt, elle en a été demife à mon Raport le 25. Janvier 1672.
Cette décifion eft conforme à la doctrine de Tiraqueau, *de
Privileg. piæ caufa. Privil.* 4. & de Ferrieres fur la queft. 538. de
Guy-Pape, contre le fentiment de quelques autres, qui ont crû
qu'il étoit neceffaire qu'il y eut deux Témoins dans les teftamens
faits en faveur de la caufe pie, ce qu'ils fondent fur la Novelle
de teftamentis imperfectis verficulo fi tamen, où il eft decidé que
le legs de la liberté fait dans un teftament entre enfans, ne vaut
pas s'il n'y a deux Témoins : mais nôtre ufage eft de donner à la
caufe pie le même privilege qu'aux enfans, lorfque la caufe pie &
les enfans ne font pas en concours. Le legs pieux qui va à la liberation de l'ame du Teftateur, peut encore être plus favorable.

CHAPITRE XXXIX.

*Des meliorations qui peuvent être repetées fur les biens
fubftituez.*

ON a douté fi l'heritier chargé de fideicommis, ou celui qui
a acquis de lui doit être rembourfé par le fubftitué, de
l'augmentation d'un bois qui étoit frais coupé, lors du decez du
Teftateur, & de l'acceptation de l'heredité ; & depuis épaiffi
& grandi pour n'avoir pas été coupé pendant la joüiffance de
l'heritier : Il fut jugé que l'heritier pouvoit demander au fubftitué
la valeur de cette augmentation comme une melioration du
fonds, & on crût qu'encore que le poffeffeur n'eût expofé aucuns
fraix, & ne fe fut donné nul foin pour cela, l'équité naturelle
vouloit que la valeur de cette augmentation lui rendit & lui ré-
prefentat les fruits qu'il eut pû percevoir, par la coupe du bois
qu'il auroit pû faire pendant fa joüiffance : mais qu'il avoit laiffez

& qui se trouvoient dans cette augmentation. L'Arrêt est du 18.
Mars 1677. aprés partage porté de la Premiere à la Seconde,
Raporteur Mr. de Comere, Compartiteur Mr. d'Agret.

CHAPITRE XL.

De la femme instituée heritiere en l'usufruit, par le
testament de son mari, pour en joüir pendant sa
vie, à la charge de nourrir & entretenir leurs
enfans.

SUivant la doctrine de Mr. Maynard, Liv. 5. Chap. dernier,
l'usufruit de tous les biens legué par le mari à la femme, dont
il a des enfans, est restraint à son entretenement, & j'ai apris
qu'il a été ainsi jugé, par Arrêt rendu au Raport de Mr. de Papus
le 9. Septembre 1627. entre Anne Cazes, & Gardelle, par lequel Arrêt l'usufruit legué à la femme, fut, en ce cas, reduit aux
alimens, *& ad praeminentiam in domo.*

Il semble d'abord qu'il faut decider de même dans le cas que
je propose, où la femme est instituée en l'usufruit, pour en joüir
durant sa vie, à la charge de nourrir & entretenir les enfans communs ; & que cette femme ne peut retenir que ses alimens, & doit
rendre compte du surplus. On peut même alleguer pour cet avis
la Loi 3. §. *cum Pollidius, ff. de usur.* Où le Jurisconsulte decide,
qu'une femme ayant institué heritier un de ses parens, à la charge
de rendre à la fille de la Testatrice, lors qu'elle auroit atteint un
certain âge : Cet heritier est obligé de rendre compte des fruits
comme un Tuteur, la Testatrice ayant preferé, *lubrico tutelæ*
fideicommissi remedium, ce qui paroît encore plus naturel en la
personne de ce mari, qui instituant sa femme heritiere en l'usufruit, à la charge de nourrir & entretenir leurs enfans communs,
& laissant la proprieté à ses enfans, semble reduire cette femme
à la qualité de tutrice, & la rendre comptable des fruits. D'où
neanmoins par équité, & pour l'honneur du mariage, il doit

lui être permis de diftraire fes alimens.

Il fut neanmoins jugé par Arrêt du 17. Juin 1647. aprés partage porté de la Seconde Chambre des Enquêtes , Raporteur
Mr. d'Olivier , Compartiteur Mr. de Puymiffon , que cette
femme inftituée heritiere par fon mari en l'ufufruit de tous fes
biens , pour en joüir pendant fa vie , à la charge de nourrir &
entretenir leurs enfans , n'étoit pas obligée de rendre compte des
fruits.

On ne peut opofer ce que j'ai dit au commencement de ce
Chapitre , que le legs de l'ufufruit des biens fait à la femme ,
lors qu'il y a des enfans communs , eft reduit aux alimens : car il
y a fans doute bien de la difference entre un legs d'ufufruit des
biens , & l'inftitution en l'ufufruit des biens ; l'inftitution eft un
titre plus honorable , plus plein & plus abondant que le legs ,
& la femme inftituée heritiere en cet ufufruit doit être plus favorablement traitée que celle qui n'eft que legataire.

Quant au Paragraphe *cum Pollidius* , l'efpece eft bien differente
de celle que nous traitons : Dans cette Loi la Teftatrice avoit
dit qu'elle vouloit que le parent qu'elle inftituoit rendit à fa fille
lors qu'elle auroit atteint certain âge , *quidquid ex bonis ad eum
perveniffet* , lui avoit fait un prelegs , & avoit ajoûté expreffement qu'elle l'inftituoit , *ne filiæ tutoribus , fed neceßitudini res
committerentur* , au lieu que dans nôtre cas la femme étoit heritiere inftituée en l'ufufruit , pour en joüir fa vie durant , par où
le Teftateur la rendoit bien expreffement maîtreffe des fruits :
d'autant plus qu'il n'y avoit point d'autre liberalité pour elle dans
ce teftament , ni d'autre circonftance qui pût faire prefumer que
le Teftateur avoit eu intention de l'obliger de rendre compte
comme une Tutrice.

CHAPITRE XLI.

Du teſtament du fils de famille, avec la clauſe de donation à cauſe de mort.

LE fils de famille ne peut point faire teſtament, même du conſentement de ſon pere ; Par une exception à cette regle generale, on permet au fils de famille de teſter entre ſes enfans, & en faveur de la cauſe pie, avec quelque difference neanmoins, le fils de famille peut teſter en faveur de la cauſe pie, mais avec le conſentement de ſon pere ; Il peut teſter entre ſes enfans ſans ce conſentement. Hors de ces deux cas, la diſpoſition teſtamentaire eſt abſolument interdite au fils de famille, & conſequemment il ne peut faire ni des legs ni des fideicommis, il peut neanmoins faire une donation à cauſe de mort du conſentement de ſon pere, en faveur même de ſon pere, c'eſt nôtre Juriſprudence.

Mais on a douté ſi un fils de famille ayant du conſentement, & en preſence de ſon pere fait un teſtament, par lequel aprés avoir legué la legitime à ſes enfans, il inſtituoit ſon pere avec la clauſe, que ſi le teſtament ne pouvoit valoir comme teſtament, il vouloit qu'il valût comme donation à cauſe de mort : On a, dis-je, douté ſi cette clauſe pouvoit en effet faire valoir, comme donation à cauſe de mort, cette diſpoſition qui d'ailleurs ne pouvoit pas valoir comme teſtament, ſuivant ce que je viens de dire.

La raiſon de douter étoit priſe de ce que le pere n'ayant conſenti qu'à la faction d'un teſtament, conſentement, quant à ce point, abſolument inutile : il n'avoit pas conſenti expreſſement à une donation à cauſe de mort, conſentement abſolument neceſſaire.

Il fut neanmoins jugé que cette diſpoſition valoit comme donation à cauſe de mort, en faveur de ce pere contre les enfans du fils decedé. L'Arrêt eſt du mois de Juin 1668. en la cauſe de

Guillaume Cabrol, & Brigitte Cabrol femme de Viala, aprés
partage porté de la Seconde en la Premiere Chambre des Enquêtes, Raporteur Mr. de Nupces, Compartiteur Mr. Dupuy.
La raifon de cette decifion fut que le pere ayant confenti à ce
teftament fait en fa prefence, & dans l'entrée duquel il étoit dit
que ce pere confentoit à tout ce qui fuivoit ; il avoit affez confenti à toutes les claufes, & par confequent à celle par laquelle
fon fils faifoit fubfidiairement une donation à caufe de mort en fa
faveur, qui fe trouvoit d'ailleurs fuffifamment acceptée par la prefence de ce pere, au cas que dans une telle donation à caufe de
mort l'acceptation fut requife.

Cette queftion que je viens de toucher, fi dans un teftament
converti en vertu d'une pareille claufe, en une donation à caufe
de mort, l'acceptation eft neceffaire, s'étoit préfentée à mon
raport à la Premiere Chambre des Enquêtes, le 16. Mars 1664.
au procez de Blanquiere & Lordie, dont je vais deduire le fait :
Un fils de famille avoit fait teftament du confentement & en
prefence de fon pere, & aprés avoir difpofé entre fes enfans, il
avoit fait des legs & des fideicommis en faveur des perfonnes
étrangeres, avec la claufe de donation à caufe de mort : Il étoit
prétendu que le teftament étoit nul à l'égard de ces liberalitez
faites à des étrangers, parce que le pere n'avoit pas donné un
confentement exprés pour faire une donation à caufe de mort,
& que cette donation n'avoit pas d'ailleurs été acceptée. Il
fut neanmoins jugé que cette donation étoit bonne & valable.
On crût que le pere, prefent au teftament, avoit fuffifament
confenti à toutes les claufes, & par confequent à celle de
donation à caufe de mort, comme je l'ai déja dit. Le défaut
d'acceptation faifoit la principale difficulté, parce que fuivant
nos Loix & nôtre ufage l'acceptation eft requife dans les donations à caufe de mort, fans quoi elles ne peuvent valoir que comme fideicommis : Or le fils de famille ne peut faire ni legs ni
fideicommis. Mais on crût que quoi que cette Maxime, qui requiert l'acceptation dans les donations à caufe de mort, puiffe
être vraye, lors qu'on fait un acte de donation à caufe de mort,
elle ne doit pas avoir du moins lieu dans une donation à caufe

de mort fubfidiaire, par la converfion du teftament en donation, à caufe de mort ; auffi n'a-t-on jamais apellé dans un teftament ceux en faveur de qui on difpofe, pour accepter les difpofitions qu'on fait en leur faveur, & par confequent la donation à caufe de mort fubfidiaire qu'il renferme.

CHAPITRE XLII.

Du Legs d'une dette active.

SI le Teftateur legue une certaine fomme qui lui eft dûë par un debiteur qu'il defigne, l'heritier n'eft tenu à autre chofe qu'à délivrer au legataire les actes qu'il a pour établir cette dette, ou à jurer qu'il n'en a pas. C'eft ainfi que cette queftion fut decidée par Arrêt du 16. May 1651. au raport de Mr. de Boyffet, en la Premiere Chambre des Enquêtes, en faveur du Syndic de la Chapelle Nôtre-Dame de Garaifon, heritier de Geoffróy, contre une fœur du Teftateur, à qui il avoit legué la fomme de 1000. liv. dûë par le debiteur defigné. Cette fœur ne trouvant point d'acte pour demander cette fomme au debiteur nommé par le Teftateur, en demandoit le payement à l'heritier, de quoi elle fut deboutée ; & il fut ordonné feulement que l'heritier remetroit les actes, ou jureroit qu'il n'en avoit point. Cet Arrêt eft conforme à la décifion du Jurifconfulte en la Loi 75. *Si fic legatum*, §. 1. *& 2. ff. de legat.* 1. par lefquels Paragraphes étant établi, que fi le Teftateur legue une certaine fomme que Titius lui doit, le legs eft nul au cas que Titius ne lui doive rien : il s'enfuit évidemment que toute la charge & toute l'obligation de l'heritier, c'eft de fournir l'acte qui fonde la creance, ou en défaut d'acte, de jurer qu'il ne l'a pas.

CHAPITRE XLIII.

Si les Petits-fils peuvent demander un supplément de legitime sur les biens de leur Ayeul, lors que le pere ou la mere prédecedez y ont renoncé.

UNe fille se mariant & recevant une dot de son pere, renonce à tous droits paternels, legitime & supplément ; elle meurt avant son pere, les petits-fils venant de leur chef, quoi qu'ils ayent des oncles, peuvent sans avoir besoin de Lettres, pour être relevez de la renonciation, demander ce supplément. Cette question fut ainsi jugée en la Premiere Chambre des Enquêtes aprés partage porté en la Seconde, Raporteur Mr. de Comere, Compartiteur Mr. de Bertrand. Ces petits-fils par le decez de leur mere morte avant leur ayeul, viennent de leur chef, *& ex propria persona* ; S'ils representent leur mere, en quelque maniere ils ne representent pas tant la personne que le degré, qui fait seulement qu'ils ne peuvent demander qu'une legitime telle que leur mere auroit demandée, & qu'ils sont obligez à raporter & imputer ce qu'elle a reçû en avancement d'hoirie. On peut voir sur cette matiere Guy-Pape & ses Commentateurs en la Quest. 228. & en la Quest. 598. Maynard Liv. 4. Chap. 23. Fernand sur la Loi *In quartam*, *cap.* I. *art.* 3. *num.* 16. Baquet du droit d'Aubene, *Ch.* 21. *num.* 27.

CHAPITRE XLIV.

De la prohibition ou décharge de faire Inventaire.

*Si l'Inventaire fait par le défunt peut décharger l'heri-
tier d'en faire un autre.*

AU mois de Fevrier 1672. en l'Audience de la Grand'-
Chambre, plaidans Lacefquiere pour la Demoifelle de
Thomas, & Tartanac pour Vidal, il fut jugé que le Teftateur
ne peut prohiber le benefice d'Inventaire, en forte que l'heritier foit obligé de fe porter pour heritier pur & fimple. C'eft
auffi la doctrine de l'Avocat Ferrieres fur la Queft. 352. de Guy-
Pape.

Ce même Arrêt juge que le Teftateur peut décharger le legataire de l'ufufruit de tous biens de faire Inventaire. Il juge auffi
que l'heritier ne peut pas faire Inventaire pendant la vie de l'ufu-
fruitier fans fon confentement, fauf à cet heritier de le faire
après la fin de l'ufufruit. Guy-Pape & Ferrieres en la Queft. 451.
ont pourtant crû que le fubftitué peut contraindre l'heritier à
faire Inventaire aux dépens du fubftitué, quoi que le Teftateur.
l'ait prohibé.

Lors que le Teftateur a fait une defcription & un Inventaire
de fes biens, & qu'il a dit que l'heritier qu'il inftitue fera heritier fous le benefice de cet Inventaire : On demande fi cet heritier eft déchargé de faire un autre Inventaire. Il faut decider que
les fubftituez ou legataires ne peuvent point opofer à cet heritier
le défaut d'Inventaire. Ces fubftituez ou legataires honorez par
le défunt de fon fouvenir & de fes liberalitez doivent aprouver
l'Inventaire qu'il a fait, & n'en peuvent pas demander d'autre :
Mais les creanciers du défunt peuvent obliger cet heritier à faire
un nouvel Inventaire d'autorité de Juftice, & l'heritier, s'il ne
le fait, ils le peuvent prendre pour heritier pur & fimple. On demeura

meura d'acord de ces maximes en la Premiere Chambre des Enquêtes, le 10. Decembre 1665. au raport de Mr. de Bertier,
à present Premier President de ce Parlement , entre Antoinete de Viffec , femme de Me. Pierre Chambon Confeiller au
Senêchal du Puy , Filere & autres creanciers dudit Pierre
Chambon. Pierre Chambon avoit inftitué heritiere Antoinete
Viffec fa femme , pour être fon heritiere fous benefice de
l'Inventaire qu'il devoit faire , priant la Juftice de l'avoir pour
agreable , enfuite à la fin du teftament il avoit mis l'Inventaire de
tous fes biens ; Cette heritiere s'étant immifcée dans l'heredité
fans faire d'autre Inventaire , les creanciers du défunt demanderent payement de leurs dettes , la prenant comme heritiere pure
& fimple ; A quoi elle repliquoit , qu'elle étoit heritiere fous
benefice de l'Inventaire fait par fon mari , & n'avoit jamais eu
intention d'être heritiere pure & fimple , & par confequent qu'elle
devoit être reçûë à repudier. L'Arrêt la reçoit à repudier , on
convint que les creanciers aprés la mort du Teftateur , & dans le
tems preferit auroient pû requerir cette femme de faire un autre
Inventaire , & qu'au refus de fatisfaire à cette requifition elle
auroit pû être convenuë comme heritiere pure & fimple. Mais
cela n'ayant pas été fait de la part des creanciers , on crût que
cette femme heritiere étoit excufable de n'avoir pas fait d'autre
Inventaire , & d'avoir crû que celui qui étoit inferé dans le teftament étoit fuffifant , d'autant plus que les femmes font relevées
même de l'ignorance du Droit , lors qu'elles ne cherchent qu'à
éviter un domage. Il y a un pareil Arrêt rendu en la Premiere
Chambre des Enquêtes , au raport de Mr. Dupuy-Montaud , le
22. Juin 1667. au profit d'Antoinete Rocher heritiere de Claude
Monet fon mari , contre Sahuc creancier , cette femme s'étoit
contentée de l'Inventaire fait par le Teftateur devant un Notaire ,
fans autre formalité , avec défenfes à fon heritiere d'en faire
d'autre , & il n'y avoit point de requifition de la part des creanciers. Le Teftateur n'eft pas le maître de nuire à fes creanciers :
mais il eft le maître à l'égard des legataires , dont il peut diminuer ou emporter abfolument les legs.

CHAPITRE XLV.

Quels Legs peut faire le pere, qui mariant son fils a promis de l'instituer heritier, à la charge de payer ses Legs.

PAr un Arrêt rendu à mon raport en la Premiere Chambre des Enquêtes, en l'année 1672. en la cause de Jean Delong & autres, il a été jugé que le pere, qui mariant son fils a promis de l'instituer heritier, à la charge de payer ses legs, peut consumer en legs les trois quarts de son heredité, attendu qu'ayant chargé son fils de payer ses legs, il s'étoit reservé d'en faire, & que cette reservation se doit entendre conformement au Droit écrit & à la Loi Falcidie, qui permet au Testateur de leguer jusques aux trois quarts de son heredité, sans quoi la reservation seroit inutile, puisque sans cette reservation, celui qui promet d'instituer heritier a aussi-bien le pouvoir & la liberté de faire des legs moderez. Or c'est une maxime triviale, qu'il faut toûjour donner aux clauses, un sens qui leur donne quelque effet à produire ; Maxime encore plus à suivre à l'égard des reservations qui marquant une attention & une prévoyance particuliere, doivent être encore moins mises au rang des clauses oiseuses & superfluës.

CHAPITRE XLVI.

Si le pere peut, au préjudice de ses creanciers, renoncer à l'usufruit qu'il a sur le legs fait à son fils.

AU même procez de Jean Delong, dont j'ai parlé au Chapitre precedent, il étoit question de sçavoir si un ayeul ayant fait un legs à son petit-fils, sauf l'usufruit à son fils, pere du legataire ; Ce pere pouvoit, au préjudice de fes creanciers, renoncer à l'ufufruit. La raifon de douter étoit prife de la Loi 10. *Ait Prætor. §. fi cum in diem , ff. quæ in fraud. cred.* qui dit qu'on ne peut payer avant le tems, au préjudice de fes creanciers & de la Loi 3. du même Titre , qui decide qu'on ne peut auffi au préjudice de fes creanciers renoncer à un ufufruit. On alleguoit auffi, pour apuyer cet avis, un Arrêt rendu après partage , Raporteur Mr. de Mafnau, Compartiteur Mr. de Prohenques , en faveur des creanciers du fieur de Benoit , qui jugea que le pere ne peut pas renoncer , au préjudice de fes creanciers , à l'ufufruit des biens qu'il avoit donnez à fon fils aîné , fous la refervation de l'ufufruit dans fes propres pactes de mariage. L'Arrêt que je raporte ici a neanmoins decidé , que le pere peut renoncer au préjudice de fes creanciers à l'ufufruit du legs fait à fon fils, & refervé à ce pere par le Teftateur. La refervation n'ajoûtoit rien au droit que le pere auroit eu fans cela de joüir des biens de fon fils, par la puif-fance paternelle , & le Teftateur avoit feulement témoigné qu'il n'entendoit lui ôter ce droit , l'expreffion ne portoit pas plus loin. Le pere au préjudice de fes creanciers peut renoncer à l'ufufruit qu'il a par la puiffance paternelle fur les biens qui font laiffez à fon fils, il le peut auffi quoi que l'ufufruit lui ait été refervé ou confervé par le Teftateur. Celui qui fait des liberalitez à un fils de famille, n'ayant que ce fils en vûë , fouhaite qu'il en joüiffe pleinement , & le pere qui fe départ de l'ufufruit, ne fait que fui-vre cette volonté & l'executer plus fidelement, dequoi les crean-ciers ne peuvent pas fe plaindre , il eft femblable à celui qui étant chargé d'un fideicommis à fa mort, le reftituë pendant fa vie , *pleniorem fidem exhibitionis fecutus* ; ce qu'il peut faire , fuivant nos ufages, comme je l'ai dit ailleurs : la même raifon ne fçauroit être apliquée à celui qui renonce à l'ufufruit des biens qu'il a lui-même donnez.

CHAPITRE XLVII.

Si ce que le fils de famille gagne par son travail lui apartient en proprieté.

Et si les interêts lui apartiennent aussi sans qu'il soit obligé de les raporter à la succession de son pere, lors que le pere a souffert qu'il les perçût.

CLaire Crosilles se mariant avec Pierre Avelines du consentement de Joseph Crosilles son pere, se constituë tous ses biens, entre autres 1500. liv. que la Dame d'Hocquincourt lui devoit par une promesse faite, pour des gages gagnez au service de cette Dame, auprés de qui elle avoit été en qualité de sa Demoiselle. Le mari reçoit cette somme de 1500. liv. & 300. livres pour les interêts qui en étoient dûs avant le mariage. Claire Crosilles étant morte sans enfans, Pierre Avelines son mari lui succede au moyen de la constitution de tous les biens. Pierre Avelines étant mort *ab intestat*, Marie & Catherine Avelines ses deux sœurs, demandent la quatriéme partie de tous les biens de Joseph Crosilles pere de Claire Crosilles, mort *ab intestat* avant elle ; à quoi il est repliqué par Marguerite Crosilles sœur de Claire, & autres heritiers de Joseph Crosilles, que Marie & Catherine Avelines, comme succedant à Claire Crosilles, doivent raporter à la succession de Joseph Crosilles les deux sommes de 1500. liv. & de 300. liv. Par Arrêt de l'année 1677. il est declaré qu'il n'y a lieu d'ordonner que Marie & Catherine raporteront.

Il n'y eut pas de difficulté quant à la somme 1500. livres que Claire Crosilles avoit gagnée au service de la Dame d'Hocquincourt, parce que par la Constitution de Justinien en la Loi *Cum oportet*, *Cod. de bon quæ lib.* il est ordonné que ce que les fils de famille acquierent de leur travail, leur apartient en proprieté, *Si quis filiusf. aliquid sibi acquisierit non ex ejus substantia in cujus potestate sit, sed ab aliis quibuscumque causis, quæ ex liberalitate fortunæ, vel laboribus suis ad eum pervenient ea suis parentibus, non in plenum, sed usque ad usumfructum solum acquirant, dominium autem filiisf. inhæreat.* Ce que le fils gagne par son travail, doit lui apartenir comme le fruit de ce travail. Le pere n'y peut pretendre aucune proprieté, parce que cela ne provient pas de ses biens & de sa substance, & par conséquent n'est pas sujet au raport, suivant la decision de la Loi derniere, *Cod. de cellat. ut res quas parentibus acquirendas prohibuimus, nec collationi post obitum eorum subjaceant.*

La difficulté fut à l'égard de la somme de 300. livres provenant des interêts de celle de 1500. liv. qui avoient couru pendant la vie du pere, & avant le mariage de Claire de Crosilles, parce qu'il est constant que l'usufruit des biens aventifs apartient au pere, suivant la Constitution de Justinien que je viens de citer, d'où il s'ensuit qu'il doit être raporté, & cela doit être ainsi observé lors que le pere a témoigné qu'il vouloit acquerir cet usufruit. Mais les Juges crûrent que cette maxime cessoit, lors que le pere avoit souffert que son fils joüit des biens aventifs & en perçût les fruits, que cette tolerance équipole à une donation, & qu'il n'est plus permis aux heritiers du pere de demander que cet usufruit soit raporté. Les paroles de Justinien dans sa Constitution sont expresses, *Sin autem prædictas res parens noluerit retinere, sed apud filium reliquerit, nullam post obitum ejus licentiam habeant hæredes alii, eumdem usumfructum, vel quod ex hoc ad filiosfamilias pervenit utpote patri debitum sibi vindicare, sed quasi diuturna donatione in filium celebranda, qui usumfructum detinuit quem patrem ejus habere oportuerat, ita causa intelligatur, ut eumdem usumfructum, post obitum patris ipse lucretur parente jus exactionis suæ posteritati vel successioni minimè transmittente quatenus in omni pace successio ejus permaneat, nec altercationis, maximè inter fratres oriatur occasio.* Dans cette Loi la tolerance du pere, & la remission tacite qu'il fait de l'usufruit, est comparée à une donation, ce qui fournit d'abord une objection, parce que toute donation faite par le pere à son fils est sujette à être raportée. Mais à cela il est répondu, que cette tolerance & cette remission tacite du pere n'est pas une donation d'un usufruit déja acquis, mais une simple renonciation à un usufruit qu'il pouvoit acquerir s'il eût voulu , & dont il se départ pour laisser joüir pleinement son fils des biens qui lui apartiennent , dequoi les legitimaires ne peuvent pas se plaindre , la tolerance du pere acquiert donc les fruits à son fils , & quoique regulierement les donations que les peres font aux enfans qu'ils ont en leur puissance , puissent être revoquées , & ne soient confirmées que par la mort ; je croi neanmoins qu'il n'est plus permis à ce pere de revoquer quant au passé la donation ou remission journaliere qu'il a faite de ces fruits à ce fils : mais il lui est sans doute permis de reprendre cet usufruit quand bon lui semble pendant sa vie , pour l'avenir. Ainsi la donation faite par le mari à sa femme , qui n'est confirmée que par la mort , peut être revoquée par le mari , mais cette revocation ne donne point au mari le droit de demander les fruits de la chose donnée que la femme a perçûs , suivant la Loi 15. & les deux suivantes *ff: de donat. int. vir. & ux.* De même la patience du pere qui laisse joüir son fils des fruits des biens qui lui apartiennent en propre , les lui acquiert irrevocablement , mais ce n'est que pour le tems que cette patience a duré : car si le pere a remis à son fils cet usufruit pour toûjours , cette remission vaut , & ne peut être revoquée par le pere , suivant l'avis de Paul de Castro , sur cette Constitution de Justinien , & c'est une difference considerable entre la renonciation expresse & la tacite.

CHAPITRE XLVIII.

Des mots Item, *je legue ou je legue aussi.*

CEs mots *Item*, je legue, ou je legue aussi ; mis à suite d'un précedent legs conditionnel , & payable à certain tems , ne lient pas tellement ce second legs au précedent , que le second soit presumé fait sous les mêmes conditions , & payable au même tems que le précedent , lors que ces deux legs se trouvent faits à diverses personnes. Cette question fut ainsi jugée au mois de

Mars 1678. entre le Procureur General du Roy, prenant le fait & caufe pour les Religieufes Hofpitalieres de cette Ville, & le Sr. la Baftide Mauleon. La Dame Marquife de Cofnac, aprés avoir dans fon teftament fait divers legs payables dans l'an, avoit inftitué le Sr. de la Baftide Mauleon, pour joüir de fon heredité pendant fa vie, & aprés le decez de fon heritier, fon heredité être employée comme s'enfuit, &c. & puis aprés un long détail avoit ajoûté : Je veux qu'incontinent aprés mon decez, il foit employé 1000. liv. pour bâtir & orner une Chapelle, &c. Je veux qu'on baille auffi 12500. liv. aux Dames Hofpitalieres de Touloufe ; L'an expiré aprés le decez de la Teftatrice, le Procureur General du Roy demandoit le payement de fon legs à ces Religieufes, qu'il prétendoit être payable incontinent aprés le decez de la Teftatrice comme le précedent, l'heritier au contraire prétendoit que ce legs n'étoit payable qu'aprés fa mort, fuivant la premiere claufe generale du teftament : L'Arrêt juge que ce legs fait aux Hofpitalieres n'étoit payable qu'aprés le decez de l'heritier, quoi qu'il fuivit immediatement l'autre legs fait pour la Chapelle, payable incontinent aprés le decez de la Teftatrice, & qu'il femblât lié au precedent par la particule *auffi* ; Quand les legs font faits à diverfes perfonnes, cette particule n'eft pas tant une liaifon de fentiment & de volonté, que de difcours & de ftile ; ce Teftateur peut alors avoir inégalement aimé les deux legataires, & les avoir voulu traiter differamment, pour les termes du payement & autres conditions des legs ; Une raifon contraire doit établir une décifion contraire, dans le cas de deux legs faits de fuite au même, qui ne font proprement qu'un legs au moyen de la particule qui les reünit & les lie, par où n'y ayant qu'un legs quoique de deux chofes : comme il n'y a qu'un legataire, il faut qu'il n'y ait qu'une même condition & une même Loi. C'eft ainfi qu'il faut expliquer la Loi 63. *In repetendis, ff. de leg. 3. in repetendis legatis hæc verba quæ adjici folent, Item damnas efto dare & ad conditiones, & ad dies legatorum eafdem repetendas referri fabinus ait.*

CHAPITRE XLIX.

Si le müet & ſourd de naiſſance , peut faire teſtament
pourveu qu'il ſçache écrire , & ſoit capable.
d'affaires par l'écriture.

JAcques Guibal ſourd & müet de naiſſance fit un teſtament
clos écrit & ſigné de ſa main, & enſuite l'exhiba à un Notaire & à un nombre ſuffiſant de témoins, & en leur préſence
écrivit ſur l'envelope, c'eſt mon dernier teſtament que j'ai écrit
& ſigné de ma main. Jacques Guibal enſuite étant malade de
la maladie dont il deceda, écrivit à ce Notaire pour le prier
d'ouvrir ſon teſtament aprés ſa mort ſans formalité, ce teſtament eſt ouvert aprés ſa mort, Suſanne Dauger proche parente
du défunt, fait inſtance contre Jean Gleyſes Sr. de la Roquete,
heritier inſtitué, demande la maintenuë dans la ſucceſſion *ab in-*
teſtat, & la caſſation du teſtament comme nul, ſuivant la Conſtitution de l'Empereur Juſtinien, en la Loi *dſeretis* Cod. *qui*
teſtam. fac. poſſ. qui défend abſolument à celui qui eſt ſourd &
müet, *ſi hoc ex ipſa natura habeat*, de faire teſtament, & qui le
permet ſeulement à celui qui eſt ſourd & müet, *non naturali*
calamitate. ſed morbo, pourveu toutefois qu'il ſçache écrire, *ſi*
ponamus hujus modi perſonam litteras ſcientem ; Elle ajoûtoit
que le pere du Teſtateur reconnoiſſant que cet état le rendoit
incapable d'agir & de faire teſtament, lui avoit fait un ſimple
legs pour ſa nourriture & pour ſes habits, & lui avoit ſubſtitué
exemplairement un de ſes autres fils qui étoit prédecedé.

L'heritier inſtitué ſoûtenoit que le teſtament étoit bon & valable, il avoit fait reſumer les témoins numeraires de la ſuſcription, qui aſſuroient que le Teſtateur avoit en leur preſence écrit
de ſa main, & ſans exemplaire, ſur l'envelope du teſtament, les
mots que j'ai raportez : Il prétendoit que ſi la prohibition de
teſter étoit abſoluë & generale dans la Conſtitution de Juſtinien
à l'égard du ſourd & müet de naiſſance : l'Empereur ayant permis

de

de tefter à celui qui eft fourd & müet par accident, pourveu qu'il
fçache écrire, il faut le permetre auffi à celui qui eft fourd &
müet de naiffance, lorfque par un cas extraordinaire que l'Empereur n'a pas prevû ni pû naturellement prevoir, il eft capable
de toutes fortes d'affaires par le moyen de l'écriture.

Pour prouver cette capacité du Teftateur, l'heritier mettoit en
avant divers faits, avec offre de les prouver & verifier.

Il foûtenoit que le défunt, quoique fourd & müet de naiffance, faifoit divers écrits, foit de devotion, en tranfcrivant ou
compofant diverfes prieres & Litanies, foit de diverfes remarques, tant fur la peinture dont il étoit trés-capable, que fur d'autres fciences; Qu'il alloit dans les boutiques, traitoit & marchan-
doit par écrit le prix des chofes qu'il vouloit acheter; Qu'il écrivoit à fes amis & à plufieurs perfonnes de condition, & répondoit aux lettres qu'on lui écrivoit, avec toutes les proportions
d'honnêteté & de refpect qu'il faut garder, fuivant la differente
qualité de ceux à qui on écrit; Que voulant demander la difpenfe de l'ufage des viandes dans le tems prohibé, il dreffoit & écrivoit lui-même la Requête, & l'alloit en perfonne & de fa main
préfenter à l'Evêque, qui lui acordoit la difpenfe au pied de la
Requête; Qu'il mettoit la Confeffion de fes pechez par écrit,
préfentoit l'écrit à fes Confeffeurs, & lors que le Confeffeur marquoit auffi par écrit qu'il n'avoit pas bien circonftancié quelque
peché, il en ajoûtoit auffi-tôt à fa Confeffion les circonftances &
les particularitez.

Tous ces faits étoient foûtenus par l'heritier, d'où il concluoit
que dans ce cas extraordinaire & prodigieux, où il n'étoit pas
permis de douter de l'intelligence & de la capacité du défunt
pour toutes fortes d'affaires, il falloit fe départir de la décifion
trop generale de Juftinien, qui défend aux fourds & müets de
naiffance, de tefter, & entrer dans fon efprit, que l'on y trouve
fi marqué, au lieu de s'en tenir à la lettre; à quoi il ajoûtoit que
l'opinion du pere n'avoit pû changer l'état du défunt, ni lui ôter
la liberté de tefter, que le prodige que le Ciel avoit voulu faire
pour lui rendoit encore plus favorable en fa perfonne.

Sur ces raifons intervint partage en la Premiere Chambre des

Enquêtes au raport de Mr. Delong, Compartiteur Mr. de Resseguier, au mois d'Août 1678. l'un des avis fut de casser le testament, l'autre d'admetre l'heritier en preuve des faits avancez ; Le partage formé en partie sur l'impossibilité presumée des faits avancez, fut vuidé en la Seconde par ce dernier avis, par où il fut préjugé qu'un müet & sourd de naissance peut faire testament, pourveu qu'il soit capable d'affaires au moyen de l'écriture : les preuves ayant été depuis raportées, le testament a été definitivement confirmé par Arrêt du mois d'Août 1679.

CHAPITRE L.

Si le fils heritier de son pere peut demander la legitime
& la falcidie
S'il peut omettre la legitime & demander la falcidie.

AU procez de Gratien Gauzy heritier de son pere, d'une part, & de ses sœurs legataires de certaine somme à titre d'institution d'autre, il fut jugé par Arrêt du 8. Août 1678. en la Grand'-Chambre au raport de Mr. d'Olivier, que le fils heritier de son pere ne pouvoit pas demander la legitime & la falcidie, conformement aux Arrêts raportez par Mr. d'Olive, liv. 5. chap. 27. il fut même jugé que ce fils heritier ne pouvoit pas omettre la legitime & demander la falcidie sur les legs laissez à ses sœurs à titre d'institution : cela paroît d'abord contraire à la doctrine d'Olive au lieu cité & aux Arrêts qu'il raporte, qui en jugeant que le fils heritier n'avoit pas droit de distraire la legitime & la falcidie, lui ont neanmoins donné le choix de prendre celle qu'ils voudront des deux : mais on crût que ces Arrêts ne decidoient que dans le cas des legataires étrangers, non dans celui des legataires à titre d'institution, qui ne sont pas simplement legataires mais coheritiers, sur lesquels par consequent il ne peut y avoir de falcidie à distraire.

CHAPITRE LI.

Du legs d'ufufruit, ou des fruits & revenus jufqu'à certain tems, ou jufques à l'écheance de certaine condition.

Lorfque le Teftateur legue un ufufruit dont il détermine la durée jufqu'à un certain tems, ou jufqu'à l'écheance d'une certaine condition, l'ufufruit finit par la mort du legataire même avant le tems marqué, ou avant l'évenement de la condition, & ce legataire ne tranfmet pas à fes heritiers le droit de joüir des fruits jufques au tems marqué, ou jufques à l'évenement de la condition, parce qu'il eft de la nature de l'ufufruit d'être éteint & confolidé à la proprieté par la mort du legataire. C'eft la décifion expreffe de Juftinien dans la Loi *ambiguitatem Cod. de ufuf.* Il en eft de même du legs des fruits & revenus. Cette queftion fut ainfi jugée par Arrêt du 29. Août 1678. en la Grand'-Chambre à mon raport: Gabriël Betou inftituë heritier Laurent Betou fon fils, & ajoûte que parce que Laurent Betou fon fils eft au fervice du Roy depuis un grand nombre d'années, il veut que pendant fon abfence Jean Betou fon fecond fils, joüiffe de l'entiere heredité, & que les fruits lui apartiennent fans être obligé d'en rendre compte à fon heritier, lefquels fruits & revenus il donne & legue par preciput & avantage à Jean pendant le tems que Laurent fera abfent. Après la mort du Teftateur, Laurent Betou étant toûjours abfent à caufe de fes emplois: car il étoit Gouverneur de Condé, Jean joüit plufieurs années de l'heredité paternelle: il meurt, fes biens font faifis, & dans la faifie font compris ceux de Gabriël Betou fon pere; Laurent Betou en demande la diftraction; Les creanciers de Jean prétendent en cette qualité que les fruits & revenus de cette heredité apartiennent à leur debiteur pendant l'abfence de Laurent Betou, qui prétend au contraire que ce legs d'ufufruit, ou des fruits & revenus a fini par la mort de Jean Betou ſon frere legataire. L'Arrêt ordonne la diſtraction pure & ſimple en faveur de Laurent Betou, le legataire des fruits & revenus ayant été regardé comme un legataire d'uſufruit.

CHAPITRE LII.

Des dépens obtenus contre l'heritier ſous benefice d'Inventaire.

LEs dépens faits & obtenus contre l'heritier ſoûs benefice d'Inventaire ſont perſonnels, & la repudiation ne l'en décharge pas, je dis nommément les dépens faits contre lui, & dont la condamnation a été obtenuë contre lui ; car ſi cet heritier a repris l'inſtance intentée contre le défunt, & après une condamnation avec dépens, a repudié l'heredité, il n'eſt pas tenu de payer les dépens faits contre le défunt, mais ſeulement ceux qui ont été faits contre lui depuis la repriſe juſques à la repudiation ; c'eſt ainſi que cette queſtion fut décidée par Arrêt du 18. Janvier 1679. en la Grand'-Chambre au raport de Mr. de Maran, en la cauſe de Lavergne & Prevôt ; il ſembloit d'abord que la condamnation aux dépens étant perſonnelle, & ayant été obtenuë contre l'heritier, il les devoit perſonnellement tous, même ceux qui avoient été faits contre le défunt, & qu'on ne pouvoit pas regarder ceux qui avoient été expoſez contre le défunt comme une dette de l'heredité, dont l'heritier peut être déchargé par la repudiation ; on crût neanmoins qu'il en étoit déchargé, que c'étoit veritablement une dette du défunt, & que l'heritier étant déchargé des condamnations principales, il devoit l'être auſſi par conſequent & comme acceſſoirement, des dépens faits contre le défunt pour ces condamnations.

CHAPITRE LIII.

De l'inftitution du Pofthume.

L'Inftitution du pofthume comprend tous les pofthumes qui naiffent aprés le teftament. Il fut ainfi jugé en la Premiere Chambre des Enquêtes, au raport de Mr. de Lafont le 1. Mars 1668. L'inftitution même faite en ces termes : *Le pofthume dont ma femme eft enceinte*, comprend tous les pofthumes qui naîtront de cette femme par l'égalité d'affection qui eft à prefumer dans le Teftateur pour tous les pofthumes qui lui font également inconnus. C'eft ainfi que cette queftion fut decidée par Arrêt du 4. Avril 1656. aprés partage porté de la Seconde à la Premiere Chambre des Enquêtes, Raporteur Mr. de Cabrerolles-Villepaffan, Compartiteur Mr. de Sevin ; Et j'ai apris qu'il y avoit deux Arrêts conformes rendus en la Chambre de l'Edit, le 6. Mars 1638. au raport de Mr. d'Efcorbiac, & au raport de Mr. de Juges le 9. Mai 1642. Les Jurifconfultes font mêmes allez plus avant : car ils ont decidé, que fous cette inftitution du pofthume, dont la femme eft enceinte, font compris les pofthumes qui naîtront d'une autre femme. C'eft la decifion d'Ulpien en la Loi *Placet, ff. de lib. & pofth.* dont pourtant un autre Jurifconfulte a douté, du moins fi la femme a été nommée, comme on voit dans la Loi *Filius à patre*, §. *fi de certa* du même Titre, où il eft dit, que dans ce cas le teftament peut courir quelque rifque d'être caffé, *in periculum rumpendi teftamentum adducitur fufceptis ex aliâ uxore liberis*. La nomination de la femme peut faire prefumer que le Teftateur a borné fa vûë aux pofthumes qui naîtroient d'elle, & ne l'a pas portée jufqu'à ceux qui pourroient naître d'une autre, & comme dit Godefroy fur cette Loi, *Verba fpecialiter dicta, non debent prorogari ad aliud*, & la prefomption d'égalité d'affection pour tous les pofthumes eft emporté, parce qu'il y peut avoir inegalité d'affection pour des enfans de divers lits, & qu'il y en a même d'ordinaire au defavantage du premier.

CHAPITRE LIV.

Du Testament fait en tems de Peste.

SEpt témoins sont neceffaires aux testamens par le Droit écrit, & il faut que fes sept témoins ayent affifté conjointement & tous ensemble à cette difposition. Ce font deux conditions requifes par les Loix Romaines pour la validité des testamens. La derniere de ces conditions a été relâchée par ces mémes Loix, à l'égard des testamens faits en tems de pefte ; mais elles n'ont pas crû qu'on pût retrancher le nombre des témoins. C'eft la decifion de la Loi *Casus majoris*, *Cod. de Testam.* Nôtre ufage a neanmoins introduit que cinq témoins fuffifent pour la validité des testamens dont je parle. Ce tems calamiteux qui dépeuple les villes & les campagnes, nous a portez à difpenfer d'un plus grand nombre, & d'y donner mémes place aux femmes. Le Notaire peut tenir lieu de témoin. En forte qu'il fuffit qu'il y en ait quatre outre le Notaire, fans qu'il foit befoin de refumer les témoins ni le Notaire, qui en ce cas foûtient la double perfonne de Notaire & de témoin. C'eft ainfi qu'il fut decidé par Arrêt du 12. Decembre 1651. aprés partage porté de la Seconde en la Premiere Chambre des Enquêtes, Raporteur Mr. de Terlon, Compartiteur Mr. d'Olivier Confeiller Clerc. Et par un autre Arrêt du 14. Decembre 1668. en la Premiere, au raport de Mr. de Burta. Le Jurifconfulte dans la Loi *Domitius labeo*, *ff. qui testam. fac. poff.* a répondu avec indignation & avec mépris à la queftion qu'on lui propofoit : Si celui qui a écrit le teftament peut être compté pour remplir le nombre des témoins. Mais il eft à remarquer que par les Loix, le miniftere d'un Notaire n'étoit pas neceffaire aux testamens par écrit, fi ce n'eft aux testamens des aveugles. Les autres Teftateurs pouvoient faire écrire leur teftament par un ami, ou par telle autre perfonne qu'il leur plaifoit, & cet Ecrivain n'ayant aucun miniftere public à remplir dans cette occafion, il n'y avoit fans doute alors point de raifon de douter que l'Ecrivain ne peut être témoin.

L'Avocat Ferrieres fur la Queft. 543. de Guy-Pape eft d'un avis contraire à celui de Mr. d'Olive au Liv. 5. Ch. 2. celui-ci a dit que dans ces teftamens dont nous parlons, on ne peut point difpenfer du nombre de cinq témoins, & Ferrieres croit que quand la pefte eft fi échauffée qu'on ne peut avoir plus de deux témoins, le teftament doit valoir. Ne pourroit-on pas par les circonftances concilier ces avis & ces Arrêts contraires, & decider cette queftion, felon que la pefte plus ou moins échauffée laiffe plus ou moins de liberté de trouver des témoins. Si elle ne laiffe pas la liberté & le pouvoir d'en trouver plus de deux, faut-il ôter en ce cas le pouvoir de tefter ? à la confervation duquel les Loix font toûjours fi attentives, les folemnitez établies pour les teftamens doivent être regardées comme des formalitez neceffaires, lors qu'on n'eft point empêché d'y fatisfaire par des raifons generales de tems & de lieu ; un Teftateur à qui fon état ne donne pas le droit d'ignorer ces formalitez, eft obligé alors de les remplir, & s'il ne les remplit pas il eft prefumé n'avoir pas eu la volonté de tefter, mais on ne peut point prefumer de même, & on ne peut rien imputer à un Teftateur qui ne peut abfolument fatisfaire à ces formalitez, empêché par de pareilles circonftances. Il faut, ce femble, le difpenfer en ce cas de tout ce que la folemnité particuliere des teftamens demande de témoins au-delà de ce qui eft communement & generalement neceffaire pour la preuve. Ce font comme des privileges naturels & neceffaires des tems & des lieux plus dignes de faveur que les Coûtumes particulieres, qui fe relâchent fur le nombre des témoins que le Droit exige, jufqu'à les reduire quelquefois à deux. Cette raifon paroît meilleure & plus folide que celle que Ferrieres raporte, prife du teftament du Soldat, de qui certainement la parité n'eft pas entiere avec les teftamens dont nous parlons, & qui porteroit la chofe plus loin qu'il ne le pretend lui-même. On peut donc dire que l'avis de Ferrieres pourroit être fuivi dans un cas extrême & rare, & lors que la pefte eft extraordinairement échauffée, auffi l'entend-il de même, *Graffante pefte,* dit-il, *ita ut major quam duorum teftium numerus congregari non poffit.*

Mais les autres folemnitez, à quoi la crainte de la contagion ne fait point d'obstacle, ne font point remifes. La legitime doit être laiffée à titre d'inftitution dans le teftament fait en tems de pefte, la claufe codicillaire n'y peut être fupleée, & lés témoins doivent être priez, comme le dit & le prouve le Prefident Faber dans fon Code, Liv. 6. Tit. 5. Defin. 6. au-delà de ce que ce tems malheureux exige neceffairement, on ne permet rien à ces teftamens contre le defir des Loix, que l'on menage toûjours autant que le permet la Loi de neceffité, fuperieure à toutes les autres. Le Soldat eft difpenfé de prier les témoins, pourveu qu'il n'en foit pas moins établi que le Teftateur a parlé ferieufement, fuivant la decifion & le vrai fens de la Loi *Divus Trajanus*, *ff. de teftam. mil.* Mais il y a, comme je l'ai dit, beaucoup à dire d'un Teftateur en tems de pefte à un Soldat.

Au refte il n'eft pas, je croi, neceffaire que le Teftateur foit frapé de pefte, afin que fon teftament vaille, feulement avec cinq témoins, quoi que Mr. Maynard & Mr. d'Olive parlent des Teftateurs atteints de ce mal, & que nommément le Prefident Boyer Decifion 228. num. 11. & Papon Liv. 20. Chap. *des Teftamens*, Arrêt 11. excluent ceux qui n'en font point atteints, du droit de tefter, avec ce nombre de témoins, par des confequences tirées de cette Loi 10. *ff. de teftam. mil.* Suivant l'explication de Cujas au Liv. 26. de fes Obfervations Chap. 10. elle eft dans·le cas d'un malade frapé de pefte, ou que les témoins croyoient alité de ce mal-là, ce qui les tenoit en crainte, *Contagionem deterrentes*, dit la Loi, *putà teftatore laborante contagiofo morbo aut teftibus exiftimantibus eum decumbere eo morbo*, mais la difficulté de trouver & d'affembler des témoins ne ceffe point, quoi que celui qui veut tefter ne foit point frapé de pefte, c'eft un tems où tout eft dans une crainte & une défiance generale & reipective, où l'on fe fuit reciproquement, de peur de prendre les uns des autres le mal que tous cherchent à éviter, & c'eft la raifon fans doute de la difpenfe acordée d'affembler & de joindre les témoins, *illis jungi atque fociari remiffam eft.* Ainfi que le Teftateur foit atteint de pefte, ou qu'il ne le foit pas, s'il tefte dans le lieu où elle eft, les raifons de difpenfer du nombre legitime des

témoins

témoins, & de les affembler fubfiftent independament de l'état de la perfonne du Teftateur. Les lieux que la pefte ravage deviennent des folitudes auffi dépeuplées que les champs, & la terreur y eft generalement répanduë.

CHAPITRE LV.

Du Teftament Militaire.

Si le Teftament retenu par l'Aumônier du Regiment a befoin de refomption des témoins.

LE privilege des teftamens militaires confifte à n'être affujétis à aucune des formalitez requifes dans les autres teftamens. La volonté du Soldat n'a qu'à paroître, il eft le maître de la maniere de la declarer. Les Jurifconfultes fe font expliquez fur cette matiere en termes trés-précis ; *Faciant igitur teftamenta quomodo volent faciant quomodo poterunt fufficiatque ad bonorum fuorum divifionem nuda voluntas teftatoris,* dit la Loi premiere, *ff. de teftam. mil.* Les dangers où s'expofent pour la Republique ceux qui s'engagent dans cette profeffion glorieufe, l'ignorance prefumée en eux de toutes les folemnitez des teftamens, & la difficulté où ils peuvent fe trouver fouvent de les remplir toutes, par le tumulte de leur profeffion & la diffipation de leur vie ; toutes ces confiderations, dis-je, leur en ont acordé la difpenfe, & rendent leur volonté de quelle maniere qu'elle foit connuë, digne d'une finguliere recommandation : deux témoins fuffifent donc pour la preuve d'un teftament militaire, parce que c'eft la preuve legitime.

Quoi que ce privilege de tefter militairement foit reftraint par quelques-unes de nos Loix à ceux qui font dans l'exercice actuel de la guerre & dans le camp, *quatenus militant, & in caftris degunt,* dit Juftinien, *quandiu in expeditionibus funt occupati,* dit la Loi 17. de ce Titre, au Code : D'autres neanmoins ont acordé ce privilege au Soldat, *ex eo tempore quo in numeros re-*

latus eft. C'eft la Loi 42. au Digefte, à laquelle on peut joindre la Loi premiere, *ff. de bon. poff. ex teftam. mil.* qui decide que fi un Soldat eft envoyé d'une Armée en un autre, il peut pendant la route tefter militairement, *antequam pervenerit quamvis in numeris non fit.* Maynard raporte un Arrêt au Liv. 5. Chap. 17. qui a declaré bonne comme teftament militaire, la difpofition d'un écolier allant à la guerre, faite devant le Capitaine & le Sergent Major de fa Compagnie : J'en raporterai un autre qui confirme comme militaire, le teftament d'un Soldat natif de Lavaur, lequel ayant été bleffé mortellement à la bataille de Nortlingue, fut porté dans un Hôpital d'une Ville voifine où il avoit fait ce teftament, retenu par l'Aumônier du Regiment en prefence de fix témoins. L'heritier inftitué dans ce teftament, troublé par un autre heritier inftitué dans un teftament precedent, qui contenoit une claufe dérogatoire, dont il n'étoit, pas fait mention dans le dernier ; cette derniere difpofition fut neanmoins confirmée par une Sentence du Senêchal qui demeura fans apel pendant quelque tems, pendant lequel l'heritier qu'elle maintenoit fit refumer deux témoins de fix numeraires fans apeller l'autre partie ; enfuite l'apel ayant été relevé, & l'affaire portée fur le Bureau de la Seconde Chambre des Enquêtes, on convint que le teftament fait aprés cette bleffure mortelle, reçûë dans la bataille, quoi que fait dans l'Hôpital d'une Ville, pouvoit joüir du privilege du teftament militaire, que l'Aumônier du Regiment regardé comme Curé du Soldat avoit pû le retenir, & qu'il valoit quoi qu'il n'y fût pas fait mention de la claufe dérogatoire apofée au précedent teftament : il eft vrai que par les circonftances du fait on pouvoit préfumer que le dernier étoit la veritable volonté du Soldat, & l'omiffion de la claufe dérogatoire un pur oubli. Mais la caffation de la refomption des deux témoins qui avoient été prefens au teftament, & l'avoient figné, & qu'on avoit trouvé à Lavaur, étant demandée, parce qu'elle avoit été faite fans apeller l'autre partie, il intervint partage ; les uns étant d'avis d'ordonner une autre refomption, partie apellée, & les autres au contraire de maintenir diffinitivement l'heritier inftitué dans le dernier teftament ; Il fut conclu au dernier avis, par la

raifon, que le teftament avoit été retenu par l'Aumônier du Regiment, qui doit être regardé comme le Curé : Or que le teftament retenu par le Curé n'a pas befoin de refomption. Devenu
perfonne publique par l'autorité que les Ordonnances lui donnent fur ce point, il donne un caractere d'acte public au teftament qu'il retient en vertu d'un pouvoir legitime, qui difpenfe par
confequent de la refomption ; & fi cette refomption étoit neceffaire, ce pouvoir donné au Curé ne feroit rien, & le teftament
retenu par lui n'auroit nul avantage fur celui qui feroit écrit par
une perfonne privée avec un nombre fuffifant de témoins ; ainfi
cet Arrêt decide ou fupofe que dans le teftament retenu par le
Curé, la refomption n'eft pas neceffaire, puifque celui qui eft
retenu par l'Aumônier du Regiment n'en a pas befoin, par le
raport qu'il y a de l'Aumônier au Curé ; & quoique dans l'efpece
de nôtre Arrêt l'Aumônier n'eût pas remis ce teftament entre les
mains d'un Notaire, comme il eft de l'ufage, on crût que cette
omiffion ne pouvoit pas donner atteinte au teftament, l'Ordonnance de Blois art. 63. qui permet aux Curez de retenir les teftamens, n'exigeant pas d'eux cette remife : on ajoûtoit que n'y
ayant pas de partie lors de la refomption, puifque la Sentence
qui maintenoit l'heritier du dernier teftament étoit alors fans apel
ni reclamation, il avoit pû fe difpenfer d'apeller à cette refomption celui que la Sentence avoit mis hors d'interêt ; d'autant plus
que le fein de deux témoins apofé au teftament & à la refomption n'étoit pas difputé ; qu'on n'opofoit pas que ce n'étoit pas
leur fein, & que ce dernier teftament étoit fait en faveur du plus
proche parent éloigné de deux cens lieuës : mais la raifon qui
decida fut celle que j'ai marqué ci-deffus, que c'étoit le teftament
d'un Soldat retenu par celui qui lui tenoit lieu de Curé. L'Arrêt
eft du mois de Decembre 1651. il fut rendu au raport de Mr. de
Chaubard, Mr. de Catellan étoit Compartiteur.

Z z ij

CHAPITRE LVI.

Du Teftament mutuel.

QUatre freres s'inftituent reciproquement heritiers dans un même teftament, & il y eft dit qu'ils ne pourront le revoquer qu'au cas qu'ils auront des enfans & en leur faveur ; deux de ces quatre freres meurent, & leur heredité eft divifée entre les deux furvivans, conformement à ce teftament reciproque, le troifiéme, aprés avoir profité de la fucceffion des prédecedez, vient à mourir, & inftituë un étranger, procez entre cet heritier & le quatriéme frere, qui demande que cette difpofition foit declarée nulle, comme n'ayant pû revoquer le teftament reciproque, dont le défunt avoit profité par la bonne foi des prédecedez qui avoient exactement tenu la promeffe, de ne pas revoquer ce teftament ; Au contraire il étoit reprefenté que ces teftamens mutuels & reciproques, qui peuvent être reçûs dans le païs Coûtumier, ne fçauroient l'être dans le païs de Droit écrit, puifque c'eft une des plus conftantes Maximes des Loix Romaines, qu'on ne peut s'impofer l'obligation de ne pas changer de volonté & de difpofition teftamentaire, *nemo poteft fibi eam legem dicere, ut à priore voluntate fibi recedere non liceat.* Par Arrêt du mois de Juillet 1655. aprés partage porté de la Seconde à la Premiere Chambre des Enquêtes, Raporteur Mr. de Chaubard, Compartiteur Mr. de Sevin, le quatriéme frere fut maintenu aux biens que le défunt avoit eu de fes deux autres freres en confequence du teftament reciproque, comme étant chargé de les lui rendre, & l'heritier inftitué par ce troifiéme frere fut maintenu aux autres biens du défunt, par où la liberté des teftamens fut menagée : mais les heritiers du Teftateur furent privez du profit qu'il avoit fait en confequence d'une convention qui avoit été de bonne foi executée à fon égard, & qu'il n'avoit pas voulu de même executer de fon côté.

CHAPITRE LVII.

De ceux qu'il faut apeller à la faction de l'Inventaire.

PAr Arrêt du mois de Janvier 1667. en la Premiere Chambre des Enquêtes, au procez de Bourbas frores, il fut jugé que l'inventaire fait par un fils sans apeller les legataires, ni les autres freres & sœurs, étoit nul, du moins quant aux freres & sœurs, que l'heritier ne pouvoit pas ignorer y avoir interêt, & qui en cas d'abstention ou de repudiation étoient heritiers *ab intestat*, les enfans ont en effet un droit si naturel sur les biens de leur pere, qu'il est juste & indispensable de les apeller à la description & à l'inventaire de ses biens. L'Arrêt condamne l'heritier à payer à son frere une pension que le pere commun lui avoit constitué pour son titre Clerical qui n'avoit été ni publié ni insinué., quoique cet heritier repudiât l'heredité, se contentant des donations anterieures à ce titre Clerical, duement insinuées & faites en faveur de mariage, qu'il alleguât l'insuffisance des biens, & qu'il y eût deux témoins à l'inventaire : Mais on convint que pour la confection de l'inventaire il n'est pas necessaire que l'heritier fasse apeller les creanciers ; la Loi *scimus Cod. de jur. delib.* ne l'exige point, & la Novelle 1. Chap. 2. §. 1. veut seulement que les legataires & fideicommissaires soient apellez s'ils se trouvent dans le lieu où l'inventaire est fait ; L'heritier n'est pas obligé de connoître les creanciers. Il a droit de les ignorer jusqu'à ce qu'il ait eu connoissance des affaires de l'heredité, que le seul inventaire peut lui donner ; il ne peut ignorer de même les legataires & fideicommissaires. Godefroi neanmoins & Cujas sur cette Novelle premiere, aussi-bien que Faber Liv. 6. Tit. 11. disent qu'il faut apeller les creanciers : Il leur a paru que la qualité de creancier interessoit davantage & plus favorablement à la faction de l'inventaire que la qualité de legataire & de fideicommissaire ; mais les legataires & fideicommissaires sont encore plus interessez à l'exactitude de l'inventaire, par la raison même qu'ils ne viennent qu'après tous les creanciers ; la Novelle 119. *Cap. ad hæc.* qui decide que le Mineur qui veut repudier une heredité qu'il a purement acceptée, doit apeller à l'inventaire les creanciers, aussi-bien que les legataires & fideicommissaires, n'est pas contraire à ce que je viens de dire ; les creanciers sont connus alors, ils sont cause de la repudiation que les seuls legataires & fideicommissaires ne sçauroient obliger à faire, à cause du droit de quarte que l'heritier peut retenir sur eux.

CHAPITRE LVIII.

De la joüissance des biens d'un absent.

L'Homme peut vivre cent ans, le cas arrive quelquefois, mais il est rare : La Loi ne laisse pas de presumer toûjours dans le doute de la mort cette durée de vie ; sur cette présomption on a crû, que l'absent dont on ne sçait depuis long-tems nulles nouvelles, doit être reputé vivant jusqu'à cet âge, pour empêcher que sa succession ne soit irrevocablement deferée à ceux à qui elle peut apartenir ; mais par provision on adjuge la joüissance de ses biens, non à l'heritier qu'il a institué avant son départ, s'il n'a une procuration de l'absent, mais à ses plus proches parens, & successeurs *ab intestat*, en baillant neanmoins cautions de rendre à l'absent même s'il revient, ou à ses heritiers *ab intestat*, qui se trouveront en état de lui succeder au tems de son decez, si l'on peut avoir des nouvelles de ce tems-là ; ainsi par Arrêt du 2. Juin 1650. au raport de Mr. de Meynial, à la Premiere Chambre des Enquêtes, la joüissance provisoire des biens d'un homme absent depuis neuf ans, fut adjugée, non à l'heritier institué avant le depart, mais à ses plus proches parens. Ce qu'il faut entendre des parens qui se trouvent les plus proches de cet absent, au tems qu'on a commencé à croire qu'il étoit mort, & ceux-là transmettent à leurs heritiers, ce droit de joüissance provisoire, comme il fut jugé en la Premiere Chambre des Enquêtes, au raport de Mr. de Caissagnau Glatens, en la cause de Gaignave, &

Oulié, le 5. Avril 1677. & par autre Arrêt du 23. Mars 1679.
rendu en l'Audience de la Grand'-Chambre, prononcé par Mr.
le Premier Préfident Ficubet, en la caufe de Cerat, plaidans de
Pira & Lacefquiere ; Par cet Arrêt la joüiffance provifoire des
biens de l'abfent fut adjugée à l'heritier teftamentaire du pere de
cet enfant, qui étoit étranger à la famille, & nullement parent, à l'exclufion de la tante de cet abfent la plus proche parente, parce qu'on crût que s'étant écoulé 24. ans d'abfence fans
qu'on eût fçû des nouvelles de l'abfent, fon pere l'ayant crû mort,
comme il l'avoit témoigné en plufieurs actes, fur tout dans fon
teftament, & ce pere ayant vêcu 24. ans, après le départ qui
avoit commencé l'abfence de ce fils, l'adminiftration & joüiffance provifoire des biens lui étoit acquife comme au plus proche, au tems qu'on avoit commencé de croire la mort de l'abfent, & que le pere avoit tranfmis ce droit d'adminiftration &
joüiffance à fon heritier teftamentaire. Mais fi l'abfent ne revient
pas, ou fi on n'a pas de nouvelles certaines du tems de fon decez, les biens feront irrevocablement acquis, après la centiéme
année de cet abfent, à ceux à qui la joüiffance en aura été
acordée.

J'ait dit que cette joüiffance doit être baillée aux plus proches
parens, plûtôt qu'à l'heritier teftamentaire s'il n'a pas de procuration, ce qui pourtant comme je croi devroit recevoir quelque
temperament : j'eftime donc qu'il faudroit donner cette adminiftration & joüiffance au plus proche parent de l'abfent, pendant
dix ans, à compter du jour qu'on n'a pas eu de nouvelles, &
qu'on l'a crû mort, & la donner après ces dix ans à l'heritier inftitué, à la charge de bailler cautions, d'en rendre compte à
l'abfent en cas qu'il revienne : Il femble que l'abfence de dix
ans fans aucunes nouvelles, après de pareilles conteftations qui
ont fait du bruit & reveillé les recherches, eft une affez grande &
affez forte prefomption de mort, pour transferer la preuve du contraire à ceux qui la nient, ou du moins pour operer la joüiffance
provifoire en faveur de celui qui eft inftitué par l'abfent, de peur
de lui faire perdre entierement le fruit de cette inftitution, par
une prefomption fondée fur la Loi : mais fi peu conforme à

la nature , & fi éloignée du cours ordinaire de la vie des hommes.

Par Arrêt du 27. Avril 1669. au raport de Mr. d'Olivier, en la Grand'-Chambre, en la caufe de Pierre Paftor, il a été jugé que le plus proche parent de l'abfent pouvoit demander caffation, par lefion & minorité, de la vente de tous les biens paternels & maternels, faite par cet abfent avant fon départ à une fœur naturelle, en quoi il paroit être plûtôt regardé comme adminiftrateur, tenant lieu d'heritier par provifion, que comme Procureur.

CHAPITRE LIX.

Si l'heritier chargé de rendre à un d'entre plufieurs à fon choix, aprés qu'il s'eft declaré chargé verbalement de rendre à celui des éligibles qu'il vient à nommer, peut enfuite en élire un autre.

J'Ai dit ailleurs que l'heritier chargé de rendre aprés fon decez à un d'entre plufieurs, aprés une élection déja faite, qui n'eft proprement qu'une deftination, peut varier & rendre à un autre des éligibles. J'ajoûterai qu'il a même été jugé que la déclaration ..... par cet heritier, qu'il eft chargé de rendre à celui qu'il nomme, ne l'empêche pas de varier, & de rendre enfuite à un autre ; Une mere chargée par le teftament de fon mari, qui l'inftituë heritiere, de rendre à un de fes enfans, fait une donation entre vifs en faveur de l'un d'eux, & dans ce même acte lui rend l'heredité paternelle, declarant & affirmant avec ferment fur les faintes Evangiles, que fon mari l'a chargée de reftituer à celui-là. Par Arrêt du 10. Juin 1653. au raport de Mr. de Madron, en la Premiere Chambre des Enquêtes, il fût decidé que nonobftant cette reftitution faite dans un acte irrévocable, acompagnée de cette déclaration & de ce ferment, la mere avoit pû varier ; il eft vrai que l'affertion étoit faite long-tems aprés la mort du Teftateur

tateur, qu'elle étoit volontaire, & non à la requisition du substitué, & qu'ainsi on n'étoit pas au cas de la Loi derniere, *Cod. de*
fideic. Cette decision est conforme à la doctrine du President
Faber, Liv. 6. Tit. 5. defin. 7. qui dit, qu'une déclaration de
fideicommis contenuë dans un premier testament, est annullée
par un second qui le revoque, sa raison est qu'il y a plus de fraude que de fidelité à presumer dans de pareilles déclarations, *Con-*
fessis, &c. Soubçon qui n'étant pas affoibli dans le cas de nôtre
Arrêt, par le serment & par les autres acompagnemens par lesquels la mere avoit voulu fortifier sa déclaration, & la rendre
irrévocable, *Confessio illa fideicommissi magis donandi animo, &*
ad cautelam impediendi secundi testamenti in fraudem legum,
quam gratia explendæ fidei facta videtur.

L'exprés, comme je l'ai dit ailleurs, prévaut au tacite élection
formelle quoique subsidiaire du Testateur, qui charge de rendre
à l'élection interpretative de l'heritier chargé ; L'interpretation
qui convertit l'institution en élection, n'est d'ailleurs reçûë que
pour empêcher que les biens du fideicommis ne soient divisez
contre la volonté du Testateur, qui chargeant de rendre à tel
des enfans que l'heritier élira, marque assez qu'il souhaite que les
biens qu'il laisse soient reünis en une seule main ; l'inconvenient
de cette division n'est point à craindre ni à empêcher, lorsque le
Testateur a nommé au fideicommis, au cas que l'heritier ne
nomme pas, ainsi l'interpretation n'y est pas necessaire ; J'ai dit
au Chapitre 27. de ce Liv. qu'il en étoit de même dans le cas
du mari, qui donne en se mariant à celui de ses enfans qu'il élira,
& s'il n'élit point, à celui qui sera élû par la femme, & s'ils n'é-
lisent ni l'un ni l'autre, à l'aîné : le mari mourant sans élire, &
la femme instituant ensuite un de ses enfans autre que l'aîné,
celui-ci ne laissera pas de recüeillir la donation : Les mêmes
raisons y sont, & cette autre de plus, que les contrats étant
si recte juris, les termes doivent être pris plus litteralement, &
reçoivent moins d'interpretation & d'étenduë.

CHAPITRE LX.

De l'élection tacite.

L'Inſtitution faite par l'heritier d'un des éligibles eſt une élection tacite au fideicommis, comme je l'ai déja dit ailleurs ;
& cette élection tacite ſubſiſte, quoi que l'inſtitution ſoit repu-
diée ; Il y a un Arrêt qui le decide ainſi du 24. Janvier 1651. aprés
partage porté de la Premiere à la Seconde. Le legs même de la
choſe qu'on eſt chargé de rendre à un d'entre pluſieurs eſt une
reſtitution, & élection tacite, ſuivant l'avis de Fernand. Pareillement la donation de la choſe qu'on eſt chargé de rendre à un
d'entre pluſieurs, faite par l'heritier à un des éligibles eſt une élection tacite, ainſi qu'on en eſt convenu en la Premiere Chambre
des Enquêtes, au jugement du procez de Goudins à mon raport,
le 17. Decembre 1667.

Mais l'inſtitution faite par l'heritier ne vaut pas élection, lors
que le Teſtateur en défaut d'élection a nommé. Ainſi un pere
étant chargé de rendre à un de ſes enfans, tel qu'il élira, & en
défaut d'élection à l'aîné, l'aîné recüeillira la ſubſtitution, quoi
qu'un de ſes freres ait été inſtitué par le pere. C'eſt ainſi que
cette queſtion fut decidée par Arrêt de 1635. au raport de
Mr. Delong, en la cauſe de la Demoiſelle de Griffis, confirmé en 1646. ſur l'opoſition d'un tiers, plaidans Pariſot &
Courtois.

CHAPITRE LXI.

Si la fubſtitution faite au legataire étranger, s'il decede
en pupillarité, comprend la vulgaire.

LA fubſtitution pupillaire que le pere fait au fils qu'il a en ſa
puiſſance, comprend ſans doute la vulgaire. Mais ſi un
étranger, inſtituant ou leguant, ſubſtituë à ſon heritier ou à ſon
legataire, au cas qu'il decede en pupillarité, cette ſubſtitution
ne comprend pas la vulgaire, & l'heritier ou legataire mourant
avant le Teſtateur la ſubſtitution expire, & le ſubſtitué n'eſt
point apellé. Ainſi d'Aymié Marchand de Touloufe par ſon
teſtament, par lequel il inſtituoit ſa fille, ayant legué 200. livres
à Jeanne Lafont fille de ſon Jardinier, payable lors qu'elle ſe
marieroit, & ſi elle venoit à deceder en pupillarité, ayant
ſubſtitué le pere & la mere de cette fille, il fut jugé que cette
fille étant morte hors de pupillarité avant le Teſtateur, le legs
demeuroit acquis à l'heritier, & que cette ſubſtitution ne comprenoit pas la vulgaire. L'Arrêt eſt du 11. Mai 1667. aprés partage porté de la Seconde en la Premiere Chambre des Enquêtes, Raporteur Mr. de Chaubard, Compartiteur Mr. de Puymiſſon. La raiſon de cette deciſion eſt, que les Loix qui ont
dit que la ſubſtitution pupillaire comprend la vulgaire, ſont dans
le cas de la ſubſtitution faite par le pere au fils non émancipé.
Qu'un étranger ne peut pas ſubſtituer pupillairement, que le legs
étoit devenu caduque, & qu'encore que par la Loi unique, *Cod.*
de caduc. toll. Le legataire étant mort avant le Teſtateur, le legs
revienne à l'heritier, ce n'eſt que le legataire ait un ſubſtitué,
auquel l'heritier doive rendre le legs ; cela doit être entendu en
cas que la condition ſous laquelle la ſubſtitution eſt faite n'ait pas
défailli, comme elle avoit défailli dans l'eſpece propoſée dans ce
Chapitre, le pere & la mere étant ſubſtituez à cette fille ſi elle
decedoit en pupillarité, & cette fille étant morte âgée de quatorze
ans. La condition du decez en pupillarité dans la diſpoſition d'un

Teftateur étranger, eft une fimple condition, & non une fubftitution pupillaire contenant la vulgaire.

CHAPITRE LXII.

*Si ce que l'heritier a par fon induftrie, à l'ocafion des
biens fubftituez, apartient au Fideicommiffaire.*

P Ierre Barracan heritier chargé de fideicommis, ayant échan-
gé une piece de terre, dépendant de la fubftitution, de valeur de 100. livres, avec une autre piece de valeur de 500. livres,
& fes biens ayant été generalement faifis, il fut jugé le 24. Decembre 1660. au raport de Mr. Caffaignau, que les 400. livres
de la plus valuë n'étoient pas des biens de la fubftitution, mais des
biens propres de l'heritier : Et fes creanciers gagnerent ce point
contre fes enfans fubftituez par l'ayeul. La plus valuë en ce cas
eft juftement acquife à l'heritier, puis qu'il l'a, non pas *ex bonis
defuncti*, mais par fon adreffe, ou par le peu d'habileté de celui
avec qui il fait l'échange, *id habet ex decifione fua, vel ex
ftultitia emptoris*, comme dit le Jurifconfulte en la Loi 3. *ff. ad
leg. falc.*

Par la même raifon, fi l'heritier paye une dette du Teftateur,
& que le creancier faffe une quitance de cette dette pour une
moindre fomme, cet heritier pourra repeter fur les biens fubftituez l'entiere fomme que le Teftateur devoit, comme il a été
jugé par un Arrêt dont j'ai déja parlé ailleurs, rendu en la Seconde
Chambre des Enquêtes, au raport de Mr. Daliez le 14. Fevrier
1681. en la caufe de Lapra & Andrée.

Par ce même Arrêt il fut jugé que l'heritier ayant traité avec
fes freres & fœurs, qui avoient des legs paternels & maternels,
& les ayant acquis pour une moindre fomme, l'heritier de cet
heritier pouvoit demander fur les biens fubftituez les entiers legs,
mais il intervint partage pour fçavoir, s'il falloit adjuger feulement les entiers legs, ou s'il falloit lui adjuger le fupplément de
legitime qui pouvoit competer à ces cadets avec qui l'heritier

avoit traité, quoi que ces cadets ne se fussent jamais plaints, & n'eussent jamais demandé aucun supplément. Ce dernier avis paroit fondé sur l'autorité de Ferrieres, qui dit en la Quest. 303. *Sine ulla distinctione legitima quæ ab hærede gravato acquisita est, vel per renunciationem factam in ejus favorem, vel per præscriptionem, omnimodo ad hæredem pertinet.* Ce partage porté en la Premiere par Mr. Daliez Raporteur, & Mr. Dupuy Compartiteur, il fut conclu à l'avis de ceux qui vouloient seulement adjuger les entiers legs, & non le supplément. La principale raison fut une circonstance particuliere de ce procez ; Les legataires, bien loin de s'être plaints de la modicité de leurs legs, l'avoit au contraire demandé, l'heritier avoit soûtenu qu'ils étoient immenses, qu'ils excedoient de beaucoup la legitime, & qu'il falloit les retrancher, de sorte qu'on crût que l'heritier de l'heritier ne pouvoit pas tenir un langage different, & demander un supplément de legitime du chef de ces legataires : Supplément qui perd d'ailleurs beaucoup de sa faveur, hors de la premiere main.

CHAPITRE LXIII.

De la substitution, si l'heritier decede sans enfans, ou ses enfans sans enfans.

PAr cette clause de substitution, si l'heritier decede sans enfans, ou ses enfans sans enfans, les petits-fils de l'heritier ne sont point apellez, parce qu'ils sont dans la simple condition : mais les enfans de l'heritier sont apellez, parce qu'ils sont dans la reduplicative, & que c'est une maxime parmi nous, que *liberi in conditione positi non sunt in dispositione nisi sint in reduplicativa, vel sub nomine masculorum.*

On a douté si la frequente repetition de cette clause sur la tête de chacun des enfans du Testateur, pouvoit apeller les petits-fils de ces enfans, & faire presumer une substitution graduelle & perpetuelle. Un Testateur ayant cinq enfans mâles & deux filles, instituë l'aîné, & en cas qu'il decede sans enfans, ou ses enfans

fans enfans, fubftituë le fecond ; & au cas que le fecond decede
fans enfans, ou fes enfans fans enfans, fubftituë le troifiéme ; &
au cas que le troifiéme, &c. fubftituë le quatriéme ; & au cas que
le quatriéme, &c. fubftituë le cinquiéme ; & au cas que le cinquiéme, &c. fubftituë la premiere fille ; & au cas que la premiere
fille, &c. fubftituë la feconde. Le petit-fils de l'aîné, arriere-petit-
fils du Teftateur, demandoit ouverture de la fubftitution contre
un acquereur, & pretendoit que cette frequente repetition, faite
par le Teftateur fur la tête de chacun de fes enfans, *s'il decede*
fans enfans, ou fes enfans fans enfans, pouvoit faire prefumer
une fubftitution graduelle, & l'apeller, quoi qu'il ne fut que
dans la condition. Par Arrêt du 4. Juillet 1658. rendu en la caufe
d'Henry le Noir fieur de la Redorte, demandeur en ouverture de
fubftitution, aprés partage porté en la Seconde, Mr. de Junius
Raporteur, & moi Compartiteur, il fut jugé conformement à
mon avis, qu'Henry le Noir petit-fils de l'aîné, & arriere-petit-
fils du Teftateur, n'étoit point apellé, parce qu'il n'étoit que
dans la fimple condition, & que la frequente repetition de la
claufe ne pouvoit rien changer à la Maxime, ni faire prefumer
une fubftitution graduelle. Par le même Arrêt la fubftitution apofée au teftament de l'ayeul d'Henry le Noir fut ouverte, parce qu'à l'égard de celle-là il fe trouvoit dans la reduplicative.

Ceux qui dans une claufe de fubftitution fe trouvent dans la
fimple condition ne font donc point apellez. Neanmoins s'il y
a de fortes conjectures, on les regarde apellez, *ex præfumpta*
mente teftatoris, ainfi qu'il a été jugé à mon raport le 31. Mai
1660. en la Premiere Chambre des Enquêtes, en l'affaire du
Marquis de Toyras. Noble Tanneguy de Gerard par fon teftament de 1575. inftituë Georgete fa fille unique, & au cas qu'elle
viendroit à deceder fans enfans, & fes enfans aprés elle fans enfans, fubftituë en tous fes biens & heritage univerfel Noble
Claude Gerard fon frere, & aprés lui les fiens, avec fubordina-
tion & par ordre de primogeniture, preferant les mâles aux femelles, & en leur défaut Antoine Faucon & les fiens, avec fub-
ordination, & par ordre de primogeniture, preferant les mâles

aux femelles, en portant le nom & armes du Teftateur. Loüis de Saint Bonnet Marquis de Toyras, petit-fils de Georgete, & arriere-petit-fils du Teftateur, demande ouverture de cette fubftitution à fon profit, à l'exclufion de fes fœurs. Il n'étoit que dans la fimple condition, neanmoins la fubftitution fut declarée ouverte en fa faveur ; Le Teftateur ayant apellé un collateral en défaut des petits-fils de cette fille, étoit prefumé avoir plûtôt apellé les petits-fils de cette fille. Aprés fon frere il apelloit les fiens, *deinde fuos*, qui eft un terme de gradualité : Il preferoit les mâles aux filles : Il enjoignoit de porter le nom & armes. Or, comme j'ai dit ailleurs, *una pars teftamenti per aliam declaratur*. Les claufes fubfequentes peuvent & doivent fervir à expliquer l'intention du Teftateur dans celles qui precedent, & par confequent la vocation des mâles expreffement nommez dans la ligne du frere, pouvoit être fous-entenduë dans la ligne du Teftateur même, en faveur de fes décendans mâles.

CHAPITRE LXIV.

De la liquidation des diftractions dans un Fideicommis.

LA difcution & liquidation des diftractions doit être faite entre les mains des poffeffeurs, & celui qui a acheté de l'heritier chargé de fideicommis, ne doit être depoffedé que préalablement les diftractions n'ayent été reglées & liquidées, comme la diftraction de la quarte Trebellianique, & de la legitime, quoi que la fubftitution foit en faveur des décendans. C'eft ainfi que cette queftion fut decidée au raport de Mr. de Caulet le 23. Juillet 1649. en la Premiere Chambre des Enquêtes, en la caufe de la Demoifelle de Caftillon & de Martin. L'Avocat Ferrieres fur la Queft. 496. de Guy-Pape, dit que fi le fubftitué eft décendant, la liquidation des diftractions fe fait entre les mains du fubftitué, & non en celles de l'heritier : mais ce n'eft plus nôtre ufage, & cette liquidation fe fait toûjours entre les mains de l'heritier de celui qui eft chargé de fideicommis ; à

moins que l'heritier abufant du droit qu'il a de faire faire les diftractions en fes mains, ne chicane fur la liquidation, auquel cas
on met par provifion le fubftitué en poffeffion, au moins d'une
partie des biens fubftituez, pour priver l'heritier de l'injufte fruit
de fes chicanes, qui ne peuvent guere être feparées de la mauvaife foi, ou de la mauvaife volonté.

CHAPITRE LXV.

Quelles fommes un fils doit imputer en fa legitime.

PAr Arrêt du mois de Janvier 1660. aprés partage porté de
la Seconde Chambre des Enquêtes en la Premiere, Raporteur Mr. de Boutaric, Compartiteur Mr. de Caftaing ; il fut jugé
que la fomme de 1400. livres qu'un pere avoit donnée pour faire
un fils Chevalier de Malte, devoit être imputée en la legitime du
fils : quoi que le pere, en payant cette fomme, n'eût ni declaré,
ni marqué qu'il vouloit qu'elle fut imputée. Le fils étoit majeur
de quatorze ans, mais mineur de vingt-cinq ans lors qu'il étoit
allé à Malte, & que la fomme avoit été comptée. Il avoit fervi
vingt-quatre ans & pris la qualité de Chevalier, tant avant qu'a-
prés le decez de fon pere, mais il n'avoit pas fait profeffion, &
difoit, pour fe difpenfer d'imputer, qu'il n'étoit pas dans le deffein
de la faire. C'étoit un établiffement convenable que le pere avoit
procuré à fon fils, qui en y renonçant ne pouvoit pas priver le
pere ou fes heritiers de demander l'imputation de ce qui avoit été
donné pour le lui imputer.

Le fils neanmoins n'impute pas en fa legitime les dépenfes que
le pere a faites pour fon éducation ; Sur ce pied, fuivant la plus
commune opinion des Docteurs, il n'impute point les armes
chevaux & équipages que fon pere lui a donnez pour aller à
l'Armée, les fraix faits pour tenir ce fils dans des Univerfitez
ou des Academies, generalement tout ce qui a été fourni *ftudio-*
rum causâ, fuivant la decifion de la Loi 50. *Quæ pater, ff. de*
famil. ercifc. ni les fraix du Doctorat, comme il fut jugé à mon
rapor

raport au procez des Turles. Ce n'eſt point établiſſement dans
tous ces cas, c'eſt éducation. C'eſt quaſi un devoir que la pieté
paternelle ſemble exiger d'un pere, & auquel on croit qu'il a
voulu ſatisfaire, s'il n'a témoigné qu'il a eu une intention contraire, & que ſon deſſein n'a été de prêter ou d'avancer ces choſes pour ſon fils, *ſi non credendi animo*, dit la Loi que j'ai citée,
ou ſi le fils ayant des biens propres, dont le pere eſt l'adminiſtra-
teur on peut préſumer que c'eſt en cette derniere qualité, non
comme pere qu'il a fait ces fraix, & qu'il a voulu par conſequent
que ſon fils les imputât. C'eſt l'avis de Godefroy ſur cette Loi.
Sur ces principes que je viens d'établir, on doit avec beaucoup
de raiſon douter de ce qu'avance Vaſquez dans ſon traité des
Succeſſions, que le fils n'impute point en ſa legitime les fraix
que le pere a faits dans un procez, pour obtenir un Benefice à
ce fils; ſur tout, ſi ces fraix ſont conſiderables, & ſi le ſuccez
a été heureux, le Benefice obtenu, & par-là un établiſſement
procuré.

CHAPITRE LXVI.

De la legitime de la mere ſur les biens de ſon fils dans
la Coûtume de Toulouſe.

LA mere quelque favorable qu'elle paroiſſe dans la ſucceſſion
de ſon fils mort *ab inteſtat*, en eſt neanmoins excluſe par la
Coûtume de Toulouſe, & les biens apartiennent au plus proche
parent *ex parte patris*, comme j'ai dit ailleurs. Nôtre Parlement
a reſtraint autant qu'il a crû le pouvoir, la rigueur de ce Statut.
Ses Arrêts ne ſouffrent pas que cette excluſion s'étende aux biens
qui ſont ſcis hors du Gardiage. Et la mere, ſuivant le Droit commun, ſuccede *ab inteſtat* aux biens de ſon fils, qui ſont hors de
ce diſtrict; Dans les cas favorables nous donnons une plus grande étenduë à l'autorité de nôtre Coûtume, & elle comprend
dans ſa déciſion toute la Viguerie, c'eſt-à-dire, tout le territoire
de la Juriſdiction du Viguier, Juge Royal ordinaire; Mais dans

ce cas-ci nous refferrons cette Coûtume dans les bornes du Gardiage ou banlieüe, territoire beaucoup moins étendu, dépendant de l'autorité des Capitouls, à l'exclusion de tous autres
Officiers populaires. De plus nos Arrêts ont toûjours acordé une
legitime à la mere, même sur les biens aufquels, fuivant cette
Coûtume, elle ne peut pas fucceder *ab inteftat*, quoi que la legitime étant une portion de ce qu'on auroit *ab inteftat*, ceux qui
n'ont point de part à cette fucceffion femblent devoir être exclus
de la legitime. On a crû qu'il falloit moderer, autant qu'il fe
pouvoit, & nonobftant les incongruitez qu'il paroit y avoir, un
droit fi rigoureux, & fans s'arrêter trop fcrupuleufement en cette
occafion aux termes du Statut, de conferver du moins une legitime à cette mere, affez affligée par la perte de fon fils & de fa
fucceffion. Enfin, nos Arrêts ont decidé que la mere, dans le
cas que nous traitons, n'eft pas obligée d'imputer fur la legitime
qu'elle a fur les biens de fon fils, fcis dans le Gardiage, les biens
fcis hors du Gardiage, aufquels elle fuccede *ab inteftat*. C'eft
ainfi que cette queftion fut decidée entre Azemar mere, &
Rangouze oncle du défunt, par Arrêt du mois de Janvier 1655.
en la Premiere Chambre des Enquêtes, au raport de Mr. de
Lafont, conforme à d'autres raportez par Mr. Laroche-Flavin
dans fa fuite d'Arrêts, Tit. 63. Arr. 10. & par Mr. Maynard
Liv. 2. Chap. 84. Ce feroit en effet priver indirectement la mere
de fa legitime fur les biens du Gardiage, fi on lui faifoit imputer
ce que par le droit commun elle reçoit de la fucceffion *ab inteftat*
de fon fils pour les autres biens.

CHAPITRE LXVII.

Comment fe regle la fucceffion entre l'oncle du défunt, &
le neveu du défunt, decedé ab inteftat.

L'Oncle du défunt & le neveu du défunt étant également au
troifiéme degré ; il femble d'abord qu'ils doivent concourir
dans la fucceffion *ab inteftat*. Neanmoins la Novelle 118. Chap. 3.

sur la fin, donne la préférence au neveu à l'exclusion de l'oncle du défunt. Après avoir dit que les neveux concourent avec les freres du défunt, qui sont leurs oncles, elle ajoûte : *Illud palam est quia thiis defuncti, sive masculis, sive fœminis, sive à patre, sive à matre præponuntur, & si etiam illi tertium cognationis obtineant gradum.* La raison qui en est marquée immediatement auparavant, est que le neveu concourant avec le frere du défunt, doit exclure l'oncle du défunt ; & quoi que l'oncle du défunt & le neveu soient au même degré, c'est une raison de douter qu'on ne peut plus alleguer, après une decision si précise de l'Empereur, qui peut même être fondée sur ce que la succession décend plus aisement & plus naturellement qu'elle ne remonte. Suivant cette doctrine il y a un Arrêt qui dans le concours de l'oncle & du neveu, donne la préference au neveu. Il est du mois de Mars 1657. aprés partage porté de la Seconde en la Premiere, Raporteur Mr. de Laporte, Compartiteur Mr. de Catellan mon frere, depuis Président en la Premiere Chambre des Enquêtes.

CHAPITRE LXVIII.

Si on peut être reçû en preuve que les témoins du testament ont signé separément, & non tous ensemble ; Et de l'imbecillité ou frenesie du Testateur.

UN Testateur fait un testament clos, qu'il signe à chaque page ; Il y fait ensuite aposer la suscription par un Notaire, & la signe ; l'Acte de suscription marque la presence de sept témoins qui y sont nommez. Les heritiers *ab intestat* demandent cassation de ce testament, & soûtiennent que les témoins ont signé separément, & non en même lieu, *& uno contextu*, le Testateur ayant porté separément à chacun d'eux l'acte de suscription pour le signer, & demandent d'être admis à la preuve de ces faits : Par Arrêt du 11. Septembre 1665. en la

Seconde Chambre des Enquêtes, au raport de Mr. de Sevin
Manfencal, ces heritiers *ab inteftat*, furent demis de leur demande, les parties étoient Jeanne Roqueyrole, heritiere inftituée par
Jean Jurade & Ifabeau d'Agan, la plus proche parente du défunt : & cet Arrêt fur l'opofition d'un donataire d'Ifabeau d'Agan,
a été confirmé par autre Arrêt du 5. Septembre 1666 aprés partage porté de la Grand'-Chambre en la Premiere Chambre des
Enquêtes, Raporteur Mr. Delong, Compartiteur Mr. de Chaubard ; on fe fonda principalement fur ce que la volonté du défunt ne pouvoit pas être conteftée, puis qu'il avoit figné à chaque
page le teftament, & l'acte de fufcription, & que le fait allegué
n'alloit pas même à la rendre incertaine & douteufe.

Mais par un Arrêt pofterieur rendu à mon raport le 10. Fevrier
1668. la Cour confirma une Sentence du Senêchal du Puy, qui
recevoit Françoife Gay à prouver & verifier par le Notaire &
& témoins numeraires, les faits par elle foûtenus, que les témoins
mentionnez au teftament de François Gay Sr. de Lareze fon
frere, n'avoit pas été tous enfemble prefens, que les témoins
n'avoient ni veu ni oüi le Teftateur, & que le Teftateur ne les
avoit point veus ; & en la caufe d'apel, François Gay ajoûtoit
que le Notaire n'avoit pas pris la volonté du Teftateur de fa bou-
che : mais que le Curé lui raportoit & à une partie des témoins,
ce qu'il difoit lui avoir été dit par le Teftateur ; L'Arrêt que je
raporte admet à prouver ces faits, dont la preuve, comme il eft
aifé de voir, pouvoit rendre la volonté du défunt fort douteufe
& fort incertaine.

Dans l'inftruction de ces deux procez, qui ont donné lieu
aux Arréts que je viens de raporter ; on en avoit remis un autre
rendu au raport de Mr. de Bertier, en l'année 1664. qui avoit
confirmé une Sentence du Senêchal, qui recevoit à prouver par
les témoins numeraires, qu'ils n'avoient pas été tous prefens au
teftament, & qu'ils avoient figné feparément en divers tems ; on
remettoit d'autre côté un Arrêt du Parlement de Provence, en
une caufe évoquée du Nôtre, entre la Dame de Blandinieres,
femme du Sr. de Viguerie, Lieutenant Principal au Senêchal de
Touloufe, & le Sr. de Blandinieres, heritier teftamentaire

d'Accurſe de Blandinieres frere de cette Dame, par lequel Arrêt
on refuſa à la Dame de Blandinieres de l'admettre à prouver,
que les témoins qui avoient ſigné l'acte de ſuſcription l'avoient
ſigné ſeparément & en divers tems, le Notaire l'ayant porté chez
chacun d'eux ſeparément ; il eſt vrai qu'à l'égard de ce dernier
Arrêt il y avoit des circonſtances particulieres, & principalement
que le Teſtateur avoit écrit tout le teſtament de ſa main, & l'avoit
ſigné, comme il avoit ſigné encore l'acte de ſuſcription, & que
l'impugnante avoit aprouvé le teſtament en recevant un legs de
10000. liv. contenu dans la même diſpoſition.

Quant à l'imbecillité ou freneſie du Teſtateur, on reçoit à la
preuve celui qui la ſoûtient, quoi qu'il ne s'inſcrive pas en faux
contre le teſtament, il y en a pluſieurs Arrêts ; il y en a un entre
autres du 18. Août 1667. en la Premiere Chambre des Enquêtes,
au raport de Mr. de Guillermin, par lequel Marthe de Gautier
fut reçûë à la preuve par toute ſorte de témoins, de la freneſie
dans laquelle elle ſoûtenoit que ſes deux freres étoient lors qu'ils
firent leur teſtament, quoi qu'il fut atteſté par le Notaire & les
témoins que les Teſtateurs étoient en leur bon ſens, & qu'ils
euſſent inſtitué leur frere aîné : j'en ai raporté un autre ailleurs
rendu au profit de la Dame de Saint Blancard, qui ſans inſcrip-
tion de faux, la reçoit à prouver que ſa mere étoit imbecille, &
qu'elle ne pouvoit prononcer & articuler pour ſe faire entendre,
quoi que le teſtament portat que la Teſtatrice en ſon bon ſens
avoit declaré ſa volonté au Notaire & aux Témoins.

De tout ce que je viens de dire, je croi que l'on peut conclure
qu'on ne reçoit point en pareilles ocaſions les preuves des faits,
qui n'attaquant & ne revoquant en doute que la ſolemnité du
teſtament, laiſſent hors de doute la volonté du Teſtateur, qui
demeure certainement établie.

CHAPITRE LXIX.

Si l'abſolution du condamné à mort par défaut, ou la preſcription du crime, a un éfet retroactif pour les ſucceſſions échuës pendant la contumace.

L'Abſolution du condamné doit avoir un éfet retroactif pour les ſucceſſions qui lui ſont échuës pendant la contumace, & depuis qu'il eſt mort civilement. Cette deciſion paroît équitable & fondée ſur les principes du Droit, l'abſolution declare l'innocence de l'acuſé, éteint ſa condamnation, le doit faire regarder comme n'ayant jamais été condamné, & le rendre par conſequent capable de recüeillir les ſucceſſions qui lui ont été deferées pendant la contumace, & depuis la mort civile qu'il avoit encouruë, quoi qu'il ne parut pas capable de les recüeillir au tems du teſtament & du decez du Teſtateur. Ainſi l'inſtitution de celui qui eſt *apud hoſtes* eſt bonne, *ſi reverſus fuerit ab hoſtibus,* quoi que long-tems après le teſtament & le decez du Teſtateur, ſuivant la deciſion du Juriſconſulte en la Loi 32. *illa inſtitutio. ff. de hæredib. inſtit.* D'où l'on peut conclure que le condamné à mort, quoi qu'incapable de recevoir au tems du teſtament & du decez du Teſtateur, s'il vient dans la ſuite à être abſous, r'entre par-là dans tous ſes droits, *quaſi jure poſtliminii.* Il ſeroit injuſte de vouloir qu'il en demeurat privé, & de ne pas afranchir de toute peine une innocence plus établie, quoique moins heureuſe que celle qui n'a point été attaquée, *felicior innocentia ſine reatu, poſt reatum certior,* comme a dit Seneque ; d'autant plus favorable encore qu'elle eſt à plaindre, & qu'il faut la conſoler & la dedomager d'un malheur qu'elle n'a pas merité. Sur ce fondement du Freſne au Liv. 4. Chap. 38. raporte un Arrêt du Parlement de Paris, par lequel le teſtament du Duc d'Epernon, qui avoit inſtitué le Duc de la Valete ſon petit-fils, & preterit le Duc de Candale ſon fils, condamné à mort par défaut lors du

teftament & du decez du Teftateur, fut declaré nul par cette
preterition, le Duc de Candale ayant purgé la contumace &
s'étant juftifié ; & la derniere Ordonnance criminelle de Loüis
le Grand, au titre des défauts en l'art. 28. porte expreſſement
que fi aprés les cinq ans de l'execution de la Sentence de condamnation par défaut, le condamné qui a obtenu des lettres
pour fe purger, & être reçû à efter à droit, obtient un jugement
d'abfolution ou qui n'emporte point de confifcation, les meubles
& immeubles confifquez lui feront rendus en l'état qu'ils fe trouveront, fans pouvoir neanmoins pretendre aucune reftitution des
amendes, interêts civils, & fruits des immeubles, d'où il s'enfuit
que hors l'exception dont parle l'Ordonnance, le condamné par
défaut, quoi que prefenté ou conftitué prifonnier aprés les cinq
ans, r'entre dans tous fes droits, par un Jugement qui abfout,
ou même qui ne confifque point.

Mais on demande fi la prefcription du crime a le même éfet que
l'abfolution ; il eft certain que le crime fe prefcrit par vingt ans,
fuivant la Loi *Querela*, s'il n'y a pas d'acufation ou de pourfuite,
mais s'il y a un jugement de condamnation, dont l'execution dure
30. ans, l'acufé ne prefcrit regulierement que par le laps de 30.
ans à compter du jour de ce jugement. On demande donc fi
aprés cette prefcription de 30. ans le condamné r'entre dans fes
droits, tout comme par l'abfolution : & fi cette prefcription a
comme l'abfolution un éfet retroactif pour les fucceſſions qui lui
ont été deferées pendant la contumace. Il faut decider qu'elle ne
l'a pas, parce que cette prefcription qui met à la verité le prevenu à couvert de toute pourfuite, par une exception que le
tems lui fournit, n'eft pourtant pas une preuve de fon innocence,
comme l'abfolution ; puis qu'au contraire cette prefcription étant
regardée comme le payement de la peine dûë au crime, par les
craintes & les remords qu'il a donnez durant tout le tems, fupofe
confequemment bien plus le crime que l'innocence.

Les deux queftions propofées dans ce Chapitre, furent exa-
minées au procez de Lapra, & Andrée, dont j'ai parlé ailleurs,
le 14. Fevrier 1681. en la Seconde Chambre des Enquêtes au
raport de Mr. d'Aliés, & aprés que les Juges eurent convenu que

l'abfolution auroit l'éfet retroactif dont je viens de parler, ils crûrent que la prefcription de 30. ans depuis le jugement de condamnation ne devoit pas l'avoir, la prefcription de 20. ou de 30. ans n'eft pas, comme j'ai dit, une innocencé juftifiée ; c'eft plûtôt la peine dûë au crime, prefumée payée par les craintes & les inquietudes du prevenu pendant ce tems ; ainfi le prevenu qui prefcrit contre la peine *folventi fimilis eft*, comme on le dit de celui qui prefcrit contre une creance ordinaire, s'il ne peut être recherché aprés la prefcription achevée, c'eft parce que ce feroit en quelque maniere le juger & le punir deux fois, contre la regle *ne bis in idipfam*.

Il femble que par cette même raifon le condamné executé figurativement devroit auffi-bien, ou peut-être encore mieux, prefcrire dans 20. ans, que celui qui n'a pas été condamné, & figurativement executé, puis qu'il femble que le premier doit avoir eû des craintes & des inquietudes encore plus vives que le fecond, & qu'en tout fens il paroit devoir être alors plus regardé, comme ayant payé la peine qu'il a figurativement fubie, fans conter celle d'une honte éfective qui revient d'une pareille execution : mais le premier doit non feulement à la peine, il doit encore particulierement à l'exemple, par la condamnation que l'execution figurative a renduë beaucoup plus publique ; la memoire d'un crime n'eft pas affez vieillie & affez éfacée dans vingt ans, pour pouvoir la derober à l'exemple qu'attend le public, inftruit & animé par cette execution figurative.

Ces raifons ont fans doute introduit la diftinction établie par nôtre ufage, qui ne reçoit que la prefcription de 30. ans à l'égard des condamnez, executez enfuite figurativement, au lieu que les autres condamnez font reçûs à opofer celle de vingt ; & il eft à remarquer là-deffus qu'en éfet la Loi *Querela* qui a introduit la prefcription de vingt ans pour les feuls crimes, pour lefquels il n'y a ni pourfuite ni acufation, n'eft fondée que fur la raifon que ces crimes doivent moins à l'exemple, & qu'étant moins connus l'impunité en eft moins marquée..

CHAPITRE

CHAPITRE LXX.

Si on peut renoncer à une heredité teſtamentaire ou legitime, ou à un legs, au préjudice de ſes creanciers.

NOus avons traité ailleurs de la reſtitution anticipée du fideicommis, & examiné ſi elle peut être faite au préjudice des creanciers ; voyons dans ce Chapitre ſi on peut renoncer à leur préjudice à une ſucceſſion ou à un legs.

Il eſt certain que par les Loix Romaines, celui à qui un legs eſt fait, ou à qui une ſucceſſion eſt déferée, peut refuſer d'accepter ce legs ou cette ſucceſſion, ſans que les creanciers puiſſent ſe plaindre, & l'acuſer de fraude ; c'eſt ce qu'on voit dans la Loi 6. & dans tout le titre, *quæ in fraud. credit.* l'Edit du Preteur, qui défend toute alienation en fraude des creanciers, ne regarde point ceux qui *id tantum agunt ne locupletentur*, qui refuſent une ocaſion d'acquerir, & ne comprend que ceux qui diminuent éfectivement leur patrimoine. Le debiteur n'eſt donc point obligé à s'enrichir en faveur de ſes creanciers : mais il ne lui eſt pas permis de s'apauvrir volontairement à leur préjudice ; or celui qui ne veut point le legs ou l'heredité deferée, à la verité ne veut pas augmenter ſes biens, mais auſſi il ne les diminuë pas, puiſque le legs n'eſt laiſſé ni l'heredité deferée, que ſous cette tacite condition : ſi celui à qui la liberalité eſt faite ou deferée, veut l'accepter, *quod repudiatur retro noſtrum, non fuiſſe intelligitur.*

Mais ce droit eſt-il obſervé en France ? Il a été déja établi que le fils ne peut pas au préjudice de ſes creanciers renoncer à ſa legitime paternelle ou maternelle, c'eſt une portion que la nature lui acquiert, & par raport à laquelle il eſt le maître des biens paternels, même pendant la vie de ſon pere ; le fils du-moins quant à ſa legitime, n'acquiert pas une heredité, mais ſeulement une plus libre adminiſtration de ce dont le ſang & la naiſſance l'avoit déja rendu le proprietaire , *non hæreditatem confequi videtur ,* *fed magis liberam bonorum adminiftrationem.*

Il faut decider de même à l'égard de la legitime que le pere a fur les biens de fon fils , à laquelle le pere ne peut renoncer au préjudice de fes creanciers , comme il fut jugé en la Grand'-Chambre en l'année 1678. au raport de Mr. de Laroche , en la caufe de Vayffe & Blanç ; car quoi que la legitime ne foit pas dûë au pere par un droit naturel , neanmoins lorfque par un ordre de mortalité renverfé , le pere furvit à fes enfans , il eft de la pieté & de l'équité qu'il ait une legitime *pie relinqui debet ,* & ce motif fait qu'elle eft également acquife au pere fur les biens du fils , qu'au fils fur les biens du pere.

Il refte donc à examiner fi par le Droit François on peut au préjudice de fes creanciers renoncer à une fucceffion teftamentaire ou *ab inteftat ,* ou à un legs. Il y a un Arrêt de l'année 1665. au raport de Mr. de Junius , en la caufe d'Orliac , Lacombe , & autres , qui a jugé que les enfans ne pouvoient au préjudice de leurs creanciers , repudier l'heredité teftamentaire de leur pere & de leur mere. L'Arrêt de l'année 1678. que j'ai raporté , juge pareillement que le pere qui ne pouvoit renoncer à fa legitime fur les biens de fes enfans au préjudice des creanciers , ne pouvoit auffi renoncer à leur fucceffion *ab inteftat :* cette derniere queftion fut ainfi jugée aprés partage vuidé en la Seconde Chambre des Enquêtes , Mr. de Laroche Raporteur , & moi Compartiteur : on crût que cette ancienne Jurifprudence Romaine étoit abrogée par la Coûtume generale de France , par laquelle le mort faifit le vif , & que l'heritier ou legataire étant d'abord faifi ne pouvoit plus renoncer fans diminuer fon patrimoine ; & fi celui qui eft chargé de rendre une heredité à fa mort , peut en reftituant avant le tems , renoncer à cette heredité & à la quarte , au préjudice de fes creanciers , c'eft que ce n'eft pas tant une renonciation que la reftitution plus prompte & plus fidelle d'une heredité qui ne lui apartient pas , comme encore fi le pere peut au préjudice de fes creanciers renoncer à l'ufufruit des biens laiffez à fon fils : c'eft parce qu'il fuit la volonté prefumée de celui qui n'ayant que le fils en vûë dans le don qu'il lui a fait de fes biens , a naturellement defiré que le fils en joüit, fans être empêché ni retardé par l'ufufruit du pere ; au lieu que celui qui au préjudice de fes creanciers veut renoncer à un legs ou à une heredité avantageufe, ne peut avoir aucun de ces motifs de pieté & de fidelité pour l'execution de la volonté du défunt, dont il témoigne au contraire méprifer la liberalité ; ainfi cette renonciation deftituée de toute excufe & de toute aparence de bonne foi, ne peut nuire aux creanciers.

Le même Arrêt de 1678. decide neanmoins que le pere peut au préjudice de fes creanciers renoncer par acte à la portion virile qui lui compete fur la dot de fa defunte femme, & les creanciers du pere furent deboutez de la caffation qu'ils demandoient de cette renonciation ; la raifon de cette decifion eft que cette virile apartient au pere d'une maniere irréguliere, elle n'eft point hypothequée aux creanciers fi elle ne l'a été nommément, ce qui n'étoit pas dans le cas de l'Arrêt, elle ne paffe pas aux heritiers fi le pere n'en difpofe nommément, mais fe divife entre tous les enfans : d'où il s'enfuit que puifque le pere en peut priver fes creanciers, à qui il ne l'a pas nommément engagée, en n'en difpofant point expreffement, & qu'au défaut de difpofition expreffe cette portion virile apartient à tous les enfans, *honore præcipuo & ex lege*, comme dit Juftinien dans la Novelle 22. Chap. 20. le pere peut avec plus de raifon priver fes creanciers de cette virile par une renonciation expreffe.

CHAPITRE LXXI.

*Si le furvivant des deux heritiers chargez de rendre à
un d'*entre *plufieurs, tels qu'ils éliront, peut varier
nonobftant l'élection faite par tous deux.*

*Si la faculté d'élire don*née *à deux acroit au* furvi*-
vant.*

Si la faculté de varier acroit aufft au furvivant.

Pierre Sudré ayant deux filles fait fon teftament, par lequel
il inftituë Galberte fa femme, & Antoine Boufquet fon pa-
râtre, *à la charge* de rendre fon heredité à une de fes filles ; &
au cas que fa femme auroit ci-aprés des enfans mâles, à un des
mâles ; & fi l'un de ces heritiers venoit à deceder avant la reftitution du fideicommis, le furvivant la fera ; & fi c'eft Galberte,
femme du Teftateur, en tenant vie viduelle, leur permettant de
retenir une penfion leur vie durant ; fuivant la portée de *leurs
biens :* c'étoient les propres termes du teftament. Aprés la mort
du Teftateur, l'aînée de fes filles fe mariant, les heritiers lui rendent l'heredité, Boufquet un des heritiers meurt enfuite, & aprés
lui la fille aînée fans enfans, ayant inftitué certains heritiers.
Galberte mere, revoque l'élection qu'elle, & feu Boufquet fon
coheritier, avoient faite de la fille aînée dans fes pactes de mariage, & nomme pour recüeillir le fideicommis fa fille cadete,
provenuë de fon mariage avec Pierre Sudré Teftateur. Galberte
étant decedée, la fille cadete forme inftance contre les heritiers
de fa fœur aînée, & demande le délaiffement de tous les biens de
Pierre Sudré fon pere, en vertu de la fubftitution apofée dans fon
teftament, & dit que l'élection de fa fœur aînée eft devenuë caduque, & qu'il faut la regarder comme non avenuë par le prédecez de fa fœur aînée, elle employe les raifons ramenées par
Mr. d'Olive au Liv. 5. Chap. 25.

Il eft repliqué par les heritiers de la fœur aînée, que dans les cas raportez par Mr. d'Olive, la reftitution n'avoit pas été faite *judicio defuncti* ; Que dans nôtre efpece, les heritiers n'étant pas chargez de rendre aprés leur decez, ils pouvoient rendre cette heredité pendant leur .vie, *judicio defuncti*, auquel cas la reftitution eft bonne, fuivant la Loi *Poft mortem*, *Cod. de fideic. L. fi fponfus. §. pen. ff. de donat. int. vir. & ux.* Qu'on ne peut opofer le préjugé de Gal. raporté par Mr. d'Olive dans ce Chapitre, qui à la verité, de la maniere que cet Auteur le raporte, eft dans le cas d'un heritier chargé fimplement de rendre, mais que Mr. Cambolas, qui au Liv. 6. Chap. 20. raporte le même Arrêt, dit que l'heritier étoit chargé de rendre l'heredité à celui de fes enfans, qui lui rendroient des fervices plus agréables, par où le Teftateur avoit fuffifament témoigné qu'il n'avoit pas intention de charger fon heritier d'une reftitution pure & prompte, mais de le charger feulement de rendre au tems de fon decez, à celui de fes enfans qui lui rendroit plus de fervices pendant fa vie. On ajoûtoit, que dans l'efpece prefente le Teftateur avoit témoigné qu'il defiroit, ou du moins qu'il aprouvoit & confentoit que fes heritiers fiffent la reftitution pendant leur vie, puis qu'il leur permettoit de retenir une penfion leur vie durant, & qu'ainfi la reftitution ayant été faite *judicio defuncti*, elle devoit être ferme, & n'avoit pû être revoquée en faveur de la fœur furvivante, comme le decide dans une efpece fort femblable la Loi 22. *Mulier*, *ff. ad Trebell.*

Sur ces conteftations il intervint Arrêt en la Seconde Chambre des Enquêtes, au raport de Mr. de Nicolas le 19. Juillet 1667. par lequel la premiere élection fut declarée de nul éfet, la feconde fut confirmée, & la fille cadete maintenuë aux biens du fideicommis ; on crût que celui qui eft chargé de rendre fimplement une heredité, n'eft obligé de la rendre qu'à fon decez : & que s'il anticipe la reftitution, c'eft une deftination qui ne peut nuire à ceux qui fe trouveront éligibles au tems du decez. Il paroiffoit même dans l'efpece de cette caufe que le Teftateur avoit voulu que le fideicommis eût trait de tems, & que la reftitution en pût être differée par fes heritiers jufqu'à leur decez, par les termes dont ce Teftateur avoit ufé, *que fi l'un vient à deceder avant la reftitution, le furvivant la fera, & fi c'eft fa femme en tenant vie viduelle.*

Cet Arrêt a auffi decidé, que l'élection faite par deux heritiers chargez de rendre, peut être changée par le furvivant. On crût que la faculté d'élire donnée à deux accroiffoit au furvivant, enfemble la faculté de varier que tous deux avoient, contre l'avis du Prefident Faber en fon Code, tit. 22. *de fideic. defin.* 19. *Si à duobus gravatis reftituere cum morientur faƈta fit electio, & unus decedat, irrevocabiliter confirmatur electio.* Cet Auteur ajoûte au même lieu, *fi duobus data fit eligendi facultas uno mortuo, ea intercidit.*

Le droit d'élire donné à plufieurs paffe au furvivant, parce qu'il eft à prefumer que le Teftateur l'a voulu ainfi, pour la confervation des biens en une feule main, vûë ordinaire de celui qui donne le droit d'élire; L'accroiffement du droit de varier dans le cas propofé, n'eft pas moins conforme à l'intention prefumée du Teftateur, qui fuivant toutes les aparences a porté fa prevoyance & fes vûës le plus loin qu'il a pû dans l'avenir, par les perfonnes à qui il a confié l'élection, & qui confequemment a fouhaité que le dernier mourant peut la changer à fa mort, fuivant les conjonctures & la fituation des chofes dans ces tems éloignez, jufques où l'homme par la vanité qui lui eft naturelle porte avec plaifir fon autorité.

Il y a un autre Arrêt anterieur du mois de Juillet 1666. rendu en la Seconde Chambre des Enquêtes, au raport de Mr. de Vignes, qui a pareillement jugé que l'élection faite par deux heritiers, aufquels elle avoit été donnée, peut être changée par le furvivant. Il eft vrai qu'il y avoit quelques circonftances particulieres, je vais en raporter l'efpece. Lapergue ayant un fils & quatre filles, inftituë deux de fes plus proches parens, à la charge de rendre fon heredité à tel de fes enfans qu'ils éliront. Les heritiers mariant une fille du Teftateur, la nomment dans fes pactes de mariage pour recüeillir cette heredité qu'ils lui reftituent. L'un des heritiers étant decedé aprés, la fille nommée étant auffi decedée fans enfans, aprés avoir inftitué fon mari

heritier ; le coheritier furvivant revoque l'élection , & nomme le
fils du Teſtateur ; ce qui forme un procez entre le fils & ſon beau-
frere , & par l'Arrêt que je raporte ce fils gagne ſa cauſe , tant
parce qu'on crût que la faculté d'élire & de varier avoit acru au
ſurvivant , qu'à cauſe des circonſtances favorables. Les heritiers
n'avoient pas vrai-ſemblablement ſuivi l'intention du défunt , rendant l'heredité entiere à une fille , à l'excluſion du ſeul mâle , & il
y avoit quelque aparence qu'ils avoient vendu cette élection.
D'ailleurs ce fils mâle combattoit contre un étranger.

CHAPITRE LXXII.

Si la tranſmiſſion du fideicommis conditionnel a toûjours lieu en faveur des décendans.

IL eſt certain que la doctrine qui admet la tranſmiſſion du fideicommis conditionnel en faveur des décendans du Teſtateur &
du Fideicommiſſaire , eſt contre les principes du Droit , la diſpoſition des Loix , & la commune opinion des Docteurs , & que
cette doctrine ne ſçauroit être établie ſur la diſpoſition de la Loi
unique , *Cod. de his qui ant. apert. tab.* c'eſt ce qui eſt expliqué
au long par Mr. Maynard Liv. 5. Chap. 33. & par Mr. d'Olive
Liv. 5. Chap. 23.

Mais il n'eſt pas moins certain que cette doctrine a été autori-
ſée par nos Arrêts. Maynard en raporte trois ; mais avec cette
reſtriction neanmoins , que cette tranſmiſſion n'a lieu en faveur
des décendans , que lors qu'il n'y a point d'autre décendant qui
ſoit apellé ſans tranſmiſſion. Mr. d'Olive decide pareillement que
la faveur des décendans ayant établi la tranſmiſſion du fideicommis conditionnel pour exclure les étrangers de la ſucceſſion , cette
tranſmiſſion doit ceſſer dans le concours des décendans , qui ſont
touš privilegiez & favorables , & raporte un Arrêt conforme à
cet avis : & c'eſt ſur ces principes qu'ont été rendus ceux que je
vais raporter ici.

Il y a un Arrêt du 23. Janvier 1659. aprés partage porté de la

Premiere en la Seconde Chambre des Enquêtes par Mr. de Rudelle Raporteur, & moi Compartiteur, qui a jugé que la tranf-
miſſion ceſſe lors qu'il y a un décendant plus proche nommément
apelé, quoi que celui des décendans qui la demande ſoit mis par
le Teſtateur dans la condition, & ſe trouve ſaiſi de l'heredité par
le delaiſſement que l'heritier chargé de rendre lui en a fait. Voici
l'eſpece, Jean Latour inſtitüe heritier Pierre Latour ſon fils aîné,
& au cas qu'il decede ſans enfans, lui ſubſtitüe Antoine ſon ſecond fils, & au cas qu'Antoine decede ſans enfans, lui ſubſtitüe
Marguerite ſa fille aînée, & au cas que Marguerite decede ſans
enfans, lui ſubſtitüe Beatrix ſa ſeconde fille ; le Teſtateur étant
mort en cette volonté, Pierre premier heritier recüeillit cette
heredité ; pendant ſa vie Antoine meurt, laiſſant une fille nommée Françoiſe ; Marguerite meurt auſſi pendant la vie de Pierre :
& enfin Pierre aprés avoir par acte delaiſſé cette heredité à Françoiſe ſa niece, fille d'Antoine, meurt ſans enfans. Procez entre
François fille d'Antoine, & Beatrix ſa tante pour l'ouverture de
la ſubſtitution, dans le jugement duquel il intervint partage, l'un
des avis étant d'ouvrir la ſubſtitution en faveur de Beatrix fille
du Teſtateur : & l'autre de l'ouvrir en faveur de Françoiſe fille
d'Antoine.

On diſoit pour apuyer ce dernier avis : Que la ſubſtitution devoit être ouverte au profit de Françoiſe, ou par tranſmiſſion,
l'eſperance du fideicommis lui ayant été tranſmiſe par le prédecez
d'Antoine ſon pere, ou parce que *res pervenerat ad cauſam in-
teſtati*, Beatrix n'étant apellée qu'en cas qu'Antoine decedât ſans
enfans, lequel cas ayant défailli, la ſubſtitution avoit pris fin à
Pierre, & il avoit pû diſpoſer des biens en faveur de Françoiſe ſa
niece ; Que la tranſmiſſion ceſſe, à la verité, quand il y a un des
décendans qui peut exclure, *ex præſumpta mente teſtatoris*, celui
qui vient par tranſmiſſion ; Que dans cette eſpece, bien loin que
Beatrix pût exclure les enfans d'Antoine ; au contraire, les enfans d'Antoine devoient exclure Beatrix, *ex præſumpta mente
teſtatoris*, puiſque Beatrix n'étoit apellée qu'au défaut d'enfans
d'Antoine, enfans qui par la force des paroles n'étoient ici que
dans la ſimple condition, & non dans la diſpoſition, mais nean-

moins.

moins difpofitivement apellez par la volonté préfumée du Teftateur, le fubftitué n'étant apellé qu'à leur défaut ; On alleguoit
là-deffus l'Arrêt raporté par Maynard Liv. 5. Chap. 73. dans une
efpece toute pareille. *His enim*, dit cet Auteur, *non repugnat
voluntas patris qui eos pofuit in conditione, & quodammodo prætulit fubftitutis, qui etiam ab inteftato unâ cum patruis admitte-
rentur.* Et Papon qui dans la même efpece, Liv. 20. Tit. *des
fubftitutions*, Arr. 13. dit pareillement que quoi que les enfans ne
foient pas formellement apellez, neanmoins ils font preferez au
dernier fubftitué, qui n'eft apellé qu'à leur défaut. Ce qu'on
apuye encore de la Loi 85. *Lucius Titius*, *ff. de hæred. inftit.*
Prudens confilium, dit le Jurifconfulte, *teftantis animadvertitur,
non enim fratrem folum prætulit fubftitutis, fed & liberos ejus*,
Loi fur le fondement de laquelle le Prefident Boyer dans fa Decifion 155. nomb. 19. decide que les enfans qui font dans la fimple
condition, font préfumez dans nôtre cas être dans la difpofition.
On ajoûtoit l'avis de Duperier, qui decide au Liv. 2. queft. 21.
que dans l'efpece que nous traitons, les enfans du prédecedé
doivent être preferez au fubftitué, lors que les biens dont il eft
queftion, fe trouvent acquis à ces enfans du prédecedé, ou comme donataires, ou comme heritiers de l'heritier, ou par quelqu'autre moyen.

Il paffa neanmoins à maintenir Beatrix aux biens fubftituez,
fuivant les principes que j'ai ci-deffus établis, que la tranfmiffion
ceffe lors qu'il y a un décendant, fur tout s'il eft plus proche,
qui peut fucceder fans tranfmiffion, & qui eft expreffement
apellé. La tranfmiffion ne pouvoit donc donner aucun droit à
Françoife, & de fon chef elle ne pouvoit demander l'ouverture
de la fubftitution, étant dans la fimple condition ; pour ce qui
étoit opofé que Beatrix n'étoit apellé qu'au cas qu'Antoine decedât fans enfans, & que cette condition avoit défailli ; on crût
que la fubftitution faite à Antoine, au cas qu'il decedât fans enfans, comprenoit la vulgaire & la fideicommiffaire ; Que cette
condition du decez fans enfans n'étoit apofée qu'au cas qu'Antoine recüeillit la fubftitution ; Que n'ayant pas recüeilli, cette
condition étoit pour non écrite ; Que le dernier fubftitué eft

préfumé fubftitué à l'Heritier , fuivant cette regle , *Subftitutus fubftituto* , *eft fubftitutus inftituto* , tirée de la Loy 41. *Cohæredi ff. de vulg.* & que par confequent Beatrix étant fubftituée à Pierre premier heritier , elle devoit recüeillir la fubftitution , quoique la condition apofée au fubftitué intermediaire femblât y refifter, *Certiſsimum eſt* , dit Ferrieres fur la Queft. 550. de Guy-Pape , *certiſsimum eſt* , *tertio loco fubftitutum admitti ad portionem primi* , *licet conditio adjecta fecundo & medio fubftituto repugnet.* On ajoûta que le delaiffement fait par l'heritier à Françoife fa niéce ne pouvoit lui donner aucun droit , ni exclure celui qui étoit veritablement fubftitué ; on allegua en la Seconde Chambre des Enquêtes un Arrêt anterieur conforme à celui-cy , rendu en la même Chambre , le 29. Août 1656. Il y a un pareil Arrêt du mois de Septembre 1670. rendu en la Chambre Tournelle au raport de Mr. de Puymiffon , en la caufe des fieurs de Pompadour , qui juge comme les precedens , que la tranfmiffion ceffe , quoique celui des décendans du Teftateur qui la demande fils du premier fubftitué predecedé à l'heritier foit *in conditione* , lors qu'il y a un autre décendant plus proche qui eft expreffement apellé & fubftitué ; en fecond lieu l'Arrêt ôuvrit en pareil cas la fubftitution au profit du premier fubftitué predecedé.

CHAPITRE LXXIII.

Si les enfans mâles du premier fubftitué predecedé , qui font dans la condition , font apellez à la fubftitution , & excluent leur Oncle.

J'Ai dit au Chapitre precedent que les enfans du premier fubftitué , qui eft mort avant l'heritier , & qui font dans la fimple condition , ne font point apellez à la fubftitution , de leur chef , & ne peuvent exclure leurs oncles fubftituez en fecond lieu ; J'ajoûterai ici qu'il en eft autrement , fi ces enfans font dans la condition avec la qualification des mâles ; cette qualification fait qu'ils font apellez de leur chef , non feulement à la portion de leur pere predecedé, mais auffi à celle de leur oncle heritier chargé de rendre, & qu'ils exclüent leurs autres oncles fubftituez en dernier lieu. C'eft ainfi que cette queftion fut jugée en la Seconde Chambre des Enquêtes, au raport de Mr. de Meüillet le 23. Janvier 1675. en la caufe des enfans mâles de feu Mathurin d'Auziech, & Barthelemi d'Auziech leur oncle : le Sr. d'Auziech, ayant trois fils, Jean, Mathurin & Barthelemi, inftituë heritiere fa femme, à la charge de rendre à Jean fon fils ; & en cas que Jean decede fans enfans mâles, fubftituë Mathurin ; & au cas que Mathurin decede fans enfans mâles, fubftituë Barthelemi, après le decez du Teftateur & de fa femme, Jean recüeille cette heredité ; enfuite Mathurin meurt laiffant des enfans mâles, & aprés lui Jean meurt fans enfans. Procez concernant cette fubftitution entre les enfans mâles de Mathurin, & Barthelemi leur oncle ; Barthelemi difoit qu'il étoit apellé nommément, que les enfans mâles de Mathurin étant dans la fimple condition, n'étoient apellez que tacitement & par la qualification des mâles, & que la vocation expreffe devoit prevaloir à la tacite, fuivant la maxime triviale *major eft vis expreffi quam taciti* ; que d'ailleurs les enfans mâles mis dans la condition ne font prefumez difpofitivement apellez qu'à la portion de leur pere, & non à la portion de l'heritier auquel leur pere étoit fubftitué ; qu'enfin étant plus proche du Teftateur que les enfans mâles de Mathurin, cette fubftitution devoit être ouverte en fa faveur.

Nonobftant ces raifons Barthelemi d'Auziech perdit fa caufe, & la fubftitution fut ouverte au profit des enfans mâles de Mathurin. On convint que la qualification des mâles mettoit ces enfans en la difpofition ; Que Mathurin leur pere étoit chargé de leur rendre ; & qu'encore plufieurs Docteurs, & entre autres Maynard Livre 5. Chapitre 59. difent que les enfans mâles mis en la condition ne font prefumez apellez qu'en la portion en laquelle leur pere étoit inftitué ; cela doit neanmoins être entendu lorfque le pere n'eft pas fubftitué à fes freres ; car fi le pere eft fubftitué à fes freres, & qu'enfuite il foit chargé de rendre au cas qu'il decede fans enfans mâles, les enfans mâles, fuivant l'avis du même Maynard au lieu cité, feront fubftituez ; non feulement en la portion en laquelle leur pere étoit inftitué, mais auffi aux portions de leurs oncles aufquelles leur pere étoit fubfti-tué, par la raifon que j'ai touchée au Chap. precedent, *fubftitu-tus fubftituto eft fubftitutus inftituto*, ce qui a lieu quoique le pere foit mort avant d'avoir recüeilli la fubftitution, comme on demeura d'accord: on peut voir là-deffus *Faber Tit. de fideic. definit.* 1.

CHAPITRE LXXIV.

Si la tranfmiffion de tranfmiffion a lieu en faveur des décendans.

SUivant la doctrine de Mr. d'Olive Liv. 5. Chap. 23. dans les notes, la tranfmiffion de tranfmiffion n'a pas lieu en faveur des décendans ; mais comme l'Auteur ne raporte pas l'efpece de l'un des Arrêts qu'il cite ; & que dans l'efpece de l'autre c'étoit un petit-fils qui pretendoit cette tranfmiffion de tranfmiffion con-tre fon oncle, plus proche d'un degré du Teftateur ; il faut ref-traindre la decifion de ces Arrêts, & dire que cette double tranf-miffion ne peut fervir à un décendant contre un décendant plus proche, qui fans cela peut recüeillir les biens du Teftateur, mais qu'elle peut avoir lieu en faveur d'un décendant contre un étran-ger. Cette exception fondée fur la faveur des décendans qui plai-dent contre des étrangers pour la confervation des biens de la famille, a été aprouvée par l'Arrêt que je vas raporter rendu en la Premiere Chambre des Enquêtes au raport de Mr. Dupuy Montaut, le 23. Juin 1676. Un pere ayant deux filles les inftituë toutes deux heritieres, & les fubftituë reciproquement en cas de decez fans enfans : l'aînée de ces filles meurt laiffant une fille, la-quelle meurt auffi laiffant une fille, & fa tante, feconde fille du Teftateur furvivante, cette feconde fille du Teftateur meurt en-fuite fans enfans, ayant inftitué heritier fon mari ; la petite fille de l'aînée demande l'ouverture du fideicommis apofé au tefta-

ment de fon bis-ayeul, & dit que fon ayeule avoit tranfmis l'efperance du fideicommis à fa fille, mere de la demandereffe, & que
fa mere lui avoit tranfmis cette même efperance. L'Arrêt le juge
ainfi, & ouvre la fubftitution au profit de cette petite fille de
l'aînée, l'avantage de faveur que les décendans ont fur les étrangers a ouvert aux premiers un nouveau paffage aux fucceffions
qui femblables aux eaux naturelles de leur propre poids, en fuivant un panchant pris de fa fource, coulent toûjours en décendant & furmontent tous les obftacles étrangers qui s'y opofent.

CHAPITRE LXXV.

*Si la tranfmiffion a lieu en faveur de ceux qui font hors
du quatriéme degré de fubftitution.*

*Comment fe comptent les degrez quand il y a interruption.
Si le fubftitué qui repudie, fait un degré.*

ON a douté fi dans la fubftitution graduelle & perpetuelle,
les décendans fubftituez qui fe trouvent au quatriéme degré de la fubftitution, tranfmettent l'efperance du fideicommis à
leurs enfans qui fe trouvent au cinquiéme degré.

Ceux qui tiennent pour l'affirmative difent bien que les décendans foient hors du quatriéme degré; & qu'ainfi fuivant l'Ordonnance de Moulins, ils ne puiffent pas demander l'ouverture
de la fubftitution de leur chef, ils peuvent la demander du chef
de leur pere, qui étoit dans le quatriéme degré. Qu'il fuffit que
le pere y fut apellé : Que le pere ayant parmi fes biens l'efperance
de ce fideicommis, l'a tranfmife à fes enfans : Que dans une
fubftitution graduelle & perpetuelle, ceux même qui font au cinquiéme degré ont pour eux la volonté du Teftateur qui les apellei
qu'ils n'en font exclus que par l'Ordonnance qui reftraint les fubftitutions: & qu'ainfi il eft jufte, en fecondant la volonté du Teftateur, de les y recevoir par la voye de la tranfmiffion.

Au contraire ceux qui croyent que la tranfmiffion n'a pas lieu en faveur des décendans qui sont hors du quatriéme degré , disent qu'en ce cas la provision de la Loi est plus forte que celle du Testateur ; que l'Ordonnance ayant restraint les substitutions à quatre degrez , ceux qui sont au cinquiéme ne peuvent en demander l'ouverture en aucune maniere ; que cette Ordonnance a pour fondement la faveur du commerce & de l'utilité publique , qui exige qu'il y ait enfin quelque seureté pour les acquereurs & autres possesseurs des biens qui ont apartenu au Testateur, qu'ils peuvent avoir acquis aprés avoir veu le quatriéme degré rempli, que puisque ceux qui sont au cinquiéme degré ne peuvent venir à la substitution de leur chef, quoi qu'ils ayent pour eux la volonté expresse du Testateur, il n'est pas juste qu'ils y viennent par la transmission qui n'est pas favorable , introduite par nos prejugez contre le Droit , & qu'on choque en leur faveur la disposition de l'Ordonnance.

Il a été jugé conformement à ce dernier avis, que la transmission n'a pas lieu en faveur des décendans qui sont hors du quatriéme degré , lorsque le quatriéme degré a été une fois rempli ; car s'il ne l'a point été , le cinquiéme étant par-là devenu le quatriéme , ceux du cinquiéme apellez toûjours par la volonté du substituant ne sont pas exclus par l'Ordonnance , qui n'a pas son compte de quatre degrez, de la maniere dont nous les comptons ; c'est-à-dire , par souches. L'Arrêt fut rendu aprés partage porté de la Grand'Chambre à la Premiere Chambre des Enquêtes, au raport de Mr. d'Olivier , en la cause d'Anticamareta & Duverger.

Le même Arrêt jugea, qu'encore que par l'usage de ce Parlement les degrés de substitution se comptent par souches : de sorte que les freres qui recüeillent la succession en divers tems ne font qu'un degré , neanmoins lorsque cette succession se fait avec interruption de degré ; *& per medias nepotes* , le frere qui succede par cette voye compose un nouveau degré , bien qu'il se trouve dans la même ligne que son aîné qui a rempli cette place, les degrés quant à la substitution ayant été derrangez par l'interruption , cette decision est conforme aux Arrêts raportez par Mr. d'Olive Liv. 5. Chap. 10. à quoi j'ajoûterai qu'elle doit avoir

lieu, quoique le fecond fils du Teftateur, qui recüeille la fubftitution aprés fon neveu, fils de l'heritier inftitué qui a rempli le
premier degré, foit un des coheritiers inftituez & chargez de rendre par le teftament, contenant la fubftitution, comme il a été
jugé en faveur de David Avocat, aprés partage porté de la Tournelle à la Premiere Chambre des Enquêtes par Mr. de Catellan
Raporteur, & Mr. Madron Compartiteur le 6. Mars 1665.

Au refte il eft à remarquer fur cette matiere, que fi un des fubftituez repudie par acte la fubftitution qui lui a été deferée, il ne
fait point de degré, & la fubftitution eft prorogée jufques à celui
qui fans cette repudiation auroit été au cinquiéme degré, ainfi
qu'il a été jugé en la Grand'Chambre par Arrêt prononcé en
Robes Rouges par Mr. le Premier Préfident Fieubet, le 14. Août
1660. le droit de fubftitution étant repudié, c'eft comme s'il
n'avoit jamais apartenu au fubftitué qui repudie, fuivant la maxime
établie par nos Loix : *quod repudiatur numquam noftrum fuiffe
intelligitur* ; ainfi ce fubftitué & fon degré ne doivent pas être
comptez, & par là le fubftitué du cinquiéme degré monte & fe
trouve au quatriéme.

CHAPITRE LXXVI.

*Si celui qui eft chargé de rendre en un cas eft apellé à la
fubftitution, quoique ce cas ait défailli.*

ON juge que celui qui eft chargé de rendre en un certain
cas, eft quelquefois apellé à la fubftitution *etiam eo cafu
deficiente* : il y a un Arrêt qui le decide ainfi du 22. Août 1650.
aprés partage porté de la Seconde à la Premiere Chambre des
Enquêtes, Raporteur Mr. de Bertrand, Compartiteur Mr. de
Puymiffion. Jean Gouze inftituë heritiers égaux fes deux enfans,
Raymond & Jean, & au cas que l'un d'eux vint à deceder fans
enfans, ou leurs enfans en pupillarité, fubftituë le furvivant ;
Raymond étant decedé aprés fon pere, & ayant laiffé deux enfans majeurs de 25. ans, il étoit queftion fi ces enfans étoient

fubftituez à leur pere. Il fut jugé qu'ils l'étoient, parce qu'ils étoient dans la condition redoublée, & par confequent apellez fuivant l'ufage de ce Parlement ; & qu'encore qu'ils ne fuffent chargez de rendre qu'au cas qu'ils decedaffent avant l'âge de 14. ans, ils ne laiffoient pourtant pas d'être abfolument & purement apellez, la claufe du teftament contenant tacitement deux fubftitutions ; la premiere, par laquelle Raymond étoit chargé de rendre abfolument à fes enfans ; & la feconde, par laquelle les enfans de Raymond étoient chargez de rendre au cas qu'ils decedaffent avant l'âge de puberté : la charge de reftitution, quoi qu'en un certain cas, fupofe en effet une inftitution pure & fimple, comme dit Maynard. Liv. 5. Chap. 71. Guy-Pape queft. 184. *Bœrius decif.* 155. *num.* 21. il a été jugé de même le 20. Septembre 1665. au raport de Mr. de Bertier en la Premiere Chambre des Enquêtes, en la caufe de Jean Loüis Chambon, d'une part, Filere & autres creanciers, d'autre.

CHAPITRE LXXVII.

Si la condamnation aux Galeres perpetuelles donne lieu à l'ouverture du fideicommis.

ON convient que le baniffement perpetuel hors du Royaume, à l'exemple de la deportation à quoi on le compare, ne donne pas lieu à l'ouverture du fideicommis, & qu'il faut attendre la mort naturelle du banni ; mais à l'égard de la condamnation aux Galeres perpetuelles les Arrêts ont varié. Ceux qui font raportez par Mr. Maynard Liv. 5. Chap. 80. & par Mr. Cambolas Liv. 1. Chap. 41. ont decidé que cette condamnation donnoit pareillement lieu à l'ouverture de la fubftitution comme la mort naturelle, & c'eft l'avis de l'Avocat Ferrieres fur Guy-Pape, en la queft. 547. Cette doctrine eft fondée fur un grand nombre de Loix qui font ramenées par ces Auteurs, & qui ont decidé que les condamnez aux Mines, *ad metalla*, devenoient efclaves de leur peine, & devoient être regardez comme morts

dés,

dés le jour du jugement qui les condamne, *præoccupat hic casus mortem* , & c'est à ces malheureux condamnez, *ad metalla* , que ces Auteurs comparent ceux qui parmi nous font condamnez aux Galeres perpetuelles. Mais les derniers Arrêts raportez par Mr. d'Olive Liv. 5. Chap. 10. ont jugé que cette condamnation ne donnoit pas lieu à l'ouverture du fideicommis. Celui que je vais raporter, a rétabli nôtre ancienne Jurisprudence, plus conforme aux Loix & à l'équité ; il a été rendu en la Premiere Chambre des Enquêtes le 19. Septembre 1661. au raport de Mr. Cassaignau, en la cause des Demoifelles de Taillefer , demanderesses en ouverture de la substitution apofée au testament de leur pere, qui instituant Jacques Taillefer son fils , les avoit substituées au cas qu'il decedât sans enfans : il fut jugé que par la condamnation de Jacques Taillefer leur frere aux Galeres perpetuelles , la substitution étoit ouverte , & les poffeffeurs des biens substituez , acquis de cet heritier avant sa condamnation , furent condamnez au délaiffement. Les fondemens que Mr d'Olive donne à l'Arrêt contraire qu'il raporte paroiffent peu folides ; il dit que le condamné aux Galeres perpetuelles peut être restitué ; il est vrai qu'il peut l'être par une grace speciale du Prince, mais l'esperan-ce de cette grace ne doit pas tenir en suspens le droit du fidei-commiffaire si établi par les Loix ; & si elle arrive enfin cette grace, il n'est pas juste qu'elle nuise au droit déja acquis à ce fidei-commiffaire, ni à la confifcation des biens libres de ce condamné acquife à d'autres Seigneurs : il ajoûte que par la Novelle 22. de Justinien, la peine ne reduit plus les hommes en fervitude , & que la liberté demeure toûjours au condamné ; mais il est aifé de répondre que cet Empereur dans fa Constitution n'a eu en vûë que les mariages qu'il a voulu qui fubsistaffent nonobstant la condamnation du mari ou de la femme aux Mines , *maneat* , dit-il , *matrimonium nihil ex tali decreto læfum ut pote inter perfonas liberas confistens* : il paroît par - là que ces malheureux, libres feulement par raport au mariage , toûjours favorifé par les Loix Romaines, qui avoient là-deffus en vûë l'interêt de l'Etat, demeuroient efclaves de leur peine pour tous les autres effets.

La decifion de l'Arrêt que je viens de raporter peut - être

confirmée par un autre Arrêt de la Chambre de l'Edit de Castres
donné à l'Audience , le 5. Mai 1631. par lequel il a été jugé que
le pere qui a l'usufruit des biens aventifs de son fils , le perd par
la condamnation aux Galeres perpetuelles de ce fils, l'usufruit
étant consolidé à la proprieté tout comme par la mort ; on peut
voir sur cette matiere Ricard Tome 2. Chap. 5. *sect.* 4. Ann.
Robert. *rcr. judic. Lib.* 4. *Cap.* 16. Expilli plaidoyé *29.*

CHAPITRE LXXVIII.

Si les dispositions faites par le Majeur de 25. ans en fa-
veur de celui qui a été son Tuteur, ou de ses
enfans sont valables.

LEs Arrêts de nôtre Parlement anciens & modernes , ont
toûjours declaré nulles toutes les dispositions , soit testamentaires ou entre vifs , faites par les pupilles devenus majeurs ,
en faveur de ceux qui ont été leurs tuteurs , ou en faveur de
leurs enfans , même quoique le tuteur ait été déchargé de la
tutelle , s'il n'a pas rendu & fait clôturer son compte , & payé le
reliqua. On voit cette Jurisprudence dans Maynard Liv. 2. Ch.
96. & dans Olive Liv. 5. Chap. 20. Elle contient une extension considerable des Ordonnances de François I. & d'Henri II.
qui ne défendent ces liberalitez que tandis que l'administration
dure , & ne comprennent point dans la prohibition le tuteur
dont l'administration a pris fin , & qui a été déchargé de la tutelle. L'extension est pourtant juste & conforme aux principes
du Droit Romain , suivant lequel la tutelle dure jusqu'à ce que
le compte a été rendu & clôturé , comme l'on voit dans la Loi
6. *Patris, Cod. de interd. matrim.* & on n'est pas présumé avoir
rendu compte qu'on n'ait payé le reliqua. Ainsi dans la Loi 82.
Cum servus, ff. de condit. & dem. Il est dit que la condition de
rendre compte , aposée au legs de la liberté laissée à l'esclave , est
mixte , *mixta est dandi & faciendi,* il ne suffit pas de rendre

compte, il faut payer le reliqua, *itaque fi rationes reddiderit non folam hanc habet fignificationem fi cautiones inftrumentaque omnia actus fui exhibuerit, fed fi & reliqua folverit.*

J'ajoûterai un Arrêt plus recent qui confirme cette doctrine, & declare de pareilles difpofitions nulles, quoique celui qui les avoit faites en faveur de fon ancien tuteur fût majeur de 25. ans lors de ces difpofitions, ce qui eft une circonftance qui n'a pas été marquée dans les Arrêts precedens. Celui-ci eft du 28. Fevrier 1664. à mon raport en la Premiere Chambre des Enquêtes, en la caufe de Ferri & d'Ichi. Jacques d'Ichi étant tuteur de Jean, Guillaume, & Marie Ferri fes petits-néveux *ex forore*, obtint Apointement qui le décharge de la tutelle, declare les pupilles majeurs de 14. & 12. ans, & mineurs de 25. leur donne un curateur *ad lites*, & ordonne que le tuteur rendra compte de fon adminiftration dans quatre mois ; Quelques années aprés Jean Ferri, un des trois que j'ai nommez, fait fon teftament, par lequel il inftituë heritier univerfel Guillaume Ferri fon frere, à la charge de rendre fon heredité à la fin de fes jours à Jacques d'Ichi, Sieur de Sabateri, fils de Jacques d'Ichi ancien tuteur. Guillaume Ferri étant Prêtre & majeur de 27. ans fait acte de délaiffement de cette heredité en faveur de Jacques d'Ichi Sieur de Sabateri, & lui fait donation de tous fes biens, dont il joüit paifiblement prés de dix ans, fur la fin defquels Guillaume & Marie Ferri impetrent des Lettres en caffation de ce fideicommis, & de cette reftitution tout cela ayant été fait par faveur d'un tuteur avant qu'il eût rendu compte & payé le reliqua, & demandent la maintenuë en tous les biens de Jean Ferri leur frere. L'Arrêt que je raporte confirmatif de la Sentence du Senêchal caffe tous ces actes.

Les raifons de douter étoient prifes de ce que le teftament de Jean Ferri, la reftitution, & les donations faites par Guillaume, étoient des actes & des difpofitions faites par des majeurs de vingt-cinq ans. Aprés cet âge, il n'y a ce femble pas lieu de craindre l'impreffion que peut faire fur un efprit déja meur, l'autorité d'un homme qui a été autrefois tuteur. On alleguoit une Ordonnance de l'Empereur Charles - Quint, publiée à Bruxelles,

en 1549. qui aprouve les difpofitions des anciens pupilles en faveur de leurs anciens tuteurs, aprés la vingt-cinquiéme année
d'âge, ce que l'on confirmoit par l'autorité de Rebuffe fur les
Ordonnances Royaux, Tit. *des Donations*, où il dit ; que la donation faite aprés les vingt-cinq ans à celui qui a été tuteur eft
bonne, & que celle qui a été faite pendant la minorité peut-être
valablement confirmée aprés la majorité, & vaut du jour de la
confirmation. On ajoûtoit, que le teftament de Jean Ferri ayant
été execuré par la reftitution du fideicommis, faite volontairement par Guillaume Ferri, il ne pouvoit plus être permis d'en
reclamer.

Au contraire, les raifons de l'Arrêt furent, comme nous avons
dit : Que la tutelle ne prend fin, fuivant nos maximes, qu'a-
prés que le compte a été clos & arrêté, & le reliqua payé : Que
dans cette efpece le tuteur, quoique déchargé par Apointement,
& condamné en même-tems à rendre compte, ne l'avoit jamais
fait : Que par la Loi *Si patris*, que j'ai citée, le fils du tuteur ne
pouvoit époufer celle dont le pere avoit été tuteur, qu'aprés le
compte rendu, & aprés la vingt-cinquiéme année de l'âge de
cette fille : Que l'Ordonnance de l'Empereur Charles-Quint ne
peut faire le droit de la France, ni le fentiment de Rebuffe une
Loi. On crût enfin que cette feverité étoit bonne à garder à
l'égard des anciens tuteurs negligens à rendre leur compte & à
payer leur reliqua, & qu'elle pourroit les obliger à remplir plus
exactement & plus promptement ce devoir, à quoi le public eft
intereffé. C'eft le principe & le motif qui regnent fur cette matiere ; car du refte la fin de la tutelle ayant mis le pupille hors
de la dependance, le reliqua d'un compte clos & arrêté, qui établit & declare debiteur l'ancien tuteur, & le met en faute & en
demeure, donne encore un plus grand defavantage à fon autorité.

CHAPITRE LXXIX.

Si les prélegs sont compris dans le fideicommis.

UNe femme par son testament instituë heritier universel son mari, & lui permet d'avantager un de ses deux enfans mâles jusqu'à une certaine somme ; ensuite dans le même testament elle charge son mari de rendre son entiere heredité à ses deux enfans mâles par égales portions. Ce mari dans un codicille, suivant le pouvoir que sa femme lui avoit donné, dispose de cette somme en faveur de l'aîné. Cet aîné étant mort sans enfans, & le second ayant recüeilli les biens en vertu de la substitution, un creancier de l'aîné demande la distraction de la somme dont le pere l'avoit gratifié en consequence de la volonté de la Testatrice, comme d'un prélegs qui ne pouvoit être compris dans le fideicommis. Par Arrêt infirmatif de la Sentence du Senéchal rendu le 16. Novembre 1665. en la Premiere Chambre des Enquêtes, au raport de Mr. d'Agret ; il est declaré n'y avoir lieu de distraction, & jugé que ce prélegs venoit dans la restitution du fideicommis.

Le creancier disoit, que les prélegs ne viennent point dans la restitution, suivant la decision generale de la Loi 86. *Titia* ff. *ad leg. falcid.* si ce n'est que par des conjectures certaines la volonté contraire du Testateur paroisse ; par exemple, si après avoir fait deux heritiers, & leur avoir fait des prélegs, il les charge de rendre, non leur portion hereditaire, mais simplement leur portion ; ce mot general, comprend les prélegs, comme il est decidé dans la Loi 3. *Marcellus*, §. *quidam*, ff. *ad Trebell.* ou bien si le Testateur charge l'heritier, à qui il a fait un prélegs de rendre, *quidquid ad eum ex hæreditate pervenerit*, comme il est dit dans la Loi *Cum virum*, *Cod. de fideic.* A quoi le creancier ajoûtoit, que suivant l'avis des Docteurs, cette question dépend des conjectures de la volonté du Testateur, raportées par le

Prefident Faber au Tit. *de fideicomm. de fin.* 28. par **Cambolas**
Liv. 6. Chap. 27. & 28. par l'Avocat Ferrieres fur la Queft. 303.
de Guy-Pape ; Et qu'ici on ne pouvoit préfumer que la Teftatrice eût intention de comprendre dans la reftitution du fideicommis des prélegs qu'elle n'avoit pas faits, & qu'elle avoit feulement
laiffé à fon heritier la liberté de faire.

Les raifons du fubftitué, qui ont fervi de fondement à l'Arrêt
que je raporte, & qui a decidé pour lui, étoient que la Loi *Titia*,
qui femble contraire à cette decifion, eft dans le cas, où les prélegs font faits aprés la fubftitution ; mais que lorfque les prélegs
precedent la fubftitution ils y font compris, quand bien même le
Teftateur, venant enfuite à l'inftitution, auroit dit qu'il inftitué
en fes autres biens, fuivant l'avis de Ferrieres au lieu cité, & de
Maynard Liv. 5. Chap. 57. & fuivans. Cet Auteur même croit
que les prélegs viennent dans la reftitution, quoique dans l'ordre
de l'écriture du teftament ils fuivent la fubftitution ; il ajoûte enfin & établit comme une maxime, qu'ils font toûjours compris
dans le fideicommis, s'il ne paroît que le Teftateur a eu une volonté contraire, comme fi aprés avoir fait les prélegs, il ajoûte,
pour en difpofer à fes plaifirs & volontez, ou s'il défend l'alienation des chofes préleguées ; & quoi que dans le cas de cet
Arrêt, les prélegs ne fuffent pas faits par la Teftatrice, & qu'il
femblât d'abord qu'ils ne fubfiftoient que par la volonté de l'heritier chargé de rendre, il étoit neanmoins à confiderer, que fi
l'heritier n'eût rien fait en confequence de la permiffion de la
Teftatrice, la fomme dont elle lui avoit permis d'avantager un
de fes enfans, auroit demeuré également acquife aux deux,
& par confequent auroit été fujette à la fubftitution ; ainfi il
faloit préfumer que la Teftatrice l'y avoit comprife, au cas que
cette fomme fût acquife à un d'eux par la difpofition de fon
heritier.

CHAPITRE LXXX.

Si dans le legs des terres & poffeffions acquifes dans un lieu, font comprifes les acquifitions faites depuis le teftament.

IL a été decidé pour la negative. L'Arrêt eft du 6. Mai 1665. en la Premiere Chambre des Enquêtes, au raport de Mr. de Guillermin, en la caufe du Sieur de Graves & de la Demoifelle de Baynaguet. Cette decifion eft fondée fur l'avis de Mr. Maynard Liv. 8. Chap. 77. conforme aux decifions des Jurifconfultes. On peut les voir dans la Loi 7. *Si ita*, *ff. de aur. & arg. leg. l.* 33. *uxori*, §. 1. *l.* 68. *ff. de leg.* 3. *l.* 28. *Aurelius*, §. 1. *& 2. ff. de lib. leg.*

Neanmoins le legs de la liberation de ce que le legataire doit au Teftateur comprend les interêts qui ont couru depuis le teftament, fuivant la Loi *Aurelius*, §. 6. & la Loi derniere, §. 4. *ff. de lib. leg.* les interêts font un acceffoire du capital dont la liberation eft leguée, ils doivent fuivre & augmenter le legs de la liberation. Il en eft de même fi le Teftateur ajoûte au legs une qualification acceffoire; par exemple, s'il legue un fonds garni, car il comprend tout ce que le Teftateur a acquis depuis le teftament, pour rendre ce fonds mieux garni, *L.* 3. *leg. penult. ff. de inft. vel inft. legat. L.* 28. *ff. quand. dies leg.* Je croi qu'il en fera de même du legs d'un corps comme d'une Métairie, qui comprendra ce que le Teftateur a ajoûté à fa Métairie depuis le teftament, comme on peut inferer de la Loi 24. *Quod in rerum*, §. *Si quis*, *ff. de leg.* 1. & de la Loi 10. *Cum fundus*, *ff. de leg.* 2. & du §. 18. 19. & 20. *Inft. de leg.* Il s'agit dans ces deux derniers cas de l'acceffoire du legs, de quoi il n'eft pas queftion dans le premier cas, où une piece nouvellement acquife n'eft pas l'acceffoire des pieces de terre leguées, & fait un corps à part.

Mais le legs fait au ferviteur de tout ce qu'il doit de l'adminiſtration qu'il a faite, ne comprend pas ce qu'il devra de l'adminiſtration faite depuis le teſtament, comme l'établit Mr. Laroche, ſuite des Arrêts notables, Tit. 6. art. 3. Ce n'eſt pas non plus alors le cas de l'acceſſoire, c'eſt l'adminiſtration d'un autre tems que celui dont le Teſtateur a parlé, & il n'y a pas dans ces differens tems qui ſe ſuivent, mais qui ne dependent pas l'un de l'autre, dequoi faire un principal & un acceſſoire.

CHAPITRE LXXXI.

Si le legs payable aprés le decez de la femme du Teſtateur, uſufruitiere de tous les biens, vivant viduellement, eſt dû dés qu'elle ſe remarie.

UN Teſtateur legue l'uſufruit de tous ſes biens à ſa femme ſa vie durant, en vivant viduellement ; il legue encore 300. livres à un néveu payable aprés le decez de ſa femme, & inſtituë heritier un autre néveu. La femme s'étant remariée, & ayant perdu l'uſufruit, qui par-là ſe conſolide à la proprieté, le legataire demande payement de ſon legs à l'heritier.

Il ſemble d'abord que cette demande eſt prématurée, & que le legs n'étant payable qu'aprés le decez de la femme, & le Teſtateur dans le terme du payement du legs n'ayant fait nulle mention des ſecondes nôces, le legataire doit attendre le decez de cette femme, & que l'heritier toûjours favorable, & dont il faut ménager les interêts préferablement à ceux du legataire, doit cependant joüir de la ſomme leguée juſqu'au terme du payement.

Il fut neanmoins jugé par Arrêt du 18. Decembre 1662. en la Premiere Chambre des Enquêtes, au raport de Mr. de Mua, que le legataire pouvoit demander le legs à l'heritier dés aprés le convol de la femme en ſecondes nôces, parce que le retardement du payement du legs n'ayant été apoſé qu'en faveur de la femme uſufruitiere ufufruitiere de tous les biens, fon intérêt ceffe par la perte de l'ufufruit, peine qu'elle encourt par fon fecond mariage, & la condition de viduité qui lui a été impofée ; d'où s'enfuit que l'heritier ne peut pas, pour s'empêcher de payer le legs, opofer le terme qui n'a pas été mis en fa faveur ; ce qui donne lieu de prefumer que le Teftateur auroit ordonné qu'il fut payé lorfque fa femme fe remarieroit ; s'il avoit prévû ce cas à l'ocafion du legs & du terme donné pour le payer. Ainfi un fils fubftitué par fa mere, après le decés de fon pere, peut, fi fon pere l'émancipe, demander le fideicommis avant la mort de fon pere, & dés après l'émancipation, fuivant la decifion de la Loi 22. *Mulier*, *ff. ad Treb.* L'objet principal du Teftateur qui difpofe eft toûjours la regle la plus feure pour la decifion de tous les cas particuliers, où fa volonté peut-être d'ailleurs incertaine.

CHAPITRE LXXXII.

Si le legs annuel de ce qui tient lieu d'alimens eft tranfmiffible.

Du legs fait pour fe mettre en Métier.

UN Teftateur ayant trois fils & une fille, inftituë fon aîné, & legue à chacun de fes autres fils la fomme de 4000. liv. payable lors qu'ils auront atteint l'âge de 25. ans, voulant que jufqu'à ce tems-là ils foient élevez & entretenus fur fes biens, fi mieux fon heritier n'aime leur payer l'interêt de 4000. livres. Après la mort du Teftateur, les deux freres legataires decedent *ab inteftat*, la fœur, comme leur fuccedant pour la moitié, demande à fon frere aîné, heritier du pere, payement de la moitié des legs, ou du moins payement de l'interêt jufqu'au tems que fes freres decedez auroient eu l'âge de vingt-cinq ans, s'ils euffent vêcu. Par Arrêt du 28. Juillet 1666. rendu en la Seconde Chambre des Enquétes, au raport de Mr. de Lanes, cette fœur fut deboutée de fes demandes. Il fut donc jugé qu'elle ne pouvoit.

demander ce payement qu'au tems auquel ses freres auroient eu vingt-cinq ans, conformément à la Loi 5. *Ex his verbis*, *Cod. quand. di leg.*

Il fut jugé aussi qu'elle ne pouvoit faire nulle demande de payement ou de representation des interêts de ces legs. On crût que le pere ayant voulu que ses enfans & legataires fussent entretenus sur ses biens, si mieux l'heritier n'aimoit payer l'interêt des legs; il paroissoit que ces interêts n'étoient qu'en representation des alimens. Or le legs des alimens est personnel, & non transmissible, & il en est de même du legs annuel qui est fait, *alimentorum nomine*, comme il est decidé dans la Loi *Firmio Heliodoro* 26. au §. dernier, *quand. dies leg. si pecuniam annuam*, dit le Jurisconsulte, *pater alimentis filii destinasset, non dubiè personâ extinctâ, causa prestandi videtur extincta.*

Le legs fait pour se mettre en Métier, ou lors que le legataire se mettra en Métier, est payable dés que le legataire a atteint l'âge de 25. ans, ou qu'il se marie. Il a été ainsi jugé en la Premiere Chambre des Enquêtes en l'année 1662. au raport de Mr. de Mirman, & au raport de Mr. de Rudelle le 28. Mai 1663. Il en est de même du leg fait à une fille pour se marier, ou lors qu'elle se mariera, le legs n'est pas alors conditionel, *L. quidam 96. ff. de leg.* 1. *l firmio* 2. *ff. quando dies leg cedat*, *l. ex his verbis C. eod.* Le mariage n'est regardé que comme une cause impulsive; d'où le legs ne depend point, & d'où par consequent il ne peut recevoir nulle atteinte, *L. cum tale 72. ff. de condit. & demonst.* il y auroit lieu de douter dans le cas, où un Testateur legueroit à une fille déja majeure de 25. ans une somme payable lors qu'elle se mariera, il semble qu'alors l'âge de 25. ans atteint & acompli par la legataire, ne laissant plus à prendre la clause pour le délai d'un certain tems que l'on ne peut plus regler & déterminer à nul âge, il y a raison de la prendre pour la condition d'un mariage effectif.

CHAPITRE LXXXIII.

Si les intérêts d'une somme leguée pour aider à marier la fille de l'heritier, & ensuite constituée par l'heritier à la fille en la mariant, sont dûs sans interpellation par le substitué.

Si le pere payant partie de la dot est présumé payer sur ce qu'il a constitué de son chef.

Arthelemi Coderci institué heritier Antoine Coderci son frere, lui substitué Pierre Coderci fils d'Antoine heritier, legue 1000. livres à Marguerite Coderci fille aussi d'Antoine heritier, *pour lui aider à se colloquer en mariage.* Antoine Coderci ayant accepté l'heredité de son frere, mariant sa fille Marguerite lui constituë la somme de 3000. livres ; sçavoir, 2000. livres de son chef, & 1000. livres du legs fait par Barthelemi Coderci, & aprés lui avoir payé 2000. livres en deduction des 3000. livres, il meurt. Pierre Coderci repudie l'heredité de son pere, & accepte celle de Barthelemi son oncle en vertu de la substitution. Le mari de Marguerite Coderci fait demande à Pierre Coderci de la somme de 1000. livres de son legs, à quoi il determine ce qui lui reste dû de la constitution ; disant qu'il falloit prendre les 2000. liv. payez sur la constitution faite par le pere de son chef, & que les 1000. livres lui étoient dûs pour le legs fait par Barthelemi Coderci, que le substitué devoit par consequent payer, attendu que n'y ayant point de designation precise faite lors du payement par le creancier ou par le debiteur, le payement devoit être imputé *in duriorem & antiquiorem causam* ; c'est-à-dire, sur la constitution faite par le pere, à laquelle il étoit obligé par un devoir naturel. Marguerite Coderci ou son mari demandoit aussi les intérêts de cette somme de 1000.

livres, depuis la conftitution qui lui avoit été faite par Antoine fon pere.

Cette affaire portée fur le Bureau de la Chambre Tournelle au mois de Mai 1666. il n'y eut pas beaucoup de difficulté à condamner Pierre Coderci fubftitué au payement de la fomme de 1000. livres demandée pour le legs que l'on regarde comme encore dû, imputant le payement fait par le pere, fur ce qu'il avoit conftitué de fon chef; mais fur le jugement de l'article des interêts de cette fomme, les Juges furent partagez, Rapporteur Mr. de Cambon, Compartiteur Mr. de Rudelle. Les uns étoient d'avis de renvoyer cette queftion dans l'execution, & adjuger fimplement les interêts vraiment dûs; & les autres, de les adjuger depuis la conftitution faite par Antoine Coderci pere, à fa fille.

On difoit pour apuyer ce dernier avis, qu'il eft vrai que les interêts d'un legs, même deftiné pour le mariage d'une fille, ne font pas dûs fans interpellation; mais que la deftination étant executée, & le legs conftitué en dot par l'heritier, il commençoit d'être dû *ex causâ dotis*, même fur l'heredité & biens du Teftateur; Qu'on ne pouvoit pas opofer que l'heritier n'avoit pû rendre la condition du fubftitué plus mauvaife, & faire qu'il dût des interêts d'un legs qui de fa nature n'en portoit pas, puifque l'heritier n'avoit fait qu'executer la volonté du défunt; Que l'heritier par fa mauvaife foi, & par le refus injufte de payer le legs, après qu'il a été affigné à cet effet par le legataire, charge le fubftitué du payement des interêts depuis l'interpellation; & qu'ainfi à plus forte raifon, la bonne foi de cet heritier, & la conftitution faite par lui en execution de la volonté du défunt, doit charger le fubftitué du payement de ces interêts.

Nonobftant ces raifons le partage porté en la Premiere Chambre des Enquêtes, le plus grand nombre des Juges crût que le fubftitué ne devoit point d'interêt que depuis l'interpellation en caufe, qui n'étoit que depuis le decez de l'heritier; mais parce que cet avis avoit été touché en la Chambre Tournelle, ils fe rangerent à l'avis de ceux qui vouloient adjuger fimplement les interêts legitimement dûs. Les raifons qu'on allegua pour n'adjuger pas contre le fubftitué ces intérêts depuis la conftitution, furent; Que la deftination faite par le Teftateur de la fomme leguée pour aider à marier Marguerite Coderci, ne changeoit pas la nature du legs, & ne faifoit pas que la fomme leguée fût dûë *ex causâ dotis*; Que la conftitution faite par l'heritier le rendoit bien debiteur *ex causâ dotis*, mais non l'heredité ni le fubftitué, qui n'avoit pas fait la conftitution; Que comme Marguerite Coderci legataire, fe conftituant elle-même cette fomme leguée, n'auroit pû rendre l'heritier debiteur *ex causâ dotis*, quoique cette conftitution lui eût été notifiée, s'il n'y avoit pas eu d'affignation, de même la conftitution faite par l'heritier n'avoit pû changer la nature du legs à l'égard du fubftitué, ni empirer fa condition, & fi l'inftance faite contre l'heritier en payement du legs charge le fubftitué des intérêts qui ont couru depuis; c'eft parce que le legataire ayant fait ce qu'il pouvoit pour être payé de fon legs, il eft jufte que cette diligence & ce foin lui procurent les intérêts qui font toûjours dûs fur le même patrimoine qui doit le capital.

Cet Arrêt qui me paroît trés-jufte, eft pourtant contraire à l'avis du Prefident Faber en fon Code Liv. 6. tit. 26. definit. 8. *legati pro dote relicti*, dit cet Auteur, *vel cum mulier nubet ex eo tempore ufuræ debentur fine interpellatione, fi hæres fciverit tempus nuptiarum*: Mais il femble qu'en matiere d'intérêts, où ils courent de leur nature, & fans diftinction de connoiffance ou d'ignorance, où ils ne courent que depuis l'interpellation.

CHAPITRE LXXXIV.

Si l'heritier ab *inteftat eft reçû à prouver par témoins la malverfation du Teftateur avec fon heritiere teftamentaire.*

Si ce teftament rompt un teftament anterieur.

LÖüet lettre D. Sommaire 43. raporte un Arrêt du Parlement de Paris, qui a jugé qu'un frere, heritier de fon frere, étoit recevable à prouver par témoins le fait d'adultere par lui allegué, pour annuller une donation faite par le défunt de tous fes meubles & acquêts à une fervante, de laquelle le Teftateur avoit abufé, & qui avoit caufé un divorce avec fa femme, bien que la fervante fe fût mariée depuis le decez du Teftateur, & que la preuve de ce fait ne pût fe faire fans bleffer la memoire du défunt par celui qui devoit la conferver. Ce font les termes de cet Auteur. La Cour ayant jugé, ajoûte-t-il, que ce qui alloit à l'honnêteté publique furpaffoit l'intereft des particuliers, & qu'il étoit à propos pour reprimer ce vice trop frequent en ce Royaume, d'ôter toutes les ocafions par lefquelles il pouvoit être continué. Si la plainte de l'heritier Teftamentaire peut être écoutée dans de pareils cas, à combien plus forte raifon l'heritier *ab inteftat*, qui ne tient rien de la liberalité du défunt, fera-t-il recevable à prouver par témoins la malverfation du défunt avec l'heritiere Teftamentaire ? Ainfi par Arrêt du 21. Juin 1664. en la Premiere Chambre des Enquêtes, au raport de Mr. de Gach, un Curé ayant inftitué fon heritiere une femme mariée, des coufins au quatriéme degré, fucceffeurs *ab inteftat* de ce Curé, furent reçûs à prouver par témoins l'indignité & le concubinage de cette femme avec le Teftateur, avant & aprés le mariage de cette femme.

On ne s'arrêta point à ce qui étoit opofé par cette heritiere ;

qu'il n'y avoit jamais eu ni Sentence ni plainte au sujet de ce pretendu concubinage ; que c'étoit blesser la memoire d'un Prêtre pour un crime dont il n'avoit jamais été accusé pendant sa vie , & qui seroit éteint par sa mort , quand même il en auroit été accusé ; que ses parens se rendoient indignes de la succession ; qu'ils ne pouvoient être reçus à troubler *quiescens matrimonium* ; & qu'enfin l'accusation d'adultere n'étoit permise qu'au mari, au pere, au frere & à l'oncle, suivant la Loi 30. *Quamvis, Cod. ad leg. Jul. de adult.* On crût que puisque les mœurs Chrêtiennes & nos Arrêts condamnent de pareilles dispositions, il étoit necessaire d'admettre la preuve par témoins, & que l'adultere peut être opposé non criminellement, mais civilement par tous ceux *quorum pecuniariter interest*. Il y avoit dans le procez de trés - grandes conjectures, & de trés - fortes presomptions de la malversation alleguée.

Cette même question ; Si l'heritier *ab intestat* peut oposer à l'heritiere instituée l'adultere qu'elle a commis avec le défunt, se presenta à la Seconde Chambre des Enquêtes, au raport de Mr. de Nicolas entre des Parties dont je tairai pareillement les noms, auquel procez il se presenta une autre question : si le testament fait en faveur d'une personne de ce caractere & de cette conduite rompt un testament anterieur : Un jeune homme aprés avoir par un premier testament institué un oncle heritier, fait un second testament par lequel il instituë une femme mariée ; la mere du défunt demande comme succedant *ab intestat*, la cassation du testament par l'indignité de l'heritiere, sur le fondement de l'adultere prétendu commis par elle avec le défunt, du consentement de son mari ; elle employe pour la preuve du fait, des informations faites à la Requête du Procureur General du Roi, qui avoit été reçû partie en l'instance, & qui requeroit un decret de prise de corps contre cette femme & contre son mari ; la deposition de plusieurs témoins prouvoit là cohabitation du Testateur avec cette femme dans la même maison, & dans la même chambre pendant plusieurs années, tant en l'absence qu'en presence du mari, un grand scandale dans le voisinage, & des fortes conjectures d'un commerce criminel : cette mere soûtient qu'il lui est permis d'opofer à cette heritiere, fon adultere, foit à caufe de la complicité du mari, fuivant la Loi _conftante matrimonio_ 26. _ff. ad leg. Jul. de adult._ foit parce que par les Arrêts cette plainte eft reçûë de la part de tous ceux qui ont un interêt réél de la faire pour la confervation de leurs droits, _qui rem potius quam vindictam perfequuntur_ : elle ajoûte, qu'on ne peut pas alleguer qu'elle n'a point ici d'interêt à caufe du teftament anterieur fait en faveur d'un oncle, puifque ce teftament a été rompu par ce fecond, quoique l'heritiere inftituée n'en puiffe pas profiter par fon indignité : Qu'il faut faire difference entre celui qui eft indigne d'une fucceffion, & celui qui eft incapable de fucceder : difference qui confifte en ce qu'un indigne peut recevoir, mais non retenir _ex teftamento_, au lieu que ce qui eft laiffé à un incapable eft pour non écrit, & qu'il ne peut ni retenir ni recevoir, que confequament l'heritiere avec qui le Teftateur a eu un commerce criminel, étant indigne plûtôt qu'incapable, le teftament fait en fa faveur, peut emporter un teftament anterieur, mais l'heredité doit lui être ôtée comme à une perfonne indigne, pour être adjugée aux heritiers _ab inteftat_, non au fifc; puis qu'aujourd'hui le fifc ne fuccede pas aux indignes; d'où cette mere conclut que le fecond teftament ayant revoqué le premier fait en faveur de l'oncle du défunt, & d'ailleurs l'heritiere inftituée dans ce fecond teftament ne pouvant retenir l'heredité à caufe de fon indignité, la fucceffion _ab inteftat_ étoit ouverte, & qu'elle étoit bien fondée à demander par cette voye la fucceffion de fon fils, qui devoit lui être adjugée par l'indignité de cette heritiere : elle pretend enfin que le premier teftament ne pouvoit faire aucun obftacle, par la raifon que comme il eft decidé dans la Loi _cum quidam ff. de his quib. indign._ fi un Teftateur a inftitué des heritiers _quos inftituere non poterat_, quoique l'inftitution ne vaille pas, & ne rompe pas le teftament precedent, l'heredité eft neanmoins ôtée aux heritiers inftituez dans ce premier teftament, parce qu'ils n'ont pas pour eux la derniere difpofition du défunt. Qu'ainfi le premier teftament fait en faveur de l'oncle ne pouvant plus avoir aucun éfet à caufe du fecond, & l'heritiere inftituée dans le fecond étant indigne, rien n'empêche la fucceffion legitime.

Il

Il étoit repliqué de la part de l'heritiere inſtituée, qu'il n'eſt permis à perſonne, non pas même au Procureur General du Roi, de troubler un mariage tranquille, & d'accuſer une femme dont la fidelité eſt approuvée par le mari, hormis que le mari ait été auparavant accuſé & convaincu de complicité, *niſi prius maritum lenocinii accuſaverit*, dit la Loi *conſtante*, les Loix ont defini ce que c'eſt que *leno*, *leno eſt qui de adulterio uxoris quid cæperit*, *cæterum qui patitur uxorem ſuam delinquere matrimoniumque ſuum contemnit, quique contaminationi non indignatur pœna non infligitur*, dit la Loi premiere de ce titre, la Loi 29. §. *quæſtum* dit la même choſe, *ſi patiatur maritus uxorem delinquere non ob quæſtum, ſed ob negligentiam vel culpam, vel quandam patientiam, vel nimiam credulitatem, extra legem poſitus videtur*: un trafic ſi honteux & ſi infame n'étant pas reproché au mari, cette femme conclüoit que l'accuſation, qui d'ailleurs étoit calomnieuſe, ne pouvoit être reçüe; elle ſoûtenoit que les preuves étoient legeres, & qu'un ſi grand crime ne devoit pas être crû ſur de ſimples conjectures; enfin elle ajoûtoit que la mere étoit irrecevable à cauſe du teſtament anterieur, fait en faveur de l'oncle qui ne ſe plaignoit pas, d'où cette heritiere prenoit des fins de non valoir, puis que ſi le ſecond teſtament fait en faveur de la demandereſſe étoit nul, comme le pretendoit cette mère, il ne pouvoit revoquer le teſtament anterieur; ainſi le teſtament par lequel un mineur de 25. ans inſtituë ſon tuteur ou ſes enfans, étant nul, ne rompt pas un teſtament anterieur, & n'ouvre pas la ſucceſſion *ab inteſtat*, ſuivant la deciſion de Maynard Liv. 8. Chap. 50. nonobſtant la Loi *eum quidam* alleguée par la demandereſſe pût, & à laquelle eſt répondu avec Cujas, qu'il faut neceſſairement que le Senatuſconſulte, qui fit cette deciſion, fût fondé ſur des circonſtances particulieres, & qu'autrement il ſeroit injuſte; d'où la défendereſſe conclüoit que cette mere ne pouvant avoir aucun interêt à demander la caſſation du ſecond teſtament, qui ne pouvoit, s'il étoit nul, revoquer le premier, & ouvrir la ſucceſſion *ab inteſtat*, devoit être deboutée, vû que nul ne peut opoſer même civilement à une heritiere inſtituée ſon mauvais commerce avec le défunt, s'il n'y a un veritable interêt pour la confervation de fes droits , & pour profiter lui-même de cette heredité.

Sur ces raifons refpectives fut rendu l'Arrêt que je raporte , par lequel cette heritiere & fon mari furent relaxez de la deman-de, tant de la mere du défunt , que du Procureur General du Roi ; il fut donc jugé à l'égard du Procureur General , qu'il ne peut accufer une femme d'adultere qu'aprés avoir convaincu le mari de complicité ; & à l'égard de la mere du défunt , il fut decidé que nul ne peut opofer , même civilement à l'heritiere inftituée , le mauvais commerce entre elle & le défunt , s'il n'y a un veritable interêt , & s'il ne doit profiter de la fucceffion , & qu'au cas de ce procez la mere ne pouvoit la pretendre *ab inteftat*, à caufe du teftament anterieur , qui n'étoit pas revoqué par un pofterieur contenant inftitution d'une pareille heritiere. Ainfi il fut jugé que l'on confond aujourd'hui les indignes & les incapables , & que l'on ne fait plus une difference que le feul interêt du fifc , qui ne fubfifte plus , avoit établie.

Mr. Larroche-Flavin Liv. 3. Chap. 6. art. premier raporte un Arrêt qui reçoit une fille même à opofer l'incefte de fa mere ; rien n'eft cependant plus mauvais , ni plus de meffeant à des enfans que de découvrir la turpitude des peres & des meres ; rien de plus opofé au precepte naturel & divin de les honorer , nous en avons un bel exemple dans l'Ecriture Sainte , & dans la male-diction donnée à un des enfans de Noé pour avoir découvert & apris feulement à fes freres la nudité de leur pere , éfet d'un fim-ple excez à boire , *quod cum vidiffet nunciavit fratribus fuis foras* ... au lieu de la benediction donnée aux deux autres freres pour avoir couvert cette nudité fans y regarder feulement *pallium impofuerunt humeris fuis , & incedentes retrorfum operuerunt verendi patris fui faciefque eorum averfa erant & non viderunt ;* mais l'interêt public prevaut en pareille ocafion au devoir le plus effentiel des enfans que la mort des peres & des meres fem-ble encore rendre plus Religieux & plus Sacré : tout paroît va-loir mieux, que de permetre que le vice foit recompenfé.

CHAPITRE LXXXV.

De la legitime de la mere dans la difposition Teftamentai-
re de fon fils.

Quel eft l'éfet de la fubftitution pupillaire expreffe, de la
fubftitution pupillaire comprife fous la compendieufe,
de la pupillaire tacite comprife dans la vulgaire con-
tre la mere, & contre l'ayeul maternel & l'ayeule
maternelle.

LA legitime de la mere dans la difpofition Teftamentaire du
fils fe regle diverfement par la difference des heritiers inftituez ; fi l'heritier inftitué eft un des freres du défunt, la legitime
de la mere commune n'eft en ce cas que le tiers de ce qu'elle
auroit eu *ab inteftat* : mais fi l'heritier eft un étranger, la legitime
de la mere fera un tiers de tous les biens ; c'eft la diftinction établie par Mr. d'Olive au Liv. 3. Chap. 9. fondée fur les Arrêts qu'il
raporte. J'y en ajoûterai un par lequel la legitime de la mere fur
reglée à un tiers de tous les biens dans la difpofition Teftamentaire de l'un de fes fils, qui avoit inftitué un de fes freres, à la
charge d'employer fon heredité en œuvres pies : l'Arrêt eft du
dernier Avril 1676. en l'Audience de la Grand'-Chambre, plaidans Mes. Duval & Gourdon, fur les conclufions de Mr. Lemazuyer Procureur General ; le frere du Teftateur étoit inftitué, &
il fembloit par-là que la legitime de la mere ne devoit être que le
tiers de ce qu'elle auroit eu *ab inteftat* : mais la caufe pie devant
recüeillir tout le fruit de cette inftitution, on crût que fa faveur
n'étoit pas affez grande pour diminuer la legitime de la mere, &
qu'il falloit la regler fur le pied ordinaire du tiers de tous les biens.
Elle ne veut pas prendre fur les peres & les meres non plus que
fur les enfans, *non quærit de fame parentum,* fuivant l'expreffion
d'un Pere de l'Eglife.

La fubftitution compendieufe ou reciproque faite par le pere, comprenant la pupillaire en termes generaux, exclud par les Loix, la mere & de la fucceffion & de la legitime fur les biens de fon fils mort impubere, tout comme la pupillaire expreffe, fuivant la Loi *præcibus cod. de impub. & al. fubft.* qui ne diftingue pas ces deux fubftitutions, quant à leurs éfets à l'égard de la mere, nôtre Parlement ne fuit pas cette rigueur, & veut des termes precis de fubftitution pupillaire pour exclure entierement la mere ; s'il n'y a que des termes generaux de fubftitution compendieufe ou reciproque, les droits de la mere font ménagez par nôtre ufage ; mais pour les regler on fait attention à la qualité des fubftituez, & l'on augmente ou diminuë les droits de la mere felon la plus grande, ou la moindre faveur des fubftituez, qui peut plus ou moins balancer dans cette rencontre la faveur de la mere : Si le fubftitué eft un des décendans du Teftateur, la legitime de la mere n'eft qu'un tiers du tiers, *tertia tertiæ*, comme dit Mr. d'Olive ; c'eft-à-dire, un tiers de ce à quoi pourroit monter la legitime de ce fils fur les biens de fon pere ; il y a même des Arréts qui dans ce cas de fubftitution compendieufe, lorfque le frere de l'heritier mort impubere eft ainfi fubftitué par le pere commun, ont reduit la legitime de la mere commune à la troifiéme partie de ce qu'elle auroit eû *ab inteftat* fur la legitime de fon fils, ainfi qu'il a été jugé en la Premiere Chambre des Enquêtes, au raport de Mr. de Burta, le 1. Fevrier 1662. & par autre Arrêt du 15. Mars 1681. en la même Chambre, au raport de Mr. de Juge, en la caufe de Monete & autres. Que fi le fubftitué eft étranger, la mere aura pour fa legitime la troifiéme partie de tous les biens que fon fils a reçû de fon pere, & outre cela elle aura du chef de fon fils la trebellianique fur les mêmes biens ; & de plus elle fuccedera aux biens aventifs du pupille, fuivant cette maxime, *fubftitutio compendiofa matre in medio exiftente cenfetur omni tempore fideicommiffaria, quando fubftitutus non eft ex liberis.*

Mais fi la mere eft predecedée, & que l'ayeul maternel fe trouve *in medio* ; on demande fi ce droit établi en faveur de la mere, que la fubftitution compendieufe eft prefumée en tout tems fidei-

commissaire simplement, lorsque le substitué est étranger ; on
demande, dis-je, si ce droit a lieu en faveur de cet ayeul, &
quelle doit être du moins la legitime de cet ayeul. Il semble
d'abord qu'entrant en la place de la mere, il doit entrer dans tous
ses avantages, *justa interpretatione*, *patris nomine avus quoque
intelligitur*, comme dit la Loi 201. *ff. de verb. signif.* Il fut
neanmoins decidé au contraire en la cause de Mr. de Juge, Conseiller en la Cour, & depuis Doyen, & du Sr. Poncet Sr. de la
Trenque, le 28. Mars 1697. en la Premiere Chambre des Enquêtes, au raport de Mr. de Progen ; celui qui étoit substitué
par une substitution compendieuse au fils du Testateur étoit un
étranger cousin du Testateur ; il fut maintenu en tous les biens,
tant du Testateur que du fils mort impubere, distrait toutefois au
profit de l'ayeul maternel pour sa legitime le tiers de tous les
biens, & l'ayeul fut debouté de la demande qu'il faisoit, que la
substitution fût declarée simplement fideicommissaire, de la Trebellianique qu'il demandoit consequemment sur les biens du Testateur du chef de son petit-fils, & de la maintenuë qu'il demandoit
aussi des biens aventifs de ce petit-fils ; on crût que l'ayeul maternel étoit assez favorable pour avoir la legitime comme la mere
l'auroit euë par nôtre usage, si elle n'avoit pas predecedé, mais
qu'il ne falloit pas étendre toute la faveur de la mere à la personne
de l'ayeul, en changeant la nature de la compendieuse, & lui
ôtant tous ses éfets, pour ne la regarder que comme fideicommissaire. Il est juste en éfet que la place même de la mere ait moins
de faveur que sa personne si honnorée par les Loix, & il est
naturel d'ailleurs que les personnes soient d'autant moins favorables qu'elles sont plus éloignées du Testateur, du moins parmi
les ascendans, ou la faveur & l'amour remontent avec moins de
facilité qu'ils ne décendent.

Nous n'avons pas encore parlé de la tacite pupillaire, cette
tacite pupillaire ne se trouve pas proprement dans la compendieuse ni dans la reciproque, où la pupillaire est regardée comme expressement contenuë *verbis generalibus*, mais elle est dans
la substitution vulgaire faite au pupille, suivant la Loi *jam hoc
jure ff. de vulg.* Si le Testateur a donc substitué au pupille vul-

gairement, *in utrumq. cafum fubftituiſſe intelligitur & fi hæres non erit , & fi intrà pupillares annos deceſſerit ,* ſelon les propres termes de cette Loi ; par conſequent il eſt preſumé avoir fait le teſtament de ſon fils , qui doit exclure la mere de la ſucceſſion du fils , que le ſubſtitué doit avoir comme heritier de ce fils , & la mere n'eſt pas en droit de former contre ce teſtament nulle plainte d'inofficioſité , parce que c'eſt le pere qui l'a fait ; il n'eſt guere , ce ſemble , de conſequence plus juſte & plus naturelle d'un principe mieux établi ; auſſi pluſieurs Auteurs ſont-ils de cet avis , comme Fulgoſius , Goveanus , Joannes Faber ; le grand nombre cependant eſt pour l'avis opoſé , que l'on fonde uniquement ſur la Loi *præcibus cod. de impub. & al. ſubſtit.* Les Empereurs Diocletien & Maximien , y répondent à une mere qui leur demandoit ſi elle pouvoit pretendre la ſucceſſion de ſon fils auquel le pere avoit ſubſtitué ; & les Empereurs ſur cette demande qu'ils trouvent courte & mal éclaircie , diſtinguent les divers cas de ſubſtitution , *utrum in primum caſum vel in ſecundum ſubſtituerit ,* & ils determinent que *ſi in primum tantùm caſum ,* cette femme doit ſucceder à ſon fils.

Cette Loi paroît d'abord aſſez claire pour les meres , mais on y peut cependant répondre que les Empereurs ne decident que dans le cas dans lequel le Teſtateur *in primum tantùm caſum adhibuit ſubſtitutum* ; paroles où le mot *tantùm* eſt remarquable , & ſemble deſigner & ſupoſer que le Teſtateur a entendu & voulu ſubſtituer ſeulement & uniquement au cas vulgaire , ſans quoi ce mot eſt aſſez oyſeux ; & il eſt bien vrai qu'en ce cas les ſubſtituez n'excluroient ni la mere ni l'heritier legitime du pupille , puis qu'il n'y auroit point alors de tacite pupillaire , & qu'elle ſeroit détruite par les marques d'une contraire volonté ; auſſi les Empereurs ne paroiſſent guere apuyer ſur la qualité de mere , qui ne paroît qu'hiſtoriquement ramenée , comme la qualité de ſoldat donnée au pere , tout à fait étrangere , & indifferente à la deciſion.

Ceux qui veulent exclure la mere par cette tacite pupillaire ſe fondent ſur pluſieurs textes , dont le plus précis & le plus conclüant à mon goût , & celui qui ſouffre le moins de replique , eſt la Loi derniere *cod. de inſt. & ſubſt.* l'Empereur Juſtinien en'poſe ainſi le cas ; une femme avoit été inſtituée par ſon mari de moitié avec le poſthume qui naîtroit d'elle. A l'inſtitution le Teſtateur avoit ajoûté une ſubſtitution en faveur d'un étranger , au cas qu'il n'y eût point de poſthume. Il en étoit venu un au monde qui étoit enſuite mort en pupillarité ; la queſtion avoit paru difficile aux grands Juriſconſultes Papinien & Ulpien ; ſi la mere étoit en ce cas excluſe par la pupillaire compriſe dans cette vulgaire : l'Empereur decide qu'elle ne l'eſt pas , & la raiſon qui le deter- mine , c'eſt que ſi le mari a bien voulu que ſa femme lui ſuccedât en la moitié de ſon bien , il n'eſt pas preſumé avoir voulu la pri- ver de la ſucceſſion de ſon fils ; d'où , & par l'argument des con- traires dont la force eſt établie & reconnuë dans le Droit ; on tire cette conſequence neceſſaire , que ſi la mere n'étoit pas heritiere de ſon fils , elle auroit été excluſe par la pupillaire tacite.

Ce n'eſt pas répondre en éfet que de répondre à cette Loi , (quoi que avec un Auteur de grande autorité , Mr. Cujas au Liv. 10. de ſes obſervations Chap. 27.) que la mere exclud le ſubſtitué , non ſeulement par la raiſon qu'elle eſt coheritiere , mais encore parce qu'il eſt juſte qu'à l'extrême douleur qu'une mere a de la mort de ſon fils , on n'ajoûte pas la perte de ſa ſuccef- ſion , *ex ſolo tacito intellectu pupillaris ſubſtitutionis* ; les paroles de cette Loi reſiſtent trop à cette réponſe : la queſtion y eſt , ſi dans le cas propoſé la triſte & douleureuſe ſucceſſion du fils doit parvenir à la mere *an luctuoſa filii hæreditas ad matrem per- tineat* ; & il eſt répondu que cette triſte & douleureuſe ſuccef- ſion lui apartient par cette ſeule raiſon qu'elle eſt inſtituée heri- tiere , *ſi enim ſuæ partem ſubſtantiæ uxori dereliquit quantò magis luctuoſam hæreditatem ad matrem venire curavit* ; l'idée donnée de la douleur de la mere , entre , comme il eſt aiſé de voir dans les ornemens , non dans le fonds & dans le motif de la deciſion : auſſi ſur la fin la ramenant à ſon eſpece , *in hac ſpecie* , dit l'Empe- reur , *Papiniani dubitationem reſecantes* ; & par-là il fait aſſez en- tendre que ſa deciſion eſt uniquement fondée ſur la circonſtance de la mere coheritiere.

Cette Loi paroît devoir tout-à-fait prevaloir à la Loi *præcibus ,*

opofée par ceux de l'avis contraire, ou du moins favorifer l'explication que j'ai donnée ; car fi la queftion a été fi aifément decidée en thefe par les Empereurs Diocletien & Maximien, dans
cette Loi *præcibus*, furquoi avoient donc tant douté les Jurifconfultes Papinien & Ulpien ? Qu'eft-ce que l'Empereur Juftinien
s'eft fait enfuite un honneur & un merite de decider dans cette
Loi derniere ? A quoi bon ce cas fingulier, & la circonftance
d'une mere coheritiere, qui felon ce qui a été dit, bien loin d'avoir
un air hiftorique & indifferent, paroît évidemment avoir attiré toute l'attention de l'Empereur, comme elle avoit attiré toute celle
de Papinien.

Par toutes ces raifons, aprés des perfonnes plus doétes que
moi que j'ai confultées, je croi que par la pureté du Doit la fubftitution pupillaire tacite ; c'eft-à-dire, prefumée contenuë dans
la vulgaire, exclud la mere : Il eft vrai que l'ufage contraire a
tout-à-fait & conftamment prevalu, l'extrême faveur des meres
a introduit cet ufage. L'Empereur Juftinien les a trouvées dans
un autre cas plus favorables, que les peres, dans la fucceffion de
leurs enfans, dont elles ont tout le foin & toute la peine : *oportet*, dit-il, *eam Majori dignari ftudio ut quæ parturiit, nutriit,
& peperit fupra eum qui fuperfluum voluptatis filii fecit originem*, & avec tout ce profit de fucceffion, c'eft comme je l'ai dit
ailleurs, une chofe bien trifte qu'une mere heritiere.

Il n'eft cependant pas indifferent & inutile de demêler ce qui
eft de la pureté du Droit, & ce qui eft de l'ufage. Il eft toûjours bon d'établir les principes qui peuvent avoir leur ufage à
regler l'ufage même ; on a voulu étendre celui dont je viens de
parler en faveur de l'ayeule du pupille, qui felon Benediétus, *ad
cap.* Raynutius *in verbo, fi abfq. liberis num.* 88. & felon Faber
Liv. 6. tit. 8. defin. 3. n'eft pas exclufe de la fucceffion de fon
petit-fils par la tacite pupillaire ; fi c'eft une chofe introduite contre le Droit, il eft clair que l'ufage ne doit pas être étendu de la
mere à l'ayeule ; j'ajoûterai & je dirai que quand on voudroit fuivre l'explication du Cujas, & croire avec lui que la decifion de la
Loi derniere *cod. de inft. & fubft.* eft fondée fur l'extrême douleur de la mere ; il ne faudroit pas l'étendre à l'ayeule, dont la
　　　　　　　　　　　　　　　　　　　　　　　　　　douleur

douleur peut être prefumée moindre ; d'ailleurs puifque l'ayeul ou l'ayeule, dans le cas de la fubftitution compendieufe, n'a pas tous les mêmes avantages que la mere a par nôtre ufage, comme nous avons vû ; il y a même lieu de les diftinguer dans la fubftitution pupillaire tacite.

Tout ce qui vient d'être dit fupofe affez que la pupillaire expreffe exclud la mere. C'eft la difpofition du Droit dans la Loi *Papinianus*, §. *Sed nec impuberis, ff. de inoff. teftam.* outre la Loi *Præcibus*, déja citée, c'eft une exclufion entiere, qui ne permet pas à la mere de pretendre une legitime. C'eft le teftament que, comme j'ai dit, le pere a fait à fon fils. Nôtre ufage qui s'eft départi de la rigueur du Droit dans les efpeces de fubftitution pupillaire dont je viens de parler, a fuivi la decifion des Loix lors que la pupillaire eft expreffe & precife, & ne donne pas même de legitime à la mere, quoi que le fubftitué foit étranger. On ne fuit pas les diftinctions de Mr. le Premier Prefident Duranti en fa Queftion 72. ni l'avis de fon Commentateur Ferrieres. Ce Prefident même raporte un Arrêt de 1544. par lequel la mere fut excluë de la legitime, quoique le fubftitué fût étranger. Meffieurs de Laroche - Flavin & Cambolas en raportent. J'y en ajoûterai un du mois de Decembre 1665. rendu en la Seconde Chambre des Enquêtes au raport de Mr. de Chalvet - Lafauvelie dans le même cas d'un étranger fubftitué, ce qui doit avoir lieu avec plus de raifon encore, lors que la caufe pie eft fubftituée pupillairement. C'étoit l'efpece d'un autre Arrêt rendu en la même Chambre au raport de Mr. de Chalvet, entre Pons Chapelain, & Alexis Sieur de Maureillan.

CHAPITRE LXXXVI.

Si l'heritier du Testateur ou du Donateur est obligé de payer l'Amortissement du fonds legué ou donné aux gens de Main-morte.

IL faut distinguer la donation entre vifs & le legs. Le donateur ni son heritier n'est pas tenu de payer l'amortissement du fonds donné aux gens de Main-morte, mais l'heritier du Testateur est obligé de payer l'amortissement du fonds legué. Cette distinction est établie par les Arrêts raportez par Loüet & Brodeau lettre A. nombre 12. La donation est un contract, par consequent *stricti juris*. On n'y suplée rien, ce qui n'y est pas exprimé est presumé omis à dessein, & les personnes de Main-morte acceptant la donation, doivent s'imputer de n'avoir pas stipulé du donateur, qu'il seroit obligé de payer l'amortissement. Mais les testamens sont susceptibles d'interpretation, & c'est une presomption des Loix que le Testateur a voulu charger son heritier de faire joüir le legataire de l'entier legs, & de payer tout ce qu'il faut pour l'en faire joüir. Un donateur entre-vifs en donnant prend sur lui même, un Testateur en leguant prend moins sur lui que sur son heritier ; par cèt endroit encore un donateur est presumé avoir voulu donner des bornes plus étroites à sa donation, qu'un Testateur à son legs. Ainsi par bien des raisons les legs reçoivent une interpretation plus pleine & plus étenduë. Si le Testateur a legué *militiam*, le Jurisconsulte répond que, *onera omnia & introitus militiæ ab hærede sunt danda*, comme il est dit dans la Loi *His verbis*, §. *Item testator*, *ff. de leg.* 3. Pareillement lorsque le Testateur a legué une chose qu'il a sçû être obligée, l'heritier doit la racheter, *ab hærede luenda est. L. Si res obligata, ff. de legat.* 1. Il s'ensuit de-là que le Testateur, qui a sçû l'incapacité de la Main-morte à posseder des immeubles sans payer un droit d'amortissement au Roi, est presumé avoir entendu charger fon heritier de le payer pour conferver le legs tout entier & fans diminution.

Les deux Arrêts que je vais raporter ont fuivi cette diftinction. Le premier du 4. Avril 1693. au raport de Mr. de Paucy, a déchargé l'heritier du donateur de ce droit d'amortiffement en la caufe des heritiers du Baron de Magalas, les Peres de la Doctrine Chrêtienne de Nant, & les Confuls de la même Ville. Le Sieur de Magalas fait une donation entre-vifs aux Confuls & à la ville de Nant de la fomme de 30000. liv. payable en argent ou en fonds après fon decés, & qui fera employée à y établir un College des Peres de la Doctrine Chrêtienne pour l'inftruction de la jeuneffe, & au cas que l'établiffement n'en pourroit être fait, il veut que la fomme foit employée en œuvres pies ou fondations. Cette donation eft confirmée par le Sieur de Magalas dans fon teftament. Après fon decés, à la pourfuite des Confuls, le College eft établi, & les heritiers payent cette fomme de 30000. liv. par le bail d'un fonds noble. Le College étant enfuite taxé à la pourfuite du Traitant des Franc-fiefs, nouveaux-acquets & amortiffement à la fomme de 6000. livres, ces Peres font affigner les heritiers à ce qu'ils fuffent tenus de payer cette fomme, enfemble trois ou quatre cens francs qui avoient été employez à obtenir la permiffion du Roi & de l'Evêque de Caftres pour faire cet établiffement.

Leurs raifons étoient; Que le feu Sieur de Magalas avoit voulu que le College joüit de 30000. livres, en fonds ou en argent; Que s'ils étoient obligez de payer la taxe de 6000. livres & autres fraix, ils ne joüiroient que de 23. ou 24000. livres; Que fi les heritiers euffent payé 30000. livres en argent, les donataires les auroient placez, & joüiroient du revenu de l'entiere fomme; Que le choix qu'avoient fait les heritiers de payer en fonds ne devoit pas priver le College de la joüiffance de 6. ou 7000. livres; Qu'ayant donné ce choix à fes heritiers de payer en fonds ou en argent, c'eft comme s'il leur eût donné lui-même ce fonds; Que le donateur comme le Teftateur doit payer l'amortiffement de ce qu'il donne aux gens de Main-morte, fans quoi ils ne peuvent joüir de l'entier effet de fa liberalité; Que fi quelques

H h h ij

Docteurs ont fait difference entre la donation & le legs, cette difference n'est point solide, & ne peut du moins être apliquée à la donation faite à l'Eglise lors qu'elle est accompagnée d'une fondation, qui seroit par le payement du droit d'amortissement aneantie ou diminuée, sur tout d'un établissement aussi favorable & aussi utile au public que celui d'un College; Enfin, que cette donation étant confirmée par le testament du Sieur de Magalas, étoit devenuë un legs, dont par consequent les heritiers du Testateur devoient payer l'amortissement, à la décharge des legataires en faveur de qui ce nouveau titre devoit produire quelque chose.

Il étoit repliqué par les heritiers du Sieur de Magalas; Que par la donation ils n'étoient obligez que de payer 30000. livres en argent ou en fonds; Qu'il n'étoit donc pas juste de les obliger de payer 6. ou 7000. livres au dela; Qu'ayant payé en fonds les 30000. livres donnés, c'étoit un achat de la part du College, & une vente de leur part; & que les acheteurs devoient payer le droit d'amortissement; Qu'il y avoit une grande difference à faire entre le legs, même fait à une Main-morte, d'un fonds ou d'une somme payable en fonds; Qu'au premier cas le Testateur étoit présumé charger son heritier de payer toutes les sommes necessaires pour avoir la possession du fonds; Qu'au second cas, n'ayant legué qu'une somme, quoique payable en fonds, il a restraint sa liberalité à cette somme, & n'a pas voulu charger son heritier au-delà; Qu'enfin la difference établie generalement par les Docteurs & par les Arrêts entre la donation & le legs, étoit une difference trés-raisonnable & trés-bien établie, fondée sur la difference même des contracts & des testamens, suivant laquelle les testamens peuvent recevoir quelque interpretation, & les contracts n'en peuvent pas recevoir; Que la confirmation de la donation faite par le Testateur n'y ajoûtant rien, le droit du donataire se trouvoit uniquement fondé sur la donation.

L'Arrêt rendu sur ces contestations, aprés partage, décharge les heritiers, parce que c'étoient des heritiers d'un donateur par le testament.

Le second Arrêt que j'ai à raporter dans le cas du legs, fut rendu en la Grand'Chambre, aprés partage porté en la Premie-

re Chambre des Enquétes le 1. Decembre 1693. Raport.ar Mr.
de Burta , Compartiteur Mr. Dejean-Gradels , contre les heritiers du Sieur de Tuilier , Treforier General de France en la Generalité de Montauban. Le Sieur Tuilier par fon teftament avoit
fondé un College compofé de fix Collegiats , un Regent & un
Garçon pour les fervir , avoit fait divers legs à ce College , &
avoit ordonné que fur la porte de ce College fes Armes feroient
pofées , & cette infcription gravée, COLLEGE DU SIEUR
TUILIER. Il leguoit la rente annuelle de 500. livres , avec
permiffion à l'heritier de fe liberer en payant la fomme de
10000. livres pour être employée à l'achat d'autre rente ou d'un
fonds ; & de plus la fomme de 4000. liv. pour bâtir une maifon
qui fervit de College; en payement duquel dernier legs les heritiers avoient donné une maifon de l'heredité. Le College étant
enfuite affigné en payement de la fomme de 3200. livres pour la
taxe du droit d'amortiffement de cette Fondation , il fait apeller
les heritiers pour prendre le fait & caufe pour lui , ce qui fut ainfi
ordonné par l'Arrêt confirmatif de la Sentence : On convint
d'abord de la maxime ; Que l'heritier doit payer l'amortiffement
du fonds legué à la Main-morte : Mais ce qui faifoit la principale difficulté étoit ce qui étoit opofé par les heritiers ; Que
c'étoit ici une rente de 500. livres , & une fomme de 4000. liv.
leguée à la Main-morte dont il n'eft point dû d'amortiffement au
Roi , qui ne peut être exigé que pour les immeubles ; Que c'é-
toit donc une demande du traitant mal fondée , dont les legataires devoient fe défendre comme ils trouveroient à propos , fans
que les heritiers fuffent obligez de les en garantir ; Que ce droit
d'amortiffement prétendu n'étant point naturel & ordinaire , le
Teftateur n'avoit pû le prévoir , ni par confequent avoir eu intention d'en faire une liberalité au legataire. Mais on crût que la
nouveauté de l'exaction de ce droit d'amortiffement , peu con-
venablement apliqué aux rentes en argent , n'empêchoit pas que
l'heritier ne fut obligé d'en faire tenir quitte le legataire , qu'il
eft toûjours obligé de mettre en état de joüir de fon legs ; fur
tout encore dans un cas où le Teftateur avoit témoigné une intention fi forte pour l'execution d'un pieux deffein ; auquel s'étoit

joint le défir de conferver fon nom & fa memoire ; confiderations qui devoient donner lieu de préfumer que s'il avoit prevû le
cas, il auroit voulu neanmoins donner à ce College tout ce qu'il
falloit pour joüir de l'entiere liberté qu'il lui avoit faite.

CHAPITRE LXXXVII.

Si le fils coheritier de fon pere, peut en repudiant l'here-dité, demander le prélegs qui lui a été fait.

IL y a diverfité d'opinions fur cette queftion, quelques-uns
ont crû que ce fils méprifant l'inftitution de fon pere fe rend
entierement indigne des liberalitez contenuës dans le teftament,
*Impugnare videtur judicium patris qui abftinuit fe ab hæreditate,
quandoquidem quantum in fe eft inteftatum patrem facit, deftituto
teftamento & neglecto.* D'autres ont crû que ce fils peut demander la moitié feulement du prélegs, parce que le coheritier à qui
il a été prélegué, prenant la moitié fur la portion du coheritier, & l'autre moitié fur la fienne, cette derniere moitié fe perd
par la repudiation. D'autres enfin ont decidé, que ce fils re-
pudiant l'heredité, conferve le prélegs & le peut demander tout
entier.

Conformément à ce dernier avis, la queftion fut decidée par
Arrêt du 6. Mai 1699. en la Grand'Chambre, au raport de Mr.
de Mua, en la caufe de Moniers. Cette decifion eft fondée fur la
Loi 17. *Qui filiabus*, §. 2. *ff. de legat.* 1. & fur la Loi 87. *Filia
pater*, au même Titre, qui eft une Loi de Papinien, *Duriffima
fententia eft*, dit ce Jurifconfulte, *exiftimantium denegandam ei
effe legati petitionem fi patris abftinuerit hæreditate* ; Enfuite il
répond à l'objection en ces termes. *Non enim impugnatur judicium ab eo qui juftis rationibus noluit negotiis hæreditariis impli-
cari.* Ainfi le fils qui a pretendu que le teftament de fon pere étoit
nul, n'eft pas privé de demander dans la fuite le legs qui y eft
contenu, *Quoniam de jure difputavit non judicium impugnavit*

aut accufavit, fuivant la Loi penultiéme, *ff. de his quib. ut in-
dign.* le coheritier qui repudie peut donc demander l'entier prélegs. A la verité s'il demeure heritier il en doit prendre la moitié
fur fa portion ; mais cette portion accroiffant à celle du coheritier,
celui qui a repudié peut juftement demander l'entier prélegs à
l'autre, puifque c'eft à celui qui demeure heritier à payer tous
les legs.

On opofe à la doctrine que j'établis la Loi *90. Quid ergo*, au
même Titre *de legat.* I. qui eft auffi une Loi de Papinien, *Planè
pluribus filiis inftitutis ratione legatorum actio denegabitur ei qui
non agnoverit hæreditatem.* C'eft un cas fingulier, comme il a été
remarqué par Cujas. Le Teftateur avoit divifé toute fon heredité
entre fes coheritiers *verbis legatorum. Hoc legatum*, dit cet Auteur, *nihil aliud eft quam hæreditatis diftributio, legatum mix-
tum eft hæreditati, hæreditas mixta eft legato, ergo evidens eft
teftatorem velle ut qui amittit hæreditatem amittat etiam & legatum.* C'eft donc une exception à caufe de la volonté préfumée
du défunt, comme il eft marqué dans le commencement de cette
Loi, où le Jurifconfulte, après avoir parlé de la prévoyance du
fils coheritier, qui repudie pour conferver fon prélegs, ajoûte
nifi evidens voluntas contraria patris probetur, & enfuite raporte
l'efpece de la Loi qu'on opofe, telle que je viens de l'expliquer.

CHAPITRE LXXXVIII.

*Des fraix du compte de l'heritier par benefice d'inventai-
re qui repudie.*

L'Heritier qui repudie retient fur l'heredité toutes les fommes
qu'il a payées, fuivant la Loi *Sancimus, Cod. de jur. delib.*
il retient même les fraix du compte qu'il rend, & même ceux
des foûtenemens de ce compte. Il fut ainfi jugé en la Premiere
Chambre des Enquêtes, au raport de Mr. de Barthelemi de Gramont, au mois de Mai 1667. en faveur de la veuve & heritiere du

feu Sieur d'Aumelas Tréforier General de France à Montpellier, rendant compte de cette heredité contre le Curateur. Ce compte doit fe faire aux dépens des creanciers, comme le compte du tuteur fe fait aux dépens du pupille, tous les comptes étant préfumez rendus au profit & à l'avantage de ceux qui les demandent, & à qui on les rend, il eft jufte qu'ils en fallent les fraix.

CHAPITRE LXXXXIX.

Si dans la fubftitution faite au cas de decez fans enfans,
la condition défaut par l'exiftence des enfans de l'heritier, nez & demeurans hors du Royaume.

L Es Arrêts du Parlement de Paris & ceux du Parlement de Touloufe font differens fur cette matiere. Loüet lettre S. nomb. 15. en raporte qui ont jugé que la condition ne défaut point, & que la fubftitution eft ouverte. Cambolas, *fol. 3. Chap. 27. & Liv. 5. Chap. 49.* en raporte de contraires. On n'a qu'à voir dans ces Auteurs les raifons des deux avis ; Il me fuffit de raporter ici un autre Arrêt, par lequel la decifion de Cambolas a été fuivie ; il fut rendu en la Seconde Chambre des Enquêtes, au raport de Mr. de Rolland au mois de Decembre 1675. Un pere ayant plufieurs enfans, les inftituë heritiers, les fubftituë reciproquement ; & au cas qu'ils viennent tous à deceder fans enfans, leur fubftituë un étranger. Après la mort du Teftateur, un de fes enfans va en Efpagne, s'y établit, & époufe une femme Efpagnole. Tous les autres fils du Teftateur étant morts en France fans enfans, le fubftitué fait inftance contre les poffeffeurs des biens en ouverture de fubftitution & délaiffement. On lui opofe d'abord, qu'il doit juftifier du decés du fils qui eft allé en Efpagne, & qu'il doit même juftifier qu'il eft mort fans enfans. Il répond, que l'exiftence de ce fils ni des enfans qu'il pourroit avoir, nez & demeurans hors du Royaume, ne peut empêcher l'ouverture de la fubftitution. L'Arrêt que je raporte ordonne qu'avant

vant dire droit fur cette demande, le demandeur prouvera & verifiera que le fils du Teftateur, établi en Espagne eft mort, & qu'il eft mort fans enfans.

CHAPITRE C.

Si le legs devenant caduque, le fideicommis dont le legs eft chargé le devient auffi.

UN Teftateur aprés avoir inftitué heritier fon fils, avoit legué 10000. livres à fa femme, voulant qu'elle en pût difpofer en faveur d'une de fes filles telle que bon lui fembleroit. Cette femme étant morte avant le Teftateur, il étoit queftion fi aux termes du teftament cette fomme de 10000. livres étoit dûë aux filles. Il fut jugé que ces paroles contenoient un fideicommis, & que ce legs devenu caduque, à l'égard de la femme à qui il étoit fait, avoit accru à l'heritier, mais avec la même charge, & que chacune des filles pouvoit demander fa portion de cette fomme leguée. L'Arrêt fut rendu en la Premiere Chambre des Enquêtes, en l'année 1677. aprés partage, vuidé en la Seconde, Raporteur Mr. de Vedelli, Compartiteur Mr. de Prohenques, au procés de la Dame de Roquefueil, époufe du Sieur de Marquain, & de la Dame de Roquefueil, époufe du Sieur de Rivals-Pratviel, cette decifion eft fondée fur la Loi unique, §. *Pro fecundo vero ordine, Cod. de caduc. toll.* où Juftinien ordonne que les liberalitez faites par le Teftateur, *quæ funt in caufa caduci*, par le decez de celui à qui elles font faites, mort avant le Teftateur, reviennent aux heritiers, *fed omnes perfonas*, ajoûte l'Empereur, *quibus lucrum per hunc ordinem defertur, eas etiam gravamen quod ab initio fuerat complexum, omnimodò fentire & c. neque enim ferendus eft qui lucrum quidem amplectitur onus autem ei annexum contemnit.* Ce qui faifoit la difficulté étoit que ce legs n'étoit point conçû dans les termes qui établiffent un fideicommis, qui donnoit feulement à la femme la liberté de difpofer de 10000. livres fi

le legs parvenoit à elle, & que la liberté ne pouvoit ni ne devoit tourner en charge; mais on prit avec raifon la claufe pour
un vrai fideicommis fait à l'avantage des filles, à l'exclufion du
fils inftitué, & l'on crût que la liberté donnée à la femme ne
regardoit que l'élection entre les filles, qui fupofoit d'ailleurs
l'obligation de leur rendre.

CHAPITRE CI.

Si le raport d'une donation a lieu dans la fucceffion teftamentaire.

UN pere ou une mere mariant un fils lui donne la moitié,
ou une autre partie, de fes biens, & enfuite inftituë ce
même fils, avec un autre fils, heritiers égaux. Si ce fils donataire
veut avoir part à la fucceffion, il doit raporter la donation pour
la faire entrer dans le partage de tous les biens avec fon frere
coheritier; fi ce n'eft que le pere ou la mere ait prohibé ce raport, *nifi parens id prohibuerit*, fuivant l'Authentique, *ex teftamento, Cod. de collat.* Cette queftion fut ainfi jugée au mois
de Mars 1692. en la Premiere Chambre des Enquêtes, au raport
de Mr. d'Aignan-d'Orbeffan, entre Camroux & Deynac Parties,
conformément au texte cité, qui corrige le Droit ancien, par lequel le raport fe faifoit feulement dans la fucceffion teftamentaire,
fi le raport n'avoit été expreffement ordonné.

CHAPITRE CII.

Si l'heritier chargé de rendre, peut aprés la restitution du fideicommis, être convenu par le creancier hereditaire pour les interêts qui ont couru pendant sa joüissance.

UNe femme heritiere de son mari, à la charge de rendre à un fils commun, regle avec le frere de ce mari la legitime dûë à ce frere, neglige de payer les interêts de cette legitime, & rend l'heredité à son fils. Il a été jugé que nonobstant cette restitution, le legataire pouvoit demander à cette femme les interêts qui avoient couru jusqu'à la restitution, & que la mere ne pouvoit pas le renvoyer sur son fils pour le payement de ces interêts, le creancier hereditaire ayant le choix ou d'agir pour tous les interêts qui lui sont dûs contre le substitué, suivant la Loi *deducta* §. *hareditario ff. ad trebell.* ou d'agir contre l'heritier pour les interêts qui ont couru pendant sa joüissance qu'il a dû payer, & dont consequemment il demeure comptable & debiteur. L'Arrêt fut rendu en la Premiere Chambre des Enquêtes au raport de Mr. de Progen, le dernier Fevrier 1663. Constans. & Latapie parties playdantes.

CHAPITRE CIII.

De la permission donnée par le Testateur à l'heritier chargé de fideicommis, de disposer jusqu'à une certaine somme.

UNe femme institüe heritier son mari, à la charge de rendre à un de leurs enfans; voulant neanmoins qu'il puisse disposer de ses biens en faveur de qui bon lui semblera, jusques à

la ſomme de 600. livres ; le mari rend cette heredité à un de
ſes enfans ſans faire aucune reſervation de la ſomme de 600. liv.
& meurt aprés avoir inſtitué un autre de ſes enfans heritier. Il
étoit queſtion ſi l'heritier du mari pouvoit demander les ſix cens
livres à celui à qui le pere avoit reſtitué l'heredité maternelle ;
la raiſon de douter étoit priſe des Arrêts raportez par Maynard
Liv. 2. Chap. 94. & par Cambolas Liv. 5. Chap. 1. & par
d'Olive Liv. 3. Chap. 28. qui ont decidé que ce dont le donateur ſe reſerve de pouvoir diſpoſer des biens donnez par une donation univerſelle , & ce dont la femme ſe reſerve de pouvoir
diſpoſer de ſa dot apartient aux heritiers *ab inteſtat* du donateur
ou de la femme qui n'ont pas diſpoſé ; neanmoins par Arrêt rendu en la Premiere Chambre des Enquêtes le 28. Avril 1694.
au raport de Mr. Dupui, aprés partage, Compartiteur Mr. de
Burta, il fut decidé que l'heritier du mari ne pouvoit pas demander cette ſomme ; la raiſon de l'Arrêt, & la difference
d'avec le cas opoſé, eſt que la reſervation faite par le donateur
ou par la femme eſt une reſervation qu'ils font dans leurs propres biens, c'eſt un retranchement des biens donnez ou conſtituez, la proprieté des choſes reſervées demeure à celui qui a reſervé d'en pouvoir diſpoſer, & paſſe par conſequent à ſes heritiers Teſ-
tamentaires ou *ab inteſtat*, en faveur de qui il eſt preſumé diſpoſer ; mais la permiſſion que le Teſtateur donne à ſon heritier
qu'il charge de fideicommis, de diſpoſer des biens juſqu'à une
certaine ſomme, n'eſt pas un legs de la proprieté ; cet heritier
peut en rendant le fideicommis retenir ou reſerver cette ſomme,
mais ne l'ayant ni retenuë, ni reſervée dans la reſtitution qu'il a
faite, il eſt préſumé qu'il a voulu rendre l'heredité avec une fidelité entiere & ſans aucune diminution, & il ne lui eſt plus permis, ni à ſes heritiers, de demander cette ſomme, & de ſe repentir d'avoir été trop exacts & trop fidéles.

CHAPITRE CIV.

Si le droit d'accroiffement a lieu entre plufieurs fubftituez
pour certaines portions.

AU procés de Jean Boyer & Dulignon Medecin, jugé en la Premiere Chambre des Enquêtes, au raport de Mr. d'Aignan-d'Orbeffan, le 6. Juin 1699. il fut decidé que le droit d'accroiffement n'a pas lieu entre les fubftituez quand ils font fubftituez chacun pour une certaine portion. La nommée Michel inftituë heritier Jean Boyer fon mari, à la charge de rendre à Jean Boyer leur fils, lors qu'il aura atteint l'âge de 20. ans, & au cas que Jean Boyer fils vienne à deceder en pupillarité, ou fans enfans, lui fubftitué, & veut que fes biens apartiennent; fçavoir, pour un tiers audit Jean Boyer fon mari, & pour un tiers à Dulignon fon coufin germain, & pour l'autre tiers à une de fes parentes : aprés la mort de la Teftatrice, la parente fubftituée pour un tiers étant decedée, Jean Boyer fils vient auffi à deceder fans enfans âgé de quinze ans ; Dulignon fait inftance contre Jean Boyer pere en ouverture de la fubftitution, & demande le tiers auquel il eft nommement apellé, & la moitié du tiers auquel la parente predecedée avoit été apellée, pretendant que ce tiers étoit parvenu par droit d'accroiffement à lui & à Jean Boyer mari, & devoit être partagé entre eux. L'Arrêt que je raporte ouvrant la fubftitution au profit de Dulignon, pour le tiers auquel il étoit nommément apellé, le deboute de la demande de la moitié de l'autre tiers, & juge que l'accroiffement n'a pas lieu entre fubftituez quand ils le font pour une partie, & que la portion du fubftitué mort avant le Teftateur devient caduque, & demeure acquife à l'heritier. Cet Arrêt conforme à la volonté préfumée du Teftateur, qui par l'affignation des portions témoigne qu'il ne veut apeller chacun des fubftituez qu'à la portion qu'il lui fait, eft fondé fur la difpofition des Loix, &

particulierement de la Loi *Lucius Titius* §. *quæ habebat ff. ad Trebell.* Mr. Maynard neanmoins Liv. 5. Chap. 10. raporte un Arrêt contraire qui decide qu'encore que le droit d'accroissement cesse entre des legataires, à qui la même chose est leguée par diverses portions, il a neanmoins lieu dans les fideicommis universels, comme il a lieu dans l'institution de plusieurs heritiers en diverses portions ; mais on peut remarquer pour la conciliation de ces deux Arrêts, que dans celui que Maynard raporte, le Testateur après la substitution faite à plusieurs en diverses portions, avoit ajoûté qu'il les instituoit ses heritiers universels, & par ce mot les avoit unis de nouveau, & apellez à la même heredité, circonstance qui n'étoit pas dans nôtre cas.

CHAPITRE CV.

Si le pere chargé de rendre à son fils lors qu'il aura atteint l'âge de 20. ans, ce fils mourant avant cet âge peut être contraint de rendre soudain à celui qui est substitué à ce fils.

CEtte question se presenta au procés dont je viens de parler au Chapitre precedent, entre Boyer & Dulignon ; j'ai déja dit dans le fait que Jean Boyer avoit été institué heritier par sa femme, à la charge de rendre à leur fils commun quand il auroit atteint l'âge de 20. ans ; & la Testatrice avoit substitué Dulignon pour un tiers de son heredité, au cas que ce fils vint à mourir en pupillarité, ou sans enfans ; le fils étant decedé âgé seulement de 15. ans sans enfans, Dulignon demandoit ouverture de la substitution : le pere repliquoit qu'il ne pouvoit être encore obligé à rendre cette heredité, qu'on ne pouvoit le contraindre à delaisser qu'au tems auquel le fils de la Testatrice, s'il eût vécu, auroit eu 20. ans, parce qu'il n'avoit été chargé de rendre à ce fils qu'à cet âge ; & que son predecés ne pouvoit pas operer l'anticipation du fideicommis, comme il est decidé dans la Loi 36. *Publius Mævius* §. 1. *ff. de condit. & demonst. contrà voluntatem defuncti repræsentatio fideicommissi desideratur.* Jugeant cet article on convint de la verité de cette maxime, & de la decision de cette Loi; mais parce que la Testatrice après la substitution faite à son fils au profit de Dulignon, & autres, avoit ajoûté qu'elle vouloit que les legs qu'elle avoit faits dans ce testament, au cas que cette substitution arrivât, fussent payez dans l'an, on crût qu'elle avoit suffisamment témoigné que son intention étoit que les biens fussent rendus à ces substituez dés après la mort du fils; cette circonstance particuliere détermina les Juges à ouvrir deslors la substitution au profit de Dulignon, comme je l'ai déja dit: il n'y a guere de regle en matiere de testament qui ne cede à la volonté contraire du Testateur: les regles même en ces matieres sont fondées sur les conjectures generales, sur quoi les conjectures particulieres, quelquefois plus fortes peuvent sans doute l'emporter.

CHAPITRE CVI.

Des enfans naturels.

MRs. de Laroche-Flavin, d'Olive & de Cambolas, font voir la severité de nôtre Parlement, à l'égard des enfans naturels; il ne s'est pas radouci là-dessus: le Droit Ecrit dont nous sommes d'ailleurs exacts & religieux observateurs, a beau leur être favorable, nous ne suivons point son indulgence; il y a quelque sujet de s'étonner qu'un Empereur aussi Chrétien & aussi Religieux que Justinien paroît l'être, ait voulu se faire un honneur & un merite de sa bonté pour eux dans la Loi *humanitatis intuitu*, & dans l'authentique *licet, cod. de natur. lib.* aussi-bien que dans la Novelle 89. Nôtre Parlement se fait un merite d'être severe envers ces enfans d'iniquité; les enfans même simplement naturels, & les plus favorables de tous ceux qui naissent hors du mariage, ne peuvent avoir selon nôtre maniere de juger, que les alimens, ou un legs moderé qui leur en tienne

lieu, quoi qu'en dife ou qu'en femble dire au contraire Mr. Maynard ; les peres naturels qui ne donnent que les alimens, ou à
concurrence de ce qui eft neceffaire à leurs enfans pour vivre,
ne font que s'acquiter d'une obligation naturelle & indifpenfa-
ble ; auffi les Loix Canoniques, plus indulgentes fur ce point
que les Loix Civiles, permettent aux peres, aux Prêtres même,
de donner à leurs enfans naturels pour les alimens, en quoi elles
ne diftinguent point comme les diftinguent les Loix Civiles, les
enfans nés *ex folutis*, & ceux qui font nés *ex damnato, & ne-
fario coitu* ; les Papes plus doux que les Empereurs, ont crû qu'en
prenant un temperament entre la peine dûë à la débauche des
peres, & la charité que merite l'innocence des enfans, il faloit
rejeter les liberalitez qui pouvoient partir d'une affection déreglée, ou criminelle, fans rejeter les fimples dons alimentaires,
que leur qualité & leur modicité peuvent faire préfumer partir
du feul principe d'un devoir que la nature impofe.

Mais la juftice de nôtre Parlement s'eft même en quelque maniere apefantie à cet égard, & j'ai vû caffer le legs fait par un
Prêtre à fa fille naturelle ; cette fille avoit été mariée, & aparemment par fon pere ; ainfi il avoit été pourvû & fatisfait au
devoir des alimens ; on ne voulut pas avoir égard à un legs
fuperflu qui faliffoit la difpofition d'un Teftateur de ce caractere :
mais à l'égard de la fille legitime de cette fille naturelle, à qui
le Teftateur par le même teftament avoit legué la fomme de
300. livres, il fut interloqué par le même Arrêt, & ordonné
qu'avant dire droit l'heritier prouveroit que la fille naturelle avoit
été procréée depuis l'engagement du Teftateur à Dieu & à
l'Eglife. L'Arrêt eft du 4. Fevrier 1649. en la Premiere Chambre des Enquêtes au raport de Mr. de Barthelemi de Gramont ;
il eft conforme quant au dernier Article à la doctrine & à l'Arrêt que raporte Mr. de Cambolas Liv. 1. Chap. 1. Mais il en-
cherit en un point ; c'eft que Mr. Cambolas parle d'inftitution
d'heritier, & qu'il ne s'agiffoit ici que d'un fimple & modique
legs que l'on préjugea qui n'étoit pas valablement fait au même
cas, en faveur de la fille legitime de la fille naturelle ; la corruption de la racine eft la caufe de la rigueur que l'on tient contre
les

les rejetons innocens & legitimes. L'ayeul naturel déchargé de
l'obligation de donner des alimens, tranſmiſe au pere & à la
mere, ne peut leur rien donner lors qu'ils deſcendent de lui par
la voye d'une conjonction que les Loix apellent, *damnatum &
nefarium coitum*, & pour laquelle elles trouvent mauvais que
par les legs en faveur des petit-fils, il marque quelque reſte de
complaiſance. La corruption & la débauche qui ſe trouve dans
le commerce qui produit les enfans bâtards, eſt en éfet ſi conſiderée dans les déciſions touchant les liberalitez qui peuvent être
faites à ces enfans par ceux qui leur ont donné la naiſſance, que
ſuivant l'avis du Conſeiller Benedictus, *in verbo, & uxorem
num.* 131. dans une eſpece ſinguliere dont il eſt mal-aiſé d'établir
ou d'aſſurer la verité, le fils naturel peut être inſtitué par ſa mere
qui l'a eu d'une conjonction involontaire & forcée, & qu'elle
n'a ſoufferte que par une violence à laquelle elle n'a pû re-
ſiſter.

Le fait de bâtardiſe étoit établi dans le dernier Arrêt que j'ai
raporté ; il étoit juſtifié que la mere legataire étoit fille du Prêtre
Teſtateur ; il n'étoit queſtion que du tems. Ainſi cet Arrêt n'eſt
pas contraire à la doctrine de Mr. Maynard Liv. 3. Chap. 17.
ſuivant l'interpretation que lui donne Mr. d'Olive Liv. 5. Chap.
34. dans une addition. Mr. Maynard dit que l'heritier n'eſt pas
recevable à débatre les legs faits par le Teſtateur à ſes bâtards ;
Mr. d'Olive entend Mr. Maynard dans le cas où le fait de bâtardiſe n'eſt pas établi ; & il eſt clair que c'eſt le ſens de Mr. Maynard, qui lors qu'il parle de l'heritier qui découvre le pot aux
roſes (ce ſont ſes termes) ne peut entendre qu'un commerce ſecret & caché ; mais il n'eſt pas, je croi, auſſi ſûr que, ſelon l'avis
de Mr. d'Olive, il ne faille pas recevoir l'heritier à prouver le fait
de bâtardiſe lors qu'il n'a pas d'actes en main pour le prouver, il
ne ſerviroit de guere que les enfans naturels fuſſent exclus des
liberalitez de leurs peres, ſi l'heritier n'étoit pas reçû à propoſer
& à prouver ce fait, qu'ils ſont enfans naturels du Teſtateur,
ce qui peut être ſouvent vrai & connu ſans actes, qui le peut
être rarement par actes, & qui en défaut d'actes n'eſt ſans doute
pourtant pas hors de preuve. Selon l'Arrêt raporté par le nou-

veau Compilateur Mr. Souefve , affez conforme à la doctrine
de Mr. Loüet , lettre D. nomb. 43. le commerce même adulte-
rin de la donatrice avec le donataire peut être propofé par l'heritier , & l'heritier eft reçû à le prouver : pourquoi ne feroit-il pas
reçû à prouver le fait de bâtardife ? Un ancien a dit que la plus
grande précaution du Teftateur étoit dans le choix de l'heritier,
& l'on voit une grande partie du public fe revolter contre ceux
qui même en de pareilles ocafions trahiffent la confiance que le
Teftateur a eu pour eux , & fans laquelle il ne leur auroit peut-
être pas laiffé fon bien ; ce n'eft pas au Juge à entrer dans ces
fentimens , il ne doit s'intereffer que pour l'execution des difpofitions qui ne bleffent pas les bonnes mœurs , & fa grande atention doit être à faire que le vice n'ait ni recompenfe ni faveur dans
fes Auteurs ni dans fes éfets ; il ne peut bien l'empêcher qu'en
admettant genéralement l'heritier à prouver le vice ; & quand il
s'agit de le punir, quelle difference y a-t'il à faire entre l'heritier
tefta mentaire , & le fucceffeur _ab inteftat_ ? Celui-ci ne devroit-
il pas être autant retenu par le fang & par la nature , que celui-là
par une liberalité intereffée , & une mauvaife confiance , qui ne
lui fait peut-être pas trop d'h onneur ? Le Juge, encore une fois, le
Juge Miniftre des Loix, doit-il lui fçavoir mauvais gré de ce qu'il
ne fe prête pas à des intentions que les Loix condamnent ? Reve-
nons aux enfans naturels.

Ce que j'ai dit que le pere naturel ne peut laiffer ou leguer
que des alimens , ou quelque fomme modique qui les reprefente ,
& qui en tienne lieu , a donné ocafion de douter , fi le legs d'une
fomme modique fait au fils naturel, lequel meurt avant de l'avoir
reçûë , eft tranfmis par ce fils naturel à fon heritier teftamentaire ;
d'un côté il femble que ce legs reprefentant les alimens , & en
tenant lieu , il doit être éteint & fini par la mort , après quoi il
n'eft plus d'alimens ; d'autre côté on peut dire que ce legs quoique fait en reprefentation d'alimens eft un legs de pleine proprieté , non de fimple joüiffance , & qu'il doit donc paffer à l'heritier. Il fut rendu un Arrêt qui le juge ainfi, après partage porté
de la Seconde Chambre des Enquêtes à la Premiere par Mr. de
Marmieffe, depuis Prefident à Mortier, Raporteur , & Mr. d'Al-

deguier Compartiteur, au procés d'entre Bernard Taverly Ecuyer, & la Demoiselle de Virasel heritiere de la fille naturelle d'autre Taverly, dont Bernard étoit heritier : cette fille naturelle étoit morte avant d'avoir reçû le legs de mille livres que son pere lui avoit fait, & que l'heritier lui reservoit pour le tems de son mariage ; elle avoit institué heritiere la Demoiselle de Virasel ; à qui en cette qualité la somme de 1000. livres fut adjugée par l'Arrêt que je raporte. La faculté de disposer de ces legs modiques laissée aux enfans naturels peut encore les aider à vivre, & leur valoir quelque secours au besoin.

Au reste, sur cette matiere des enfans naturels on a douté encore, si les enfans naturels de l'heritier chargé de rendre sous la condition *si sine liberis*, font défaillir le fideicommis lors qu'ils ont été legitimez *per rescriptum Principis*. Par l'ancien Droit Romain les enfans naturels, qui n'étoient pas fort distinguez des legitimes, faisoient défaillir le fideicommis, suivant la réponse du grand Papinien, raportée dans la Loi *Ex facto*, §. *Si quis*, ff. *Ad Trebell.* & qu'Ulpien corrige & modifie dans cette même Loi, en faisant dépendre le fideicommis de la volonté du Testateur qu'il donne à présumer par les conjectures. Selon la Novelle 89. la legitimation faite par le Prince guerit si parfaitement le vice de l'origine des enfans, & rétablit si-bien leur naissance, que selon cette même Novelle, il n'y a pas plus de difference de ces enfans ainsi legitimez, aux enfans naturels & legitimes, ou plûtôt ils sont aussi confondus ensemble, que l'étoient les enfans legitimes, & les enfans naturels, dans le tems que la nature seule faisoit les Loix, & que les hommes ne s'étoient pas encore ingerez d'en faire ; c'est à peu prés l'expression de l'Empereur dans cette Novelle. Sur ce principe les enfans naturels, legitimez par le Prince, devroient bien sans doute faire défaillir le fideicommis *si sine liberis*, mais la severité de nôtre Parlement pour les enfans naturels n'est pas entierement desarmée par la legitimation qu'il plait au Prince d'en faire.

La question n'est pas cependant sans difficulté, & tous les Auteurs ne sont pas du même avis, dans le cas du moins où la substitution est précisement conçûë en ces termes, *si sine liberis* ; car fi le Teftateur a ajoûté *ex legitimo matrimonio procreatis*, tous conviennent que les legitimez par le Prince ne font point défaillir le fideicommis, parce que quelque legitimez qu'ils puiffent être, & quelque égalité que les Loix puiffent leur donner avec les enfans legitimes, ils ne font point nés de legitime mariage, & qu'ainfi en ce cas ils ne peuvent exclure le fubftitué contre la difpofition expreffe du Teftateur. Cela eft fi vrai, qu'en ce dernier cas le Prefident Faber Liv. *6.* Tit. *25.* Definit. 18. pretend que ceux même qui font legitimez par le mariage fubfequent, comme n'étant pas procréés de legitime mariage, n'excluent pas non plus le fubftitué, parce qu'ils ont contr'eux, tout comme les legitimez *per refcriptum*, les paroles du Teftateur, fans compter le doute & l'équivoque qu'il y peut avoir à tous les enfans nés hors du mariage, qui feul au jugement des Loix, peut determiner le pere avec certitude; confideration pour laquelle les enfans naturels avoient par les Loix de plus grands droits fur les biens de la mere que fur les biens du pere.

Ce fentiment de Faber fur les enfans legitimez par le mariage fubfequent paroît outré. Ce mariage fubfequent eft par la force de la retroaction, préfumé contracté du tems qu'il faut, afin que tous les enfans foient nés dans le mariage, fur la foi duquel par l'efperance & la vûe des peres & des meres, les enfans mêmes anterieurs font préfumez avoir pris naiffance.

Mais à l'égard du fideicommis fimplement & précifément conçû, *fi fine liberis*, le même Prefident Faber dans la Definit. 19. du même Titre & Livre, croit que les enfans legitimez *per refcriptim*, font défaillir le fideicommis, par la raifon prife de la Novelle 89. ci-deffus alleguée. Ce même Prefident cite Mantica, qui neanmoins tient cet avis avec plufieurs modifications qu'il prend à fon ordinaire des conjectures. Graffus fur la Queft. 38. *in §. fideic.* cite tant d'Auteurs qui excluent le fubftitué *fi fine liberis*, en faveur des enfans legitimez par le Prince, qu'il qualifie cette opinion, l'opinion commune. Il fe reduit à pretendre qu'ils ont entendu que le fubftitué ait été apellé à la legitimation, & fupofé qu'il y a confenti ou expreffement ou du moins par le filence, car s'il s'y étoit opofé, il auroit fans doute confervé fon droit par l'opofition ; mais dans le cas du confentement de l'interefſé, le doute de la queſtion paroît être entierement emporté.

Cette circonſtance à part, l'avis de ces Auteurs n'eſt pas d'ailleurs (je l'ai dit) fans quelque fondement, le moins qu'il femble qu'on puiffe accorder aux enfans legitimez par le Prince, c'eſt de leur accorder les avantages qu'avoient par l'ancien Droit les enfans naturels, qui étoient des enfans procréés d'un commerce des peres avec des perfonnes libres, à qui il ne manquoit que le nom d'époufe & la dignité du mariage. Ceux-ci faifant abſolument défaillir le fideicommis, felon Papinien, & avec quelques modifications felon Ulpien, il femble que les legitimez par le refcrit doivent faire auffi défaillir le fideicommis, ou qu'au pis aller pour eux, il faut faire dépendre le fideicommis des conjectures.

Cependant Ranchin fur la Queſtion 481. de Guy-Pape dit generalement, que le fubftitué *ſi ſine liberis*, n'eſt point exclus par les enfans legitimez par le Prince. Je dis generalement, parce que la diſtinction fi le fubftitué a été apellé ou non à la legitimation, ne me paroît pas fonder une exception & une reſtriction confiderable ou raifonnable à cette regle. Ferrieres auffi, fans fe donner le foin d'entrer dans le détail de cette diſtinction, dit abſolument que le fubftitué n'eſt point exclus dans le cas que nous traitons. Mr. Maynard l'avoit dit avant lui, fans raporter neanmoins nul Arrêt, & l'on peut citer encore là - deſſus Mr. de Laroche - Flavin, qui apuyé fur un Arrêt qu'il raporte, dit ; Que le fils naturel legitimé par le Prince ne fuccede qu'à fon pere. Par une confequence affez naturelle, il ne fuccede qu'aux propres biens du pere, non aux biens qu'il eſt chargé de rendre.

Selon ce dernier avis le fubftitué gagna fa caufe en pareil cas, par Arrêt rendu en la Grand'Chambre au mois d'Août 1693. au raport de Mr. de Chalvet, & au procés d'entre le Sieur Baron de Mirepoix & le Sieur Vicomte de Saint Martin, dont j'ai parlé dans un des Chapitres precedens de ce Livre. Il y avoit des circonſtances particulieres que l'on faifoit valoir de part & d'autre ; mais dans ce combat de circonftances , le motif decifif fut pris de la regle generale.

D'ailleurs ce que dit Mr. de Laroche - Flavin ; Que le fils legitimé par le Prince fuccede feulement à fon pere , eft à la rigueur fuivi toûjours dans nos Jugemens. Il fut jugé dans la même affaire des Sieurs de Mirepoix & de Saint Martin ; Que les enfans ainfi legitimez ne fuccedoient point aux biens avitins , ou au droit de primeffe & d'avitinage qu'établit la Coûtume du Païs de Bearn , d'où cette affaire avoit été évoquée. Avant quoi par un Arrêt precedent , rendu au mois de Mai 1686. en la Premiere Chambre des Enquêtes , au raport de Mr. Theron , en la caufe de Demoifelle Marguerite Gaillard , & Guillaume Reynés, fils naturel & legitimé , *per refcriptum* , de feu Guillaume Reynés , il avoit été jugé que le fils legitimé par le Prince , ne pouvoit rien pretendre fur les biens de fon ayeule , quoique le pere naturel fût mort. Le fils legitimé pretendoit que reprefentant fon pere , étant à fa place il pouvoit pretendre la legitime qu'auroit eu fon pere s'il avoit vêcu , fur les biens de cette ayeule fa mere. L'ayeule , (car c'étoit l'ayeule même qui difputoit d'avance à fon petit-fils toute part en fa fucceffion.) L'ayeule , dis-je , pretendoit que la legitimation faite par le Prince ne donnoit point ce droit de reprefentation ; & que n'ayant pas été apellée à la legitimation , elle n'étoit obligée de faire nulle part de fon bien à un petit-fils , qui étoit fon petit-fils malgré elle. Les legitimez par le Prince ne font pas donc plus avantagez fur ce point , que l'étoient les legitimez *per Curiæ oblationem* , qui n'étoient legitimez qu'à l'égard du pere , *foli genitori* , comme parle la Novelle 89. les legitimes ne font pas favorables , la legitimation n'éface & n'ôte pas tout à fait la tâche de la naiffance , elle en laiffe toûjours la marque.

Mais ce que dit même Mr. Laroche ; Que les enfans legitimez par le Prince font capables de fucceder *ab inteftat* , paroît un peu changé & temperé par la nouvelle Jurifprudence , comme on peut le voir dans Brodeau fur Loüet lettre L. nombre 7. & par Ricard dans fon Traité des Donations , Part. 1. Chap. 3. fect. 8. Ils ne peuvent , felon ces Auteurs fucceder aujourd'hui *ab*

inteſtat, ni même par teſtament à titre univerſel, non plus que
par donation. La corruption augmentant toûjours, & rendant
trop frequent l'uſage des legitimations, il a falu augmenter la
ſeverité, & tâcher d'arrêter par-là les mauvaiſes ſuites de cet uſage,
qui auroit derrangé tout le bon ordre des ſuccessions, & ôté le
bien des familles au ſang le plus pur pour le donner à ces enfans,
les ouvrages d'une affection déreglée, qui les fait ſouvent trop
aimer de leurs peres.

Il s'en faut beaucoup au reſte, que les enfans naturels d'aujourd'hui doivent être auſsi doucement traités que les enfans naturels du tems des anciennes Loix Romaines. La Religion alors
ne faiſoit pas un crime d'une ſocieté hors de mariage, où il ne
manquoit que la dignité de mariage, qui n'étoit preſque qu'un
nom. Elevée comme elle eſt aujourd'hui juſqu'à la dignité du
Sacrement, elle laiſſe beaucoup plus de diſtance entre le mariage
& ces ſortes de commerce, & entre les enfans legitimes & les
enfans naturels, en qui les peres n'ont d'autre part que le peché,
ſelon l'expreſſion de ſaint Auguſtin, *In illis præter peccatum nihil*
habentes.

CHAPITRE C VII.

Si dans la Coûtume de Toulouse, où le mari gagne la dot
par le prédecez de ſa femme ſans enfans, il eſt dû
une legitime à la mere.

LA Coûtume de Toulouſe, qui par le prédecez de la femme
ſans enfans, donne la dot en proprieté au mari, ne parle
pas de la legitime de la mere, & ne dit pas qu'elle ne lui ſoit pas
dûë, cela ſembleroit devoir ſuffire pour n'exclure pas cette mere
d'un droit ſi naturel & ſi favorable. Maynard neanmoins raporte un Arrêt au Liv. 1. Chap. 88. par lequel il a été jugé qu'elle
ne peut demander aucune legitime. J'en ajoûterai un autre prononcé en Robes Rouges par Mr. le Premier Preſident de Ficubet

la veille de la Pentecôte de l'année 1674. au procés du **Sieur**
Mauruc, mari de défunte Heleine de Lucas, & la Dame Dumas
Delbes, veuve de feu Mr. de Lucas Conseiller en la Cour, sa
belle-mere. Cet Arrêt avoit été rendu en la Premiere Chambre
des Enquêtes aprés partage, Raporteur Mr. de Maynard-Les-
tang, Compartiteur Mr. de Burta. La raison de douter c'étoit
la faveur de la legitime d'une mere sur les biens délaissez par sa
fille morte sans enfans. Mais ce n'est pas ici un cas de succession,
ni par consequent de legitime ; Le mari ne gagne pas la dot par
voye de succession, c'est une dette à son égard qu'il exige, c'est
un gain que la Coûtume lui donne dans son district, ou le pacte
aposé au contract de mariage, dans lequel on s'est soûmis à la
Coûtume ; il faut d'ailleurs garder toûjours la proposition entre
la dot & l'augment, & consequemment comme si le mari meurt
avant sa femme, elle aura dans la Coûtume de Toulouse la moitié du montant de sa constitution dotale, & cette moitié ne pourra être ébrechée ; il n'est pas juste non plus que la dot le soit par
la legitime de la mere sur la constitution de sa fille morte avant
le mari, & avant sa mere.

CHAPITRE CVIII.

Du testament capté & suggeré.

Si une Congregation, non aprouvée & non établie par des Lettres Patentes, peut être instituée heritiere.

IL n'est point de testament si vicieux & si nul qu'un testament
capté & suggeré. C'est le testament qui manque le plus par
le défaut le plus essentiel, le défaut de volonté ; ce n'est pas
alors proprement la volonté & la disposition de celui qui dispose, c'est sous son nom la volonté & la disposition d'un autre. Les
presomptions ordinaires de captation sont prises de la qualité de
Confesseur, de Medecin & de Tuteur ; quand ces sortes de personnes

fonnes font mêlées & intereffées à la difpofition. Comme nous n'avons rien de plus cher que nôtre ame, nôtre fanté & nos biens, ceux qui prennent un foin particulier de nos biens, de nôtre fanté & de nôtre ame, prennent fur nous l'afcendant d'une grande autorité,& la difpofition qui les intereffe en devient trés-juftement fufpecte. La plus grande autorité, le plus grand afcendant de tous, eft celui d'un Confeffeur, particulierement à l'égard des perfonnes d'un fexe & d'un caractere à prendre de ce côté-là plus aifément de fortes impreffions. L'habitude de refpect & d'obéïffance qu'une bonne & devote perfonne prend pour le Confeffeur qui la dirige, & dont elle regarde tous les confeils comme de confeils Evangeliques, ou plûtôt comme des declarations de la volonté de Dieu, ne permet pas à cette perfonne de ne pas vouloir ce que ce Confeffeur lui infpire & lui fuggere. Ainfi fa volonté peu libre à force d'être foûmife, doit être abfolument rejettée. Il ne faut pas même pour cela que le Confeffeur y foit perfonnellement intereffé. C'eft affez qu'un interêt indirect donne lieu de croire qu'il l'a infpirée & fuggerée. C'eft ce qui fut jugé dans l'Audience de la Grand'Chambre en l'année 1693. La Demoifelle de Catellan, dirigée depuis long-tems par un Pere Carme, fait fon teftament, par lequel elle inftituë fon heritiere la Congregation des Sœurs du Tiers - Ordre de Nôtre - Dame de Mont - Carmel, établie dans l'Eglife des Carmes, & dont ce Pere étoit auffi Directeur fort affectionné à cet œuvre, & fort apliqué à la maintenir. A cette inftitution d'heritier elle ajoûte le legs d'une penfion annuelle viagere de 60. livres en faveur du Directeur. Elle fait encore des legs à d'autres perfonnes, & laiffe un annuel & des Meffes de fondation perpetuelle à dire dans l'Eglife des Carmes. Procés entre Nobles François de Catellan-Noailles, & Loüis de Catellan-Lafcanals freres, demandeurs en caffation du teftament & maintenuë en l'heredité de leur fœur, d'une part; & les Sœurs de la Congregation, inftituée heritiere; & Mr. le Procureur General du Roi, prenant le fait & caufe pour les Carmes, d'autre.

Les Sieurs de Catellan freres fe fondoient principalement fur ce que le teftament qu'ils attaquoient étoit vifiblement capté &

fuggeré par le Confefleur de la Teftatrice. Ils difoient que les faits de captation & de fuggeftion étoient d'une nature à échaper à la preuve & aux témoignages, qu'ils ne s'établiffoient & qu'ils ne pouvoient s'établir que par l'autorité des captateurs pretendus fur les perfonnes qui difpofent, & l'interêt qu'ils ont dans la difpofition. Que cette autorité & cet interêt fe trouvoient parfaitement dans le cas prefent. Qu'à l'égard de l'autorité, c'étoit ici un Religieux, depuis plufieurs années Directeur d'une bonne Demoifelle qui avoit la pieté de fon fexe, une pieté credule & facile. Qu'à l'égard de l'interêt du Confefleur dans la difpofition il ne pouvoit être guere plus fenfible. Que ce Confefleur exclus perfonnellement par fon état de Religieux, de toute fucceffion & de toute proprieté, ne pouvoit mieux faire pour lui-même que de fe faire donner, comme il avoit fait, une penfion viagere. Que du refte prefque tout l'interêt du Confefleur Religieux fe reduifoit à procurer du bien à la Communauté, ce qu'il avoit fait fous le tour indirect de l'inftitution de la Congregation des Sœurs du Tiers - Ordre du Mont-Carmel. Qu'on pouvoit aifément juger que les Peres Carmes feroient affez par-là les maîtres de cette fucceffion ; mais que le Confefleur, en qualité de Directeur de cette Congregation, en feroit encore particulier adminiftrateur, & que s'il n'avoit pas le profit & l'utilité de l'apropriation, il auroit du moins le plaifir & l'agrément du maniment & de la difpenfation, fans compter bien des avantages qui reviennent du feul établiffement de ces fortes de Congregations, aux Maifons Religieufes où elles font établies, & la confideration que s'attirent par-là dans leur Couvent les Religieux qui les maintiennent, & qui les font valoir. Qu'ainfi on ne pouvoit pas être plus intereffé que ce Confefleur l'étoit de tous les côtez en la difpofition qu'il avoit fuggerée, outre qu'il l'étoit encore dans plufieurs des legs du teftament, faits à quelques-unes de fes penitentes, d'où les Sieurs de Catellan concluoient, que fi les difpofitions étoient nulles lors qu'elles étoient faites aux enfans, même des perfonnes d'une autorité fufpecte, il falloit bien caffer celle-ci toute tournée au profit du Directeur ou de fes Filles de direction & de fpiritualité, puifque ces nœuds fpirituels font autant ou plus forts que ceux de la chair & du fang , outre qu'il y entre d'ailleurs prefque toûjours de l'humain & du temporel. Les demandeurs ajoûtoient à ces confiderations ; Qu'il paroiffoit par divers avûs de ce Confeffeur dans fon audition cathegorique , qu'il s'étoit intrigué & remüé dans ce qui regardoit le teftament & la difpofition de la Teftatrice , dont il avoit une parfaite connoiffance. Ils fe fervoient d'une feconde raifon , c'est que ces Sœurs du Tiers-Ordre n'avoient jamais encore fait Corps, n'ayant jamais eu que des Officiers de pure fpiritualité, Prieure, Soûprieure &c. mais jamais nul Syndic , nul Tréforier , nul dehors enfin & nulle marque de Corps. Qu'ainfi ne faifant point de Corps elles étoient incapables de fucceder , dequoi elles auroient été auffi bien incapables quand elles auroient fait Corps , jufqu'à ce qu'aprouvé par des Lettres Patentes, ce Corps eût reçû par le fceau du Prince la capacité de recüeillir des liberalitez teftamentaires. Ils fuivoient ce raifonnement en y ajoûtant , que tout Corps non établi par des Lettres Patentes eft étranger à l'Etat ; & qu'ainfi il ne peut fucceder jufqu'à ce qu'il foit comme naturalifé par le Prince , à qui il importe que nul Corps , fans fon avû , ne puiffe s'accrediter & s'étendre par la voye des fucceffions , comme il eft decidé dans la Loi 3. §. 1. *ff. de Colleg. & Corp.* & dans la Loi 8. *C. de hæred. inft.* qu'une Congregation pieufe n'avoit pas de privilege fur ce point ; qu'on en avoit vû quelquefois de contraires au bien de l'Etat fous le voile d'une pieté aparente , par où les liberalitez faites à des Confreres ont été caffées par des Arrêts du Parlement de Paris, que Ricard raporte dans fon Traité des Donations P. premiere, Chap. 3. fect. 13. qu'ici c'étoit même une Congregation , ou une maniere de regle & de vœux qui faifoit une efpece de regularité, dont les nouveaux établiffemens n'étoient pas du goût du Prince, ainfi qu'il paroît à fes trés-fages & trés-juftes Declarations. On prit la fource de cette doctrine dans les anciennes Loix Romaines , felon lefquelles les Dieux étrangers ne pouvoient être introduits & reconnus s'ils n'avoient été auparavant aprouvez par le Sénat.

Les Sœurs de la Congregation de Nôtre-Dame du Mont-

Carmel, & Mr. le Procureur Général prenant, comme j'ai dit, le fait & cauſe pour les Peres Carmes, opoſoient aux raiſons cy-deſſus alleguées; la pieté ſur tout, & la faveur de la diſpoſition de la Teſtatrice; ils diſoient que la Teſtatrice étant pieuſe, ainſi qu'il étoit avancé par les demandeurs même, il étoit à preſumer qu'elle avoit été portée par ſon propre penchant & par ſa propre inclination, bien plus que par le conſeil & l'inſpiration d'autrui à diſpoſer en faveur d'une Congregation pieuſe avec qui elle étoit en ſocieté d'exercices de devotion & de charité, & à maintenir l'œuvre de Dieu qu'elle connoiſſoit, dont elle étoit, & qu'elle aimoit. Que la pieté du Confeſſeur reconnuë & non conteſtée, faiſoit encore mieux preſumer qu'il n'avoit pas abuſé de ſon miniſtere pour tourner le cœur & la diſpoſition de la Teſtatrice vers cette Congregation, de maniere au moins, à faire nul tort à ſa liberté; qu'il n'avoit fait que laiſſer aller le penchant de la Teſtatrice, qu'il n'avoit pas crû devoir détourner d'une bonne œuvre, parce qu'elle étoit domeſtique, & que la Congregation étoit établie dans l'Egliſe de ſon Monaſtere; qu'ainſi & le Confeſſeur & la Penitente n'ayant eu que la bonne œuvre pour motif, & que le Ciel en vûë *cœlum undique & undique cœlum*; cette diſpoſition étoit autant bonne & favorable que les demandeurs vouloient la faire paſſer pour odieuſe & pour mauvaiſe; Que ſi le Confeſſeur en avoit eu connoiſſance, & avoit donné à la Teſtatrice quelque ſecours pour l'execution du projet de diſpoſer en faveur de la Congregation, cette connoiſſance étoit un éfet de l'ouverture naturelle de cœur qu'une Penitente a pour le Confeſſeur qui la dirige, & que ces ſecours n'étoient que de ces ſecours indifferens qu'on pût recevoir de tout le monde, & que perſonne ne pût refuſer, des ſecours en tout cas pour l'execution de la veritable volonté de la Teſtatrice; bien plus que des mouvemens faits pour forcer cette volonté ou pour la contraindre; Que l'interét perſonnel du Confeſſeur, cette penſion viagere de ſoixante livres étoit ſi petit, qu'il ne meritoit nulle attention deſavantageuſe, mais qu'il devoit être regardé comme le fruit d'une juſte & naturelle reconnoiſſance d'une Penitente, pour un Directeur qui avoit pris durant pluſieurs années le ſoin de sa conscience, ou comme l'éfet du desir de laisser à ce Confesseur dequoi se souvenir d'elle pour l'obliger à prier toûjours Dieu pour le repos de l'ame qu'il avoit conduite ; Que si le testament contenoit d'ailleurs des legs en faveur des personnes, qui par hazard se trouvoient Penitentes du même Confesseur, c'étoient de petits témoignages d'amitié pour des personnes avec qui la Testatrice avoit des liaisons loüables de pieté ; Qu'à considerer donc toutes ces choses dans le train & dans l'ordre d'un cœur bon & pieux, tel qu'on convenoit qu'étoit celui de la Demoiselle de Catellan, tout paroissoit ici sensiblement naturel au lieu d'avoir nul air & nulle marque d'inspiration étrangere, puisque c'étoit au surplus une injustice extrême de penser que des Religieux d'un Ordre aussi reglé que celui des Peres Carmes, peussent s'aproprier le bien d'autrui en s'emparant d'une succession avenuë à une Congregation établie dans leur Eglise, & dont la Testatrice même avoit marqué l'usage, en témoignant qu'elle souhaitoit que le revenu fût distribué aux Sœurs les plus necessiteuses de cette Congregation.

A la seconde raison des demandeurs, prise de ce que la Congregation heritiere n'étoit pas un Corps, du moins un Corps établi legitimement quant aux successions ; c'est-à-dire, établi par des Lettres Patentes, les défendeurs répondoient qu'il n'étoit prohibé qu'aux Corps illicites, *Corpori cui coire non licet*, de recevoir des liberalitez testamentaires, mais non à une Congregation pieuse telle que celle des Sœurs de la Congregation du Tiers-Ordre de Nôtre-Dame de Mont-Carmel, a qui son titre seul donnoit la qualité de Corps, & de Corps legitime, d'autant plus que c'étoit comme une affiliation à l'Ordre des Carmes, aprouvé & établi de toutes les manieres, avec le pouvoir de former de pareilles Congregations.

Malgré ces raisons le testament fut cassé, & les freres demandeurs maintenus en la succession *ab intestat* de leur sœur ; la raison decisive de l'Arrêt fut la captation & suggestion du Confesseur, présumée par toutes les circonstances que j'ai marquées ; toute la pieté interessée & mélée dans cette affaire, la pieté de l'œuvre, la pieté de la Demoiselle, & la pieté du Directeur ne

pûrent ſauver la diſpoſition. On crût que la volonté n'étoit pas
certaine, & que toute cette pieté de la Penitente & du Confeſſeur ne faiſoit qu'augmenter le credit & l'autorité du Confeſſeur ſur l'eſprit de la Penitente, ſans deſintereſſer le premier
de ce qui pouvoit revenir à ſon Couvent de profit & d'utilité,
& de ce qui perſonnellement le regardoit, & ſatisfaiſoit ſon
amour propre dans la diſpoſition contentieuſe; rien n'étant plus
humain & plus aiſé qu'il l'eſt que cés motifs d'amour propre &
d'interêt trouvent une entrée chez les perſonnes les plus pieuſes, à l'égard même des œuvres qui ont le plus d'aparence de
pieté, puiſque c'eſt alors que ces motifs trouvent plus de facilité
à s'introduire ſans ſe faire connoître, couverts & cachés par
cette aparence de pieté à ceux-là même qu'ils font le plus agir;
Sur toutes ces reflexions les Juges penſerent que la diſpoſition
contentieuſe pouvoit être avec beaucoup de fondement préſu-
mée, l'ouvrage de l'autorité du Confeſſeur qu'elle intereſſoit, &
de la ſoûmiſſion aveugle de la Teſtatrice, qui par-là n'avoit pas
été tout-à-fait libre; qu'ainſi dans les circonſtances du cas tout
étant pour le moins équivoque & douteux, la volonté même,
on devoit dans cet équivoque & dans ce doute adjuger la ſucceſſion aux heritiers *ab inteſtat*, freres de la Teſtatrice par un
Arrêt d'exemple & de conſequence, qui rendroit les Confeſſeurs
plus retenus à ſe mêler des affaires temporelles, & des diſpoſitions des perſonnes ſoûmiſes à leur conduite.

Le motif de l'Arrêt ſe fit ſentir par la maniere dont il fut prononcé; il fut dit que la Cour, en caſſant le teſtament, maintenoit les freres dans la ſucceſſion & heredité de leur ſœur, à la
charge ſeulement de payer l'annuel, & quelques Meſſes de fondation contenuës dans le teſtament: on ne ſauva pas les autres
legs, le teſtament contenoit neanmoins la clauſe codicillaire;
mais les Juges crûrent que cette clauſe ne devoit rien operer &
rien produire dans un teſtament capté & ſuggeré, parce que la
clauſe codicillaire avoit pû être ſuggerée elle-même; qu'il étoit
d'ailleurs trop difficile de juger juſqu'où alloit la captation &
la ſuggeſtion, d'où la volonté recevoit une incertitude qui ſe
répandoit ſur toute la diſpoſition, par l'interêt caché que pou-

voit y avoir dans tout le contenu la perfonne qui l'avoit fuggerée. On laiffa neanmoins fubfifter le legs de l'annuel & de
quelques Meffes de fondation à dire à perpetuité dans l'Eglife des Peres Carmes ; on crût que ce legs modique fait par
la Teftatrice pour faire prier Dieu à l'intention du repos de
fon ame, intereffoit trop la Teftatrice même pour juger qu'en
cet article elle n'avoit pas fait fa volonté, l'aplication & la dé-
termination de cet annuel & de ces Meffes en faveur des Peres
Carmes, ne changerent pas le fentiment des Juges ; il leur
parut qu'il étoit trés - naturel que la Teftatrice eût voulu que
les Meffes fuffent dites là plûtôt qu'ailleurs ; c'étoit fon Eglife d'inclination & de voifinage où elle avoit fon Confeffeur
& le tombeau de fa famille. Me. de Baftard playdoit pour le
Sieur de Catellan Noailles, Me. d'Afpe depuis Confeiller au
Parlement pour le Sieur de Catellan Lafcanals, Me. Pujou
pour les Sœurs de la Congregation, & Monfieur Lemazuyer
Procureur General pour les Peres Carmes, pour qui il avoit
pris le fait & caufe ; Monfieur le Premier Prefident Morant
prononça l'Arrêt, peu de tems après que le Roi l'eut choifi
pour dédommager nôtre Compagnie de la perte qu'elle avoit
faite à la mort de feu Monfieur le Premier Prefident Fieubet,
dont, je puis dire fans confulter ma reconnoiffance, qu'il ocu-
pe aujourd'hui la place le plus dignement du monde en toutes
manieres.

CHAPITRE CIX.

*Si la troisiéme partie des biens du condamné ; adjugée
à la femme & à ses enfans, est, en cas d'insuffisance , affectée pour les dépens & amandes que
l'Arrêt de condamnation adjuge au demandeur en
excés.*

N Otre usage observe en ce point, interprete & étend en un
sens le Droit Ecrit contraire aux Ordonnances: La Loi
cum ratio ff. de bon. damnat. donne aux enfans des condamnez
une portion indeterminée sur les biens de leur pere, nôtre Jurisprudence determine cette portion à la troisiéme partie des biens ,
& elle en fait part à la femme ; la Loi premiere au même titre ,
dans laquelle il est dit qu'on ne laisse point de portion aux enfans du condamné, de qui la moitié des biens seulement a été
confisquée, a sans doute amené à leur laisser la troisiéme partie ,
dans la confiscation generale des biens , & on a voulu comprendre la femme dans un adoucissement acordé au malheur d'une
famille, où elle est également interessée , également digne de
faveur & de pitié ; cette troisiéme partie doit être distraite des
biens du condamné avant les fraix même exposez par le Seigneur
pour la poursuite du crime ; Mr. Cambolas en raporte un Arrêt
au Liv. 1. Chap. 4. mais on a douté si cette troisiéme partie en
cas d'insuffisance du reste des biens peut être affectée pour
les dépens & les amendes adjugées par l'Arrêt de condamnation ; cette question se presenta à juger en la Chambre Tournelle , au mois de Juillet 1679. en la cause d'Esther Severac,
veuve de Jean Mazuyer, & de Judith Bosquet, veuve de François Chabert, Jean Mazuyer ayant été tué par François Chabert, celui-ci poursuivi par la veuve du meurtri, avoit été condamné par défaut à mort, en une amende envers la veuve, &
aux

aux dépens, avec confifcation de fes biens, diftraite la troifiéme partie en faveur de fa femme & de fes enfans ; les cinq ans étant expirez, le condamné mort dans la contumace, & fes biens generalement faifis ; la veuve de Mazuyer demandoit que la troifiéme partie des biens adjugée à la femme & aux enfans du condamné fût declarée affectée & hypotequée pour ces dépens, & pour l'amande à elle adjugée, en cas d'infuffifance du refte des biens du condamné.

Elle difoit pour fes raifons, que fi nôtre ufage diftrait la troifiéme partie des biens du condamné, en faveur de fa femme & de fes enfans, cet ufage fondé fur la Loi *cum ration. ff. de bon. donnat.* ne s'étoit introduit & établi que contre le fifc, à l'égard duquel les Empereurs qu'elle cite ont voulu témoigner un defintereffement genereux, mais qu'il n'étoit pas fans doute jufte que cette faveur fit perdre des dépens & des amandes, tenant lieu de dommages & interêts, à une veuve qui n'avoit fait que pourfuivre une jufte douleur, en pourfuivant un crime que les Loix même l'obligeoient d'ailleurs à pourfuivre, en quoi elle avoit agi en même tems pour l'interêt public mêlé à la punition des crimes neceffaire à l'exemple & à la feureté : elle ajoûtoit que cette troifiéme partie n'étant par la Loi *cum ratio*, qu'une reprefentation ou une portion de la fucceffion des peres que la nature même donne aux enfans, comme cette Loi s'en explique d'une maniere affez précife & affez claire, cette portion devoit du moins en cas d'infuffifance, fuporter une creance auffi privilegiée que celle de pareils dépens & amandes ; repetition ou dédommagement plûtôt que creance, au lieu que cette troifiéme partie qu'on adjuge à la femme & aux enfans du condamné, n'eft qu'une liberalité & une grace.

La veuve du condamné pour elle & pour fes enfans opofoit à ces raifons ; Que la Loi ne donnoit point une partie des biens du condamné aux enfans en reprefentation précifément, & comme une portion de la fucceffion paternelle, que c'eft plûtôt pour laiffer dequoi vivre à des enfans innocens du crime & affligez de la condamnation de leur pere, *ne alieno admiffo graviorem pænam luerent, quos nulla contingeret culpa, interdum in summam egestatem devoluti* ; Que nôtre usage ajoûte la femme aux enfans dont parle seulement la Loi, ce qui marque encore que ce n'est point par voye & par maniere de succession, mais. par la raison que je viens de dire qu'on leur donne cette troisiéme partie ; Qu'ainsi distraite en leur faveur, elle devoit être regardée comme hors des biens du condamné, & par-là exempte de contribuër aux condamnations obtenuës, que la demanderesse en excez devoit perdre ici, comme si elle avoit agi contre un prévenu qui eût moins de bien, & que son devoir en pareil cas l'auroit obligée de poursuivre, à quoi elle ajoûtoit l'Arrêt raporté par Mr. Cambolas au Chap. ci-dessus allegué, & toute la doctrine qu'il y étale.

La demanderesse répondoit, qu'il s'en falloit bien que cet Arrêt ne fût dans nôtre espece ; qu'il étoit selon ce qui en paroît, dans le cas d'un Seigneur, qui en distraisant ses fraix du total des biens du condamné, vouloit d'autre côté grossir par-là sa confiscation ; mais que quand il y auroit été question de la repetition des fraix exposez par le Seigneur sur cette troisiéme partie, & en cas d'insuffisance du reste, il s'en falloit bien encore que ce ne fût le même cas ; Qu'elle étoit autrement favorable que le Seigneur, dont la Justice sujette à des cas fortuits bons ou mauvais, pouvoit le refaire dans une ocasion de ce qu'elle lui faisoit perdre dans une autre ; Que d'ailleurs elle pouvoit, ce que le Seigneur ne pouvoit pas opofer, pitié à pitié, douleur à douleur, & que la douleur de la veuve d'un homme tué meritoit bien plus d'égard que celle de la femme & des enfans du meurtrier, qui par la contumace, nouveau crime, avoit sçû se dérober à l'exemple aussi bien qu'à la peine que demandoit l'homicide ; Qu'il étoit convenable qu'un traitement severe à l'égard de la femme & des enfans du condamné, fût en cette rencontre un exemple en défaut d'autre, qui inspirât de l'horreur pour le crime, & qui exitât à le poursuivre.

Ces raisons ayant balancé & partagé les esprits des Juges dans la Chambre Tournelle, la faveur de la femme & des enfans du condamné l'emporta en la Grand'Chambre, où le partage fut porté par Mr. Deigua Raporteur, & Mr. de Cassaghau Compartiteur.

CHAPITRE CX.

*S'il faut toûjours interpreter les paroles d'un testament,
de maniere qui leur donne quelque éfet.*

C'Est une regle generale, que lorsque les paroles aposées
dans un acte paroissent absolument inutiles, il faut chercher à leur donner une interpretation & un sens pour leur laisser
quelque éfet à produire ; *verba intelligenda sunt ut aliquid ope-
rentur.* C'est la regle prise de Bartole sur la Loi 119. *ff. de legat.*
1. *sic nota intelligi scripturam ut aliquid operetur*, dit la Glose
sur la même Loi. La Glose sur la Loi premiere, *ff. ad municip.*
ajoûte qu'il ne faut jamais croire que des paroles soient aposées
inutilement si l'on peut leur donner une interpretation raisonnable, *si aliquis intellectus sanus eis dari possit.* La raison de cette
regle est, qu'il n'est pas naturel de parler pour ne rien dire, dans
les actes, où l'on présume de l'attention, & des vûës de la part
de tous les interessez. Mr. d'Olive Liv. 5. Chap. 15. la porte au
cas dans lequel le pere, qui en donnant s'est reservé le pouvoir
de substituer aux biens donnez, substituë ensuite generalement,
& sans designer nommément les biens donnez. En ce cas, cet
Auteur dit, qu'il faut neanmoins étendre la substitution aux
biens donnez, pour donner quelque force & quelque éfet à la reservation insolite & superfluë que le pere a faite de la liberté de substituer. Ces raisons formerent la difficulté que je vais dire. Un
Testateur instituë son fils : en cas de la mort du fils il veut que ses
biens retournent à son pere, & après la mort de son pere que
ses biens retournent par droit de representation à ses trois freres.
C'est ainsi précisément que le Testateur s'explique. Le fils heritier meurt sans enfans, & après lui meurt le pere du Testateur,
ce dernier laisse un frere seulement, l'un des deux autres étant
mort sans enfans, & l'autre ayant laissé un fils, procés pour la
succession. Le frere la pretend comme resté seul frere des trois

apellez. Le néveu la pretend par voye de tranſmiſſion , ou par un droit de repreſentation pretendu donné dans le Teſtament. Le frere dit que le néveu ne peut la pretendre ni par la tranſmiſſion , qui n'a lieu qu'en ligne directe , ni par la repreſentation , qui n'a lieu que dans la ſucceſſion *ab inteſtat*. Le néveu avoüe la verité generale de ces maximes ; mais il dit , que le teſtament & la diſpoſition de ſon oncle lui a pù donner par liberalité ce que les Loix ne lui acordoient pas ; & qu'ainſi il a pù lui donner le droit de tranſmiſſion hors de ligne directe , ou de repreſentation dans la ſucceſſion teſtamentaire , & qu'il le lui a donné par ces paroles ; *voulant qu'en ce cas ſes biens retournent à ſes trois freres par droit de repreſentation*. Droit qui ne peut regarder que les enfans des freres , ne pouvant regarder les freres mêmes , ni par raport à eux , puis qu'ils ne pouvoient ſans doute pas ſe repreſenter l'un l'autre , ni par raport au pere , qu'ils ne pouvoient repreſenter apellez aprés lui de leur chef. Il cite làdeſſus toutes les maximes que nous avons alleguées , qu'il pretend qui doivent avoir lieu , dans un teſtament encore mieux qu'ailleurs , parce que les paroles y reçoivent plus d'interpretation. Ces raiſons partagerent les Juges à mon raport en la Grand'-Chambre , au mois d'Avril 1676. le partage porté en la Chambre des Enquêtes fut vuidé à l'avis de Mr. d'Olivier Compartiteur , favorable au frere , que l'on maintint dans la ſucceſſion de ſon frere. La raiſon qui determina fut que prêter un ſens à des clauſes de cette eſpece apoſées dans un teſtament , ſeroit prêter la volonté même aux Teſtateurs , qui ne ſont pas toûjours ſi précis & ſi exacts dans leurs paroles , ſur tout quand ils parlent par la plume des Notaires , qu'un ſtile diffus & abondant qui leur eſt familier , une ignorance acompagnée de preſomption , ou une bizarre & capricieuſe liberté d'expreſſions , font ſouvent parler avec beaucoup de ſuperfluité , & quelquefois d'une maniere fort extraordinaire. On crût que ce droit de repreſentation en faveur des enfans des freres , contraire aux Loix dans ce cas , ne pouvoit être ſupléé par la ſeule ſurabondance des paroles , & par des termes hazardez dans un teſtament , qui ne faiſoit d'ailleurs nulle mention des enfans des freres ; Qu'il étoit

encore plus naturel de préfumer qu'un Teftateur , troublé de la
penfée de la mort , ou le Notaire fon interprête , avoient parlé
pour ne rien dire , ou ne s'étoient pas entendus eux-mêmes ; Que
fi la volonté des morts reçoit plus d'interpretation , ou comme on
dit , une interpretation plus pleine & plus étenduë ; c'eft en cas
d'expreffion fuffifemment claire , où il ne s'agit que d'augmenter
les liberalitez faites en faveur de ceux à qui il eft conftant que le
Teftateur a bien voulu en faire ; Que du refte il falloit donner
moins d'éfet à de pareilles claufes dans les teftamens que dans les
autres actes , lefquels paffez entre plufieurs perfonnes exemptes
de trouble , attentives à des interêts differens qui les mettent en
défiance reciproque , doivent encore plus apliquer l'attention des
Jugés à des claufes & paroles pretenduës fuperfluës , dans les conteftations qu'elles peuvent produire ; d'où vient que dans les teftamens bien des claufes fon regardées comme non apofées , *pro non
adjectis habentur* , qui ne font pas regardées comme non apofées
dans les autres actes , même le caractere difficile des Parties intereffées exige fouvent des claufes inutiles , & qui ne font quelquefois convenuës & acordées qu'à titre d'inutilité.

CHAPITRE CXI.

Comment l'heritier chargé de rendre à plufieurs peut char-
ger de rendre celui à qui il rend.

L'Heritier chargé de rendre à plufieurs à fon choix , peut
charger celui à qui il rend de rendre à un autre des éligibles;
il ne fait en cela que remplir plus fidélement fon miniftere , &
executer plus religieufement la volonté du Teftateur , lors qu'il
choifit fucceffivement ceux entre qui il a pû partager fon choix.
Le fubftitué par le fecond Teftateur à celui qui a merité fon premier choix eft préfumé avoir les biens , non de l'heritier chargé
de rendre , mais du premier Teftateur ; mais ce même heritier
pafferoit fon miniftere & fon pouvoir , fi en nommant quelqu'un

de plufieurs il le chargeoit de rendre à un autre non éligible,
parce qu'alors de fa propre autorité & par fa volonté feule il le
chargeroit de rendre à cet autre non éligible. Les Juges convinrent fans peine de ces maximes en la Seconde Chambre des Enquêtes, au procez de la Dame de Calviere, raporté par Mr. de
Chalvet au mois de Fevrier 1679. Elles font en effet fi vrayes,
qu'il a été jugé même que l'heritier chargé de rendre à plufieurs
ne peut charger celui à qui il rend, de rendre aux enfans d'un
éligible prédecedé, quoi que fi dans ce cas il ne s'en tient pas
tout-à-fait aux bornes marquées de la volonté du Teftateur, il
ne s'en éloigne guere.　L'Arrêt fut rendu en la Premiere Chambre des Enquêtes au raport de Mr. de Lafont, & depuis prononcé
en Robes rouges par Mr. le Premier Prefident Ficubet, conformement à l'avis de Fernand, *cap. 9. prælud. num.* 8. qui dit : que
le pere qui a donné dans fes pactes de mariage à un des enfans,
tel qu'il élira, ne peut élire un de fes petits-fils, *ex filio præmor-
tuo*, au préjudice des éligibles du premier degré, quoi que les
enfans de l'aîné excluënt le fils puifné du donateur, de la donation nommément faite au fils aîné.

CHAPITRE CXII.

*Du Teftament du condamné par défaut, qui a obtenu
des Lettres d'abolition de l'Evêque d'Orleans aprés
s'être remis dans les Prifons de cet Evêque à fon
Entrée publique.*

UN Gentil-homme de Languedoc prévenu de meurtre &
condamné par défaut, par Arrêt du Parlement de l'année
1655. avant les cinq ans expirez fe remet dans les prifons d'Orleans à l'Entrée de l'Evêque, & fuivant le Privilege prétendu par
ce Prelat d'acorder des Lettres d'abolition à tous ceux qui fe
trouvent dans les prifons de la Ville à fon Entrée, ce prévenu

ayant été oüi, obtient ſes Lettres d'abolition : Sorti auſſi-tôt de
priſon, il entre dans le Service, & ne ſe met pas en peine de purger autrement ſa contumace. Son frere aîné obtient du Roy le
don de la confiſcation de ſes biens, & aprés les cinq ans ce
prévenu meurt, laiſſant par un teſtament fait aprés le même terme, tous ſes biens à un frere puiſné. Celui-ci demande au fils
de l'aîné detempteur des biens, comme aîné de la maiſon aprés
la mort de ſon pere, & comme ayant la confiſcation qu'il a trouvé dans ſa ſucceſſion ; il lui demande, dis-je, & la legitime paternelle, & les droits maternels du prévenu. Le frere prétend
que le teſtament eſt bon, à cauſe des Lettres d'abolition impetrées par le prévenu, & acordées par l'Evêque d'Orleans, ſuivant un ancien droit & une longue poſſeſſion, confirmée par des
Arrêts du Parlement de Bordeaux raportez par Mr. Servin. Il
ſoûtient que du moins la contumace eſt purgée par la remiſe dans
les priſons, & l'audition renduë dans les cinq ans. Il ajoûte
qu'en tout cas la bonne foi du prévenu, qui a ſuivi l'erreur publique qui fait une eſpece de droit, doit le ſauver, le juſtifier &
conſerver du moins à ſa remiſe dans les priſons, & à ſon audition, leur effet ordinaire : d'autant plus que cette bonne foi &
cette erreur rendent naturelle ſa remiſe dans les priſons d'Orleans, & ſon audition juridique. Il repreſente enfin le mauvais
rôle du néveu, qui pour retenir le don d'une confiſcation odieuſe
en ſa main, veut que ſon oncle ſoit mort condamné, dans un
état de contumace non juſtifié, mais plûtôt doublement coupable. Le néveu ſe défend ſur ce que ſon oncle dans la contumace n'a pû faire teſtament. Il ſoûtient que cette contumace n'a
pû être purgée par la remiſe devant un Juge, autre que celui qui
avoit donné le Jugement de condamnation ; moins encore par
des Lettres d'abolition acordées en vertu d'un droit auſſi peu
établi que celui de l'Evêque d'Orleans, ſur tout à l'égard des
crimes d'une grande énormité, & de prévenus de pareils crimes,
qui venoient de bien loin ſe remettre par affeſtation dans des priſons qui n'étoient pas leurs priſons naturelles. Il remontre la
conſequence dont il étoit pour l'interêt public, de ne donner
point aux coupables des plus grands crimes une voye ſi aiſée à ſe

garantir de la peine qu'ils meritent, & à éluder la juste & religieuse feverité du Prince, qui ôte au penchant qu'il a pour la
clemence, & au plaifir qu'il trouve à faire des graces, le pardon
des crimes qui en font indignes. Il ajoûte, qu'il eft de pire confequence encore d'établir qu'on puiffe à la dérobée, & à l'inçû
de la partie, purger la contumace par la remife dans des prifons
tout-à-fait étrangeres, & par l'audition renduë devant des Juges
affectez & éloignez, qui n'ont point les informations en main,
& nulle connoiffance de l'affaire. Il pretend que par toutes les
raifons alleguées il falloit fuivre les Arrêts du Parlement de
Paris, raportez par Mr. Servin, qui n'ont point d'égard à de
pareilles Lettres, preferablement à ceux du Parlement de Bordeaux, qui, fuivant le raport du même Auteur, ont bien voulu
y avoir égard. Sur ces confiderations, par Arrêt rendu aprés
partage, au mois de Decembre 1686. au raport de Mr. de Burta,
Compartiteur Mr. de Vedelly-d'Azas, il fut jugé que les Lettres
d'abolition de l'Evêque d'Orleans, & la remife & l'audition du
prévenu ne l'avoient point juftifié, ni purgé fa memoire. On
referva feulement au frere puifné de purger la memoire du défunt, fans decider d'avance fi le teftament feroit bon au cas que
la memoire fût purgée. On renvoya à decider aprés la juftification de la memoire, fi la fucceffion devoit être adjugée aux heritiers *ab inteftat*, comme le teftament n'étant pas bon, fait dans
la contumace, ou à l'heritier teftamentaire, comme le teftament
étant valable par la juftification ; A quoi cependant, fi on l'avoit
examiné, on n'auroit pas trouvé beaucoup de difficulté fuivant
les principes du Droit, qui veulent que le Teftateur ait été capable de faire teftament, & qu'il ait *teftamenti factionem*, & lors
du teftament & lors de la mort, & felon les principes de l'Arrêt
même, qui fupofe que le Teftateur étoit mort condamné, & dans
l'état de contumace aprés les cinq ans expirez, aprés lefquels il
avoit auffi fait teftament.

Je croi même que le teftament fait dans les cinq ans de la contumace ne vaut pas, fi l'accufé vient à mourir dans ce tems-là,
par la même raifon que le Teftateur n'avoit *teftamenti factionem*,
dans ce cas, ni lors du teftament, ni lors de la mort. Il y a
                                                            encore

encore lieu de croire que le teſtament fait avant la condamnation
ne vaut point, ſi le Teſtateur meurt dans la contumace, quoi
que dans les cinq ans. Il manque à la validité, que le Teſtateur
ait eu, *Teſtamenti factionem tempore mortis*, ſans qu'on puiſſe
opoſer que le teſtament fait avant la captivité vaut, ſi le captif
meurt chez les énemis ; cela ſe fait alors ainſi par une fiction
qui n'eſt pas établie dans le cas de la contumace. Tout ce que
je viens de dire ne regarde que le teſtament qui ne contient point
de clauſe codicillaire, car au moyen de la clauſe codicillaire, le
teſtament devenu codicille, doit valoir ſur ce pied, ſi le condamné, qui l'a fait dans la contumace, meurt retabli & perſe-
verant dans la même volonté, *ſi duraverit in eâdem voluntate*,
comme il eſt dit des codicilles des eſclaves, fils de famille, ou
deportats, qui meurent libres, peres de famille, ou reſtituez
par le Prince, ſuivant la deciſion de la Loi premiere, §. 1. & 5.
ff. de legat. 3. parce qu'en matiere de codicille ou de fideicommis
on regarde le ſeul tems de la mort.

FIN DU SECOND LIVRE.

Arrefts Remarquables

LIVRE III.
DES DROITS SEIGNEURIAUX.

CHAPITRE I.

Du droit de banc & de préféance dans l'Eglife, & fi le Seigneur Directe peut fe qualifier Seigneur.

IL eft aifé de fentir que les conteftations fur le pas & la préféance prennent leur origine dans la vanité naturelle de l'homme, avide de toute forte de diftinction, inutilement pour éviter ces jaloufes conteftations, & pour ôter à ces diftinctions ce qu'elles peuvent avoir de plus odieux, on a voulu regler les rangs par des chofes auffi étrangeres que les titres, les emplois & les charges ; cet ordre n'a point calmé les hommes, ces diftinctions n'ont rien perdu auprés d'eux pour être devenuës des Droits honorifiques, ou regardées comme faifant partie d'un patrimoine dont elles augmentent le prix ; la vanité même a trouvé moyen d'y retenir fes premiers droits, par le foin ordinaire qu'elle prend de groffir l'homme à fes propres yeux de tout ce qu'il a de plus étranger, qu'elle lui offre comme une partie de lui-même ; ainfi, foit par ce principe de vanité, foit par des vûës meilleures, telles que celles de défendre fon bien, de conferver l'ordre, ou encore de foûtenir l'honneur de certaines places qu'on ne doit point laiffer avilir, on forme trés-frequemment des conteftations fur ces matieres.

Il s'en préfenta une à mon raport le 11. Fevrier 1655. en la Premiere Chambre des Enquêtes, au procés du Sr. de Blanc

Seigneur de la Guifardie, & Jeanne de Cambefort mariez, d'une
part : & le Sr. de Nates Seigneur de Villecomtal, & Marie de
Reffeguier mariez, d'autre ; où il s'agiffoit de regler le Seigneur
Jufticier du fol où l'Eglife Paroiffiale étoit bâtie, & le Seigneur
Jufticier d'une partie de la Paroiffe concernant le banc dans le
Chœur de l'Eglife, le pas & la préfeance à l'Offrande, aux
Proceffions, & divers autres droits honorifiques. Le lieu de la
Guifardie a un Seigneur Jufticier particulier, & relevoit ancien-
nement du Seigneur de Villecomtal qui l'affranchit en 1608.
dans le contract de mariage d'une de fes filles ; Ce lieu de la
Guifardie eft. fitué dans l'étenduë de la Paroiffe de Villecomtal ;
mais l'Eglife Paroiffiale eft bâtie dans la Juftice & Seigneurie de
Villecomtal, & hors de la Juftice & Seigneurie de la Guifardie : En 1614. les Confuls de Villecomtal acordent au Seigneur de la Guifardie le rang d'honneur & préfeance dans l'Eglife
Paroiffiale, comme à l'Offrande, Pain beni, port du Dais, &
autres affemblées publiques & generales, privativement à tous
autres, & immediatement aprés le Seigneur de Villecomtal.
Cette Juftice & ces droits honorifiques ayant caufé un procés
entre les Parties que j'ai nommées, il intervint Sentence en 1632.
qui maintint le Sr. de Nates en la Seigneurie haute du lieu de
Villecomtal & fes dépendances, autres toutefois que le Château & ripaire de la Guifardie & village de Limon, ordonne
que le Seigneur de Villecomtal, tant pour lui que pour fa femme
& fes enfans, aura banc & feance dans le Chœur de l'Eglife
Paroiffiale, hors toutefois du Presbytere, au lieu le plus honorable & éminent, tel que bon lui femblera ; & que le Seigneur
& Dame de la Guifardie auront un banc pour eux & pour leurs
enfans dans le même Chœur de cette Eglife, au deffous toutefois, ou à côté de celui du Seigneur de Villecomtal, à leur
choix ; La même Sentence ordonne qu'ils joüiront les uns & les
autres refpectivement des honneurs, prerogatives, & préémi-
nences de l'Eglife, comme à l'Offrande, Pain beni, port du
Dais à la Fête-Dieu, de même que dans toutes les autres affemblées publiques & generales, conformement à la Tranfaction
de 1614. fçavoir, le Seigneur de Villecomtal & fes enfans mâles.

avant le Seigneur de la Guifardie , & immediatement aprés eux
le Seigneur de la Guifardie & ses enfans mâles ; & aprés ceux-ci
au rang des femmes la Dame de Villecomtal & ses filles , & aprés
elles , l'épouse & les filles du Seigneur de la Guifardie , lequel
est debouté de la demande du droit de litre ou ceinture , qu'il prétendoit avoir dans la nef de l'Eglise , & au-dehors , dans lequel
droit le seul Seigneur de Villecomtal est maintenu ; permis
neanmoins au Seigneur de la Guifardie , de bâtir une Chapelle
sur le tombeau de sa famille , au côté gauche du grand Autel ,
suivant la faculté que le Curé lui en avoit donnée , & au lieu
qu'il avoit marqué , comme aussi de metre un litre , le cas arrivant , dans cette Chapelle , & non au-dehors ; & y faire peindre
en papier ou en carton ses armes , au dessous du litre du Seigneur
de Villecomtal.

De cette Sentence , le Seigneur de Villecomtal & la Dame
de Resseguier mariez releverent apel en la Cour ; ils prenoient
leur premier grief , de ce que le Senêchal avoit donné banc &
séance dans le Chœur de l'Eglise , au Seigneur & Dame de la
Guifardie , qui n'étoient point Seigneurs Justiciers du sol où
l'Eglise étoit assise ; Ils disoient , que ce banc ainsi placé dans le
Chœur , pourroit faire croire à ceux qui le verroient que le
Sr. de la Guifardie étoit Cosseigneur avec eux ; Que l'interest
de l'Eglise , qui s'oposoit d'ailleurs à la pluralité des bancs dans
le Chœur , où regulierement les seuls Prêtres devroient entrer ,
vouloit que le banc & séance n'y fut donné qu'au Seigneur haut
Justicier du sol où est l'Eglise , & non au Seigneur haut Justicier
d'une partie de la Paroisse ; Que la Transaction de 1614. consen-
tie par les Consuls de Villecomtal , ne pouvoit porter aucun préjudice au Seigneur de Villecomtal , *tanquam res inter alios acta* ,
& que d'ailleurs elle pouvoit être entenduë des honneurs dans la
nef de l'Eglise. Le second grief étoit pris de ce que le Senêchal
avoit separé dans les honneurs de l'Eglise la femme & les filles ,
d'avec le mari & le pere , *quis ferat liberos à parentibus , à fratribus sorores , à viris conjuges separari* , dit la Loi , *Possessionum
cod. commun. utr. judic.* les femmes participent à la condition &
aux honneurs de leurs maris , *nupta clarissimis , clarissimarum*

apellatione continentur L. feminæ ff. de fenat. & ce qui eft dit
dans la Loi premiere , *major eft dignitas in fexu virili* , ne s'entend que des Officiers publics , les femmes étant incapables des
charges publiques : enfin il étoit ajoûté , que le Seigneur de la
Guifardie ne pouvoit pas fe dire Coffeigneur de Villecomtal ; que
l'Eglife étant dans la Juftice de Villecomtal , le Seigneur de
Villecomtal devoit avoir avec fa femme & fes filles la préféance
fur tous les autres.

A quoi il étoit repliqué par le Seigneur de la Guifardie & fa
femme ; Qu'ils étoient en poffeffion de ce banc dans le Chœur
depuis long-tems ; Que l'Eglife étoit à la verité fituée dans la
Juftice de Villecomtal , mais qu'elle étoit éloignée du lieu de
Villecomtal , au milieu de la Paroiffe pour la commodité de tous
les villages , & que par confequent le Seigneur de la Guifardie ,
étant Seigneur d'une partie de la Paroiffe , devoit avoir banc dans
le Chœur comme le Seigneur de Villecomtal ; Que par la police de l'Eglife , les femmes doivent être feparées des hommes ,
& que par cette raifon Loyfeau avoit decidé dans fon traité des
droits Seigneuriaux Chap. 11. nomb. 52. que les femmes des
Seigneurs ne devoient preceder que les autres femmes , & non
les hommes. Que Laroche des droits Seigneuriaux Chap. 21.
Art. 11. raporte un Arrêt de ce Parlement , qui a jugé que celui
des Coffeigneurs qui a la plus grande part en la Seigneurie , doit
preceder les autres Coffeigneurs , mais que ceux-ci doivent venir
immediatement aprés celui-là , & avant fa femme & enfans , qui
ne doivent venir qu'aprés tous les Coffeigneurs.

Il n'y avoit point d'apel de ce que le Senêchal avoit ordonné
touchant le litre ou ceinture funebre : mais les apellans cotoient
un autre grief concernant le lieu où le Senêchal avoit ordonné
que la Chapelle feroit bâtie.

Sur ces conteftations intervint l'Arrêt que je raporte , par lequel la Cour en ce que le Senêchal avoit ordonné que le Seigneur de la Guifardie auroit un banc & féance dans le Chœur
de l'Eglife Paroiffiale de Villecomtal pour lui & fa femme & fes
enfans , & qu'il joüiroit des honneurs & préeminences dans
ladite Eglife aprés le Seigneur de Villecomtal & fes enfans mâ-

les , & avant la Dame sa femme & ses filles, comme aussi en ce
qu'il lui avoit permis de bâtir une Chapelle au lieu marqué dans
l'acte de permission du Curé , met l'apellation , & ce dont a été
apellé au neant , & reformant pour ce regard la Sentence , maintient le Seigneur de Villecomtal , & la Dame sa femme , en la
faculté d'avoir en seul un banc dans le Chœur de ladite Eglise
pour toute leur famille , & de préceder avec leurs enfans & filles , tant à l'Offrande, Processions , qu'autres droits honorifiques , ledit Seigneur & Dame de la Guisardie , & toutes autres
personnes laïques de la Paroisse , permet neanmoins à la Dame
de Cambefort , comme Dame & Seigneuresse de la Guisardie ,
d'avoir banc & séance pour elle & ses enfans , en tel lieu qu'elle
voudra choisir de la nef de l'Eglise , & de joüir des droits de
préséance , après toutefois le Seigneur de Villecomtal , sa femme
& ses enfans ; comme aussi de pouvoir édifier une Chapelle dans
ladite Eglise , au lieu qui sera marqué par le Sr. Evêque Diocesain , par-devant qui la Cour, pour raison du lieu & de l'entrée de cette Chapelle , renvoye les parties pour se pourvoir ainsi
qu'elles verront être à faire , & en tout le surplus declare n'entendre empêcher que la Sentence ne soit executée selon sa forme
& teneur.

Par cet Arrêt on a jugé deux questions. La premiere , que le
seul Seigneur haut-Justicier du sol de l'Eglise a droit de banc &
de séance dans le Chœur , à l'exclusion des Seigneurs Justiciers
d'une partie de la Paroisse , qui ne peuvent en avoir que dans la
nef, comme le peuvent tous les Gentils-hommes. La seconde ,
qu'on ne doit pas separer la femme & les filles d'avec le pere , &
le mari dans les honneurs de l'Eglise ; c'est l'avis de Maréchal,
qui dit : que la femme & enfans des Seigneurs sont en droit de
suivre immediatement le Seigneur és séances , Processions &
Offrandes : il en raporte un Arrêt de Paris de 1614. & de Toulouse de 1552. qui est aussi raporté par Maynard Liv. 2. Chap. 19.
il conseille neanmoins aux Seigneurs d'en user autrement , & de
se laisser suivre immediatement par les autres Gentils-hommes de
la Paroisse , de maniere que la femme & les enfans aillent après
les hommes. Loyseau qu'on opose , quoi qu'il dise que par la

police de l'Eglife les femmes, même celle du Seigneur, doivent
venir aprés tous les hommes, & preceder feulement les autres
femmes, dit neanmoins que les femmes & les enfans du Seigneur participent aux honneurs de la Seigneurie dans l'Eglife;
le mari, la femme, les enfans & filles ayant féance dans le même
banc, ne doivent pas être feparez aux Offrandes, & dans la
marche des Proceffions; l'Arrêt raporté par Laroche paroît peu
regulier, d'autant plus qu'il ne fepare pas entierement les hommes d'avec les femmes, puis qu'aprés avoir donné le pas à tous
les Coffeigneurs avant la femme & les enfans de celui qui a la
plus grande portion de Juftice, il range enfuite les femmes &
enfans des Seigneurs, fuivant le rang des Seigneurs, & par-là
donne la préféance aux femmes & filles des Seigneurs, avant
tous les autres hommes de la Paroiffe; or il eft naturel, que fi on
ne fuit pas la police de l'Eglife, pour feparer entierement les
hommes d'avec les femmes, le Seigneur qui a le premier rang &
la préféance en joüiffe avec toute fa famille, & que toute fa
famille precede celui qui n'a que le fecond rang, puis qu'il n'y a
que ce principe de bienféance & de modeftie qui puiffe divifer
ainfi les deux familles, fauf d'un confeil religieux & loüable:
mais nullement Loi, en matiere de droits honorifiques, aufquels
par un principe aprochant, il conviendroit de renoncer dans la
maifon de Dieu, devant qui l'on ne peut pas s'humilier affez.

Par cet Arrêt il a auffi été jugé, qu'il apartient à l'Evêque
feul, & non au Curé, de marquer le lieu pour l'édification d'une
Chapelle dans l'Eglife Paroiffiale.

Mais pour revenir aux droits honorifiques des Eglifes, j'ajoûterai que les Gentils-hommes, quoi qu'hommagers du Seigneur,
nonobftant même la poffeffion immemoriale, n'ont pas droit de
banc dans le Chœur de l'Eglife, mais ils peuvent en avoir dans
la nef. C'eft ainfi que cette queftion fut decidée, après partage
porté de la Seconde à la Premiere Chambre des Enquêtes,
Raporteur Mr. de Senaux, Compartiteur Mr. de Sevin, en la
caufe de Me. de Mora Curé de Cahus, & du Sr. de Lavaur
Sr. de Saury; ce Curé avoit ôté un banc que le Sr. de Lavaur
avoit dans le Chœur de l'Eglife, le Sr. de Lavaur demandoit

que ce banc fût remis, & foûtenoit qu'il étoit dans la poffeffion immemoriale de ce banc, en qualité de Gentil-homme hommager du Vicomte de Turene. Sur l'apel de la Sentence qui deboutoit Lavaur de fa demande, il intervint partage ; les uns voulant l'admetre en preuve de la poffeffion immemoriale par lui alleguée, & les autres confirmer la Sentence, auquel avis le partage fut vuidé, avec cette remonftrance neanmoins qui fut acceptée, qu'il feroit permis au Sr. de Lavaur d'avoir un banc dans la nef de l'Eglife.

Ce n'eft pas feulement le rang & la préféance qui font des conteftations entre les Seigneurs ; il y en a quelquefois pour le titre, ainfi le Seigneur Jufticier ne veut pas fouffrir que celui qui a une directe en fief noble dans fon Village, prenne la qualité pure & fimple de Seigneur de ce Village, & le Seigneur Jufticier peut l'empêcher & le reduire au titre de Seigneur Directe dans ce Village. Il y a un Arrêt qui le juge ainfi, du 10. Septembre 1650. au raport de Mr. de Rabaudy ; rien n'eft plus felon l'ordre, de reduire chacun à prendre précifement, & fans nul déguifement ambitieux, le titre qui lui convient veritablement.

CHAPITRE II.

Si on peut prouver par témoins la Juftice, les rentes Obituaires & Foncieres, & la prefcription de la Directité par un Seigneur contre un autre.
Quels titres font neceffaires pour prouver la Directité contre un Emphyteote.

LA Juftice ne peut être prouvée que par actes, & non par témoins. Il y a un Arrêt qui le decide ainfi en la Premiere Chambre des Enquétes au raport de Mr. de Prohenques, le 18. Juillet 1652. Cette decifion eft conforme à l'avis de Loyfeau des droits Seigneuriaux Chapitre 65. & contraire à celui de
Bacquet

Bacquet des Droits de Juſtice, Chap. 5. nomb. 3. Si une procedure judiciaire ne peut être verifiée que par actes publics,
comment recevra-t-on en preuve par témoins pour le droit de
Juſtice, & pour l'exercice qu'on pretend en avoir fait, puiſque
ſi la Juſtice a été exercée pendant cent ans, on ne peut pas manquer d'en avoir quelque regiſtre au Greffe ? Il faut donc prouver
la Juſtice ou par la conceſſion particuliere & expreſſe qui en a été
faite par le Roy, ou par des actes de foi & hommages, & par les
dénombremens faits au Roy ou au Seigneur dominant, ou enfin
par la poſſeſſion immemoriale prouvée, non par la dépoſition des
témoins, mais par des procedures & actes judiciaires.

Il eſt même à remarquer, que les ſeuls actes de foi & hommages ne font pas une preuve de la Juſtice contre le Roy, comme il fut jugé en faveur du Roy contre le Sieur Rodat Conſeiller
au Senéchal de Rhodez, quoi que Bacquet diſe le contraire. Le
Sieur Rodat pour prouver contre le Roy que la Juſtice d'un certain lieu lui apartenoit, remettoit divers hommages qu'il en avoit
rendus au Roy ; on trouva que cela ne ſuffiſoit pas, & il fut ordonné qu'il raporteroit de plus ſuffiſans titres. Il faut donc que
ces hommages ayent été ſuivis d'aveus & dénombremens reçûs par le Roy ou ſes Officiers, & ſans opoſition ; ces hommages ſuivis de ces dénombremens prouvent la Juſtice contre le
Roy même, comme il fut jugé en la Grand'Chambre le 26.
Fevrier 1677. vuidant l'interlocutoire en faveur du même Sieur
Rodat, lequel ayant remis des aveus & dénombremens en
forme, faits en conſequence des hommages, fut maintenu contre
le Roy en la Juſtice moyenne & baſſe, quoi qu'il n'y eût point
d'acte poſſeſſoire de la part du Sieur Rodat ; qu'il n'eût jamais
établi de Juge, ni lui ni ſes Auteurs, & que la Juſtice n'y eût
été toûjours renduë que par les Juges Royaux au Siege de
Rhodez, & par ceux du Comte de Rhodez avant la réü-
nion, auquel tems les auteurs du Sieur Rodat avoient fait
l'hommage de cette Juſtice, moyenne & baſſe, aux Comtes de
Rhodez.

Les rentes obituaires peuvent être prouvées par des témoins
qui dépoſent du payement de ces rentes pendant trente ans. Il fut

ainſi jugé en la Premiere Chambre des Enquêtes, le 16. Janvier 1653. au raport de Mr. de Lafont. Il n'y a guere, ce me ſemble, lieu de douter que le payement juſtifié par actes fait durant trente ans d'une rente obituaire, ne devienne un titre au Chapelain. C'eſt alors une poſſeſſion établie, & la poſſeſſion eſt une voye communement legitime pour acquerir. Pourquoi ne le ſeroit-elle point dans le cas d'une rente obituaire, qui ne porte rien d'odieux ſur le front, au contraire ? Mais ſi cette poſſeſſion peut ſervir de titre, par quelle raiſon ne peut-elle point être établie par témoins ? La preuve peut-elle être refuſée à celui qui la demande, pour établir qu'il a poſſedé ce que la poſſeſſion peut legitimement acquerir ? Si nous venons de dire que la Juſtice ne peut être prouvée de même, c'eſt que la facilité qu'il y peut avoir, de prouver la choſe par actes, ſi elle eſt vraye, rend ſuſpecte la preuve fondée ſur le témoignage ; Il n'en eſt pas de même du payement d'une rente obituaire, les quittances privées peuvent être, & ſont aparamment, entre les mains du payeur, qui ſe garde bien de les remetre, il ne reſte que la ſeule voye des témoins pour la preuve, & il ne s'agit en ce cas que de déterminer le poſſeſſeur des biens ſujets à la rente que les titres de Fondation ne marquent le plus ſouvent qu'avec confuſion, & ſous l'affectation generale de tous les biens du Fondateur. Il a été même jugé quelque choſe d'aprochant au raport de Mr. de Catellan mon néveu, en la Seconde Chambre des Enquêtes, au procez du Marquis de Caſtelnau. Le feu Marquis de Caſtelnau chargé de rendre, avoit declaré par acte qu'il avoit connoiſſance d'une Fondation faite par quelqu'un de ſes ancêtres, & ſelon cet aveu, cette rente étoit établie ſur des biens dépendans de la ſubſtitution. Il avoit chargé les Fermiers de payer pour cette Fondation certaine rente obituaire, qu'ils avoient en conſequence payée durant quelque tems. Il fut jugé que l'obit & la rente obituaire étoient ſuffiſamment établis contre le ſubſtitué. Il y avoit de particulier l'aveu fait par l'heritier ; on opoſoit qu'il ne devoit rien produire contre le ſubſtitué. Cependant il fut jugé qu'il devoit lui nuire étant fait par un heritier chargé de rendre *ſi ſine liberis*, qui dans l'eſperance d'avoir d'enfans riſquoit en faifant cette declaration, de fe nuire à lui-même, ce qui n'étoit pas à préfumer qu'il eût voulu hazarder. Quoi qu'il en foit, on peut dire qu'un pareil aveu fe trouve tacitement dans le payement d'une rente obituaire fait durant trente ans : on peut dire même qu'il n'y en a pas de plus précis ni de moins fufpect.

Il en eft autrement d'une rente fonciere, elle ne peut être prouvée par témoins. Ferrieres fur la queftion 582. de Guy-Pape, croit que l'Emphyteofe peut être prouvée *per folas præftationes antiquas*, mais il exige que ces payemens anciens foient prouvez par actes ; & aprés avoir raporté l'Arrêt dont il fait mention, il ajoûte, *incolæ condemnati fuerunt emphyteuticarium canonem folvere ex folis præftationibus antiquis quas domini produxerant.* On ne peut donc pas conclure de là que cet Auteur ait decidé, qu'on peut prouver la directité par témoins. Selon cet Auteur même, la poffeffion, ordinaire du moins, & telle que celle qui peut être prouvée par témoins, ne fuffit pas pour établir une rente fonciere. On agita cette queftion au jugement du procez, dont j'ai déja parlé dans ce Chapitre, à caufe de la comparaifon qui étoit faite entre les rentes obituaires & les rentes foncieres ; & les Juges convinrent que nôtre ufage conftant eft, que la directité ne peut être prouvée par témoins, & que cet ufage eft fondé fur la Loi premiere, *Cod. de jur. emphyt.* qui decide, que l'écriture eft neceffaire pour le contract d'Emphyteofe. Il faut donc ou un bail à fief, ou des reconnoiffances, ou du moins une reconnoiffance avec des adminicules ; la rente obituaire perd plus aifément fa preuve litterale que la rente fonciere, c'eft une des raifons de la difference d'entre les deux rentes quant à la preuve par témoins. On crût cependant qu'en Guyenne, où la directité generale eft établie par cette maxime ; Nulle terre fans Seigneur, on pouvoit admettre un Seigneur, en preuve par témoins, tant contre les Emphyteotes, que contre un autre Seigneur, qu'une certaine rente lui a été payée pendant trente ans. Il ne s'agit pas alors de la liberté du fonds, ni d'emporter cette prefomption naturelle, ou plûtôt cet état naturel, felon quoi toutes chofes font libres. Cette prefomption eft emportée déja, ou cet état eft changé par la Coûtume generale, felon laquelle toute terre est presumée, ou plûtôt declarée assujettie. Il n'est donc pas tant question dans ce cas, d'établir la directité par témoins, que de regler la cotité de la rente avec les Emphyteotes, ou decider à quel des deux Seigneurs cette rente doit être adjugée, quand aucun des deux Seigneurs ne produit d'autre titre que la Loi de la Province, qui soûmet toutes les terres à un Seigneur, & dans ce cas la possession qu'on decide & détermine, ne paroît guere pouvoir être mieux établie que par des témoins.

Mais quand un Seigneur directe a des titres particuliers, comme des Reconnoissances, on demande si un autre peut prescrire ce domaine directe par le seul payement de la rente pendant trente ans, & si on peut admettre en preuve du payement de cette rente pendant ce tems-là. Mr. Laroche-Flavin au Traité des droits Seigneuriaux, Chap. 20. dit : qu'un Seigneur peut prescrire contre un autre Seigneur par l'espace de trente ans, en verifiant des Reconnoissances de la joüissance paisible, & du payement de la rente pendant trente ans. Cette question se presenta au jugement du procez du Sieur Ravenac, d'une part, & du Sieur Pradines Archidiacre d'Alet, & divers Emphyteotes, d'autre, & il intervint partage en la Seconde Chambre des Enquêtes, vuidé en la Première le 5. Fevrier 1667. Raporteur Mr. de Moüillet, Compartiteur Mr. de Resseguier depuis President en cette Chambre. Le Sieur de Ravenac ayant vendu à Fêtes certaines rentes en directe sur certains tenanciers, l'acquereur est troublé dans la joüissance de ces rentes par l'Archidiacre d'Alet, qui pretend qu'elles lui apartiennent à raison de son Benefice, & produit une Reconnoissance ancienne ; les tenanciers offrent de payer à l'Archidiacre. Le Senéchal ayant rendu une Sentence, & cet acquereur en ayant relevé apel, Ravenac son vendeur prend le fait & cause pour lui, & soûtient qu'il est en possession de percevoir ces rentes depuis plus de quarante ans, qui est le tems requis pour prescrire contre l'Eglise. Sur cette question intervint le partage, les uns étant d'avis de recevoir Ravenac en preuve de la possession alleguée par témoins, & les autres au contraire d'ordonner, qu'il justifieroit de cette possession par

actes ; Les raisons du premier avis étoient, que la rente étant
établie par une Reconnoiffance & par l'aveu des tenanciers, &
s'agiffant feulement de fçavoir à quel des deux Seigneurs cette
rente apartenoit, elle devoit être adjugée à celui à qui une poffeffion legitime l'avoit acquife, & que cette poffeffion pouvoit
être prouvée par témoins. Mais les raifons de l'Arrêt qui decida
pour l'Archidiacre, furent : Que l'Archidiacre ayant une Reconnoiffance ancienne, les Emphyteotes n'avoient pû poffeder qu'en
fon nom jufqu'à ce qu'il y eût une autre Reconnoiffance en faveur d'un autre Seigneur ; Que la fimple perception de la rente
par un autre ne prouve pas fuffifamment une interverfion de poffeffion des Emphyteotes, & ne fait pas qu'ils ayent poffedé le
fonds emphyteutique au nom de cet autre, & comme le tenant
de lui ; Que n'y ayant point de Reconnoiffance en faveur du dernier pretendu poffeffeur, ce feroit établir en fa faveur une directe fur la fimple poffeffion, ce qui ne fe peut en Languedoc,
où tout demandeur en feodale doit avoir du-moins une Reconnoiffance avec des adminicules ; Que la rente pouvant être feparée de la directe, la perception de la rente pendant trente ou
quarante ans ne peut operer la prefcription de la directité & de
la rente à l'avenir ; Que l'Archidiacre, en vertu de fa Reconnoiffance pouvoit faire condamner les Emphyteotes à le reconnoître & à lui payer les arrerages de vingt-neuf ans, & que
ces tenanciers auroient fans doute leur recours contre Ravenac,
pour la repetition des rentes qu'ils lui avoient payées. Le plus
grand nombre des Juges du partage crût donc qu'il ne fuffifoit pas
à Ravenac de raporter de fimples actes poffeffoires de la rente,
comme des quittances publiques, & autres femblables, mais qu'il
devoit juftifier fa poffeffion par des Reconnoiffances, autrement,
comme les Seigneurs negligent fouvent la levée annuelle des rentes qui font modiques, il feroit trés-aifé aux Emphyteotes de
changer de Seigneur en payant la rente à un autre.

J'ai dit que pour établir la directe & une rente fonciere contre
un Emphyteote, il falloit du-moins une Reconnoiffance avec des
adminicules. Mr. de Laroche-Flavin a decidé que cela fuffit,
dans fon Traité des droits Seigneuriaux, Chap. I. art. 2. J'ajoû-

terai qu'il a été jugé qu'un Lausime fait en bonne & dûë forme, contenant investiture & payement des Lods, avec promesse de payer la rente sans marquer la datte, de l'année 1583. accompagné de Lieves jusqu'en 1612. & de deux Terriers anciens de 1432. & 1439. contenant le fief, le nom du possesseur, la rente avec les confrontations, étoit suffisant en Languedoc, quoi qu'il n'y eût point de bail, ni de Reconnoissance. Il y avoit trois autres Lieves de 1503. 1579. 1583. L'Arrêt est du mois d'Août 1667. aprés partage porté de la Seconde en la Premiere Chambre des Enquêtes, Raporteur Mr. de Sevin-Mansencal, Compartiteur Mr. de Vignes. Les Parties étoient la Dame de Roquefort, & Demoiselle Françoise de Mauleon sa fille, contre Jean Cavalon. Les raisons de cet Arrêt sont ; que quoi qu'on ne suive pas en ce Parlement l'opinion de Ferrieres en l'endroit que j'ai cité, & sur la Quest. 272. que les Livres terriers *& Codices antiqui*, seuls, font foi pour prouver la directe, neanmoins ces choses peuvent servir d'adminicules, & aider une Reconnoissance ; Que dans le cas present le Lausime pouvoit être consideré comme une Reconnoissance, puisque le possesseur du fonds reconnoissoit en effet que son fonds relevoit du Seigneur dont il prenoit l'investiture, & à qui il payoit les Lods, qui sont des charges plus onereuses que les prestations annuelles, qu'ainsi ce Lausime équipollant à une Reconnoissance, & étant d'ailleurs acompagné des autres adminicules, devoit suffire pour la condamnation des Emphyteotes. La Dame de Roquefort avoit ailleurs la Justice.

CHAPITRE III.

*De deux Baux à Fief faits d'un même corps par le
    même Seigneur.*
De la portabilité de la rente.

PAr Arrêt rendu en la Premiere Chambre des Enquêtes, au
    raport de Mr. de Rudelle, entre Vergnes Sieur de Laftours
demandeur, & Salecroup & autres Emphyteotes, il fut jugé
que de deux baux à fief faits d'un même corps par un même
Seigneur, l'un de 1446. & l'autre de 1451. le dernier devoit prevaloir, quoi qu'il contint une rente beaucoup plus grande que
celle du premier, parce que ce dernier étant fait à d'autres Emphyteotes tout-à-fait differens de ceux qui étoient nommez dans
le premier, on crût que le premier bail avoit demeuré inexecuté,
ou que les premiers Emphyteotes avoient deguerpi. Je croi qu'on
eût fait un jugement contraire, fi le dernier eût été fait aux
mêmes Emphyteotes que le premier, parce qu'il n'y eût pas eu
d'aparence que les mêmes Emphyteotes euffent voulu laiffer le
premier bail inexecuté, ou deguerpir les pieces à eux baillées,
pour les reprendre bien-tôt aprés fous une rente beaucoup plus
grande, mais on eût préfumé que le Seigneur avoit contraint
les Emphyteotes de confentir à un nouveau bail pour établir une
furcharge.

Il fut auffi jugé par le même Arrêt, que la rente étoit portable
au Château du Seigneur, l'Emphyteote étant obligé par le bail &
premieres Reconnoiffances, de rendre & payer la rente au Seigneur, & on crût que ces mots rendre & payer exprimoient fuffifamment la portabilité.

Mais fi par les Reconnoiffances du Seigneur d'un lieu, la
rente eft payable audit lieu, ou payable au Seigneur audit lieu,
elle eft querable, du moins fi elle eft en grains ; ainfi, par les
anciennes Reconnoiffances des Seigneurs de Quint étant dit que

les rentes font payables au lieu de Quint , ou payables aux
Seigneurs audit lieu de Quint , & les dernieres Reconnoiffances
ayant précifement ftipulé les rentes portables ; il fut jugé au
raport de Mr. de Chaftanet , le 28. Mars 1673. que les dernieres
Reconnoiffances ne contenoient point furcharge pour les rentes
en argent , mais qu'elles contenoient furcharge pour les rentes
en grain. L'Arrêt eft après partage fur le dernier article, moi
Compartiteur , porté de la Grand'Chambre à la Premiere
Chambre des Enquêtes ; la raifon de la difference eft, que ce
n'eft pas une furcharge à un Emphyteote qui habite dans le lieu ,
de porter à fon Seigneur la rente en argent , c'eft un devoir que
l'honnêteté femble exiger de lui ; mais la portabilité de la rente
eft incommode à l'Emphyteote , elle eft d'ailleurs onereufe , parce
qu'elle le foumet au payement des arrerages au plus haut prix
de l'année : on peut voir Ferrieres fur la Queft. 123. de Guy-
Pape.

CHAPITRE IV.

Si le proprietaire d'un fonds allodial peut vendre fur ce fonds une rente fonciere fans tradition.

CEtte queftion eft traitée par Mr. d'Olive Liv. 2. Chap. 21.
il dit dans cet endroit, que cette rente ainfi établie eft
rente fonciere, quoi qu'il n'y ait pas de tradition réélle , mais
feulement une tradition feinte, *per fictionem brevis manus* , &
il raporte un Arrêt conforme à cet avis. Il a neanmoins changé
dans une nouvelle addition , ajoûtée à fes notes dans une derniere impreffion , & après avoir raporté des Arrêts differens fur
cette matiere, il conclud enfin que depuis cette diverfité de
Jugemens il a été précifement décidé, que n'y ayant point de
tradition réélle & actuelle de fonds , on ne pouvoit pas par cet
artifice ingenieux qu'on apelle *fictionem brevis manus* , établir
une rente fonciere ; & il en raporte un Arrêt au mois de Juin
1644.

1644. j'y en ajoûterai un plus recent conforme à cette derniere decifion rendu en la Seconde Chambre des Enquêtes, le 3. Septembre 1666. au raport de Mr. de Catellan mon frere, depuis Prefident de la Premiere. Cette doctrine eft apuyée fur l'autorité de Loyfeau, Traité de la diftinction des rentes, & du Prefident Duranty, Queft. 55. *reditus fundiarii non* , *funt nifi fundus tradatur.*

CHAPITRE V.

Si la degradation de la forêt faite par l'Evêque, eft un jufte fujet d'étendre aux habitans l'ufage qu'ils ont du bois mort, & *mort bois, à toute forte de bois.*

LEs Confuls de Tourtoufe font maintenus par une Sentence arbitrale de 1572. confirmée par un Arrêt de 1624. en la faculté de prendre du bois mort pour leur chauffage dans la forêt de Noaillac, & du mort bois, pour leurs bâtimens & harnois ; & l'Evêque de Conferans eft maintenu en la proprieté & ufage de cette forêt, à la charge que fon ufage ne pourra alterer ni diminuer celui des Confuls ; cette forêt ayant été degradée par les Evêques, comme pretendoient les Confuls, ils font inftance contre Meffire Bernard de Marmieffe Evêque de Conferans, en condamnation des dépens, dommages & interêts pour cette degradation, & à ce qu'attendu que dans cette forêt il n'y avoit plus de bois mort, ni de mort bois, à caufe de cette degradation, il leur foit permis de fe fervir de toute forte de bois pour leur ufage & bâtimens, n'étant pas jufte qu'ils continuent le payement des droits Seigneuriaux à l'Evêque pour cet ufage, fans qu'ils puiffent en retirer aucun profit. Par Arrêt rendu en la Premiere Chambre des Enquêtes, au raport de Mr. de Parade depuis Prefident à Mortier, le 22. Septembre 1666. ces Confuls & habitans furent déboutez de leur demande à l'égard de l'ufage, il fut ordonné qu'ils ne pourroient prendre que du bois mort, & du mort bois, & interloqué sur les dommages & interêts par eux demandez contre l'Evêque.

Les raisons de cet Arrêt sont, que l'Eglise ayant seulement concedé l'usage de cette forêt pour le bois mort, & le mort bois; on ne pouvoit l'étendre à d'autres bois, sous pretexte de la degradation qui en avoit été faite par l'Evêque, ou ses prédecesseurs, qu'il n'étoit pas juste que l'Eglise souffrit d'une dissipation qu'elle n'avoit pû empêcher, & à laquelle les Consuls même auroient pû s'oposer lors qu'elle a été faite; qu'ainsi puis que c'étoit les seuls Evêques qui étoient coupables de cette dégradation, s'il y en avoit, c'étoit contre eux seuls que les Consuls devoient agir pour leurs dommages & interêts, & non contre l'Eglise pour l'augmentation de l'usage.

CHAPITRE VI.

Si le droit de couper du bois dans une forêt se peut acquerir par une possession immemoriale.

CEtte question se presenta au jugement du procés de Berger Sr. de la Tibourre, contre le Sr. de Rambaux le premier Juin 1649. au raport de Mr. de Prohenques, en la Premiere Chambre des Enquêtes. Berger fait instance contre le Sr. de Rambaux son voisin, à ce qu'il soit obligé de souffrir que le Demandeur coupe du bois pour son usage dans la forêt du Défendeur, & soûtient par fait positif qu'il est en possession de cette faculté depuis un tems immemorial. Le Senêchal par sa Sentence ordonne que le Demandeur prouvera & verifiera que lui & ses Auteurs, ont joüi de cette faculté à titre d'usage, au veu & sçû de Rambaux & de ses Auteurs. De cette Sentence Rambaux se rend apellant, & dit que cette servitude ne peut pas s'acquerir sans titre & par la prescription; Que la possession ne sert de rien, n'y ayant jamais eu de prohibition; Qu'il est necesfaire pour acquerir cette faculté par la seule possession que le demandeur ait joüi pendant le tems legitime, aprés, & nonobstant la prohibition ; Qu'autrement, il faut présumer que la joüissance a été faite *jure familiaritatis*. L'Arrêt que je raporte confirme la Sentence, à laquelle neanmoins il fut ajoûté que le demandeur prouveroit & verifieroit sa possession depuis un tems immemorial. On crut que la possession immemoriale au vû & sçû de la partie valoit un titre ou le suposoit *habet vim tituli constituti* ; qu'une servitude qui a une cause continuë peut être acquise par la possession de 30. ans, mais que celle qui a une cause discontinuë ne peut l'être que par une possession immemoriale, suivant l'avis de Gui-Pape, & de Ferrieres Quest. 573. & qu'enfin l'usage de couper du bois durant un si long tems, ne pouvoit être pris pour familiarités comme le passage.

CHAPITRE VII.

Si le Commis dans les fiefs faute de payement de la rente a lieu en ce Parlement.

LE Commis dans les fiefs faute de payement de la rente est une Loi penale, qui par la cessation de ce payement pendant trois ans, & de deux, si la Directe apartient à l'Eglise, prive l'Emphiteote du fief, & le fait revenir entre les mains du Seigneur : nôtre Parlement ne reconnoit point ce droit de Commis, & le Seigneur nonobstant cette discontinuation de payement ne peut se mettre en possession des biens feodaux par droit de reversion, ni de son autorité, ni par Sentence du Juge, & il peut seulement les saisir & faire decreter en la forme ordinaire pour le payement de ses droits ; c'est la doctrine de Laroche des Droits Seigneuriaux Chapitre 19. Art. 4. & c'est ainsi que cette question fut decidée par Arrêt du 14. Juillet 1648. en la Premiere Chambre des Enquêtes. La Dame de Clermont liquide avec un de ses Emphyteotes les arrerages de la rente à la somme de

290. liv. & dans ... ... il eit dit qu'au cas que l'Emphyteote ne payera pas cette fomme dans fix mois, les biens fujets à cette rente feroient acquis à cette Dame, & qu'il feroit neanmoins permis à l'Emphyteote de les racheter dans fix ans; faute de payement cette Dame fait faifir les biens, & obtint Sentence qui ordonne que l'Emphyteote payera dans quinzaine, autrement il eft permis à la Dame de prendre poffeffion des biens; elle en prend en éfet poffeffion, & les cede à Me. Valet Confeiller au Senêchal de Cahors, contre qui l'Emphyteote fait inftance 18. ans aprés, en delaiffement des biens, en rembourfant la fomme liquidée pour les arrerages de la rente. L'Arrêt que je raporte decide que la Dame de Clermont n'avoit pû fe mettre en poffeffion des biens pour les acquerir en proprieté, non pas même fous la faculté de rachat, ni par le Commis, faute de payement de la rente, ni par la claufe de l'acte de liquidation, ni en vertu de la Sentence, Valet ceffionnaire eft condamné au délaiffement en recevant payement de la fomme de 290. liv. & le prix des reparations.

CHAPITRE VIII.

Des acaptes & arriere - captes.

AU procés du Comte de Cabrerés, le 4. Fevrier 1649. aprés partage porté de la Premiere en la Seconde Chambre des Enquêtes, Raporteur Mr. de Madron, Compartiteur Mr. de Gach; il fut jugé que le feul mot d'acaptes contenu dans les baux à fief, comprend les arriere-captes, & que cette preftation eft dûë tant par la mutation du Seigneur que des Emphyteotes. Il y a un pareil Arrêt du dernier Mai 1650. au raport de Mr. de Theron, en la caufe du Sieur de Peyronnenc Seigneur de faint Chamaran; ces deux mots acaptes & arriere-captes font fynonimes; le premier comprend tous les deux, comme dans ces mots, lods & ventes, celui de ventes n'ajoûte rien à celui de lods, comme auffi dans la ftipulation des lods pour les

ventes & reventes, ce mot de reventes, n'ajoûte rien à la fignification du mot de ventes.

Mr. d'Olive Livre 2. Chapitre 30. raporte un Arrêt qui diftingue les acaptes & arriere-captes, & qui decide que là où les
titres ne parlent que d'acaptes, les arriere-captes ne font pas
dûës par la raifon qu'il faut referver, le fens des contraûts, qui
font *ftriûti juris*, dans les bornes du fens litteral, & que dans
le doute il faut toûjours pencher vers la liberation, Mr. de Laroche-Flavin Liv. des Droits Seigneuriaux Chap. 12. art. premier
diftingue auffi les acaptes des arriere-captes ; mais ces deux Auteurs ne conviennent point dans l'explication de ces deux mots,
fuivant Mr. d'Olive, les acaptes font dûës par la mutation du
Seigneur, & les arriere-captes par la mutation de l'Emphyteote,
fuivant Mr. de Laroche, c'eft tout le contraire ; la diverfité des
fentimens & l'explication de ces deux mots, peut donner encore lieu de croire qu'il n'y a pas de difference, du moins que
par l'habitude qu'ils ont contraûtée d'être enfemble, ils ont été
confondus, de maniere qu'on les prend l'un pour l'autre, par où
l'un des termes vaut les deux, l'autre étant même prefumé toûjours l'acompagner & le fuivre, ou plûtôt regardé comme ren-
fermé dans le premier ; d'où vient que Graverol entendu Auteur d'une grande erudition, & trés-entendu en matiere de valeur des termes anciens & modernes, dit que prefentement en
Languedoc & en Guienne, ces mots acaptes & arriere-captes
font employez pour defigner la même chofe.

Ce droit d'acaptes & arriere-captes n'eft dû que par la mutation de main qui fe fait par la mort. Il fut ainfi jugé en la Seconde Chambre des Enquêtes en l'année 1655. au raport de Mr. de
Caftaing, aprés partage, Compartiteur Mr. de Caulet-Roques ;
le Seigneur ayant vendu fon fief, il fut decidé par cet Arrêt que
le nouvel acquereur ne pouvoit pas exiger ce droit des Emphyteotes. Il y a un autre Arrêt du 8. Avril 1656. en la Premiere
Chambre des Enquêtes à mon raport, aprés partage, Mr. de
Junius Compartiteur, qui decide que ce droit n'eft pas dû par la
mutation arrivée par la conftitution dotale faite par le pere à fa
fille. Il paroît de ces Arrêts que l'opinion de Loüet lettre V.

nombre 9. & de Laroche au traité des Droits Seigneuriaux, qui disent que ce droit est dû à toute mutation de Seigneur, est contraire à nôtre usage ; le changement de l'Emphyteote arrivé autrement que par la mort ne produit point d'acaptes & arriere-captes, le changement du Seigneur par autre voye n'en doit pas produire ; les changemens sont relatifs par raport à ce droit.

CHAPITRE IX.

Si le retrait feodal a lieu dans le Gardiage, & dans la Viguerie de Toulouse.

NOus apellons Gardiage de Toulouse la Ville & le Terri-toire adjacent à la Ville qui est sous la garde, & sous la Jurisdiction des Capitouls privativement à tous autres Magistrats populaires, c'est à Toulouse ce qu'on apelle ailleurs banlieuë. La Viguerie qui comprend le Gardiage & s'étend plus loin, est le district de la Jurisdiction du Juge Royal ordinaire de la Ville, que nous apellons Viguier, comme nous avons dit ailleurs.

Cela suposé, je viens à la question proposée, si le retrait feo-dal, ou droit de prélation, a lieu dans ce Gardiage & dans cette Viguerie, Laroche traité des Droits Seigneuriaux Chapitre 13. Art. 13. dit qu'anciennement on jugeoit que dans la Ville & Viguerie de Toulouse, le droit de prélation n'avoit point lieu ; mais que depuis, après avoir mieux & de plus prés regardé les Coûtumes, & trouvé que dans ce volume des Coûtumes, il n'y a point d'article qui decide que le retrait feodal n'a pas lieu, il avoit été jugé plusieurs fois que ce droit apartenoit aux Sei-gneurs dans la Ville & Viguerie tout comme ailleurs ; & il en cite des Arrêts de 1406. 1473. 1548. 1561. & 1566.

Maynard dit au contraire au Livre 4. Chapitre 34. que la Pre-lation n'a pas lieu dans la Ville & Viguerie de Toulouse ; François & Casaveteri, deux Commentateurs de cette Coûtume, & Benedictus *ad cap. Raynutius in verbo & uxorem decis. 5. num.*

296. difent que dans Touloufe & par toute la Viguerie, le Seigneur Directe ne peut point ufer du droit de Prelation.

Il eft certain que la Coûtume écrite de Touloufe, ne parle pas
précifement de ce droit de Prelation ; elle dit feulement au Titre
des Fiefs Art. 9. *Dominus non tenetur recipere feu recognofcere*
aliquem per fuum feudatarium de aliquo feudo nifi fatisfecerit
eidem domino de pax, tamen fi voluerit ei perfolvere pax, tenetur
dominus eum recognofcere & in feudatarium recipere ; d'où on a
inferé que lors que l'acheteur veut payer les lods fignifiez par le
mot *Pax*, le Seigneur eft obligé de les recevoir fans pouvoir
ufer du retrait feodal. Cafaveteri, ancien Gloffateur de cette
Coûtume, que j'ai cité, ajoûte ces mots, *ifta confuetudo procedit*
abfque dubio, attenta confuetudine non fcriptà quæ eft in civitate
Tolofæ & Gardiagio, ac per totam vicariam, maximè in locis in
quibus Dominus nofter Rex habet Jurifdictionem, in quibus res
non cadit in commiffum & etiam locum non habet jus pralationis.
Il eft à remarquer pour l'autorité de cette Glofe, qu'au commencement du Livre qui contient les Coûtumes de Touloufe eft la
permiffion du Parlement d'imprimer ce Livre avec les notes de
Cafaveteri, & dans cette permiffion d'imprimer eft énoncée une
Ordonnance du Parlement du 26. Fevrier 1543. contenant permiffion donnée à ce Gloffateur, de faire imprimer ce Livre des
Coûtumes avec fon Commentaire, par où il femble que le Parlement a aprouvé cette Glofe : il paroit neanmoins des termes
de ce Commentateur, que ce n'eft pas la Coûtume écrite qu'il
commentoit, qui défend le droit de Prelation dans fon diftrict,
mais une Coûtume non écrite qui tendoit particulierement à
défendre le droit de Commis & de Prelation à l'égard du Roy ;
& ce Commentateur ne raporte point d'Arrêt qui determine
précifement fi la Coûtume a lieu auffi-bien contre les Seigneurs
particuliers, que contre le Roy, ni fi elle a lieu au cas que le
bail à fief porte nommément le droit de Prelation, auquel cas il
femble que la convention des Parties, qui a pû déroger à la Coûtume, doit être obfervée.

Ce Commentateur étend la Coûtume, qui défend le droit de
Prelation dans fon diftrict, non feulement au Gardiage, mais

auffi à toute la Viguerie. Cependant cette extenfion peut recevoir de la difficulté. L'ancien territoire & l'ancien diftrict de la Coûtume de Touloufe, n'étoit que ce que nous apellons Gardiage. Ce territoire d'une trés-petite étenduë dans les premiers tems, fut augmenté d'une lieuë aux environs, par une conceffion du Comte Raymond du 10. Mai 1226. que j'ai vû autrefois dans un livre en parchemin, attaché avec une chaîne de fer en la Premiere Chambre des Enquêtes. La Coûtume dans les chofes qui ne font pas favorables, femble ne devoir pas être étenduë au-delà de fes anciennes bornes. Or il n'eft point favorable de priver les Seigneurs du droit de Prelation; ce droit eft au contraire trés-favorable. C'eft une preference donnée à celui des mains de qui les biens font partis, lors que l'Emphyteote n'en veut plus jöuir, & qu'il les a vendus à un acquereur qui eft rembourfé du prix.

J'ai déja raporté les anciens Arrêts citez par Laroche & par Maynard, opofez entr'eux, j'y en ajoûterai quelques-uns plus recens, qui peuvent fervir à éclaircir les difficultez que j'ai propofées, & à faire voir quelle eft la Jurifprudence moderne fur cette matiere.

Quant au Gardiage, il y a un Arrêt du 10. Mars 1644. rendu en la Premiere Chambre des Enquêtes, au raport de Mr. de Joffé-Lauvreins, entre le Sr. de Buiffon, Jacobet Emphyteote, & le Sindic de la ville de Touloufe, opofant à la Reconnoiffance ftipulée par les Auteurs du Sr. de Buiffon de l'année 1580. La Cour caffa cette Reconnoiffance, en ce qu'elle portoit droit de Prelation concernant une vigne fituée dans Pougourville, Capitoulat de Saint Barthelemy, & fit un Reglement, par lequel elle declara le droit de Prelation n'avoir point lieu dans la Ville & Gardiage. Cet Arrêt juge précifement que les Seigneurs particuliers n'ont point droit de Prelation dans le Gardiage, quoi que ce droit foit ftipulé par des Reconnoiffances. On regarde comme vrayes furcharges les Reconnoiffances où il fe trouve que par erreur ou par autorité on a compris un droit contraire au privilege des lieux, fondé fur une Coûtume qui tient lieu de titre primordial.

Quant

Quant à la Viguerie, il y a un Arrêt du 5. Mars 1647. au
raport de Mr. de Vezian, qui a jugé en faveur du Sieur de Maleprade ; qu'un Seigneur directe avoit le droit de Prelation dans la
Viguerie. Le Sieur de Maleprade avoit diverses Reconnoissances
par lesquelles le droit de Prelation étoit stipulé, & l'Emphyteote
ne soûtenoit pas que ces Reconnoissances fussent contraires au
titre primordial & continssent surcharge.

Il y a un Arrêt posterieur du 26. Août 1663. en la Seconde
Chambre des Enquêtes qui semble contraire, & qui a jugé que
le droit de Prelation n'avoit pas lieu dans la Viguerie. La Prelation peut être trouvée peu favorable, regardée à certain point de
vûë où elle paroit contraire à la liberté & facilité du commerce
des ventes. L'Arrêt fut d'ailleurs apuyé de quelques circonstances
particulieres ; le Seigneur ayant demandé pendant un long-tems
le droit de lods, & fait diverses poursuites pour cela, se départ-
toit enfin de cette demande pour demander le retrait feodal.

Le dernier Arrêt que j'ai à raporter sur cette matiere est du
9. Juin 1665. en la Premiere Chambre des Enquêtes, au raport
de Mr. de Fossé, en la cause du Sieur de Percin Seigneur de Sel,
demandeur en retrait feodal, & de Clavieres deffendeur. Le Sieur
de Percin remettoit une Reconnoissance de 1606. où le droit de
Prelation étoit stipulé. On convint dans le jugement de ce procez ; Que le droit de Prelation avoit lieu dans la Viguerie lors
qu'il est porté par les Reconnoissances ; mais parce que la Dame
de Chastanet, Procuratrice generale du Sieur de Percin son mari
pour recevoir le payement de ses rentes & de ses lods, avoit reçû
les lods de Clavieres plus de trois ans auparavant ; il y eut Arrêt
qui démit le Sieur de Percin du retrait feodal par lui demandé
contre Clavieres, sans préjudice de ce droit en autre cas. On
avoit remis dans le procès un autre Arrêt de l'année 1617. entre
ledit Sieur de Percin Seigneur de Sel, & le nommé Lambert,
qui avoit pareillement démis le Sieur de Percin du retrait feodal
dans la Viguerie à cause des circonstances particulieres, sans préjudice de ce droit en autre cas. On s'est fixé à regarder la Prelation au point de vûë favorable, & par l'endroit que j'ai touché
cy-dessus, auquel on peut ajoûter la faveur naturelle qui accm-

pagne le droit commun , un droit commun François univerſelle-
ment obſervé. C'eſt generalement une raiſon pour donner moins
d'étenduë à une Coûtume particuliere , ſoit en reglant ſon diſ-
trit , ſoit en interpretant les paroles , & cette étenduë doit être
d'autant plus reſſerrée de ces deux côtez, que la Coûtume eſt
plus particuliere dans la Loi qu'elle établit.

CHAPITRE X.

Dans quel tems doit être demandé le droit de Prelation.

Si la reception de la Rente , ou des Lods , ou l'accepta-
tion de la Reconnoiſſance empêchent la Prelation.

L E Seigneur pour uſer du droit de Prelation n'a qu'un an , à
compter du jour de la dénonce faite par le nouvel acquereur
& inveſtiture demandée , & cette dénonce doit lui être faite par
écrit & par un acte. Mr. Cambolas, Livre 1. Chap. 15. Ferrieres
ſur la Queſtion 411. Si l'achât n'eſt pas notifié au Seigneur , ce
retrait feodal dure trente ans, à compter du jour du contract ,
ſuivant l'avis des Auteurs que j'ai citez, & de Mr. Maynard Liv.
4. Chap. 46. Liv. 7. Chap. 100. quoique le Seigneur ait reçû
payement de la rente des mains du nouvel acquereur, comme
il fut jugé au raport de Mr. de Rudelle le 12. Juin 1665. en la
Premiere Chambre des Enquêtes. Il en eſt autrement de la perception des lods, qui exclud le Seigneur du retrait feodal , parce
qu'il ne peut recevoir les lods qu'il ne connoiſſe la vente & le
prix , & qu'il n'aprouve la vente. J'ai raporté dans le Chapitre
precedent un Arrêt, par lequel le Seigneur fut debouté de ce
droit , parce que le Procureur qui étoit nommé pour la perception
des rentes & des lods , les avoit perçûs.
　　La Reconnoiſſance acceptée par le Seigneur du nouvel acquereur l'exclud auſſi du retrait feodal , quoique la Reconnoiſſance
ne faſſe point mention de l'acquiſition ; & qu'ainſi le Seigneur ait

pû ignorer l'achât, & croire que le possesseur possedoit depuis plus de trente ans, ou qu'il possedoit par succession, donation ou autre titre, excluant le retrait feodal. Cette question fut ainsi decidée par l'Arrêt que je viens de raporter du 12. Juin 1665. Par l'acceptation de la Reconnoissance le Seigneur investit l'Emphyteote du fief, il s'oblige par-là de l'en faire joüir, & lui doit eviction & garantie du trouble qui pourroit lui être donné de son chef : les Parties de ce procez étoient Jean de Lamothe Seigneur de Saint Laurent, contre Daguillan, du Grain & Bourrel Emphyteotes.

Il y a un pareil Arrêt du 13. Decembre 1655. au raport de Mr. Theron, en la cause du Comte de Clermont & de la Demoiselle de Pompignac, qui juge que le retrait feodal dure trente ans, s'il n'y a pas de notification de l'achat. Autre Arrêt du 18. Août 1659. au raport de Mr. de Maussac. Autre Arrêt du 27. Juillet 1667. au raport de Mr. Dupuy-Montaud, en la cause de la Dame de Carbonieu, contre Antoine Regis, quoique Regis eût été assigné par la Dame de Carbonieu en Reconnoissance feodale, & payement des lods de la Métairie de Touget dix ans avant la demande en retrait. On jugea qu'il ne suffit point que le Seigneur connoisse que le nouvel acquereur joüit ; mais qu'il faut qu'il connoisse qu'il joüit en vertu d'un achat ; quelques-uns même crûrent qu'il faut que le Seigneur ait la connoissance particuliere des conditions de l'achat, pour voir s'il lui est expedient de retraire à ces conditions ; mais il semble que s'il connoit l'achat, c'est à lui à s'informer des conditions, pour voir ce qui lui convient de faire.

CHAPITRE XI.

Diverses questions sur le retrait feodal & lignager.

PAr l'Arrêt dont j'ai parlé au Chap. precedent du 13. Decembre 1655. en la cause du Comte de Clermont, il fut jugé que le retrait feodal dans un fief Noble a lieu en faveur du Seigneur dominant, de plein droit, quoi qu'il ne soit pas stipulé ; &

que le Seigneur usant de ce droit est preferé au lignager. Le lignager a sans doute sa faveur, la conservation des biens immeubles dans les familles est d'un interêt general qui pique toutes les familles. L'interêt des Seigneurs est un interêt bien plus particulier ; mais leur faveur ne laisse pas d'être encore plus grande. Le fonds vendu qui releve du Seigneur, est un fonds originairement parti de sa main, qu'il retient encore par un bout & par le Domaine directe ; ainsi il n'en est pas entierement désaisi. L'Emphyteote même ne le possede en un sens que pour le Seigneur, ce qui affranchit la rente de la Loi commune de la prescription. Le fonds ne seroit pas dans la famille, & consequemment le retrayant ne seroit pas en état de retraire s'il n'avoit été baillé par le Seigneur ; celui-ci a donc une grande superiorité de faveur sur l'autre.

Cet avantage paroit encore dans le même Arrêt que je viens de citer, en ce que dans le retrait feodal la consignation ni l'offre à deniers découverts dans le tems prescrit n'est pas necessaire, & qu'il suffit au Seigneur d'avoir fait instance dans le tems pour user de ce droit. Il en est autrement du retrait lignager.

On demande comment doit être executé le retrait feodal lorsque le prix convenu entre l'acheteur & le vendeur n'a pas été payé, ou qu'il ne l'a été qu'en partie, soit parce que le terme des payemens n'est pas échû, soit autrement, & cette question convient pareillement au retrait lignager. Mr. Maynard Liv. 7. Chap. 31. raporte un Arrêt, qui juge que le retrayant lignager n'est tenu que d'offrir de payer au vendeur, au terme, ce qui lui est dû de reste du prix. Guy-Pape dans son Conseil 161. croit que le Seigneur retrayant doit bailler cautions de payer au vendeur le prix porté par la vente. Dumoulin est de même sentiment. Mr Leprestre Centur. 2. Chap. 19. croit que le retrayant est tenu de payer à l'acquereur l'entier prix, ou bien le consigner, & qu'il ne lui suffit pas de bailler des cautions de payer au vendeur lorsque le terme sera échû. Ce même Auteur dit que le retrayant lignager doit racheter en deniers la rente constituée à prix d'argent, ou bien raporter la décharge du vendeur à l'acheteur dans vingt-quatre heures. Je croi que le retrayant, soit li-

gnager ou autre, n'eft tenu de payer à l'acheteur que ce qu'il a
débourfé , & au vendeur tous les termes échûs, & s'obliger de
lui payer le reftant aux termes du contract , parce que le retrayant
entrant en la place de l'acheteur doit joüir des conditions & des
termes de la vente, comme faifant partie du prix. Il eft vrai que
fi le retrayant n'eft pas folvable, ou s'il eft de plus difficile convention que l'acheteur, il eft jufte pour lors d'obliger ce retrayant à bailler des cautions, & par ce moyen on pourvoit à l'interêt du retrayant & du vendeur. Il y a un Arrêt du 23. Fevrier
1654. au raport de Mr. de Bertier , par lequel le retrait lignager
fut adjugé à Carloti fur l'offre & confignation par lui faite au
vendeur, du prix & interêts , & fur l'offre faite à l'acheteur , des
fraix du contract , fans exhibition d'aucuns deniers , & fans offre
des loyaux-couts ; Il y a un Arrêt pofterieur , qui eft celui du
13. Decembre 1655. rendu au raport de Mr. de Theron , dont
je viens de parler , par lequel il fut jugé , aprés partage fur cet
article , moi Compartiteur , que le Comte de Clermont retrayant devoit payer à la Dame de Pompignac, qui avoit acheté, l'entier prix dont le terme de payement étoit déja échû , quoi
qu'elle ne l'eût pas entierement payé à la Dame de Recoudere
fa mere, qui lui avoit vendu, parce que la Dame de Pompignac,
qui étoit de bonne intelligence avec fa mere , demandoit dans le
procés le payement de cet argent pour le lui compter , ce qui fut
ordonné par l'Arrêt.

Le Coffeigneur par indivis avec un autre , peut retraire l'entier fonds vendu, du confentement & avec la ceffion du Coffeigneur, malgré l'Emphyteote. Il fut ainfi jugé par l'Arrêt du 27.
Juillet 1667. dont j'ai parlé au Chapitre precedent , entre la
Dame de Carbonieu contre Antoine Regis. Cet Arrêt paroit
contraire à l'avis de Mr. Cambolas , Liv. 3. Chap. 10. de Ferrieres fur la queftion 411. de Guy-Pape , de Laroche des Droits
Seigneuriaux , Chap. 13. art. 18. de Brodeau fur Loüet, lettre
R. nomb. 26. qui difent generalement ; Que l'acheteur peut contraindre le Coffeigneur par indivis d'une partie du fief , de retraire
le tout , ce que ce Coffeigneur n'a pas feul le droit de faire , &
que ce Coffeigneur ne peut pas retraire une partie malgré l'ache-

teur. Il est vrai que ces Auteurs ne parlent pas du cas de la cession du Cosseigneur. La raison qui sert de fondement à cet Arrêt, est prise de ce que le droit de Prelation seroit inutile dans ce cas, si la cession que celui-ci a eu du Cosseigneur ne lui donne pas le droit de retraire tout. A la verité le droit de retrait feodal ne peut pas être cedé, suivant nos Auteurs : mais cela doit être entendu de la cession faite à un autre qu'à un Cosseigneur par indivis, qui a déja de son chef un droit de directe par indivis, sur chaque partie du fonds vendu, & en faveur de qui il est naturellement plus cessible qu'en retrait, sur un fonds auquel le cessionnaire n'avoit aucune part.

Ce même Arrêt rendu en la cause de la Dame de Carbonieu, a jugé que le Seigneur retrayant doit jurer, qu'il veut pour lui-même les biens dont il demande le retrait, & non pour un autre. Cette decision est conforme à l'avis de Laroche des droits Seigneuriaux, Chap. 13. arr. 1. contraire à la decision de Maynard Liv. 8. Chap. 20. Puisque le Seigneur ne peut pas ceder le droit de Prelation, il s'ensuit qu'il ne peut refuser de faire le serment dont nous parlons, car autrement il feroit fraude à la Loi, faisant en son nom le retrait pour un autre, avec qui il seroit déja d'accord avant de faire sa demande, quoi qu'il puisse avoir intention de revendre les biens quand il les aura recouvrez, & les revendre effectivement dans la suite. On exige un pareil serment du retrayant lignager ; comme il fut jugé au raport de Mr. d'Agret le 24. Janvier 1661.

J'ai dit que le retrayant lignager doit, non seulement donner l'assignation dans le tems prescrit ; c'est-à-dire, dans l'an & jour de la vente, mais aussi qu'il doit consigner dans l'an & jour. Il y a un Arrêt qui le decide ainsi, du 5. Juillet 1666. au raport de Mr. de Parade, depuis President à Mortier. Il y a un autre Arrêt du 10. Decembre 1663. en la Seconde Chambre des Enquêtes, au raport de Mr. Dupuy, qui a jugé qu'il ne suffit pas au retrayant lignager de consigner dans l'an & jour, mais qu'il faut donner l'assignation dans l'an & jour, ce que supofent tous les Docteurs, Loüet lettre A, nomb. 10. lettre R, nomb. 39. Maynard au Liv. 7. Chap. 44.

Ce dernier Arrêt decide auffi, que l'an & jour veut dire un an, fans compter le jour du contract. Si par exemple le contract eft du 1. Janvier 1660. l'an & jour finit au minuit, auquel commence le fecond jour de Janvier 1661. C'eft l'avis de Maynard Liv. 7. Chap. 44. Dufrefne Liv. 6. Chap. 8. Maynard va plus avant, car il decide ; Qu'il ne fuffit pas d'avoir affigné dans l'an & jour, mais qu'il faut que l'affignation foit échûë, & le défaut levé dans l'an & jour.

CHAPITRE XII.

Autres Queftions fur le Retrait lignager.

L'An & jour acordé au retrayant lignager, & qui court regulierement du jour du contract, ceffe de courir de ce jour, s'il y a procez entre le vendeur & l'acheteur, pour la validité du contract, & cet an & jour dans ce cas-là, ne court que depuis le tems du procez fini ; Il fut ainfi jugé en la Premiere Chambre des Enquêtes, au raport de Mr. Theron au mois de Juin 1650. Cette decifion eft conforme au fentiment de Ferrieres fur la queft. 257. de Guy-Pape ; *Pendente controverfiâ*, dit cet Auteur, *inter emptorem & venditorem fuper re venditâ*, *non currit tempus præftitutum confanguineo ad rem retrahendam.*

Si le mari vend au nom de fa femme, le tems de ce retrait court, non du jour de la ratification, mais de la vente à laquelle la ratification remonte, fuivant la decifion de Maynard au Liv. 7. Ch. 33.

Il en eft de même de la vente faite par le mari du fonds dotal, & qui a été ratifiée par la femme après la mort du mari. Il fut ainfi jugé en la Seconde Chambre des Enquêtes, au mois de Septembre 1680. au raport de Mr. de Boyer.

La reprefentation n'a pas lieu dans le retrait lignager, le frere du vendeur, & le fils d'un autre frere prédecedé demandant le retrait lignager, le frere eft preferé. C'eft ainfi que cette queftion fut decidée par l'Arrêt du 24. Janvier 1661. au raport de Mr.

d'Agret. La nature ne connoit point de reprefentation, qui eft une efpece de fiction, c'eft la Loi qui l'a introduite, mais ne l'ayant introduite que pour les fucceffions, elle ne doit pas être tranfportée à un cas de Coûtume, qui doit être pris naturellement & à la lettre.

Le fils de famille pendant la vie de fon pere, eft reçû à recouvrer par retrait lignager les biens vendus par fon pere, & s'il paroit moins favorable d'un côté en ce qu'il femble qu'il vient contre le fait de fon pere qu'il doit refpecter, & qu'il femble encore qu'il vient par là contre fon propre fait, puifque le pere & le fils font regardez comme la même perfonne ; il eft beaucoup plus favorable que nul autre dans un autre fens, par une plus grande proximité, & un plus grand interêt à la confervation des biens vendus. Il y a un Arrêt qui le decide ainfi en la Premiere Chambre des Enquêtes, au raport de Mr. de Caffaignau le 18. Juin 1667. au procez d'entre Delpous & Galouze, fuivant l'avis de Mr. Maynard Liv. 7. Chap. 32.

CHAPITRE XIII.

Si le Seigneur eft évincé du fonds qu'il a pris par re-
trait feodal, contre qui eft-ce qu'il peut
avoir fa garantie.

LE Seigneur évincé du fonds qu'il a pris par retrait feodal ne peut avoir de garantie contre l'acheteur fur qui il a ufé de ce droit, ni contre la caution que l'acheteur avoit donné au vendeur. L'acheteur & cette caution n'étoient tenus, en vertu du contract, qu'au payement du prix à l'égard du vendeur. C'eft dequoi ils font déchargez l'un & l'autre par l'évincement qui a été fait au moyen du retrait feodal. L'acheteur n'a point contracté avec ce retrayant. Il a été obligé de fouffrir ce retrait, dont le Seigneur a bien voulu ufer ; & par confequent il ne fçauroit être refponfable à fon égard, non plus que fa caution de l'évincement que le Seigneur fouffre dans la fuite. Le Seigneur
dans

dans ce cas doit donc avoir sa garantie contre le vendeur ; Mais
on demande, s'il peut agir pour cette garantie contre la caution
donnée par le vendeur. Il y a un Arrêt de la Chambre de l'Edit
de Castres du 9. Juillet 1638. au raport de Mr. Jaussaud, qui en
déchargeant l'acheteur, de la garantie, y condamne le vendeur
& décharge la caution que le vendeur avoit donnée à l'acheteur ;
les parties étoient Récolin acheteur, Tardieu caution du vendeur
envers l'acheteur, & Lasermandie Seigneur.

Ce dernier article de l'Arrêt, qui décharge la caution donnée
par le vendeur, est conforme à l'avis de Dumoulin au Traité des
Fiefs. La raison de cet Auteur est celle-ci ; *Retractus feodalis*,
dit-il, *magis est rescissorius quam translatarius & Dominus habet
rem non tanquam de novo quæsitam titulo emptionis, sed tanquam
consolidatam jure feudi & sic venditio, non transfertur, sed dis-
trahitur & rescinditur.* Je ne sçaurois, si je l'oze dire, aprouver
la doctrine de Dumoulin à cet égard, ni l'Arrêt qui l'a suivie ; le
Seigneur retrayant entre dans la place de l'acheteur, il y entre
veritablement par le droit que la nature du fief lui donne, *jure
feudi* ; mais il n'y est pas moins, il doit par conséquent avoir la
même garantie que cet acheteur auroit euë contre la caution du
vendeur ; & quelque respectable que soit l'autorité de Dumoulin,
particulierement en cette matiere, je croi que le retrait feodal
transporte la vente sur la tête du retrayant, plûtôt qu'il ne la
rompt, & ne la dissout ; autrement par la même raison que Dumoulin allegue, le Seigneur ne devroit point avoir de garantie
contre le vendeur même, qu'il ne faudroit donc plus regarder
comme vendeur. L'Arrêt que j'ai cité a cependant decidé le
contraire, par où il a fait une consequence necessaire pour la
garantie du Seigneur contre la caution, ainsi cet Arrêt semble
se contredire dans ses principes ; le Seigneur qui retrait, mis
en la place de l'acheteur entre dans toutes les conditions de son
contract, dont il doit avoir tous les avantages comme il en doit
suporter toutes les charges & remplir toutes les obligations,
jusques-là que comme étant à la place de cet acheteur, il doit
payer les lods à son Fermier, suivant la doctrine de Mr. de
Cambolas Livre 3. Chap. 5. l'acquisition qu'il fait reünit à la

verité & confolide le Domaine utile avec le direct, comme l'acquifition que le Seigneur fait lui-même des mains de fon Emphyteote qui lui vend des biens fujets à fa Directe ; mais en ce cas même d'alienation volontaire, il eft hors de doute que l'Emphyteote doit la garantie au Seigneur ; il en doit être de même dans le cas du retrait feodal, où la condition du garant qui n'eft point changée ni renduë pire, ne lui laiffe nul fujet de fe plaindre, puis qu'on ne lui fait aucun tort : On peut dire encore que le prix de la vente a peu être augmenté par la confideration de la fureté que l'engagement de la caution du vendeur a donnée ; & qu'ainfi le Seigneur qui retrait devant fuporter & payer cette augmentation de prix, il doit profiter de l'engagement & de la fureté.

CHAPITRE XIV.

Si le retrayant eft tenu retraire toutes les chofes vendûës par un même contract.

Si le retrayant eft tenu rembourfer la directité ou l'adjudicataire des fommes à lui dûës par le difcuté, au-delà du prix du decret.

LE Seigneur retrayant n'eft pas obligé, felon la plus commune opinion, de prendre par retrait les pieces qui ne font pas mouvantes de fa directe, quoique vendûës par le même contract, & par un feul prix avec celles qui en font mouvantes ; on a crû que le retrait feodal étant favorable, il n'eft pas jufte que le Seigneur en foit privé, ou qu'on rende ce droit plus difficile par l'achat d'autres pieces qu'on peut joindre à deffein dans le même acte ; en quoi felon Brodeau fur Loüet lettre R. nombre 25. le retrait feodal eft different du retrait lignager ; car le retrayant lignager, comme dit cet Auteur, peut être contraint de retraire, non feulement ce qui vient de la famille, mais tout ce qui eft compris dans le contract.

Cette decision favorable au Seigneur me paroît d'ailleurs trés-juste, lorsque les biens Emphyteotes vendus confusément & à un seul prix avec d'autres, peuvent être divisez sans incommoder l'acquereur, ou en cas de decret l'adjudicataire, ou lorsque dans le contract ou dans l'enchere, les biens Emphyteotiques ont un prix separé. Il est sans doute trés-raisonnable en ces cas de permettre au Seigneur d'user du retrait pour les pieces seulement qui sont mouvantes de lui. Quand la division n'incommode pas l'acquereur ou l'adjudicataire : on ne peut pas dire que *aliter empturus non fuisset*, comme il est dit en la Loi *testor. §. curator. ff. de minoribus*, & quand les biens Emphyteotiques ont un prix separé ; ce sont autant de ventes que de prix differens.

Mais on demande si le Seigneur peut être contraint de retraire toutes les pieces mouvantes de sa Directe contenuës dans le contract, ou dans l'enchere. J'ai apris qu'il y a un Arrêt de la Chambre de l'Edit de Castres du 8. Mai 1638. rendu au raport de Mr. de Juges, qui a decidé que le Seigneur est obligé de prendre toutes les pieces mouvantes de sa Directe comprises dans la saisie & dans le decret des biens de l'Emphyteote ; ce qui doit être entendu, si chaque piece emphyteotique n'a pas un prix separé ; car si chacune de ses pieces a son prix dans le contract ou dans l'enchere, par la raison que j'ai déja dit, qu'il y a autant de contracts que de prix differens, le Seigneur peut retraire une ou plusieurs, sans être tenu de retraire les autres.

Cette question, si dans un decret chaque surdite ou enchere separée fait un contract de vente separé, se présenta en la Premiere Chambre des Enquêtes le 23. Fevrier 1699. au raport de Mr. Deigua, en la cause du Marquis de Vissec Seigneur direct, contre Valadon decretiste ou adjudicataire, il s'y rencontra même une autre difficulté sur la matiere du retrait feodal ; Valadon avoit obtenu un decret sur des biens saisis, il avoit encheri separément sur trois pieces de terre à un certain prix chacune, revenant en tout à 300. liv. Dans chacune de ces ventes separées, il y avoit quelque piece qui relevoit de la directe de ce Seigneur ; Valadon avoit encheri d'ailleurs à la somme de 3000. liv. sur le restant des biens qui comprenoit plusieurs autres pieces de terre, dont partie relevoit de la directe du Marquis de Viſſec, partie d'autres Seigneurs, & partie n'étoit ſujete à aucune directe ; l'encheriſſeur avoit ajoûté qu'il faiſoit toutes ces encheres ſans préjudice d'autres ſommes qui lui étoient dûës par le diſcuté, & qu'il ne ſpecifioit pas ; le Marquis de Viſſec demande le retrait feodal de toutes les pieces qui relevent de ſa directe, en rembourſant la valeur à l'adjudicataire par raport au prix total de l'entier decret : Valadon s'opoſe, & dit qu'il ne ſe feroit pas rendu adjudicataire d'une partie des biens, & qu'il a voulu avoir le tout ; Que le decret quoi qu'il y ait des encheres ſeparées, n'eſt qu'un ſeul contract ; Qu'un acquereur ou decretiſte ne peut être depoſſedé d'une partie de ſon achat, parce que *aliter empturus non fuiſſet* ; Que le Sieur de Viſſec doit donc prendre tous les biens decretez en rembourſant l'entier prix de 3300. liv. Il demande outre cela d'être rembourſé de ce qui lui eſt dû par le debiteur, qu'il avoit reſervé lors du decret, & qu'il perdroit s'il n'en étoit rembourſé par le retrayant, le debiteur étant inſolvable, & tous ſes biens ayant été compris dans le decret.

Il étoit repliqué par le Seigneur, qu'offrant comme il faiſoit, de retraire tout ce qui étoit mouvant de ſa directe, il faiſoit raiſon de reſte au défendeur, qu'un Seigneur ne peut être contraint de retraire ce qui n'eſt pas mouvant de lui ; beaucoup moins pouvoit-il être contraint de payer ce que le ſaiſi devoit au decretiſte ou adjudicataire, le titre du Code *etiam ob chirographariam pecuniam pignus retineri poſſe*, n'ayant lieu qu'à l'égard du debiteur qui veut recouvrer la choſe engagée ou decretée.

L'Arrêt permet au Marquis de Viſſec de retraire ſeulement, ſi bon lui ſemble, les biens ſur leſquels Valadon avoit encheri en bloc à la ſomme de 3000. liv. à la charge de rembourſer à Valadon, non ſeulement les 3000. livres, mais auſſi les ſommes qui lui étoient dûës au-delà par le diſcuté ou ſaiſi, à proportion & au *prorata* de ce que les biens qu'il retirera doivent porter des ſommes dûës par le ſaiſi au decretiſte au-delà du prix du decret ; permet auſſi à ce Seigneur de retraire ſeulement telle piece que bon lui ſemblera, des trois pieces, ſur chacune deſquelles Valadon avoit encheri ſeparément à un certain prix, à la charge pa-

reillement de rembourser au decretiste, non seulement le prix
de l'enchere faite sur cette piece ; mais aussi ce que cette piece
doit suporter des sommes dûës au decretiste par le saisi, au-delà
de l'entier prix du decret. On jugea par-là que les encheres faites
separement pour les diverses pieces de terre faisoit autant de ventes & de decrets : on reserva au Marquis de Vissec la liberté
de se departir du retrait feodal, de laisser tous les biens à Valadon, & de recevoir les lods & ventes des biens qui se trouveroient mouvans de sa directe : Non seulement sur le pied du
prix du decret, mais aussi de toutes les sommes qui se trouveroient
dûës par le saisi au decretiste.

Cet Arrêt en ce qu'il oblige le Seigneur à retraire ce qui est
compris dans chaque surdite séparée, comme chaque surdite faisant un contract, quoique tout ne soit pas mouvant de sa directe,
paroît contraire à ce que j'ai dit au commencement de ce Chapitre, que le Seigneur selon la commune opinion, n'est pas tenu
de retraire tout ce qui est compris dans un contract de vente ;
mais seulement ce qui est mouvant de lui ; la difficulté de demêler
ce qui étoit mouvant de la directe de ce Seigneur dans chacune de
ces ventes separées, qui auroient par-là toutes été ébrechées, servit
à determiner les Juges : on pourroit même peut-être distinguer le
contract volontaire de vente, d'avec les encheres qui se font
d'autorité de Justice, où il n'y a point de fraude à présumer, au
lieu que dans un contract de vente on pourroit faire fraude, &
rendre le rachat impossible ou difficile au Seigneur en y joignant à
dessein des pieces qui ne sont pas mouvantes de sa Directe.

Quant à l'autre article de l'Arrêt par lequel le Seigneur retrayant est tenu de rembourser au *prorata* au decretiste les autres
sommes à lui dûës par le saisi au-delà du prix du decret ; on raportoit dans le procés deux Arrêts qui avoient jugé le contraire,
& qui avoient demis le decretiste de cette demande. Il est vrai qu'il
ne paroissoit pas si dans les cas de ces Arrêts le decretiste en faisant les surdites avoit reservé les autres sommes qui lui étoient
dûës, reservation faite dans le cas de celui-ci qui ce raporte, &
qui servit à determiner les Juges.

CHAPITRE XV.

De deux Coſſeigneurs par indivis, Directes ou Juſticiers.

LE Coſſeigneur Direct d'un fief par indivis doit paſſer reconnoiſſance, & payer la rente des biens qu'il poſſede dans
le fief à ſon Coſſeigneur, mais le Coſſeigneur Juſticier par indivis n'eſt pas tenu reconnoître pour la Juſtice ſon autre Coſſeigneur Juſticier, quoi qu'il habite dans l'étenduë de la Juſtice. Ces queſtions ont été ainſi decidées par Arrêt du 2. Fevrier 1658. au raport de Mr. de Caſſaignau, en la Premiere
Chambre des Enquêtes, en la cauſe du Sieur de Craux, & du
Sieur de Galimard. Les rentes ſont dûës par les fonds qui y
ſont ſujets, & la Coſſeigneurie ne ſçauroit diſpenſer celui des
Coſſeigneurs qui poſſede ces fonds de payer ces droits au Coſſeigneur, & de lui en paſſer une reconnoiſſance; mais quant à
la Juſtice, le Coſſeigneur qui habite dans le diſtroit de cette
Juſtice, ne ſçauroit être en même-tems & Coſſeigneur Juſticier
& Juſticiable. Ainſi on ne ſuivit pas l'avis de quelques-uns des
Juges qui vouloient que l'année que le Sieur Craux exerçoit
la Juſtice au Village de Conchis, dont étoit queſtion, Galimard
Coſſeigneur Juſticier par indivis, & qui habitoit dans ce Village, fût Juſticiable du Sieur de Craux, & playdât devant ſon
Juge : cet avis, dis-je, ne fut pas ſuivi par les raiſons que j'ai dites,
& parce qu'il s'enſuivoit cet inconvenient, que ſi le procés commencé par Galimard l'année de l'exercice du Sr. de Craux, ne
ſe terminoit pas dans cette année, il faudroit ou qu'il demeurât
impourſuivi l'année d'aprés, ou qu'il fut continué par le propre
Juge de Galimard.

CHAPITRE XVI.

Du droit de taille & des corvées.

Du droit de Guet & Garde.

LE droit que quelques Seigneurs ont par leurs titres de tailler les Vaſſaux & Emphyteotes, eſt un droit d'exiger en certaines ocaſions, un ſecours qu'ils lui doivent donner comme une marque de leur affection & de leur redevance ; les quatre cas ordinaires ſont, le mariage des filles du Seigneur, le rachat du Seigneur fait priſonnier par les ennemis, le voyage d'Outremer, & la Chevalerie du Seigneur ; ce droit fondé ſur l'exemple des clients, des ſerfs & des affranchis, qui étoient obligez à des devoirs & à des préſens envers leurs Maîtres & leurs Patrons, n'eſt point favorable ; ainſi pluſieurs croyent que ce droit de taille doit être abſolument reſtraint aux quatre cas ordinaires ci-deſſus exprimez, quoique le Seigneur par ſes titres ait ſtipulé ce droit dans d'autres cas, ou que les titres portent que les Vaſſaux & Emphyteotes ſont taillables à merci & à volonté ; c'eſt ainſi qu'encore que par les Reconnoiſſances anciennes faites au Sieur de Craux ou ſes Auteurs par ſes Vaſſaux & Emphyteotes, ils ſe fuſſent reconnus taillables, *ad omnimodam voluntatem*, cette taillabilité arbitraire, qui donne trop de pouvoir au Seigneur, & qui charge trop la liberté des Vaſſaux, fut condamnée par l'Arrêt que je viens de raporter au Chapitre precedent, & reduite dans les bornes ordinaires & legitimes des quatre cas. Cet Arrêt eſt contraire à celui qui eſt raporté par Mr. d'Olive, qui a aprouvé & confirmé ce droit dans ſept cas, & à l'avis de l'Avocat Ferrieres en la queſtion 57. qui raporte un autre Arrêt qui a confirmé cette taillabilité arbitraire ; à la charge neanmoins par le Seigneur d'en uſer moderement, mais cette moderation eſt difficile à pratiquer par le Seigneur, & difficile à regler par les Juges.

Ce droit de taille est imprescriptible, ainsi par l'Arrêt du 6. Fevrier 1665. après partage porté de la Grand'Chambre en la Premiere Chambre des Enquêtes, par Mr. de Comere Raporteur, & Mr. de Catellan Compartiteur; le Marquis de Carbon fut maintenu dans ce droit quoi qu'il n'en eût pas usé depuis 150. ans. Boyer dans sa decision 131. a crû que ce droit est prescriptible, *si Dominus usus non fuerit quando indiguit & Vassallus fuerit in bona fide*; c'est aussi l'avis de Guy-Pape en la quest. 316. mais un droit Seigneurial, d'ailleurs droit de faculté, semble avoir deux titres d'affranchissement de prescription; ce droit n'est pas favorable, il est vrai, mais la bonté que les Seigneurs ont eüe de n'en pas user, en doit peut-être encore moins tourner à leur préjudice; on peut même presumer qu'ils n'ont pas été dans le besoin, quoi qu'ils ayent été dans le cas d'user de ce droit pretendu, & qu'ainsi il ne peut pas être oposé, que *Dominus usus non fuerit quando indiguit.*

Ce droit se regle ordinairement au doublement de la censive. Il y a un Arrêt qui le decide ainsi au raport de Mr. Daliez le 23. Avril 1652. autre Arrêt du mois de Mai 1693. au raport de Mr. de Prohenques, en la cause du Comte de Rochebonne, & des habitans de ce lieu.

Par le même Arrêt, rendu en la cause du Comte de Rochebonne, il a été jugé que les habitans étant corveables à merci, les corvées devoient être reduites à douze par an pour chacun, avec défenses de les convertir en argent; il fut enjoint au Seigneur de les avertir deux jours auparavant, de les nourrir, & de leur laisser le pouvoir de retourner tous les soirs chez eux. Il y a un autre Arrêt du mois de Mars 1698. au raport de Mr. de Viguerie, en la cause du Sieur de Buisson Seigneur de Chaix, qui a jugé pareillement que les habitans étant corveables & maneuvrables sans autre explication, les corvées devoient être reduites à douze par an pour chacun, & que le Seigneur n'en pouvoit demander les arrerages que depuis l'instance.

Par cet Arrêt du Sieur de Rochebonne il lui est fait défenses de prendre cinq sols par an sur chaque habitant pour le droit de Guet & Garde du Château; mais il lui est permis de demander

der

der ce Guet & Garde perfonnellement en tems de guerre. Ce
Seigneur ne juftifioit pas que dans la tradition du fonds le droit
de Guet & Garde eût été reglé à cinq fols par an, ce qu'il eût
fallu pour le rendre réél quoi qu'il prouvât la poffeffion de prendre ces cinq fols annuellement fur chaque habitant pour ce droit,
& que par plufieurs reconnoiffances les habitans fe fuffent declarez taillables & corveables à merci.

CHAPITRE XVII.

Si les Lods font dûs du rachat fait par l'Emphyteote de la locatairie perpetuelle.

IL n'eft point dû de lods d'un bail à locatairie perpetuelle.
C'eft l'ufage de nôtre Parlement, certifié par Meffieurs de
Cambolas & d'Olive, ils en difent les raifons ; mais je croi
qu'il faut entendre cette decifion dans le cas où il n'y a point
d'argent reçû, lequel donneroit lieu à la demande des lods. Il
en eft de même du rachat de la locatairie perpetuelle fait par
l'Emphyteote. Il en eft dû des lods lors qu'il y a de l'argent reçû
dans ce rachat, ainfi qu'il fut jugé au raport de Mr. Daliez le 7.
Mai 1652. Il y a parité de raifon, & puifque fi la locatairie perpetuelle eût été achetée par un tiers, cet achat feroit fans doute
fujet aux lods, pourquoi le rachat qu'en fait l'Emphyteote en
feroit-il exempt ?

CHAPITRE XVIII.

Si les lods sont dûs d'un achat de plus valüe fait par l'acheteur sous faculté de rachat.

LEs lods en sont dûs. Il fut ainsi jugé en la Premiere Chambre des Enquêtes après partage, vuidé en la Seconde, Raporteur Mr. de Prohenques, Compartiteur Mr. de Theron le 11. Mai 1652. Il n'y a pas à la verité nouvelle translation de proprieté, ce qui est la raison de douter ; mais le suplément du prix joint au prix de la premiere vente, faisant le juste prix de la chose venduë, il est bien juste que le Seigneur soit payé des lods de tout cet entier prix. Maynard Liv. 6. Chap. 28. dit ; que ces lods sont dûs au Fermier du tems du suplément, & que le Seigneur dans ce cas d'achat de plus valuë peut user du droit de Prelation, quoi qu'il ait pris les lods de la premiere vente à faculté de rachat. La vente jusqu'alors n'étoit pas bien seure, le Seigneur a pû, sans préjudicier à son droit, attendre qu'elle le fût.

CHAPITRE XIX.

Si les lods sont dûs de la resolution d'un contract de vente du fonds vendu allodial, qui se trouve sujet à rente.

Si les lods sont dûs tant de la premiere vente que de la revente pour le même prix non payé.

SEgui vend à Fournier certains fonds franc & allodial. Quelques années après il paroît un Seigneur direct du fonds vendu, qui fait assigner l'acquereur en reconnoissance feodale,

payement de la rente & arrerages. L'acquereur fait affigner le
vendeur à ce qu'il foit tenu à le faire joüir du fonds allodialle-
ment, ou à confentir à la refolution de la vente. Apointement
fur le confentement du vendeur, qui caffe la vente. Le Seigneur
direct demande les lods, tant de la premiere vente que de la
refolution de cette vente. Sur l'apel de la Sentence renduë par le
Senêchal, il intervint partage concernant les lods de la refolution
du contract en la Seconde Chambre des Enquêtes, Raporteur
Mr. de Rech-Pennautier, qui fut vuidé en la Premiere le premier
Août 1665. en faveur du Seigneur direct, & Segui vendeur,
condamné au payement des lods.

Cet Arrêt paroît contraire aux Arrêts de Mr. de Cambolas
Liv. 5. Chap. 8. qui caffent la vente du fonds vendu allodial, &
trouvé fujet à rente. Veritablement cet Auteur raporte des
Arrêts opofez, en ce qu'ils donnent tantôt à l'acheteur le choix
de demander, ou la caffation de la vente, ou le *quanti minoris*,
tantôt au vendeur celui de payer le *quanti minoris*, ou de demander la refolution de la vente, & la liberté de reprendre, en
rendant le prix, le fonds vendu; mais en tous ces cas, l'un des
deux, de l'acheteur ou du vendeur, peut obliger l'autre à refoudre la vente. Sur ce pied, lors qu'ils en conviennent enfemble,
ils ne font que ce que l'un d'eux peut obliger ou contraindre l'autre à faire, fur ce même pied la refolution de la vente en ce cas
faite par la convention forcée, ne devroit donc point être foûmife au payement des lods. Ainfi il ne refte à dire, finon que
l'Arrêt que je raporte eft contraire à ceux de Mr. de Cambolas.
Il eft contraire auffi, & la Jurifprudence eft changée. La confufion & l'embarras que mettent dans cette matiere la diftinction
de la connoiffance, ou de l'ignorance du vendeur; la diverfité
des actions apellées, *ex empto*, *quanti minoris*, *redhibitoria*, &
la difference des vices de la chofe venduë paffez fous filence, ou
des avantages fauffement alleguez, peuvent être un peu la caufe
de cette varieté. Je tâcherai d'éclaircir la matiere, en l'amenant
à la queftion propofée. Cette diftinction de la connoiffance ou
de l'ignorance du vendeur regarde les actions *ex empto*, & *quanti minoris*. Si le vendeur a connu le vice de la chofe il eft tenu

ex empto. Cette action comprend tout le dommage souffert par
l'acheteur à l'ocasion de la vente. Si le vendeur ignore le vice,
il n'est tenu que *quanti minoris emptor empturus erat.* Quelquefois ces deux actions sont confonduës entr'elles, & l'action *ex
empto*, se reduit au *quanti minoris*; c'est (& ce cas paroit fort
ordinaire) lorsque le dommage est reparé par le *quanti minoris*,
parce qu'il n'y a d'autre dommage pour l'acheteur, que d'avoir
acheté trop cherement par raport au vice ignoré *cum satis abun-
déque est emptori si eo nomine ex pretio diminutio fiat*, suivant le
Commentaire de Mr. Cujas sur la Loi 13. *ff. de act. empt.* & les
Loix par lui raportées. Ces deux actions, dont l'une reduite à
l'autre, fait quelquefois cesser la distinction de l'ignorance, ou
de la connoissance du vendeur, contiennent quelquefois la redhibitoire, *& habent exitum redhibitoriæ*, comme il est dit dans
la Loi *Bovem*, §. *Aliquando*, *ff. de Ædil. edict. L. Si is qui*, §.
1. *ff. de except. rei jud.* La raison en est assez sensible. L'action
ex empto comprend tout le dommage souffert par l'acheteur, s'il
n'eût pas acheté une chose avec son vice; Le dommage est
d'avoir acheté, & ce dommage ne peut être bien reparé que par
la resolution de la vente. Il en est à peu prés de même de l'action *quanti minoris.* Cette action oblige le vendeur à rendre à
l'acheteur *quanti minoris-empturus esset*, ou, *quanti minoris res
valuisset*, qui selon Mr. Cujas, & dans la verité, est la même
chose, lorsque l'acheteur *empturus erat*, parce que *præsumitur
emisse & empturus justo pretio*; mais si l'acheteur *non alias erat
empturus*, si par conséquent il n'eût acheté à nul prix, le *quanti
minoris* est tout le prix qu'il saut rendre, & conséquament il
saut resoudre la vente. On peut déja voir de là, que la grande
question sur cette matiere se reduit à sçavoir si l'acheteur eût,
ou n'eût pas acheté au cas qu'il eût connu le vice; le dernier
cas est le cas de la redhibitoire indistinctement; & soit que le
vendeur ait ignoré ou sçû le vice, par la raison que celui qui sçait
le vice doit en avertir, & que celui qui l'ignore ne doit pas
neanmoins être facile à asseurer temerairement ce qu'il ignore,
*qui scit pronuncere debet, ignorans non debet esse facilis, ad te-
merariam indicationem, L. Julianus, ff. de act. empt.* & parce

que, comme il eſt dit dans la Loi première, §. 2. *ff. de Ædil.
edict.* peu importe que l'acheteur ait été trompé par l'adreſſe,
ou par l'ignorance du vendeur, & qu'il ſe trouve également
trompé dans l'achat d'une choſe qu'il n'eût pas achetée s'il l'eût
connuë autre qu'on la lui a faite, il eſt également trompé, le
mécompte eſt toûjours le même, & doit être également réparé,
*parum intereſt emptoris, fallatur caliditate venditoris vel igno-
rantia.* Tout l'embarras eſt donc à connoître & à décider, ſi
l'acheteur eût acheté au cas qu'il eût connu le vice ; il n'eſt pas
juſte de l'en croire tout-à-fait, & de prendre pour preuve ſa déclaration, qui peut être l'effet d'une volonté nouvelle, & d'un
dégoût que la poſſeſſion lui a donné de l'acquiſition. Les Arrêts
raportez par Mr. de Cambolas ont jugé que dans le cas du fonds
vendu allodial, l'acheteur n'auroit point acheté ſans cette allodialité, & ont fondé la preſomption ſur la perpetuité & la délé-
cateſſe des droits, à quoi les biens ſont aſſujettis par le défaut
d'allodialité. Dans ce principe la Juriſprudence flotoit incertaine
entre les Loix, qui donnent à l'acheteur le droit de la redhibi-
tion & du *quanti minoris*, & certain eſprit d'équité favorable au
vendeur, qui offrant de rendre le prix de la vente, ſemble dédommager aſſez l'acheteur. Nôtre nouvel uſage, commun &
ordinaire, ne preſume pas ainſi, & ſuivant l'eſprit de nos Loix,
qui ne va qu'au dédommagement de l'acheteur, on le croit ſuffiſamment en ce cas dédommagé par le *quanti minoris*, & par la
ſeule diminution du prix. La raiſon de la nouvelle manière de
juger, c'eſt qu'il paroit aux exemples de la redhibitoire, qui
ſont dans les Loix, qu'elle n'eſt guere donnée qu'au cas où l'uſage de la choſe venduë, eſt changé & gâté pour l'acheteur par le
vice de la choſe même, comme *ſi fundus ſit peſtibilis, vel peſti-
biles herbas producas*, d'où vient que ſur tout, & trés-particu-
lièrement, elle eſt employée dans le cas de la vente des eſclaves,
parce que le vice en ce cas-là touche beaucoup plus à l'uſage ;
mais l'aſſujettiſſement à la rente ne change pas, & ne gâte pas
proprement l'uſage du fonds, le fonds ſert de même, il eſt ſeulement dépriſé ; les fonds mouvans d'un Seigneur, ſont auſſi-bien
dans le commerce, avec leur moins valuë par cet endroit ; Ainſi

on eft venu à croire qu'il fuffifoit de donner le *quanti minoris* à l'acheteur, mais lors qu'on le reduit à demander le *quanti minoris*, il n'eft pas jufte de recevoir malgré lui le vendeur à offrir la reftitution du prix, & demander la refolution de la vente; l'acheteur au dédommagement de qui vont toutes les Loix, ne feroit pas dédommagé pleinement, fi en lui rendant le prix on lui ôtoit la poffeffion d'une chofe qu'il a, & qu'il veut avoir achetée. Ainfi pour le dédommager comme il faut, on doit lui laiffer le fonds qu'il a acquis, & lui donner la jufte moins valuë qu'il demande. De tout ce que je viens de dire, il s'enfuit, que felon l'ufage general d'aprefent, le vendeur ni l'acquereur ne peuvent reciproquement, dans le cas dont nous parlons, fe contraindre à la refolution de la vente, lors qu'ils le font de concert & d'un confentement reciproque; ce confentement eft pris pour confentement volontaire, pour repentir refpectif d'achat & de vente; ainfi pour vraye revente fujette aux lods, les circonftances que peuvent offrir la qualité des acheteurs, la nature & la confequence des fonds vendus, & les termes des contracts de vente, autres que la fimple affirmation de l'allodialité, qui eft prefumée n'aller qu'au prix; ces circonftances, dis-je, pourroient faire prefumer que l'acheteur n'eût pas acheté, s'il n'avoit crû que l'acquifition qu'il faifoit étoit allodiale; mais lors qu'on établit une regle, on ne pretend fans doute pas exclurre les exceptions que des circonftances particulieres peuvent donner lieu de prendre du fonds même, & de l'efprit de cette regle.

Sur cette queftion de lods, on en peut former une autre, s'il n'en faut point deduire dans le cas allegué le montant du *quanti minoris*, comme une diminution du prix de la vente; il femble qu'il le faut, parce que le prix de la vente au bout du compte, fe reduit à ce qui en revient au vendeur, diftrait le *quanti minoris*, comme le fuplément du prix eft ajoûté au prix du contract, & fait le vrai prix pour augmenter les lods; Outre qu'il ne feroit pas jufte que le Seigneur negligeant (peut-être à deffein) la demande de fes droits, pretendît à des lods & ventes fur le pied du prix d'une vente, qui n'avoit été peut-être faite, à ce prix-là, que parce que fa negligence à demander la rente, a donné lieu d'ignorer la mouvance.

De même qu'il est dû des lods dans le cas que nous venons de dire, il a été jugé que les lods étoient dûs, tant du contract d'achat que du contract de revente des mêmes biens, faite par le premier acquereur au premier vendeur pour l'entier prix de la premiere vente qui n'avoit pas été payé. C'est en éfet dans ce cas deux ventes, & par consequent il est dû des lods de chacune. L'Arrêt qui le decide ainsi est du 22. Juin 1651. en la Premiere Chambre des Enquêtes, au raport de Mr. de Vezian.

Il y a un autre Arrêt qui a decidé que les lods étoient dûs tant de la vente que de la resolution volontaire de la vente, au raport de Mr. de Mua, en la Grand'Chambre le 18. Avril 1698. en la cause du College de Maguelonne, & du Sieur Trantoul, Curé de l'Eglise Saint Sernin de cette Ville. Le Sieur Fondeyre vend au Sieur Trantoul une métairie & maison de campagne, l'acquereur paye une partie du prix, & prend un délai pour le payement du restant. Le lendemain de la vente Trantoul fait un acte à Fondeyre, dans lequel il lui declare, qu'ayant été voir le bien vendu, il a trouvé qu'il n'étoit pas dans l'état & dans la forme que le vendeur avoit exposé dans le contract de vente, qu'il s'en départ & ne veut pas l'executer, & somme le vendeur de lui rendre l'argent qu'il avoit reçû. Fondeyre répond ; Que la vente est parfaite, par le consentement & la signature des parties, par le payement d'une partie du prix, & par les termes pris pour le restant. Un mois ou deux après les deux parties d'un commun accord se départent par acte de cette vente. Le vendeur rend le prix reçû ; avec cette convention neanmoins, qu'en cas qu'il se trouveroit être dû des lods, l'acquereur les payeroit. Le College de Maguelonne fait instance en payement des lods du prix des pieces mouvantes de sa Directe comprises dans la vente, & demande deux lods, l'un de la vente, l'autre du contract de resolution ou desistement. La Sentence arbitrale renduë sur cette contestation, ayant prononcé conformément à la demande du Sindic, & Trantoul en ayant relevé apel, il pretendoit ne devoir aucuns lods. Il soûtenoit qu'il n'en devoit point de la vente, parce qu'il n'avoit pas pris possession des biens vendus, s'étant départi du contract dés le lendemain, après avoir vû que les biens n'étoient pas en l'état qui avoit été expofé par le vendeur, il ajoûtoit, que *non nudis paƐtis, fed traditionibus dominia transferuntur* : Que la prife de poffeffion eft requife pour confommer la tranflation de propriété, tant dans les ventes volontaires, que dans celles qui fe font d'autorité de Juftice. Que c'eft par cette raifon fans doute, que de deux acquereurs, du même fonds, celui-là eft preferé qui eft le premier en poffeffion. De toutes ces raifons, il concluoit qu'il ne devoit pas non plus des lods du fecond contraƐt, qui n'avoit fait que declarer le premier refolu, & que ce premier n'ayant pas transferé la propriété à l'acheteur, le fecond ne l'auroit pas transferé de nouveau au vendeur.

Il étoit repliqué par le Sindic, Seigneur DireƐt, qu'il étoit certain que la feule vente parfaite transfere la propriété dés qu'il a été convenu de la chofe, du prix & du terme des payemens ; Que la tradition que fait la plume du Notaire vaut une prife de poffeffion ; Qu'à la verité dans le concours de deux acquereurs de la même chofe & du même vendeur, celui-là eft preferé qui eft le premier en poffeffion, quoique pofterieur au contraƐt de l'autre ; mais que c'eft un cas particulier établi pour punir la negligence du premier acquereur, & parce que *in parti caufa melius eft conditio poßidentis* ; ce qui ne peut détruire la maxime qui donne à l'acheteur la propriété de la chofe achetée, *fimul atque de re & pretio corventum eft, & fides habita*. Que la vente étant parfaite il en étoit dû des lods, & par confequent d'autres lods de la refolution.

L'Arrêt confirmatif de la Sentence arbitrale condamne Trantoul, en faveur du Sindic, au payement des lods, de la vente & d'autres lods de la refolution, ou defiftement.

CHAP.

CHAPITRE XX.

Si les lods font dûs d'un engagement aprés dix ans.

S'ils font dûs au tems du contraĉt ou de la dixiéme année expirée.

LEs lods peuvent être demandez dans ce Parlement d'un engagement aprés dix ans de joüiſſance. Cette longue joüiſſance fait preſumer, que le contraĉt d'engagement eſt une vente veritable, qu'on a voulu déguiſer pour frauder le Seigneur. Il a même été jugé que les lods en ſont dûs, quoi que le premier contraĉt d'engagement ne fût que pour ſix ans, & qu'aprés ces ſix années le même debiteur eût baillé au même creancier les mêmes biens pour la même dette pour autres ſix années par un nouveau contraĉt d'engagement. Ce dernier contraĉt eſt juſtement preſumé frauduleux, & la joüiſſance eſt preſumée continuée en vertu du premier engagement. Ce ſeroit un moyen trop aiſé de frauder la Loi de nôtre Juriſprudence, qui donne les lods aprés un bail en engagement pour dix ans, s'il n'y avoit qu'à diviſer les dix années, & les diſtribuer en pluſieurs contraĉts de bail. Il fut ainſi jugé en la Premiere Chambre des Enquêtes, au procés d'entre Rocher creancier & engagiſte, Martin & autres Fermiers du Seigneur, le 5. Mai 1665. au raport de Mr. Drüillet, depuis Preſident en la Seconde.

Mais ſi aprés les ſix ans du premier engagement, le debiteur ayant payé une partie de la dette, baille la joüiſſance du même bien au même creancier pour douze années, moyenant laquelle joüiſſance il ſera payé du reſtant de la dette, en ce cas, les lods & ventes ne ſont pas dûs, quoi que le creancier ne ſoit pas ſorti de la poſſeſſion des biens depuis le premier engagement, parce que ce dernier contraĉt n'eſt pas proprement un engagement, mais un contraĉt de ferme, ou bail des fruits pour l'entier paye-

ment , comme il a été jugé par l'Arrêt que je viens de citer, entre les mêmes parties.

S'il paroit même avant la dixiéme année que le contract d'engagement est une veritable vente , le Seigneur peut d'abord en
demander les lods ; Ainsi un engagiste ayant dans la neûviéme
année de l'engagement , vendu & baillé à locatairie perpetuelle,
une partie des biens engagez , le Seigneur fut reçû à demander
les lods de cet engagement , qu'on presuma être une vente veritable. L'Arrêt est du 18. Août 1667. en la Premiere Chambre des
Enquêtes , au raport de Mr. de Mauffac , en la cause de Dabadie
& Sarcenac.

De ce que je viens de dire ; qu'aprés dix ans le contract d'engagement est presumé dés le commencement & dans la veritable
intention des parties , une vente pure , mais déguisée ; il s'ensuit
que les lods doivent être adjugez au Fermier qui étoit lors du
contract d'engagement , & non à celui qui l'est lors de la dixiéme
année expirée , comme il a été jugé le 8. Juillet 1647. aprés
partage , porté de la Grand'Chambre en la Premiere Chambre
des Enquêtes ,·vuidé en la Seconde , Raporteur Mr. Masnau ,
Compartiteur Mr. de Tourreil , au procés d'entre Monsieur le
Prince de Condé & le nommé Rey son Fermier , contre Azilles
& Sillargues. Le même a été aussi jugé en la Premiere Chambre des Enquêtes le 5. Mai 1649. au raport de Mr. Turle , au
procés d'entre l'Evéque de Lodeve , le Sieur de Pressoire , & Riviere ; Cela est conforme à la doctrine d'*Annæus Robertus*,
Lib. 3. *Rer. judicat. Cap.* 18. & de Mr. Lepreftre , Centurie 1.
Chap. 40. Ces Auteurs difent que les lods apartiennent à celui
qui est Fermier lors de la vente à la faculté de rachat , non à
celui qui lors de la faculté de rachat expirée , quoi que par
la Coûtume des lieux , dont parlent ces Auteurs , les lods ne
puissent être demandez qu'aprés la faculté de rachat expirée.
On peut voir Maynard Livre 6. Chap. 28. Loüet lettre L.
nombre 18.

CHAPITRE XXI.

Si les lods font dûs, d'une tranfaction du payement fait en fonds de la dot conftituée en argent & du legs paternel fait en deniers.

AU procés de Vidal & Brouffe Fermiers du Sr. de la Boiffiere d'une part, & Catherine de Serre d'autre, jugé au mois de Fevrier *1666.* en la Premiere Chambre des Enquêtes au raport de Mr. de Parade, depuis Préfident à Mortier, il fut decidé.

Qu'il eft dû des lods d'une tranfaction lorfque les biens font baillez à une perfonne qui n'avoit nulle prétention de proprieté fur ces biens ; on peut voir là-deffus Ferrieres fur la queft. 48. de Guy-Pape.

Que les lods font dûs du payement fait en fonds par les heritiers du mari de la dot conftituée en argent ; le bail d'un fonds en payement d'une fomme étant veritablement une vente.

Qu'il n'eft pas dû des lods lors que l'heritier du pere baille en payement du legs fait en deniers à un des enfans, un fonds paternel ; mais que fi la mere de ce fils legataire lui a fuccédé avant le payement, & qu'enfuite elle prenne en payement un fonds de l'heredité paternelle, les lods en font dûs ; l'exemption de ces lods eft perfonnelle à ce fils, qui ne la tranfmet point à fa mere. Toutes ces queftions furent decidées par l'Arrêt que j'ai marqué.

J'en ajoûterai un autre qui a decidé, que fi le frere en payement du capital de la conftitution faite à fa fœur par le pere commun, & des interêts qui ont couru depuis le mariage au profit du mari, baille un fonds paternel quoi qu'il ne foit pas dû des lods pour ce bail en payement, par raport au capital de la conftitution faite à la fille, il en eft neanmoins dû par raport à ces interêts qui ont couru depuis le mariage au profit du mari, pour

lefquels le bail en payement a auffi été fait ; le mari alleguoit
que les intérêts étant un acceffoire de cette conftitution, ce
bail en payement fait pour le capital & pour les intérêts devoit
être également exempt des lods pour tous les deux ; mais la
raifon de la decifion fut que ces intérêts étant dûs au mari,
perfonne étrangere, ne devoient pas joüir du privilege du capital
conftitué à la fille, & qu'ils n'étoient point acceffoires dans le cas
dont il s'agit, & par raport au Seigneur & aux lods. Cet Arrêt
eft du 23. Decembre 1698. en la Premiere Chambre des Enquêtes au raport de Mr. de Progen, en faveur du Sindic des Religieux de Bonnecombe.

CHAPITRE XXII.

S'il eft dû des lods de la vente d'un fief Noble.

CEla fe regle par la Coûtume des lieux ; il en eft dû dans
la Comté de Carcaffonne fuivant la Coûtume, il fut ainfi
jugé le 5. Mai 1649. au raport de Mr. de Turle, au procés de
l'Evêque de Lodeve, Seigneur d'un fief Noble dans cette Comté. Mais dans les lieux où il n'y a pas de Coûtume ou Titre,
on décharge les acquereurs des fiefs Nobles du payement des
lods ; comme il fut jugé par l'Arrêt dont j'ai parlé ailleurs du 2.
Fevrier 1658. en la Premiere Chambre des Enquêtes au raport
de Mr. de Caffaignau, au procés d'entre le Sieur de Craux,
Goin & Galimard. On peut voir là-deffus Ferrieres fur la queft.
167. de Guy-Pape, queft. 415. Maynard Livre 4. Chapitre 30.
& 33.

CHAPITRE XXIII.

Si les lods font dûs d'une donation à la charge de payer
les dettes du donateur.

PAr nôtre ufage il n'eft pas dû des lods d'une donation, foit
particuliere, foit univerfelle : La charge expreffement apofée à la donation univerfelle de payer toutes les dettes du donateur ne peut obliger le donataire à payer des lods. Quoi qu'il femble d'abord que c'eft le prix de la vente deguifée fous le nom de
donation univerfelle ; mais lorfque la donation eft de tous les
biens, la charge de payer les dettes eft une claufe fuperfluë par
cette regle commune, *quæ bona non intelliguntur nifi deducto ære*
alieno. Ainfi elle doit demeurer fans éfet, & confequemment
être exempte de lods ; il le doit être encore comme tenant lieu
d'heritier, la charge de payer les dettes ne le diftinguant pas de
l'heritier, qui n'eft pas moins obligé de les payer que le donataire univerfel. Cette queftion fut ainfi decidée le 3. Avril 1664.
en la Premiere Chambre des Enquêtes, après partage porté de
la Tournelle, Raporteur Mr. de Caftaing, Compartiteur Mr. de
Chaubard : Talon dont les biens étoient faifis, & les creanciers
colloqués par une Sentence, fait une donation de tous fes biens
préfens & à venir en faveur de Faleon, à la referve de certaine
penfion, & à la charge par le donataire de payer fes dettes. Le
donataire fait divers payemens, & fes biens ayant été auffi enfuite generalement faifis, le Seigneur direct des biens donnez
par Talon, demande les lods de cette donation, & dit qu'il faut
la confiderer comme une vente dont le donataire s'eft chargé de
payer le prix aux creanciers du donateur, déja alloüez, & que
les lods lui font dûs du moins à concurrence de ce que le donataire s'eft obligé de payer à ces creanciers, ou de ce qu'il leur a
payé. L'Arrêt deboute le Seigneur par la raifon que j'ai dite : il
n'y avoit là nulle aparence de fraude, le donateur avoit donné

fes biens pour s'affûrer une penfion en fe debarraffant du payement de fes creanciers , & chargeant fon donataire de ce foin par
la nature même de la donation univerfelle.

Il en eft autrement d'une donation particuliere , à la charge
de payer certaines dettes ; en ce cas les lods font dûs au Seigneur à concurrence de la fomme que le donataire s'eft obligé de
payer ; c'eft ainfi que cette queftion fut decidée en l'année 1698.
en la Premiere Chambre des Enquêtes au raport de Mr. Dumas ,
en la caufe du Sr. Defroix , aprés partage , Mr. Dupuy Compartiteur ; c'étoit une donation de tous les biens que le donateur
avoit en un certain lieu , à la charge de payer 500. écus à la décharge du donateur. L'Arrêt adjuge les lods de ces 500. écus.
Il eft aifé de fentir que les raifons ramenées pour le cas de la donation generale ceffent dans le cas de la donation particuliere.

CHAPITRE XXIV.

Du deguerpiffement.

L'Emphyteote n'eft pas reçû à deguerpir qu'il ne paye prealablement tous les arrerages de la rente , & jufques à ce payement il eft regardé comme poffeffeur , & doit la rente. Il fut ainfi
jugé en la Premiere Chambre des Enquêtes au raport de Mr. de
Lafont le 21. Decembre 1664. entre le Chapitre de Rieux &
Bonnet.

On a douté fi l'Emphyteote ou locataire perpetuel deguerpiffant , peut demander les reparations qu'il a faites aux biens Emphyteotiques. Il femble que le bailleur étant payé de toute fa
rente , l'Emphyteote ou locataire perpetuel ne lui fait rien perdre quand il lui rend la chofe fur le pied & fur la même eftimation de valeur qu'il l'a reçûë , & qu'il eft jufte que celui-ci rem-
bourfe l'autre des reparations neceffaires ou utiles , qui l'ont
confervée ou renduë meilleure ; la liberté qu'a l'Emphyteote ou
locataire perpetuel de garder à fon choix ou de deguerpir la

chofe, telle qu'elle eft actuellement en fa main, confervée ou
reparée, eft la raifon decifive de l'opinion contraire fuivant laquelle il a été jugé en la Grand'Chambre au raport de Mr. de
Caffaignau le 13. Janvier 1677. en la caufe du Sindic de la Table des Obits de l'Eglife du Taur & d'Aurio, où il s'agiffoit
d'un bail à locatairie perpetuelle d'une métairie fait à d'Aurio qui
déguerpiffoit, & il étoit nommément ftipulé dans le bail, *que fi*
d'Aurio étoit depoffedé aux cas de droit, il feroit rembourfé des
reparations qu'il auroit faites. On crût que cette claufe ne pouvoit
être entenduë du cas du deguerpiffement volontaire, mais feulement du cas de depoffeffion forcée.

Il y a un pareil Arrêt rendu pofterieurement en la Grand'-
Chambre au raport de Mr. d'Olivier, en la caufe de Me. Bruel
Prêtre, & Catherine Panouze femme de Lauzero. Cet Arrêt
decide comme le precedent, que le locataire perpetuel d'une
maifon, deguerpiffant, ne peut pas repeter la valeur des reparations faites depuis le bail, quoi que grandes & importantes, ni
même la valeur des reparations faites avant le bail, & autres
hypotheques qu'il avoit fur le fonds dont il a déchargé le bailleur, nonobftant la claufe de ce bail par laquelle il étoit dit que
ce locataire ne pourroit être depoffedé qu'il ne fût au prealable
rembourfé de toutes fes reparations, tant de celles qui avoient
précedé le bail, que de celles qui pourroient être faites dans la
fuite : Il eft à remarquer touchant les reparations qui avoient
precedé, qu'il y avoit eu anterieurement au bail un Arrêt de
condamnation, & une eftimation faite par Experts, à la fomme
de 700. liv. que cette fomme avoit été reduite entre le bailleur
& le preneur dans le bail à celle de 598. liv. dont le preneur
avoit déchargé le bailleur, avec cette claufe neanmoins, comme j'ai déja dit, qu'il ne pourroit être depoffedé qu'il ne fût
conformément aux Arrêts rembourfé de cette fomme de 598.
liv. pour l'achat, la maifon étoit affectée par privilege. Cet article reçût quelque difficulté, & il intervint partage, moi Compartiteur, mais l'Arrêt deboute ce locataire perpetuel, tant des
reparations qui avoient été faites depuis le bail, que de cette
fomme de 598. liv. pour celles qui l'avoient precedé ; on crût

que la décharge de cette fomme faite dans le bail devoit être regardée comme un droit d'entrée payé par ce locataire en prenant le bail : or ce droit d'entrée ne peut être repeté en deguerpiffant, à moins que la reftitution n'en aye été nommément ftipulée en cas de deguerpiffement ; elle ne l'avoit pas été dans nôtre cas où le remboursement étoit ftipulé en cas de depoffeffion fimplement, ce qui doit être entendu de la depofeffion non volontaire, fuivant l'idée naturellement attachée au terme de depofeffion, Cambolas Livre 2. Chapitre 34. Loüet lettre E. nombre 10. & 11. Ferrieres fur la queftion 169. de Guy-Pape. Guy-Pape queft. 438. Loyfeau du deguerpiffement traitant cette matiere.

Le decretifte ou adjudicataire d'un fonds fujet à une locatairie perpetuelle eft obligé de payer la rente de cette locatairie, & les arrerages depuis fa prife de poffeffion, quoi qu'il foit decretifte pour les tailles du Roi qu'il a payées, & pour la rente qu'il a payée au Seigneur direct, & quoi qu'il n'ait pas eu connoiffance de cette locatairie lors de fon decret, & qu'il offre de deguerpir le fonds, & rendre compte des fruits du tems de fa poffeffion ; mais il eft reçû à faire le deguerpiffement pour l'avenir, fans qu'il puiffe demander le payement des tailles & rentes pour lefquelles il avoit obtenu le decret, comme fubrogé au Collecteur & au Seigneur direct. Tout ce que je viens de dire a été ainfi jugé en la Premiere Chambre des Enquêtes au raport de Mr. de Mirman, en faveur du Sieur de Montfaucon, contre Garrigues ; on regarde le decretifte comme étant à la place du locataire perpetuel qui doit deguerpir le fonds, quite des arrerages de rente & de taille.

CHAP.

CHAPITRE XXV.

De l'homme vivant, mourant & confisquant.

LEs gens de Main-morte qui possedent des biens sujets à la directe d'un Seigneur, lui doivent la prestation d'un homme vivant & mourant pour la representation des acaptes & arriere-captes, & d'un homme confisquant si le Seigneur est Justicier, pour la conservation du droit de confiscation ; cette proposition doit être neanmoins entenduë avec cette modification, que les Communautez ne doivent l'homme vivant, mourant & confisquant que pour les biens qu'elles ont acquis des particuliers, & non pour les biens qu'elles peuvent avoir de toute ancienneté, & par les baux primordiaux qui leur en ont été faits par les Seigneurs. Cette question fut ainsi decidée en la Premiere Chambre des Enquêtes le 29. Mars 1667. au raport de Mr. de Maussac, en faveur de la Communauté de St. Geniés, membre de Puygaillard, contre le Vicomte de Bruniquel, Baron de Puygaillard, qui demandoit generalement en qualité de Seigneur Justicier & Foncier, que la Communauté lui baillât homme vivant, mourant & confisquant pour tous les biens qu'elle possedoit ; mais par l'Arrêt la condamnation à cette prestation portée par le Jugement des Requêtes fut restrainte aux terres que ce Seigneur justifieroit avoir été acquises des particuliers par la Communauté : celles qui sont sorties des mains du Seigneur, & qu'il a concedées à la Communauté, ne doivent point cette prestation, & le Seigneur les baillant à des gens de Main-morte est presumé avoir renoncé au droit d'acaptes & arriere-captes & de confiscation, en representation desquels droits se fait la nomination de cet homme vivant, mourant & confisquant : La Main-morte n'est obligée de lui donner cet homme que lorsque ces droits sont déja dûs par des particuliers à qui elle a succedé, cette succession ne pouvant porter préjudice aux droits Seigneu-

riaux déja établis , ce qui ceffe lorfque les biens font originairement donnez à la Communauté par le Seigneur.

CHAPITRE XXVI.

S'il eft dû des lods d'un échange.

IL y a une grande diverfité de fentimens fur cette matiere
entre nos Auteurs ; Loüet lettre L. nombre *9.* dit qu'il n'eft
pas dû des lods d'un échange, Maynard Liv. 4. Chap. 37. eft
de même fentiment , fi ce n'eft que ce foit la Coûtume des
lieux , ou qu'il y ait fraude ou argent de retour ; car pour lors il
fera dû des lods de cet argent donné , quoi qu'il excede la valeur de la chofe baillée en contre - échange , comme il fe juge
à Touloufe & à Bordeaux ; c'eft ainfi que parle cet Auteur.

Au contraire Ferrieres fur la queftion 48. dit generalement
qu'il eft dû des lods d'un échange ; *ex permitatione debentur
Laudimiant* , Cambolas a fuivi cet avis au Liv. 2. Chap. 30.
avec cette diftinction neanmoins , que fi les biens échangez font
mouvans de deux differens Seigneurs , les entiers lods font dûs ,
fçavoir à chacun , de la valeur de la piece mouvante de fa directe , comme il raporte qu'il a été jugé par un Arrêt prononcé
par Mr. le Prefident la Terraffe aux Fêtes de Pâques 1597. &
que fi les biens échangez font tous mouvans d'un même Seigneur , il ne fera dû que demi lods ; fçavoir les lods de la moitié de la valeur de chaque piece échangée ; & c'eft conformément à l'avis de Cambolas que la queftion fe juge prefentement en ce Parlement , comme on demeura d'accord en la
Grand'Chambre , au procés que j'y raportai le feptiéme Janvier
1673. entre Gariepui & Bouffaguol. Dans ce procés Bouffaguol avoit fait un échange avec Demons , & pris de Demons
une maifon dans Touloufe mouvante de la directe du Roi , &
baillé en contre - échange une maifon allodiale , & la fomme

de 3400. livres ; l'Arrêt condamne Bouffaguol acquereur par
cet échange de la maifon mouvante du Roi, de payer les lods
non feulement de la fomme de 3400. livres, mais auffi à la raifon de la valeur de la maifon allodiale qu'il avoit baillée, cette
fomme d'argent & cette maifon baillée faifant le prix de la maifon
mouvante du Roi prife par Bouffaguol.

CHAPITRE XXVII.

Si les Nobles, habitans dans la Juftice d'un Seigneur, doivent plaider devant le Juge Banneret.

NOtre ufage eft conftamment là-deffus pour les Seigneurs.
Il y en a entr'autres un Arrêt du 6. Mars 1693. en l'audience de la Grand'Chambre, en la caufe de Jeanne du Serre,
veuve de Raymond Gigord, Juge-Mage du Senêchal Ducal de
Joyeufe, apellante, & Marie du Bedier, veuve de Pierre Gigord
Sieur de la Rochete, apellée. L'Arrêt faifant droit fur l'apellation de la procedure du Senêchal, faite à la requête de Pierre
Gigord en premiere inftance, contre la Demoifelle du Serre,
renvoye les parties devant les Ordinaires de Joyeufe, quoique
toutes les parties fuffent Nobles & de la qualité portée par l'Edit
de Cremieu, fait par le Roi François I. en l'année 1536. conformément à la Declaration du même Roi, donnée à Compiegne
le 24. Fevrier 1537. par laquelle ce Prince declare qu'il n'a entendu par l'Edit de Cremieu, préjudicier à la Juftice de fes Vaffaux, & qu'il veut qu'ils la puiffent faire exercer par leurs Juges,
entre toutes perfonnes Nobles & plebées, en toutes caufes &
matieres, dont la connoiffance leur a apartenu & apartient,
tout ainfi qu'ils ont fait & pû faire avant l'Edit ; dans lequel il
declare n'avoir entendu comprendre fes Vaffaux, ayant Juftice,
mais feulement fes jufticiables, qui ont à fubir jugement parde-
vant les Juges Royaux. Il n'étoit pas jufte qu'un privilege introduit en faveur de la Nobleffe, tournât au préjudice de la No-

bleſſe même en la main de qui eſt la plus grande partie des terres.

CHAPITRE XXVIII.

De l'éfet de trois quitances conſecutives de la rente.

LE payement de la rente fait par l'Emphyteote de trois années, & par trois quitances differentes, fait préſumer le
payement des années precedentes, & empêche le Seigneur d'en
faire demande. C'eſt ce que les Empereurs ont décidé contre
eux-mêmes dans le cas des Tailles ou Tributs, comme nous
voyons dans la Loi penultiéme. *Cod. de apoch. publ. ſi trium ſibi
cohærentium annorum apochas ſecuritateſque protulerit ſuperiorum
temporum apochas non cogatur oſtendere neque de præterito ad il-
lationem Tributariæ funétionis coërceatur.* Cambolas Livre 2.
Chap. 26. ajoûte que nonobſtant cette preſomption le Seigneur
peut être admis en preuve que les rentes des années precedentes
lui ſont dûës. Mais pour moi je croi que ces trois quitances ſont
ſi fort préſumer le payement des arrerages precedens, qu'on ne
peut recevoir le Seigneur en preuve du contraire, ſinon qu'il y
eût de fortes conjeétures pour lui. C'eſt ce qui eſt auſſi décidé
par la même Loi que je viens de citer, où aprés qu'il a été dit,
que le Colleéteur ne peut pas demander ce qui a precedé les trois
quitances, il eſt ajoûté *niſi id quod repoſcit ſibi deberi manifeſta
geſtorum aſſertione patefecerit.*

Mais la reſervation des autres droits & devoirs Seigneuriaux
opere la reſervation des arrerages, comme il a été jugé le 30.
Juillet 1649. au raport de Mr. de Joſſe, le Seigneur avoit fait
cette reſervation dans trois quitances conſecutives, & l'Emphyteote fut condamné au payement des arrerages anterieurs à ces
quitances ; la preſcription, & une preſcription de trois ans,
n'eſt pas aſſez favorable pour établir que des reſervations pré-
ciſes & détaillées ſont neceſſaires contr'elle ; ainſi il doit ſuffire
dans le cas dont il s'agit, qu'il y ait des reſervations generales,

où la rente pretenduë preſcrite puiſſe être compriſe. Elle peut l'être ſous le mot des Droits, qui eſt d'une grande étenduë.

CHAPITRE XXIX.

Si la directe étant achetée par le poſſeſſeur du fonds Emphyteutique, & par là éteinte & confuſe avec le Domaine utile, peut être venduë ſeparément pour le payement du prix, lorſque les biens de l'acheteur ſont generalement ſaiſis.

LE poſſeſſeur d'un fonds dependant de la directe d'un Seigneur, vend ce fonds. L'acquereur achete la directe de ce Seigneur, & meurt ſans avoir payé le prix de ces ventes, & ſes biens ſont generalement ſaiſis. Ces deux vendeurs demandent allocation ſur la vente ſeparée, l'un du Domaine utile & proprieté du fonds, & l'autre du Domaine directe & rente. On a douté ſi cela pouvoit être ainſi ordonné, le doute eſt fondé ſur ce Domaine directe & la Cenſive ayant été confondus & conſolidez avec la proprieté & le Domaine utile, en la perſonne de l'acquereur, il ſemble qu'on ne peut plus ſeparer ces choſes particulierement après la mort, & la ſaiſie generale des biens de l'acquereur qui auroit pû, vendant ce fonds, ou en diſpoſant autrement, y rétablir la directe & rente en le faiſant expreſſément, ſuivant la deciſion des Loix, & l'avis de Mrs. d'Olive & de Cambolas Liv. 2. Chap. 19. & Liv. 1. Chap. 38.

Je croi neanmoins que pour conſerver le droit & l'hypotheque de precaire qu'ont ces deux vendeurs ſur les choſes qu'ils ont venduës, le Juge peut rétablir la rente & Seigneurie directe qui avoit été éteinte & confonduë en la perſonne de l'acquereur, ordonnant la vente ſeparée de la proprieté & de la directe, & allouant chacun de ces vendeurs ſur la vente ſeparée de ce qu'il a vendu.

Les raiſons ſont, qu'il n'eſt pas juſte que le vendeur de la Seigneurie directe perde le prix de sa vente par l'insuffisance du fonds, arrivée peut-être par la deterioration que l'acquereur en a faite, cette deterioration ne doit pas nuire au vendeur, puisque s'il n'eût pas vendu la directe il eût conservé sa rente, quoique le fonds eût été deterioré. D'ailleurs plusieurs Auteurs croyent que quoique la censive & la directe s'éteigne par l'acquisition que le Seigneur fait du fonds emphyteutique, ou par l'acquisition que l'Emphyteote fait de la Seigneurie directe, cette extinction & confusion n'est pas irrevocable & perpetuelle, mais que la directe est seulement suspenduë pendant que la cause de la confusion dure ; c'est-à-dire, pendant que le Seigneur possede le fonds, qu'ainsi dés qu'il vient à le vendre, la cause de la confusion cessant, la censive & la directe reviennent. C'est l'avis de Brodeau sur Loüet lettre F. nomb. 5. & de Loyseau du Deguerpissement Liv. 6. Il est vrai, que l'opinion de ces Auteurs n'est pas suivie en ce Parlement, où on juge constament ; que la censive & directe une fois confonduë & consolidée au Domaine utile ne revit plus par l'alienation du fonds si elle n'est nommément rétablie, comme le Jurisconsulte l'a generalement decidé à l'égard de toutes les servitudes, qui une fois éteintes par la confusion, doivent être expressément rétablies dans la vente du fonds sur lequel elles étoient auparavant établies, *Alioquin ades libera veneunt*, dit la Loi 30. *ff. de servit.* Mais neanmoins il est certain que les possesseurs des fonds peuvent être contraints de rétablir les servitudes réelles, qui étoient confuses & éteintes sur leur tête, lorsque l'interêt d'un tiers le requiert ainsi, comme on voit dans la Loi 18. *ff. de servit,* & dans la Loi 116. §. 1. *ff. de leg.* 1. Or dans l'espece proposée, l'interêt de celui qui a vendu la directe & la rente, demande qu'elle soit verduë separément, afin qu'il puisse être payé par privilege sur le prix de cette vente. Il est donc équitable que le Juge l'ordonne ; car quoique dans les Loix que je viens de citer, le rétablissement doive être fait par celui sur la tête duquel la confusion avoit été faite ; il s'ensuit neanmoins que puisqu'il peut être forcé à faire ce rétablissement, le Juge peut aussi le faire à son refus, ou à son défaut, à l'exemple de la subrogation à l'hypotheque que le

Juge fait tous les jours au refus ou défaut du creancier. Il femble même qu'on peut dire que le Miniftre de la Juftice, de l'autorité de laquelle les biens faifis font vendus peut en les vendant, feparer dans le cas propofé la directe d'avec le fonds, ainfi qu'auroit pû le faire l'acquereur pour qui il eft cenfé vendre.

Cette queftion fe prefenta, & fut ainfi décidée au mois de Mars 1676. en la Grand'Chambre, au raport de Mr. de Laporte Sainte Lieurade, dans la diftribution des biens de feu Mialet Prêtre, en faveur du Chapitre d'Alby, qui avoit vendu la directe & la rente qu'il avoit fur certains biens, dont une partie étoit poffedée par Mialet. Le Sindic demandoit la vente feparée de cette directe & rente, & l'allocation privilegiée pour le prix qui lui en étoit dû, ce qui fut ainfi ordonné par l'Arrêt, qui juge precifément nôtre queftion ; il eft vrai que l'entiere directe n'avoit pas été confolidée par l'acheteur, qui ne poffedoit qu'une partie du fonds fujet à la rente, le reftant étant poffedé par d'autres tenanciers, en la perfonne defquels la confufion n'avoit jamais été faite, parce qu'il n'avoit pas acquis la directe, mais cette circonftance ne changeoit rien à la queftion à l'égard de la portion de Mialet.

CHAPITRE XXX.

Si le Vaffal & Emphyteote peuvent prefcrire la mouvance.

De l'interverfion de poffeffion par la denegation du Vaffal ou Emphyteote.

Si le Roi peut prefcrire l'arriere-fief fur fon Vaffal qui lui en fait hommage.

L'Evêque de Rhodez obtint un Arrêt le 19. Juillet 1655. par lequel le Sieur de Lefcure Baron de Vabres eft condamné à reconnoître qu'il tient de lui la Baronie de Vabres fous la rente de vingt fétiers fegle, & lui en payer les arrerages depuis vingt-neuf ans avant l'inftance, conformément aux Reconnoiffances produites par l'Evêque, des années 1299. 1302. 1322. & 1341. Contre cet Arrêt, qui avoit été rendu fans défenfe & fans production de la part du Sieur de Lefcure, la Dame de Saint Felix fa veuve & fon heritiere, impetre des Lettres en forme de Requête civile, qu'elle fonde fur diverfes raifons apuyées fur les actes qu'elle produit.

En premier lieu, la Dame de Saint Felix dit qu'elle a prefcrit l'hommage & la rente contre l'Evêque, ayant acquis elle où fes Auteurs la Terre de Vabres, en qualité de Baronie franche de toute rente & redevance en l'année 1399. & l'ayant poffedée depuis en cette qualité pendant plus de deux fiecles. Que les Barons de Vabres avoient même prefcrit cette mouvance par l'interverfion de poffeffion faite par la denegation, d'autant qu'en l'année 1439. le Baron de Vabres, qui étoit alors, ayant été interpellé par un Procureur de l'Evêque de Rhodez de venir rendre hommage & reconnoiffance de la Baronie de Vabres fous la rente de vingt fétiers fegle, avoit répondu qu'il iroit trouver l'Evêque de Rhodez aux fêtes de Noël lors prochain, qu'il parleroit avec lui, qu'il lui rendroit hommage & fe foûmettroit à tout ce qui feroit jufte, felon qu'on lui feroit aparoir par des titres legitimes, *Refpondit quod loqueretur cum eo, & faceret homagium, & illud quod facere debebit fecundum quod oftendetur fibi per legitima inftrumenta*, c'étoient les termes de l'acte ; ce que la Dame de Saint Felix difoit être un veritable refus, & une denegation precife de la mouvance, une affertion de la liberté jufqu'à ce que le Seigneur juftifiât de titres, ce qui n'ayant jamais été fait de la part de l'Evêque, les poffeffeurs de cette Terre l'avoient toûjours poffedée comme franche, & prefcrit la mouvance. De plus, la Dame de Saint Felix dit que depuis les reconnoiffances, produites par l'Evêque, les Barons de Vabres ont pendant deux fiecles rendu plufieurs hommages & dénombremens au Roi de la Baronie de Vabres, comme d'un fief Noble, relevant immediatement du Roi, que le Roi a par confequent prefcrit ; Qu'un Seigneur peut prefcrire contre un autre

Seigneur ;

Seigneur ; Que le Roi peut prescrire les arriere-fiefs sur ses hommagers, même sur l'Eglise, d'autant plus que les Evêques de
Rhodez n'ont jamais reconnu cet arriere-fief au Roi, que les
hommages rendus au Roi, comme d'un fief Noble, lui avoient
acquis la mouvance immediate, que l'Evêque l'avoit perduë,
& par consequent la rente de vingt setiers de segle, qui étoit
la redevance de cette mouvance ; d'autant plus qu'en consideration de cette mouvance immediate du Roi, les Barons de Vabres sont soûmis au service personnel du ban & arriere-ban, ce
qui est plus considerable que la rente : la Dame de Saint Felix
ajoûte, qu'elle peut alleguer le droit du Roi, quoi que Monsieur le Procureur General s'en fût departi, & qu'il se contentât
de la Justice, d'autant qu'en établissant le droit du Roi, elle établissoit la liberté de son fief, l'exemption de la mouvance de l'Evêque & de la rente.

Nonobstant toutes ces raisons & tous ces actes produits depuis
l'Arrêt qui avoit été rendu sans défense. La Dame de Saint Felix fut demise de ses Lettres en forme de Requête civile, & le
precedant Arrêt confirmé en faveur de Monsieur de Voyer de
Paulmi Evêque de Rhodez. Ce dernier Arrêt est du 20. Decembre 1675. en la Premiere Chambre des Enquêtes à mon
raport.

Cet Arrêt a jugé les trois questions suivantes.

La premiere, que le Vassal ou Emphyteote ne peut jamais
prescrire la mouvance contre son Seigneur, quoi que le Vassal
ou Emphyteote ou ses Auteurs, ayent acheté la terre franche &
quite de toute redevance, & ensuite possedé en cette qualité pendant plus de deux siecles.

La seconde, que la denegation de la mouvance, necessaire
pour l'interversion de possession, & pour la prescription de la liberté, doit être expresse, & faite en jugement ou dans le procés
intenté.

La troisiéme, que le Roi ne peut pas prescrire contre l'Eglise
les arriere-fiefs qui dependent d'elle, & dont elle fait hommage
au Roi.

La premiere decision est fondée sur cette maxime ; Que le

Tome I. X x x

Vaſſal & l'Emphyteote poſſede au nom du Seigneur, *non ſibi ſed Domino poſſidet*, & qu'il ne peut jamais changer la cauſe de cette poſſeſſion, *non poteſt ſibi mutare cauſam poſſeſſionis*. On opoſe que cette maxime ne doit être apliquée qu'au Vaſſal ou à l'Emphyteote à qui le bail a été fait, ou à celui qui a rendu quelque hommage ou paſſé quelque reconnoiſſance, & à leurs ſucceſſeurs, par teſtament ou à titre lucratif, mais que cette maxime ne convient point à un acquereur à titre onereux, à qui la terre a été venduë quite & franche de toute rente, qui par conſequent ne l'a pas poſſedée ſur la Loi du bail, hommage ou reconnoiſſance, ni au nom du Seigneur, mais en ſon nom & comme franche en conſequence de la vente qui lui en a été faite ; mais à cela il eſt répondu, que la Loi & la convention du bail qui ſoûmet la terre à la mouvance du Seigneur, eſt tellement inherente & attachée à la terre qu'elle n'en peut être détachée par aucun fait du poſſeſſeur, autre que la denegation de la mouvance faite en Juſtice, & non par aucun changement de main, l'acquereur n'ayant pû la poſſeder qu'en la même qualité que la poſſedoit ſon vendeur, puiſque ce vendeur n'a pû lui tranſmettre un droit qu'il n'avoit pas.

Il y a un pareil Arrêt du 10. Fevrier 1694. au raport de Mr. Boyſſet, en la Grand'Chambre. Cet Arrêt confirme un Jugement des Requêtes qui condamnoit le Sr. Tempere habitant de Moiſſac, à reconnoître à Mr. de Laporte Conſeiller de la Cour, Seigneur de Sainte Lieurade dans la Province de Guyenne, & à lui payer les lods & ventes d'une metairie, quoi que cet Emphyteote remit un partage de 1582. fait entre deux ſœurs, par lequel cette metairie étoit baillée à une d'elles allodiale, & qu'elle eût été poſſedée comme telle pendant plus d'un ſiecle ſans aucune demande de la part du Seigneur.

La ſeconde deciſion, qui eſt que la denegation doit être expreſſe & faite en Juſtice, eſt fondée ſur ce que la preſcription de la mouvance étant contre la Loi du bail qui veille toûjours pour le Seigneur ; il faut le miniſtere du Juge & la conteſtation en cauſe pour donner le cours à cette preſcription ; c'eſt l'avis de Laroche des Droits Seigneuriaux, Chap. 2. Arrêt 1.

Il y a un autre Arrêt qui a jugé conformément à cette decifion, que la denegation faîte en Juftice devoit être precife & formelle, en faveur du Sr. de Nauté Seigneur direct, contre Pegurier en la Seconde Chambre des Enquêtes au raport de Mr. de Comere Labaftide, en l'année *1679*. L'Emphyteote étant affigné avoir répondu qu'il n'avoit jamais refufé de reconnoître, pourvû qu'on lui montrât des titres, & qu'on les adaptât, que pour cet éfet il requeroit le Seigneur comme il l'avoit fouvent requis de lui faire voir des titres, & de faire une verification, & proteftoit de tous dépens, dommages & interêts, 30. ans s'étoient écoulez depuis cet acte, & cette réponfe; il fut neanmoins jugé qu'il n'y avoit point d'interverfion de poffeffion.

La troifiéme decifion renferme dans l'Arrêt du 20. Decembre 1675. que j'ai raporté, qui eft que le Roi ne peut pas prefcrire ontre l'Eglife les arriere-fiefs qui dependent d'elle, & dont elle ui doit hommage, eft fondée fur ce que le Roi doit à l'Eglife ne protection particuliere, qui l'empêche de pouvoir pref-tire contr'elle. C'eft ainfi que cette queftion avoit été decidée auparavant en la Seconde Chambre des Enquêtes au raport de Mr. de Tiffaut, pour raifon de la Terre de Caftelnau de Monratié, contre la Dame Marquife Dalegré : à l'égard de fes autres Vaffaux le Roi peut prefcrire les arriere-fiefs qui dependent d'eux, & dont ils lui font hommage; comme il fut jugé en la Premiere Chambre des Enquêtes le 18. Juillet 1652. au raport de Mr. de Prohenques. Il n'eft rien de fi fort que les liens dont le Roi tient à l'Eglife; elle a droit fur fa protection, comme fujete, *Ecclefia eft in imperio*, comme vaffale, & comme Eglife, le triple lien eft difficile à rompre, fuivant l'expreffion de l'Ecriture; la protection que le Roi doit à l'Eglife en cette qualité eft un devoir plus Religieux encore que tous les autres, toutes ces raifons empêchent qu'il ne prefcrive l'arriere-fief fur elle; il n'en faut pas moins pour ôter au Roi un droit commun & ordinaire.

CHAPITRE XXXI.

Des épaves.

LEs épaves ; c'eſt-à-dire , les animaux domeſtiques égarez , ou autres choſes mobiliaires non avoüées d'aucun Maître , apartiennent au Seigneur haut Juſticier à l'excluſion de tout autre , non dés qu'elles ont été trouvées , mais ſeulement lorſque depuis la premiere des trois Proclamations que le Seigneur aura faites durant trois Dimanches conſecutifs , il ſe ſera écoulé quarante jours ſans que le proprietaire les demande ; car s'il les reclame pendant ce tems-là , elles doivent lui être renduës , en payant la nourriture , garde & fraix de Juſtice , & celui qui les a trouvées doit le denoncer dans vingt - quatre heures , autrement il eſt condamné en l'amende à l'arbitre du Juge. On peut voir ſur cette matiere Bacquet au Traité des Droits de Juſtice Chapitre 2.

Suivant ces principes , le Baron de Blaignac fut maintenu en ce droit , pour toutes les choſes qui ſeront ainſi trouvées dans ſa Terre , dans les iſlots , quoique dans le fonds de la Communauté ou des particuliers. L'Arrêt eſt du mois de Septembre 1677. au raport de Mr. de Vedelli , entre ce Seigneur & les Habitans.

Il ſe preſenta poſterieurement une difficulté ſur cette matiere , pour ſçavoir comment celui qui reclame doit montrer qu'il eſt le proprietaire. Ce fut le 4. Août 1678. en l'Audience de la Grand'Chambre , en la cauſe du même Baron de Blaignac d'une part , & des Marchands de bois de Touloufe , & autres Marchands de bois depuis les Pyrenées , tous d'acord entr'eux & unis enſemble d'autre ; une grande inondation de la Riviere de Garonne avoit entraîné une grande quantité de bois à brûler , de marrin , & d'autre bois marqué & non marqué ; tout ce bois s'étoit arrêté , ou avoit été arrêté par des Nautonniers ou autres perſonnes dans les Iſles , & le long du rivage de la terre

de Blaignac ; le Seigneur pretendoit que tout le bois non marqué lui apartenoit par droit d'épave, offrant de délivrer tout
celui qui étoit marqué au Maître de la barque, à la charge de
lui payer les droits du rivage, & fraix faits pour la confervation
de ce bois ; il demandoit auffi, & c'étoit une autre difficulté,
les dommages & interêts que ce bois avoit caufé , tant aux
iflots à lui apartenans, où il avoit renverfé plufieurs arbres,
qu'aux murailles, paroits & terrain de fon jardin que ce bois
avoit renverfé & emporté en partie ; au contraire tous ces Marchands unis enfemble, reclamoient tout ce bois marqué ou non
marqué, & qui n'avoit jamais été mis en ouvrage, ils pretendoient juftifier fuffifamment qu'ils en étoient les proprietaires,
parce que le debordement de la riviere ayant entraîné tout le
bois qu'elle avoit trouvé fur fes rivages dans fon cours depuis fa
fource, ce bois apartenoit à tous ces Marchands, quoique par
des marques particulieres, ils ne peuffent pas montrer à qui il
apartenoit en particulier, qu'ils devoient donc être refaifis de
ce bois, & qu'ils conviendroient entr'eux de la repartition qui
devoit en être faite, & qu'on leur devoit laiffer à regler : ils ajoûtoient qu'ils ne pouvoient pas être refponfables du dommage caufé par le debordement de la riviere qui avoit entraîné leur bois.
On crût que ces Marchands prouvoient fuffifamment que ce bois
leur apartenoit, & fur ce principe, il fut rendu Arrêt, plaidans
Boyffi pour le Baron de Blaignac, Lacefquiere pour le Sindic des
Marchands de bois de Touloufe, & Lauze pour le Sindic des Marchands de bois depuis les Pyrenées ; ces deux Sindics unis enfemble ; par cet Arrêt la Cour ordonna que demeurant la declaration faite par le Sindic des Marchands qu'ils ne demandoient
point les arbres arrachez, ni le bois qui avoit autrefois fervi &
avoit été mis en œuvre, lefdits Sindics feroient refaifis de tout
le bois à brûler & marrain, enfemble de tout l'autre bois qui
n'avoit jamais fervi ni été mis en ouvrage, marqué & non marqué, à la charge de jurer que tout ce bois leur apartenoit, & de
payer les droits de rivage & fraix faits pour la garde & confervation de ce bois, fuivant la liquidation qui en feroit faite par le
Commiffaire qui fera deputé.

On ne condamna point ces Marchands aux dommages & intérêts demandez par le Baron de Blaignac ; il fondoit cette demande sur la decision du Jurisconsulte en la Loi *9.* au §. *1. & 3. ff. de damn. inf.* où il est dit, que le proprietaire des choses que le debordement d'un fleuve a entraîné dans le fonds d'autrui, peut les reprendre en payant le dommage, & cette decision est juste, & auroit été suivie dans ce procés, si on eut crû que le bois dont la Cour ordonnoit le resaississement, eût causé ce dommage, mais il y avoit plus d'aparence que ce dommage avoit été causé, non par le bois qu'on avoit arrêté, ou qui s'étoit arrêté, mais par celui qui avoit passé plus avant vers Bordeaux, & qui par la rapidité de la riviere qui l'entraînoit avoit aussi emporté & entraîné avec lui ce qu'il avoit rencontré, outre que la seule inondation paroît avoir causé une grande partie de ce dommage.

Les proprietaires des arbres arrachez & emportez par la riviere, & du vieux bois qui avoit servi, auroient pû reclamer ces choses, auroient dû leur être renduës de même, s'ils les avoient reclamées dans le tems, & s'ils eussent justifié qu'elles leur apartenoient, mais cette discussion & cette preuve auroient été trop difficiles à faire.

CHAPITRE XXXII.

S'il est dû des lods du rachat.

IL semble d'abord qu'il en est dû, le rachat étant une nouvelle vente ; la proprieté de la chose venduë a passé à l'acquereur ; elle revient par le rachat au premier proprietaire qui s'en étoit entierement depoüillé. Nôtre usage neanmoins est de de debouter les Seigneurs de cette demande, le rachat fait en consequence de la reservation contenuë dans la premiere vente, n'est pas un nouveau contract de vente, c'est l'execution ou plûtôt la resolution du premier ; le proprietaire se depoüille à la verité, mais il reserve la faculté de recouvrer, la premiere vente est pure mais sous condition, *pura est sed sub conditione resolvitur*; ainsi le rachat n'est pas tant une nouvelle acquisition, que la conservation de ce qui avoit été déja vendu, en vertu d'une clause précise qui fait partie de la vente, *jus istud non tam est acquisitorium quam conservatorium*, comme disent les Docteurs parlant du retrait lignager, en quoi le rachat differe du rabatement de decret; le decret du Juge est une vente pure & absoluë, & si le discuté ou saisi est reçû par grace à recouvrer les biens, c'est veritablement une nouvelle vente, & une nouvelle translation de propriété, de laquelle les lods sont dûs; La difficulté est si du rachat, il est dû des lods, lors qu'ayant été cedé par le vendeur il est exercé par le cessionnaire, & lors qu'il est exercé hors du tems marqué dans le contract de vente; il semble que dans ce cas c'est un nouveau contract, puisque ce sont de nouvelles parties, & que ce n'est point en vertu de la stipulation contenuë au premier, que le rachat est demandé, mais par la grace que la Cour a accoûtumé de faire d'étendre à 30. ans le rachat, quoique stipulé par un moindre tems. Cette question fut neanmoins decidée contre le Seigneur par Arrêt rendu en la Premiere Chambre des Enquêtes au mois de Mars 1694. au raport de Mr. Dupuy, en la cause de Me. Seguret President Presidial au Senêchal de Rhodez. Le Sieur de Rey Juge-Mage avoit vendu certains biens, il avoit reservé la faculté de rachat pour 10. ans, ce vendeur mariant Seguret son neveu, lui donne & cede la faculté de rachat, Seguret le demande, mais hors des 10. ans marquez dans le contract, & l'obtient; le Seigneur direct demande les lods, il en est debouté; Le cessionnaire represente le cedant, c'est toûjours l'execution du premier contract & de la clause de rachat qu'il convient, & qui bien que bornée à un certain tems par la stipulation des parties, comprend neanmoins l'espace de 30. ans par nôtre usage; Le vendeur (par consequent son cessionnaire) est toûjours, quant aux lods même, présumé racheter en vertu de son contract de vente, quoi que le contract ne porte point cette liberté, & qu'elle soit contenuë dans une convention separée, qui neanmoins est présumée dans l'intention des contractans une partie & une dependance du contract de

vente , & quoi qu'encore le contract ou cette convention ne-
contienne qu'un tems , au-delà duquel le vendeur demande le
rachat, les 30. ans font toûjours préfumez contenus dans le contract , ou dans cette convention interpretée plûtôt qu'étenduë
par nôtre regle & Loi generale , qui dit , que *qui a un jour a 30.
ans* ; il y auroit lieu de douter quant aux lods , fi la faculté de
racheter n'étoit contenuë que dans un fimple billet privé ; ce
billet qui pourroit être fait aprés coup , & d'intelligence entre
l'acheteur & le vendeur pour refoudre la vente & en faire une
nouvelle fans nulle veritable convention precedente , feroit fujet
à des foupçons de fraude , fur quoi on eft delicat & en garde dans
une matiere où l'on voit la fraude bien fouvent pratiquée, pour
fruftrer les Seigneurs de leur droit.

CHAPITRE XXXIII.

Si l'Emphyteote peut deguerpir lors que dans le bail il a été renoncé à la faculté de pouvoir jamais deguerpir.

LA renonciation à la faculté de deguerpir , femble choquer
la liberté & la nature même de l'Emphyteofe , à laquelle
cette faculté paroît naturellement attachée ; les Docteurs croyent
que la convention eft licite , & qu'elle doit être obfervée. C'eft
l'avis de Loyfeau Liv. 4. Chap. 11. du Prefident Faber Liv. 4.
Tit. 43. defin. 11. de Papon des Notaires , au titre de l'Emphyteote , Mr. d'Olive Liv. 2. Chap. 26. raporte un Arrêt conforme
à cette decifion. Cette renonciation , dit cet Auteur , eft valable , qui ne touche point à la liberté de la perfonne , ne choque
point les bonnes mœurs , & fait partie du bail & de l'infeodation. Le deguerpiffement même eft contraire à la nature de l'emphyteofe , qui eft un contract d'alienation perpetuelle du Domaine
utile de la part du bailleur , & qui contient une foûmiffion à une
rente perpetuelle de la part du preneur. L'ufage de deguerpir a
donc

donc été introduit contre la regle generale, qui veut que les contracts une fois paffez foient neceffaires & obligatoires de part &
d'autre pour toûjours ; ce qui a porté le Prefident Laroche à
dire que l'Emphyteote qui a accepté le bail, & fes heritiers, ne
peuvent point deguerpir, à caufe de l'obligation perfonnelle à
laquelle ils font foûmis d'executer le contract ; ainfi la renonciation à la faculté de deguerpir, femble n'être autre chofe que le
rétabliffement du contract d'emphyteofe dans fa vraye nature,
qui eft de produire refpectivement une obligation perpetuelle
de faire joüir du fonds de la part de celui qui le baille, & de
payer la rente de la part de celui qui s'y oblige en prenant ce fonds.

Cette queftion fe prefenta au jugement du procés de Dame
Rofe de Foix Marquife de Caftelnau Laloubere, d'une part ;
& de la Communauté de Saint Plancard en Nebouzan d'autre.
Le feu Comte de Rabat pere de cette Dame avoit baillé à fief à
cette Communauté un Moulin fous certaine rente, & la Communauté par fa deliberation & par le bail s'étoit obligée à ne jamais deguerpir. La Communauté s'étoit pourvûë en caffation
de ce bail, comme contraire à la liberté, & pretendoit que d'ailleurs elle avoit été beaucoup lezée, fe foûmettant à une rente
exceffive par raport au revenu, ce fut cette lezion alleguée,
plûtôt que la nullité de la claufe de renonciation, qui arrêta
l'efprit des Juges ; De forte qu'il fut rendu Arrêt au raport de
Mr. Dumas, le premier Juillet 1694. qui fut dâté du 11. Août,
à caufe du partage intervenu fur cette queftion, & des nouvelles impetrations des parties, par lequel Arrêt avant dire droit
definitivement aux parties, il fut ordonné que la Communauté
prouveroit & verifieroit la lezion qu'elle pretendoit avoir foufer-
te en paffant cette deliberation & acceptant le bail ; Les mineurs aufquels on compare les Communautez font toûjours reftituez envers les actes où ils ont été lezez ; & c'eft une lezion de
fe foûmettre à une rente exceffive, & renoncer en même-tems
à la faculté de pouvoir deguerpir. On ne s'arrêta pas dans ce
procez aux fins de non recevoir opofées à la Communauté, de
ce qu'elle ne fe pourvoïoit pas contre cet acte dans les dix ans
des actions reciloires.

CHAPITRE XXXIV.

Si les Seigneurs ont le choix du Notaire que bon leur semble, pour la faction & retention de leurs Reconnoissances, sans que le Notaire du lieu puisse s'en plaindre.

LE Sieur de Ferrier, Conseiller au Senêchal de cette Ville, ayant acquis la Terre & Seigneurie de Pompignan, & voulant faire renouveller ses Reconnoissances, fait des conventions avec Bertrand Berjaud Feudiste & Notaire de Monjard, par lesquelles Berjaud s'oblige, en qualité de Feudiste, de faire faire les Reconnoissances, & en qualité de Notaire de les retenir, à la charge que la moitié des arrerages lui apartiendront. Berjaud ayant commencé de travailler & retenu plusieurs Reconnoissances, Peyrille Notaire de Pompignan obtient Arrêt sur Requête de Soit-montré au Procureur General du Roi, qui renvoye en jugement, avec cependant défenses à Berjaud de retenir aucun acte dans le lieu de Pompignan, n'empêchant neanmoins, que comme Feudiste il ne procede à la continuation des Reconnoissances.

Sur l'oposition du Sieur de Ferrier & de Berjaud, la cause plaidée, Peyrille Notaire du lieu demandoit qu'il fût fait défenses à Berjaud de retenir aucun acte dans le lieu de Pompignan, & nommément des Reconnoissances, qu'il fût condamné de lui remettre les Cedes originelles, & les émolumens qu'il avoit perçûs. Il disoit que les Notaires qu'on apelle Juges Cartulaires ne peuvent avoir plus d'avantage que les Juges dont le pouvoir est borné dans l'étenduë de leur Ressort, suivant la Loi derniere *ff. de jurisd.* que le President Boyer dans sa quest. 242. dit que les actes qu'ils retiennent hors de leur district sont nuls, & qu'ils sont responsables aux parties de tous les dommages & interêts qu'ils peuvent souffrir: Que Loüet & Brodeau lettre R. nomb.

10. raportent plufieurs Arrêts du Parlement de Paris, qui défendent aux Notaires de retenir aucuns actes hors de leur diftrict, à quoi font conformes les Arrêts de la Cour raportez par Laroche, Liv. 2. Tit. fur le mot Notaires. Il étoit ajoûté que Berjaud Notaire ayant part aux arrerages, par les conventions paffées entre lui & le Seigneur, il fe trouveroit qu'il retiendroit des actes portant dette en fa faveur, ce qui ne fe peut point.

Il étoit repliqué par le Seigneur & par ce Notaire par lui choifi, qu'il n'y a point d'Ordonnance qui défendant aux Notaires de recevoir des actes hors leur diftrict, y ajoûte la peine de nullité ; Que les Arrêts du Parlement ne declarent point en ce cas les actes nuls, mais obligent feulement ces Notaires étrangers de rendre les émolumens aux Notaires des lieux, & de leur remettre les originaux, pour en delivrer des expediez aux parties ; qu'il y a même une difference à établir fur ce point entre la reception des Reconnoiffances feodales & les autres contracts, puis qu'il doit être libre au Seigneur de choifir pour cet effet tel Feudifte & tel Notaire que bon lui femble. Que les Seigneurs ont acoûtumé d'acorder une portion de ces arrerages à ces Notaires Feudiftes ; Qu'il eft loifible aux habitans d'avoir un Avocat ou un autre Feudifte pour prendre garde à leurs interêts, & empêcher toute furcharge.

Sur ces raifons, il fut rendu Arrêt le 24. Mars 1695. qui deboute Peyrille Notaire du lieu, de fa demande, & permet au Notaire étranger, choifi par le Seigneur, de continuer de retenir les Reconnoiffances.

CHAPITRE XXXV.

Que doit faire celui qui eft tenu d'heberger.

PAr les Titres de l'Evêché de Cahors le fieur d'Efpanel, à raifon d'une dixme infeodée, eft tenu d'heberger l'Evêque de Cahors acompagné de 30. chevaux ; Les titres ne marquent point le tems durant lequel l'Evêque doit être hebergé.L'Evêque avant fait affigner le fieur d'Efpanel pour voir regler ce tems, & la caufe ayant été portée par apel au Parlement, le fieur d'Efpanel expliquoit ces Titres, & c'eft l'obligation qu'ils lui impofoient à cet égard, de maniere qu'il pretendoit n'être chargé que de recevoir une vifite faite en paffant, & de donner cette fimple colation. Il intervint Arrêt le 16. Mai 1651. au raport de Mr. de Joffé Lavreins, qui ordonna que le fieur d'Efpanel recevra l'Evêque de Cahors chez lui acompagné de 30. chevaux, & lui fournira & à fa fuite deux repas & une couchée. Mr. d'Olive fait mention de ce droit d'hebergement au Livre 2. Chap. 5.

CHAPITRE XXXVI.

Si le fief, ou le fonds donné en emphyteofe qui revient au Seigneur, revient franc & quitte des charges.

CEtte matiere eft abondante en difficultez & en queftions, les Auteurs y font trés-partagez. Les uns croyent qu'en cas de confifcation pour crime de leze-Majefté, le Roi reprend le fief tenu immediatement de lui, quitte de toutes charges & hypoteques, ainfi que libre de toutes fubftitutions. Le Vaffal ou Emphyteote, né fujet du Roi, obligé par fa naiffance même à la fidelité, lorfqu'il manque à un devoir fi religieux, & que les biens font confifquez pour y avoir manqué, eft prefumé avoir le Roi pour premier creancier, *origine infpecta*; c'eft l'avis de Brodeau fur Loüet lettre C. nomb. 53. Les autres croyent que le fonds en ce cas même de confifcation pour crime de leze-Majefté, ne revient point quitte des charges & des dettes, & qu'il revient feulement quitte des fubftitutions. Les creanciers felon ceux-ci font favorables. Les fubftituez ne font pas regardez, en quelque maniere, comme fucceffeurs du coupable d'un crime fi énorme. Les fubftitutions anéantiroient d'ailleurs trop aifément les biens

hors d'atteinte aux confiscations. C'est l'avis de Mr. Lebret,
Liv. 3. Chap. 15. Suivant l'avis de Mr. Loüet lettre C. nomb.
53. le fonds qui revient au Seigneur dominant par felonie, revient sujet aux charges & hypoteques, parce qu'il revient plûtôt *ex facto & voluntate Vaffalli quam ex lege contractus*, discuf-
fion neanmoins prealablement faite par les creanciers fur les autres biens du Vaffal, & Dumoulin est de même avis au Liv. 5.
Chap. 30. de la Coûtume de Paris, suivant la Loi *his folis §.*
cæterum ff. de revoc. donat. Le President Aufreri de nôtre Parlement est de ce même avis, *in stil. Parl. part. 3. tit. 20. de*
libel. obl. Brodeau est d'un avis contraire, & il le confirme par
de nouveaux Arrêts qu'il raporte. Les Auteurs ne font pas mieux
d'acord fur le deguerpissement : les uns le regardent comme fait
ex causâ voluntaria, affujettissant le fonds deguerpi aux charges
& aux dettes ; les autres l'en affranchissent, regardant le deguerpissement comme fait *ex causâ necessarii* du côté du Seigneur.
Mr. d'Olive Liv. 2. Chap. 15. est du premier avis, auquel il
joint l'autorité d'un Arrêt qui le decide de même. Il est trés-na-
turel cependant d'affranchir de ces charges & dettes, un Seigneur qui reprend malgré lui un fonds qu'il ne peut refuser ; & il
n'est pas raifonnable qu'il perde à ce retour de fonds, le fonds
même, ou une partie de fa valeur, par les charges que l'Emphyteote y aura impofées. J'ai vû les Juges convenir de cette
doctrine contraire à la doctrine & à l'Arrêt de Mr. d'Olive le 13.
Janvier 1657. dans les opinions fur le jugement d'un procez, où
la question ne fut pas précifement jugée à caufe des circonstances
particulieres : mais en ce cas il est de l'équité de permettre aux
creanciers de prendre le fonds en fe foumettant à la rente & aux
autres devoirs Seigneuriaux. Ce cas merite d'être distingué de
celui de felonie ; & en ce dernier cas il femble que les charges
& hypoteques doivent fubfister, parce que c'est un cas qui n'a
pas été preveu, & qui n'a pas dû l'être, *non licet malum omen*
ominari ; ainfi il ne peut détruire & emporter les hypoteques des
creanciers ; neanmoins fi les charges & hypoteques ne conviennent ni à la dignité du Seigneur, ni à la portée du fonds ; il ne
feroit pas juste d'obliger le Seigneur de payer toutes ces charges

& dettes dans le cas du retour par felonie : Il devroit lui être
permis de l'offrir & de le laisser aux creanciers, à la charge qu'ils
lui payeroient sa rente & ses autres droits. Ainsi on pourroit
adjuger le fonds au Seigneur, quitte des charges & hypoteques,
si mieux les creanciers n'aimoient lui payer la rente, preferant
neanmoins le Seigneur, au cas qu'il voulût reprendre le fonds
avec l'assujettissement aux charges & dettes. Ce menagement
paroît raisonnable en ce cas entre le Seigneur & les creanciers.
Il semble qu'il en doit être de même, & par la même raison pour
les charges & dettes dans le cas de confiscation pour crime de
leze-Majesté, aussi bien que de confiscation en faveur des Seigneurs ; ce sont des cas qui n'ont pas non plus été prevûs ni dû
l'être dans le bail ni dans les obligations contractées ; il en est
autrement des substitutions, elles s'évanoüissent par la confiscation pour crime de leze-Majesté, suivant les Ordonnances ; &
il est juste que la peine de ce crime s'étende au-delà même de
l'Auteur du crime.

CHAPITRE XXXVII.

Si lorsque le Seigneur a assez de Titres pour établir le
fief, on peut lui oposer que les actes ont été passez
par erreur, & sur la foi d'autres Reconnoissances
où le même fief n'étoit pas compris.

LE nommé Lafont reconnoit en 1466. & en 1520. en faveur du College de Perigord une maison à Toulouse située
au Puits-clos, faisant face, & confrontant de deux côtez avec
la ruë, sous la rente de quatre livres d'or. En 1613. la Demoiselle
de Lafont, comme mere & administreresse de ses enfans, reconnoit en faveur du même College sous la même rente une maison, qui ne fait point face, & ne confronte que d'un côté avec
la ruë ; mais il est dit dans cet acte que la Reconnoissance est

passée conformément à celles de 1466. & 1520. la dâte de ces
Reconnoissances , & le nom du Notaire qui les a retenuës, y
sont exactement énoncées. En 1633. les enfans de cette Demoiselle donnent cette maison à Lizier Marchand , en échange,
avec les mêmes confrontations contenuës dans l'acte de 1613. &
la mouvance du College de Perigord, & la rente de quatre
livres d'or y sont declarées. Lizier Marchand prend investiture,
paye les lods & la rente jusqu'en 1645. que cessant de la payer,
il est assigné pour se voir condamner à la payer & à reconnoître. Lizier pour s'en défendre, allegue qu'il n'est point possesseur & tenancier de la maison comprise dans les Reconnoissances
de 1466. & 1520. sa maison ne faisant point de face, & ne confrontant que d'un côté avec la ruë. Sur quoi étant intervenu un
Jugement des Requêtes , & une Sentence arbitrale qui ordonne
une verification , les Experts ayant été nommez , & commencé
de proceder , le College de Perigord releve apel du Jugement &
de la Sentence, impetre Lettres en desaveu, & demande la
condamnation definitive à la Reconnoissance & au payement de
la rente.

Il fonde son apel sur ce que n'ayant pas besoin de ces anciennes Reconnoissances pour établir son droit, puisque les nouveaux actes suffisent, il est inutile de raporter ces actes nouveaux
aux anciens, & d'examiner ceux-ci, dont la superfluité ne peut
nuire suivant la regle vulgaire. Il ajoûte qu'en 1613. tems plus
voisin de ces anciennes Reconnoissances ; on pouvoit mieux sçavoir
si cette maison étoit la même que celle qui y étoit comprise,
comme elle pouvoit être absolument la même , malgré la diversité des confrontations , par les changemens qui peuvent être arrivez ; Qu'ainsi toute la suite des actes établit plus que suffisamment
le droit du College, & prouve assez qu'il n'y a point d'erreur ;
Qu'enfin Lizier ayant pris la maison en échange sur le pied de
cette mouvance & de cette rente, il a mauvaise grace, & ne doit
pas être reçû à se plaindre , d'autant plus qu'il n'est pas lezé , puisque la maison qui lui a été donnée en échange lui a été donnée à
moindre prix par cet endroit.

Lizier intimé répond ; Que le College n'a point de titre , puis-

que les Reconnoiſſances de 1466. & 1520. ne ſont point de titres pour la maiſon qu'il poſſede , qui n'eſt point la maiſon compriſe dans ces titres par la raiſon qui a été dite ; Que ſi les actes
de 1613. & 1633. & tout ce qui a été fait en conſequence pouvoit être en autre cas des titres ſuffiſans pour la mouvance , il
n'en doit pas être de même dans le cas preſent , à cauſe que tous
ces actes relatifs aux Reconnoiſſances de 1466. & 1520. ſont paſ-
ſez par erreur , & ſupoſent contre verité ; que la maiſon reconnuë en 1613. eſt la maiſon contenuë dans ces anciennes Reconnoiſſances ; ce qui eſt une erreur ſenſible par la diverſité des confrontations : de maniere que tous ces actes ne ſont qu'un tiſſu &
un enchaînément d'erreurs qui ne doit rien produire ; Qu'en tout
cas , la preſomption violente d'erreur neceſſite le pretendu Seigneur à faire voir du moins que la maiſon malgré cette difference des confrontations , eſt , à cauſe des changemens qui peuvent
être arrivez dans cette ruë , la même que celle qui étoit compriſe dans les Reconnoiſſances anciennes. Il ajoûte , que bien
qu'il ait pris la maiſon ſur le pié de cette mouvance & de cette
rente ; il n'eſt pas moins en droit de ſe plaindre , puis qu'au
moyen de l'échange , il eſt à la place de celui qui ayant reconnu
par erreur , avoit ſans doute ce droit ; Qu'en éfet , ſi on peut ſe
plaindre des nouvelles Reconnoiſſances contraires aux premieres
pour la ſimple ſurcharge : on le peut mieux lorſque les dernieres
Reconnoiſſances ſont contraires aux premieres dans la mouvance
même.

Sur toutes ces raiſons il intervint partage en la Grand'Chambre le 17. Fevrier 1673. au raport de M. de Catellan , Compartiteur Mr. de Frezars , l'un des avis fut d'ordonner la verification , l'autre de condamner Lizier à reconnoître & à payer la
rente. Il paſſa à la verification , avec cette addition , qui fut propoſée par remontrance , que dans le délai de la verification , le
poſſeſſeur de la maiſon indiqueroit & juſtifieroit quelle étoit la
maiſon compriſe dans ces anciennes Reconnoiſſances , droit par
ordre ; & au cas que la rémontrance ne fût pas acceptée, on ſe
rangea à l'avis de ceux qui vouloient condamner le poſſeſſeur à
reconnoître & à payer la rente , quelque irregularité qu'il parût

X

y avoir dans cet avis ainsi conçû, auquel les diverses contestations
& les avis du partage pûrent amener, la remontrance fut acceptée.
On crût que les derniers titres qui regardoient clairement la maison possedée par Lizier, étant d'eux-même suffisans pour l'assujettir à la mouvance, la pretenduë erreur alleguée par le possesseur,
qui absolument pouvoit n'être pas erreur, devoit être prouvée par
lui au moyen de l'indication justifiée de la maison comprise dans
les premieres Reconnoissances. Lizier satisfit ensuite à l'interlocutoire, & gagna définitivement sa cause. La remontrance dans
nos Usages est un tiers avis proposé par la Chambre où le partage
est porté, & qui n'a pas été touché dans la Chambre où il a été
formé, le Raporteur & le Compartiteur en rendent compte à
celle-cy qui peut l'accepter ou la rejeter comme elle juge qu'il
convient.

CHAPITRE XXXVIII.

Du droit de Peage.

ON a douté si le droit de Peage pouvoit être prescrit par le
Seigneur particulier, qui en a joüi durant le tems necessaire pour prescrire. L'affirmative n'a besoin d'autre raison que du
Droit commun & de la Loy generale. Il semble encore mieux
qu'on ne peut refuser au Seigneur la prescription du droit de
Peage par une possession immemoriale & centenaire qui tient lieu
de titre, ou qui fait qu'on le presume & qu'on le suppose. Il a
neanmoins été jugé que le Seigneur particulier ne pouvoit même
acquerir le droit de Peage par cette derniere possession. L'Arrêt
qui le juge ainsi fut rendu en la premiere Chambre des Enquêtes, aprés partage porté en la Seconde, & de là porté encore &
départi en la Grand'Chambre, au raport de Mr. de Fermat; &
au procés d'entre le Sieur Marquis d'Antin & le Syndic des habitans de la vallée d'Aure. Le motif de l'Arrêt fut, que le droit
de Peage est un droit purement Royal, que les Roys ont en consideration de la protection qu'ils donnent aux peuples, & de la

liberté & facilité du commerce, qu'ils établissent ou entretiennent par la reparation des chemins & la construction des ponts. On crût que dans ces matieres, qui interessent le public & les droits du Roy, la presomption de titre prise de la possession immemoriale ne suffisoit pas, qu'il falloit avoir en main & effectivement un titre, & que ce titre même ne pouvoit être que la concession du Prince.

CHAPITRE XXXIX.

De la préseance disputée entre les Hommagers & les Consuls.

ON peut voir dans Olive & dans Cambolas differens Arrêts, qui reglent diversement cette préseance. De tout ce qu'ils disent là-dessus l'un & l'autre, il y a lieu d'inferer que la decision de la dispute du pas dépend des diverses circonstances, prises des diverses qualitez qui se rencontrent dans les Hommagers ou dans les Consuls, entre qui pareilles contestations sont formées. Par Arrêt du 22. Decembre 1660. au raport de Mr. de Caulet, entre les Consuls de Villegaillenc, & le Procureur General du Roi, d'une part; & le possesseur de deux fiefs Nobles, dans la Jurisdiction, la préseance fut donnée aux Consuls par tout ailleurs que dans l'étenduë de ses deux fiefs. On y regarda que les Consuls étoient Consuls d'une Ville de quelque consideration, qu'ils avoient la Justice dans cette Ville où il n'y avoit pas d'autre Juge, par où ils en étoient les premiers Magistrats, & que les deux fiefs étoient de petite consequence, & l'Hommager roturier, ce qui fut même cause que l'Arrêt lui défendit de prendre la qualité de Noble, aussi-bien que d'apeller sa maison du nom de Château, qu'on crût qui designoit Noblesse & Justice.

CHAPITRE XL.

Du Droit que les Seigneurs ont de destituer les Officiers.

IL est établi que les Seigneurs ont le droit de destituer leurs Officiers pourvûs à titre lucratif, mais non les Officiers pourvûs à titre onereux. C'est la regle. Ce qui est accordé en recompense des services reçûs est regardé comme accordé à titre onereux, c'est une autre regle ; mais on a douté si la simple énonciation des services mentionnez dans les provisions données par le Seigneur à l'Officier, mettoit celuy-cy à couvert de la destitution. Pareille énonciation, la dispense même de la preuve des services ne met pas la donation à couvert de la revocation introduite par la Loy *si unquam.* Il faut que le donataire prouve qu'il a rendu des services réels & effectifs, & qui valoient la chose donnée en recompense. Cette Jurisprudence paroît faire contre les Officiers des Seigneurs, dont les provisions portent ; Qu'elles leur sont accordées en recompense de services. Il a été neanmoins jugé que la seule énonciation faisoit qu'ils ne pouvoient être destituez. Il s'en faut bien que la destitution des Officiers ne soit aussi favorable que la revocation de la donation dans le cas de la survenance des enfans, ou plûtôt la destitution des Officiers n'est point favorable, quelque arbitraire qu'elle soit generalement de la part du Seigneur, elle ne laisse pas de faire quelque espece de tort & d'injure à l'Officier qu'il destituë. L'Arrêt que je raporte fut rendu en la seconde Chambre des Enquêtes au mois de Decembre 1662. au procés d'entre Obrier & Ravissac.

CHAPITRE XLI.

Des biens vacans.
Si les foffez & murailles apartiennent au Seigneur Jufticier.
Des biens de la Communauté.

LEs biens vacans apartiennent au Seigneur Jufticier, mais
non les foffez & murailles, comme ils ne peuvent avoir été
faits fans fa participation, la police & la garde lui en apartiennent,
mais la proprieté n'en eft proprement à perfonne, & l'ufage en eft
à la Communauté & à chaque particulier qui a la liberté de s'en
fervir, pourvû qu'il ne porte point de préjudice ni d'empêchement
à l'ufage commun & general. Le Seigneur Jufticier d'une Ville
fermée a le droit de fe faire donner les clefs des portes par les Confuls qui fortent de charge, pour les mettre entre les mains des
nouveaux Confuls. Tout cela fut jugé par un Arrêt rendu entre
la Dame de Graffet, veuve du fieur de Mirman, Dame de Bail-
largues, & les Confuls & habitans de ce lieu-là.

Parmi les biens vacquans, ne font fans doute pas compris les
communaux, que le nom même marque qui apartiennent à la
Communauté. A propos dequoi, & par occafion, j'ajoûterai icy
que j'ay été Raporteur d'une grande conteftation fur l'ufage que
la Communauté doit faire des biens qui lui apartiennent. La
conteftation étoit entre les Habitans & quelques Bientenans du
lieu d'Azereil dans le Païs de Bigorre, qui dépend de nôtre Parlement, pour le fait même des Aydes, ainfi que la Ville de Touloufe & plufieurs autres endroits de fon Reffort. Les Bientenans
prétendoient que ces biens de la Communauté devoient être en-
cadaftrez, compefiez, & mis à la taille, pour décharger d'autant
les Bientenans, qu'ils pretendoient qui ne devoient point être fujets à contribuer aux fraix municipaux, tels que font les livrées
Confulaires, gages des valets des Confuls, la reparation & l'entretenement des fontaines & de l'orloger, les fraix des écoles, &
autres pareilles chofes qui font pour l'utilité des Habitans, & dont

les Bientenans ne profitent guere. Par Arrêt du 7. Août 1694.
il fut ordonné que les biens de la Communauté feroient affermez,
& le prix employé, premierement au payement des charges à
quoi ils pouvoient être fujets, puis au payement des fraix municipaux; & enfin au payement de la taille, à la décharge commune
& indiftincte des Habitans & Bientenans au *prorata* de la cottifa-
tion des uns & des autres.

CHAPITRE XLII.

Du bail fub cenfu.

*De l'acte qualifié bail à emphyteofe, & dont les claufes ne
paroiffent pas être d'emphyteofe.*

*Si le bail d'un fonds fujet à rente, eft toûjours converti
en locatairie perpetuelle.*

LE bail, *fub cenfu*, ne produit au bailleur qu'une rente fonciere feche, dépoüillée des fuites & accompagnemens de la
directe, comme il a été jugé le 6. Mars 1649. au raport de Mr.
de Madron, en la caufe du fieur Thibaut, Chanoine de St. Sernin, & Villar ancien Procureur en la Cour. Il faut pour établir la
directe une expreffe mention de directe & d'emphyteofe, ou une
ftipulation de fes droits & de fes avantages.

Mais il a été douté fi cette expreffe mention fuffifoit dans un
acte, dont les autres claufes fembloient détruire la qualité & la
nature du bail à emphyteofe : ce fut au cas que je vais déduire.
Le Chapitre de Capeftan bailla une metairie *ad novum à capitum,
feu emphyteufim; aut penfionem annuam*, c'étoit le debut & l'entrée de l'acte. La fuite contenoit ces claufes; *Que le Chapitre bailloit
cette metairie* in franco allodio exiftentem; *Qu'il conftituoit le preneur*
verum dominum & procuratorem fuum; *Qu'il lui cedoit toutes
actions utiles & petitoires; Qu'il ne fe refervoit nul droit fur la
metairie que cette penfion, qui étoit de* 20. *fetiers bled, fe dépoüillant
en faveur de l'acquereur, abfolument & entierement de tout autre*

droit qu'il y pourroit avoir. Il étoit dit encore dans le même acte,
*que le contract seroit nul & caffable s'il y avoit lezion d'outre moitié
de juste prix.* Sur la fin, le Chapitre stipuloit, *que le fonds ne seroit
point vendu à la main morte :* Les clauses, comme il est aisé de voir,
étoient fort extraordinaires pour un acte de bail à fief, & sentoient
bien mieux la vente, ou tout au moins la locatairie perpetuelle. Il
fut cependant jugé que c'étoit un bail à fief, & en consequence les
lods & ventes de l'alienation de cette metairie, faite par les successeurs du preneur, furent adjugez au Chapitre par Arrêt rendu
en la Premiere Chambre des Enquêtes le 4. Juillet 1668. au raport de Mr. Meynial. Le motif de l'Arrêt fut, qu'entre les parties comprises dans un acte, ou ceux qui en ont le droit, il faut
prendre l'acte pour ce dont on lui a donné le nom, si les clauses
qui y sont inserées n'y repugnent invinciblement, & n'y sont irre-
conciliablement opposées : Qu'ici la clause *in franco allodio exis-
tentem*, pouvoit être prise pour une clause qui ne regardoit que le
tems de l'acte, auquel tems il falloit bien que la metairie fût en
franc-aleu pour la bailler à fief, sans quoi on ne l'auroit pû faire :
Que cette clause ne regardoit pas l'avenir, puisque la pension ou
rente stipulée de 20. setiers de bled, devoient sans doute bien tirer
le fonds vendu de cet état de franc-aleu : Que l'autre clause, par
laquelle le bailleur se dépoüilloit de tout droit, pouvoit être entenduë du Domaine utile non directe, & que celle de la caffation
du contract en cas de lezion d'outre moitié du juste prix, étoit
moins contraire qu'insolite. La regle que j'ay dit étoit encore appuyée par là, que le Chapitre dans cet acte se reservoit que le
fonds ne seroit point vendu à la main-morte ; ce qui sembloit être
reservé pour la conservation des droits qui suivent la directe, &
qui se perdent dans la main-morte pour le Seigneur. Mais l'ap-
pui étoit foible, & cette clause pouvoit être presque autant une
idée du bailleur que la main-morte étoit d'une autorité plus grande & d'une convention plus difficile. Le Seigneur directe est d'ailleurs dedommagé de ce qu'il perd de ses droits en la main-morte.
Enfin tout compté & tout examiné, dans l'équivoque que pouvoient faire les clauses de cet acte trés-mal forgé, mais nommé
par les contractans, bail à Emphyteose, on crût qu'il falloit lui

conferver la nature & les avantages que fon nom & fon titre lui
donnoient, & cette confideration prevalut à la faveur de la liberation, qui regulierement femble devoir determiner le doute ; le
nom & le titre donnez à l'acte font ce qui doit naturellement le
definir, l'expliquer & le determiner, comme ce qui eft le plus dans
la vûë & dans l'intention des parties, la fuite & les claufes qui
n'y répondent pas, doivent être prifes, autant qu'elles peuvent
l'être, pour de mauvaifes & irregulieres expreffions du Notaire &
des parties.

On ne regarde pas neanmoins au nom, lors qu'un fonds déja fujet à rente eft baillé à fief, & cet acte eft regardé comme
un bail à locatairie perpetuelle, fuivant nôtre maxime ordinaire ;
on a cependant fait difficulté fi cette maxime étoit vraye dans
le cas où le bail à fief n'avoit été dans les 30. ans par nulle reconnoiffance ou poffeffion, nulle execution ou fuite . expliqué &
tourné en locatairie perpetuelle. Cette difficulté furvint au Jugement du procés du Marquis de Saint Alvere, raporté en la
Grand'Chambre par Mr. de Lafont le 29. Decembre 1682. Les
auteurs du Marquis de Saint Alvere avoient en 1470. baillé à fief
fous la rente de trois boiffeaux bled un fonds qui relevoit de
l'Abbé de Moyffac fous la rente fonciere d'un denier, fans faire mention de cette mouvance, & ils avoient refervé fur ce fonds
tous droits & devoirs Seigneuriaux. En 1680. le Sr. de Saint Alvere paffe une tranfaction avec l'Abbé de Moyffac, par laquelle
il reconnoît que le fonds dont s'agit releve de cet Abbé, & convient que la rente de trois boiffeaux bled ftipulée par fes Auteurs, n'eft qu'une rente feche, ou locatairie perpetuelle, dont
l'Abbé permet au Marquis de Saint Alvere de fe faire payer comme bon lui femblera. Le Marquis de Saint Alvere pretendoit
qu'il avoit été formé inftance contre les poffeffeurs pour le payement de la locatairie perpetuelle, & que la rente en avoit été
payée, mais il ne le juftifioit pas ; les avis des Juges furent long-
tems balancez à voix égales, les uns étoient d'avis d'ordonner
qu'avant dire droit le Sr. de St. Alvere prouveroit que la locatairie perpetuelle avoir été payée dans les 30. ans du bail, & re-
mettroit les actes juftificatifs de l'inftance pretenduë formée ; les

autres vouloient condamner fans autre instruction definitivement
les possesseurs au payement de la locatairie perpetuelle ; les premiers fondoient leur avis fur ce que la maxime dont nous venons de parler devoit être observée feulement dans le cas où
l'acte de bail à fief peut être tourné en locatairie perpetuelle par
fes claufes même, où dans le cas auquel il a été converti &
tourné en locatairie perpetuelle dans les 30. ans par l'explication
qu'en ont fait les reconnoissances ou la possession, ou quelque autre acte, & qu'ainsi fuppofé que le bail à fief n'eût point été expliqué ou tourné de cette maniere en locatairie perpetuelle, le
bailleur à fief avoit *per non ufum*, dans le tems legitime, perdu
fon droit de l'expliquer & de le faire valoir fur ce pied-là, &
qu'il en étoit alors comme il en est dans le cas de deux Seigneurs
prétendus directes fondez en titres, dont le plus fort en titres &
possession, met le possesseur du fonds à couvert, le garantit &
l'affranchit de l'autre, fans que le premier puisse par convention
ou par accommodement livrer ce même possesseur à l'autre pour
la locatairie perpetuelle : les Juges de l'avis contraire l'appuyoient
fur la maxime alleguée, que le bail à fief d'un fonds tenu à rente
est converti en locatairie perpetuelle ; ils ajoûtoient que cela
étant ainsi une fois établi & fuppofé, le Seigneur directe & le
bailleur à fief converti en locatairie perpetuelle ne pouvoient rien
prendre l'un fur l'autre, ces droits étant tout-à-fait compatibles, &
également imprefcriptibles, & que les possesseurs ne pouvoient
par conféquent fe défendre & fe garantir de l'un par l'autre ; la
reduction de quelqu'un des Juges emporta la balance du côté du
Sr. de Saint Alvere, & les possesseurs furent condamnez à payer la
locatairie perpetuelle, par où l'on jugea qu'independamment de toute execution & de toute fuite, le bail à fief d'un fonds fujet à rente
étoit *illico & ipfo jure*, converti en bail à locatairie perpetuelle ;
il parut qu'il n'étoit pas jufte que le possesseur d'un fonds qui l'avoit
donné à locatairie perdit la locatairie avec le fonds pour avoir
mal nommé le bail qu'il a fait, & lui avoir donné un titre qu'il
ne pouvoit pas foûtenir ni recevoir.

CHAP.

CHAPITRE XLIII.

Si le Roy acquereur des terres dépendantes d'un fief qui
releve d'un particulier , eft obligé
de reconnoître.

SUr la demande faite par le Syndic des Prêtres de l'Oratoire
de Touloufe, que le Procureur General du Roy fût obligé
de lui paffer Reconnoiffance des pieces de terre mouvantes de
leur directe dans la Vicomté de Villemur, & acquifes par le
Roy avec la Vicomté, le Procureur General fut déchargé de la
Reconnoiffance feodale, à la charge de procurer dans l'année
à ce Syndic une indemnité conforme à l'eftimation qui en feroit
faite par des Experts. L'Arrêt fut rendu en la Grand'Chambre
le 27. Novembre 1671. au raport de Monfieur de Frezars. Il ne
convient pas à la dignité Royale de rendre cette redevance,
même par Procureur ; mais il eft jufte que le Seigneur du fief
foit indemnifé du préjudice que lui porte l'acquifition faite par
le Roy.

CHAPITRE XLIV.

Si la donation faite par l'accufé de crime capital, eft
bonne au préjudice de la confifcation adjugée au Seig-
neur par la condamnation qui s'en eft enfuivie.
De la refignation de benefice faite par l'accufé.

SUivant la Loy *poft contractum* 15. *ff. de donat. poft contrac-*
tum capitale crimen donationes factæ non valent nifi condem-
natio fecuta fit. Les termes de cette Loy femblent contraires à
l'explication & opinion commune des interprêtes, dont les uns.

Tome I.   A a a a

ôtent à cette Loy la negative , *non valent* , & les autres laiffant
la negative en cet endroit , l'ajoûtent & l'inferent dans les paroles fuivantes , *nifi condemnatio fecuta fit* , où ils pretendent qu'il
faut lire , *nifi condemnatio fecuta non fit* , par où ils veulent donner à cette Loy un fens qui infirme la donation faite par l'accufé
de crime capital , lors que cet accufé eft enfuite condamné ; fuivant cette interpretation & opinion il fut jugé en la Premiere
Chambre des Enquêtes le 19. Août 1658. au raport de Mr. de
Theron , qu'une donation faite par un accufé de larcin étoit nulle
& caffable , la condamnation à mort s'en étant enfuivie , & que
les biens donnez apartenoient par droit de confifcation au Seigneur Jufticier , qui les demandoit par des lettres impertrées en
caffation de la donation , au préjudice de qui l'accufé ne pouvoit
les avoir donnez. Le motif de l'Arrêt fut que par le crime , &
dés qu'il eft commis , il y a une efpece de droit acquis au Seigneur fur les biens du coupable qui fait préfumer la donation en
ce cas , faite *in fraudem fifci* , & l'annulle comme faite *cum fuf-
picione pœnæ* , fuivant la Loy 7. *ff. de mort. cauf. donat.* lors
que ce droit eft enfuite declaré & adjugé au Seigneur par la
condamnation.

Cette raifon n'entre pas dans le cas de la refignation de benefice faite par l'accufé de crime ; mais ne peut-on pas dire qu'il y
a dés le crime du beneficier un commencement de droit acquis
à l'ordinaire dans les crimes même communs , fans parler des
crimes d'une certaine énormité qui fait vacquer le benefice *ipfo
jure* ; Il a été jugé en la Seconde Chambre des Enquêtes , après
partage porté en la Premiere , au mois de Janvier 1654. que le
cas de la refignation devoit être reglé de même que celui des autres actes paffez par l'accufé de crime , fi la condamnation s'en
enfuit ; les refignations dans une pareille conjoncture font d'ailleurs en un fens moins favorables que les donations & les ventes , il y a lieu d'en craindre de mauvaifes acquifitions pour
l'Eglife ; Mr. Lepreftre Centurie 4. Chap. 85. dit que l'accufé
peut vendre & refigner ; mais la condamnation qui s'en enfuit
annulle toutes ces chofes ; jufques là elles font foûtenuës par la
prefomption d'innocence , que la feule condamnation détruit.

CHAPITRE XLV.

De la Banalité.

Toute Banalité eft odieufe. C'eft une efpece de fervitude établie fur les perfonnes même ; mais quelque odieux que foient les droits, s'ils ne font pas contre les Loix, ils peuvent être établis par de bons titres, ils peuvent moins aifement être établis par la feule poffeffion ; mais ils peuvent l'être. La Banalité le peut en un cas, je veux dire, lors qu'après la prohibition faite par le Seigneur d'aller à un autre four ou moulin que le fien ; les habitans font generalement & privativement allez au four ou moulin pretendus banaux. Cette poffeffion, fans contradiction de la part des habitans, dont l'attention doit avoir été recueillie par la prohibition du Seigneur, eft un aveu qu'ils font de fon droit, qui le confirme, & le met hors d'atteinte. En eft-il de même de la liberté de Banalité, peut-elle être établie par la feule poffeffion, lorfque la Banalité eft établie par des titres. La feule poffeffion n'affranchit & n'exempte pas de la preftation des droits Seigneuriaux, s'il n'y a une conteftation precedente qui faffe une interverfion de poffeffion. J'ai vû neanmoins les Juges convenir unanimement le 21. Juillet 1661. que pour établir par la poffeffion, la liberté, ou l'affranchiffement de Banalité, il ne falloit nulle contradiction, & nulle conteftation anterieure. La raifon eft prife de la faveur de cette liberté. La Banalité qui intereffe les perfonnes, eft beaucoup plus odieufe que l'affujettiffement à la rente, qui n'intereffe que les fonds.

CHAPITRE XLVI.

Si la Rente & la Dixme étant comprise dans la même Reconnoissance faite au Prieur Seigneur, l'Emphyteote peut prescrire une moindre Dixme.
De la taillabilité à l'estimation des Experts.

UN Prieur Seigneur d'un lieu, en vertu de deux Reconnoissances, par lesquelles le possesseur d'alors avoit reconnu le fonds sous la rente qu'elles marquoient, & promis dans le même acte d'en payer la Dixme à l'onziéme, demande au possesseur du même fonds, la Dixme sur le même pied de l'onziéme. Le possesseur se défend par l'usage du lieu, qui reduit la Dixme au vingt-quatriéme, & suivant lequel il dit qu'il a toûjours payé. Le Prieur avouë l'usage & la possession, mais il pretend que les Reconnoissances, étant sans doute relatives au bail, le Prieur est presumé avoir dans ce bail donné le fonds sous une moindre rente, en consideration de l'obligation de payer la Dixme à l'onziéme, qui est d'ailleurs à peu prés la Dixme naturelle. Il ajoûte que ces Reconnoissances ne devoient pas être divisées pour les deux obligations que l'Emphyteote s'impose, sans doute, en consequence de la tradition du fonds. Il fut neanmoins jugé que ce possesseur ne devoit la Dixme qu'au vingt-quatriéme. L'Arrêt est rendu en la Premiere Chambre des Enquêtes en l'année 1694. au raport de Mr. de Catellan. Le motif de l'Arrêt fut pris de ce que les actes devoient être regardez comme stipulez par le Prieur Seigneur, sous ces deux qualitez tout-à-fait differentes, & tout-à-fait distinctes de Prieur & de Seigneur, dont l'une ne devoit rien prendre sur l'autre ; & qu'ainsi le Seigneur devant être content de la rente marquée pour le fonds reconnu, il falloit que le Prieur le fût de la Dixme ordinaire, parce qu'à cet égard la possession du Parroissien, conforme à l'usage general, avoit pû déroger au titre.

On a douté quel égard on devoit avoir à un titre, qui porte que les habitans font taillables aux quatre cas ordinaires, avec la claufe, que l'un de ces cas arrivant, la taillabilité fera reglée par de Prud'hommes. Le Seigneur de Caftelmari en un cas pareil pretendoit que fes habitans devoient payer une double rente, par la regle & l'ufage qui reduifent cette taillabilité au doublement de rente, comme nous avons dit ailleurs. D'où il conclüoit qu'il falloit épargner à toutes les parties le foin, les fraix, & l'incertitude de l'eftimation arbitraire des Prud'hommes, qui ne pourroient au fonds mieux le regler que la Cour l'avoit reglée par fon ufage. Les habitans répondoient qu'il falloit executer la claufe, & qu'ils ne pouvoient ni ne devoient être privez du profit & de l'avantage qu'elle pouvoit leur procurer dans des circonftances particulieres. Ils gagnerent leur caufe par Arrêt rendu en l'année 1695. aprés partage porté de la Premiere en la Seconde, de la Seconde en la Troifiéme, & puis en la Grand'Chambre, Raporteur Mr. de Paucy, Compartiteur Mr. de Catellan. On ne peut charger des habitans en faveur du Seigneur au-delà de fes titres; Ainfi il faut s'en tenir là fcrupuleufement & litteralement lors qu'ils le demandent, & fi peu qu'ils puiffent efperer & qu'ils efperent d'y trouver leurs avantages.

Fin du Premier Tome.

TABLE

DU PREMIER VOLUME,

DES ARRESTS

DE M. DE CATELLAN.

A

G

Tome I.

H

Cccc

Fin des matieres du premier Tome.

LOUIS PAR LA GRACE DE DIEU, ROY DE FRANCE ET DE NAVARRE, à nos amez & feaux Confeillers: Les gens tenans nos Cours de Parlement, Maîtres des Requêtes ordinaires de nôtre Hôtel, grand Confeil, Prevôt de Paris, Baillif, Sénéchaux, leurs Lieutenans Civils, & autres nos Jufticiers qu'il appartiendra: SALUT, nôtre très-cher & bien-aimé le Sr. JEAN-FRANÇOIS CARANOVE ancien Capitoul, Prieur de la Bourfe, & Prefident de la Chambre de Commerce de la ville de Touloufe, nous a fait reprefenter que depuis plufieurs années le Public eft privé des fecours qu'il pourroit tirer de plufieurs anciens Recüeils d'Arrêts, & Décifions notables de Nôtre Cour de Parlement de nôtre ville de Touloufe, qui avoient été ci-devant imprimez en vertu des Privileges accordez par le feu Roy, Nôtre très-honoré Seigneur & Bis-ayeul LOUIS XIV. d'heureufe memoire, lefquels Recüeils étant devenus très-rares, ledit Sr. Caranove voudroit bien faire la dépenfe de les faire reimprimer, s'il nous plaifoit lui accorder nos Lettres de Privilege fur ce neceffaires. A CES CAUSES, defirant favorablement traiter ledit Sieur Expofant, & feconder fes bonnes intentions, Nous lui avons permis & permettons par ces prefentes, de faire reimprimer lefdits Recüeils d'Arrêts & Décifions notables de Nôtre Cour de Parlement de Touloufe, faits par les *Sieurs de Cambolas*, d'*Olive*, *Albert*, de la *Roche-Flavin*, *Gerand des droits Seigneuriaux*, de *Maynard* & de *Catellan*, avec la pratique de la *Juridiction Ecclefiaftique*, par le Sr. *Ducaffe*, & les *Oeuvres Latines de Beranger Fernand, Docteur en Droit*, & encore le *Pafteur Apoftolique*, par le *Pere Ducos*, en tels Volumes, forme, marge, caracteres, conjointement ou feparement, & autant de fois que bon lui femblera, & de les vendre, faire vendre & debiter par tout Nôtre Royaume, pendant le tems de douze années confecutives, à compter du jour & de la datte defdites prefentes; faifons défenfes à toute forte de perfonnes, de quelque qualité & condition qu'elles foient, d'en introduire d'impreffion étrangere, dans aucun Lieu de Nôtre obeïffance: comme auffi à tous Libraires, Imprimeurs & autres, d'imprimer, faire imprimer, vendre, faire vendre, debiter ni contrefaire lefdits Recüeils, ou Livres ci-deffus expliquez, en tout ni en partie, ni d'en faire aucuns Extraits, fous quelque pretexte que ce foit, d'augmentation, correction, changement de Titre, même de Traduction étrangere, ou autrement, fans la permiffion expreffe & par écrit dudit Sr. Expofant, ou de ceux qui auront droit de lui, à peine de confifcation des Exemplaires contrefaits, de fix mille livres d'amende contre chacun des contrevenans, dont un tiers à Nous, un tiers à l'Hôtel-Dieu de Paris, l'autre tiers audit Sr. Expofant, & de tous dépens, dommages & interêts; A la charge que ces prefentes feront enregîtrées tout au long fur le Regître de la Communauté des Libraires & Imprimeurs de Paris, & ce dans trois mois de la datte d'icelles, que l'impreffion defdits Recüeils ou Livres ci-deffus fpecifiez, fera faite dans Nôtre Royaume & non ailleurs, en bon papier & en beaux caracteres, conformément aux Reglemens de la Librairie; & qu'avant que de les expofer en vente, les manufcrits ou imprimez qui auront fervi de Copie à l'impreffion defdits Recüeils ou Livres imprimez, feront remis dans le même état où les Aprobations y auront été données, és mains de Nôtre très-cher Feal Chevalier, Garde des Séaux de France, le Sieur de Voyer de Paulmy Marquis d'Argenfon: & qu'il en fera enfuite remis deux Exemplaires de chacun dans nôtre Bibliotheque publique, un dans nôtre Château du Louvre; & un dans nôtre très cher & Feal Chevalier, Garde des Séaux de France, le Sr. de Voyer de Paulmy, Marquis d'Argenfon: le tout à peine de nullité des prefentes, du contenu defquelles vous mandons, enjoignons de faire joüir ledit Sr. Expofant ou fes ayans Caufe, pleinement & paifiblement, fans fouffrir qu'il leur foit fait aucun trouble ou empêchement; Voulons que la copie defdites prefentes qui fera imprimée tout au long, au commencement ou à la fin defdits Livres ci-deffus expliquez, foit tenüe pour dûement fignifiée, & qu'aux Copies Collationnées par l'un de nos Amés & Feaux Confeillers & Secretaires, foi foit ajoûtée comme à l'original: Commandons au premier nôtre Huiffier ou Sergent, de faire pour l'execution d'icelles, tous Actes requis & neceffaires, fans demander autre permiffion; & nonobftant Clameur de Haro, Charte Normande, & Lettres à ce contraires: Car tel eft nôtre plaifir. Donné à Paris le quinziéme jour du mois de Mars, l'an de grace mil fept cens dix-neuf, & de Nôtre Regne le quatriéme. Par le Roy en fon Confeil. Signé COBLET.

Regiftré fur le Regiftre IV. de la Communauté des Libraires & Imprimeurs de Paris, pag. 453. n. 497. Conformément aux Reglemens, & notamment à l'Arrêt du Confeil du 13. Août 1703. A Paris le 29. Mars 1719. Signé DELAULNE Sindic.